AF290986

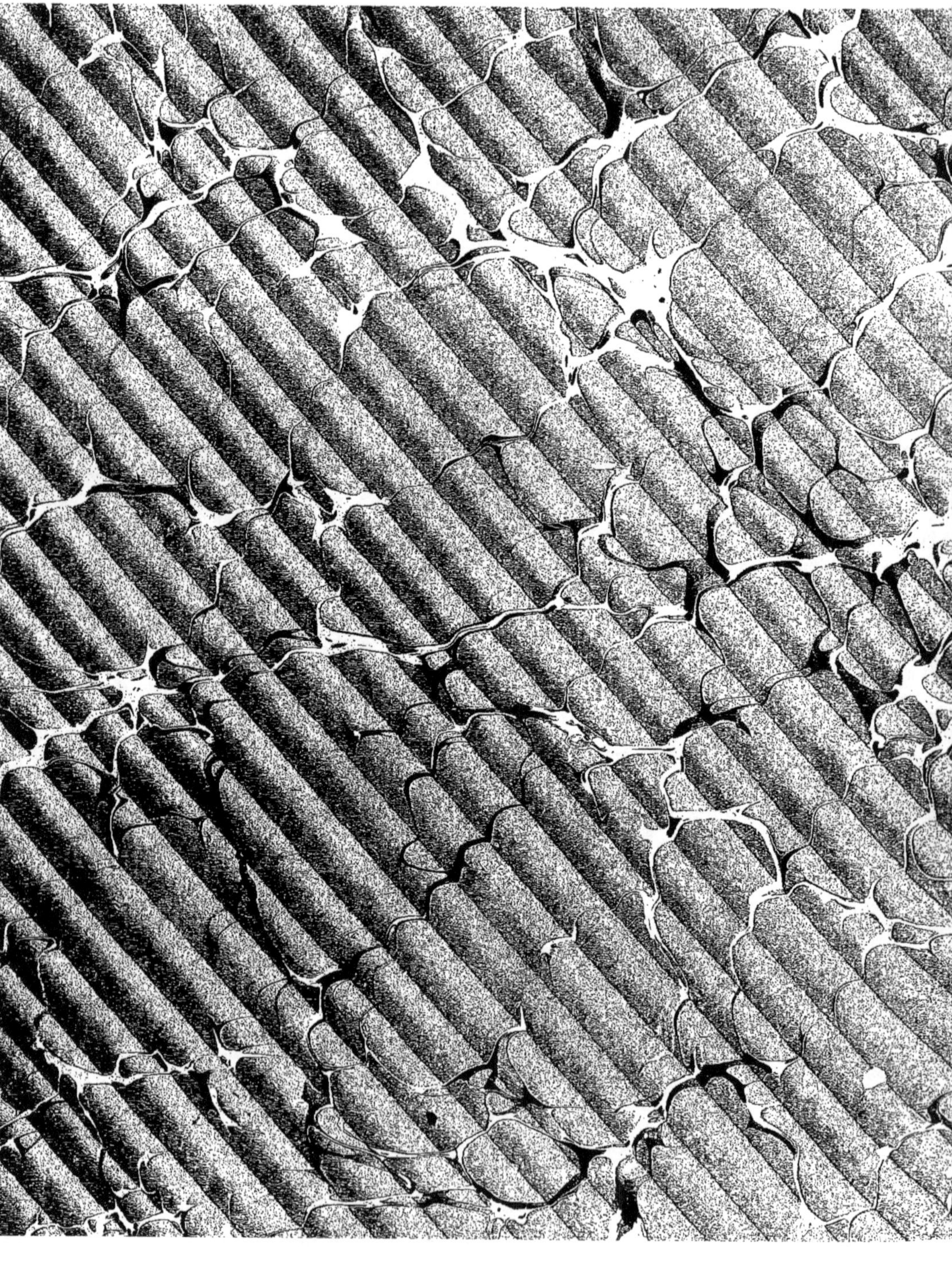

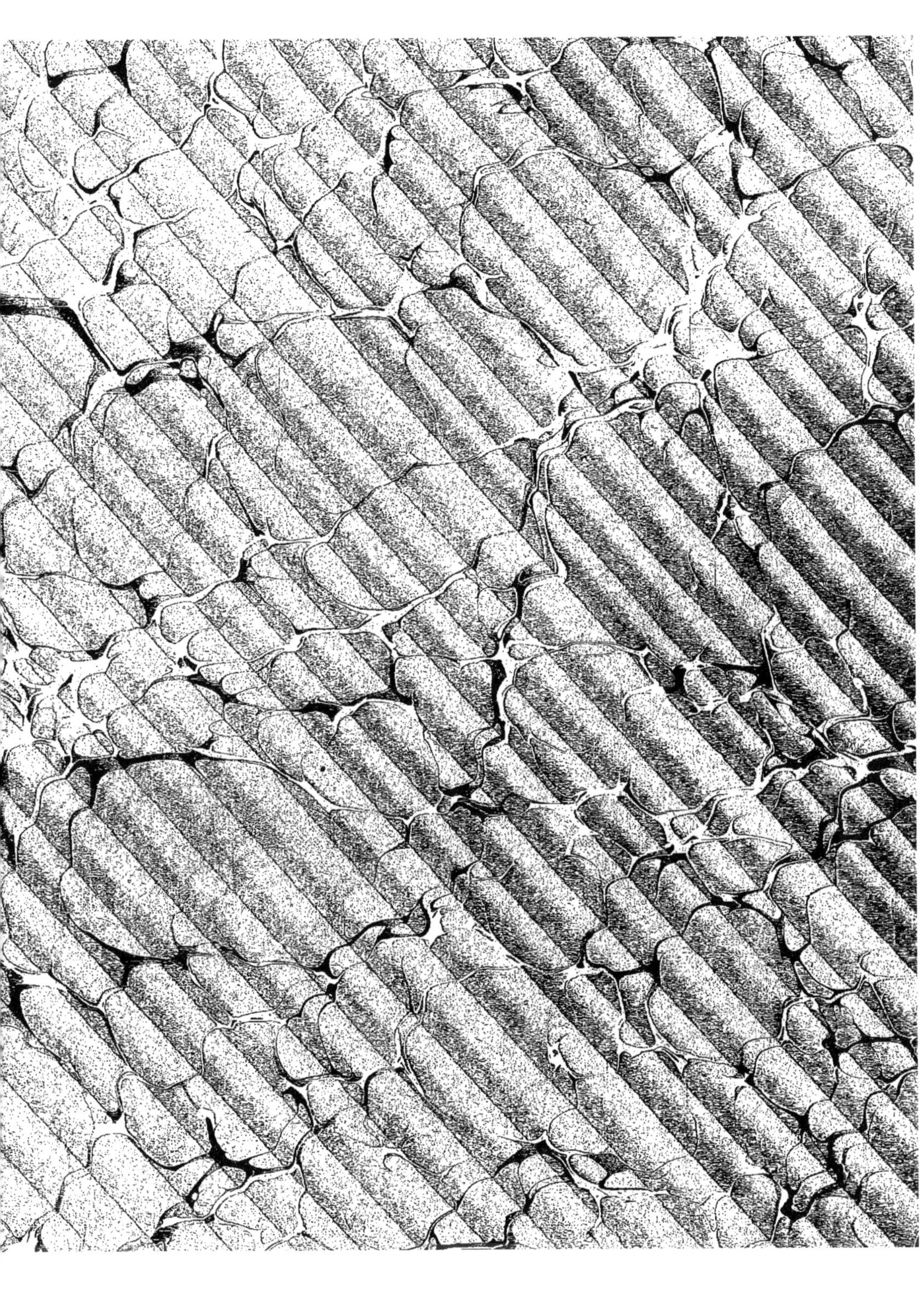

1900

L'Exposition
du Siècle

14 Avril — 12 Novembre 1900

PARIS

A. QUANTIN

L'Exposition du Siècle

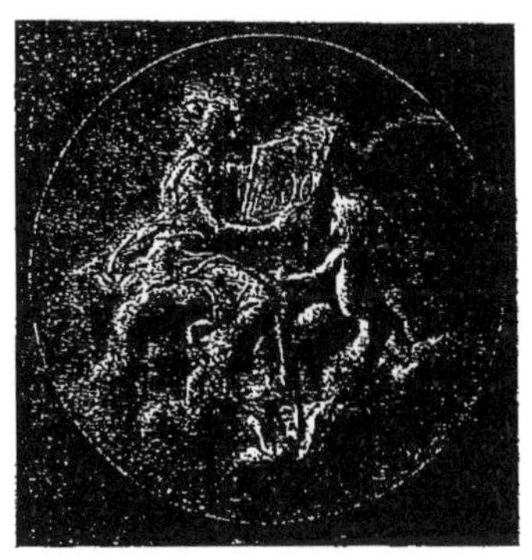

OUVRAGE ÉDITÉ

par la Revue **LE MONDE MODERNE**, rue Saint-Benoît

PARIS

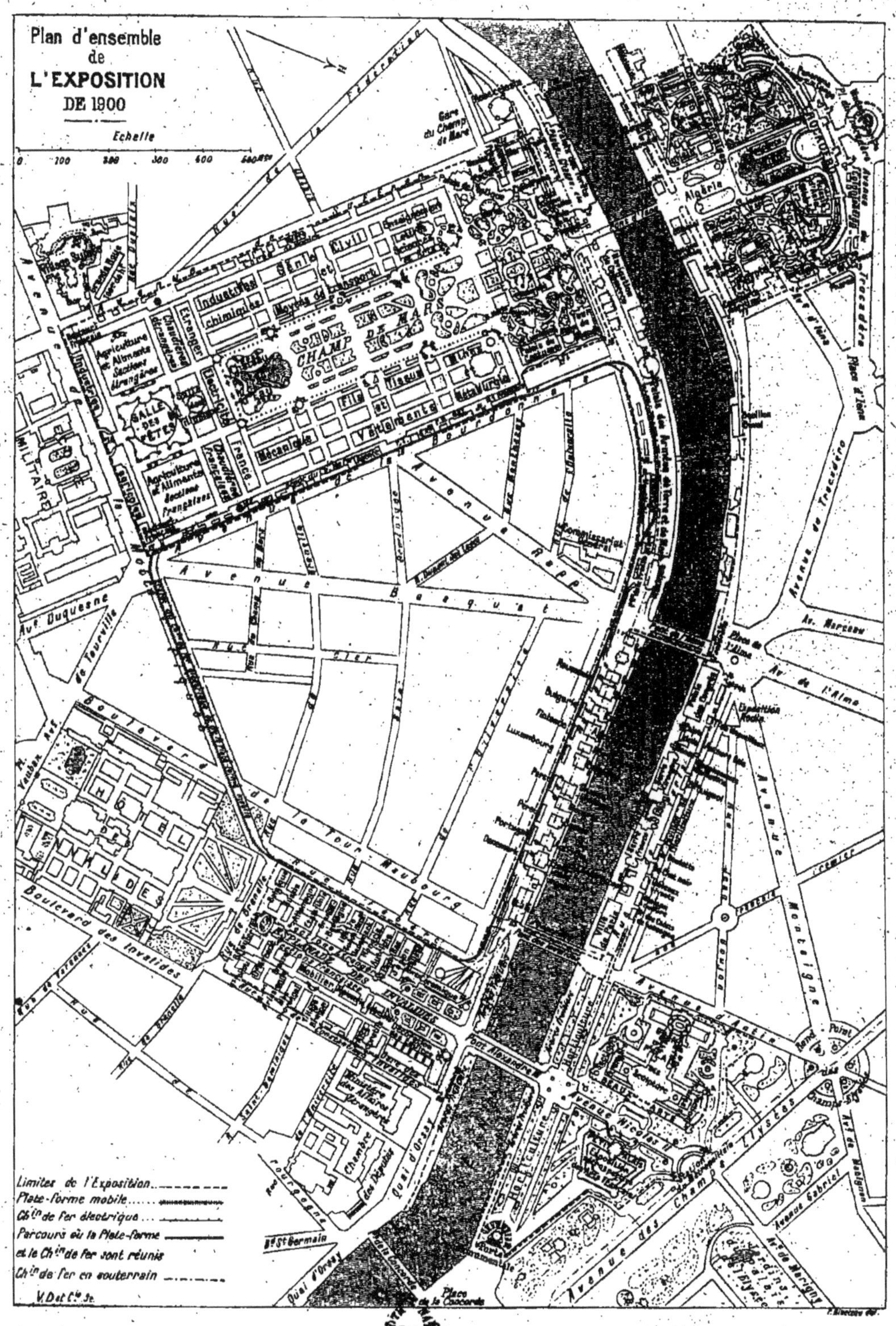

Plan d'ensemble
de
L'EXPOSITION
DE 1900
Echelle
0   100   200   300   400   500 mètres
Limites de l'Exposition
Plate-forme mobile
Ch.in de fer électrique
Parcours où la Plate-forme
et le Ch.in de fer sont réunis
Ch.in de fer en souterrain
V. Del C.ie sc.
CHAMP DE MARS
Génie Civil et Industries chimiques
Marine et transports
Tissus
Fils et Tissus
Mécanique
Vêtements
Métallurgie
Agriculture et Aliments Sections Étrangères
Agriculture et Aliments Sections françaises
Orfèvrerie
SALLE DES FÊTES
Gare du Champ de Mars
Algérie
Pavillon Bosnie
Commissariat
Palais des Armées de Terre et de Mer
Place de l'Alma
Exposition Rétro
Avenue de Suffren
Avenue de la Bourdonnais
Avenue Rapp
Avenue Bosquet
Avenue de Tourville
Av. Duquesne
MILITAIRE
Avenue de la Motte Picquet
Boulevard de la Tour Maubourg
Boulevard des Invalides
Rue de Grenelle
Rue Saint-Dominique
Rue de l'Université
Quai d'Orsay
Chambre des Députés
Place de la Concorde
Avenue des Champs Élysées
Avenue d'Antin
Avenue Montaigne
Av. Marceau
Av. de l'Alma
Cours la Reine
Rue Bayard
Rond-Point
Avenue Gabriel
Jardin de l'Élysée
Place d'Iéna
Avenue de Trocadéro
Bd St Germain
Rue de Bourgogne
R.F.

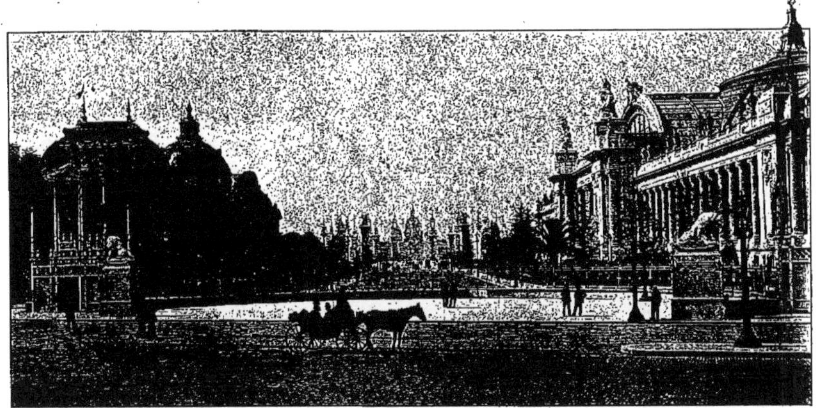

AVANT-PROPOS

Soixante-seize mille exposants, trente-six mille pour la France et quarante mille pour l'étranger, venant apporter le résultat de leurs efforts ; — quatorze millions de travailleurs, pour la France seulement et sans compter leurs familles, vivant annuellement de la fabrication de ses produits ; — les horizons ouverts sur les contrées de colonisation ; — l'Art vainqueur sous toutes ses formes ; — toutes les questions sociales étudiées ; — la réalisation matérielle d'une étonnante sélection des pensées humaines ; — des palais remplis de merveilles peuplant une cité de rêve ; — toutes les nations rivalisant d'émulation ; — tels furent les spectacles donnés par la revue de la civilisation passée à l'Exposition de 1900.

Aussi, plus haut que l'admiration pour tant de beauté, le sentiment qu'elle a inspiré est-il celui du respect. Les oppositions ont été étonnées, puis vaincues. La grandeur des idées a dominé la grandeur des choses, et nul n'a cru pouvoir se tenir en dehors du mouvement du monde.

Ce sont ces impressions que nous allons essayer de résumer. Nous signalerons les points qui ont soulevé de justes critiques, avec d'autant plus de liberté que leurs ombres légères disparaissent dans la lumière éclatante de l'œuvre.

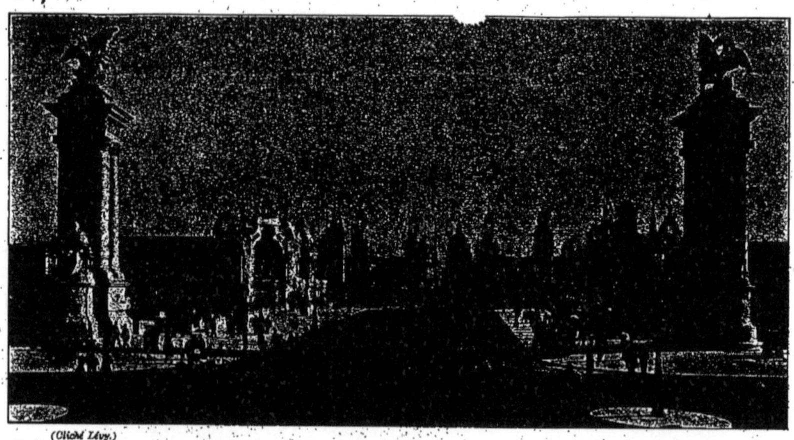

(Cliché Lévy.)

LE PONT ALEXANDRE III ET L'ESPLANADE DES INVALIDES, VUS DE L'AVENUE NICOLAS II

Aucunes paroles ne pourraient exprimer la philosophie de l'Exposition mieux que celles qui ont été prononcées, le samedi 14 avril 1900, à son inauguration, dans la salle des Fêtes, par M. Loubet, Président de la République :

...Cette œuvre d'harmonie, de paix et de progrès, si éphémère qu'en soit le décor, n'aura pas été vaine. La rencontre pacifique des gouvernements du monde ne demeurera pas stérile. Je suis convaincu que, grâce à l'affirmation persévérante de certaines pensées généreuses dont le siècle finissant a retenti, le vingtième siècle verra luire un peu plus de fraternité sur moins de misères de tout ordre et que, bientôt peut-être, nous aurons franchi un stade important dans la lente évolution du travail vers le bonheur, et de l'homme vers l'humanité.

Le samedi 18 août, lors de la distribution des récompenses dans la même salle des Fêtes, le Président de la République a formulé ainsi sa conclusion :

L'Exposition de 1900 aura fourni à la solidarité son expression la plus brillante. Elle lui donnera une puissance nouvelle d'expansion et de persuasion. La solidarité, à qui nous devons déjà de grandes choses, rendra, dans l'avenir, plus fragile le triomphe de la force, mieux reconnue la souveraineté du droit ; elle imposera le règlement amiable des conflits internationaux et l'affermissement de la paix, toujours plus glorieuse que la plus glorieuse des guerres...

Si l'idée religieuse n'est pas exprimée dans les discours officiels, il serait injuste d'en faire un reproche spécial à notre époque. Il en est ainsi depuis longtemps et il en sera de même jusqu'au jour où l'on aura su la placer au-dessus des passions politiques. Mais dans aucun endroit de l'Exposition on n'aurait pu trouver quelque chose susceptible de lui faire injure.

La genèse de l'Exposition remonte au décret du 13 juillet 1892, signé par

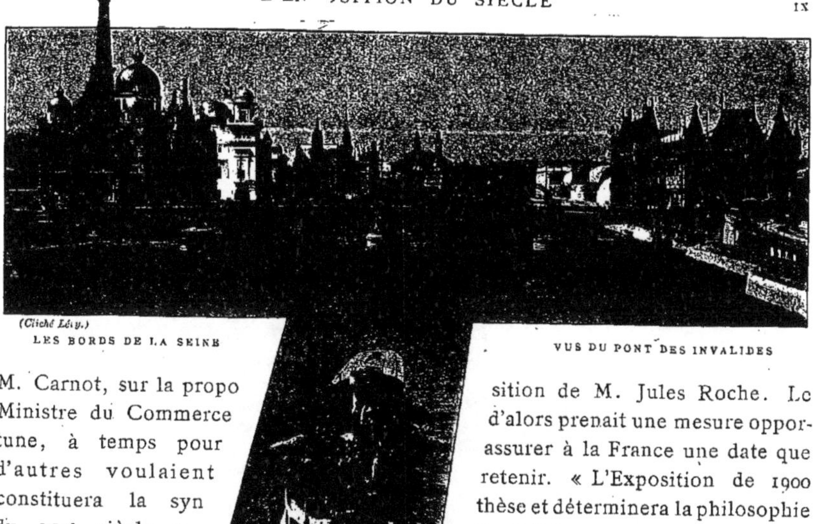

M. Carnot, sur la propo   sition de M. Jules Roche. Le
Ministre du Commerce   d'alors prenait une mesure opportune, à temps pour   assurer à la France une date que
d'autres voulaient   retenir. « L'Exposition de 1900
constituera la syn   thèse et déterminera la philosophie
du XIX° siècle »,   disait-il dans son rapport. L'œuvre
a justifié ses pré   visions et c'est à lui que revient
l'honneur de l'initiative.

Depuis, MM. Casimir-Perier, Félix Faure, Émile Loubet se sont succédé à la présidence de la République. Le Ministère du Commerce a été successivement occupé par MM. Siegfried, Terrier, Marty, Lourties, André Lebon, Mesureur, Henry Boucher, Maruéjouls, Paul Delombre, Millerand. Tous ont travaillé à l'œuvre commune.

Le 9 septembre 1893, sur un nouveau rapport présenté cette fois par M. Terrier, les services de l'Exposition furent organisés par un nouveau décret. Le 18 octobre suivant, M. Alfred Picard, qui se trouvait tout indiqué par son monumental rapport sur l'Exposition de 1889, était nommé commissaire général de celle de 1900.

Enfin, le 4 août 1894, sous la présidence de M. Casimir-Perier, le Ministre de l'Instruction publique, M. Leygues, et le Ministre du Commerce, M. Lourties, contresignaient le décret portant le règlement général et adoptant la classification de l'Exposition, présentés par M. Picard cinq jours auparavant.

Le premier « concours d'idées » eut lieu le 18 décembre 1894, et l'année suivante fut employée par de nouveaux concours, l'établissement du plan général des con-structions et la préparation des devis.

La première préoccupation fut d'organiser le budget de l'Exposition.

En 1867, une association de grands industriels avait constitué un fonds

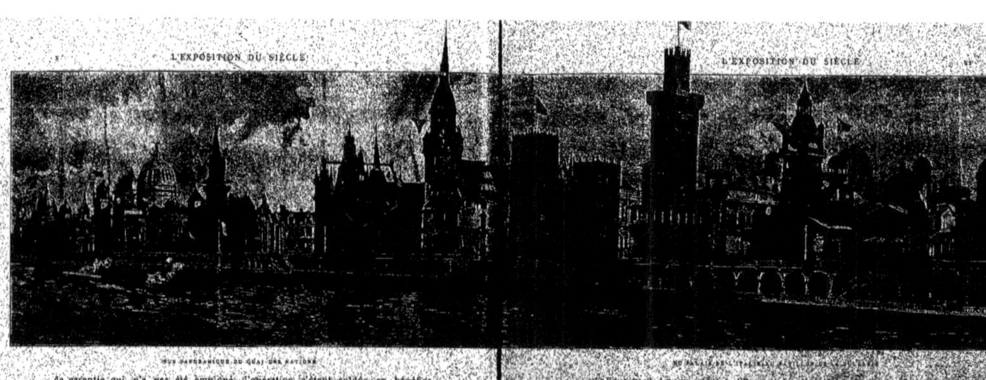

VUE PANORAMIQUE DU QUAI DES NATIONS

de garantie qui n'a pas été employé, l'opération s'étant soldée en bénéfice.

En 1878, l'Exposition fut entièrement établie aux frais et aux risques de l'État, qui eut un solde à payer. En 1889, une association de garantie avait été constituée comme en 1867, mais elle disparut devant la création des bons de l'Exposition.

Pour 1900, le budget en dépenses avait prévu 100 millions, dont 21 pour les palais des Champs-Élysées, — 25 pour l'Esplanade des Invalides, les palais du Champ de Mars, le Trocadéro et les quais, — 16 pour les aménagements de la Seine, les nivellements et la viabilité, — 20 pour les décorations diverses, — etc.

Pour y parer, 20 millions furent demandés à l'État, 20 millions à la Ville de Paris, et 60 millions à la création de 65 millions de tickets, la différence de 5 millions abandonnée aux cinq grands établissements de crédit qui en avaient garanti l'émission. Ces conventions financières datent du 13 juin 1896.

Ainsi assurée de son équilibre financier, l'Administration entreprit les travaux. Elle devait faire d'autres recettes importantes du fait des droits payés par les exposants et par les soumissionnaires des concessions diverses. Pour ces dernières, la location des terrains nus a dépassé 1.000 francs le mètre carré. Nous verrons par la suite que ce zèle fiscal, inspiré par les meilleures intentions, a été poussé trop loin.

En regard de ces recettes, l'Exposition avait à supporter des frais considérables d'entretien et de gardiennage, ceux des illuminations générales dépassant 10.000 francs par soirée, et ceux des fêtes, encore plus considérables, qui ont été données, comme celles de l'horticulture, des vendanges, etc.

Les Parlements des nations exposantes ont voté au total 46 millions pour leur participation officielle. Les exposants ont tous dépensé des sommes notables pour les plus petits et considérables pour les grands. Tous ces chiffres sont venus ... ... ce n'est le budget même de l'Exposition, ...

La classification générale des produits et leur répartition ... disponibles jouent un rôle capital dans le bon fonctionnement d'une ...

Par la classification, il s'agit de réunir en familles les productions ... plus nombreuses du progrès, pour ... la répartition ... l'examen des jurys et pour rendre au public des comparaisons entre ... de même nature.

L'Exposition de 1889 comprenait neuf groupes ... 18 ... en dix-huit. Ces 18 groupes sont été divisés en ...

DÉSIGNATION DES CLASSES.	EXPOSANTS. France.	Colonies.	Étranger.	TOTAL par classe.	PERSONNES occupées en FRANCE.
Groupe I. — Éducation et Enseignement.					
Palais des Lettres, Sciences et Arts, au Champ de Mars.					
1 — Éducation, Enseignement primaire	4.006	76	428	4.607	
2 — Enseignement secondaire	51	11	330	392	
3 — supérieur. Institutions scientifiques.	531	6	334	871	220.000
4 — spécial artistique	252	7	93	352	
5 — agricole	104	12	189	305	
6 — industriel et commercial	370	15	337	722	
Groupe II. — Œuvres d'Art.					
Grand Palais des Champs-Élysées.					
7 — Peinture, Cartons, Dessins	829	»			
8 — Gravure et Lithographie	258	»			
9 — Sculpture, Gravure en médailles et pierres	848	»			
10 — Architecture	152	»	2.829		15.000
Groupe III. — Procédés des Lettres, Sciences et Arts.					
Palais des Lettres, Sciences et Arts, au Champ de Mars.					
11 — Typographie, Impressions diverses	229	8	421	658	72.050
12 — Photographie	269	54	502	845	6.500
13 — Librairie, Musique, Reliure, Journaux, Affiches	815	22	1.028	1.865	111.840
14 — Géographie, Cosmographie, Topographie	141	35	140	310	80
15 — Instruments de précision, Monnaies et Médailles	132	5	296	433	9.950
16 — Médecine et Chirurgie	121	2	232	355	18.280
17 — Instruments de musique	182	11	281	424	9.050
18 — Matériel de l'art théâtral	67	1	36	104	10.600
Groupe IV. — Mécanique.					
Palais de la Mécanique, au Champ de Mars. — Vincennes.					
19 — Machines à vapeur	159	1	207	367	75.300
20 — Machines motrices diverses	76	3	75	154	»
21 — Appareils divers de la mécanique générale	254	9	250	513	6.050
22 — Machines-Outils	142	5	267	414	136.580
Groupe V. — Électricité.					
Palais de l'Électricité.					
23 — Production et utilisation mécaniques	82	1	196	279	4.500
24 — Électro-Chimie	82	2	57	141	260
25 — Éclairage électrique	97	2	142	241	3.290
26 — Télégraphie et Téléphonie	70	3	137	210	800
27 — Applications diverses	74	»	96	170	»
Groupe VI. — Génie civil. Moyens de transport.					
Palais du Génie civil, au Champ de Mars. — Pavillon de la Navigation de Commerce. — Pavillons divers sur les quais. — Vincennes.					
28 — Matériaux, matériel et procédés du génie civil	192	12	215	419	53.900
29 — Modèles, Plans et Dessins de travaux publics	695	35	350	1.080	498.700
30 — Carrosserie et Charronnage, Automobiles et Cycles	294	7	206	507	106.700
31 — Sellerie et Bourrellerie	44	20	89	153	86.830
32 — Matériel de Chemins de fer et Tramways	112	9	368	489	4.400
33 — Matériel de la Navigation de commerce	178	48	484	650	22.200
34 — Aérostation	27	1	5	33	»
Groupe VII. — Agriculture.					
Galerie des Machines de 1889. — Vincennes.					
35 — Matériel et Procédés des exploitations rurales	339	79	463	881	12.200
36 — de la viticulture	229	21	106	356	47.660
37 — des industries agricoles	83	7	142	232	50
38 — Agronomie, Statistique agricole	554	144	346	1.048	6.660.000
39 — Produits agricoles alimentaires d'origine végétale	167	833	2.875	3.875	14.250
40 — animale	44	10	329	383	20.850
41 — non alimentaire	43	207	1.108	1.358	1.070
42 — Insectes utiles et leurs produits. — Nuisibles	171	103	390	664	2.230
Groupe VIII. — Horticulture et Arboriculture.					
Grandes Serres, Pavillon de l'Horticulture, Parcs, Jardins et Berges.					
43 — Matériel et Procédés	163	8	141	312	950
44 — Plantes potagères	3	26	29	55	18.100
45 — Arbres fruitiers et Fruits	31	74	587	692	7.750
46 — Arbres, Arbustes, Plantes et Fleurs d'ornement	61	20	60	141	130.000
47 — Plantes de serre	14	7	13	84	
48 — Graines, Semences et Plantes	13	33	36	82	
Groupe IX. — Forêts, Chasse, Pêche, Cueillettes.					
Pavillon des Forêts.					
49 — Matériel et Procédés des industries forestières	16	9	167	192	
50 — Produits des industries forestières	68	187	588	843	219.070
51 — Armes de chasse	72	55	114	241	6.680
52 — Produits de la chasse	45	88	204	337	7.500
53 — Instruments et produits de la pêche, Aquiculture	109	102	211	422	74.450
54 — Instruments et produits des cueillettes	45	114	154	313	12.130

DÉSIGNATION DES CLASSES.	EXPOSANTS. France.	Colonies.	Étranger.	TOTAL par classe.	PERSONNES occupées en FRANCE.
Groupe X. — Aliments.					
Galerie des Machines de 1889. — Quai de Billy.					
55 — Matériel et procédés des industries alimentaires.	202	8	240	450	1.020
56 — Produits farineux et leurs dérivés	116	90	565	771	116.800
57 — Produits de la Boulangerie et de la Pâtisserie.	67	6	114	187	171.920
58 — Conserves de viandes, poissons, légumes, fruits.	88	102	558	748	44.050
59 — Sucres, Confiserie, Condiments, Stimulants	129	192	782	1.103	88.080
60 — Vins et Eaux-de-vie de vin	6.301	789	1.787	8.877	76.500
61 — Sirops, Liqueurs, Spiritueux, Alcools	395	207	682	1.384	21.000
62 — Boissons diverses	258	10	609	872	26.800
Groupe XI. — Mines, Métallurgie.					
Palais des Mines. — Trocadéro. — Vincennes.					
63 — Exploitation des mines, minières et carrières	214	130	2.297	2.641	275.170
64 — Grosse métallurgie	117	4	268	389	168.170
65 — Petite métallurgie	276	15	436	727	325.580
Groupe XII. — Décoration et mobilier des édifices publics et des habitations.					
Palais des Invalides.					
66 — Décoration fixe	171	24	442	637	286.520
67 — Vitraux	47	1	64	112	800
68 — Papiers peints	55	1	41	97	8.800
69 — Meubles	106	44	518	668	68.400
70 — Tapis, Tapisseries, Tissus d'ameublement	72	92	315	479	13.160
71 — Décoration mobile	96	15	197	308	26.250
72 — Céramique	249	55	702	1.006	80.070
73 — Cristaux, Verrerie	77	2	121	200	42.130
74 — Chauffage et Ventilation	106	4	110	220	15.800
75 — Éclairage non électrique	142	9	82	233	5.400
Groupe XIII. — Fils, Tissus, Vêtements.					
Palais des Fils et Tissus, au Champ de Mars.					
76 — Matériel et procédés de la filature et de la corderie	38	4	28	70	11.350
77 — de la fabrication des tissus	49	10	56	115	8.650
78 — blanch^t, teint^re, impr^on, appr^ts	88	2	61	146	255.840
79 — couture et habillement	127	»	55	182	1.820
80 — Fils et Tissus de coton	124	49	405	578	227.350
81 — lin, chanvre, Corderie	85	34	218	382	162.900
82 — de laine	132	60	356	548	175.400
83 — Soies et Tissus de soie	160	47	565	772	154.430
84 — Dentelles, Broderies et Passementeries	147	40	704	891	134.000
85 — Confections pour hommes, femmes et enfants	97	43	207	347	795.370
86 — Industries diverses du vêtement	448	57	822	1.327	596.840
Groupe XIV. — Industrie chimique.					
Palais des Industries chimiques. — Pavillon des Tabacs.					
87 — Arts chimiques et Pharmacie	405	72	846	1.323	61.470
88 — Fabrication du papier	94	4	208	306	85.100
89 — Cuirs et Peaux	249	45	317	611	46.300
90 — Parfumerie	89	38	204	331	4.200
91 — Tabacs et Allumettes chimiques	13	95	305	413	17.150
Groupe XV. — Industries diverses.					
Palais de l'Esplanade des Invalides.					
92 — Papeterie	192	10	187	389	22.520
93 — Coutellerie	44	12	61	117	18.000
94 — Orfèvrerie	90	24	365	479	5.500
95 — Joaillerie et Bijouterie	190	57	328	575	21.360
96 — Horlogerie	192	5	174	371	87.820
97 — Bronze, Fonte et Ferronnerie d'art	128	21	437	586	6.620
98 — Brosserie, Maroquinerie, Tabletterie, Vannerie	185	101	738	1.024	71.260
99 — Caoutchouc et Gutta-percha, Campement	64	5	75	144	14.650
100 — Bimbeloterie	99	5	112	216	3.900
Groupe XVI. — Économie sociale, Hygiène, Assistance publique.					
Palais des Congrès. — Palais des Armées de terre et de mer. Galerie des Machines. — Vincennes.					
101 — Apprentissage, Protection de l'enfance ouvrière.	92	»	71	163	
102 — Rémunération du travail, participation aux bénéf.	73	1	19	93	
103 — Associations coopératives, Syndicats profession.	557	»	386	943	
104 — Syndicats agricoles, Crédit agricole	551	3	67	621	
105 — Sécurité des ateliers, Réglementation du travail	63	»	80	143	
106 — Habitations ouvrières	90	»	163	253	
107 — Sociétés coopératives de consommation	74	1	55	130	
108 — Développement intellectuel et moral des ouvriers	294	1	97	392	
109 — Institutions de prévoyance	559	3	294	856	
110 — Bien-être des citoyens	57	1	114	172	
111 — Hygiène	245	28	632	900	
112 — Assistance publique	350	5	389	744	6.630
Groupe XVII. — Colonisation.					
Galeries extérieures et Pourtour du Trocadéro.					
113 — Procédés de colonisation	48	153	69	300	
114 — Matériel colonial	75	48	19	142	
115 — Produits spéciaux destinés aux Colonies	365	84	57	406	»
Gr. XVIII. — Armées de terre et de mer.					
Palais des Armées de terre et de mer.					
116 — Armement et Matériel de l'Artillerie	66	4	69	139	16.000
117 — Génie militaire	49	»	26	75	80
118 — Génie maritime	66	»	95	161	23.000
119 — Cartographie, Hydrographie	35	1	35	71	»
120 — Services administratifs	80	2	96	178	6.500
121 — Hygiène et Matériel sanitaire	64	1	24	89	
Totaux (y compris le report de la 1re colonne)	30.321	5.495	40.395	76.112	13.408.530

Ce tableau, tel qu'il ressort du Catalogue Officiel et très exact pour les quatre premières colonnes, présente des lacunes dans la dernière. Nous avons réparé des omissions, telle que celle du personnel de l'industrie des journaux, et laissé des attributions, comme celle de 800.000 blanchisseuses et couturières, qui servent matière à discussion. On conçoit les difficultés d'un pareil recensement; mais on peut dire que le chiffre de 13 millions et demi de personnes est au-dessous de la vérité, et qu'il ne comprend que les travailleurs eux-mêmes, sans tenir compte de leurs familles.

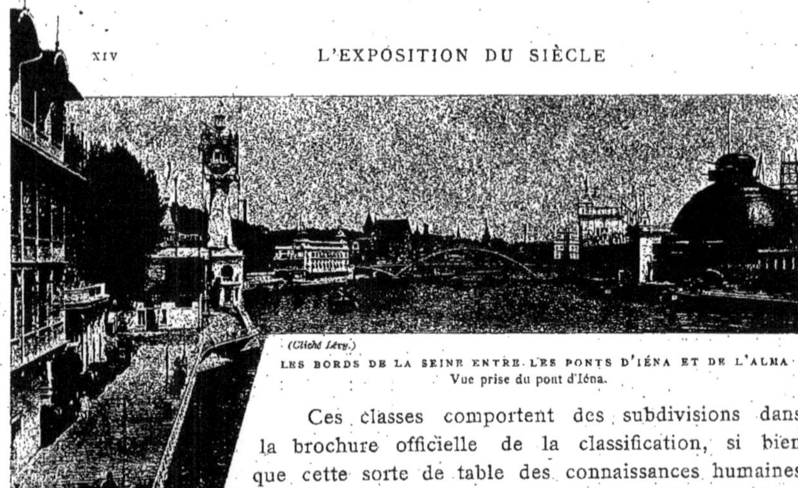

(Cliché Lévy.)
LES BORDS DE LA SEINE ENTRE LES PONTS D'IÉNA ET DE L'ALMA
Vue prise du pont d'Iéna.

Ces classes comportent des subdivisions dans la brochure officielle de la classification, si bien que cette sorte de table des connaissances humaines n'indique pas moins de 1.500 chapitres. Chacun d'eux demanderait encore à être détaillé pour arriver aux spécialités dont une suffit aujourd'hui à remplir une vie de travail.

Malgré tout, les idées générales doivent dominer ces énumérations et ne pas abandonner le commandement de ces armées pacifiques. La classification de 1900 est, dans son ensemble, une œuvre de haute philosophie directrice.

Quant à la répartition, le principe qui inspira celle de 1900 fut différent de ceux précédemment appliqués. En 1867, M. Le Play avait imaginé un palais elliptique dont les galeries rayonnantes étaient attribuées chacune à un pays différent et les galeries concentriques affectées aux produits des mêmes groupes. Cette idée ingénieuse ne pouvait plus être appliquée avec le développement actuel des surfaces.

En 1878, M. Krantz s'était inspiré du même principe, mais dans les galeries se croisant à angle droit d'un vaste parallélogramme. En 1889, M. Alphand, voulant faire vivant et amusant, abandonna les idées de groupements méthodiques, pour laisser à chaque nation le pittoresque de son autonomie et réunir dans la célèbre galerie Dutert le peuple bruyant de toutes les machines.

Pour 1900, M. Alfred Picard a exprimé ainsi lui-même l'idée maîtresse de sa répartition : « Comment imaginer une leçon de choses plus intéressante que celle qui consisterait à prendre la matière première, à la travailler sous les yeux du public, à la faire sortir sous forme d'objet fabriqué? »

La réalisation n'a pas pu répondre complètement à la conception.

Les machines fonctionnaient en nombre assez restreint, avec des lacunes regrettables. A défaut de conférences impossibles, il eût fallu de larges écriteaux indicateurs, numérotant et expliquant les opérations. Le public s'intéressait bien au fonctionnement de quelques outils mécaniques, mais il ne pouvait être suffisamment

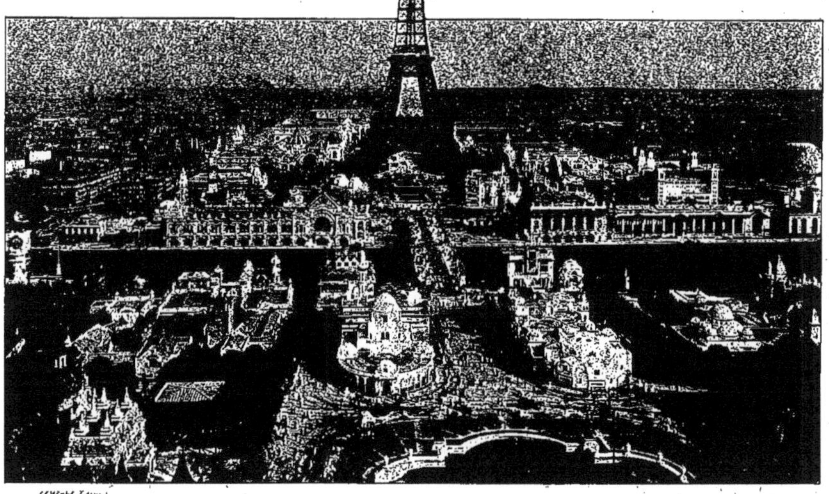

LE TROCADÉRO ET LE CHAMP DE MARS, VUS DES TOURS DU TROCADÉRO

renseigné sur les phases successives de la confection d'une pièce d'étoffe ou d'un livre, pour prendre des exemples.

Cette idée féconde produira plus tard ses résultats. C'est elle qui inspirera certainement les expositions futures, qui ne pourront plus être universelles, car l'espace et le temps manqueraient à la fois pour les installer et les étudier, mais qui répondent trop aux besoins modernes pour disparaître complètement.

Des groupes d'industries voisines suffiront amplement à des expositions successives, organisées sans luxe inutile et pouvant se répéter sans troubler la vie de Paris. C'est là que la fabrication pourra être suivie dans toutes ses étapes, depuis l'étude des matières premières jusqu'à l'achèvement des produits. On conçoit ce que seront l'attrait et l'enseignement permanent de ces spectacles. Aussi serait-il déplorable de voir disparaître le Champ de Mars, comme on en aurait parlé.

Aucun emplacement ne lui est comparable. Plus le mouvement de Paris s'accentuera vers l'Ouest, plus cette magnifique esplanade deviendra précieuse. Assez de beaux monuments existent dans Paris pour qu'il ne soit point nécessaire de dégager davantage la façade de l'École Militaire, qui n'est point perdue et qui est d'ailleurs trop basse pour dominer une aussi vaste étendue. Assez de terrains restent à occuper, et en particulier du côté de l'avenue de Suffren, pour qu'il ne soit pas utile de lotir une partie du Champ de Mars. Il eût été facile de construire une partie des bâtiments de l'Exposition de façon à former des ailes en retour à la Galerie des Machines, qui auraient survécu à 1900 et qui auraient fourni la partie centrale d'un

Palais permanent d'expositions régulières réduites au Champ de Mars. La double intention de supprimer à la fois le souvenir et la possibilité d'expositions en cet endroit serait une ingratitude envers le passé et une usurpation de l'avenir.

Sans entrer dans les détails du règlement, on peut rappeler que les demandes des exposants étaient soumises à l'examen de *comités d'admission*, fonctionnant par classes et nommés par le Ministre du Commerce. Un *comité d'installation* répartissait entre les exposants admis l'emplacement attribué à l'ensemble de la classe. Les exposants avaient à supporter les frais de leur installation.

Les *jurys d'examen* de chaque classe étaient également nommés par le Ministre, sans aucune part faite à l'élection directe, ce qui était pousser trop loin l'omnipotence administrative. Les jurés de l'étranger étaient présentés par leurs commissaires.

Les décisions des jurys de classe étaient soumises à des jurys de groupe ayant pour mission de maintenir un équilibre général dans la répartition des récompenses. Un jury supérieur décidait en dernier ressort.

Les récompenses, soulevant naturellement des réclamations, mais en général accordées après de consciencieux examens comparatifs, dans lesquels les facteurs d'appréciation sont multiples, ont fait une large part à l'étranger. La justice le voulait, sans parler de la courtoisie. Les collaborateurs des patrons, artistes et ingénieurs, employés et ouvriers, ont reçu de nombreux diplômes de mérite.

On a dit enfin que « dans la distribution des récompenses, le premier des prix a été incontestablement mérité et décerné par l'opinion à l'Exposition elle-même ».

Avant la première Exposition internationale de 1855, il y eut à Paris onze Expositions françaises, dont voici le tableau :

NUMÉROS d'ordre	ANNÉES	DATES D'OUVERTURE	DURÉE	EMPLACEMENT	NOMBRE des EXPOSANTS	NOMBRE des RÉCOMPENSES
1	An vi (1798)	3e jour complémentaire	3 jours	Champ de Mars	110	31
2	An ix (1801)	2e jour complémentaire	6 jours	Cour du Louvre	220	110
3	An x (1802)	1er jour complémentaire	7 jours	Cour du Louvre	540	251
4	1806	25 septembre	24 jours	Esplanade des Invalides	1.422	610
5	1819	25 août	35 jours	Palais du Louvre	1.662	869
6	1823	25 août	50 jours	Palais du Louvre	1.642	1.091
7	1827	1er août	62 jours	Palais du Louvre	1.695	1.254
8	1834	1er mai	60 jours	Place de la Concorde	2.447	1.785
9	1839	1er mai	60 jours	Champs-Élysées	3.381	2.305
10	1844	1er mai	60 jours	Champs-Élysées	3.960	3.253
11	1849	1er juin	6 mois	Champs-Élysées	4.532	3.738

Quant au développement des Expositions successives et de celle de 1900, le tableau suivant en dira plus long que tous les commentaires.

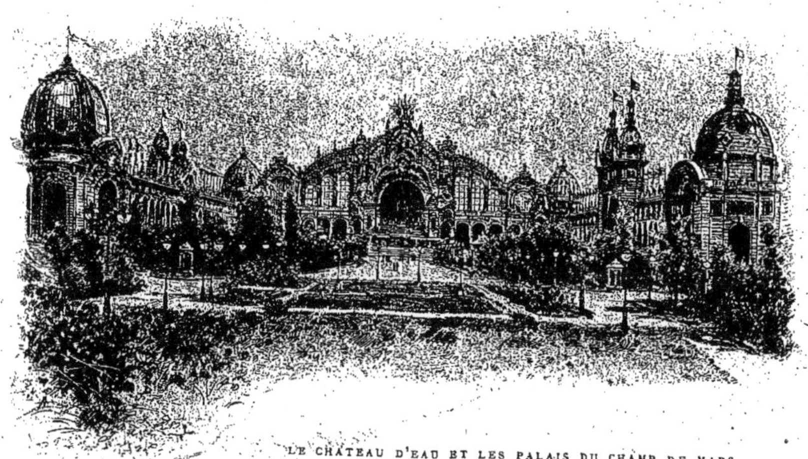

LE CHÂTEAU D'EAU ET LES PALAIS DU CHAMP DE MARS

	1855	1867	1878	1889	1900	
Superficie totale en mètres c.	168.000	687.000	750.000	960.000	1.120.000	plus 104 hectares à Vincennes.
Superficie construite	120.000	166.000	280.000	290.000	540.000	
Nombre d'exposants	23.954	52.200	52.835	61.722	76.112	
Nombre de récompenses. . .	11.033	19.395	29.810	33.139	42.790	plus 50.000 diplômes de collaborateurs.
Nombre de visiteurs	5.160.000	8.179.920	12.039.471	28.121.975	50.000.000	chiffres probables au moment de l'impression de ce volume.
Moyenne des entrées		44.700	65.800	152.158	235.000	

Remarque est faite que les chiffres des visiteurs sont comptés, pour 1889 et pour 1900, d'après les tickets perçus. Comme les entrées ont été fixées, le soir et certains jours, à deux tickets et plus, il faut ramener le nombre réel des visiteurs à 25 millions pour 1889 et à 45 millions pour 1900, en chiffres ronds. C'est plus de cinq fois les entrées de l'Exposition de 1867, citée souvent comme type, presque quatre fois celles de 1878 et 20 millions de plus qu'en 1889.

C'est le cas de dire que le succès est sans précédent, car les expositions internationales des autres pays sont bien en arrière de ces chiffres. L'ombre au tableau est formée par les 15 millions environ de tickets restés sans emploi sur les 65 millions émis. Par qui cette perte aura-t-elle été supportée? Sans doute en partie par les établissements de crédit qui les ont souscrits, mais en partie seulement, car l'émission avait été presque totalement couverte. Les tickets non utilisés sont restés en majeure partie entre les mains des détenteurs de bons qui, pour des raisons multiples, n'auront pas pu s'en servir. Il se perd bien ainsi des obligations de 500 francs dans des proportions encore importantes. Les porteurs n'auront subi qu'une faible

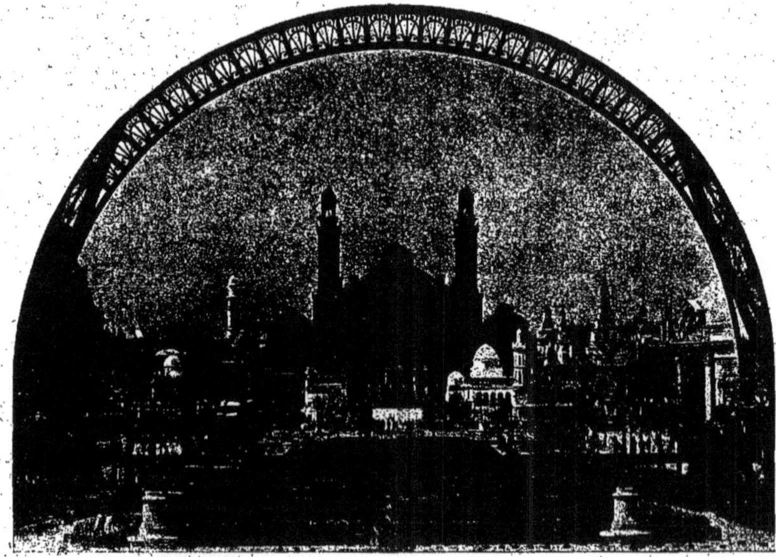

LE TROCADÉRO, VU SOUS L'ARC DE LA TOUR EIFFEL

perte, car ils auront participé à des tirages et, s'ils n'ont pas gagné, c'est le cas de bien des billets de loterie. Personne n'aurait donc été fondé à se plaindre et personne ne s'est plaint, ceux qui ont pu entrer à l'Exposition pour quelques sous encore moins que les autres.

L'opération sera-t-elle heureuse en général et l'État aura-t-il à combler un déficit? On ne le saura que dans quelque temps. S'il y en a un, il ne sera certainement pas élevé. Il ne faut pas perdre de vue non plus les avantages énormes résultant de l'argent apporté en France par les visiteurs. En 1889, ces sommes ont été évaluées à plus de 750 millions. Elles dépasseront certainement le milliard pour 1900, et ces chiffres ne comprennent pas l'argent apporté à Paris par les départements, qui peut n'être considéré que comme un déplacement, mais seulement celui venant de l'étranger, qui est un accroissement indiscutable de notre richesse nationale.

La France, qui aurait pu payer sa glorification, n'aura donc pas à le faire. Elle lui aura, au contraire, été profitable.

Quant à vouloir évaluer la somme des richesses exposées pendant 213 jours — du 14 avril au 12 novembre 1900 — sous les yeux du public, il est impossible de se livrer à la moindre approximation. C'est par milliards qu'il faudrait compter les objets pouvant se coter, sans parler des trésors d'art qu'aucune somme d'argent n'aurait pu payer.

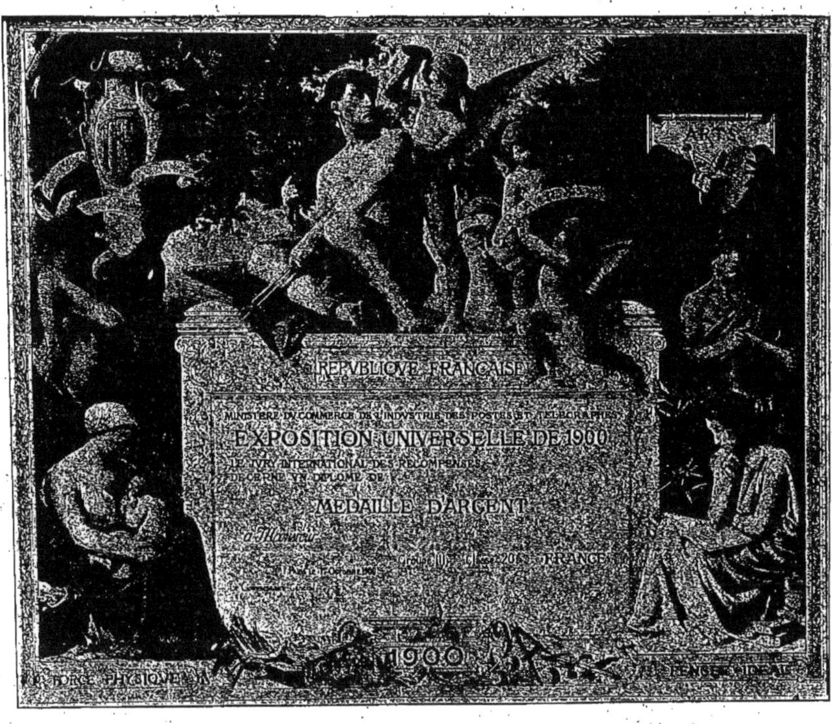

LE DIPLOME DES RÉCOMPENSES, PAR M. CAMILLE BOIGNARD

Sur la façade du palais du Génie civil et les soubassements de la porte monumentale, les artistes ont sculpté en bas-reliefs le cantique des ouvriers. Ceux-ci ont en effet apporté autre chose que le travail en vue d'un salaire, et l'argent seul ne paye pas le dévouement. Il fallait les voir enfouis dans les terrassements ou suspendus dans les charpentes, manœuvrant les masses de pierre et de fer ou pétrissant le staff léger, faisant jaillir du sol des édifices entiers en quelques jours, pour comprendre qu'ils se donnaient à l'œuvre. Ils ont été les soldats qui gagnent les batailles conçues par les capitaines.

En France, la surveillance soupçonneuse qui s'exerce sur les hommes au pouvoir est arrivée à un état maladif qui peut nous conduire aux pires conséquences, car personne ne veut plus prendre en main la conduite d'une affaire d'intérêt général, de peur d'être accusé de corruption.

L'Administration de l'Exposition n'a pas eu à se mettre au-dessus de pareils soupçons, car ses agissements à ciel ouvert et son système d'adjudication, poussé même à l'excès, ont pu faire des mécontents, mais ont désarmé la calomnie. Tous ont apporté leur concours à l'œuvre commune avec un désintéressement qui ne comptait pas avec la fatigue, et une foi qui a vaincu tous les obstacles, ceux venant des choses elles-mêmes, et ceux, plus décourageants, suscités par les hommes.

On ne peut citer ici des noms. Au moins ceux de MM. Delaunay-Belleville, directeur de l'exploitation, Stéphane Dervillé, directeur adjoint, et Bouvard, directeur de l'architecture, devraient-ils commander en lettres d'or les listes gravées sur un monument commémoratif.

Quant à M. Alfred Picard, commissaire général de l'Exposition de 1900, son cas est simple. Les admirateurs de son intelligence encyclopédique et de sa puissance de travail qui lui a permis un labeur sans repos de plusieurs années, ne lui reprochaient qu'une chose : vouloir se rendre compte de tout par lui-même. On lui eût imputé l'insuccès; il est donc de toute justice de lui rendre l'honneur de cette manifestation triomphale de la civilisation du monde entier, dont Paris et la France ont le droit de s'enorgueillir.

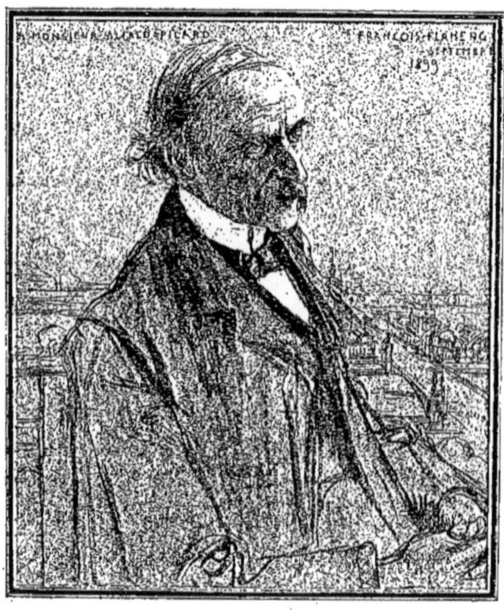

M. ALFRED PICARD
COMMISSAIRE GÉNÉRAL DE L'EXPOSITION DE 1900
(D'après un carton de M. François Flameng.)

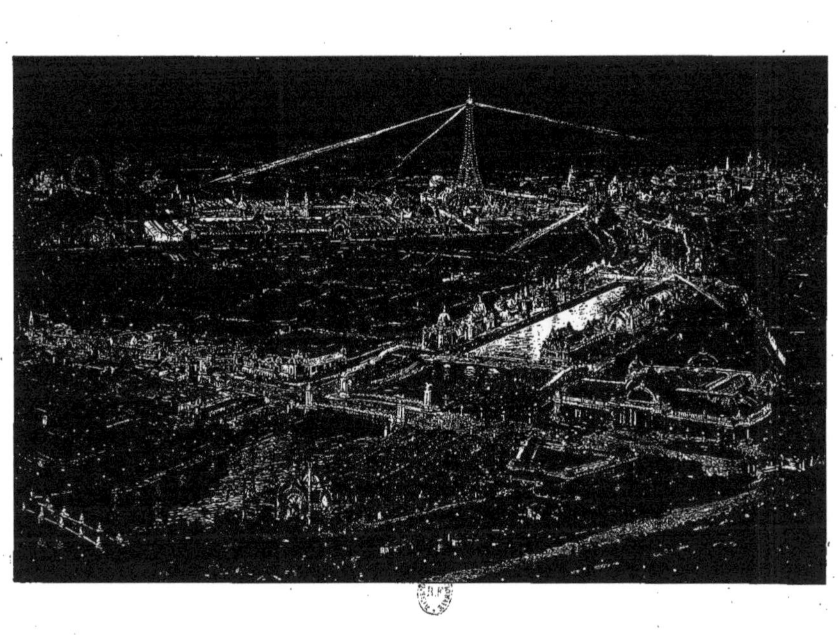

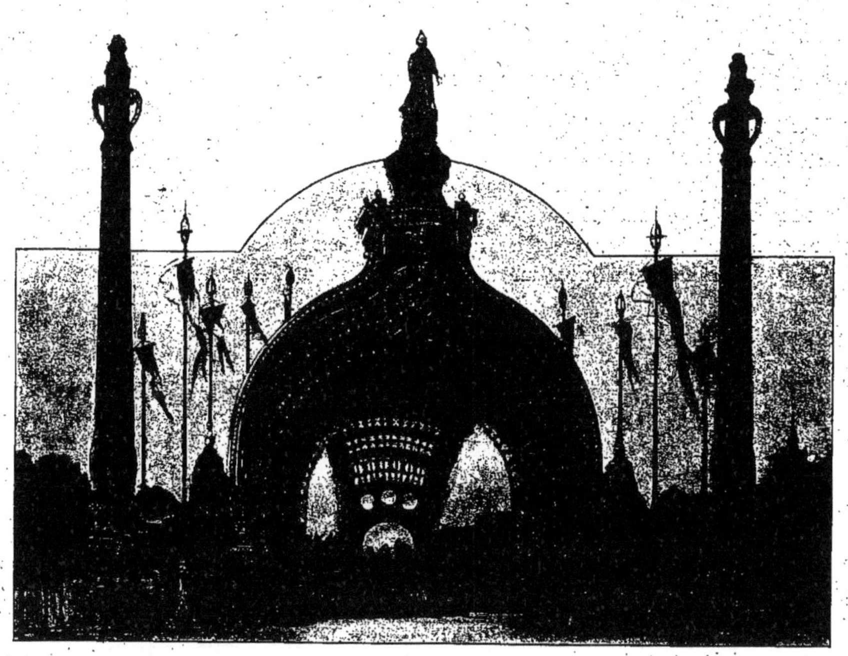

ENTRÉE DE L'EXPOSITION

LES JARDINS ET L'HORTICULTURE

Entrons dans l'enceinte sacrée par la porte colossale de la place de la Concorde. Construite en prévision de foules immenses, elle était capable d'engloutir, par ses cinquante-huit guichets, plus de cent mille visiteurs à l'heure. Malgré son rapprochement du centre de Paris, elle ne fut pas fréquentée dans ces proportions.

Elle devait aussi remplir une mission plus haute et apparaître comme l'arc triomphal de la grande victoire du progrès. Aucun monument de l'Exposition ne fut l'objet de plus vives critiques.

Cette double déconvenue fut la part nécessaire qu'il faut, en toutes choses, faire au mauvais destin. Après avoir commencé par épuiser la critique, il ne restait plus place que pour l'admiration.

Encore cette critique était-elle superficielle. Étonnée et amusée par l'indépendance des formes nouvelles, la foule donna bien à l'édifice les surnoms de Crinoline ou de Salamandre; mais l'appellation la plus usuelle fut encore celle de porte

Binet. N'attache pas qui veut son nom à un monument. Il y faut toujours du mérite.

Celui de M. Binet fut de ne rappeler aucune des portes monumentales répandues partout en assez grand nombre pour s'imposer en imitation au moins partielle. Il ne fallait pas édifier seulement un arc, mais un monument couvrant une certaine superficie, massif et cependant ajouré. L'emploi de la coupole était inédit et sa retombée sur trois pieds fut une véritable trouvaille. L'arc frontal, altier à souhait, portait fièrement le coq gaulois sur la proue de Lutèce. Il supportait aussi la statue qui déchaîna de telles tempêtes qu'on voulut la déboulonner.

La Ville de Paris ou plutôt la Parisienne de M. Moreau-Vautier ne méritait point ces colères. Elle rompait avec les éternelles Renommées, et si les amateurs du nu regrettaient son costume, ils avaient de quoi se dédommager sur le reste des palais. La forme du vêtement même était de circonstance pour une personne qui habitait à 35 mètres dans les airs. En somme, dans une attitude avenante et digne, c'était une femme bien moderne.

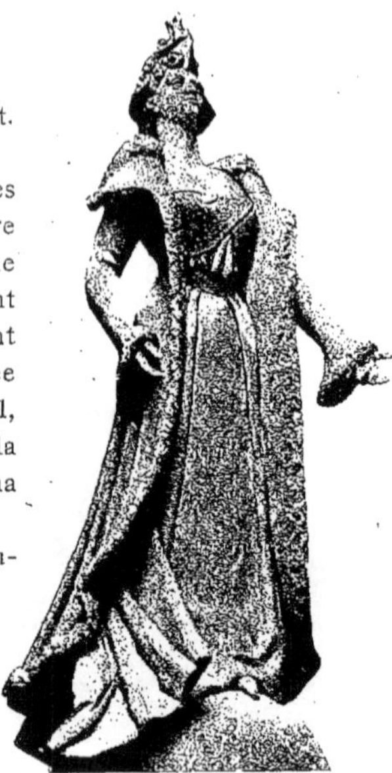

LA PARISIENNE
PAR M. MOREAU-VAUTIER

Les deux soubassements qui venaient appuyer en quart de cercle les pieds de l'arche principale offraient en façade une œuvre de premier ordre : les frises de M. Guillot, hauts reliefs exécutés en grès et glorifiant le travail des ouvriers. Nous reverrons sans doute ces frises sur quelque monument définitif ou dans un jardin public; on admirera l'ordonnance et l'énergie d'une composition prouvant que l'art le plus élevé peut s'accommoder du plus exact réalisme.

Les soubassements venaient buter contre deux hauts minarets terminant l'hémicycle d'arrivée et faisant office de phares. Leurs fines pyramides étaient constellées de cabochons en cristal qui scintillaient le jour aux feux du soleil et s'enflammaient la nuit d'une lumière intérieure.

Tout l'ensemble resplendissait alors de mille

LA PROUE DU VAISSEAU DE LUTÈCE

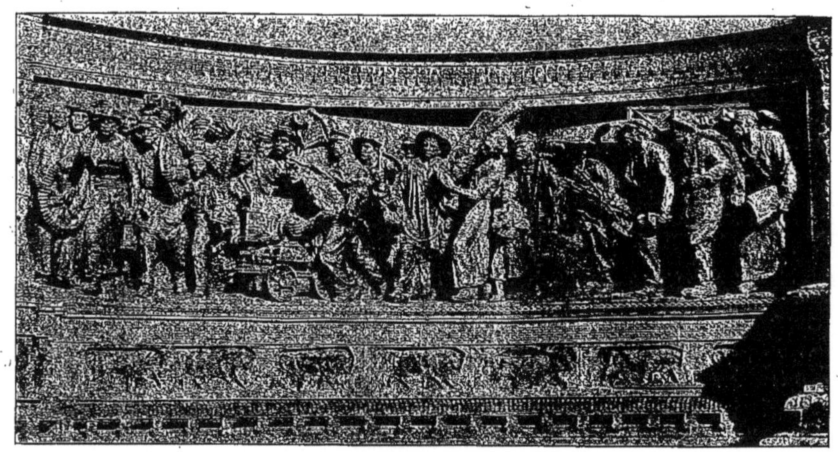

feux, multipliés par les innombrables facettes de l'ornementation, et le but était atteint. Une porte fantastique s'ouvrait sur un monde de féerie.

Dans le plan général de l'Exposition, une grande importance avait été attachée à l'encadrement du décor. Rien mieux que les arbres et les fleurs ne pouvait soutenir de couleurs aimables la blancheur un peu crue des palais, ni donner au goût parisien une meilleure occasion de s'affirmer. L'agrément de cette décoration fut pratiquement complété en faisant servir les jardins à l'exposition d'horticulture.

De la porte Binet au pont Alexandre, un parc touffu avait transfiguré cette partie du Cours-la-Reine. De petites serres s'y dissimulaient, de nombreuses statues décoraient les allées. Étaient-ce les sujets représentés, l'impression persistante de l'ancienne tristesse du lieu ou le dépit d'un long

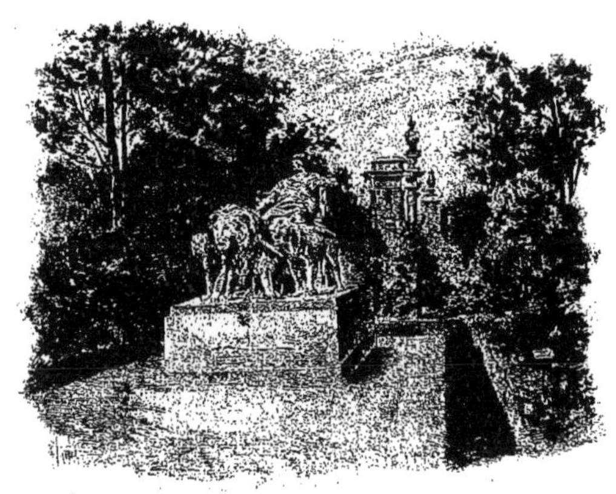

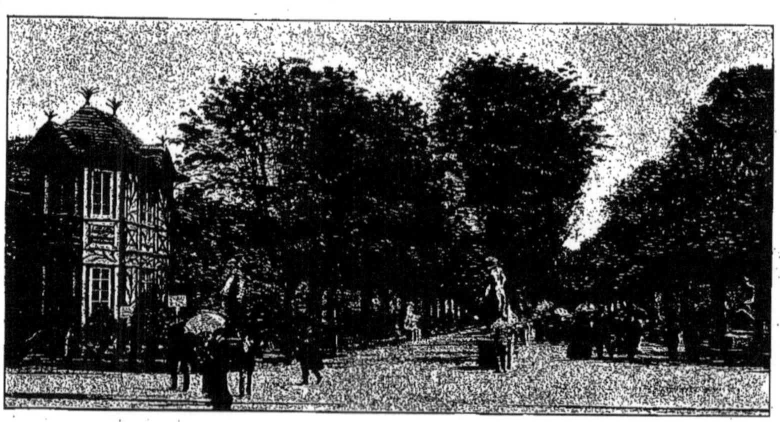

DÉBOUCHÉ DU COURS-LA-REINE SUR L'AVENUE NICOLAS II

trajet à parcourir, mais le surnom d'Allée des Tombeaux ne parut pas absolument immérité.

Tout s'éclairait en arrivant à l'avenue Nicolas II. Les palais y étaient bordés de parterres. Les deux palmiers-dattiers de l'arrivée par les Champs-Élysées excitaient l'admiration. Deux ans n'avaient pas été de trop pour les trouver en conditions parfaites et les préparer à leur périlleux voyage.

Une collection d'arbres verts, près de la passerelle de l'avenue d'Antin, étonnait par la profusion des espèces. Non loin, sur l'emplacement de l'ancien Jardin de Paris, sous des arbres magnifiques qui étaient là depuis des siècles et qu'on semblait voir pour la première fois, on avait ingénieusement utilisé une sorte de chemin creux qui avait servi au transport des matériaux par le quai. Les plantes des rochers et celles des eaux s'y étaient donné rendez-vous.

Les arbres à fruit alignaient leurs cordons le long des Champs-Élysées et sur les berges

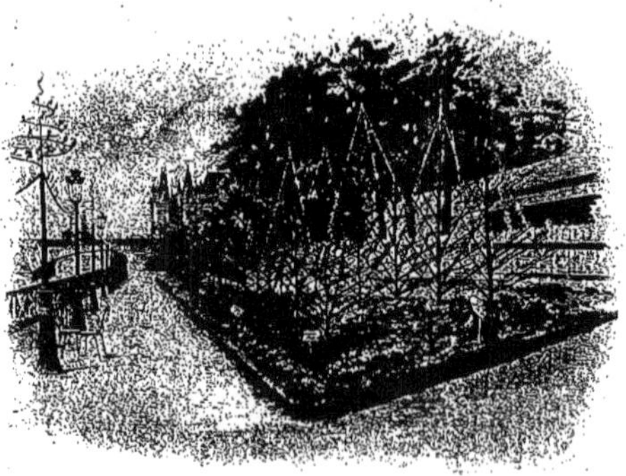

ARBRES FRUITIERS SUR LES BERGES DU QUAI

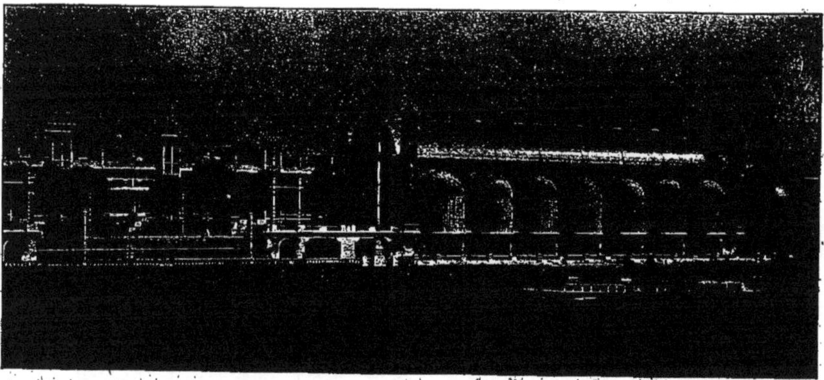

UNE DES DEUX SERRES MONUMENTALES (*Celle de gauche pareille*). Dans le fond, pavillon de l'horticulture.

de la Seine, près du pont Alexandre. Leur rigidité n'était point déplacée et leurs alignements produisaient un curieux effet.

Des roseraies occupaient sur l'Esplanade des Invalides des jardins suspendus non sur des tours comme à Babylone, mais sur la toiture des voies de la gare de l'Ouest. Elles se poursuivaient sur les pentes du Trocadéro.

L'abondance des constructions n'avait pas permis de laisser un grand développement aux jardins du Champ de Mars et du Trocadéro, encore que leur disposition fût très heureuse, avec nombre de coins charmants.

C'est ici l'occasion de parler des deux grandes serres, cathédrales de fer recouvertes de gracieux treillages verts, qui profilaient sur la Seine la double série de leurs chapelles latérales.

Dans le plan primitif de leur architecte M. Charles Gauthier, elles avaient de monumentales absides qui durent être diminuées pour raison d'économie.

De l'esplanade les séparant, les escaliers devaient descendre jusqu'au niveau des eaux et servir d'accès fleuri à des barques de fête ; on y renonça par prudence.

Il y en avait enfin une troisième, entre elles deux, qui fut remplacée par une

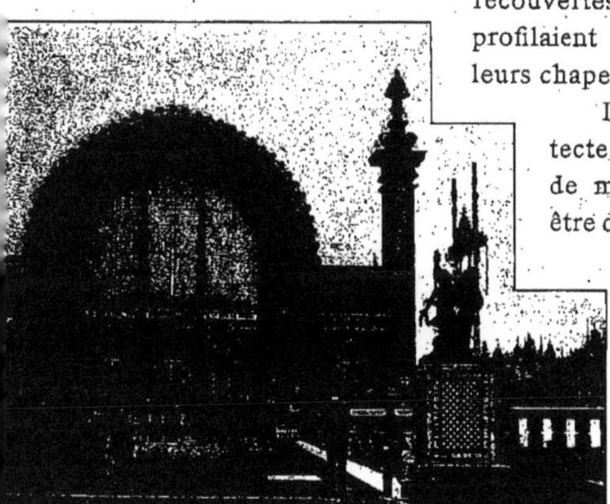

PORCHE D'ENTRÉE D'UNE SERRE

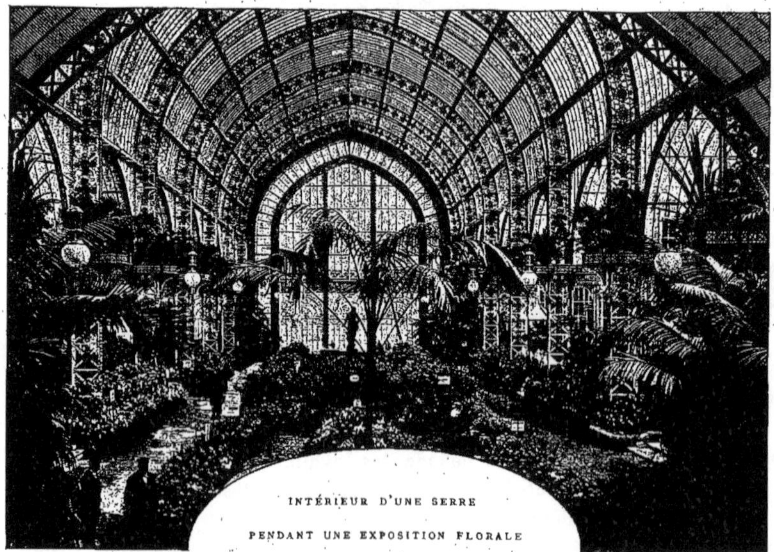

construction plus simple où les divers produits de l'industrie horticole trouvèrent un abri insuffisant, car un certain nombre, et pas des plus artistiques, encombraient cette partie de la rue de Paris déjà si étroite.

La serre la plus rapprochée du pavillon de la Ville de Paris servit aux concours de plantes, fleurs et fruits de la section française, qui se renouvelaient suivant les saisons. Il y en eut aussi dans la grande salle des Fêtes du Champ de Mars. C'était une succession d'éblouissements.

La serre plus voisine du Palais des Congrès abritait les sections étrangères. De belles photographies permettaient d'admirer à distance les parcs somptueux de Hambourg, le riche jardin botanique de Kew, les serres pleines de plantes tropicales sous un ciel glacé du jardin impérial de Saint-Pétersbourg et les parcs de la Couronne d'Autriche, Laxenburg romantique et Schœnbrunn majestueux. Les États-Unis, qui auraient pu exposer des vues de leur Yellowstone Park, se contentèrent d'envoyer des bocaux de comestibles.

Il est question de conserver ces serres, qui mesurent chacune 62 mètres de long sur 33 de large et environ 40 de hauteur. Elles rendraient de grands services et animeraient cette partie de Paris, qui mérite de rester fréquentée.

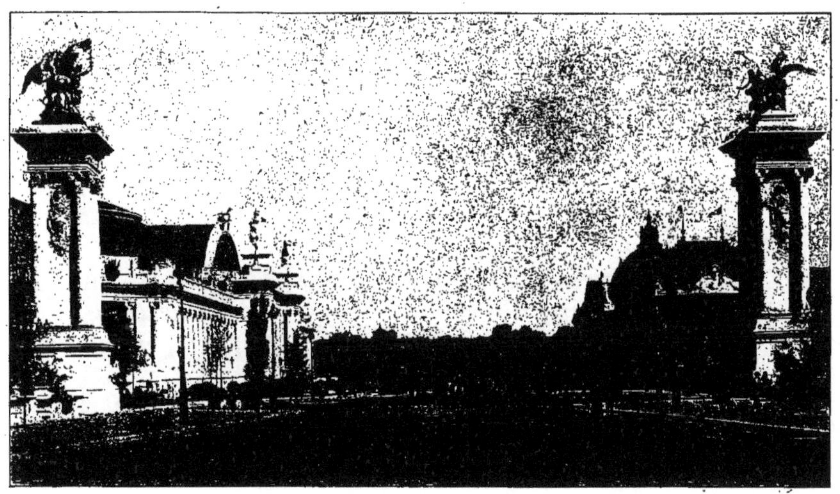

L'AVENUE NICOLAS II

ET

LE PONT ALEXANDRE III·

L'avenue et le pont ne peuvent être séparés dans l'honneur, car ils ont été ensemble à la bataille. Tous deux ont rencontré au début une opposition passionnée reposant sur l'habitude et la légende.

L'habitude avait rendu chère aux Parisiens l'ombre portée par le Palais de l'Industrie, et la légende voulait que la nature des berges rendît impossible la construction d'un pont à cet endroit de la Seine.

En réalité, tout en rendant justice à l'extrême commodité de ses aménagements, le disgracieux et rectangulaire bâtiment construit pour l'Exposition de 1855 n'avait fait que mettre un lourd écran devant l'ancienne perspective du carré Marigny, et l'échec subi en 1828 par l'ingénieur Navier pour construire un pont dans l'axe des Invalides avait été causé par des accidents particuliers auxquels il eût été, dès lors, facile de remédier.

La légende était telle que, lorsque la Compagnie de l'Ouest dut construire un

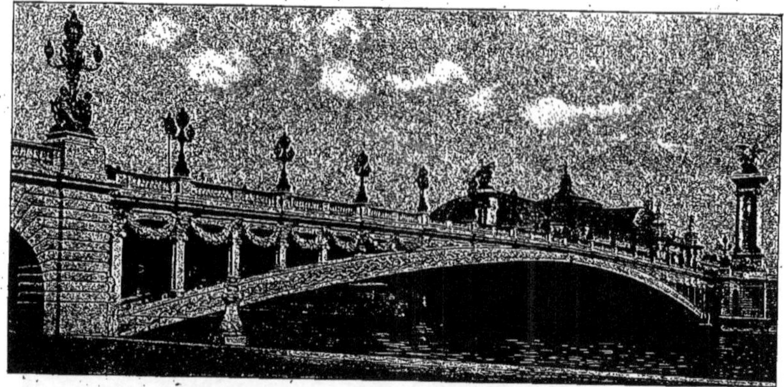

TABLIER DU PONT ALEXANDRE III — VUE PRISE D'AMONT

pont pour servir de débouché à sa gare de l'Esplanade, il fut décidé en prolongement de la rue de Constantine. Heureusement l'Exposition arrêta à temps ses
grandes lignes : l'avenue et le pont à sa suite furent décidés en premier lieu et le
projet de la rue de Constantine devint inutile. La Compagnie de l'Ouest fut dégagée
de l'obligation de le construire, à charge de verser à l'Exposition une somme
équivalente à ce qu'il aurait coûté.

Le 7 octobre 1896, avec une solennité inusitée, eut lieu la pose de la première
pierre du pont, et le Tsar Nicolas II le baptisa du nom de son père, Alexandre III.
L'Impératrice et le Président Félix Faure étaient à ses côtés; des jeunes filles de la
haute société parisienne lui offrirent les hommages de la Ville, et la symbolique
truelle d'or qu'il tenait à la main sembla faite pour cimenter l'alliance franco-russe.
Ce fut un jour de fête nationale.

Le pont devait le commémorer. Il devait aussi, en joignant les deux rives sur
lesquelles, pour la première fois, se déroulerait une Exposition, être digne des
splendeurs attendues. Destiné à demeurer, il lui fallait enfin présenter des conditions parfaites de durée et d'utilité. Monumental et pratique, sa tâche était
double. Les plus résistants au principe, ceux mêmes qui ont suivi sa construction
avec inquiétude, sont unanimes à le reconnaître aujourd'hui comme une des plus
belles œuvres de ce genre qui se puissent voir.

La gloire en revient aux ingénieurs Resal et Alby, auteurs des calculs, aux
architectes Cassien-Bernard et Cousin, chargés de la partie décorative. Il faut
rendre aussi justice aux entrepreneurs et aux ouvriers qui ont mené les travaux
avec une surprenante maestria.

Et cependant les difficultés du problème étaient multiples. Une ou deux piles centrales étaient écartées en principe, tant par l'élégance de la science moderne que par les nécessités de la navigation que rend difficile à cet endroit le voisinage du pont des Invalides; on ne pouvait barrer la Seine de poutres droites contraires à toute esthétique, et des retombées de voûte n'auraient plus laissé vers les berges la hauteur réclamée pour la batellerie. Une surélévation générale aurait coupé la perspective d'enfilade du fleuve et rompu la ligne d'horizon entre le palais de Mansart et les Champs-Élysées, ce qu'il fallait éviter à tout prix. Par surcroît, le quai de la Conférence, au Cours-la-Reine, présentait à cet endroit même une malencontreuse et profonde dénivellation.

Tous ces obstacles furent surmontés par un acte hardi appuyé sur les calculs les plus précis, le surbaissement extrême d'un arc unique et l'emploi de l'acier moulé permettant de réduire aux dernières limites l'épaisseur des matériaux.

Les arcs surbaissés donnant aux extrémités des poussées dangereuses, les culées du pont durent être d'une puissance exceptionnelle, et de cette nécessité naquit une beauté. Le fer ne saurait avoir l'aspect monumental de la pierre; mais ce pont, qui ne pouvait être qu'en fer, s'appuie sur de colossaux massifs de granit d'où s'élèvent les pylônes orgueilleux par qui l'ensemble prend une incomparable grandeur.

L'ornementation est digne du gros œuvre. Son style général rappelle celui du grand siècle pour

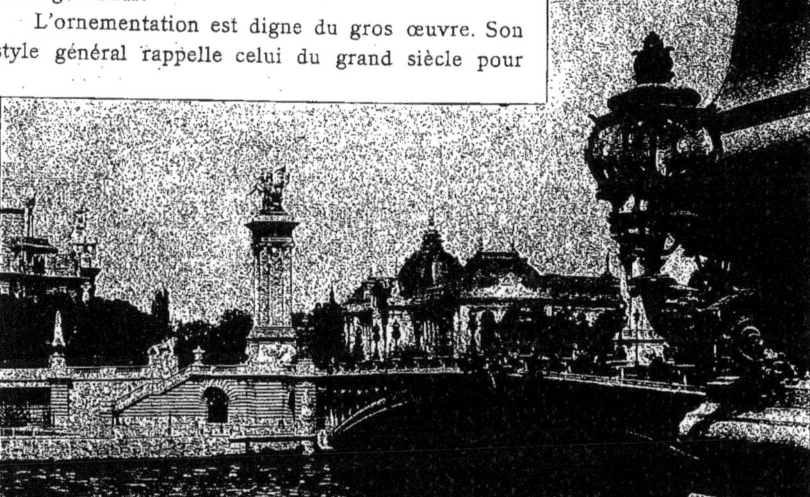

COTÉ AVAL DU PONT ET VUE DU PETIT PALAIS

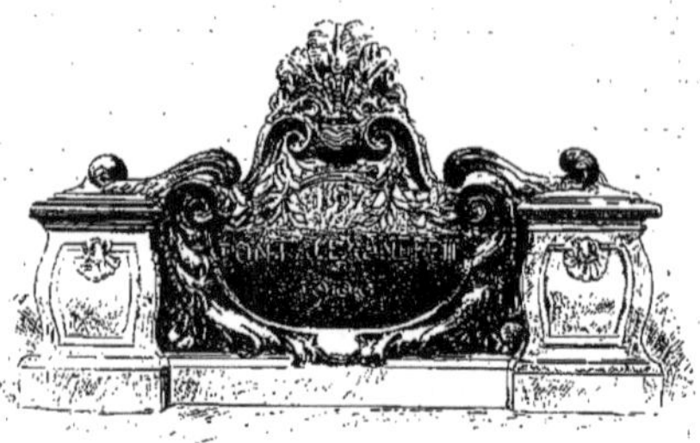

rester dans la note de l'œuvre de Bruant et de Mansart aux Invalides. Sur les pylônes, des Renommées et des Pégases ailés, groupes de 6 mètres de hauteur, par MM. Frémiet et Gallet, lancent dans l'espace la fougue de leurs galops; le ton de l'or est peut-être un peu vif, mais il s'atténuera vite sous le climat de Paris. Adossées aux fûts des colonnes et faisant face aux quais, quatre statues représentant la France aux principales époques de son histoire gardent l'entrée du pont. Sur la rive droite, c'est le Moyen Age, par Lenoir, et les Temps Modernes, par Gustave Michel; sur la rive gauche, la Renaissance, par Coutan, et la France de Louis XIV, par Marqueste.

De chaque rive, deux majestueux escaliers descendent sur les berges, entre des vases rappelant les plus beaux des jardins de Versailles, et des lions puissants dus aux statuaires Dalou et Gardet.

A la clef de voûte, deux femmes au double de la grandeur humaine, trop grosses et d'un nu dépourvu de retenue, figurent la Seine et la Néva et soutiennent en amont les armes de la Ville de Paris, en aval celles de la Russie. Cette décoration en cuivre martelé fut détruite par un incendie au moment d'être posée. Il n'a pu en être fait qu'une figuration provisoire; quelques modifications seraient à souhaiter avant de procéder à l'installation définitive.

A chaque extrémité des deux balustrades, des candélabres monumentaux, au socle entouré d'amours, supportent cinq globes en cristal; vingt-huit autres, à trois globes, complètent l'éclairage électrique. Par le rare bonheur de leurs formes et la perfection de leurs ciselures, ces grands bronzes sont de véritables objets d'art. L'avenue Nicolas II est éclairée avec une somptuosité semblable.

Les supports verticaux soutenant le tablier sur les grands arcs sont sur-

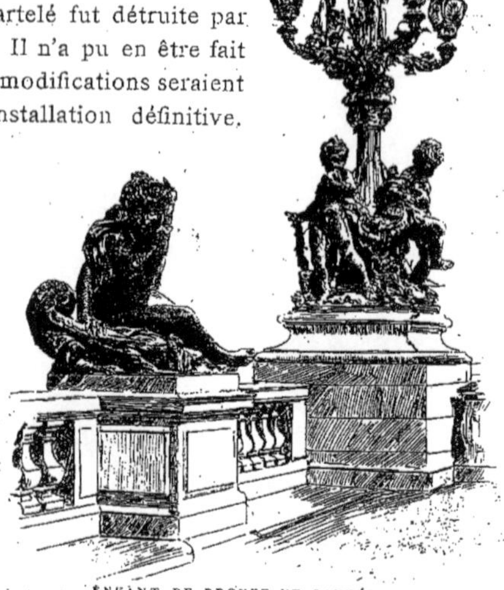

ENFANT DE BRONZE ET CANDÉLABRE

montés de mascarons rappelant ceux du Pont-Neuf et reliés entre eux par des guirlandes emblématiquement formées de plantes marines et de coquillages ; cette décoration robuste dans sa grâce, en fonte de fer galvanisée, est due à M. Glantzin.

Les pilastres de ces balustrades sont recouverts d'un main courante en cuivre martelé, d'un travail parfait.

Légèrement de biais sur la Seine, le pont mesure 40 mètres de largeur, partagés également entre la chaussée et les trottoirs. La distance entre les parapets des quais est de 155 mètres ; les berges étant chacune de 22ᵐ,50 de largeur, il reste 110 mètres de débouché effectif. Les pentes du tablier légèrement en dos d'âne sont de 0,02 par mètre ; la hauteur de la clef au-dessus du niveau moyen des eaux est de 8 mètres.

On se souvient encore de la passerelle, souvent prise pour le pont lui-même, qui servit au montage des arcs de ferme. Il y a quinze arcs, composés chacun de trente-deux voussoirs ou fragments et pesant environ 150 tonnes. Pour ne pas interrompre la navigation, ils furent montés de haut en bas, si l'on peut s'exprimer ainsi, c'est-à-dire descendus de cette passerelle. Les fondations des culées reposent sur des caissons de fer immergés à près de 20 mètres au-dessous du niveau des eaux, remplis de béton et présentant pour chaque rive un bloc supérieur à 15.000 mètres cubes. Les travaux reviennent à environ 7 millions, dont 1 million et demi pour les fondations et 1 million pour la décoration.

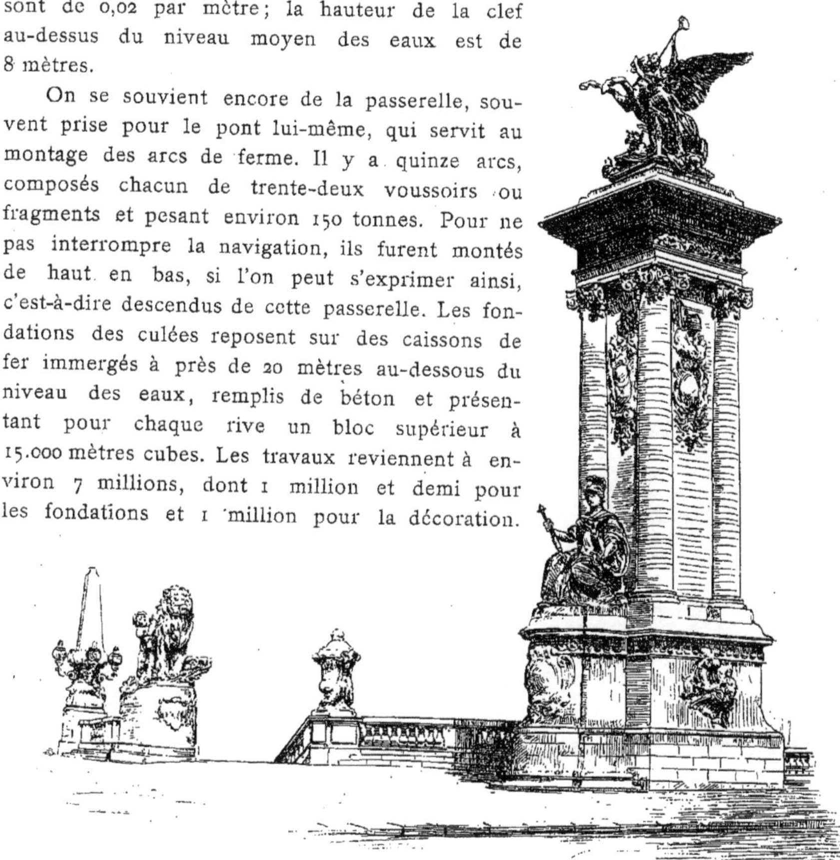

UN DES PYLONES ET UNE ENTRÉE DES ESCALIERS DE DESCENTE SUR LES BERGES

Les constructions métalliques ont un ennemi dans le mouvement de dilatation et de contraction, dont la puissance moléculaire est invincible. Pour mettre le pont Alexandre à l'abri de ce danger, les arcs reposent sur les culées et se rencontrent à la clef par l'intermédiaire de rotules cylindriques autour desquelles ils peuvent opérer certains glissements correspondant aux variations de la température.

Enfin le niveau du Cours-la-Reine a été remonté pour mettre le pont de plain-pied avec l'avenue Nicolas II, large de 100 mètres, qui va rejoindre les Champs-Élysées en formant avec eux un angle obtus du côté du Grand Palais. Du pont ou de l'avenue ce biais n'est pas apparent; il est plus sensible vu des Champs-Élysées, mais rien ne pouvait remédier à l'absence de parallélisme entre eux et les Invalides. Dans un lointain estompé par les brumes légères de la Seine ou le poudroiement d'or du soleil couchant, sous la délicatesse du ciel parisien, encadrée dans les arbres de l'Esplanade dégagée, la majestueuse façade des Invalides formera un incomparable fond de tableau.

Quand auront disparu les édifices temporaires de l'Exposition et que la féerie se sera évanouie, il restera la réalité de l'avenue Nicolas et du pont Alexandre, véritable voie triomphale reliant à travers deux palais nouveaux le mouvement élégant de la vie moderne à la tranquillité sereine du passé. Un effort vainqueur des résistances aura, en quelques années, doté la Ville de Paris d'embellissements qui demandent d'ordinaire pour s'accomplir des périodes séculaires.

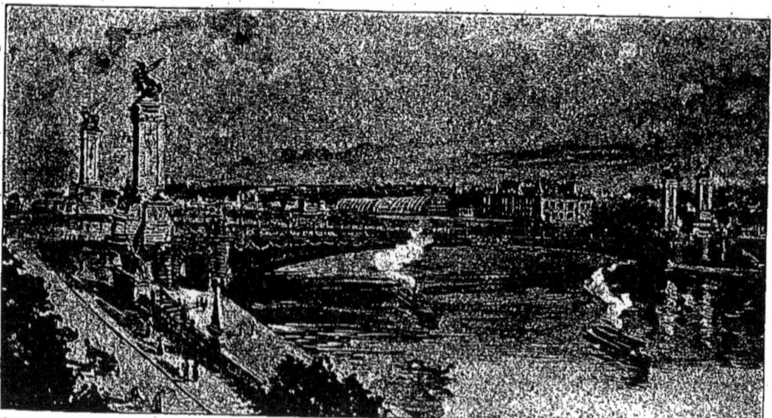

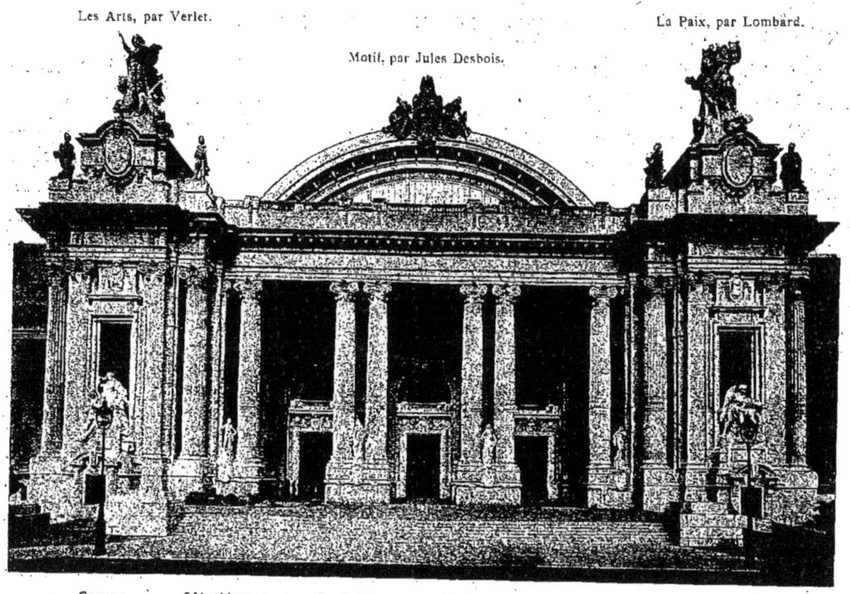

Groupe de M. Gasq.   L'Architecture, par Carlés.   La Peinture, par C. Lefèvre.   La Sculpture, par Cordonnier.   La Musique, par Labatut.   Groupe de M. Boucher.

GRAND PORCHE DU GRAND PALAIS DES BEAUX-ARTS SUR L'AVENUE NICOLAS II

LE

GRAND PALAIS DES BEAUX-ARTS

Un certain nombre des projets du premier concours de 1894 pour l'ensemble de l'Exposition, et en particulier celui de M. Hénard, avaient indiqué la démolition du Palais de l'Industrie et la création, dans l'axe des Invalides, d'une avenue bordée de deux palais nouveaux, d'inégale grandeur.

Cette idée fut accueillie aussitôt avec une faveur marquée en haut lieu et dans le monde artistique. Elle rencontra en même temps une opposition violente près d'un certain nombre de Parisiens qui trouvèrent alors au Palais de l'Industrie des qualités qu'ils ne lui avaient jamais reconnues, et qui craignaient, avec plus d'apparence de raison, les surprises des différences de niveau entre les Champs-Élysées et l'Esplanade.

Des études précises de nivellement eurent raison de ces inquiétudes. Tout en rendant justice à ses honorables états de service, il fallut bien reconnaître que le palais bientôt vieux d'un demi-siècle était dénué d'art et que son ombre était pesante. Sa démolition fut décidée.

Aujourd'hui, devant
de cette avenue triom-
lumière, il faut bien
étaient vaines et que
d'un des plus beaux
La Ville même y
du Petit Palais, qui lui est
son concours financier à
Palais, le pont Alexandre
Dans le second
deux palais à édifier,
haute lutte le prix pour
parlerons plus loin. Pour
Deglane et Binet, Thomas
les quatre premiers prix.
ne fut accepté complète-
nouveaux plans seraient

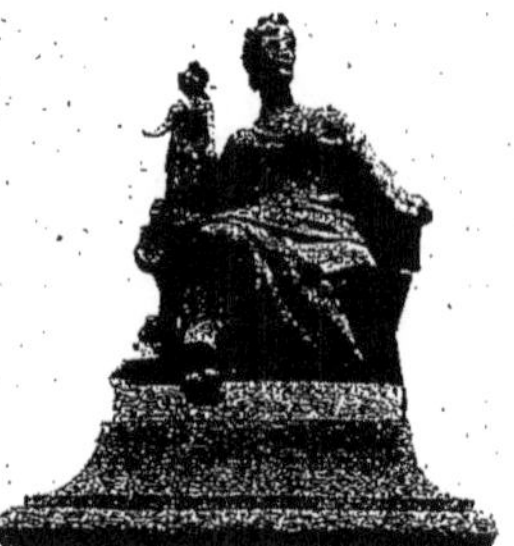

L'ART ROMAIN, PAR CLAUSADE
(Une des statues assises situées entre les colonnes.)
Il y en a 4 de chaque côté du Porche, qui sont, en partant de la Seine,
BAREAU : *L'Art asiatique.*
SUCHETET : *L'Art égyptien.*
BÉGUINE : *L'Art grec.*
CLAUSADE : *L'Art romain.*
BOUTRY : *L'Art du Moyen âge.*
EUDERLIN : *L'Art de la Renaissance.*
H. LEFEBVRE : *L'Art du XVIIIe siècle.*
CHARPENTIER : *L'Art contemporain.*

l'incomparable spectacle
phale, éblouissante de
avouer que les craintes
Paris peut s'enorgueillir
fleurons de sa couronne.
gagne la pleine propriété
abandonné en retour de
l'Exposition, le Grand
restant à l'État.
concours, spécial aux
M. Girault remporta de
le Petit Palais, dont nous
le Grand, MM. Louvet,
et Girault remportèrent
Mais aucun de ces projets
ment. Il fut décidé que de
étudiés.

En définitive, le Grand Palais fut réparti à M. Deglane pour la partie sur l'avenue Nicolas II, à M. Thomas pour celle sur l'avenue d'Antin, à M. Louvet pour la façade latérale et le raccordement général, ces trois collaborateurs devant travailler sous la direction de M. Girault. De fait, ce dernier s'en tint à son Petit Palais.

Bien que la postérité ne doive pas se soucier de ce détail, il faut cependant reconnaître tout d'abord qu'un délai de trois à quatre années pour élever de pareils édifices était manifestement insuffisant, et tenir compte du tour de force réalisé; il faut dire aussi que les données du problème compliquaient la difficulté.

Les avenues Nicolas II et d'Antin n'étant pas parallèles et le terrain devant être ménagé sur les côtés

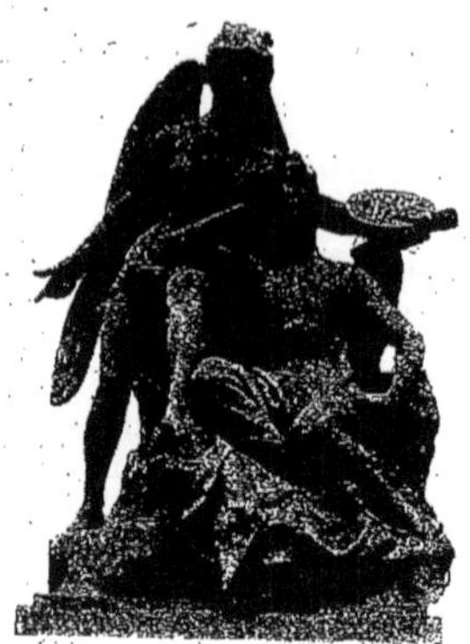

GASQ : *Émoi de l'Artiste devant la Beauté.*

BOUCHER : *L'Inspiration.*

plus même qu'il n'était nécessaire, les façades latérales ne pouvaient raccorder les deux grandes façades sur les avenues que par des lignes brisées.

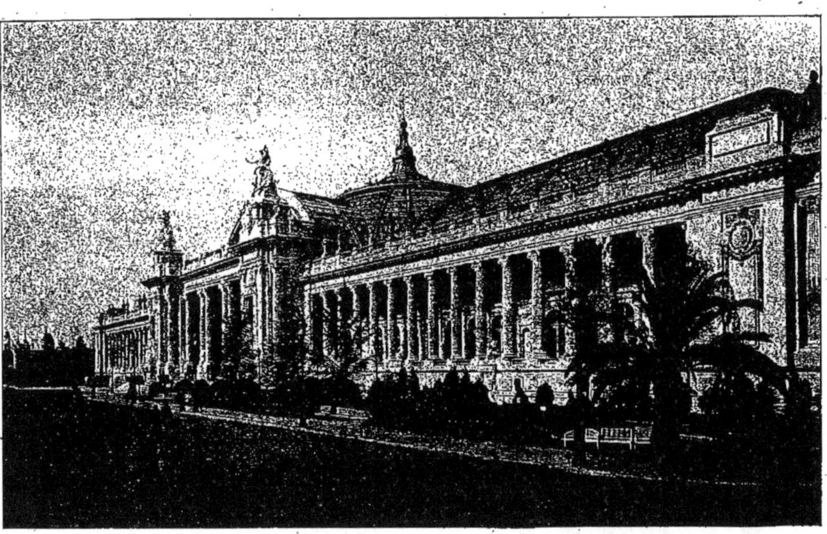

PERSPECTIVE DU GRAND PALAIS SUR L'AVENUE NICOLAS II
(240 mètres de longueur sur 20 de hauteur.)

Ces façades latérales, œuvre de M. Louvet, sont donc mouvementées et de biais. Elles n'en sont pas pour cela disgracieuses, au contraire. Elles se verront peu de loin, mais offriront d'agréables retraites aux promeneurs.

La façade de M. Thomas, sur l'avenue d'Antin, malencontreusement masquée par les arbres du trottoir et trop voisine d'eux, manquera toujours de recul pour être appréciée à sa juste valeur. Elle est très élégante dans son ordonnance fort simple et serait d'un très bon effet sur une grande place.

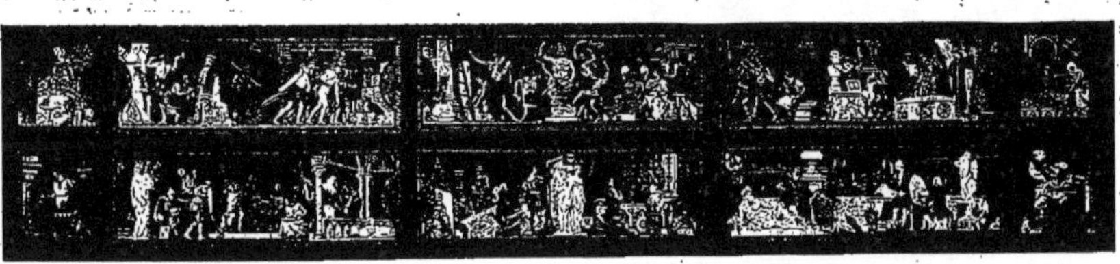

FRISE DE M. LOUIS-EDOUARD FOURNIER, REPRÉSENTANT LES GRANDES ÉPOQUES DE L'ART;
Exécutée en mosaïque de verre par M. Guilbert-Martin, au-dessus des baies de la grande façade, derrière la colonnade. — Ses diverses parties sont séparées par des cartouches dus à MM. Soldi, Levasseur, Bayard de la Vingtrie et André.

Le morceau capital du palais est naturellement l'immense façade sur l'avenue Nicolas II. C'est la part de M. Deglane, et rarement architecte eut à produire une œuvre aussi propre à susciter la critique. Le bien seul n'était pas supportable ici ; il fallait la perfection.

Elle n'est guère de ce monde. Mais cette façade est majestueuse, l'immense portique central rompt fièrement la monotonie attachée à de pareilles longueurs et c'est bien un Palais des Beaux-Arts qui s'indique derrière ces hautes colonnades classiques. N'est-ce pas là un éloge mérité et suffisant ?

Les colonnes et le classique feront peut-être sourire. Mais aucun motif d'architecture ne pouvait raisonnablement être employé ici hors les colonnes, et celles-ci sont de proportions heureuses. Quant au style, le rapporteur des concours, M. Pascal, avait nettement indiqué qu'il fallait se tenir dans des lignes consacrées par le temps et qu'il ne s'agissait pas de tenter, dans un pareil endroit, des expériences d'art nouveau. Les palais de staff des Invalides et du Champ de Mars pouvaient et devaient seuls s'en permettre.

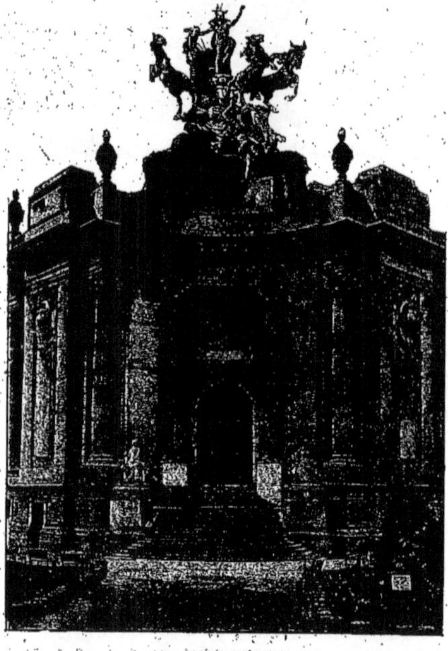

Certaines parties de la pierre, notamment aux angles de la façade et aux pavillons d'appui du portique, sont restées trop nues et comme inachevées. Le temps a pu manquer et ces retouches sont faciles.

Pour animer ces immenses surfaces, il a été largement fait appel à la sculpture. Ce n'est pas le symbolisme qui fait défaut, ni l'art non plus, car ces œuvres sont généralement d'une fort belle venue. Elles sont bien à leur place, font corps avec le bâtiment comme il convient, et les artistes ont su marquer leur individualité tout en se maintenant dans le programme donné. Notre école de sculpteurs est toujours prête à l'appel.

Pour la première fois à Paris, de larges surfaces extérieures ont été revêtues d'une décoration polychrome et cette tentative paraît tout à fait réussie. La frise en mosaïque de verre de M. L.-Édouard

PORCHE D'ANGLE
DU COTÉ DE L'AVENUE DES CHAMPS-ÉLYSÉES

Le grand quadrige de M. Recipon représente l'Immortalité devançant le Temps ; celui de l'angle sur le quai représente l'Harmonie terrassant la Discorde. Ces groupes colossaux, en cuivre martelé, dont les chevaux ont 5 mètres de haut, n'ont pas pu être posés à temps pour l'Exposition.

Les statues du perron sont, à gauche, le Dessin, par Daillon ; à droite, la Céramique, par Léonard. Sous le porche d'angle du quai, à gauche, l'Art décoratif, par Lafond ; à droite, l'Art industriel, par Villeneuve.

Fournier, sur la grande façade, et celle de M. Joseph Blanc, en grès cérame, sur l'avenue d'Antin, réchauffent le froid de la pierre. Leurs couleurs sont adoucies par l'ombre des portiques et elles se tiennent derrière les colonnes, dans un retrait discret, heureuses conditions de leur harmonieux développement.

Les œuvres d'art ont d'ailleurs absorbé une partie fort appréciable des 20 millions et plus qu'a coûté l'ensemble du monument.

Les facilités pratiques du Grand Palais semblent laisser beaucoup à désirer. Le porche n'est pas d'un abord hospitalier. Avant de s'y trouver à l'abri, les Parisiennes auront le temps de gâter leurs toilettes par les jours de mauvais temps. Sans doute une pareille façade ne pouvait supporter de marquise, mais on aurait dû disposer des entrées de voiture à couvert par des arrivées de biais sous le grand péristyle.

Cette insouciance des aises du public a même été poussée à l'excès par l'absence de tout vestibule intérieur, sans aucune place convenable pour pouvoir jamais en établir un. On passe du plein air au grand hall, sans transition.

Pénétrons à l'intérieur, et comme nous parlerons plus loin de l'aménagement des Expositions, considérons le palais comme s'il était vide.

L'immense nef de 200 mètres de long sur 40 de largeur est abordée par le milieu ; cet inconvénient inévitable est racheté par la perspective d'une travée d'égale largeur, perpendiculaire à l'entrée. L'effet n'est cependant pas en proportion de ce qu'on pouvait attendre de l'idée, sans doute parce qu'il est à l'inverse de ce qui se produit dans les cathédrales. Les bras des transepts y sont plus courts que la nef, et ici, quand on arrive, il semble qu'on ait devant soi un chœur trop court avec, sur gauche et droite, les bras démesurés de la croix. Au fond de ce chœur, si l'on se retourne,

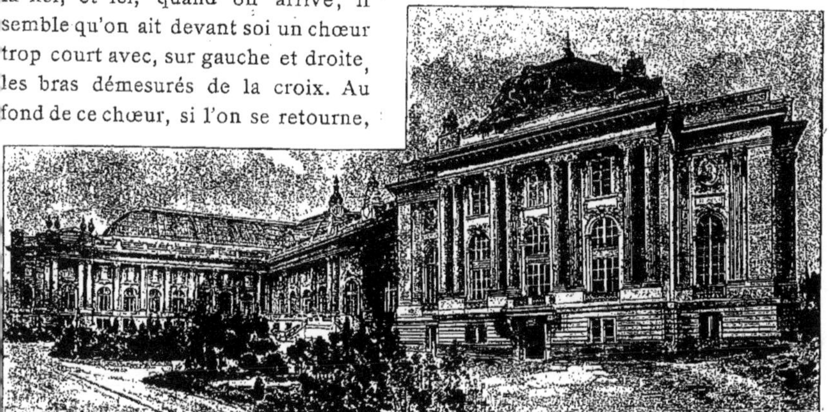

FAÇADE LATÉRALE SUR LES CHAMPS-ÉLYSÉES

Le tympan du perron central représente les Arts et les Sciences du nouveau siècle, par Theunissen. — La petite porte à droite est celle par où se fera le service des écuries du sous-sol.

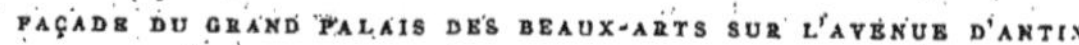

FAÇADE DU GRAND PALAIS DES BEAUX-ARTS SUR L'AVENUE D'ANTIN

la nef manque, et si l'on se place à l'une ou l'autre des extrémités de la véritable nef du palais, c'est alors un des bras qui fait défaut.

ALLÉGORIE, PAR M. TONY NOEL

Extrémité de la façade sur l'avenue d'Antin, côté des Champs-Elysées. — Côté de la Seine, l'allégorie est de M. Allar.

Sans doute, les dispositions des lieux peuvent varier suivant leur usage, et cette disposition, augmentant singulièrement la capacité du vaisseau, se prêtera aux manœuvres des Concours hippiques. Les attelages auraient là toute l'ampleur désirable pour leur arrivée... s'ils peuvent y parvenir.

La question se pose en considérant les rampes étroites qui conduisent aux écuries du sous-sol. Comment les chevaux accepteront-ils ces pentes rapides, tournant à angle droit? Comment aussi les hautes voitures pénétreront-elles dans ce sous-sol dont les seules portes extérieures ont 3 mètres de haut sur autant de large? Des moyens d'habitation ont sans doute été masqués pour les besoins de l'Exposition, car ils n'apparaissent pas. Dans tous les cas, on est loin des dégagements de plain-pied de l'ancien palais, qu'il serait désastreux d'avoir à regretter.

Les rampes des écuries aboutissent dans le couloir reliant la partie du palais sur l'avenue Nicolas II à celle sur l'avenue d'Antin. Encore ce mot

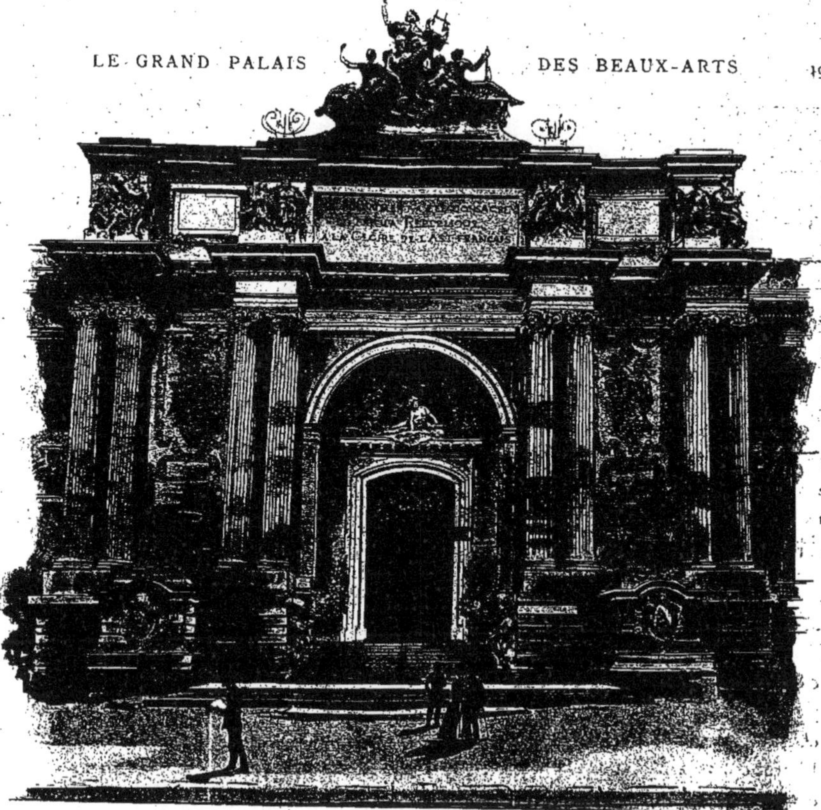

PORCHE PRINCIPAL DE LA FAÇADE SUR L'AVENUE D'ANTIN

Le grand motif supérieur, par M. Tony Noël, est en fonte dorée et représente Apollon et les Muses de la Danse et de la Musique, cette partie de palais étant à destination de concert. — Les groupes au-dessus des colonnes sont, en partant de gauche, la Musique et la Poésie, par M. R. Larche, la Peinture et l'Histoire, par M. G.-J. Thomas, la Science, par M. Cordier, la Sculpture, par M. Blanchard. — Le tympan de la porte est de M. Barrias. — Sur les socles restés vides pendant les premiers mois ont été placées des allégories de bronze par Falguière, à droite, et Peter, à gauche.

de couloir est-il trop noble pour cette partie obscure, traitée comme des communs, et qui est pourtant la seule voie d'accès intérieur à la rotonde de M. Thomas, sur laquelle ouvre le porche de l'avenue d'Antin, encore sans vestibule.

Cette rotonde, d'un diamètre trop étroit pour son élévation et qui lui vaut une apparence de puits, est très richement décorée. Des marbres verts avec rehauts dorés tranchent sur la blancheur des pierres ; une profusion de sculptures peuple la coupole de motifs gracieux. Les ornements sont en staff, mais traités avec un soin qui leur assure une longue durée. Elle est entourée de galeries ; du pourtour partent des escaliers d'un mouvement agréable.

Tout le premier étage de l'immense palais est composé d'une série de salles qui en suivent naturellement les contours et, comme ces contours sont irréguliers, il

LE TRIOMPHE DE LA RENAISSANCE, PAR M. JOSEPH BLANC
Partie de la grande frise de l'Histoire de l'Art, en grès polychrome, courant
sur la façade de l'avenue d'Antin.

est difficile de s'y orienter. On en prendra l'habitude et ces dispositions variées ménageront des surprises amusantes. L'éclairage, venant d'en haut, paraît très convenable. Les salles du premier étage doublent celles du rez-de-chaussée, dont la lumière nécessairement latérale est moins bonne. Les deux étages réunis représentent un développement de murailles suffisant pour satisfaire aux exigences d'une peinture qui ne connaîtra plus de limites.

Il nous faut revenir dans la grande nef pour envisager son ossature de fer et constater qu'il s'en dégage une impression antiesthétique.

On connaissait deux méthodes d'architecture du fer : la puissance robuste comme dans la Galerie des Machines, ou la légèreté aérienne comme dans les palais du Champ de Mars ; — dans les deux cas la simplicité. Ici, on a voulu donner au métal un air de fête. Pour cela, il a été ajouré et contourné en volutes. L'effet est malheureux. Même pour le grand escalier de M. Louvet, malgré l'ampleur de son développement, le fer ainsi tourmenté prend des aspects de quincaillerie. Pour vouloir compliquer leurs effets, les contours s'alourdissent et le grand pendentif d'intersection des deux nefs, qui est certainement un tour de force, paraît plus pesant que ceux en pierre de la Renaissance dont il s'est inspiré.

Ces fers étaient d'ailleurs revêtus d'une couleur indécise qui aggravait leur tristesse, et les verres du dôme uniformément blancs, c'est-à-dire sales comme ils le deviennent sous notre climat, achevaient de donner au vaisseau une physionomie désobligeante. Pourquoi une semblable surface vitrée distribuant une lumière trop crue? Pourquoi l'absence totale de vitraux colorés ou de parties pleines comme à la nouvelle gare d'Orléans? Pourquoi une pareille élévation que les nécessités de la statique ne commandaient point? Pour affirmer, a-t-on dit, la toute-puissance du fer.

C'est une antinomie avec la façade, avec le reste du Grand Palais, avec le Petit Palais; c'est une manifestation d'un goût douteux entre les Invalides et l'Arc de Triomphe; c'est un manquement à l'esprit et même aux conditions du programme. C'est bien plus encore : c'est un empiétement sur le ciel parisien.

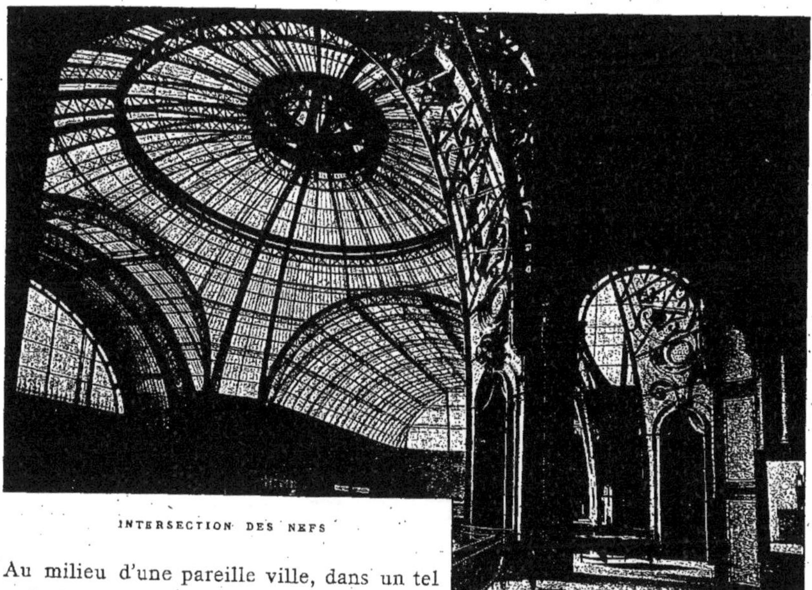

INTERSECTION DES NEFS

Au milieu d'une pareille ville, dans un tel
endroit, un monument n'a pas le droit de
barrer l'horizon céleste. Aucune nécessité ne peut prévaloir contre le respect
d'un bien qui appartient à tous ; il n'y avait pas nécessité. Le Petit Palais, le
Grand Palais lui-même, dans sa partie de l'avenue d'Antin, ont des toitures qui
conviennent à un monument d'art.

Le mal est sans remède. Des quais, des Champs-Élysées, de partout aux alentours et de partout au loin, cette toiture interminable et morne, qui est peut-être
une construction scientifiquement remarquable, mais qui est une chose incontestablement laide, arrête
la vue et irrite vaine-
ment ceux qui aiment
Paris.

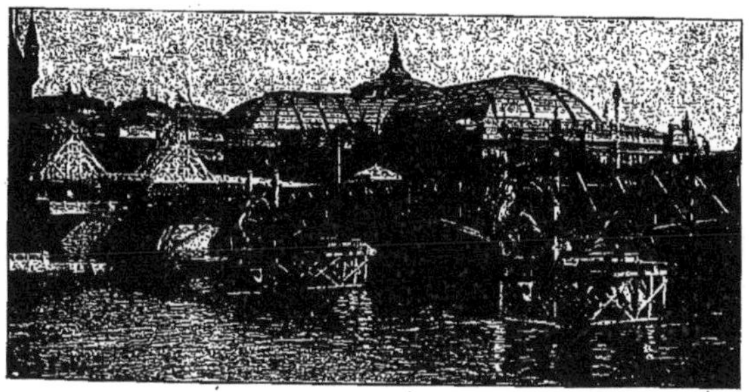

LES TOITS DU GRAND PALAIS

C'est une lourde res-
ponsabilité, pour ceux à
qui elle incombe, d'avoir
ainsi compromis un en-
semble digne partout
ailleurs d'une franche admiration.

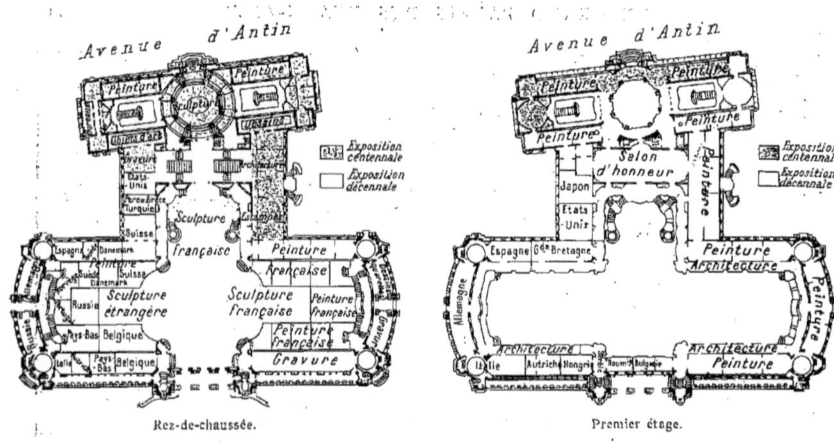

DISPOSITION INTÉRIEURE DU GRAND PALAIS DES BEAUX-ARTS

LES ARTS AU GRAND PALAIS

LA DÉCENNALE FRANÇAISE

Trois expositions d'art se partageaient le Grand Palais : la Décennale française, comprenant les œuvres exécutées depuis 1889, — la Centennale française, réunissant les principales créations du xixᵉ siècle, — les sections étrangères.

La Décennale française occupait toute la droite du palais, au rez-de-chaussée et au premier étage, avec le salon d'honneur situé au-dessus du grand escalier. Elle débordait sur le sol de la nef.

La Centennale détenait la partie du palais sur l'avenue d'Antin, mais d'une façon incomplète, sans comprendre pourquoi elle en sortait au rez-de-chaussée et se laissait au contraire pénétrer au premier étage.

Les sections étrangères avaient été installées dans la partie de gauche, c'est-à-dire celle tournée vers la Seine, au premier étage et au rez-de-chaussée, où les salles formées de cloisons provisoires empiétaient également sur la nef.

Dans l'espace laissé libre les sculptures françaises et étrangères se pressaient les unes contre les autres, dans un ordre difficile à discerner, et se nuisaient réciproquement.

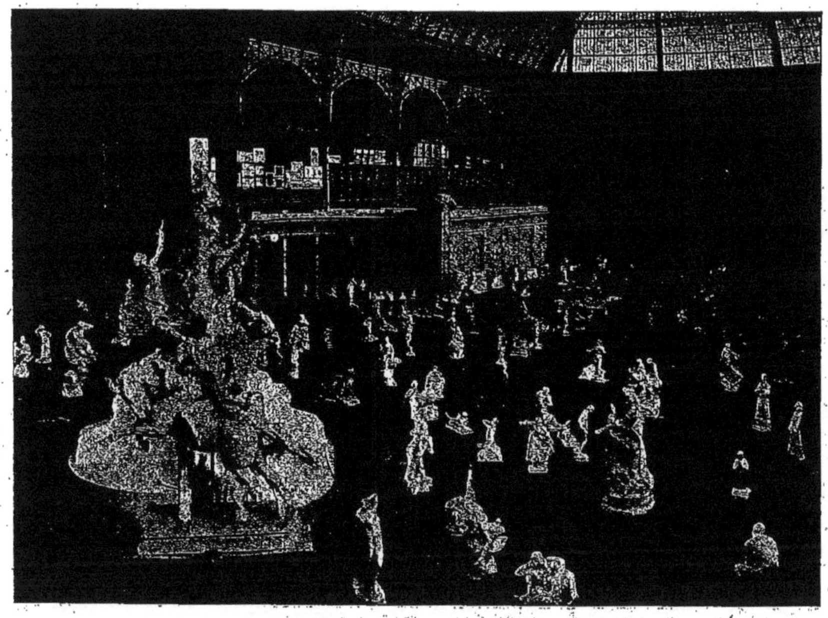

En somme, l'organisation générale était plutôt défectueuse. Elle accentuait, au lieu de les atténuer, les inconvénients inhérents au monument lui-même. Le vitrage du hall faisant office de serre chaude et la ventilation insuffisante amenaient vite l'étouffement. Nulle part n'apparaissaient plus apparents la dureté de l'Administration pour les visiteurs et le mépris de leurs fatigues que trop peu de sièges aidaient à soulager.

Cette fatigue, on l'oubliait d'ailleurs à la contemplation de tant de belles œuvres réunies. Voici le total de l'exposition décennale française :

Classe 7. — Peinture	Artistes 770	—	Œuvres 1.972
— 8. — Gravure et lithographie	— 258	—	— 479
— 9. — Sculpture et gravure en médailles et sur pierres fines	— 336	—	— 640
— 10. — Architecture	— 144	—	— 245
	1.508		3.336

Les œuvres n'étaient pas limitées pour chaque artiste; quelques peintres n'avaient qu'une toile, d'autres plus de dix. Le nombre n'était pas toujours en

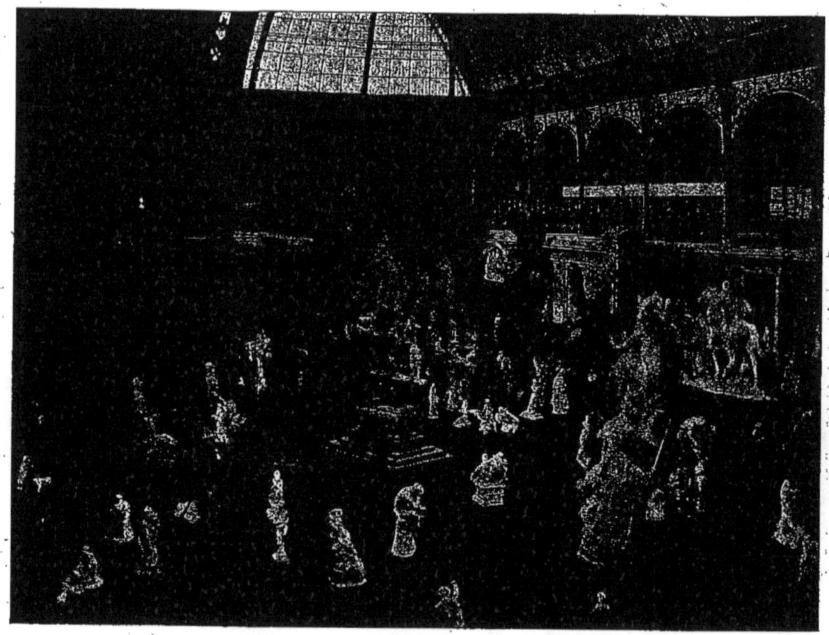

VUE D'ENSEMBLE DE LA SCULPTURE ÉTRANGÈRE

proportion de la valeur, mais on n'avait pu établir une échelle de mérite pour répartir un chiffre à chacun, et la moyenne de deux toiles, par exemple, n'aurait pas été suffisante pour bien apprécier un talent.

Il faut d'ailleurs se hâter de dire que l'examen le plus sévère n'aurait peut-être pas fait découvrir une seule œuvre indigne de figurer dans ce grand concours.

Cette parfaite tenue de la moyenne est précisément l'honneur de notre école contemporaine. Dans le monde des artistes, il en est vraiment bien peu qui ne puissent légitimement revendiquer ce beau titre. Quant aux grands, s'ils se comptent, ils sont encore nombreux, et ils sont très grands.

Si la Centennale avait pour but de démontrer que dans ce siècle l'art ne brilla jamais d'un aussi vif éclat que pendant sa dernière période, elle a pleinement réussi. Le respect du passé ne doit pas nous rendre injustes pour notre temps.

On ne pouvait imaginer plus magnifique concours de belles choses, où les tempéraments personnels s'affirmaient avec une incroyable variété sous l'unique devise de l'art contemporain : la recherche de la vérité. Il n'était plus question d'écoles, encore moins de sociétés rivales qui n'avaient pas osé maintenir leur

SALON D'HONNEUR DE LA DÉCENNALE FRANÇAISE, SITUÉ A L'ARRIVÉE DU GRAND ESCALIER

division; le beau régnait en seul souverain, toujours cherché, souvent atteint, maintes fois fixé avec la puissance du chef-d'œuvre.

Oui, du chef-d'œuvre. Qu'il s'organise un jour une exposition comparative. Qu'à cent toiles ou statues les plus belles du passé, cent œuvres prises parmi les meilleures de nos jours soient opposées. Notre époque né souffrira pas de la comparaison. Quelque chose même sera chez elle supérieur aux conceptions d'autrefois : un profond sentiment d'humanité.

Ne craignons pas non plus d'affirmer la supériorité de l'art français. Nous avons, dans cette exposition, rencontré des maîtres sur bien des terrains. Il faut avouer de bonne grâce et de bonne grâce aussi les étrangers reconnaîtront que nous tenons la tête dans le domaine de l'art. Malgré les soins apportés à leur présentation, les œuvres des autres pays ne pouvaient rivaliser avec les nôtres.

Il ne saurait être question ici ni d'énumérer les œuvres de la Décennale française, ni de les reproduire. On ne pourrait faire un choix, et quelques noms suffiront d'ailleurs pour évoquer les souvenirs des derniers Salons :

Émile Adan, Aublet, Benjamin-Constant, Jean Béraud, Besnard, Blanche,

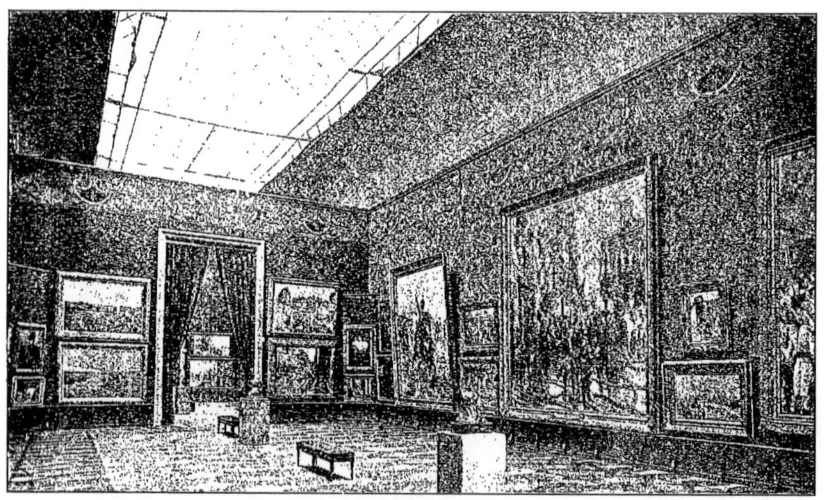

Bonnat, Bouguereau, Boutet de Monvel, Jules Breton, Carolus Duran, Carrière, Cazin, Chartran, Raphaël Collin, Cormon, Cottet, Dagnan-Bouveret, Dawant, Detaille, Paul Dubois, Dubufe, Flameng, Friant, Geoffroy, Gervex, Harpignies, Hébert, Henner, Humbert, J.-P. Laurens, Jules Lefebvre, Le Gout-Gérard, Lhermitte, Maignan, Henri Martin, Montenard, Muenier, Rochegrosse, Roll, Rondel, Roybet, L. Royer, Tattegrain, Wery, Zuber, etc.

Allouard, Aubé, Baffier, Barcau, Barrau, Barrias, Bartholdi, Boisseau, Boucher, Carlès, Carlier, Chabaud, Chaplain, Charpentier, Cordonnier, Coutan, Cros, Dalou, Alphée Dubois, Ernest Dubois, Henri Dubois, Paul Dubois, Frémiet, Gardet, Guilbert, Guillaume, Injalbert, Labatut, Lenoir, Mercié, Noël, Octobre, Ponscarme, Puech, Rodin, Roty, Saint-Marceaux, Soulès, etc.

Peintres et sculpteurs pleins de vie et de force, ces noms ne forment-ils pas une incomparable pléiade, sans rappeler parmi les plus grands ceux qui sont morts d'hier! Une semblable énumération est cependant bien injuste pour ceux qu'on oublie et pour ceux qui, demain, monteront au premier rang...

Comment la postérité fera-t-elle un choix dans cette moisson touffue que lui léguera la fin du XIXe siècle? Dans tous les cas, le visiteur de la Décennale s'en sentait incapable. Il se contentait d'admirer en bloc les beautés offertes à sa vue avec une éblouissante prodigalité.

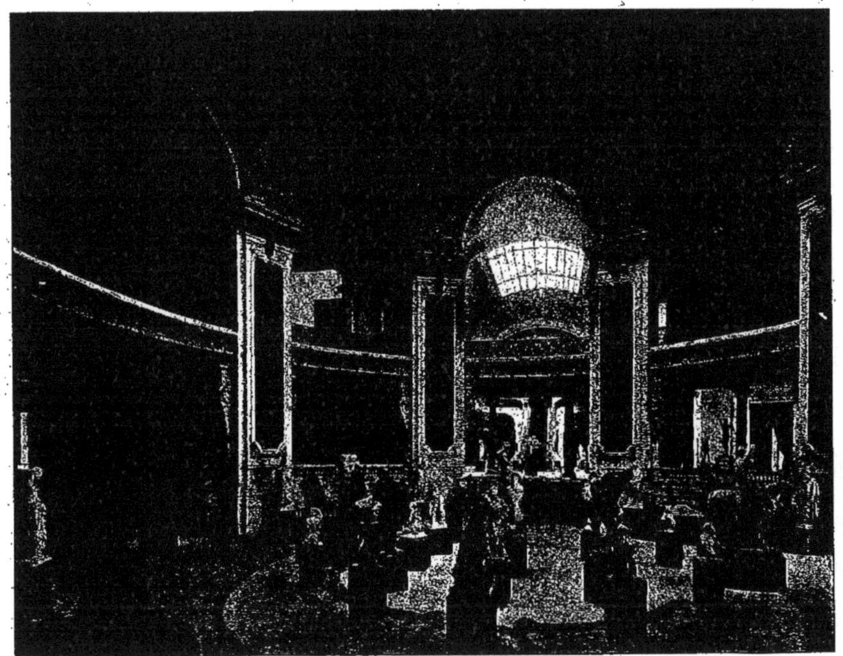

L'EXPOSITION CENTENNALE DE L'ART FRANÇAIS

(1800-1889)

Ce qu'un siècle d'Art, quand ce siècle est le XIXᵉ, représente de tradition et d'indépendance, de formules nouvelles sur d'anciens thèmes ou de thèmes nouveaux sur d'anciennes formules, de réalités ou d'illusions dans la recherche du vrai, la critique ne saurait l'exprimer. Il lui faudrait bâtir des théories vaines.

Dans la bataille des idées artistiques, aujourd'hui comme toujours, une seule chose est vraie, le génie. Quand il anime un tempérament d'artiste, toutes les chaînes éclatent et toutes les conventions s'écroulent devant le chef-d'œuvre. Or il y en a eu dans tous les temps et de tous les styles.

Les artistes ignorent le scepticisme, puisqu'ils travaillent. Chacune de leurs œuvres, même manquée, est un acte de foi. Et cela suffit, sans développement de système, pour rendre une exposition rétrospective suprêmement intéressante.

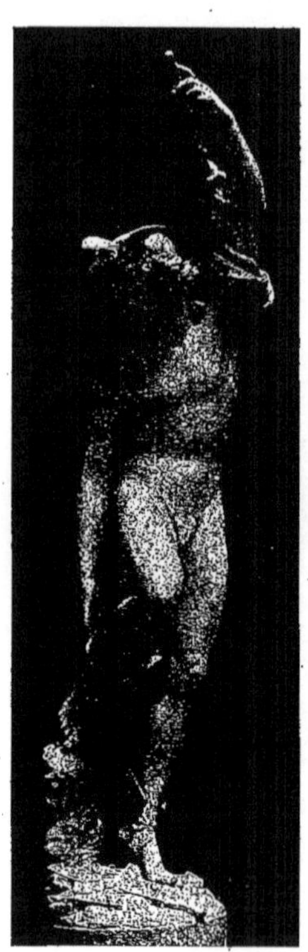

RUDE : *Mercure.*

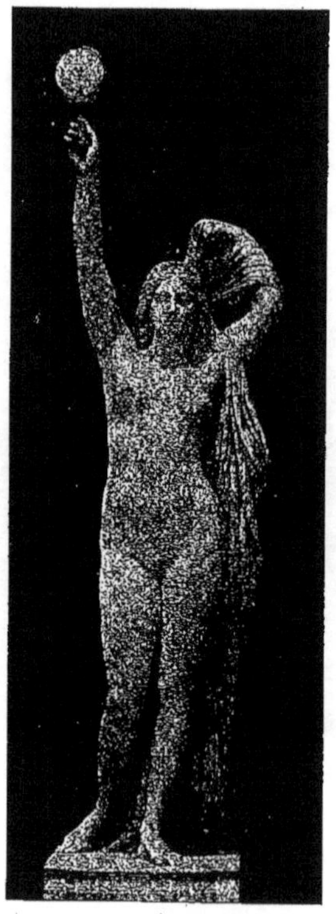

CAVELIER : *La Vérité.*

Les musées de Paris ne laissent point voyager les chefs-d'œuvre dont ils ont la garde; ceux de province ne font qu'à regret fléchir une semblable consigne; ceux de l'étranger se dérobent; les amateurs ne se soucient pas de se priver de leurs trésors. Une réunion quelconque d'œuvres d'art est toujours chose fort ardue.

L'aveu de ces difficultés eût été naturel en tête du catalogue de la Centennale et le résultat obtenu n'en eût paru que plus grand. Mais ses organisateurs estimaient au contraire, dans leur préface, que les choses étaient bien comme ils les avaient voulues. Revenons donc sur ces volontés et sur leur réalisation.

Le principe était parfait : une exposition des œuvres du XIXe siècle, faisant suite à celles des siècles antérieurs réunies au Petit Palais et précédant celles, immédiatement contemporaines, qui se sont produites depuis 1889.

Une autre idée également digne d'éloges fut de remettre en lumière des artistes injustement oubliés, pour faire appel du passé devant un public affranchi des passions d'autrefois.

Mais une malheureuse résolution est venue compromettre gravement cet excellent programme. Il fut décidé qu'on ne reverrait à la Centennale de 1900 aucune des œuvres qui avaient figuré à celle de 1889. Or cette exposition de 1889 avait été une extraordinaire réunion de chefs-d'œuvre. C'était vouloir composer un bouquet en le privant d'avance de ses plus belles fleurs.

Et pourquoi ?

Ces tableaux et ces marbres déjà vus en 1889 par beaucoup de personnes auraient été pour un plus grand nombre encore une nouveauté en 1900. Ceux qui les connaissaient auraient eu du plaisir à les revoir. Cet ostracisme semblait être de la même famille que celui qui frappa Aristide. Comme les chefs-d'œuvre ne sont pas innombrables et que pour un de perdu on n'en retrouve

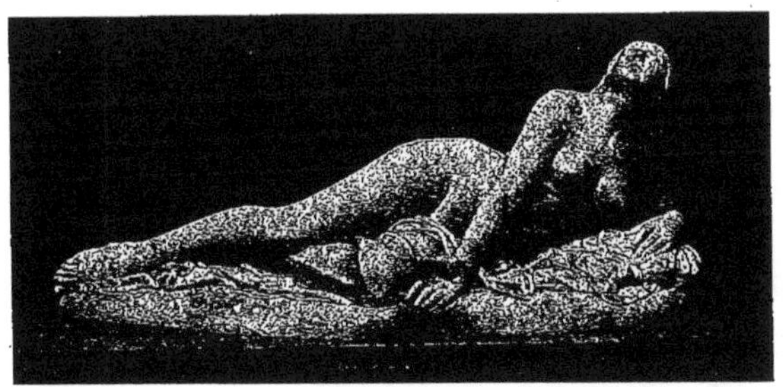

ETEX : *Olympia.*

souvent plus, les organisateurs de la Centennale, malgré leurs recherches, ne rencontrèrent parfois que la monnaie des anciennes pièces. Ils furent aussi assez parcimonieux dans leur justice rétrospective. Combien de noms vraiment méconnus furent ainsi rappelés à la vie? Une douzaine. Faut-il dire que, pendant la durée d'un siècle, il n'y eut pas d'autres victimes des erreurs humaines?

Ce fut donc une exposition à souhait pour les connaisseurs déjà renseignés, et ce sont eux d'ailleurs que l'on voulait étonner.

Mais le grand public, français et étranger, qui avait le droit d'entrer avec une ignorance désireuse de s'instruire, sortait avec une idée imparfaite de l'histoire de l'art français durant le XIX° siècle.

Ce n'est pas dire que les œuvres exposées étaient indignes de l'être; mais beaucoup étaient absentes qui auraient dû figurer. La place ne manquait pas, même sans empiéter sur la Décennale, car des galeries restaient vides et des salles étaient remplies par des estampes d'un foisonnement d'autant plus excessif que beaucoup d'entre elles étaient de faible intérêt.

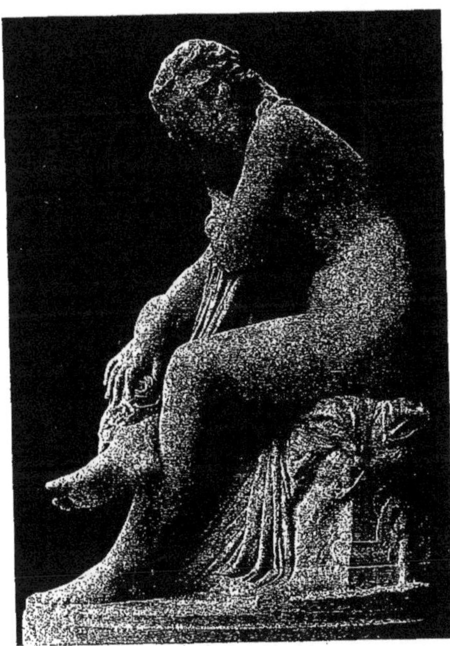

CABET : *Sortie de bain.*

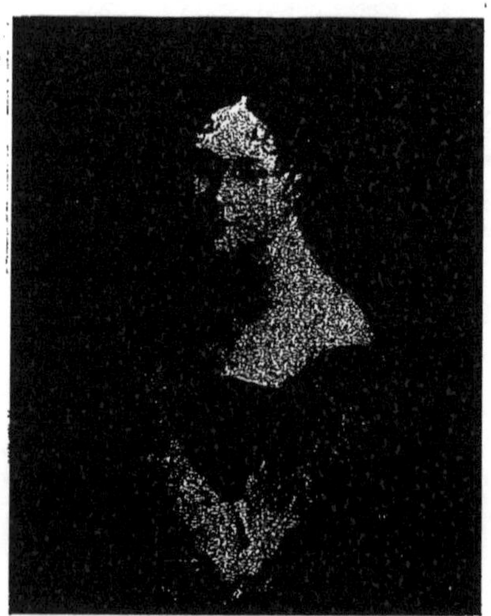

PRUD'HON : *La Princesse Elisa.*

Cette histoire de l'art français n'est pas à faire ici ; il y faudrait des volumes. A peine pouvons-nous en rappeler les grandes lignes.

Les derniers survivants des grâces du XVIIIe siècle, Greuze et Fragonard, moururent en 1805 et 1806. Prudhon produit ses chefs-d'œuvre sous l'Empire, mais il vit solitaire et sans aucune influence. David règne en maître et régente les arts. Lui-même cependant est incertain ; son culte du classique est troublé par la vie qui s'impose à son génie. Il crée toutefois les plus belles toiles d'histoire qui existent. Guérin ne sort pas de l'antiquité ; Girodet dramatise

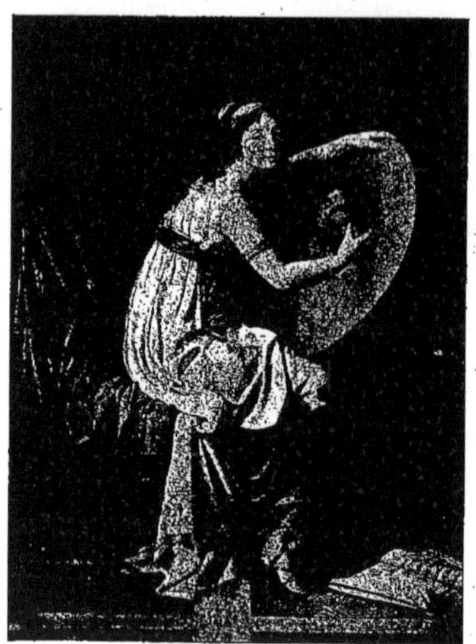

DAVID : *Madame Vigée Le Brun.*

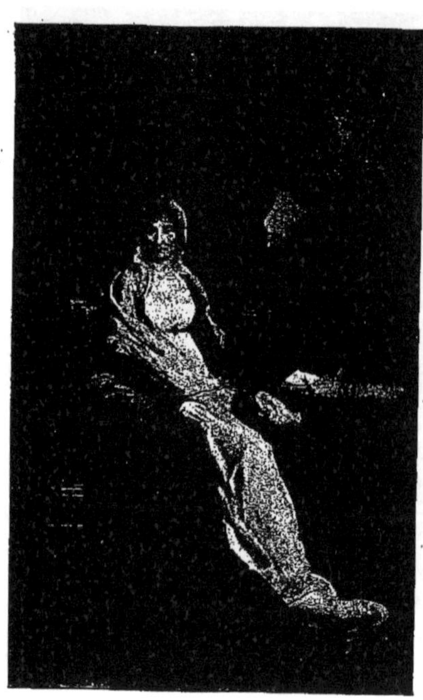

BARON GÉRARD : *Madame Lætitia.*

ses toiles, qui restent froides ;
Gérard maintient dans un ton
glacé ses portraits officiels ;
Gros, après de glorieuses manifestations d'indépendance,
meurt dans l'incertitude.

Bailly et Drolling repré-
sentent avec une scrupuleuse
finesse les intérieurs et les
scènes populaires, mais ils
sont loin de la pénétration de
Chardin. Malgré sa verve et
son esprit, Carle Vernet ar-
range trop sa composition.

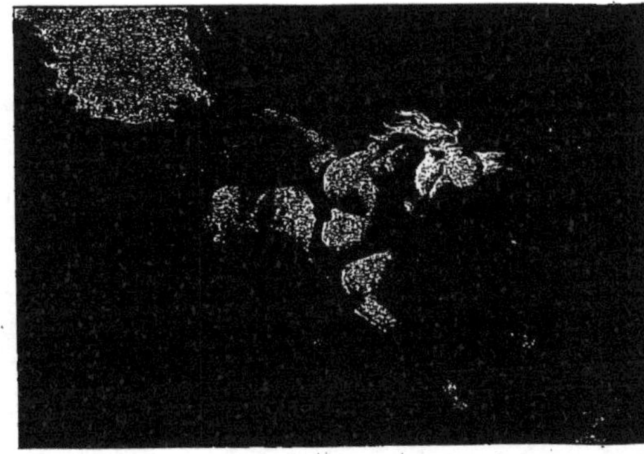

HORACE VERNET : *Mazeppa.*

Tous ont oublié les recommandations de Diderot de « reproduire scrupuleuse-
ment la nature ».

Géricault se révolte magnifiquement contre les formes conventionnelles, mais
il meurt à trente-trois ans, deux ans après l'entrée au Salon de 1822 de la *Barque*

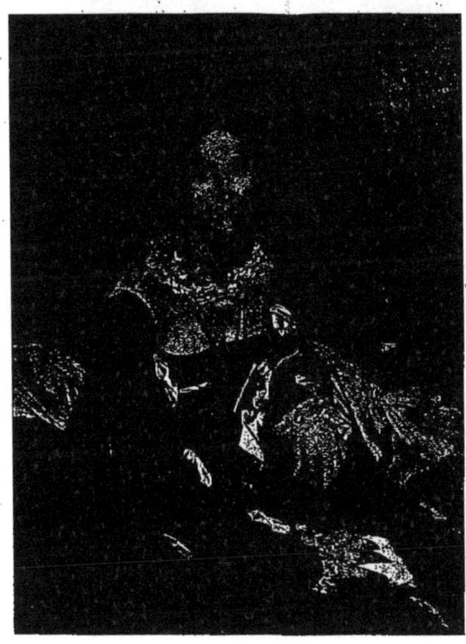

INGRES : *Madame de Senones.*

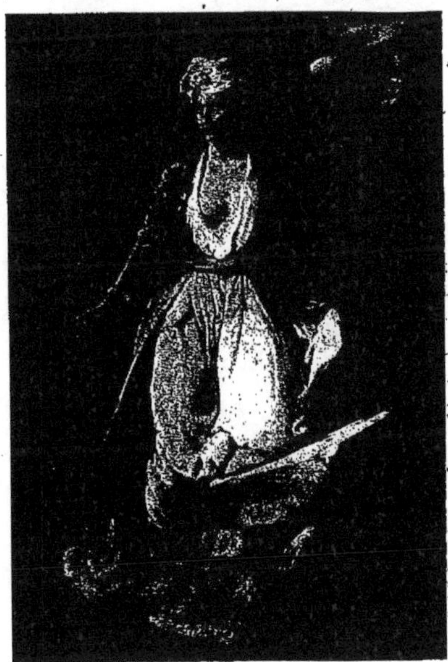

DELACROIX : *La Grèce expirante.*

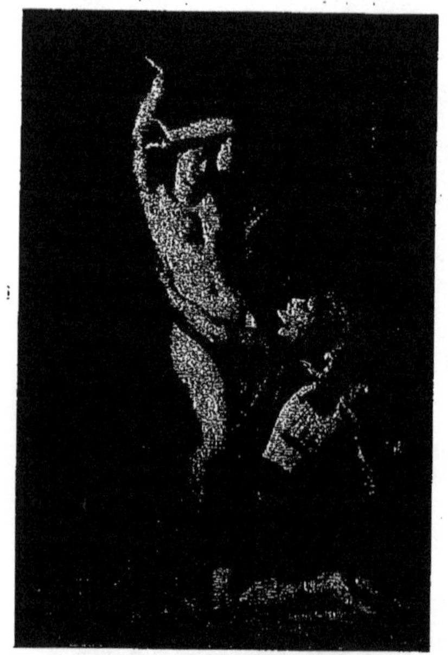

CHASSÉRIAU : *Apollon et Daphné.*

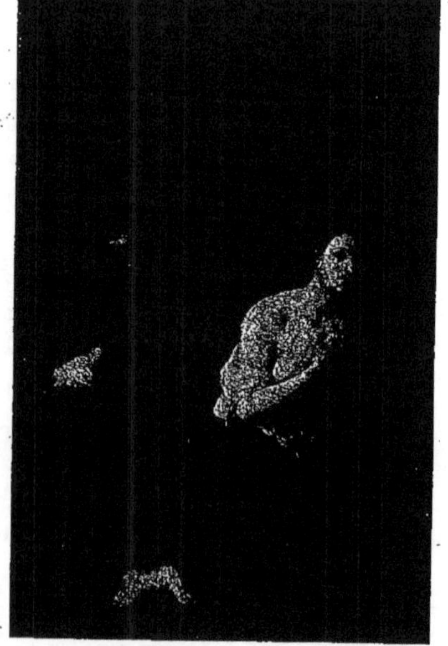

ROBERT-FLEURY : *Jane Shore.*

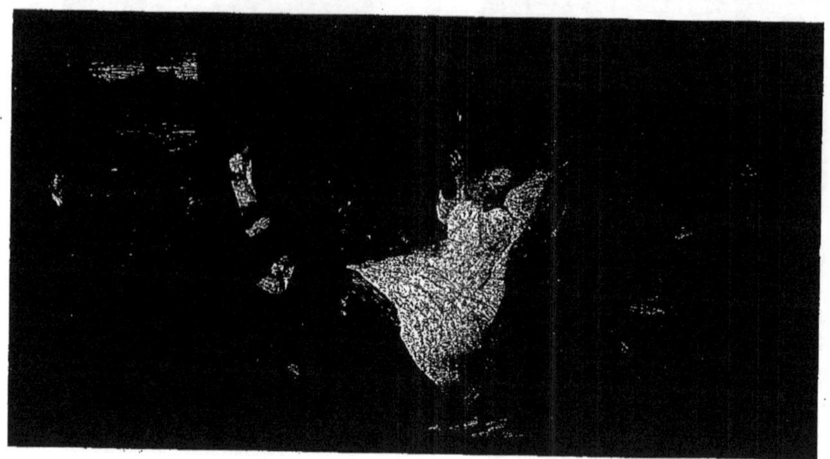

TONY JOHANNOT : *La Mort de Du Guesclin.*

du Dante, de Delacroix, qui devait reprendre le drapeau échappé de ses mains. La lutte entre Delacroix et Ingres demeurera dans les fastes épiques de l'art. Jamais tempéraments plus contraires ne furent en opposition. Tous deux voulaient fixer la vérité sur la toile; Ingres la demandait à l'honnêteté profonde du dessin, Delacroix au mouvement et à la couleur. La postérité ne prendra pas parti entre ces deux maîtres également grands.

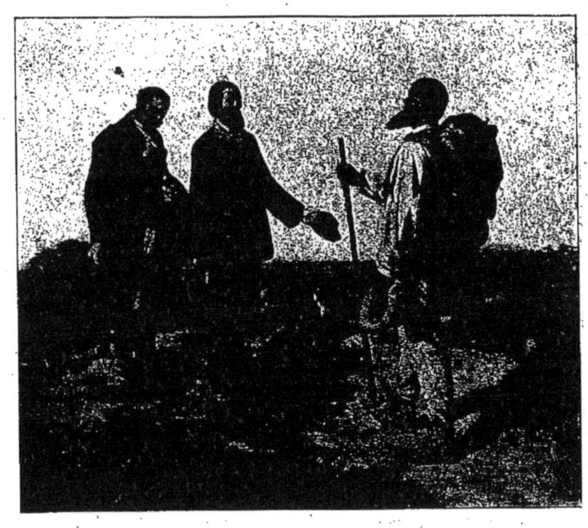

COURBET : *Bonjour ! Monsieur Courbet.*

Le romantisme de Delacroix ne fit guère école; on peut citer Eugène Deveria, Trutat, Chasseriau, Jean Gigoux, Robert-Fleury, Isabey, Tassaert, Dehodencq; les adeptes d'Ingres furent plus nombreux, tels que Heim, Amaury Duval, Flandrin, Ary Scheffer, Paul Delaroche, Couture, Gleyre.

Encore ces classifications sont-elles arbitraires, beaucoup d'artistes s'étant tenus dans un juste milieu d'éclectisme, comme Horace Vernet.

Charlet, Raffet, Guillaume, Regamey évoquent les épopées guer-

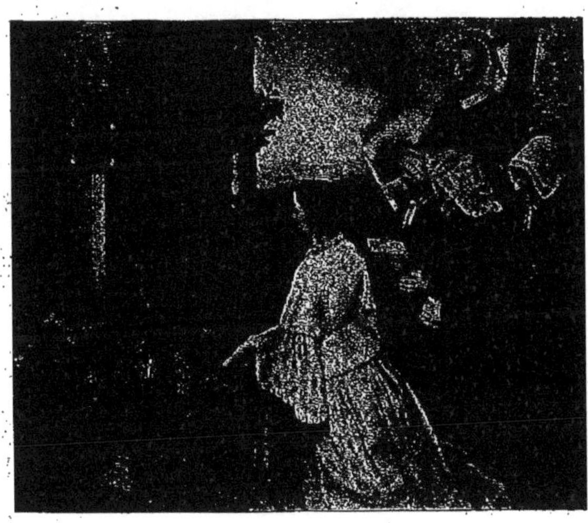

LEGROS : *Ex-voto.*

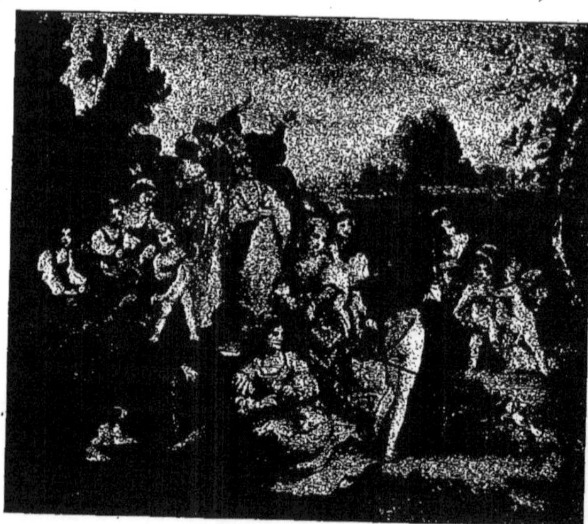

DIAZ : *Le Décaméron.*

rières; Daumier et Gavarni surprennent la comédie humaine chacun dans son style propre et sans aucune préoccupation d'école.

En 1861, Courbet publiait son manifeste : Observer la nature, se mettre en contact avec elle, et traduire son émotion sans autre souci que celui de la vérité, tels étaient les principes de l'art naturaliste, nouveau puisqu'il appliquait pour la première fois le principe de Diderot.

Ils guidaient l'admirable phalange de nos paysagistes Decamps, Marilhat, Fromentin, Troyon, Diaz, Dupré, Rousseau, Daubigny, Chintreuil, d'autres encore. Corot y ajoutait une incomparable note de poésie. Millet, dans ses rudes toiles si longtemps méconnues, atteignait le sublime de l'émotion.

On se souvient des tempêtes soulevées par Manet. D'après lui, ces maîtres étaient encore incomplets; le plein air ne baignait pas suffisamment leurs toiles. Il avait tort pour eux, mais raison vis-à-vis de leurs imitateurs. L'impressionnisme, qui n'a pas été une école, mais une bataille, aura le mérite d'avoir démontré de définitive façon que le noir et ses fausses conséquences n'existent pas dans la nature. Bastien-Lepage a laissé des toiles admirables.

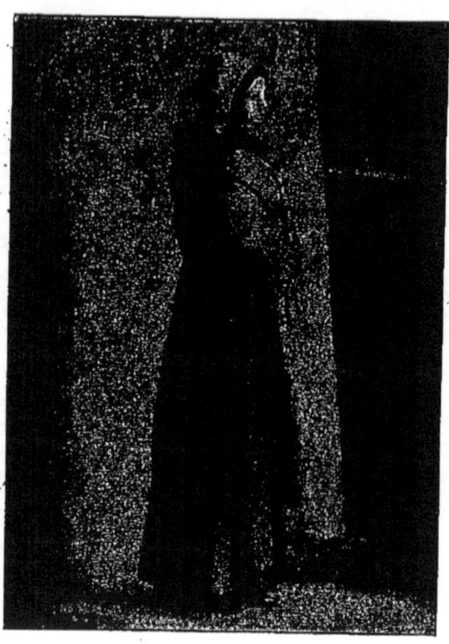

COROT : *Étude de modèle.*

Parmi les morts des
dernières années, il faut
rappeler Henri Regnault,
tombé au champ d'hon-
neur il y a trente ans mais
si jeune qu'il semble que
ce soit hier; Chaplain, Ca-
banel, Alphonse de Neu-
ville, Paul Baudry, Sisley,
Meissonier. Glorieux de
leur vivant, Rosa Bonheur

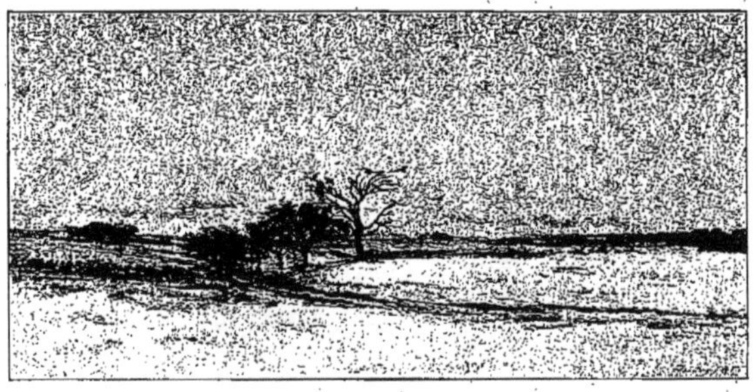

DAUBIGNY : *L'Hiver.*

et Puvis de Chavannes sont entrés dans l'immortalité au seuil même de
l'Exposition.

La sculpture suit naturellement les tendances de la peinture, mais d'une façon
moins tranchée; le nu y domine et impose sa franchise.

Clodion meurt en 1814 et Houdon seulement en 1828, mais ils appartiennent
à une école disparue. La préoccupation de la majesté a remplacé celle de la grâce
chez les statuaires de l'Empire comme Cartellier, Chaudet, Cortot, Lemot,
Ramey.

Giraud humanise les formules. Pradier et Préault ouvrent la lutte du classique
et du romantisme avec Jouffroy, Maindron, Mène, Moine, Simart dans le premier
camp, dans l'autre David d'Angers et les deux grands noms du milieu du siècle,
Rude et Barye. Il faut citer encore Cabet, Cavelier, Clesinger, Etex, avant
d'arriver à la dernière période dominée par Carpeaux, dont l'art affranchi de toutes
formules ne s'est préoccupé que de la vie. Cain, Carriès, Chapu sont des morts

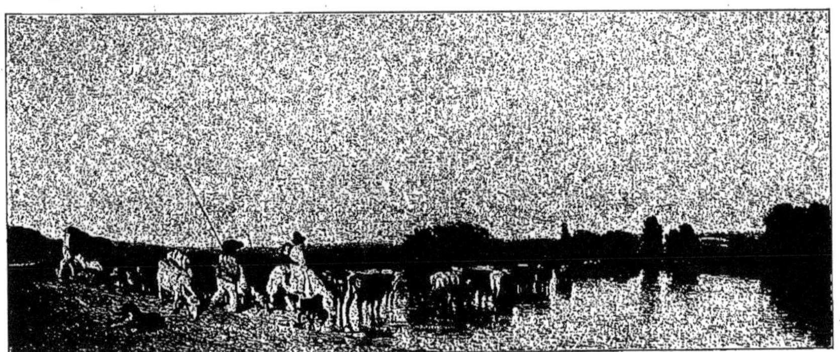

J. DUPRÉ : *Le Gué.*

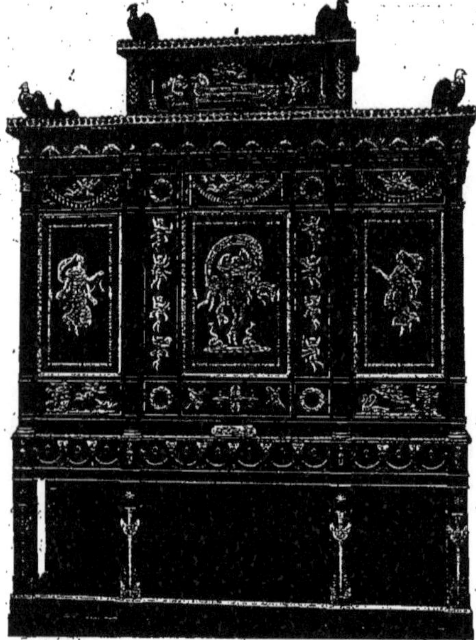

ARMOIRE A BIJOUX DE L'IMPÉRATRICE JOSÉPHINE

d'hier, et l'âme du dernier disparu, Falguière, est encore vibrante dans son œuvre.

L'exposition centennale avait consacré à juste titre une grande place aux dessins, une aussi aux médailles, une encore et trop large aux estampes, une enfin à des objets d'art, très beaux, qui ne faisaient pas double emploi avec les expositions rétrospectives du Petit Palais, du pavillon de la Ville de Paris et des Invalides.

La Centennale comprenait des artistes encore vivants. Ils n'y étaient certes pas déplacés, mais d'autres non moins dignes en avaient été exclus. La difficulté de cette sélec-tion aurait dû conseiller une abstention générale. La Décennale était là pour leur rendre les honneurs mérités.

La Centennale comprenait :

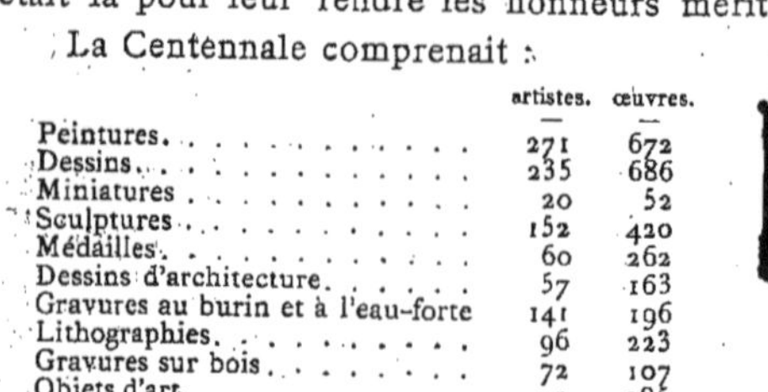

	artistes.	œuvres.
Peintures.	271	672
Dessins.	235	686
Miniatures	20	52
Sculptures	152	420
Médailles.	60	262
Dessins d'architecture.	57	163
Gravures au burin et à l'eau-forte	141	196
Lithographies.	96	223
Gravures sur bois.	72	107
Objets d'art.	»	285
	1.104	3.066

On voit que les tableaux et les statues ne représentaient qu'un tiers des objets exposés. Beaucoup d'artistes étant repré-sentés dans plusieurs sections, le chiffre de 1.104 doit être fortement réduit.

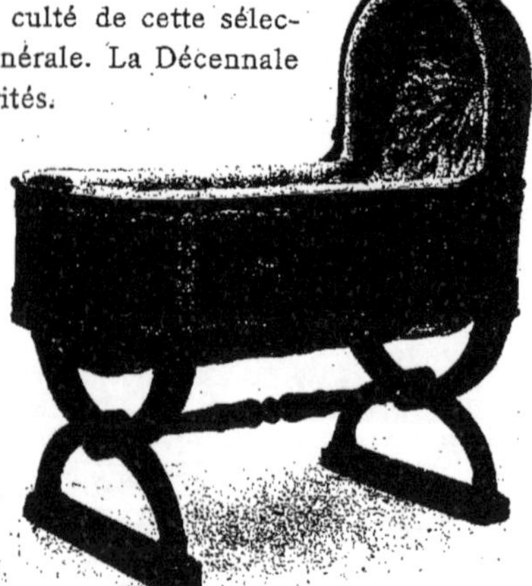

BERCEAU DU ROI DE ROME

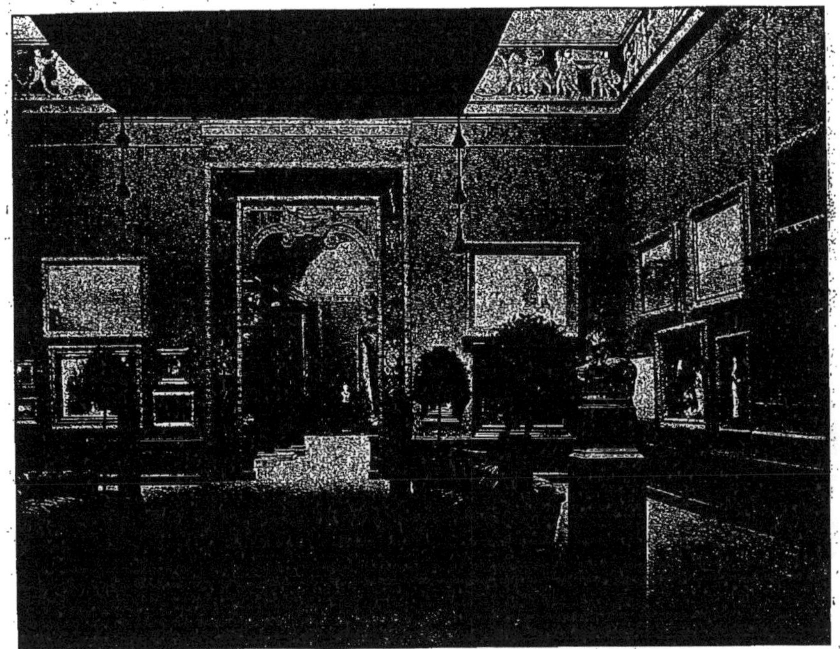

LES SECTIONS ÉTRANGÈRES

AU

GRAND PALAIS DES BEAUX-ARTS

A voir d'assez nombreuses salles restées presque vides, il semblait inutile d'avoir édifié dans la grande nef des cloisonnements qui la diminuaient de plus du tiers et dont l'absence eût permis de donner plus d'air aux statues entassées.

De même que la Centennale aurait pu être limitée aux deux étages du palais sur l'avenue d'Antin, les expositions étrangères auraient trouvé place dans le rez-de-chaussée entourant la grande nef, tout le premier étage du Grand Palais

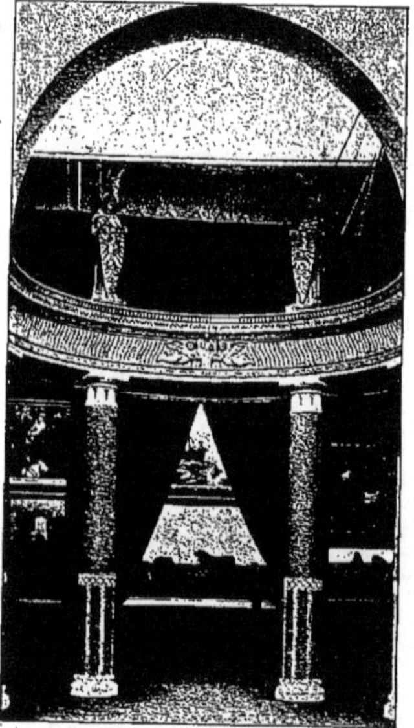

ENTRÉE DE L'EXPOSITION ALLEMANDE

proprement dit restant consacré à la Décennale. Cette disposition plus méthodique eût évité des confusions et des fatigues. La critique est sans doute facile après coup et les objets d'art n'ont pas été tous réunis assez à temps pour en permettre une répartition parfaitement judicieuse.

Les artistes de tous les pays avaient répondu à l'appel de la France et envoyé le meilleur d'eux-mêmes. Aussi ne saurait-il être question ici ni de se livrer à un examen critique détaillé, ni de formuler des jugements comparatifs entre les peuples. L'impression générale était d'ailleurs qu'il n'existe plus d'écoles nationales bien tranchées. L'art est le même un peu partout, non pas comme valeur, mais tout au moins dans ses formules.

Pour mieux en faire sentir les différences encore appréciables, nous avons recherché, pour les reproduire, des toiles donnant aussi fidèlement que possible une impression des mœurs locales. Nous n'en avons pas trouvé partout. Quelques-unes de celles que nous donnons seront des œuvres de maîtres célèbres, d'autres appartiendront à des artistes moins connus jusqu'à ce jour.

Les uns comme les autres doivent être remerciés de leur concours. Au-dessus des efforts de la science et de l'industrie, malgré la grandeur des résultats qu'elles ont obtenus, l'Art est demeuré le grand vainqueur. Grâces en soient rendues aux artistes du monde entier qui sont venus donner la main à ceux de France pour le triomphe de la Beauté.

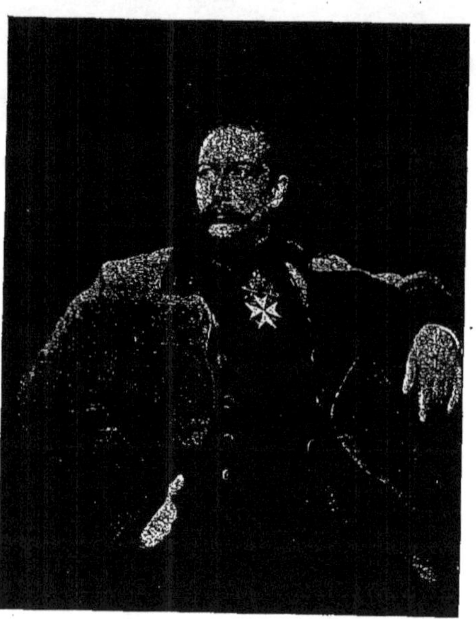

MAX KONER : *S. M. l'Empereur Guillaume II.*

On pénétrait dans la majestueuse Allemagne, logée au centre de l'aile sur le quai, par un porche de style néo-grec aux sévères colonnes de mosaïque, qui invitait à un recueillement aussitôt accru par la décoration intérieure.

Tentures variant pour chacune des trois vastes salles, rouge, or et vert, tapis épais, velum en forme de dais apaisant la vivacité de la lumière plafonnante, cadres cossus, tout concourait à envelopper les toiles d'une somptuosité de haut goût.

Les œuvres étaient assez peu nombreuses. Comme partout, l'Allemagne avait préféré la qualité au nombre, laissant deviner la profondeur des troupes à la solidité de la façade. D'ailleurs, aucun tableau de bataille ; de graves portraits, des scènes de genre plutôt noble, une préoccupation visible et louable de rendre ici hommage à la pensée plutôt qu'à la force. L'Empereur lui-même, peint par Max Koner, avait revêtu un uniforme simple, et sa pose naturelle était d'un penseur plutôt que d'un conquérant.

L'école allemande se montrait sous des formules apaisées, avec des couleurs chaudes sans outrance, une allure de maîtrise voulue par le choix des sujets et la manière dont ils étaient traités.

Les dessins d'architecture de monuments publics mon

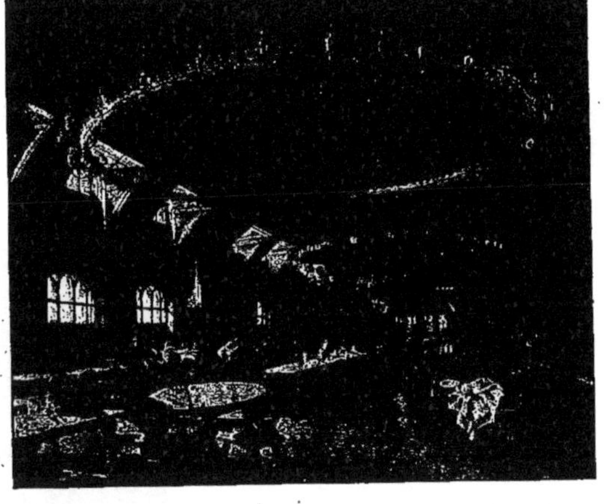

HEILMANN ET LITTMANN : *Une Salle de la Brasserie Royale de Munich.*

traient les majestueuses proportions de lignes dont les ornements n'affaiblissent point l'allure de solide puissance. Ce sentiment de force et d'art se retrouvait même pour des brasseries, dont les buveurs sont vraiment excusables de s'attarder dans un semblable décor.

Des eaux-fortes et des estampes de plusieurs tons attestaient une virtuosité supérieure dans la haute vulgarisation. Aujourd'hui plus que jamais l'Allemagne entière voue aux beaux-arts un culte religieux.

La décoration des salles de l'Autriche offrait un vif contraste avec celle de l'Allemagne. Des rinceaux de bois dans le style nouveau de l'école viennoise, variant pour chaque salle leurs tons clairs ou foncés et encadrant des étoffes aux nuances délicates, formaient un décor avenant et hospitalier.

Les tableaux, à la vérité, étaient en général d'un art qui recherche des for-

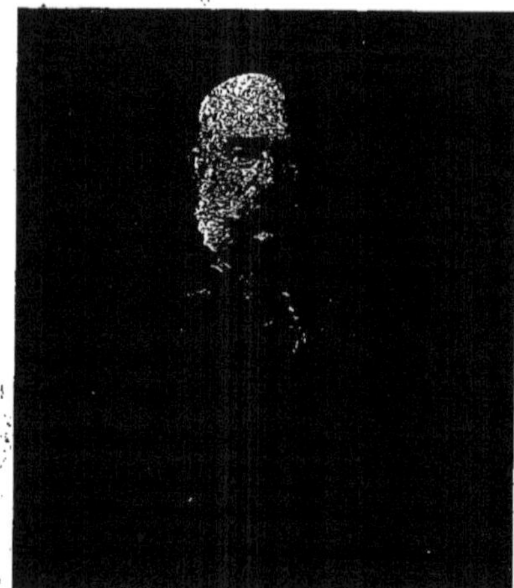

BENCZUR (Hongrie) : *S. M. François-Joseph I⁰ʳ.*

mules nouvelles et ne semble pas en avoir trouvé de définitives. Pour écarter les couleurs classiques des vieux rouges, bleus et jaunes, les tons étaient trop pâles ou de mixtures un peu indécises. On regrettait aussi l'absence presque totale de scènes locales dans un pays dont les mœurs diverses ne donnent que l'embarras du choix, et de beaux paysages alors que la nature n'est nulle part d'une variété aussi pittoresque. En somme, un sentiment d'art très vif tournant un peu trop au symbole et au rêve.

La Hongrie avait sa salle spéciale, contenant une partie réservée à la Croatie et à la Slavonie. Si l'état d'âme des peuples se traduit par leur art, la distance morale entre les Hongrois et les Autrichiens est immense.

Autant ces derniers sont d'une simplicité discrète, autant les autres affirment une confiance superbe qui prenait même, à la sculpture, des proportions gigantesques.

Au surplus les Hongrois ont le droit d'être fiers de leurs efforts en toutes choses. En art ils prodiguent l'enseignement, organisent des musées, créent des écoles supérieures. S'ils sont en décor, il faut reconnaître qu'ils sont aussi en profondeur.

Leur peinture exprime ces sentiments ; il lui manque de s'intéresser aux mœurs intimes. Si nous avons trouvé dans cette salle de beaux tableaux, nous n'y avons guère voyagé en Hongrie, et c'est un regret.

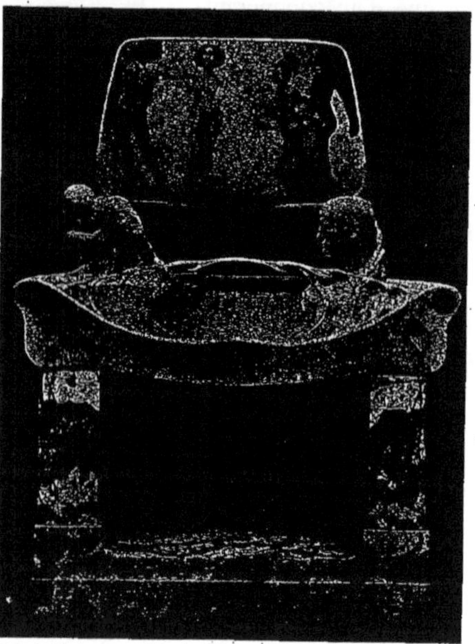

FR. MATSCH (Autriche) : *Fontaine pour Jardin d'Hiver.*

Les royaumes des Balkans n'étaient point en dehors du mouvement artistique. La Roumanie, la Serbie et la Bulgarie présentaient de bons tableaux de mœurs et de larges scènes de leur ancienne histoire.

Dans un cadre richement ordonné, les artistes italiens sauvaient la situation compromise par leurs industries d'art et témoignaient d'une grande vitalité.

On ne peut dire qu'il y ait une école actuelle en Italie pour la peinture. Si M. Boldini et Mlle Juana Romani semblent avoir une esthétique commune, ils sont trop parisiens pour représenter des tendances générales.

Les peintres de la péninsule avaient envoyé de très grands tableaux et de petites toiles, des couleurs vives et d'autres enveloppées, des dessins fougueux et des

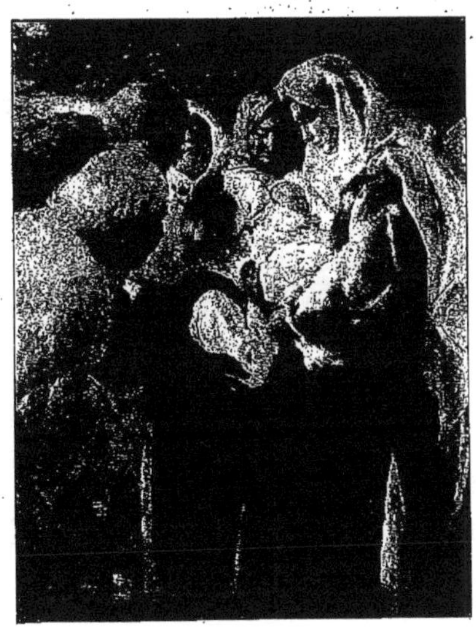

VERMONT : *Un baptême en Roumanie.*

lignes réfléchies, du réalisme et du classique, mais ils n'avaient rien envoyé qui ne fût intéressant et consciencieux. Ils ont surtout le mérite d'aimer leur belle

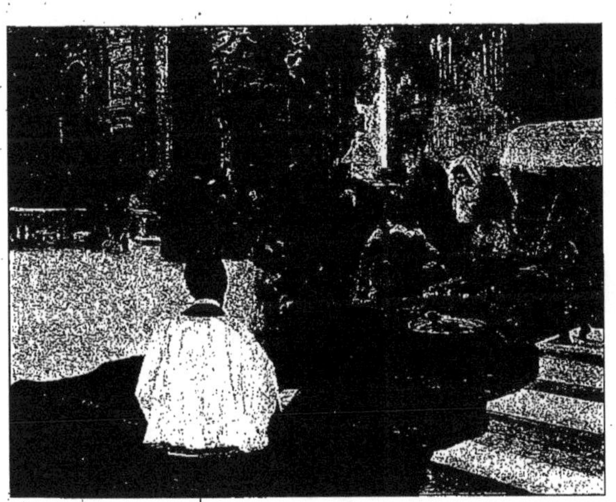

PIE JORIS : *Le jeudi saint, à Rome.*

patrie et d'y puiser la majorité de leurs sujets riants ou tristes, ensoleillés ou alourdis de mal'aria, plus volontiers populaires, mais point grossiers. En somme, l'art italien s'est montré aussi vigoureux que varié dans une tenue parfaite.

L'Espagne laissait incomplètement remplies les grandes salles qui lui avaient été attribuées. La peinture espagnole est fougueuse, colorée et vi-

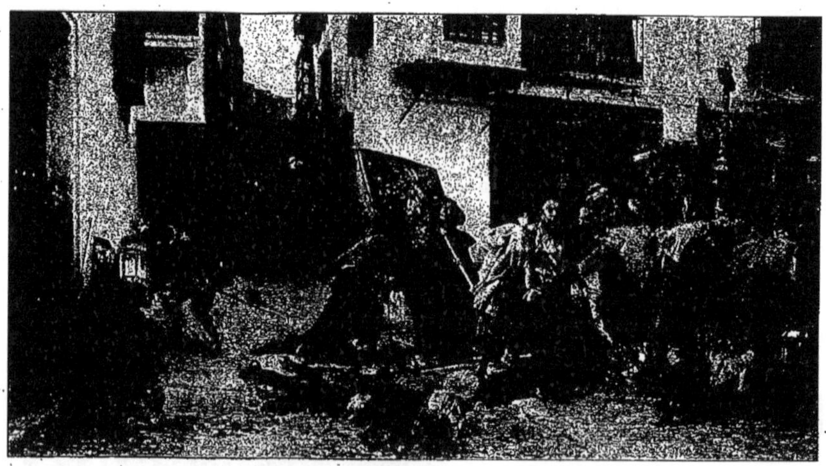

GARCIA Y RAMOS (Séville) : *Sauve qui peut !*

brante; elle recherche les effets d'atelier et passe souvent à côté des véritables aspects de la nature. On y cherchait les scènes de mœurs attendues, la grande course de chars de Checa se passant à Rome et la dame de Madrazo procédant à sa toilette vêtue d'un simple bonnet, n'ayant rien de spécialement *tra los montes*.

Le Roi de Portugal, donnant à ses sujets un exemple à suivre, n'avait pas hésité à exposer un tableau de lui, d'une très bonne tenue et n'ayant nullement besoin de la complaisance du jury pour être admis. Comme en Espagne, les artistes portugais aiment les oppositions de couleur et ne les recherchent pas toujours dans l'observation de la nature.

Quittant le Midi pour le Nord, nous trouverons dans la Belgique un curieux terrain de transition. Les Flandres ne se sont point dégagées des influences espa-

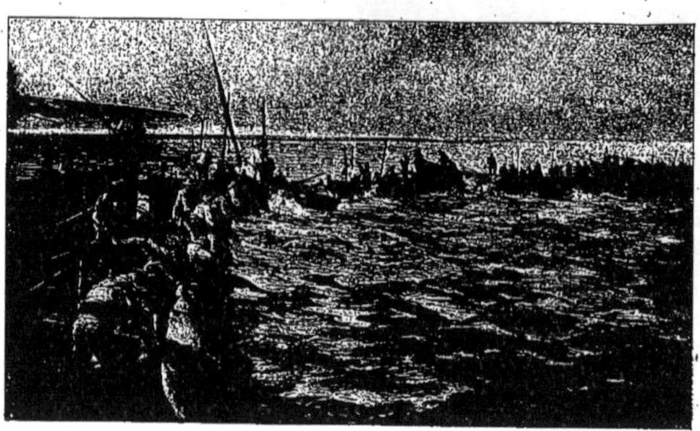

DOM CARLOS Ier, ROI DE PORTUGAL : *Filets d'une madrague.*

gnoles et la gravité gourmée des conquérants pèse encore sur la bonne humeur nationale. A côté de toiles de franche gaieté, des scènes de tristesse, celles-ci volontiers plus fréquentes.

Le réalisme, pris dans le sens de l'observation exacte des figures, domine une école qui ne semble pas se soucier des inventions imaginatives. Le sens pratique du peuple belge se retrouve dans ses artistes et il ne sacrifie à la convention que pour rappeler les œuvres de ses primitifs.

Le mouvement artistique n'en est pas moins en pleine activité. Il s'exprime fortement dans les édifices publics et privés qui s'élèvent tous les jours et dont l'Exposition aurait pu montrer de plus nombreux spécimens. Les architectes belges emploient heureusement une décoration simple, empruntant ses éléments aux matériaux mêmes de sa construction et s'adaptant parfaitement aux nécessités du confortable.

Les Pays-Bas ont un passé d'art glorieux à maintenir. Ils ne se sont point astreints à imiter la manière des vieux maîtres, et la peinture hollandaise contemporaine est libre et variée. Elle rencontre cependant ses plus heureuses inspirations dans ses paysages aux belles lumières et dans ses intérieurs méditatifs, exactement comme autrefois.

ALEXANDRE STRUYS (Malines) : *Désespéré!*

Les pays scandinaves ne présentaient point, comme on aurait pu le supposer, des expositions animées d'un même sentiment artistique. Une chose cependant les dominait toutes, l'importance accordée à la pensée humaine. C'est elle que leurs peintres recherchent surtout dans le naturel des attitudes familières, dans l'expression du regard, dans le dédain des accessoires.

Ces anciens pays du rêve et de la légende sont devenus le domaine de

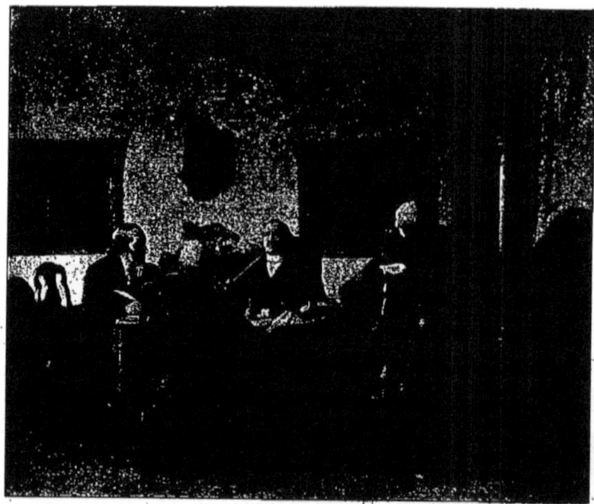

G. HENKES (La Haye) : *Réunis en conseil.*

l'initiative. Les victoires remportées sur une nature rude ont fortifié la confiance dans la personnalité. L'individu vaut par lui-même ; il s'y efforce et entend mériter le respect en demeurant simple et toujours sur la brèche. Prétendre que l'art scandinave reproduit exactement cet état d'âme serait aller bien loin. Mais il y tend et il aura raison de ne pas chercher ailleurs des inspirations qu'il ne rencontrerait nulle part aussi fécondes.

Dans plusieurs salles malencontreusement séparées les unes des autres, les artistes russes exposaient de nombreuses toiles d'une allure généreuse et en dehors. Expression fidèle d'un peuple robuste en pleine montée de sève, cet art touffu dépense sa force en lignes violentes et en couleurs vives. Cette exubérance se calmera, ce qui est toujours plus facile que d'apporter de la vie là où elle manque, et la peinture russe ne tardera pas à compter parmi les meilleures.

Dans une immense toile de M. Piechowski, *la Procession*, les types de fonctionnaires et de petite noblesse si minutieusement décrits par Tolstoï revivaient avec une naïveté saisissante.

L'Exposition spéciale de l'école finlandaise,

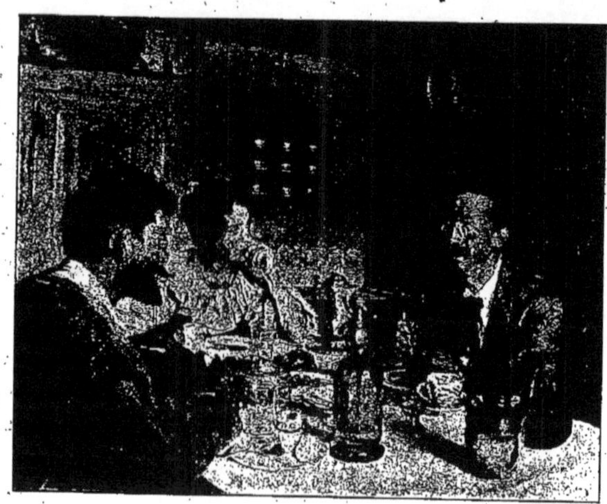

P. S. KROYER (Danemark) : *Déjeuner.*

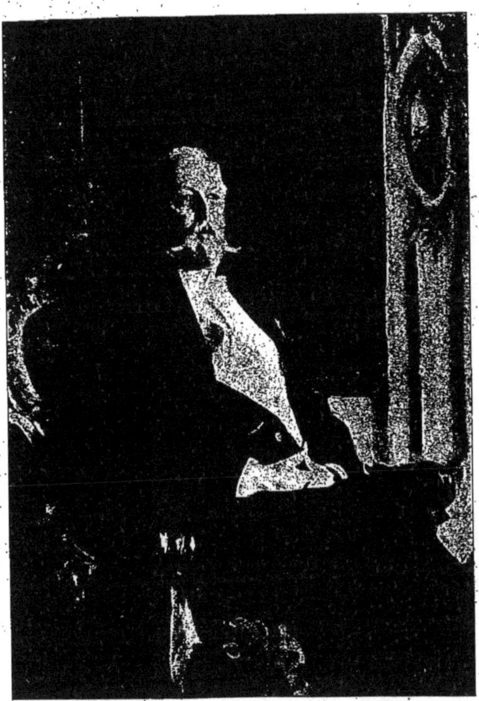

A. ZORN : *S. M. Oscar II, roi de Suède et de Norvège.*

très distincte de l'école russe, et recherchant au contraire la simplicité, était fort appréciée. Edelfelt y montrait la vaillante figure de Mme Pasteur, digne compagne du grand homme.

Les salles de la Grande-Bretagne étaient meublées de nombreux tableaux d'une peinture généralement glacée, bonne à mettre et mise sous verre. Alma-Tadema, Burne Jones, lord Leighton n'y étaient pas représentés par des morceaux de choix ; le préraphaélisme brillait plutôt par son absence ; l'ensemble était correct et froid.

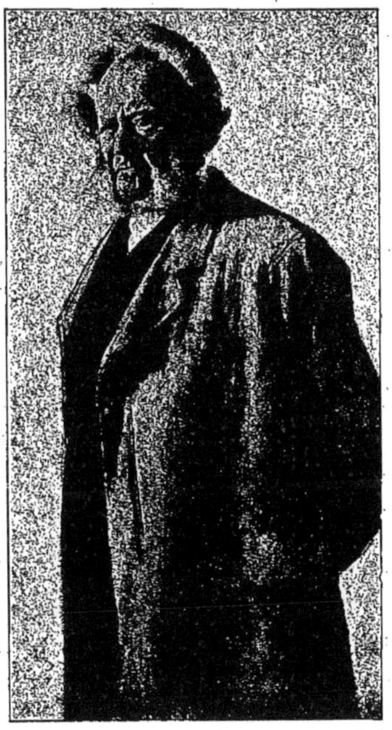

WERENSKIOLD : *Portrait d'Ibsen*

Ces tableaux ne donnaient pas la sensation réconfortante que dégagent les belles œuvres d'art. Généralement peints sans émotion, ils ne pouvaient pas émouvoir. Les figures de femmes elles-mêmes étaient plutôt dures ; de presque toutes les physionomies la bonté était absente.

Impérieux, soucieux de paraître forts et redoutant la douceur à l'égal d'une faiblesse, les yeux regardaient sans la tendre lueur d'humanité qui fait la vraie beauté.

La terre de liberté et de libre développement de l'individu serait-elle devenue par-dessus tout soucieuse de snobisme, et les

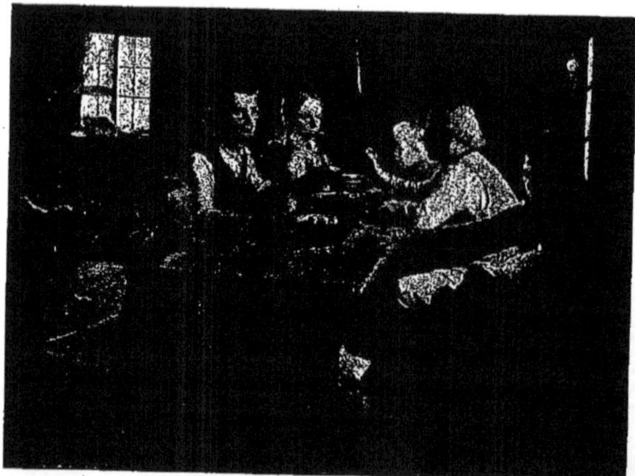

SOLDAN-BROFELDT : *Repas en Finlande.*

artistes s'y préoccupe-
raient-ils de la mode au-
tant que les tailleurs ?

Les salles des États-
Unis causaient une vive
déception. On n'y trou-
vait rien des merveilles
naturelles et si variées
de l'immense territoire,
rien des faubourgs popu-
leux des villes où cir-
culent tant de types cu-
rieux, point d'ouvriers
aux visages énergiques,
pas de têtes enlevées de
courageux hommes d'af-
faires, aucune scène intime d'une
société au luxe raffiné.

Si les peintres américains
sont libres de choisir leurs sujets
et de dédaigner les modèles qu'ils
ont sous les yeux, au moins leurs
œuvres devraient-elles avoir une
qualité d'art digne d'un peuple
qui aurait besoin de racheter par
une recherche d'idéal ce que son
struggle for life a de matériel.

Pour étudier le cœur humain
il faut surtout regarder les humbles, et ils ne sont pas en faveur
outre-mer. Pour exprimer la pensée il faut avoir souffert, et la
souffrance morale n'a pas encore
eu le temps de s'épanouir là-bas.
De même que les fruits savoureux ne viennent qu'aux vieux
arbres, les sociétés trop jeunes
sont peut-être incapables de produire un art mûri.

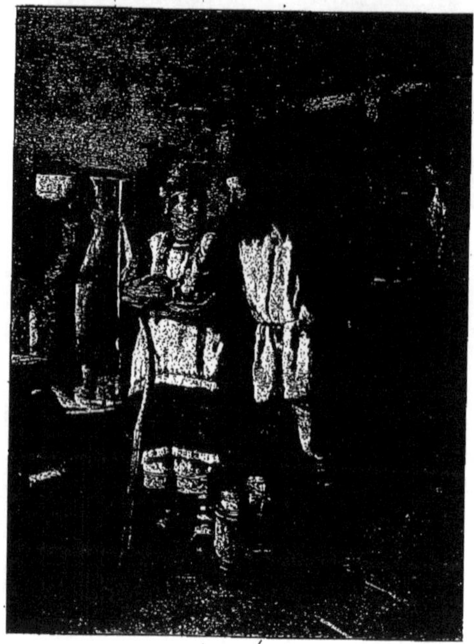

VLADIMIR MAKOVSKY (Russie) : *Le beau-père et la bru.*

E. J. GREGORY: *La Tamise, le dimanche.*

Les peintres suisses sont nombreux et d'un art généralement consciencieux. On pouvait leur reprocher de ne pas demander à leur beau pays et aux pittoresques costumes de ses habitants d'assez fréquentes inspirations, mais l'esprit souffle où il veut et leurs toiles sont toujours solidement traitées.

Après plusieurs salles d'hospitalité internationale d'où ne se dégageait aucune saveur d'exotisme, l'exposition étrangère se terminait avec le Japon, de façon très intéressante. C'étaient bien encore les panneaux peints sur papier ou sur soie, avec l'habileté monotone de ces œuvres où se rencontrent des détails exquis, mais qui ne reposent que sur la convention.

Toutefois d'autres artistes japonais abordaient franchement la peinture européenne et montraient que la finesse de leur observation ne tarderait pas à les conduire, aussi bien pour la figure que pour le paysage, vers des œuvres de haute expression artistique.

La sculpture étrangère occupait la partie gauche de la grande nef. Elle était peu distincte de l'exposition française et les diverses nationalités s'y entremêlaient dans un ordre plutôt confus. L'Italie, les États-Unis, la Hongrie surtout dominaient la situation par des pièces colossales d'un art un peu gros. Les plâtres étaient plus nombreux que les marbres.

Dans les conditions médiocres de son installation, ce peuple de statues fatiguait l'attention et les œuvres de valeur disparaissaient à côté de grandes machines à effet dont il est inutilede perpétuer le souvenir.

Il paraîtra intéressant de voir comment se répartissaient les 4.967 œuvres envoyées par 2.822 artistes, et nous en donnons le tableau.

PAYS	ARTISTES	ŒUVRES	PAYS	ARTISTES	ŒUVRES
Allemagne	313	349	Mexique	2	2
Autriche	204	316	Monaco	8	12
Belgique	104	161	Nicaragua	1	1
Bosnie-Herzégovine	7	7	Norvège	63	136
Bulgarie	15	45	Pays-Bas	130	161
Croatie-Slavonie	17	66	Pérou	6	27
Cuba	16	16	Portugal	58	174
Danemark	111	274	Roumanie	44	106
Équateur	62	77	Russie	163	432
Espagne	92	179	Saint-Marin	7	9
États-Unis	313	565	San Salvador	2	2
Grande-Bretagne	327	466	Serbie	19	56
Grèce	39	106	Suède	78	172
Hongrie	128	244	Suisse	140	257
Italie	138	231	Turquie	9	24
Japon	191	268	Divers	11	22
Luxembourg	4	4			

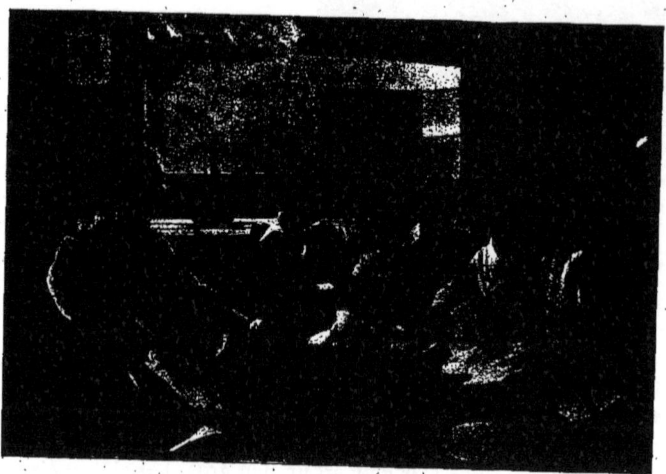

SHIRATAKI : *Leçon de musique à Tokio.*

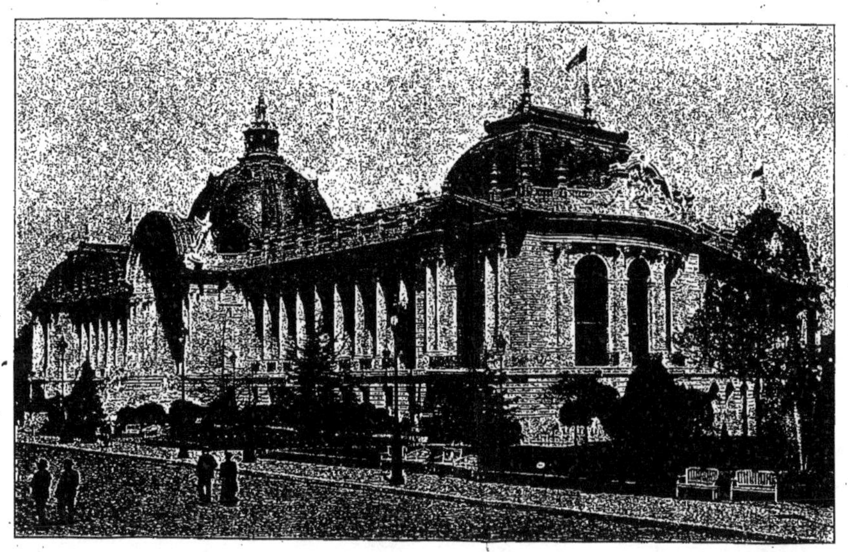

LE PETIT PALAIS,

ET

L'EXPOSITION RÉTROSPECTIVE DE L'ART FRANÇAIS

Le plan de M. Girault pour le Petit Palais des Beaux-Arts avait, lors du premier concours, enlevé de haute lutte tous les suffrages et, seul de tous les projets relatifs à l'Exposition, il fut réalisé tel qu'il avait été conçu. Cet honneur était mérité. La reconnaissance publique a donné au monument le nom de son architecte et le Palais Girault demeurera une des plus belles choses de Paris.

Il doit ce succès à l'harmonie des proportions, qui lui valent une apparence de grâce sans nuire à la majesté de

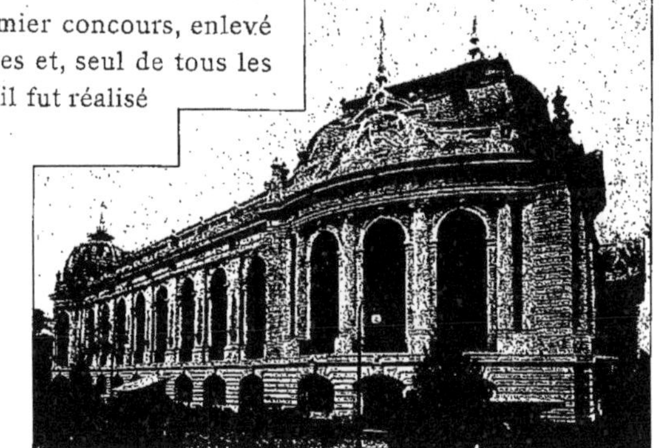

FAÇADE D'ANGLE SUR LES CHAMPS-ÉLYSÉES
(Fronton sculpté par M. A. Moncel.)

+

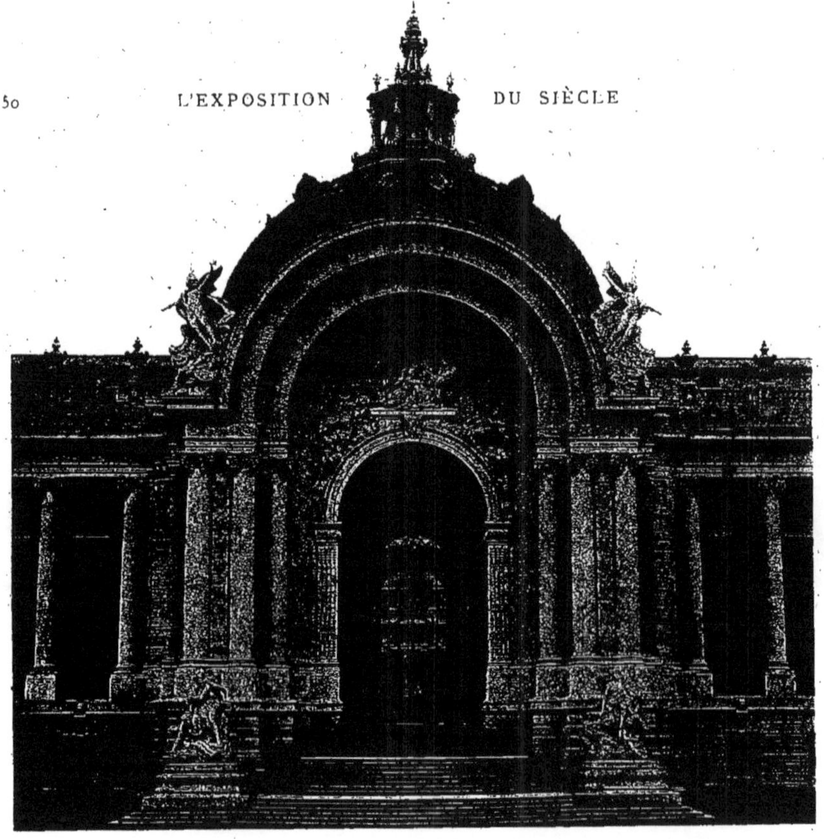

GRAND PORCHE DU PETIT PALAIS SUR L'AVENUE NICOLAS II

Le tympan sous la voûte, par M. A. Injalbert, représente la Ville de Paris recevant les Arts. — Les Génies du fronton sont de M. Saint-Marceaux. — Le groupe à gauche du porche, par M. Convers, représente les quatre saisons; celui de droite, par M. Ferrary, la Seine entre ses deux rives.

l'ensemble. La disposition des lieux était favorable, 129 mètres de façade permettant un développement suffisant sans être démesuré. La forme demi-hexagonale qui engendre de très agréables fuites de lignes était bien indiquée par la situation, mais un demi-cercle aurait tout aussi bien pu y trouver place. L'artiste a eu le mérite d'avoir su choisir ce qui convenait le mieux.

Il a su aussi donner à la décoration une note d'élégance particulière. Les colonnades s'enlèvent avec légèreté, les ornements de la corniche sont au point précis entre la froideur et la surcharge, les toits donnent un exemple précieux des beaux effets qu'on peut obtenir de l'ardoise maintenue par des métaux ouvrés.

Le premier étage, très élevé de plafond, est à vingt-quatre marches du sol. Bien que le rez-de-chaussée soit de niveau avec le terrain et suffisamment éclairé, il semble être un sous-sol et le premier étage un rez-de-chaussée. Cette dispo-

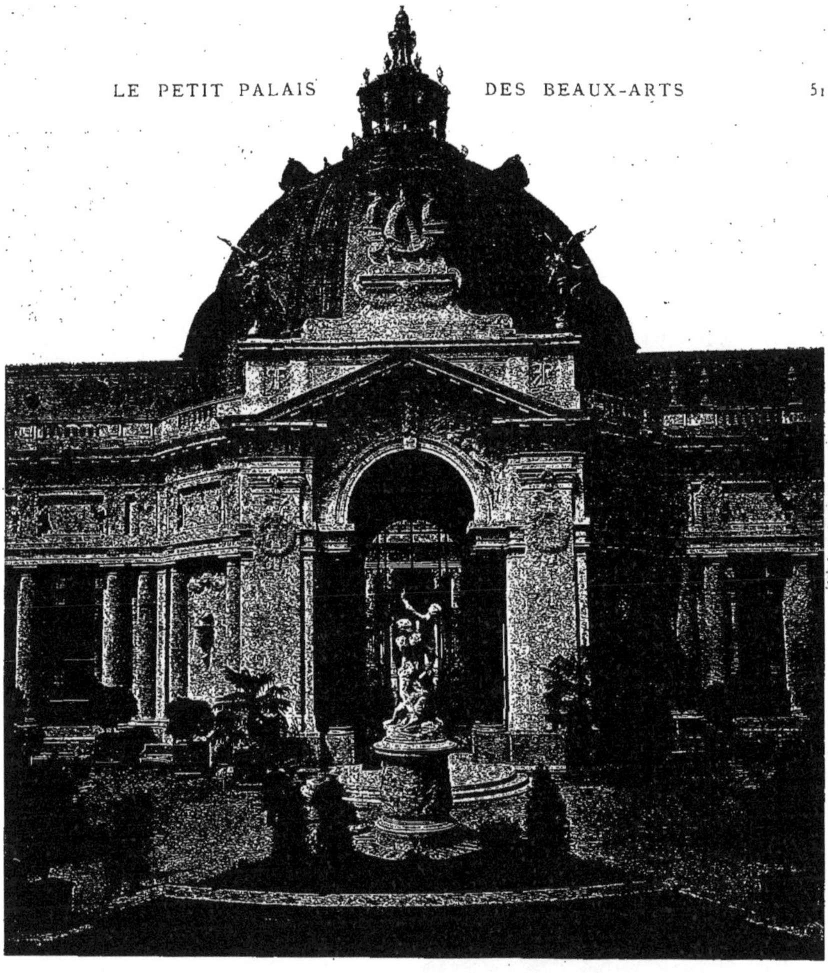

Le vaisseau de Lutèce et les deux Renommées du fronton sont de M. Peynot. — Les bas-reliefs du tympan, la Vérité et la fantaisie dans l'Art, sont de M. A. Lefeuvre. — Le groupe sur piédestal est l'Enlèvement de Proserpine, de Girardon.

sition est très heureuse. Le soubassement du palais suffira toujours à ses destinations et la partie principale y a gagné d'être en belle hauteur et en pleine lumière.

La foule entrait donc dans ce palais charmée de son apparence et disposée à admirer les merveilles qu'il devait contenir. Elle pénétrait sous un porche majestueux, ouvrant à gauche et à droite sur deux spacieuses et claires galeries voûtées occupant toutes les façades. Mais quelque chose d'inconnu l'attirait.

Le porche traversé, personne ne pouvait retenir un geste d'étonnement et d'admiration, tant le spectacle était enchanteur et nouveau.

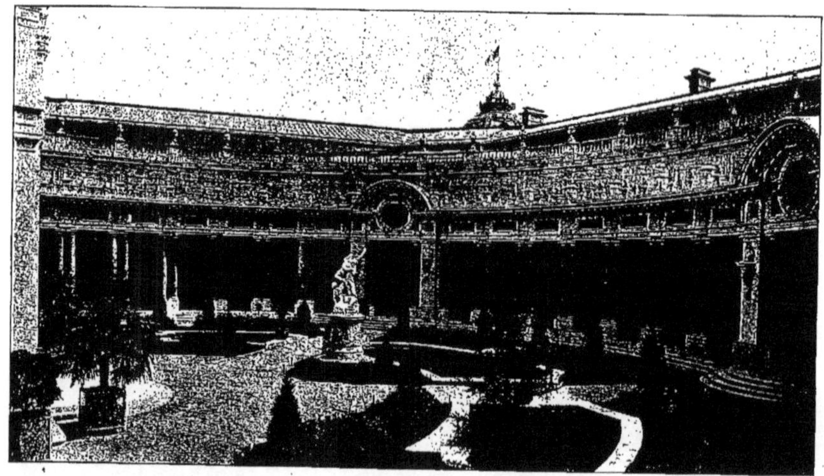

GALERIE CIRCULAIRE DE LA COUR INTÉRIEURE DU PETIT PALAIS

Une cour intérieure se développait en hémicycle, un large portique l'entourait de colonnes de granit noir reliées de guirlandes de feuillage en bronze doré; les parois pleines des murs circulaires brillaient de marbres et de pierres polis. Pendant que le couronnement supérieur allumait ses ors aux feux du soleil, des eaux verdies par le carrelage du fond dormaient dans des bassins de mosaïque aux tons bleus; des fleurs s'épanouissaient au milieu de gazons d'une printanière fraîcheur.

Rien de tel n'avait été vu à Paris, ni ailleurs. Si les portiques et les cloîtres ne sont point chose nouvelle, il n'existe pas de modèles d'une pareille ordonnance. C'est une idée antique exprimée avec des moyens modernes, un refuge pour les Parisiens qui voudront se rappeler les philosophes grecs, un enclos sacré de l'Art. C'est la trouvaille qui consacre un monument.

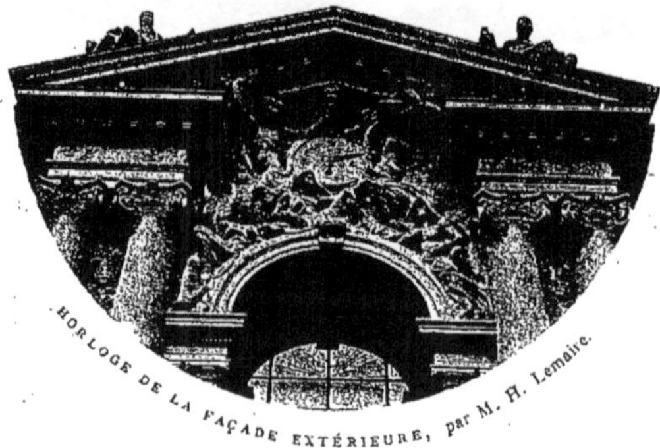

HORLOGE DE LA FAÇADE EXTÉRIEURE, par M. H. Lemaire.

Ce palais aura coûté une douzaine de millions et doit rester la propriété de la Ville de Paris. Puisse-t-elle en faire un noble emploi!

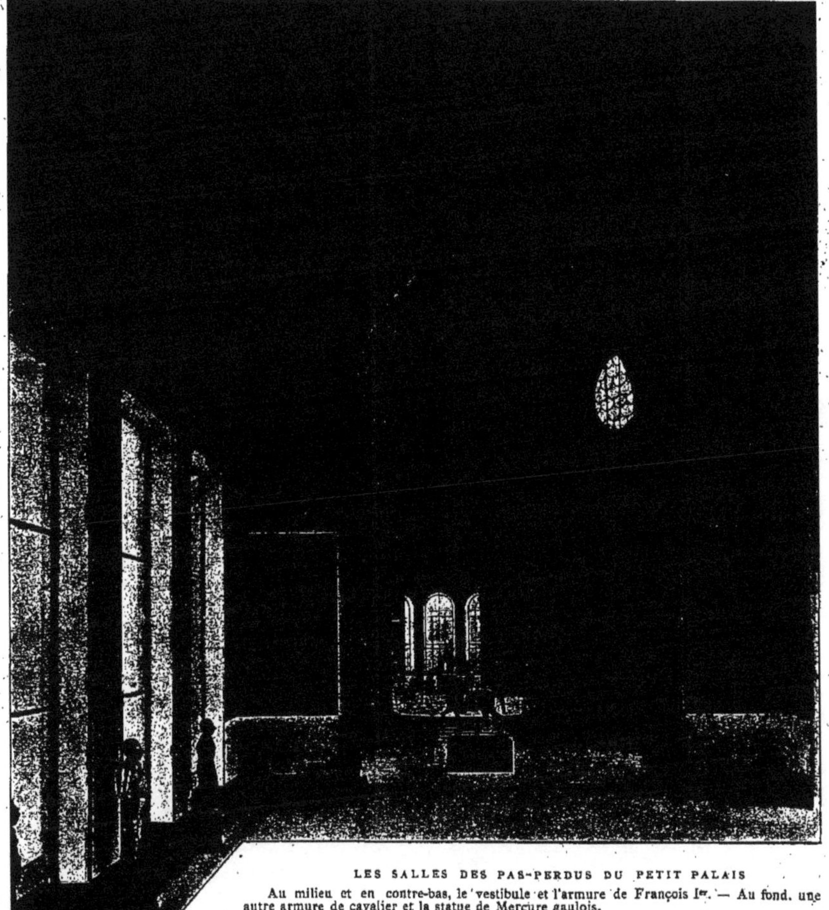

LES SALLES DES PAS-PERDUS DU PETIT PALAIS
Au milieu et en contre-bas, le vestibule et l'armure de François Ier. — Au fond, une
autre armure de cavalier et la statue de Mercure gaulois.

La disposition intérieure du Palais Girault est à souhait pour des expositions artistiques, claire et d'une décoration discrète pour ne pas retenir l'attention qui doit se porter ailleurs. Les extrémités des deux vastes galeries sur l'avenue Nicolas II sont réunies par une double série de salles formant les trois côtés du demi-hexagone. Celles contournant la cour intérieure sont éclairées par en haut; celles les doublant sur l'extérieur, par de vastes baies d'où la vue sur les Champs-Élysées est un enchantement.

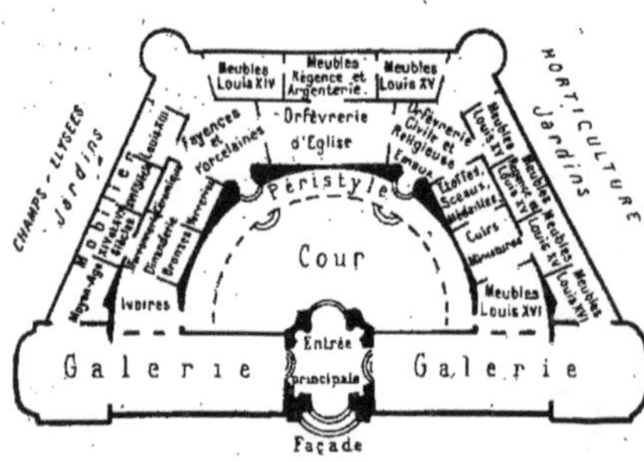

DISPOSITION DE L'EXPOSITION RÉTROSPECTIVE

Là était installée l'exposition rétrospective de l'art français ; loin d'être écrasée par le cadre, elle y ajoutait l'éblouissement de sa propre splendeur et cet ensemble donnait la sensation si rare de la perfection.

Le programme était de réunir les plus beaux spécimens de l'art français, depuis l'époque gauloise jusqu'à la Révolution.

Il existe bien un inventaire des richesses d'art de la France, mais il

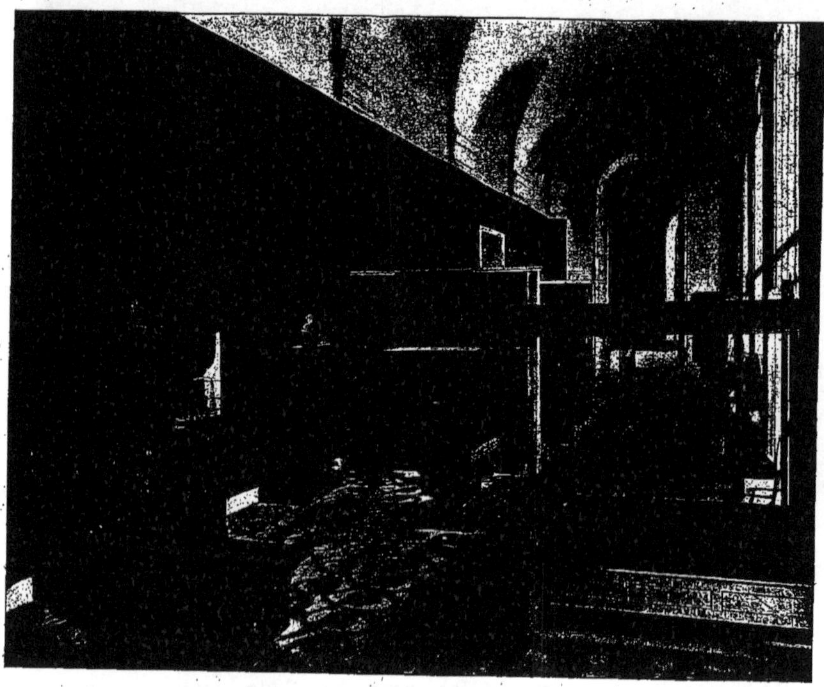

SALLE DE L'AMEUBLEMENT DU XVIᵉ SIÈCLE

Lit en bois sculpté du duc Antoine de Lorraine. — Tables en noyer des musées de Dijon et de Compiègne. — Vitrine contenant des panneaux en bois. — Grand meuble en noyer sculpté, avec cariatides. — Buffet à deux corps. — Tapisseries à sujet tiré d'un roman de chevalerie.

n'est pas complet et il ne mentionne pas les objets détenus par
les particuliers. Pour ceux-là,
nombreux et souvent magnifiques, les catalogues d'expositions antérieures et de ventes
publiques pouvaient seuls compléter les indications fournies
par des relations personnelles.

C'est peu de connaître
l'existence d'une pièce, il faut
l'apprécier et la juger digne ou
non d'être exposée. Pour cela,
un unique moyen : voir de ses
propres yeux et comparer.

Et tout cela n'est qu'une
préparation ; il reste, pour obtenir l'objet même, les collectionneurs à persuader, les villes
ou musées à fléchir, les évêques
et les conseils de fabrique à

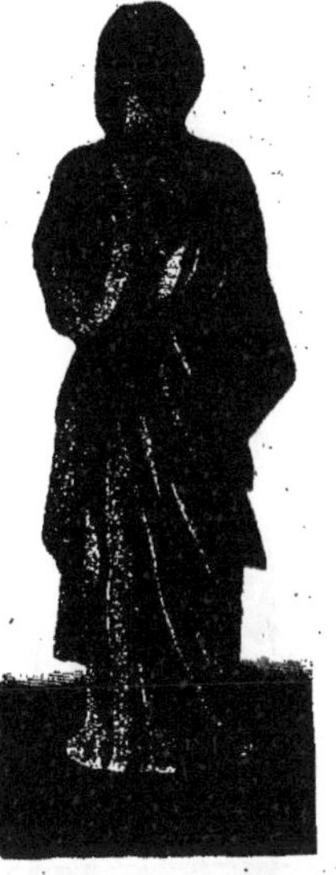

PLEUREUR DU TOMBEAU
DE PHILIPPE LE HARDI.
(Collection Arthur Schickler).

SAINTE MARTHE
BOIS DU XVI⁰ SIÈCLE
(Musée de Château-Gonthier).

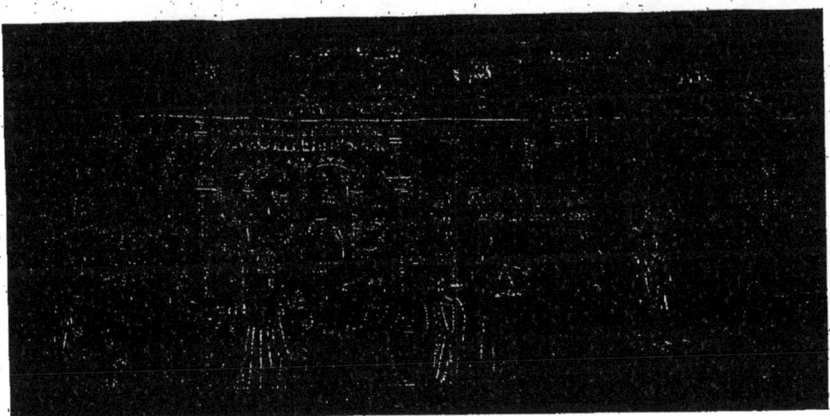

JUDITH ET HOLOPHERNE, RUTH ET NOÉMI (TAPISSERIE DU COMMENCEMENT DU XVIᵉ SIÈCLE)
(Cathédrale de Sens).

VIERGE ET ENFANT JÉSUS
Ivoire peint et doré du xiv⁰ siècle.
Église de Villeneuve-les-Avignon.

entraîner, tous retenus par la crainte légitime d'accidents toujours possibles.

Science, voyages, démarches, on voit l'ampleur de la tâche. De la façon dont ils l'ont remplie, il faut rendre honneur à M. Émile Molinier, conservateur du Musée du Louvre, et à ses aides, MM. Frantz Marcou et Gaston Migeon.

Les bonnes volontés se sont unies à leur zèle. Plus de deux cents collectionneurs, toutes les villes et toutes les fabriques des paroisses, à de rares exceptions près, ont répondu à l'appel. Plusieurs, comme le vénérable curé de Conques, ont apporté eux-mêmes leurs trésors. Le catalogue des objets ainsi réunis comprenait 4.774 numéros.

Malgré ce chiffre, combien d'œuvres d'art sont restées à leur place habituelle, en particulier dans les musées de Paris, dont rien n'avait, par principe, été distrait! Combien avaient été détruites, par les besoins de la

UN COIN DE LA SALLE DES IVOIRES.
Vierge et enfant Jésus (ivoire xiv⁰ siècle). — Tenture de l'histoire de Saint Jean-Baptiste; tapisserie de haute lisse, xvi⁰ siècle. — Vusthi et les envoyés d'Assuérus; tapisserie époque de Charles VII — Ange debout, statue en marbre du xiv⁰ siècle.— Triptyque d'Antibes xv⁰ siècle. — Calvaire de Jaillot; ivoire xv⁰ siècle. — Vitrines des diptyques.

royauté conduisant au creuset les objets d'or et d'argent, par le décret du
15 novembre 1789 mettant les trésors
d'églises à la disposition de la patrie,
par les guerres, les pillages, et surtout par la négligence et le vanda-
lisme de toutes les époques laissant
périr par mépris ce qui avait cessé de
plaire à la mode! Combien enfin sont
parties à l'étranger qui ne doivent plus
revenir! Pour qu'il en subsiste une
aussi grande quantité et d'aussi belles,
quelle production ininterrompue,
inspirée par un art toujours fécond à
travers ses transformations, a dû enri-
chir pendant des siècles notre patri-
moine national! Nous en compre-
nons enfin la grandeur et nous entou-
rons d'un égal respect l'expression de
la beauté manifeste de tous nos styles.

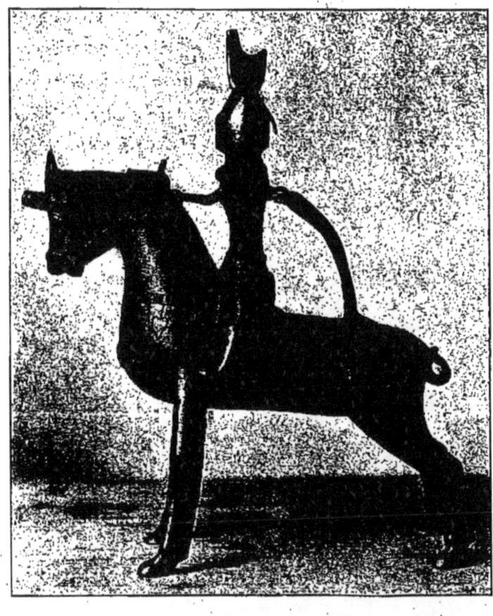

AQUIMANILE DU XVIII° SIÈCLE (Collection Oppenheim).

· La reproduction de la figure humaine étant interdite chez les Gaulois; et leurs

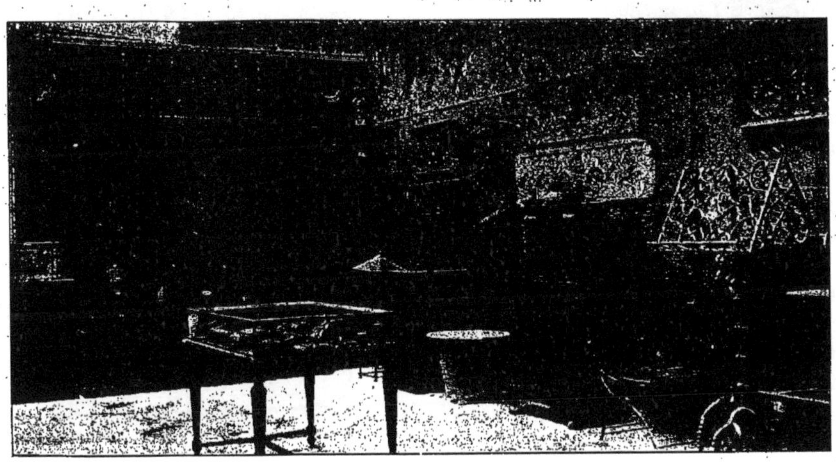

UN COIN DE LA SALLE DU FER ET DE LA DINANDERIE
Dans la vitrine, l'armure de Henri II. — Bénitier en fonte, buffet et panneaux en bois sculpté du XVI° siècle. —
Lutrin en fer forgé du XVIII° siècle.

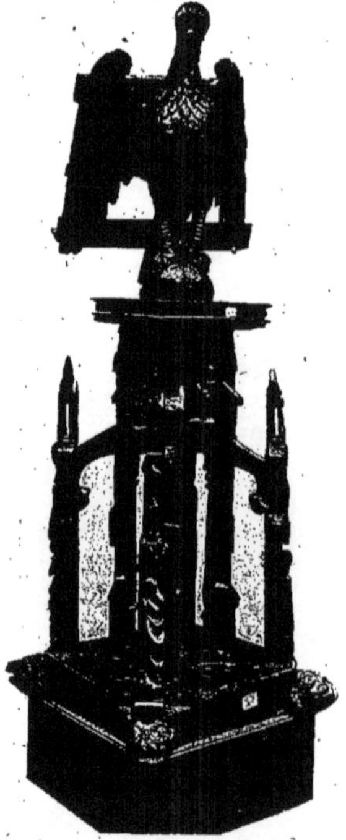

LUTRIN EN BOIS
de l'église de Puligny, xve siècle.

mœurs étant d'ailleurs assez rudes, il nous reste peu de chose d'eux : une statue, découverte il y a une trentaine d'années dans le Puy-de-Dôme et affublée des attributs de Mercure, paraissait plus vénérable par son antiquité que par son esthétique.

De l'époque gallo-romaine, il subsiste des bronzes, des poteries et des ivoires comme ces diptyques dont les consuls se servaient pour transmettre leurs ordres ou leurs compliments, mais l'art romain ne devait pas laisser son empreinte sur le génie national.

Pendant tout le cours du moyen âge, avec une naïveté qui s'affine au cours du temps, mais qui demeure toujours profondément humaine, l'art national se concentre dans les manifestations du culte, les armes restant assez frustes et la dinanderie donnant aux objets usuels des formes plus amusantes qu'artistiques.

L'orfèvrerie religieuse s'est révélée au Petit-Palais avec un éclat incomparable. Des châsses surchargées de pierreries témoignaient de la ferveur des fidèles, et la foi des anciens maîtres atteignait les sommets de l'art dans des effigies comme celle de sainte Fortunade, d'une expression inoubliable, envoyée par une petite paroisse de la Corrèze. Un trésor conservé par miracle dans une abbaye de l'Aveyron, à Conques, permettait de suivre toute l'histoire de l'orfèvrerie et de l'émaillerie pendant une longue période de siècles.

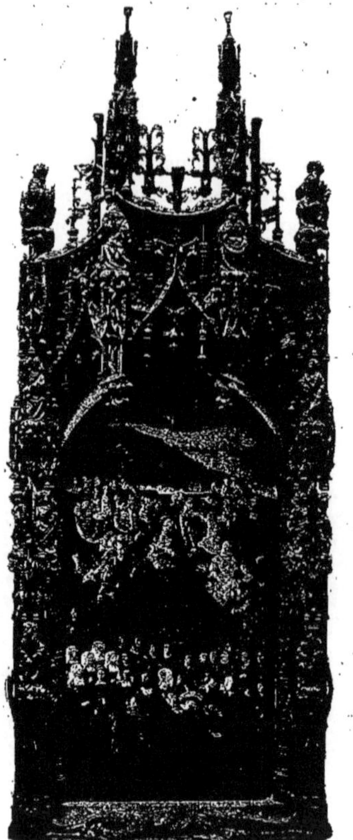

LA VIERGE A LA BALANCE
Avec son cadre du commencement du xvie siècle,
en bois sculpté, provenant de la confrérie de Notre-
Dame-du-Puy, à Amiens.

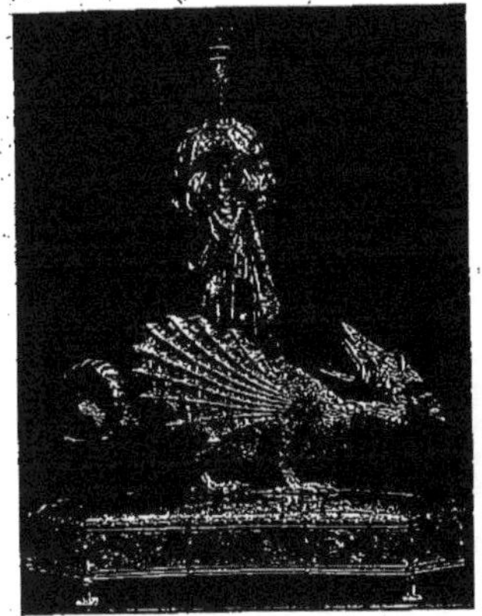

SAINTE MARTHE ET LA TARASQUE
Statuette en argent, xvi° siècle. Eglise de Lucéram (Alpes-Maritimes.)

Il est assez difficile de fixer des dates précises au style gothique; son épanouissement fut aussi long que sa disparition rapide. C'est l'époque de nos glorieuses cathédrales, aussi celle où la sculpture française, représentée par un peuple d'artistes en partie restés inconnus, se délassait de ses grands travaux par d'innombrables merveilles dont la plupart ont été mutilées. La joie de les retrouver égalait l'admiration devant celles qui apparaissaient conservées.

La Renaissance italienne est venue interrompre malheureusement le cours de l'art qui nous appartenait en propre. On ne peut méconnaître son charme et sa gaieté, mais les meubles

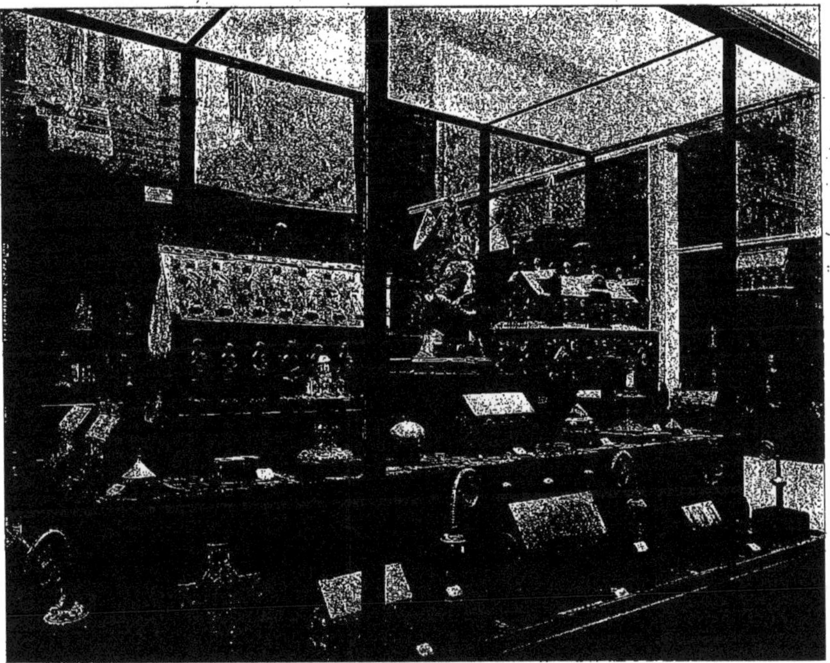

UNE VITRINE D'ORFÈVRERIE RELIGIEUSE
Chef-reliquaire de Saint Ferréol, évêque de Limoges, xiv° siècle. — Grande châsse avec quatorze figures en relief sur fond d'émail. — Autre grande châsse en cuivre doré, à deux étages, xiii° siècle. — Châsses et crosses en émail cloisonné, xiii° siècle.

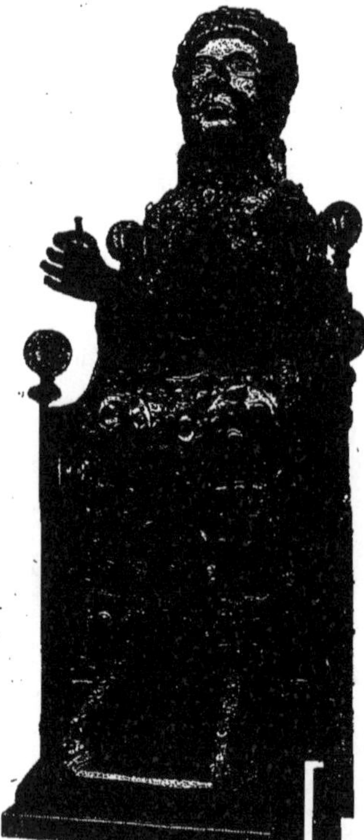

SAINTE FOY
Statue d'or du xᵉ siècle. Église de Conques.

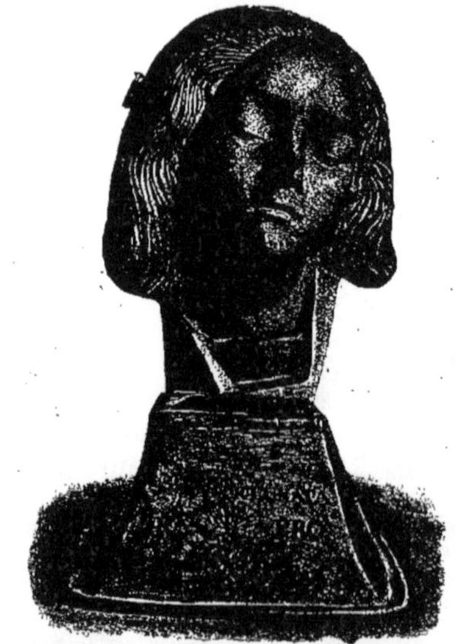

CHEF-RELIQUAIRE DE SAINTE FORTUNADE
Bronze étamé du xvᵉ siècle. Église de Sainte-Fortunade (Corrèze).

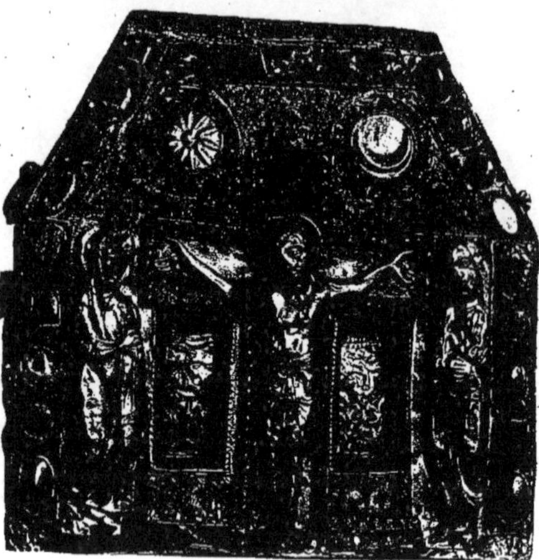

RELIQUAIRE DE PEPIN D'AQUITAINE, XVᵉ SIÈCLE
(Église de Conques).

sont d'une richesse surchargée,
et les tapisseries, si originales
au xvᵉ siècle, entrent, pour vouloir reproduire des peintures,
dans une voie qu'elles ne doivent plus quitter. Les ivoires
sont en décadence. Malgré des
hommes comme Germain Pi-
lon, la statuaire perd sa saveur
française. C'est l'apparition de
la céramique avec Scipion de

Faenza, qui s'établit à Nevers en 1590, Bernard Palissy, Léonard Limosin et ses émaux, les fabriques de Saint-Porchaire.

C'est à cette époque cependant qu'on avait demandé une formule tout au moins galante pour synthétiser l'Exposition rétrospective. Sous le grand vestibule central un fier destrier portait l'armure de François I", et l'inscription du socle disait en latin : « François I", roi de France, père et restaurateur des Arts, adresse son salut le meilleur et souhaite le repos à tous les visiteurs de ce palais consacré aux Beaux-Arts. »

Les arts français n'avaient point berateur, mais François I" protégea ceux qu'il introduisit. Dans une exposition internationale, le satois lut était des plus cour-

La Renaissance ne survécut pas aux Valois. Peu s'en fallut qu'à Blois, le château de Gaston d'Orléans ne mît à terre celui de Catherine de Médicis. Le xviiie siècle n'est soucieux que de la ma- jesté des lignes, comme s'il voulait y affirmer la durée du règne de ses rois et la solidité de leur puissance. La France est rentrée dans un style qui lui est propre, où il y a plus de raison que de fantaisie,

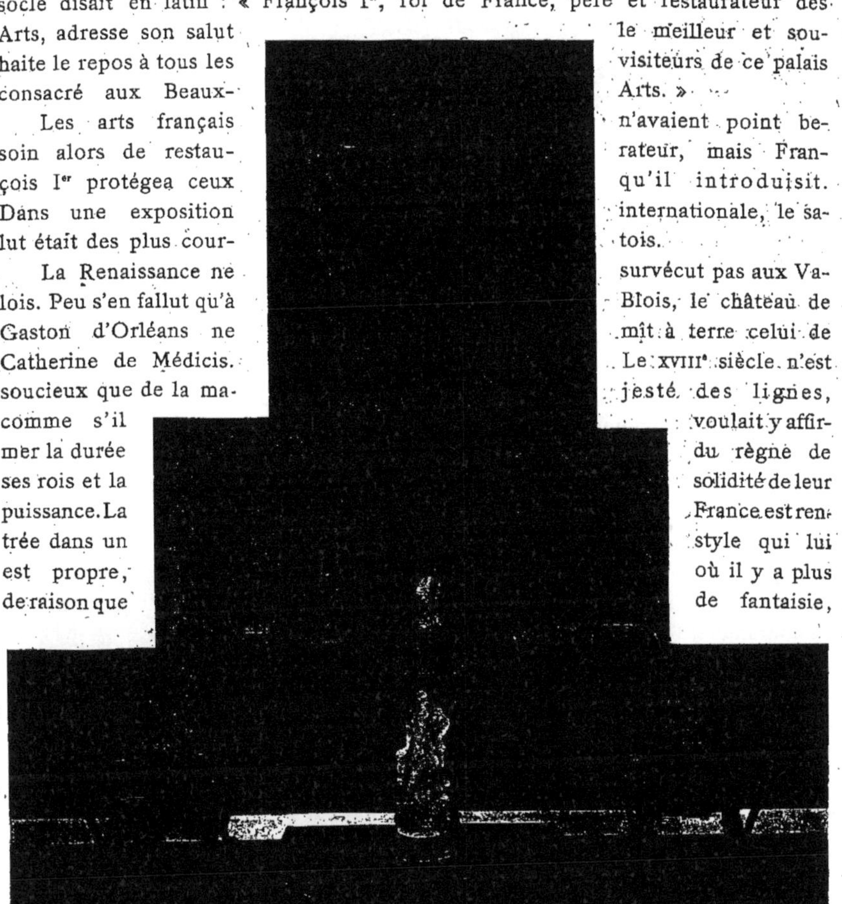

Portière des « Armes du Roi » en tapisserie des Gobelins, d'après Charles Lebrun. — Portrait de Gaspard de Gueidan en joueur de musette, par H. Rigaud. — Portrait de femme en bergère, par Largillière. — Commodes par Ch. Boule, provenant de la chambre à coucher de Louis XIV.

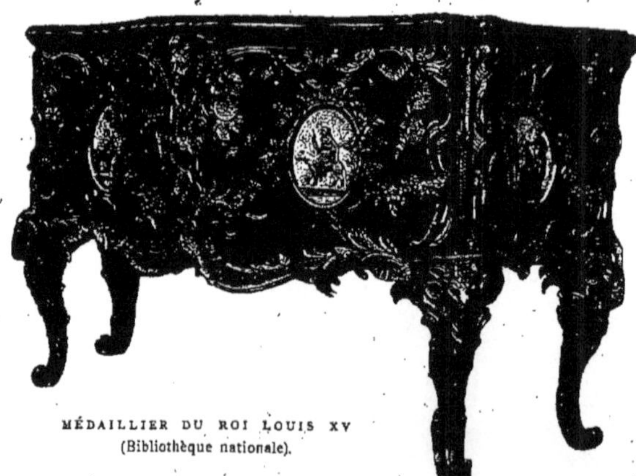

MÉDAILLIER DU ROI LOUIS XV
(Bibliothèque nationale).

qui s'étend en domina-
teur sur toute l'Europe et
qui inspire encore au-
jourd'hui le respect dû
aux choses qui ne revien-
dront plus, mais qui de-
meurent belles.

La transition du
Louis XIV au Louis XV
se fait tranquillement à
travers la Régence, les
lignes prennent peu à peu
des courbes qui devien-
dront excessives, comme
si le bois des meubles
voulait s'animer d'une vie serpentine. Cressent joue dans le mobilier le rôle de
Watteau dans la peinture ; Mme de Pompadour apporte dans l'art une influence
plus heureuse que dans la politique; tout est à la grâce et à l'amour. C'est l'époque
où la douceur de vivre fut la plus grande, a-t-on dit; pour les insouciants et pour
les riches tout au moins.

L'*Encyclopédie* publiée par Diderot et d'Alembert a joué un rôle considérable
pour la vulgarisation de l'art. Ses nombreuses planches répandaient à très grand

nombre des modèles des-
sinés avec un art supé-
rieur pour y conformer
les moindres objets de la
vie courante et tous ceux
qui nous restent de cette
époque se reconnais-
sent à la grâce de leurs
lignes.

Il faudrait des obser-
vations chronologiques
nombreuses et précises
pour décider si l'archi-
tecture traduit les mœurs
d'une époque avant les
autres arts ou seulement

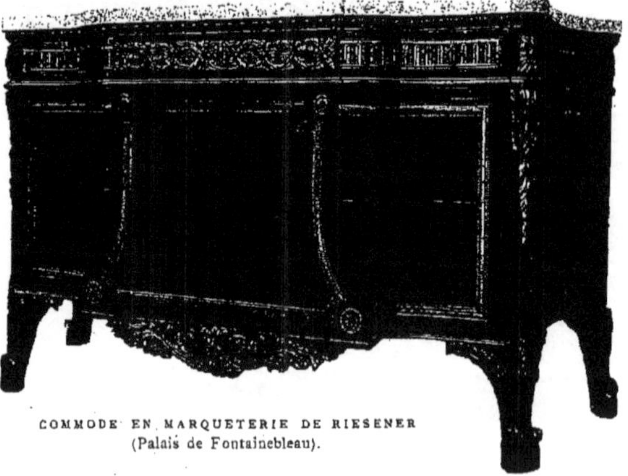

COMMODE EN MARQUETERIE DE RIESENER
(Palais de Fontainebleau).

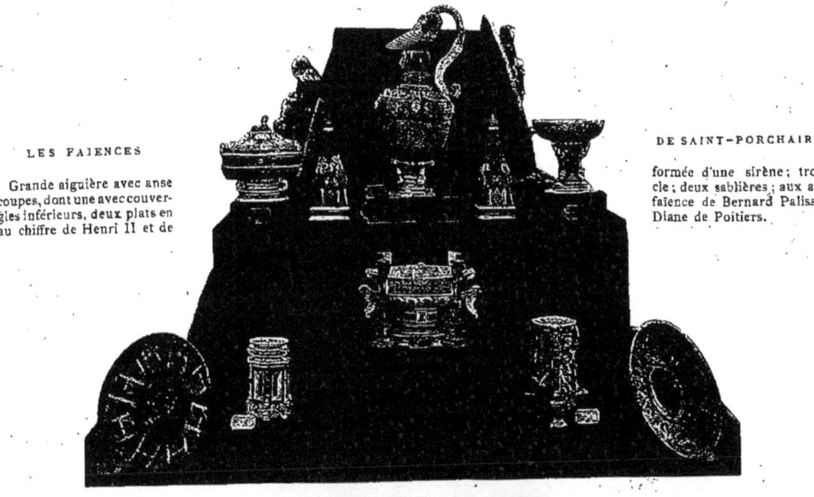

après eux. L'expression née et, comme le fai- deux palais qu'il éle- Concorde, le style dé- donnait les contours rococo, pour revenir reposées. C'est un meuse pendule des Trois achetée 1.500 francs il y l'atelier d'un peintre de offert 1.250.000 francs à œuvre de charme sans

Tous ces styles Petit Palais par de ma- une double classifica- considérer par épo- d'objet. Une suprême l'encombrement du

Au milieu de ces en valeur, l'esprit s'en- disparues. Il y retrou-

est sans doute simulta- sait Gabriel dans les vait sur la place de la coratif Louis XVI aban- tombés dans l'excès du aux lignes simples et style d'intimité. La fa- Grâces, par Falconet, a cinquante ans dans Francfort et dont on a M. de Camondo, est une être d'un art supérieur. étaient représentés au gnifiques spécimens; tion permettait de les ques et par nature habileté avait évité nombre.

merveilles bien mises volait vers les époques vait la foi, la force et la

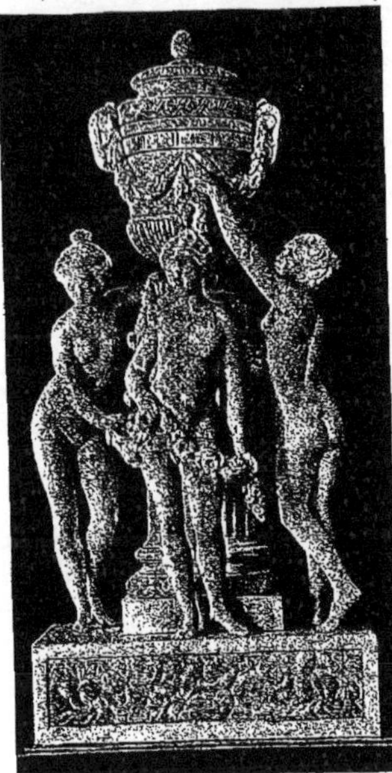

LES TROIS GRACES, par Falconet.
Collection I. de Camondo).

grâce, ces trois formes de l'amour, qui inspirèrent successivement et souvent ensemble notre art national. Nulle part ailleurs la grandeur de la France n'apparaissait d'une façon aussi manifeste.

Dans un autre endroit cependant, de simples moulages réservaient encore un triomphe aux arts de l'ancienne France. Le musée de sculpture comparée du Trocadéro n'avait pas été créé pour l'Exposition, puisque son ouverture remonte à 1882, mais ses galeries avaient été comprises dans l'enceinte de 1900. Il convient de les rappeler ici pour les jouissances d'art qu'elles donnaient à ceux qui savaient s'y arrêter.

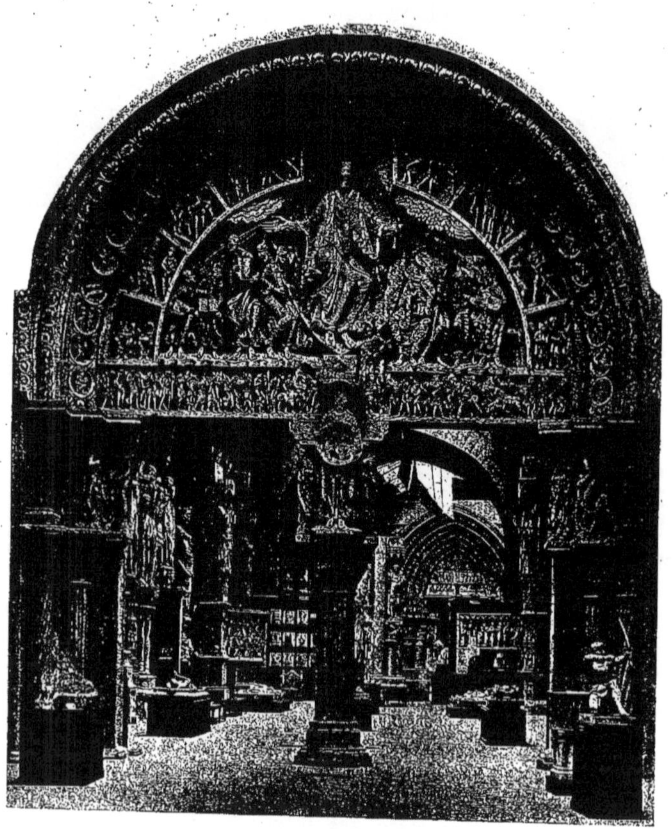

PORTAIL DU NARTHEX DE L'ÉGLISE DE LA MADELEINE, A VÉZELAY
(Moulage des galeries du Trocadéro).

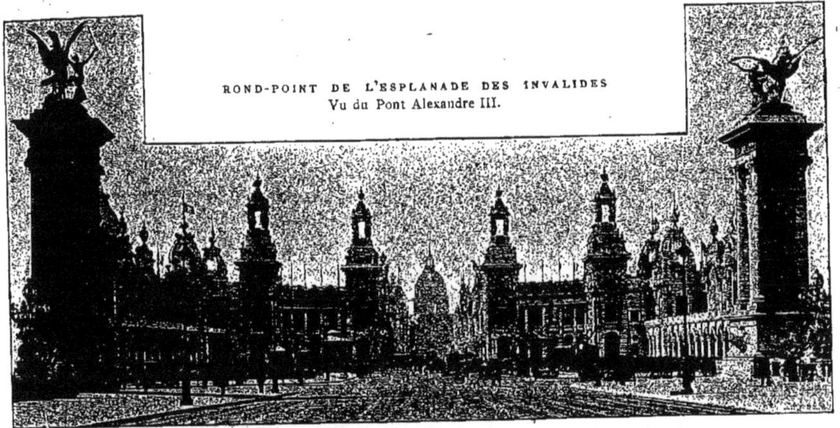

LES PALAIS

DE

L'ESPLANADE-DES INVALIDES

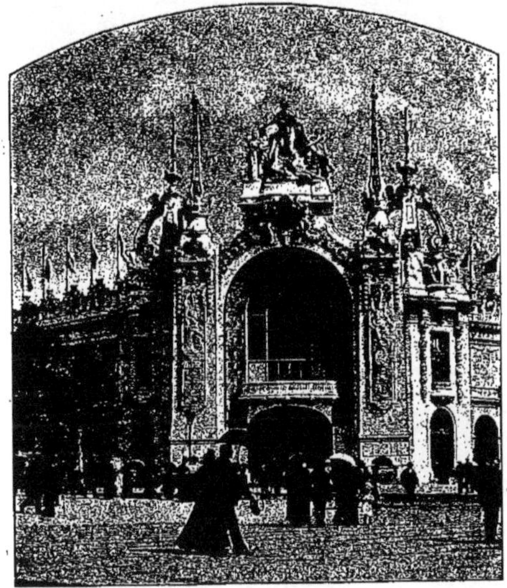

PORCHE D'ANGLE DU PALAIS DES MANUFACTURES NATIONALES
(côté de la rue de Constantine).

Le groupe du sommet représentant le Travail est de M. d'Houdain; celui du porche symétrique du côté de la rue Fabert, par M. Peynot, représente La France accueillant les Nations.

Au sortir du Palais des Arts, l'avenue et le pont maintenaient dans une atmosphère de beauté pour conduire aux autres palais des arts appliqués à la décoration qui se développaient sur l'Esplanade. De la pierre de taille destinée à demeurer, on passait au royaume éphémère du staff.

Ces façades tapageuses, ces tours ajourées, cette floraison de miradors et de clochetons, cet assemblage de styles rococo, barocco, toutes et autres dénominations de la fantaisie architecturale, donnaient une note qui leur faisait pardonner le cauchemar de leurs lignes, celle de ne devoir durer qu'un moment.

A bien prendre, ce n'étaient point des palais, mais des maquettes de palais à grandeur d'exécution. Les audaces y étaient permises, s'y présentant à l'état d'essais. Tout devant disparaître, on perdrait le souvenir des fautes et les parties réussies

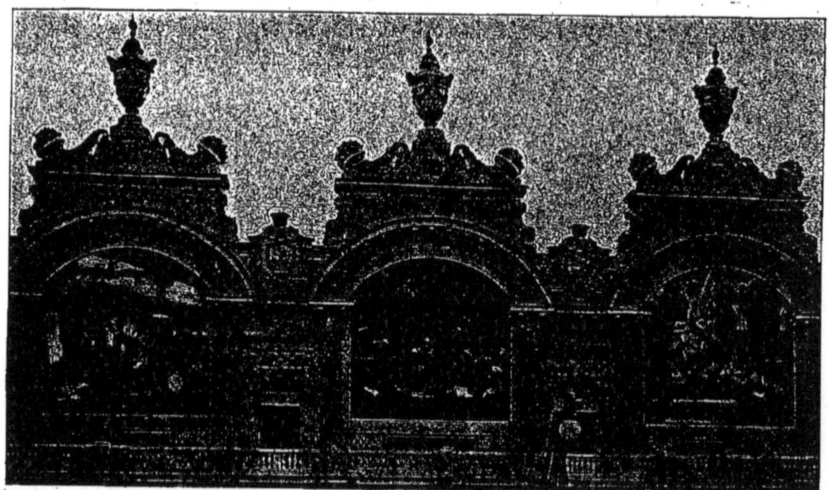

PEINTURES MURALES DU PALAIS DES MANUFACTURES NATIONALES (COTÉ DE LA RUE DE CONSTANTINE)

Les Arts de la Terre,
par François Auburtin.

Les Arts du Bois,
par P. Baudouin.

Les Arts de la Pierre,
par Maurice Chabas.

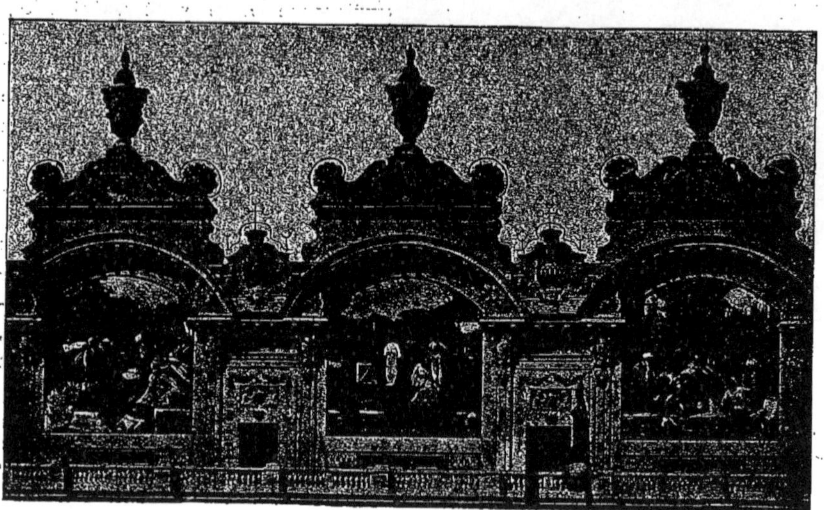

PEINTURES MURALES DU PALAIS DES MANUFACTURES NATIONALES (COTÉ DE LA RUE FABERT)

Les Arts du Livre,
par Pierre Vauthier.

Les Arts des Tissus,
par Paul Buffet.

Les Arts du Métal,
par Recipon.

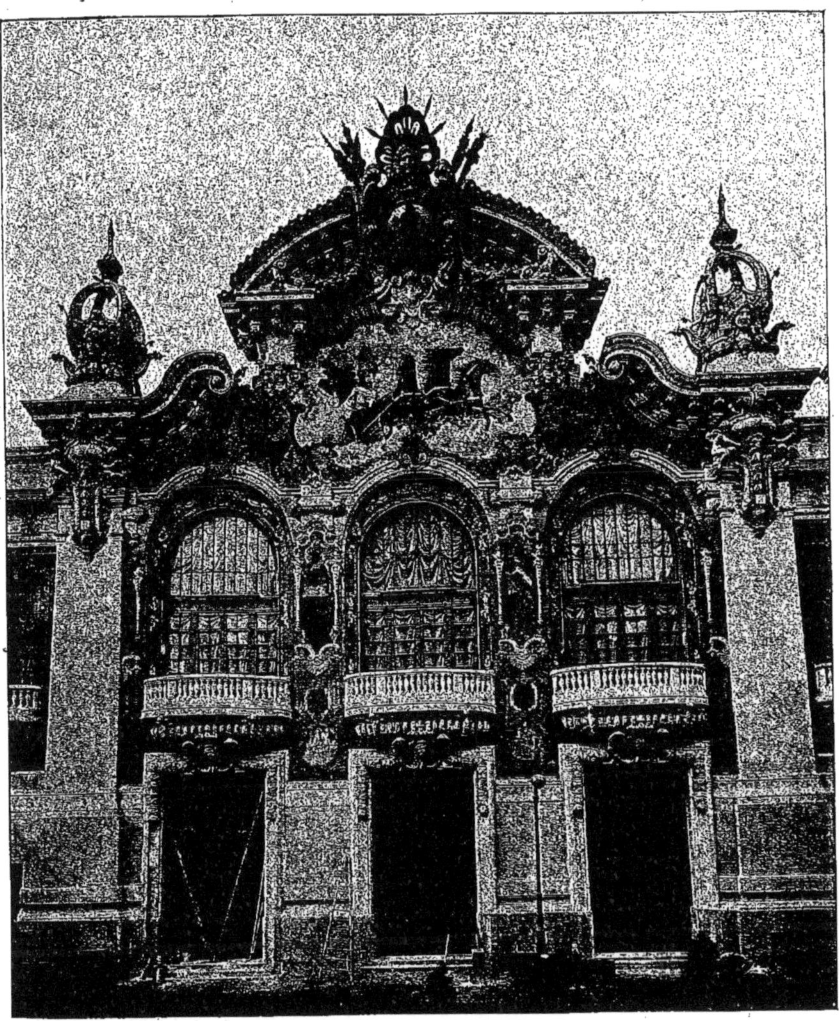

DÉCORATION MURALE DE L'ENTRÉE DU PALAIS DES MANUFACTURES NATIONALES
SUR L'ALLÉE CENTRALE DE L'ESPLANADE (CÔTÉ FABERT)

Ces peintures, de colorations à reflet de porcelaine comme les produits de la céramique qu'elles annonçaient, étaient de M. H. Gouillet. — Celles du porche symétrique, conduisant aux Gobelins et symbolisant la Peinture de la laine, étaient de M. P.-M. Ruty.

serviraient d'indication pour des constructions futures. Or les heureuses trouvailles étaient nombreuses, surtout dans les détails d'ornementation.

Un défaut cependant demeurera impardonnable : l'étroitesse de la rue du milieu, qui rendait impossible une perception générale des façades des palais et qui ne permettait même pas d'avoir une vision complète du dôme des Invalides. Il semblait rapetissé et confiné au fond d'une impasse, alors que ses lignes altières auraient dû se profiler librement.

Il est certain que les ormes

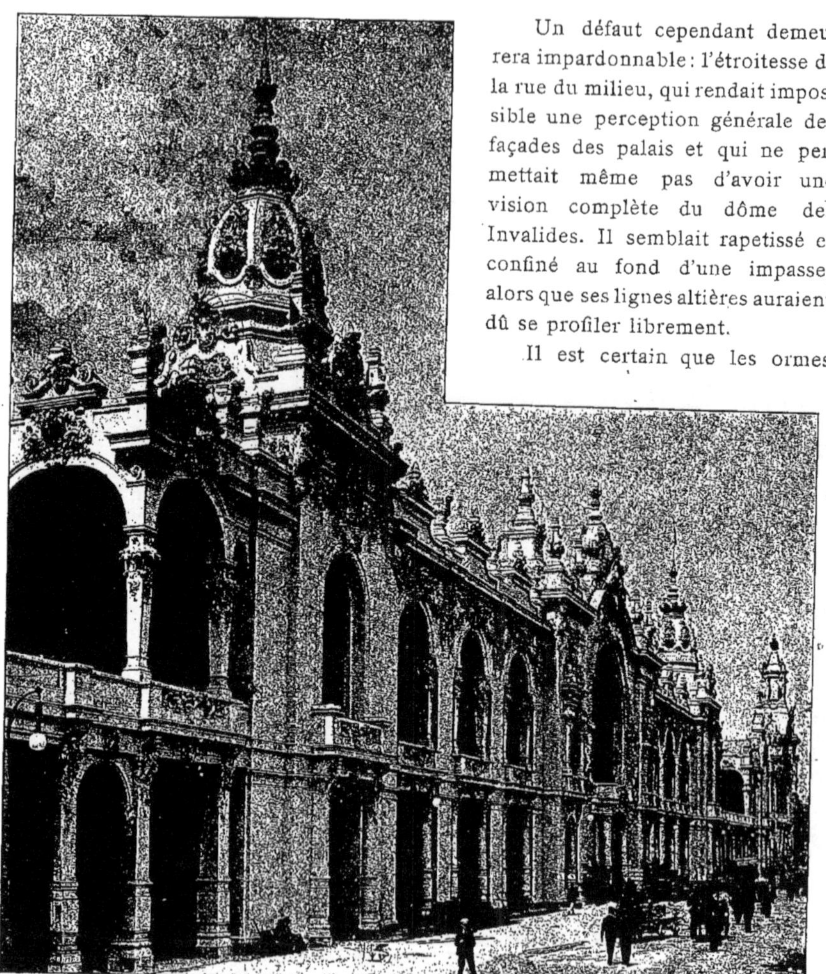

VUE PERSPECTIVE DU PALAIS DES INDUSTRIES ÉTRANGÈRES (COTÉ FABERT),
PAR MM. LARCHE ET NACHON

des quinconces étaient sacrés et qu'ils empêchaient de planter les palais plus près des rues Fabert et de Constantine. Mais ces palais avaient 50 mètres de profondeur. Il fallait prendre une douzaine de mètres à chacun d'eux et la rue eût été ainsi portée de ses 27 mètres de largeur aux 50 qui lui étaient nécessaires. On verra plus loin que la place n'aurait pas fait défaut pour les expositions intérieures, qui auraient pu être mieux réparties.

Cette rue manquée a joué de malheur. Son sol fut nivelé en retard, incomplètement et comme à regret ; nulle part les odieux petits cailloux qui sévissaient dans toute l'Exposition, et qui mirent au début tout le monde de mauvaise humeur, ne furent plus agressifs que dans

VUE PERSPECTIVE DU PALAIS DES INDUSTRIES FRANÇAISES (COTÉ CONSTANTINE), PAR M. ESQUIÉ

cette voie qui aurait dû être entièrement semée d'un sable doux et fin.

Était-ce pour conseiller aux gens de ne point poursuivre jusqu'à la grille même des Invalides? Ce serait une excuse, car là une déconvenue les attendait. Nous avons vu maintes fois, parce qu'ils arrivaient quelques minutes avant midi ou après quatre heures, et encore les jours d'entrée qui sont des jours de grâce, des groupes d'étrangers vertement rabroués par des invalides à cheval sur une consigne aussi mystérieuse qu'impitoyable. Les pauvres gens s'en retournaient sans avoir vu le tombeau de l'Empereur que ses gardiens honoraient ainsi à leur façon. Mais revenons aux palais.

Ils s'ouvraient sur le quai autour d'une vaste demi-lune dont le sol était formé de dalles transparentes. Elles recouvraient les voies du chemin de fer de l'Ouest et contournaient des massifs de rosiers à tige faisant partie de l'exposition horticole et très heureusement disposés là pour le plaisir des yeux. Il s'y donnait en plein air des auditions musicales très suivies.

Face au quai, contournant la place et pénétrant dans la rue centrale, les premières façades aperçues appartenaient au double Palais des Manufactures nationales de MM. Toudoire et Pradelle. Leurs lignes brisées, tant par la disposition des lieux que par la volonté des architectes, les décrochements des façades, la profusion des sculptures et la variété des motifs décoratifs, tout marquait le parti pris d'un air de fête et il ne manquait que des cloches dans les nombreux campaniles pour en sonner le joyeux carillon.

A la hauteur du premier étage, trois grandes peintures à fresque ornaient chaque côté de la demi-lune, et deux autres, plus importantes encore, surmontaient les portes sur la rue. Cette décoration peinte, en usage dans l'antiquité, au moyen âge, et encore de nos jours en Suisse et en Allemagne, était complètement sortie de nos habitudes. Elle semblait là d'un effet plutôt heureux, toujours dans la donnée d'une chose temporaire. Au définitif, elle ne semble pas appropriée à nos climats et même, sous des galeries couvertes, la grande cour voisine des Invalides donne un triste exemple de ce qu'elle peut devenir avec le temps.

Sur 220 mètres de longueur dans le boyau que nous appellerons l'avenue des Invalides, faute d'une dénomination consacrée, se poursuivaient, à gauche le Palais des Industries françaises, par M. Esquié, et à droite celui des Industries étrangères, par MM. Larche et Nachon. Nous en

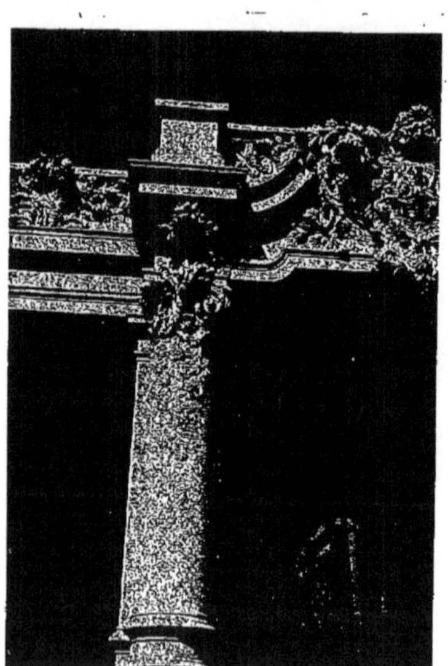

DÉTAIL DU PALAIS LARCHE
Nouveau type de chapiteau.

donnons des vues perspectives.
Ils étaient symétriques, mais
d'architecture différente.

Le palais de M. Larche
méritait qu'on s'y arrêtât, car
sa décoration était tout à fait
remarquable par son originalité
et sa fraîcheur.

La flore en faisait tous les
frais, abondante et pleine de
sève. La trop classique acanthe,
même les fleurs symboliques
de l'art gothique, faisaient place
aux marguerites et aux liserons,
aux pommes et aux raisins, au
pavot surtout, qui s'est révélé
comme la plante ornementale
par excellence, génératrice de
chapiteaux exquis.

Il est vrai que l'artiste,
tout en respectant la Nature
observée de près, avait su
donner à ses formes, pour les
fixer en pierre (ou en staff la
remplaçant), la robustesse
nécessaire à leur solidité. Rien
de grêle, mais quelque chose
de plantureux et d'accentué,
n'ayant rien à voir avec le

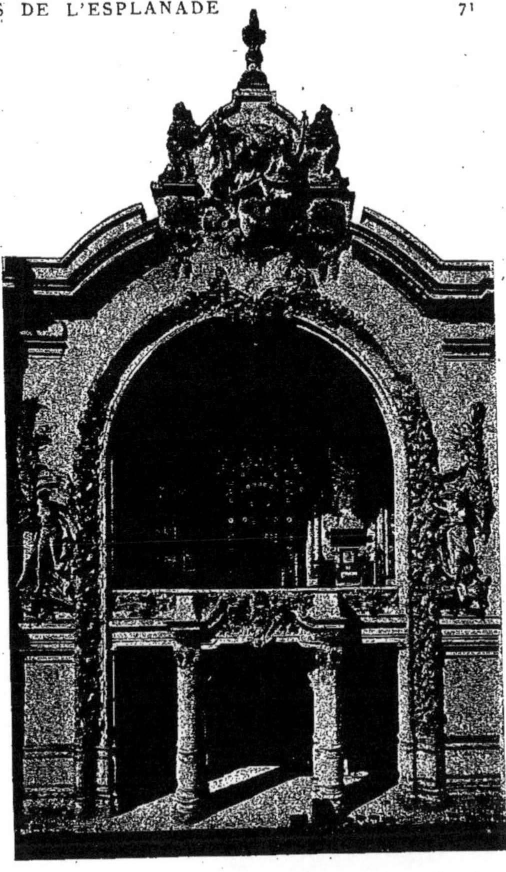

PORCHE PRINCIPAL DU PALAIS LARCHE

modern style où tout s'efface dans l'indécision. C'était là une rénovation bien
française de la décoration monumentale et un véritable pas en avant. C'est de
semblables efforts que reste un accroissement nouveau pour l'art.

L'architecte avait trouvé dans son frère, M. Raoul Larche, un précieux colla-
borateur pour les figures féminines qui complétaient le charme des fleurs par leur
grâce vivante, et il est juste de rappeler le nom de M. Ch. Jullien, qui a su vaincre
toutes les difficultés d'exécution de cette ornementation touffue.

Un dernier palais, double comme celui de l'entrée, terminait l'avenue
des Invalides et repliait à angle droit sur la rue de Grenelle deux façades de
50 mètres chacune. Sur ces façades, deux grandes frises en plâtre coloré imitant la

terre cuite, par les arts de la terre, palais était primiti- Pour ne pas conçues un aspect retenu Tout était traité

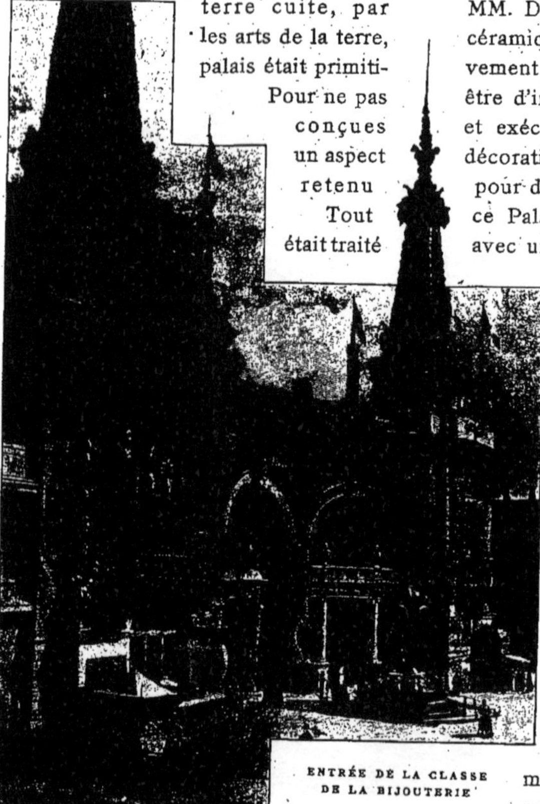

ENTRÉE DE LA CLASSE DE LA BIJOUTERIE

MM. Damé et Frère, représentaient céramique et verrerie, auxquels ce vement destiné.

être d'invention moderne, ces frises, et exécutées avec art, présentaient décoratif nouveau, méritant d'être pour des monuments définitifs.

ce Palais, dû à M. Tropey-Bailly, avec un soin minutieux du détail.

Ses petites tours carrées aux clochetons pyramidaux, son ornementation guillochée lui donnaient bien le vague aspect d'une pièce de pâtisserie monstre, mais ce n'est pas une critique: il convenait, pour cette entrée fréquentée de l'Exposition, d'opposer quelque chose de pimpant à la sévérité du Palais des Invalides, qui lui faisait face.

L'intérieur des palais de l'Esplanade des Invalides n'était pas disposé d'une manière aussi simple et aussi pratique que celui des palais du Champ de Mars; la lumière y semblait moins bonne.

Par contre, les installations empruntaient à la forme des locaux de plus fréquentes occasions de variété. On avait dû construire perpendiculairement aux palais, surtout du côté français de la rue de Constantine, d'assez nombreuses annexes pour augmenter l'emplacement de diverses classes. Ces annexes s'ouvraient sur les palais principaux par de petites portes qui n'étaient pas indiquées de façon assez apparente. Enfin la jolie gare de l'Ouest était comme encastrée dans les palais et ainsi dissimulée. C'était une nécessité, mais on aurait dû ménager ostensiblement de larges portes de communication.

Quant aux quinconces des arbres respectés, ils contenaient du côté Constantine des restitutions de la vieille France et, de l'autre, des restaurants étrangers que

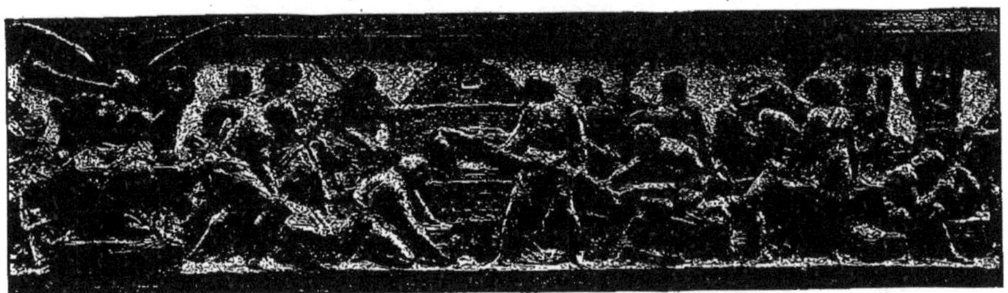

LA VERRERIE, FRISE DE M. DAMÉ. *Côté des sections étrangères (Fabert).*
L'autre frise, du Palais des sections françaises, était de M. Frère et représentait la Céramique.

nous retrouverons dans d'autres chapitres. D'un côté comme de l'autre on n'y pénétrait que par des entrées insuffisantes. Au milieu de la rue des Invalides deux grands porches auraient dû traverser de part en part les deux palais et ouvrir ainsi de larges accès sur les quinconces.

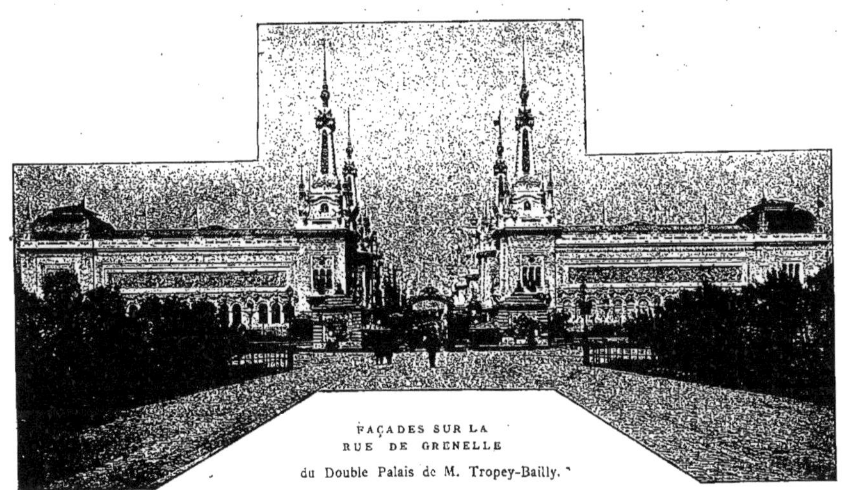

FAÇADES SUR LA
RUE DE GRENELLE
du Double Palais de M. Tropey-Bailly.

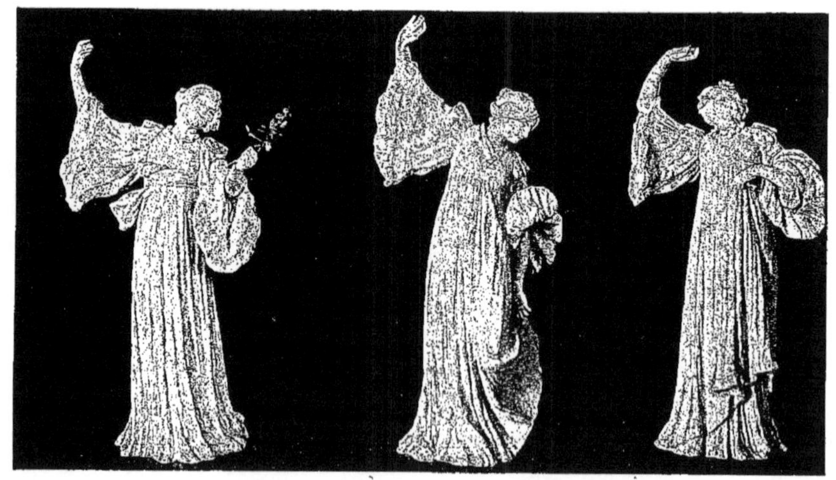

DANSEUSES EN BISCUIT DE SÈVRES, POUR SURTOUT DE TABLE, D'APRÈS LÉONARD

L'ART DÉCORATIF FRANÇAIS

A L'ESPLANADE DES INVALIDES

Le Palais des Manufactures nationales n'avait aucune raison d'être double. Tous les arts décoratifs français, ces manufactures en tête, auraient facilement trouvé place dans la partie de gauche en regardant le dôme. On aurait donné à ces classes le nom général d'Industries d'art, préférable à la formule compliquée « Décoration et Mobilier des édifices publics et des habitations » et au titre peu noble « d'Industries diverses » dont la joaillerie, l'orfèvrerie et les bronzes étaient affublés. Des industries comme le caoutchouc, aussi utiles que peu esthétiques, auraient trouvé ailleurs un emplacement convenable.

Quant à la partie de droite, sa destination était indiquée. Les Lettres ont été négligées ; nous reviendrons là-dessus en parlant des groupes I et III. Elles eussent trouvé là, dans une situation à souhait, le palais qui leur était dû.

Il nous faut bien suivre les emplacements tels qu'ils ont été déterminés, et nous trouverons Sèvres dans la partie de droite de ce double Palais des Manufactures nationales.

En 1891, M. Baumgart fut mis à la tête d'une nouvelle organisation de la Manufacture de Sèvres ; on y reconstitua une école de céramique et les portes s'ouvrirent à tous les talents. Cette transformation ne tarda pas à porter ses fruits.

Un palais formé de matériaux entièrement empruntés à la céramique devait contenir en 1900 l'exposition de la Manufacture. Du projet, qu'il fallut abandonner faute de crédits, il ne resta que la maquette et une travée entièrement exécutée de la façade qui fut placée à l'entrée de la rue centrale de l'Esplanade. Malgré la richesse d'une pareille ornementation et peut-être à cause d'elle, il n'est pas certain que son emploi exclusif à l'édification d'un monument entier eût été d'un bon effet. A défaut du palais spécial, les galeries de l'Exposition permirent d'apprécier le programme que s'était donné la Manufacture :

Perfectionner la porcelaine dure ancienne, et la décorer en un seul grand feu de four, soit sur couverte, c'est-à-dire quand la pâte est déjà cuite, soit sous couverte, c'est-à-dire en appliquant les couleurs sur la pâte crue. Dans le premier cas, les couleurs se fondent avec l'émail ; dans le second, elles se trouvent comme emprisonnées sous lui. On aperçoit la supériorité de ce système sur les anciennes cuissons au moufle, répétées plusieurs fois, où le décor ne semblait avoir qu'une adhérence factice.

Traiter la porcelaine dure nouvelle, due à M. Lauth, en 1880, avec les mêmes procédés de cuisson ; y appliquer des couvertes juxtaposées et tirer des couvertes à cristallisation, découvertes aussi à Sèvres en 1885 et que la Manufacture de Copenhague avait déjà utilisées, tous les effets opposés d'intensité et de douceur qu'elles peuvent également donner.

Revenir à la porcelaine tendre abandonnée au commencement du siècle et dont le procédé était perdu. Théodore Deck l'avait en partie retrouvé en 1888, mais c'est à M. Vogt, directeur actuel des travaux techniques, que revient l'honneur d'avoir reconstitué cette pâte fameuse, qui peut parer des plus vives couleurs sa finesse infinie.

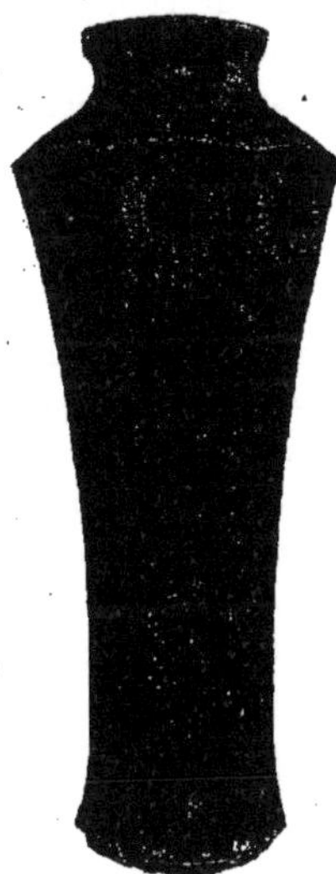

PORCELAINE DURE
sous couverte à grand feu.

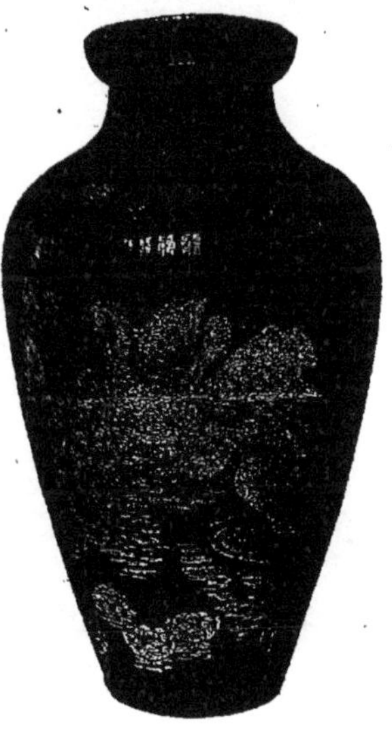

PORCELAINE DURE
sous couverte à grand feu.

Abandonner les armatures métalliques et produire d'un seul jet, sans raccorder des sections fragmentaires avec des tiges de fer, des pièces dont quelques-unes ont déjà atteint 1ᵐ,80 de hauteur.

A ces modifications de la fabrication ajouter une technique nouvelle, enrichissant les palettes de nuances délicates et invitant les artistes à interpréter plus librement la nature.

Reprendre la tradition du XVIIIᵉ siècle pour la reproduction en biscuit des œuvres de la statuaire, aucune matière ne se rapprochant de plus près du marbre et n'étant mieux susceptible, pour les petites statuettes et les surtouts de table, de se plier aux plus gracieux effets.

Enfin Sèvres voulut employer à son tour le grès cérame, cette pâte à la mode, après lui avoir donné les qualités nécessaires pour recevoir les mêmes colorations et la même imperméabilité que la porcelaine dure. Une cheminée haute de 7 mètres, d'après les cartons de M. Paul Sédille et ornée de figures modelées par André

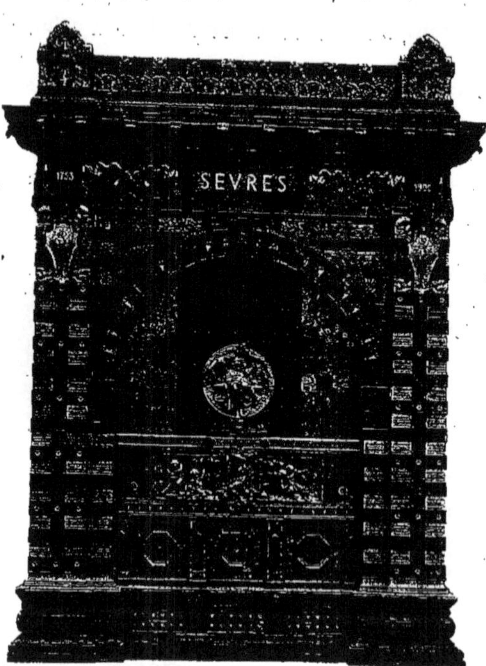

Travée de la façade du Palais projeté pour exposer les produits de Sèvres, exécutée en grès cérame et placée à l'entrée de la rue de l'Esplanade.
M. Coutan, statuaire; M. Ch. Risler, architecte.

Allar, montra le parti qu'on en pouvait tirer pour les décorations intérieures, malgré tout un peu froides. La grande frise de M. Joseph Blanc, qui développe pendant 90 mètres sur la façade d'Antin du Grand Palais des Beaux-Arts des bas-reliefs colorés d'un si heureux éclat, est également l'œuvre de la Manufacture.

Il faut se garder d'oublier les œuvres en pâte de verre dues à Henri Cros, qui travaille aujourd'hui à Sèvres. Cette matière, qui tient du marbre et de l'albâtre, avec des nuances de transparence qui lui sont propres, se prête aux œuvres de poésie, et cet artiste est un poète qui s'en sert pour fixer l'idéal de ses conceptions.

Le vaste programme de Sèvres s'est donc trouvé rempli avec autant de décision qu'il avait été conçu. Son exposition a été un étonnement par son importance et sa variété. Le succès fut complet. Par la supériorité de ses produits, la Manufacture nationale donnait bien à l'industrie céramique les exemples de beauté qu'elle lui devait.

Pour l'accomplissement de la même tâche et sous la direction de M. J.-J. Guiffrey, les Gobelins avaient, avec une heureuse discrétion, ajouté quelques idées nouvelles aux principes de leur ancienne noblesse.

Ils avaient tenu à honneur de montrer qu'ils se maintenaient dans les traditions de leur fondateur Charles Lebrun, mais qu'ils n'étaient point rebelles aux nouvelles aspirations de l'art moderne.

Un cadre contenait des laines teintes exclusivement avec la cochenille, la garance, la gaude et l'indigo, sans aucune introduction chi-

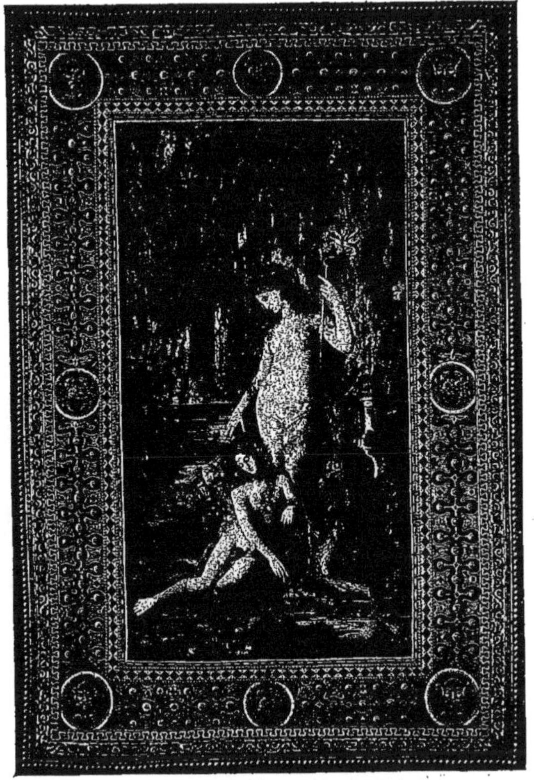

LA SIRÈNE ET LE POÈTE
Tapisserie des Gobelins, d'après Gustave Moreau.

mique, dans les six gammes élémentaires. Ces gammes en violet, bleu, vert, jaune, orange et rouge se subdivisaient chacune en douze degrés, de sorte que la palette actuelle des Gobelins semble être de soixante-douze tons. Bien qu'il y ait une heureuse diminution sur les variations innombrables cataloguées par Chevreul, accrues depuis jusqu'à 14.172 nuances, c'est encore trop; les teinturiers d'autrefois cherchaient moins de combinaisons.

La question semble en effet jugée, de savoir si la tapisserie doit s'efforcer ou non de copier la peinture. Elle ne le doit assurément pas. Ces effets de trompe-l'œil peuvent être amusants un instant, mais ils dénaturent un art qui veut précisément, même dans les figures, conserver des lignes franchement

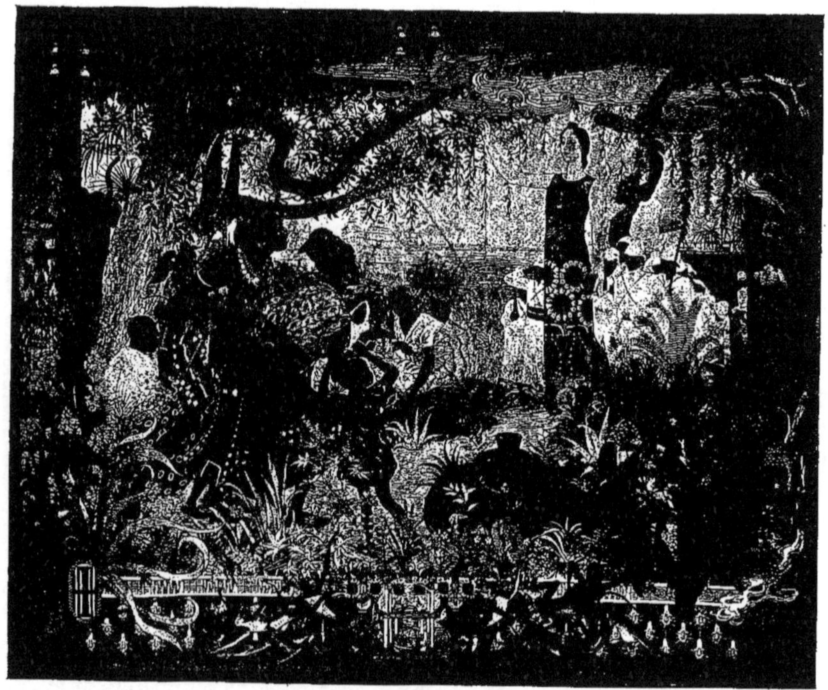

LA CONQUÊTE DE L'AFRIQUE
Tapisserie des Gobelins, d'après M. Rochegrosse.

accusées et des dégradations visibles de la couleur. C'est sa condition décorative.

Nous n'admirerons donc dans le portrait de Marie-Antoinette et de ses enfants, d'après le tableau de M.ᵐᵉ Vigée-Lebrun (1787), que la perfection de son exécution. Cette tapisserie est destinée à S. M. l'Impératrice de Russie.

Lebrun lui-même peignait ses cartons et ses tapisseries autrement que ses tableaux. La Manufacture a recopié et exposé son *Audience du légat*. C'est une œuvre admirable, parce que, de loin comme de près, on voit tout de suite qu'il s'agit d'une tapisserie et non d'une peinture. On y lit : « Lavaux, chef de pièce; 1890-1894. » Ces signatures sont de toute équité.

La question de la vivacité des tons actuels comparés aux anciens n'a pas été résolue par l'ingénieuse idée de montrer à l'envers une magnifique tapisserie de l'histoire de saint Remy que la Manufacture est en train de réparer, « pour permettre de juger des couleurs primitives ». Même à l'envers, les tons ont dû subir

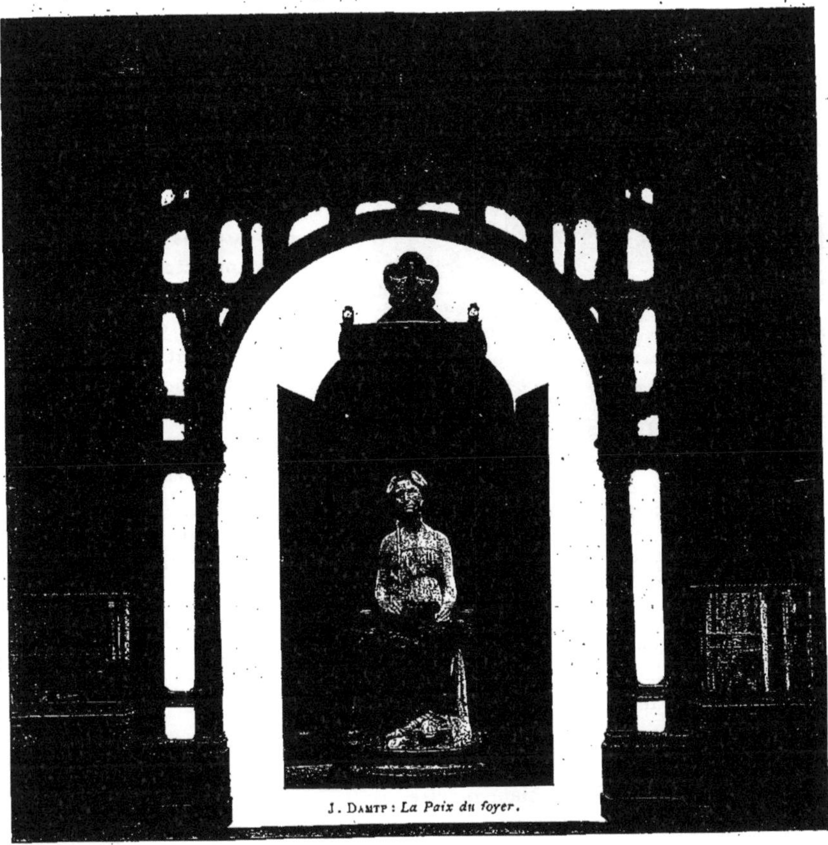

PORCHE INTÉRIEUR DU PAVILLON DE L'UNION CENTRALE DES ARTS DÉCORATIFS

Platane d'Algérie sculpté encadrant des tentures de soie brochée.

l'action du temps et il ne faudrait pas conclure de cet exemple que les couleurs d'autrefois étaient fanées dès leur naissance. Il est probable qu'elles étaient beaucoup plus vives qu'elles ne le sont demeurées, mais qu'elles l'étaient moins que dans certaines œuvres modernes dont il serait bon d'atténuer la rutilance.

Deux tapisseries exposées venaient à l'appui de ces opinions. D'abord une série, dans le genre Berain, exécutée d'après M. Lavieille, pour la première chambre de la Cour de Rennes, où les figures étaient d'un moelleux trop fondu et les aplats roses du fond mieux faits pour un boudoir que pour une salle de justice. En second

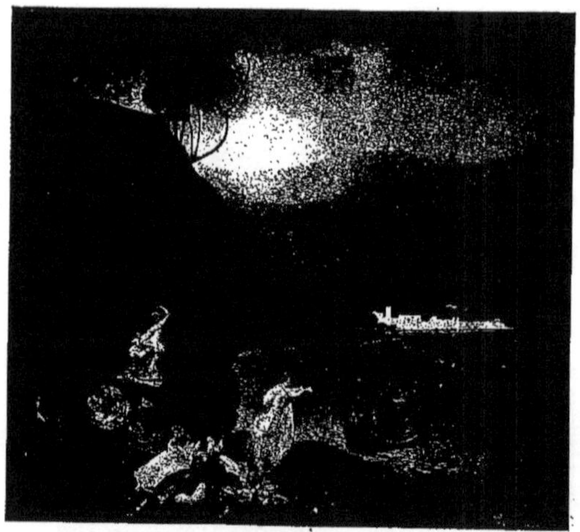

A. BESNARD : *Le Débarquement à Cythère.*
(Pavillon de l'Union centrale des Arts décoratifs.)

lieu, une scène du mariage civil en 1792, exécutée d'après G. Claude, pour la salle des mariages de l'hôtel de ville de Bordeaux, très jolie, trop jolie et ressemblant trop à une peinture.

Des artistes modernes à qui la Manufacture demande des cartons, M. Jean-Paul Laurens est un de ceux qui se maintiennent le mieux dans les traditions du vrai style. Sa scène d'un tournoi au XIVe siècle, destinée aux Archives nationales, peut être comparée aux pièces les plus célèbres. Le sujet indiquait sans doute la manière, encore aurait-il pu être interprété avec un sentiment moins artistique de l'époque.

La France en Afrique, d'après M. Rochegrosse, et *la Sirène et le Poète*, d'après Gustave Moreau, étaient deux essais d'autant plus curieux que le talent de ces maîtres semblait devoir s'écarter de la tapisserie, le premier par la fougue de ses compositions, le second par son horreur des lignes arrêtées.

L'œuvre de M. Rochegrosse, surchargée de détails à en être illisible de loin, papillotait aux yeux. Celle de Gustave Moreau dégageait un charme de poésie très doux, mais dépourvu de l'ampleur requise.

Si ces deux pièces, par leur prestigieuse création, faisaient le plus grand honneur aux artistes des Gobelins, elles n'en démontraient pas moins que la première qualité requise pour une tenture décorative est la construction du dessin. C'est peut-être une nécessité cruelle, mais une tapisserie des Gobelins ne doit pas se départir de sa majesté souveraine.

Plus de fantaisie est permise à Beauvais, où les ouvriers continuent à tisser un point serré d'une délicatesse exquise, mais où les modèles de tenture et d'ameublement, à en juger par les pièces destinées au Ministère des Affaires étrangères qui étaient exposées, demeurent trop exclusivement fidèles à la tradition.

Avec les Manufactures nationales, l'Union centrale des Arts décoratifs était en quelque sorte qualifiée pour donner la note d'ensemble de nos industries d'art.

C'est une Société riche, composée d'hommes éminents, qui
pourrait être puissante si elle était
active, mais qui donnait depuis
plusieurs années le spectacle d'une
immobilité attristante. Elle s'est
réveillée pour édifier un pavillon
dont la décoration a été une manifestation éclatante du goût français,
dans un juste milieu entre les traditions du passé et l'art dit nouveau, prenant parti par l'exemple
à la fois contre la routine et la
licence. Elle aussi a rempli sa tâche
avec honneur.

M. Georges Hoentschel, architecte et décorateur principal du
pavillon, avait consacré la première
salle au fer et M. Émile Robert y
avait forgé des ornements d'une
délicatesse extrême. La salle centrale montrait toutes les ressources
que l'on peut tirer du bois, intime

BAIGNOIRE EN GRÈS, PAR G. HOENTSCHEL
(Pavillon de l'Union centrale des Arts décoratifs.)

et chaud, si puissant dans les œuvres gothiques, si fin dans les lignes modernes.
Cette belle salle était éclairée d'un tableau de Besnard, rappelant Watteau sans en
être amoindri, représentant une galante arrivée dans quelque Cythère où l'on jouit
sans doute des plaisirs dus au culte des beaux-arts.

Dans une troisième salle, des grès traités à la manière de Carriès présentaient
la douceur de leurs formes un peu molles et la fraîcheur de leurs tons fondus.

Une admirable statuette de Jean Dampt, *la Paix du Foyer*, exécutée sur
commande, de nombreux objets achetés, une petite pièce enfin remplie de
jolis travaux de femme inspirés par ses cours, témoignaient du rôle joué par la
Société. Bientôt le pavillon de Marsan lui offrira un local convenable pour ses
collections. Puisse son succès aux Invalides, rappelant ceux qu'elle remportait
jadis à ses expositions du Palais de l'Industrie, lancer l'Union centrale dans une
voie de propagande active où l'on sente la vie palpiter plus encore que dans ces
salles de son pavillon, belles mais un peu froides.

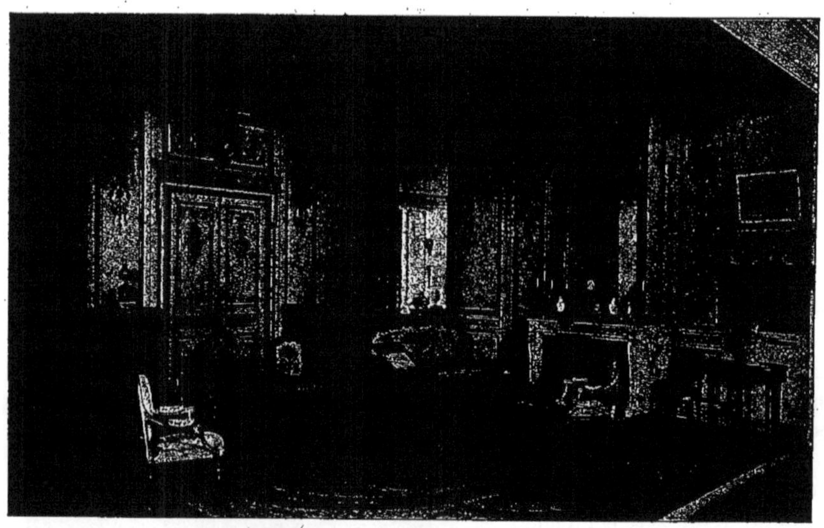

RECONSTITUTION D'UN SALON DE L'ÉPOQUE LOUIS XVI

Avant d'entrer dans le détail des expositions particulières, il convient de s'expliquer sur une question de définition. On dit avec raison aujourd'hui qu'il n'y a pas de distinction entre l'art pur, l'art décoratif, l'art industriel, etc. L'art est un. Sans doute, mais il y a des degrés. Un bijou, un meuble peuvent être par eux-mêmes d'admirables choses. Il ne s'en dégagera cependant pas un frisson comparable à celui que procure la *Victoire de Samothrace*. L'art décoratif, en maintenant cette expression qui nous paraît excellente, est l'application de l'art pur aux objets usuels. Suivant le bonheur de l'inspiration et la réussite de l'exécution, le résultat est une chose vulgaire ou une œuvre d'art. Ces rencontres heureuses sont le fruit d'une longue éducation; le génie seul, habituellement tout-puissant, serait ici incomplet, car la perfection de l'exécution est nécessaire. Mieux que l'art idéal, qui ne connaît ni le lieu, ni l'époque, l'art décoratif est symptomatique de l'état d'âme d'un peuple.

Enfin, pour essayer de bien fixer les choses, ce ne sont pas les dimensions qui créent les divisions. Une figurine peut être de l'art pur au même titre qu'une statue colossale. Qu'est-ce alors qu'un presse-papier fourni par un bronze de Barye? La réponse est simple. Quand Barye a modelé un lion de 20 centimètres de haut, il a incontestablement fait œuvre d'art pur au même titre que pour ses plus grandes créations. Quand cet original a été repris par les fondeurs pour être multiplié en bronzes plus ou moins montés sur socles, les objets ainsi produits

CHAMBRE A COUCHER DE 1791

tombent dans le domaine de l'art décoratif. La distinction peut être subtile; elle n'en existe pas moins et, dans l'ensemble des palais des Invalides, ce sont des objets d'art décoratif que nous allons rencontrer.

Arrêtons-nous encore un instant pour parler dans leur ensemble des musées rétrospectifs qui ont été adjoints à chaque classe. Cette idée tout à fait heureuse, dont M. François Carnot a particulièrement dirigé l'exécution, nous a valu des révélations du plus haut intérêt et une constatation dont il ne faut pas hésiter à se glorifier. D'une façon générale, l'école contemporaine n'a point à craindre la comparaison avec le passé. Si elle est inférieure sur certains points, elle est supérieure sur d'autres. Dans tous les cas, il est un point sur lequel il ne saurait y avoir de discussion : l'œuvre d'art décoratif était autrefois une exception et le privilège du tout petit nombre ; aujourd'hui elle est multipliée à l'infini et elle essaimera de plus en plus pour le réconfort moral de tous.

Si Paris reste encore la grande ruche artistique, le mouvement est général ; nous le retrouverons aussi dans nos provinces et nous le rencontrerons partout à l'étranger. La fin du XIX' siècle n'aurait-elle à son actif que cette vulgarisation de l'art, cela suffirait encore à sa gloire.

De tous ces musées rétrospectifs, le plus complet pour la période centennale était celui du mobilier.

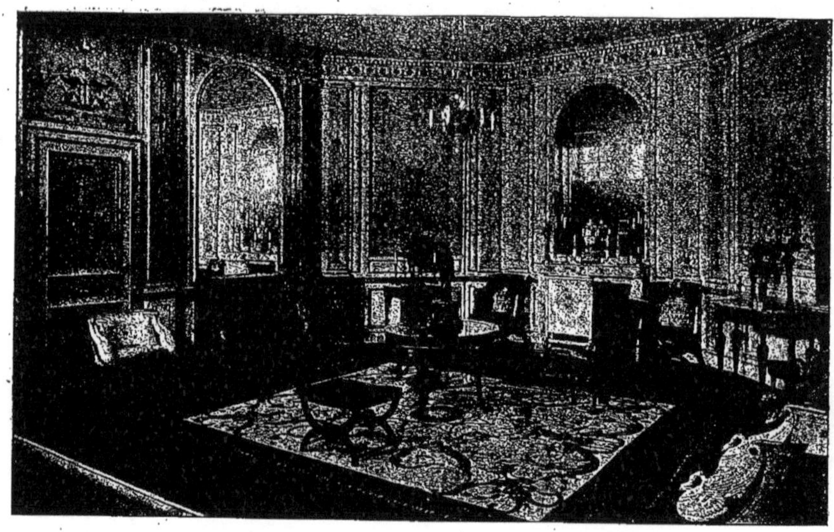

UN SALON SOUS LE DIRECTOIRE

Dans deux vastes salles donnant sur les galeries modernes, des meubles et des bronzes authentiques se suivaient chronologiquement, du Directoire à Napoléon III, avec une légère et utile reprise sur la fin du XVIIIe siècle. Ils étaient mis en bonne place et pourvus de précieuses étiquettes explicatives. C'était une leçon de choses, et de belles choses. Les objets du premier Empire commençant à être bien connus, la curiosité allait à ceux de l'époque de Louis-Philippe, qui apparaissaient ici à peu près pour la première fois et qui prouvaient une fois de plus combien les mœurs d'une époque se traduisent dans son mobilier. Ces formes massives et prudentes, ces ornements d'un luxe concentré étaient le commentaire matériel du mot de Guizot : « Enrichissez-vous ». Mobilier de fourmis laborieuses et sages, sans envolées de cigales.

En plus des deux salles, huit plus petites avaient été disposées pour y aménager des intérieurs du siècle passé. Cette idée est un peu comme l'œuf de Colomb ; elle paraît simple et cependant personne ne l'avait encore réalisée.

On voyait successivement la grâce discrète de l'époque Louis XVI, la pauvreté vertueuse et démocratique de 1791, le retour au luxe du Directoire, la richesse antique de l'Empire, la lourdeur cossue de la Restauration, la simplicité bourgeoise du règne de Louis-Philippe et le style indéfinissable de Napoléon III.

Ces reconstitutions d'une scrupuleuse exactitude étaient composées de meubles et de tentures authentiques. Le vieux temps y revivait. Il n'y manquait que des

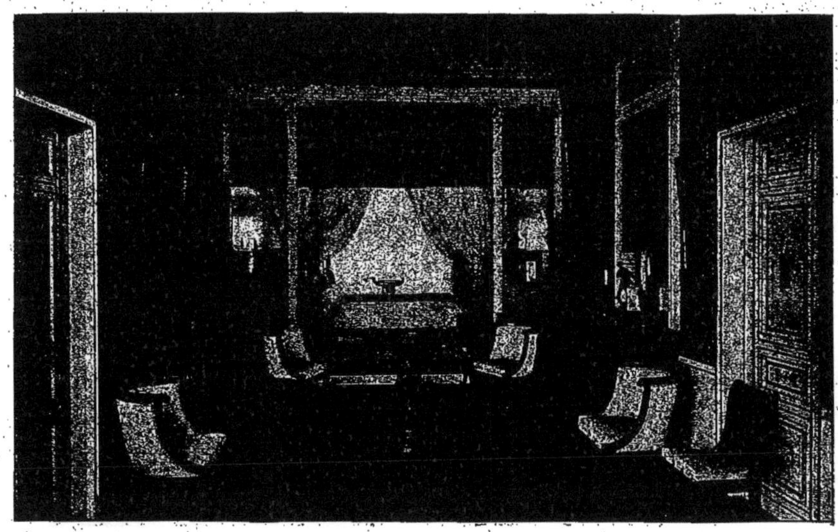

LA CHAMBRE A COUCHER DE TALMA

personnages en costume, mais un peu d'imagination les évoquait facilement, pour leur faire jouer des actes de mœurs dans leurs décors familiers.

On conçoit la grande difficulté de pareilles reconstitutions, pour lesquelles M. François Carnot avait à obtenir le concours de nombreux amateurs. Ils durent tous éprouver la satisfaction artistique de l'œuvre parfaitement accomplie.

Ces salles, en dehors de la circulation, restèrent ignorées d'une partie du public. On les retrouvera toutes ici avec plaisir.

Arrachons-nous au passé pour revenir au présent et reprenons la partie de droite du Palais des Manufactures nationales, à l'angle du quai, pour y retrouver les classes de la Céramique et de la Verrerie.

La céramique, ou industrie des objets en terre, se prête à de multiples emplois pratiques et artistiques qui en expliquent l'importance chaque jour croissante. Ses diverses branches étaient exposées avec beaucoup de méthode.

Sous les galeries extérieures et dans les salles du rez-de-chaussée, les tuiles, les briques, les carreaux de revêtement et de pavage montraient toutes les ressources de la terre cuite pour la construction. Notre fabrication, solide et artistique, est arrivée à une grande perfection. La céramique monumentale, dont M. Formigé fit, pour la première fois, un emploi important dans son Palais des Beaux-Arts de 1889, est appelée à se généraliser.

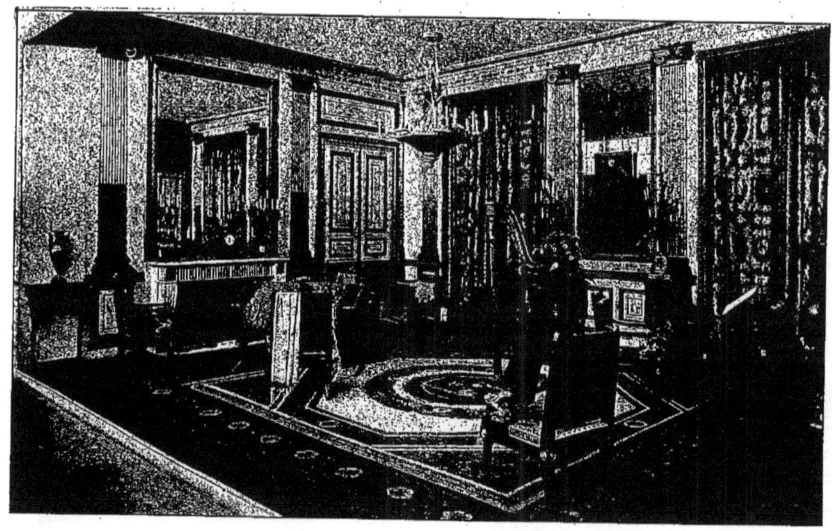

UN SALON SOUS LE PREMIER EMPIRE

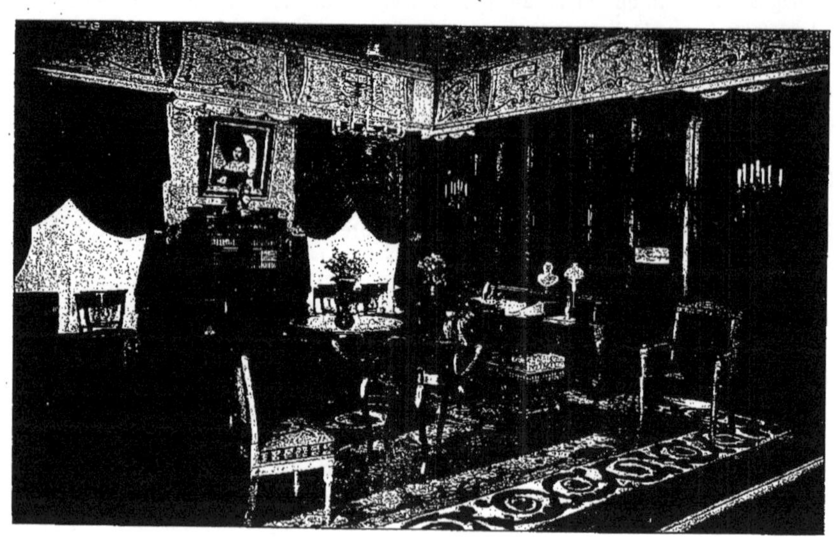

UN SALON SOUS LA RESTAURATION

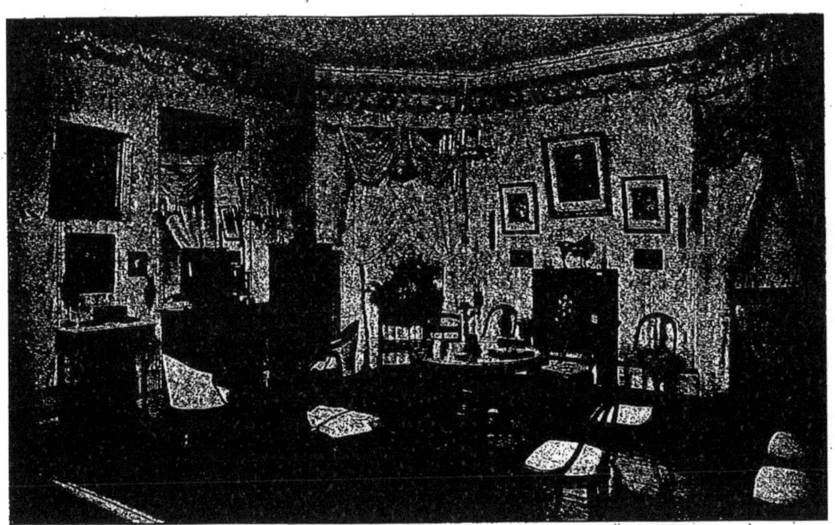

CHAMBRE A COUCHER DE L'ÉPOQUE DE LOUIS-PHILIPPE

Une substance qu'un succès subit a fait prendre pour nouvelle, le grès, aidera à ce développement. Cette glaise mélangée de sable mérite d'ailleurs sa vogue.

Les glaises varient, les sables de même, aussi les proportions de leur mélange et les manières de leur cuisson. Sous des aspects ainsi très variés, le grès conserve toujours un caractère général de propreté, de solidité et de fraîcheur. C'est une matière un peu rude, mais franche, qui prend des reflets métalliques et des colorations des plus inattendues et, comme l'initiateur Carriès l'a prouvé, permet de donner à la reproduction de la figure humaine un aspect de vérité auquel ni la porcelaine ni la faïence ne sauraient atteindre. Enfin, c'est une matière de décoration architecturale au même titre que le granit et le marbre. Ce sont bien des qualités qui lui ménagent un bel avenir.

L'Exposition en montrait donc une grande quantité, grès durs, grès émaillés au grand feu, grès flammés de nuances très variées mais plutôt sombres, sauf ceux de M. Michel Cazin, dont les grands vases trapus et bien d'aplomb avaient des colorations tendres d'une rare fraîcheur.

M. Émile Muller, à qui l'on doit la frise des ouvriers de la porte Binet et qui avait, dans les galeries de pourtour du palais d'en face, reproduit avec autant d'audace que de bonheur la grande frise des lions du palais d'Artaxercès Mnemon, rapportée de Suse et reconstruite au Louvre par M. et Mme Dieulafoy, exposait ici une série d'applications du grès. D'abord une œuvre allégorique d'Injalbert, tour-

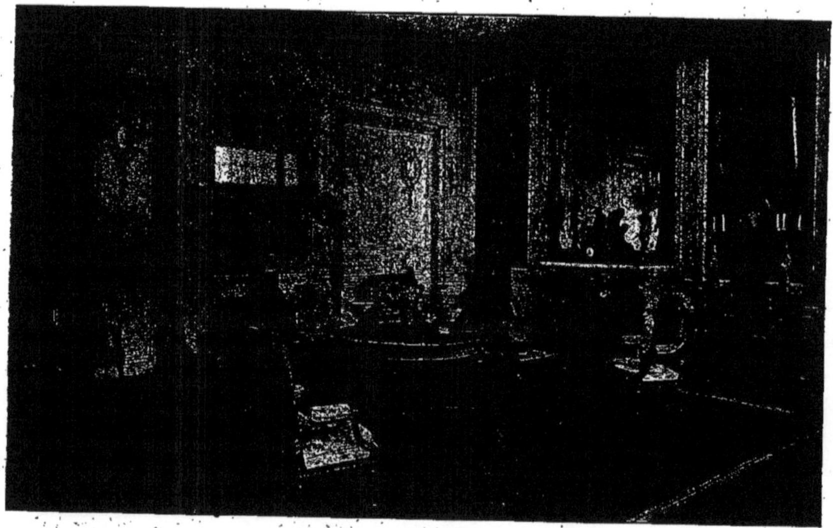

UN SALON SOUS NAPOLÉON III

mentée comme les vagues de la mer. Puis des fauteuils aux pieds de grès solides comme des pieds de bronze. Enfin, d'après les dessins de Chalon, toute une décoration murale, cheminée, encadrement de glace et frise en haut relief, le tout en grès colorié au grand feu. Cette tentative, très remarquable au point de vue de l'exécution, n'était pas concluante. Le grès, malgré sa coloration, est nécessairement froid aux yeux et au toucher, et demande à être employé avec discrétion pour les décorations intérieures.

M. Lachenal montrait un heureux exemple des effets que l'on peut obtenir de fleurs de grès enchâssées dans des panneaux de chêne.

M. Dammouse, à côté de ses grès aux chaudes colorations, exposait des coupes d'une pâte de verre qui est peut-être celle de Henri Cros, mais qui semblait un peu plus transparente et rappelait des sorbets figés. Pièces d'un art très fin et très précieux.

On sait que la porcelaine date en France de la découverte, en 1765, des gisements de kaolin de Saint-Yrieix. La première fabrique limousine fut absorbée par la Manufacture royale, et ce ne fut qu'à la Restauration, et surtout à partir de 1830, que Limoges devint le grand centre de production qu'il est resté depuis. L'utilisation des sables du Cher en a créé un autre à Vierzon.

D'une façon générale, l'exposition de la porcelaine, au rez-de-chaussée de la galerie sur le quai, montrait beaucoup d'or, trop d'or, dans la porcelaine française actuelle. Certaines pièces aux contours ajourés jusqu'à des finesses de dentelle étaient d'une délicatesse inquiétante. Le mieux est l'ennemi du bien. Un peu plus de simplicité ne messiérait point. Il paraît que les fabricants ont la main forcée par le public, surtout par le petit public qui veut dans ses services de table ce qu'il y a de plus dangereux en art, le simili-luxe.

Aussi nous signalons avec plaisir le service de fleurs, d'après Léonce Ribière, de la maison Th. Haviland et Cⁱᵉ,

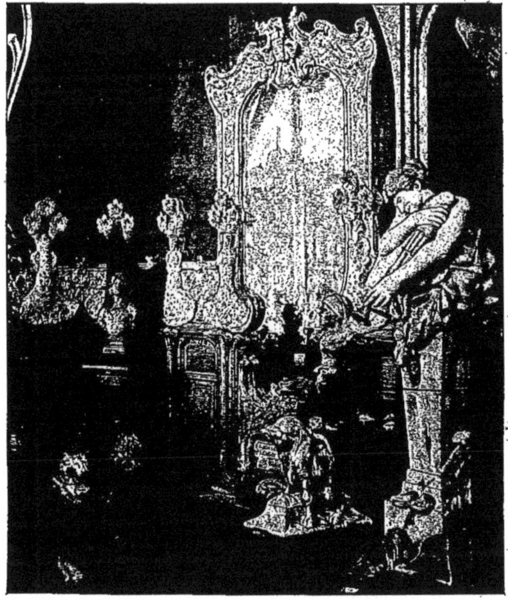

DÉCORATION DE GRÈS POLYCHROMES
(Émile Muller.)

de Limoges, d'une décoration très artistique, encore que ce soit un service de haut luxe, et celui de la maison Hache et Cⁱᵉ, de Vierzon, qui prenait tout son charme très vif dans ses formes heureuses, ses reliefs discrets et ses tons d'un gris bleu parfaitement fondus dans les blancs de l'ensemble.

MM. Haviland et Cⁱᵉ exposaient des services à café dont les douze tasses semblables avaient chacune une coloration particulière, charmante dans ses dégradés. Pourquoi en effet les pièces d'un service sont-elles pareilles entre elles?

M. Camille Naudot exposait des petites coupes en porcelaine tendre avec des ajours formés d'émaux transparents. Ces mêmes émaux se retrouvaient à la classe de l'Orfèvrerie, montés en bijoux par M. le comte du Suau de la Croix. Ils donnaient ici un effet d'une délicatesse extrême et étaient justement remarqués.

La faïencerie contemporaine, bien déchue de son ancien éclat, occupait le premier étage au-dessus de la porcelaine.

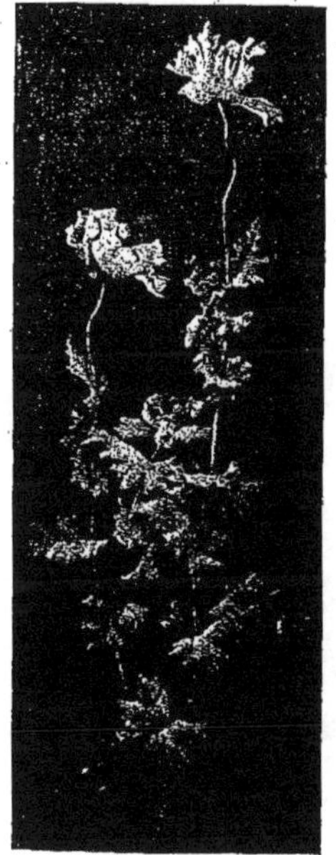

GRÈS INCRUSTÉ DANS DU BOIS
(E. Lachenal.)

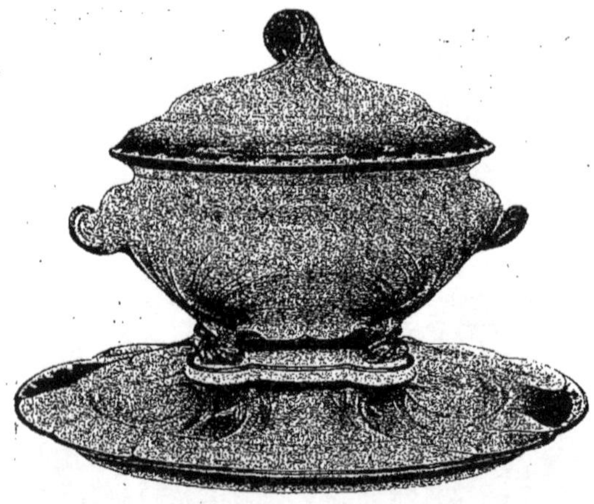

SOUPIÈRE EN PORCELAINE DE VIERZON
(MM. Alfred Hache et Cⁱᵉ.)

Nevers était encore dignement représenté par la maison Montagnon, et M. Jules Fourmaintraux semble être le seul à fabriquer encore le genre de Rouen, mais à Desvres, dans le Pas-de-Calais. Son Rouen du Nord possède des tons verts que le Rouen de Normandie ne connaissait pas et des rouges qu'il pratiquait moins vifs; son Delft montre, à côté du bleu connu, des violets discrets. Ces pièces, généralement de grandes dimensions sont belles mais un peu surchargées.

Le musée centennal, organisé par M. Garnier avec une compétence peu secondée par la bonne volonté des amateurs, montrait les produits des fabriques françaises —Bordeaux, Gien, Choisy-le-Roi, Creil et Montereau, Douai, Sarreguemines, Paris même (rue des Amandiers) — les unes encore en activité, la plupart disparues.

L'Exposition avait aussi suscité de nombreux essais de sujets monumentaux édifiés en céramique pour la décoration des jardins et des places publiques.

A l'entrée supérieure de la rue des Invalides, les colossales aiguières de la tuilerie de Choisy-le-Roi et le kiosque de M. Boulanger, d'après les dessins de MM. Madrasi et Jacotin, montraient la puissance de la fabrication moderne. Il faut citer aussi toute une scène mythologique construite par MM. Janin et Guérineau, derrière le château tyrolien.

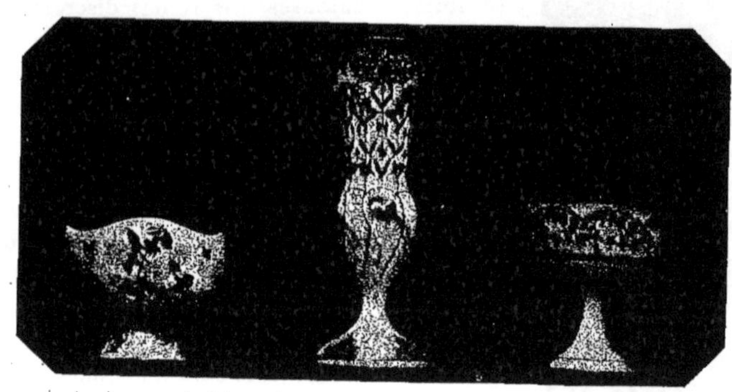

PORCELAINES DÉCORÉES D'ÉMAUX TRANSPARENTS AU GRAND FEU
(MM. C. Naudot fils et Cⁱᵉ.)

Notre œil n'est pas encore habitué aux miroitements de ces surfaces lisses, et ces matières donnent la sensation de la fragilité, en dépit de leur solidité réelle. Si la première impression n'est pas favorable, il ne faut pas s'y arrêter, car l'emploi judicieux des faïences et des grès est certainement appelé à donner une note agréable aux décorations de plein air.

La Verrerie venait à la suite de la Céramique. Son exposition était d'ailleurs plus industrielle qu'artistique. Saint-Gobain montrait fièrement ses immenses glaces et ses verres d'optique, tours de force d'une fabrication victorieuse des plus grandes difficultés. La pierre de verre Garchey présentait ses panneaux moulés sous une température de 1.200 degrés, devenus plus durs que le granit; matière nouvelle pour le pavage et le revêtement des murs, susceptible de larges utilisations pratiques et artistiques.

Les cristaux taillés, orgueil des tables de nos pères, ne semblent plus être de mode. C'est dommage, car les verres colorés dans la pâte, avec ou sans feuillages en relief, peuvent être d'un effet gracieux; ils n'ont pas le bel éclat des facettes où se multipliait la lumière.

M. Émile Gallé, le maître verrier de Nancy, qui se repose de ses travaux d'alchimiste par ses gracieuses créations de bois incrusté, exposait le four mystérieux avec des invocations tirées d'Hésiode et de lui-même. La divine Sagesse, à qui il demande de bénir ses fourneaux, ne lui fait point défaut; ses créations conservent toujours ce cachet d'originalité et d'imprévu d'une invention qui ne se lasse pas. Il a trouvé de nouvelles formules de fabrication qui lui permettent de créer des séries à bon marché, ce dont il doit être grandement loué.

Nancy est d'ailleurs une cité où l'art fleurit dans l'industrie, et MM. Daum frères, de cette ville, exposaient aussi des verreries très remarquables.

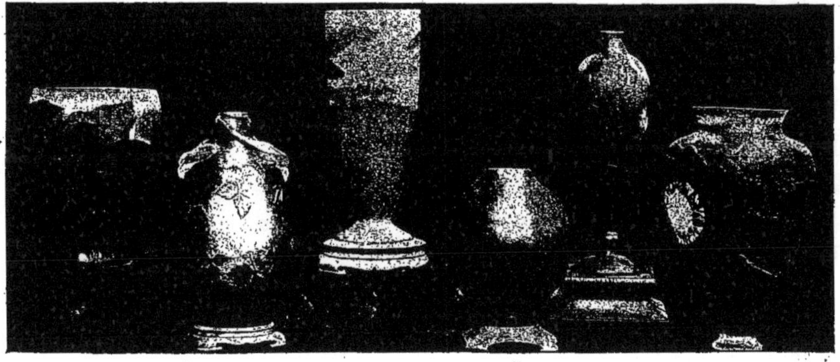

VERRES ET CRISTAUX D'ART (MM. Daum frères, Nancy).

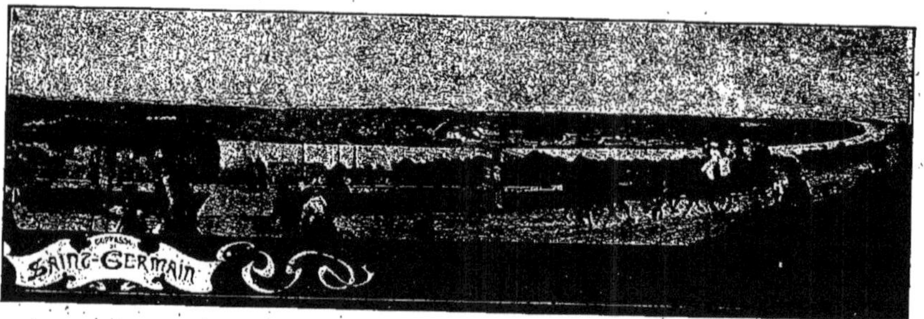

PANORAMA DE LA TERRASSE DE SAINT-GERMAIN-EN-LAYE, PAR M. PARROT-LECOMTE

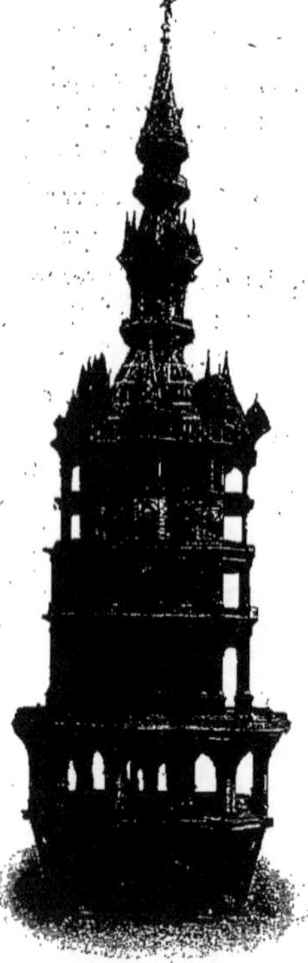

CHEF-D'ŒUVRE
Des Compagnons Charpentiers
du Devoir de Liberté.

La partie de droite des palais ne contenant plus que les sections étrangères, sur lesquelles nous reviendrons, il faut reprendre les palais de gauche. Nous y entrerons par le quai et nous les suivrons jusqu'à la rue de Grenelle.

Sur ce quai même devait figurer une exposition des Arts de la Rue, qui est restée à l'état de projet et dont l'absence n'était pas compensée par un théâtre de marionnettes américaines poussé là comme un champignon.

L'abord du pavillon de gauche n'était pas heureux. L'escalier semblait inachevé. Son vaste palier du premier étage était médiocrement garni par les estampes d'une exposition rétrospective des décorations de fêtes publiques, où l'on voyait que les montagnes russes ne sont point un jeu récent puisqu'il en existait au jardin Baujon, en 1817, sous le nom plus poétique de promenades aériennes.

Au rez-de-chaussée, deux grandes salles étaient consacrées à l'art religieux. Dans le catalogue, on leur avait refusé cette désignation peu légitimée, il est vrai, par ces statues de plâtre peint, aux formes molles, aux couleurs savonneuses, sans expression et sans goût. Pourquoi l'art religieux, qui a produit tant de chefs-d'œuvre pendant une si longue suite de siècles, est-il tombé dans une pareille décadence? Il faut en rechercher la cause dans le désir d'obtenir à bas prix des objets faisant de l'effet. C'est une tendance regrettable, même au point de vue de la piété, qui ne saurait être relevée par la contemplation de pareilles figures.

Une grande chaire en bois sculpté, destinée à l'église de Saint-Cloud, était cependant digne d'être remarquée.

Les charpentiers ont été, en édifiant les merveilleuses ossatures des palais, les triomphateurs de l'Exposition. Tout en s'enrichissant des données de la science moderne, leur art est resté fidèle aux belles traditions d'un passé glorieux. Les « Compagnons passants charpentiers du devoir » et la « Société des compagnons charpentiers du devoir de liberté », titres antiques de syndicats très sérieux, exposaient ici les chefs-d'œuvre traditionnels, comme en exigeaient les anciennes maîtrises, où les difficultés de l'art sont accumulées à seule fin d'en triompher. Leur place était toutefois marquée ailleurs, au Palais du Génie civil.

Au premier étage, les galeries extérieures étaient vides, et les salles parallèles

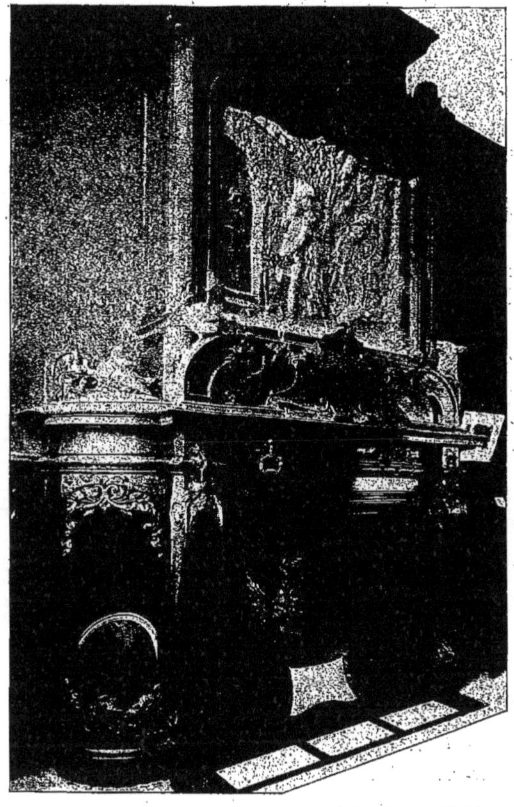

CHEMINÉE MONUMENTALE DE GEORGES TURCK

au quai insuffisamment garnies par des maquettes de grandes peintures décoratives dont la place était au Palais des Beaux-Arts et dont la pauvre réunion ne pouvait que donner une idée fausse de l'effort de ces dernières années.

La suite de cette partie du Palais des Manufactures nationales était occupée par les classes 66 et 71 « Décoration *fixe* et Décoration *mobile* des édifices publics et des habitations » dont la distinction subtile n'empêchait pas les doubles emplois avec les autres classes (69, 70, 97) des Meubles, Tissus d'ameublement, Bronzes et Métaux repoussés.

Les tapissiers-décorateurs sont des metteurs en œuvre, mais leurs créations relèvent de toutes les industries de l'ameublement. Ils y apportent plus ou moins

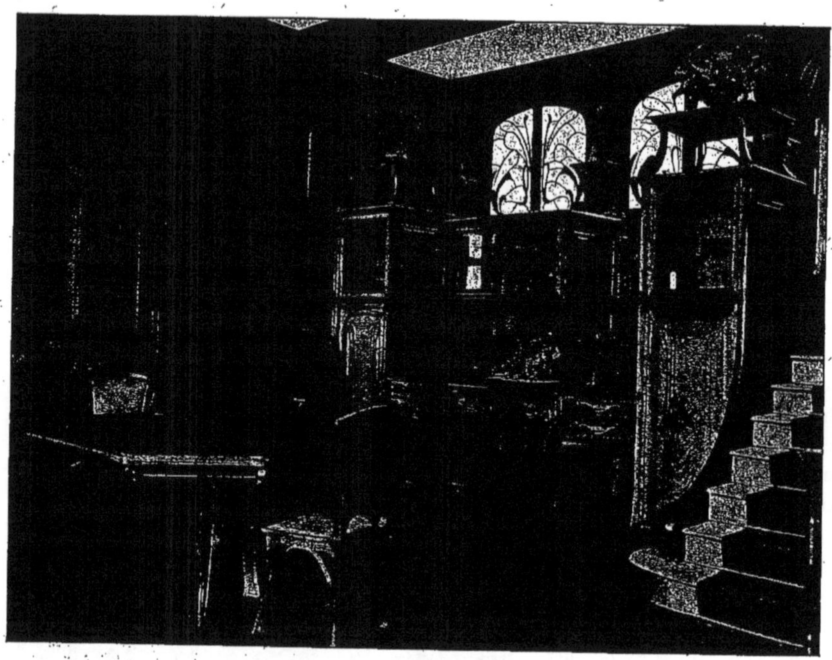

INTÉRIEUR DE MM. PLUMET ET SELMERSHEIM

de goût et il faut reconnaître que cette qualité essentielle est généralement répandue. On regrettait cependant dans leur galerie du premier étage, parfaitement aménagée sous un velum d'étoffes froncées qui tamisaient la lumière, une imitation trop fréquente des styles anciens et une tendance à la somptuosité.

Là classe 70 représentait les tapisseries, tapis, tissus d'ameublement, toiles peintes, cuirs repoussés, qui auraient été tout aussi bien à leur place dans les Palais des Fils et tissus et des Industries chimiques.

Exception aurait toutefois été faite pour les tapisseries et les tapis de Savonnerie que l'industrie privée conduit à Aubusson avec un art rival des Gobelins et de Beauvais et une perfection reconnue du monde entier.

De la variété infinie des étoffes d'ameublement se dégage une impression en quelque sorte contradictoire; sans doute une satisfaction humanitaire devant les procédés perfectionnés de l'impression qui vulgarisent à bon marché des simulations de soie et de velours, mais aussi le regret de voir peu à peu disparaître les somptueux et lourds tissus d'autrefois.

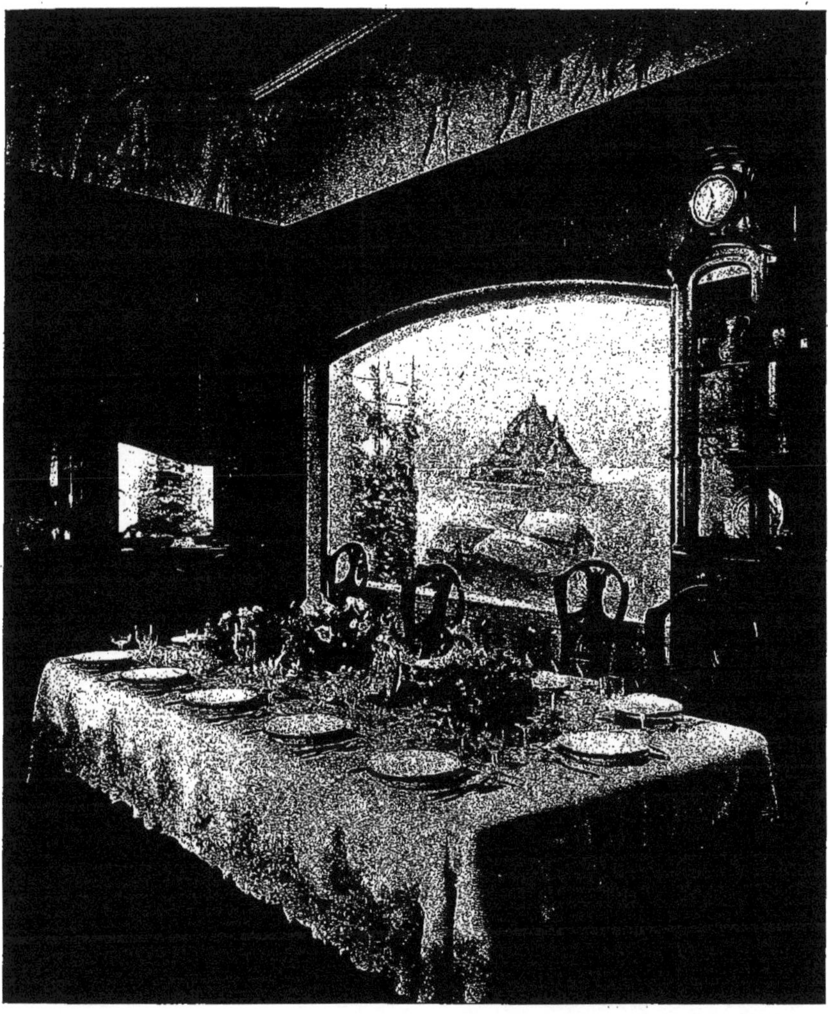

LA SALLE A MANGER DES GRANDS MAGASINS DU LOUVRE (La fenêtre ouvre sur le Mont-Saint-Michel).

Cette classe terminait le Palais des Manufactures nationales. A côté, ouvrant sur la rue de Constantine, se trouvait la cour des grands magasins de nouveautés. N'étant pas fabricants, ils ne pouvaient exposer que comme tapissiers et inspira teurs demeubles. Ils ont affirmé leur droit par des organisations très réussies.

Le Bon Marché (MM. Ch. Risler et C. Belesta, architectes), dans une reconstitution inspirée de Trianon, offrait un appartement de belle allure avec un salon aux huit baies encadrées chacune de deux colonnes, du plus grand air.

M. Ch. Risler avait également édifié le pavillon du Printemps avec des motifs sculpturaux de H. Coutheillac et des peintures de Chéret. Au rez-de-chaussée, de belles dames en cire prenaient part à un *five o'clock tea* avant d'aller acheter les meubles et les tentures de l'appartement du premier étage.

Le Louvre avait eu une idée particulièrement heureuse. Les fenêtres de la chambre à coucher ouvraient sur une vue d'Antibes, celle du salon sur le Pont-Neuf et celle de la salle à manger sur le Mont-Saint-Michel, au moyen de toiles de fond panoramiques très lumineusement peintes par Arrus. Les boiseries et les buffets de la salle à manger, exécutés d'après le dessin du sculpteur Alexandre Charpentier, étaient un des types les mieux réussis du mobilier d'art moderne.

Dans les galeries abondamment peuplées qui venaient à la suite, les meubles, tous beaux et d'une exécution montrant à quel degré de perfection sont arrivés les ébénistes, étaient d'une richesse déconcertante.

On se demandait à quel niveau était montée la fortune publique pour pouvoir alimenter, par des achats suffisants, une industrie aussi généralement luxueuse. Bien que les fautes de goût fussent infiniment rares, on regrettait là encore le manque de simplicité. Il serait préférable de payer moins cher des mobiliers de salon, et de réserver quelque argent pour des bibliothèques dont l'absence dénotait combien le livre préoccupe peu notre société française. Cela paraissait d'autant plus triste que pas une organisation mobilière de l'étranger n'avait négligé le meuble de la lecture.

Les meubles se divisent en deux catégories, ceux qui copient les anciens styles sans effort de création, et ceux qui constituent ou cherchent à constituer un style nouveau. Parmi les derniers, bon nombre étaient très réussis. Cet art moderne est, chez nous, moins fantaisiste qu'à l'étranger. On y sent la retenue imposée par les traditions, et la condition essentielle de la stabilité est maintenue.

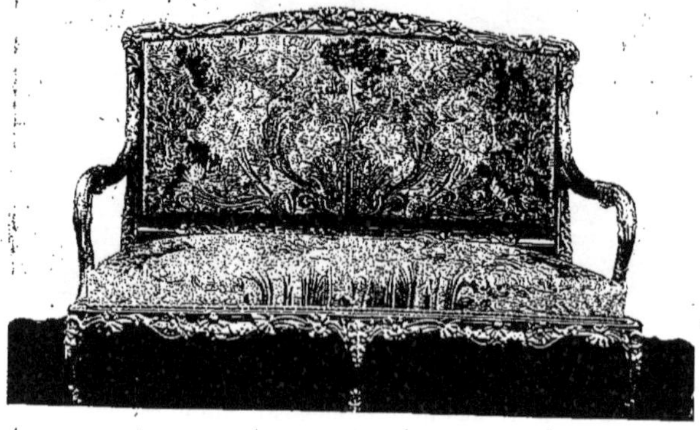

CANAPÉ IRIS ET PIVOINE, D'APRÈS EUG. MORAND
(Maison Hamot.)

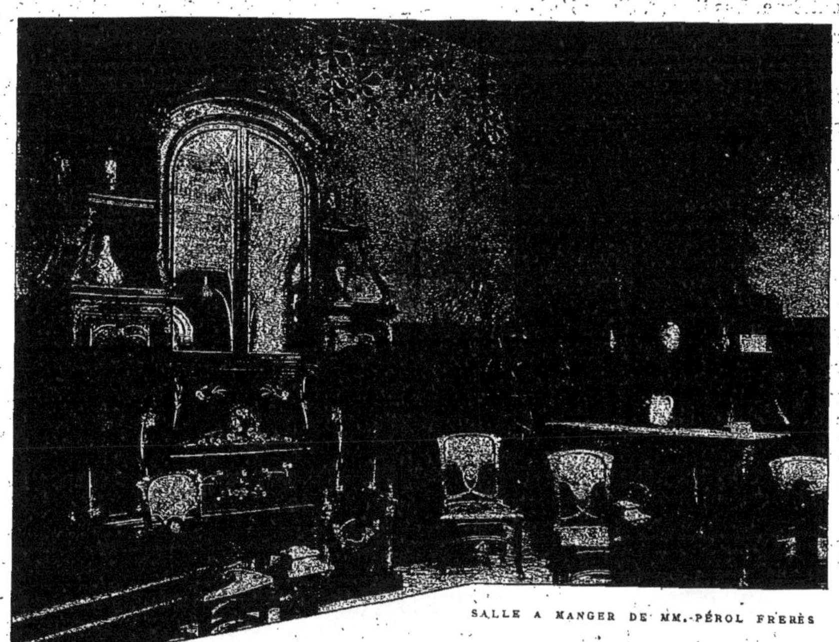

Une belle salle à manger de MM. Pérol, en acajou rouge rehaussé de discrets ornements en or, aurait été parfaite si les chaises avaient été en rapport avec le confortable de l'ensemble. Cet ameublement était solide et gracieux, d'une simplicité riche et d'une facture très originale.

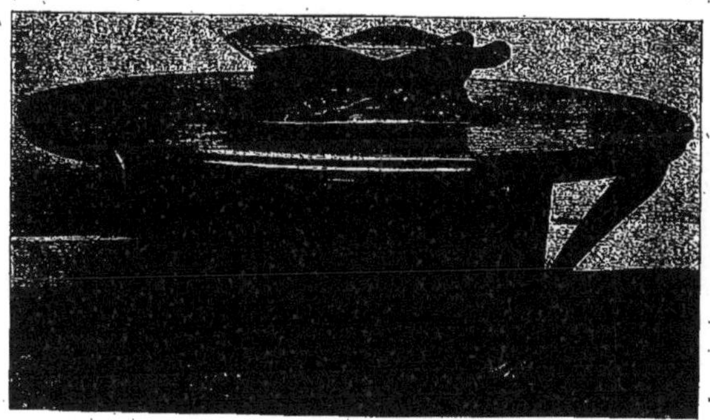

TABLE AVEC JARDINIÈRE DÉTACHÉE DANS UNE OUVERTURE CENTRALE
(Maison Majorelle).

L'exposition de la maison Majorelle, de Nancy, comportait plusieurs appartements meublés avec une fantaisie et un art qui captivaient tous les regards. C'était le triomphe de l'art nouveau français, employant des bois variés, simplement ajourés dans leur masse ou bien assemblés en mosaïque d'une finesse

extrême. Les lignes, d'une légèreté et d'une liberté imprévues,
n'enlevaient pas la sensation
nécessaire de confortable et de
solidité.

L'Exposition aura eu l'honneur de fixer, de façon à le
rendre partout reconnaissable,
les principes du style nouveau.
Il est superflu d'indiquer qu'il
ne doit rien aux époques précédentes ; ce n'est pas non plus,
comme l'art japonais qui lui
aura toutefois donné la souplesse des lignes, une copie de
la nature. C'est la liberté dans
la conception.

La liberté, loin d'être in-
faillible, produira là comme

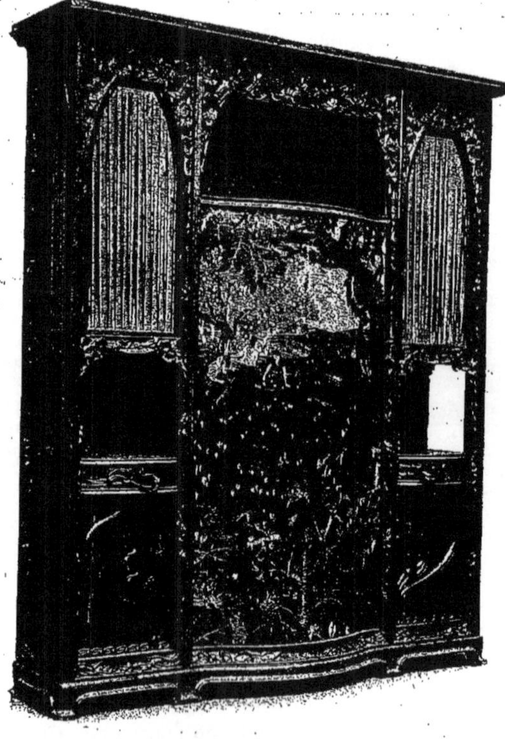

BUFFET AVEC MOSAIQUE DE BOIS (Maison Majorelle).

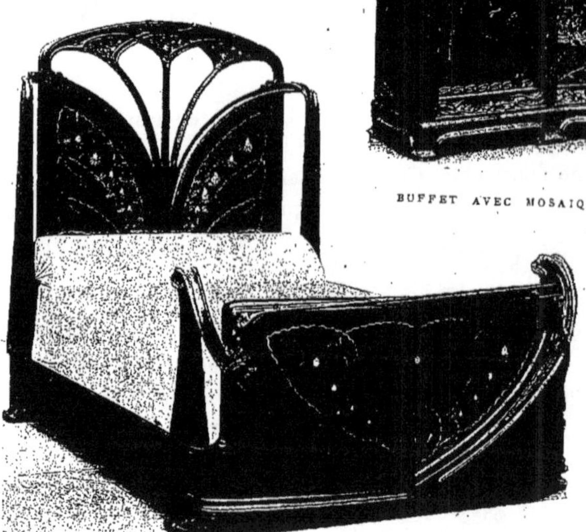

LIT EN BOIS MASSIF AVEC INCRUSTATIONS (Maison Majorelle).

ailleurs de vilaines cho-
ses. Tous les styles ont
leur déchet. Mais là aussi
comme ailleurs, elle tra-
duira en œuvres supé-
rieures de belles pensées
qui n'auront pas été gê-
nées par les formules.

Le XIXᵉ siècle aura
vu naître le style libre,
trop tard pour lui donner
son nom.

Le bronze est si fré-
meubles, que ces deux
sorte connexes; aussi
Les bronzes propre-
statuettes, groupes ou
vres des maîtres, étaient
et assez souvent médiocres.
dans les mêmes moules,
mous, l'as-
-savonneux.
à moules
commencer
reviennent à
éloignent les
ordinaires,

quemment employé à la décoration des
industries d'art sont en quelque
voisinaient-elles logiquement.
ment dits, c'est-à-dire les
animaux reproduisant les œu-
relativement peu nombreux
A répéter les mêmes fontes
les contours deviennent
pect général
Les fontes
perdus, à re-
chaque fois,
des prix qui
acheteurs
et comme

NAIADES SURPRISES PAR LA BOURRASQUE
(Étain de A. Forctay).

ceux-ci forment le gros de la clientèle, force est de s'en tenir aux procédés
moins coûteux qui dénaturent malheureusement le modèle et transforment une
œuvre d'art en un objet de commerce. C'est surtout dans les grands bronzes de
plein air, ceux dont les modèles connus
sont répétés à de nombreux exemplaires pour la joie des municipalités
économes, que se produit cette médiocrité, d'autant plus regrettable
qu'elle donne au public un faux sentiment du beau. Les sculpteurs sont en
cela logés à la même enseigne que
les peintres, dont les tableaux ne peuvent être bien rendus que par des
estampes de haut prix. Cependant, si
les procédés graphiques font tous les
jours des progrès pour la vulgarisation
artistique, il ne semble pas qu'il en
soit de même pour les reproductions
en relief. Cette critique n'est pas
absolue, et de rares maisons ont la
louable obstination de ne présenter
que des pièces parfaites.

Les étains justifient la mode qui
leur revient par une excellente tenue,

L'HISTOIRE, PAR BAREAU
(Bronze de Barbedienne).

et les répétitions d'une pièce y semblent aussi parfaites que l'original. Quant aux modèles créés spécialement en vue d'un objet de décoration où les bronzes de patines variées se mêlent aux marbres, aux cristaux, au bois même, ils sont en progrès frappant pour la grâce des formes et la perfection de l'exécution.

L'électricité avait encore ici agi en magicienne. Les artistes avaient rivalisé d'ardeur pour mieux présenter sa lumière. Lustres, flambeaux, torchères, colonnes lumineuses, montraient pour un usage nouveau des formes nouvelles, souvent imprévues, presque toujours heureuses, parfois d'un art exquis. Encore ne voyait-on à l'Esplanade qu'une partie de ces créations, le Palais de l'Électricité, par une répétition fort excusable, en contenant aussi un grand nombre.

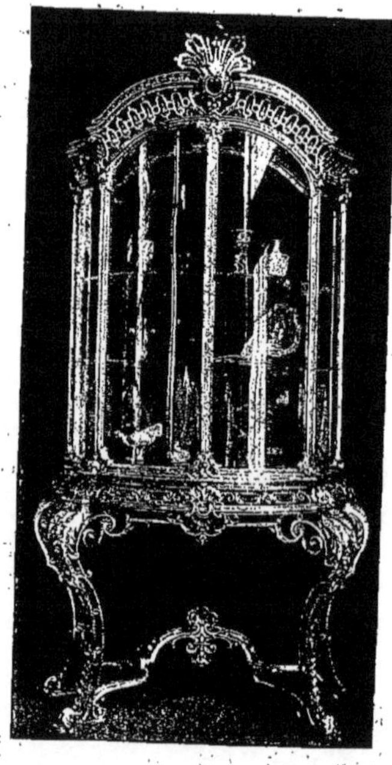

VITRINE EN FER FORGÉ DE A. BROSSET.

L'antique ferronnerie au marteau, qui produisit aux siècles derniers de si magnifiques ouvrages, n'est plus guère en usage aujourd'hui. Il faut des années pour achever un morceau de choix, et la foi capable d'un pareil travail comme celle capable de le payer ont également disparu. A côté des fleurs de fer d'Émile Robert, c'est un devoir de citer une admirable vitrine exécutée entièrement en fer forgé par le maître ouvrier Alexandre Brosset, qui y a travaillé de 1896 à 1900 sur les dessins de l'architecte Charles Morice.

On ne peut non plus passer sous silence l'étonnante vitrine où Mme Sarah Bernhardt exposait, avec un buste de Victorien Sardou, les « algues et poissons de la mer sauvage »

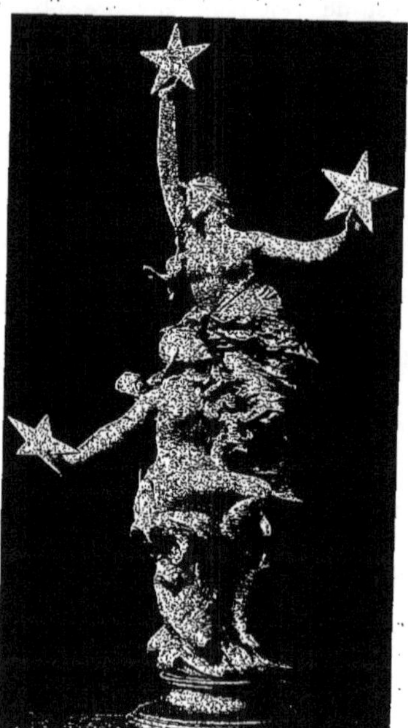

LES ÉTOILES, PAR J. DERCHEU
Bronze et étoiles en cristal
avec lampes électriques intérieures (Maison Houdebine).

qu'elle modèle pour les couler en bronze dans sa retraite de Belle-Isle-en-Mer. Ses jours de loisir doivent être courts et il faut avoir vraiment le feu sacré pour obtenir ainsi, comme en se jouant, des patines et des formes aussi extraordinaires et aussi artistiques.

Une annexe en retour sur la rue de Constantine comprenait les procédés de l'éclairage, l'électricité exceptée. Le gaz acétylène y dominait, mais ses appareils ne fonctionnaient pas et la démonstration semblait insuffisante. A l'entrée, une salle contenait le musée du luminaire, qui prouvait une fois de plus l'utilité sociale des collectionneurs. Des chandeliers,

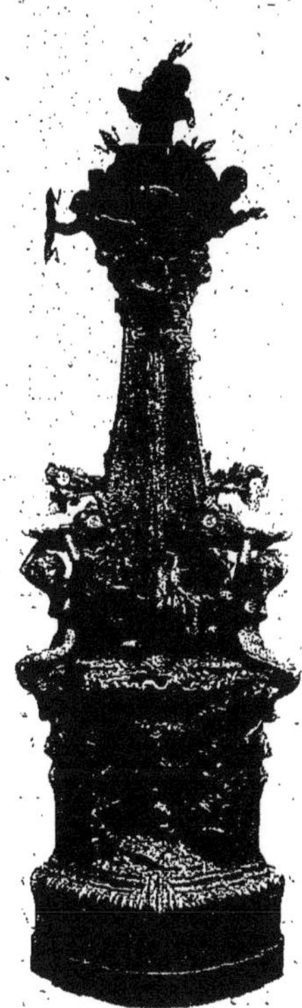

des flambeaux, des trépieds, des torchères, des lanternes dont une en fer forgé, de 1734, d'un travail infini, remontaient jusqu'aux origines. Des lampes montraient les innombrables transformations de l'éclairage à l'huile pendant sa courte existence. Une adorable collection de petits éteignoirs évoquait les mains frêles ou grosses qui les avaient maniés. Surtout une série de mouchettes, d'autant plus précieuse que l'usage des chandelles ne reviendra plus, allait méthodiquement de l'époque gothique au commencement de ce siècle, de la richesse du fer ciselé à la misère du zinc peint, à travers une incroyable et suggestive variété de formes marquant nettement dans ce frêle objet domestique le style de chaque époque.

On ne peut demander aux collectionneurs de se priver.

PYRAMIDE LUMINEUSE
(Maison Colin).

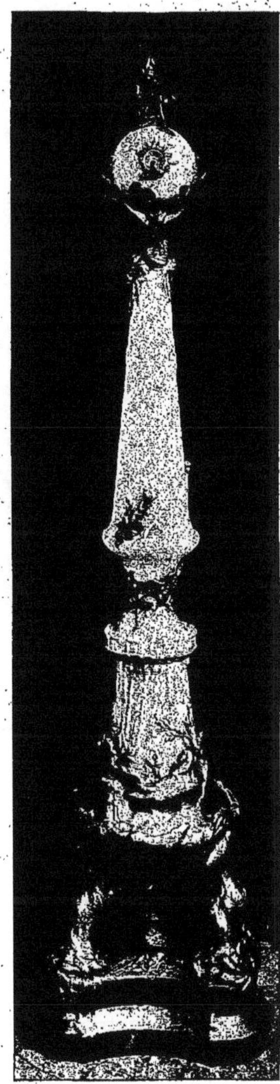

LA NATURE, PAR PIAT
(Torchère lumineuse de la maison Mottheau).

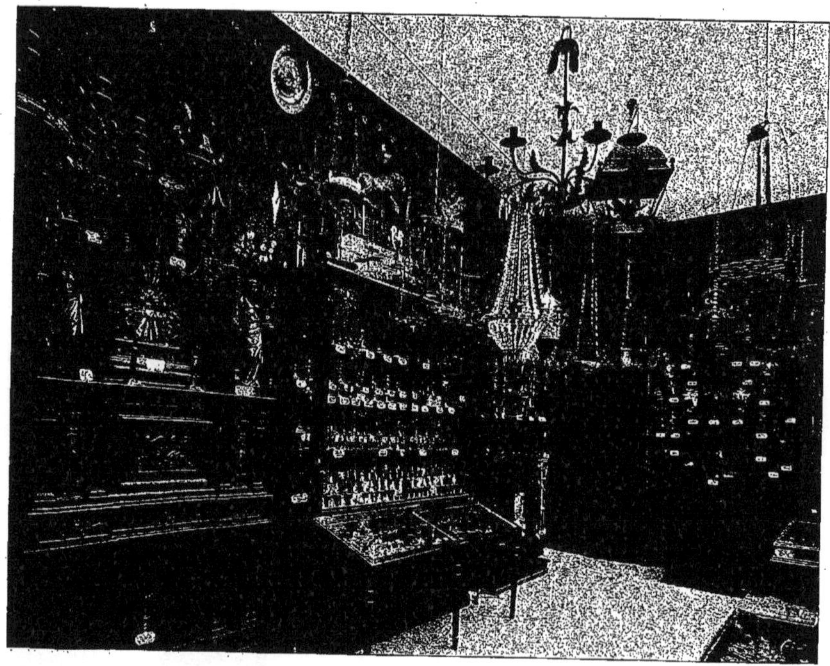

LE MUSÉE RÉTROSPECTIF DU LUMINAIRE

pendant trop longtemps des objets qui font leur joie. Mais si tous ces musées rétrospectifs, que l'Exposition avait adjoints à chaque classe, pouvaient être réunis pendant quelques mois dans un même palais, ils retrouveraient dans cette réunion un incomparable attrait.

Avant d'entrer dans la dernière salle du palais, il faut revenir en arrière pour visiter les galeries du premier étage au-dessus des classes que nous venons de traverser.

Les jouets y représentaient une industrie vraiment nationale, à en juger par la foule qui s'y donnait rendez-vous.

De fait, quelle industrie demande un concours plus varié d'ouvriers habiles, un effort plus constant pour la recherche de l'actualité? Toutes les substances y sont mises à contribution pour produire ces fantaisies infinies et charmantes qui passionnent les enfants, bons juges à l'esprit prompt. Comment le jouet parisien, qui est l'esprit de Paris, pourrait-il craindre la concurrence étrangère? Comment, si les fabricants français s'entendaient bien entre eux, une différence de quelques

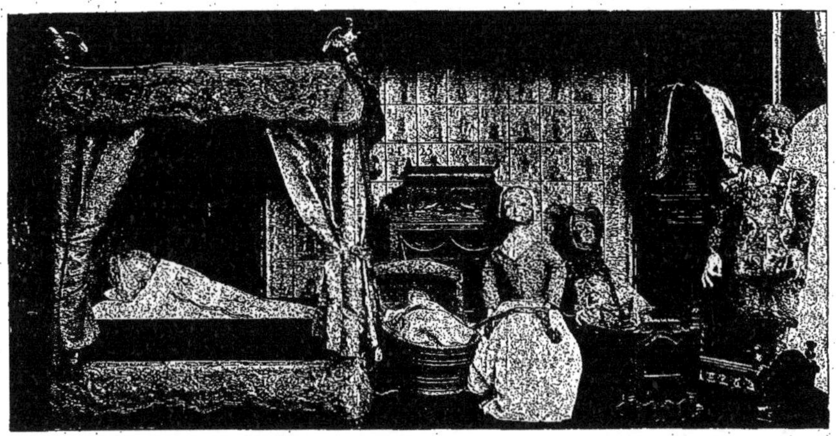

ANCIENNES POUPÉES, DE LA COLLECTION DE Mme J.-A. BERNARD

sous, capitale pour eux par sa multiplication et vraiment peu sensible pour l'acheteur, pourrait-elle faire négliger pour des produits plus lourds leurs délicates créations? Il semble que là, comme trop souvent chez nos industriels, la concurrence soit faite plus entre eux que du fait de l'intervention étrangère.

M. Léo Claretie était tout indiqué par ses ouvrages pour organiser une exposition rétrospective dont il s'est tiré avec honneur. Les jouets anciens partaient d'une conception toute différente de celle des nôtres. Autant ceux-ci sont démocratiques, autant les autres s'adressaient à une élite, enfants de grands seigneurs ou même dauphins de France. C'étaient des pièces de mécanique dignes d'un Vaucanson, de petits meubles aussi solides que des grands, des intérieurs entiers de petits appartements, des maisons même. Pour la somme consacrée à la distraction d'un seul, mille enfants d'aujourd'hui trouvent leur plaisir, et, si leur jouet est peu solide, encore ont-ils été heureux quelques heures et peut-on en profiter pour leur apprendre la fragilité du bonheur. Il y a certes un progrès social et voilà le jouet élevé à la hauteur d'une philosophie.

A la suite des jouets, la classe 98 contenait dans de jolies vitrines du style Empire partout à la mode, ces objets si divers, catalogués sous le titre de brosserie, maroquinerie, tabletterie et qu'on désigne sous le nom d'articles de Paris. Petits bronzes, petits marbres et pierres fines, écailles, ivoires, cuirs frappés et dorés, éventails, nécessaires, portefeuilles et porte-monnaie, objets de toilette, variaient à l'infini leurs aspects jolis pour témoigner du goût parisien.

L'exposition rétrospective contenant surtout de curieuses trousses de toilette donnait une franche supériorité à l'industrie contemporaine.

Sur cette galerie s'ouvrait l'annexe en retour consacrée aux vitraux. On y pénétrait en traversant d'abord la partie rétrospective où des fragments de verrières allant du XIIᵉ au XVIIᵉ siècle montraient cette naïveté de dessin et cette chaleur de tons que les vitraux actuels ne peuvent décidément pas égaler. Malgré les efforts des maîtres verriers et d'artistes comme Olivier Merson, Grasset et autres, malgré les beaux dessins de l'école Guérin, le procès du vitrail religieux moderne est entendu. Il y manque ce qui manque aux plus belles basiliques neuves comparées à de modestes églises d'autrefois : le sentiment de la foi.

Par contre le vitrail profane, si l'on peut parler ainsi, s'est complètement modifié et arrive à des résultats surprenants. On y obtient des verres épais, marbrés ou laiteux qui semblent emmagasiner la lumière et qui, presque sans dessin, par le seul reflet des tons, produisent des paysages de rêve du plus curieux effet. Ces vitraux, d'une naïveté très superficielle et d'un art plutôt « roublard », sont plus sévères en Allemagne que chez nous, où ils demeurent encore dans la période trop fantaisiste.

L'architecte Sorel avait installé la papeterie de façon originale et charmante, avec des rinceaux de bois naturel encadrant en façade de frais tableaux qui évoquaient le travail en action, producteur des jolies et délicates choses contenues dans les vitrines.

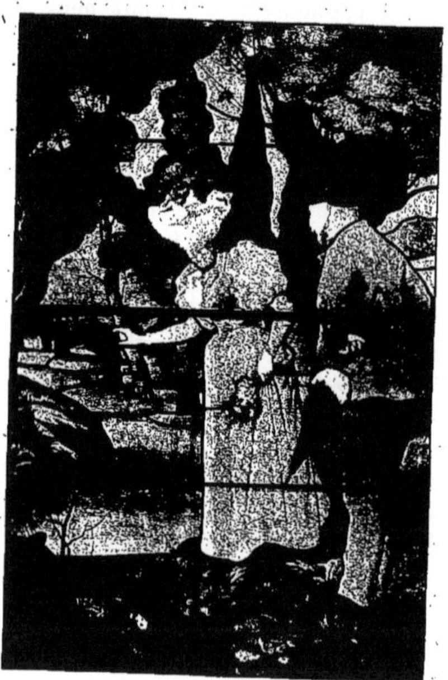

VITRAIL PAR ÉMILE ADER

Au coin de la rue du Grand-Aigle et de la Plume, le sieur Gazet, marchand papetier-cartier des fermes du roy, ouvrait sa boutique : « A bon papier pas d'enseigne » qui contenait la partie rétrospective organisée par M. John Grand-Carteret. Estampes, cartes et jeux d'oie, cartouches et menus, calendriers et éventails, images populaires et livres minuscules, assemblage charmant et discret, imprégné du parfum du passé pour avoir été manié par les doigts de nos grand'mères. Il ne faisait pas tort cependant aux créations modernes, aussi pimpantes en somme et témoignant d'une habileté d'exécution supérieure encore.

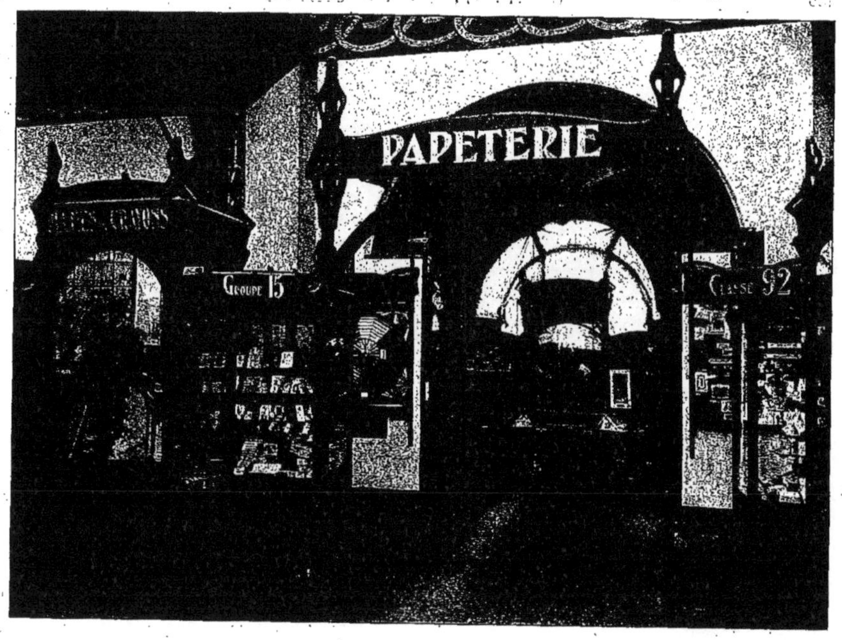

DÉCORATION DE LA CLASSE DE LA PAPETERIE (M. SOREL, ARCHITECTE)

L'industrie des papiers peints occupait un espace singulièrement vide où des maisons, importantes mais trop rares, présentaient des types gracieux et trop peu variés de la fabrication contemporaine. Le mot contemporain doit être pris dans son sens le plus étroit, car il est peu d'industries où la mode opère d'aussi brusques changements. Aujourd'hui tout est aux nuances fondues au point d'en perdre le sentiment des lignes, pâles à en devenir sans vie, claires à ne plus contenir de reflets de lumière. Il faut s'arrêter, car un pas de plus mènerait à l'excès, qui serait ici la sensation du vide.

La collection étonnante de M. F. Follot remontait jusqu'aux origines de cette industrie où vingt ans semblent une éternité et qui est pourtant ancienne, la première planche à imprimer ayant été inventée par Papellon en 1688. Avec quelle intensité ces morceaux de papier peint évoquaient un passé disparu ! Témoins de la vie intime de nos pères, ils en reflétaient les goûts et, mieux que bien des mémoires, donnaient la note des mœurs de chaque époque.

La Chambre syndicale de l'horlogerie, qui est une des plus actives de Paris, avait organisé une très curieuse exposition rétrospective. On y voyait la montre

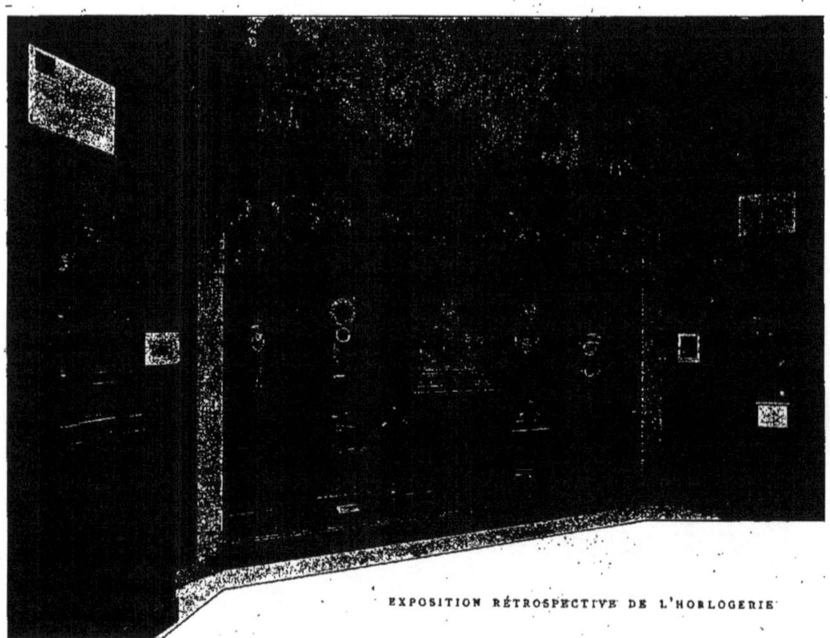

EXPOSITION RÉTROSPECTIVE DE L'HORLOGERIE

de Henri III fabriquée en 1580, celle de Marat avec son boîtier d'argent en forme de bonnet phrygien, la pendule de voyage de Louis XVI et le premier chronomètre fabriqué en France par Berthoud, en 1791. Une vitrine appartenant à M. Ch. Roblot contenait une collection de cadrans de montres de l'époque révolutionnaire où les devises patriotiques se multipliaient de la plus amusante façon.

On fabrique encore des montres de luxe, mais en petit nombre. Des usines préfèrent produire par jour jusqu'à quinze cents boîtiers où la décoration ne s'est pas affinée en se vulgarisant. Nos pendules, pour affecter des formes de locomotives ou de torpilleurs, n'en sont pas plus artistiques, et les belles pièces d'autrefois semblent ne plus devoir revenir. L'excellence des rouages, où la perfection est devenue courante, console les gens pratiques.

Il serait injuste de s'en prendre aux fabricants de la décadence des formes, les gens riches n'achètent plus de pendules et l'art ne peut s'accommoder du bon marché à outrance. C'est déjà un effort méritoire de pouvoir livrer à si bas prix des instruments qui fonctionnent avec précision.

La coutellerie, dont les produits modernes sont aussi parfaits que variés, avait réuni une exposition rétrospective bien amusante, car le couteau fut, autre-

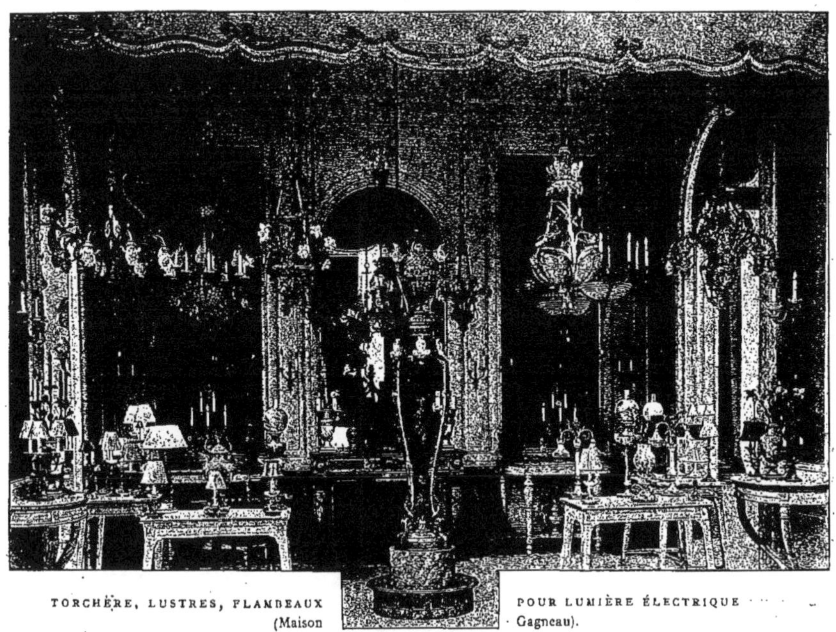

TORCHÈRE, LUSTRES, FLAMBEAUX   POUR LUMIÈRE ÉLECTRIQUE
                (Maison   Gagneau).

fois plus que maintenant, un objet personnel d'un usage constant. On le
choisissait avec soin, on s'y attachait, et les formes souvent imposées aux
fabricants dénotaient l'humeur de chacun.

Redescendus maintenant au rez-de-chaussée, nous y retrouverons l'orfèvrerie.
Elle ne comportait pas un très grand nombre d'exposants, mais tous méritaient
l'attention. Pas une faute de goût; un art parfait soutenant admirablement la
supériorité de l'orfèvrerie française.

L'argent est un métal qui commande la distinction; il porte une apparence de
vraie noblesse et ne semble pas, comme l'or, un parvenu qui veut éblouir par sa
richesse. Il a toujours été travaillé avec tendresse et l'amour que lui portent ses
artisans ne s'est point ralenti.

Les candélabres sont les pièces préférées de l'orfèvrerie. L'Exposition en
montrait d'admirables, mais copiés sur les modèles du siècle dernier ou les
suivant de très près. Ces belles formes anciennes sont encore si puissantes qu'on
n'aurait pas pu trouver une pièce vraiment moderne susceptible de leur être
opposée.

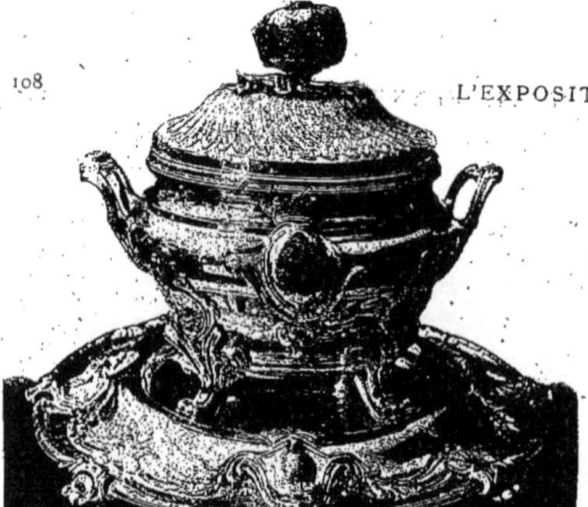

SOUPIÈRE EN ARGENT, STYLE LOUIS XV
(Collection de Mᵐᵉ Burat).

La comparaison de quatre soupières en argent, une moderne et trois empruntées au musée rétrospectif, facilitera quelques observations sur les styles.

Malgré la finesse des décorations, inspirées avec à-propos des légumes, de la soupière moderne, en dépit de la fière élégance de

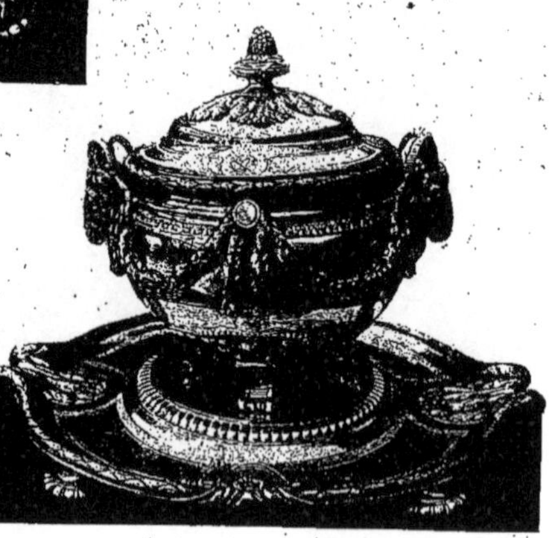

SOUPIÈRE EN ARGENT, STYLE LOUIS XVI
(Collection de M. Michel Éphrussi).

celle de l'Empire, les deux chefs-d'œuvre du siècle dernier n'en paraîtront pas moins supérieurs. Pourquoi? Parce qu'ils sont en quelque sorte construits suivant les règles d'architecture.

Rien n'est plus difficile que de s'affranchir de cette loi qui semble devoir entraver la libre interprétation des formes de la nature.

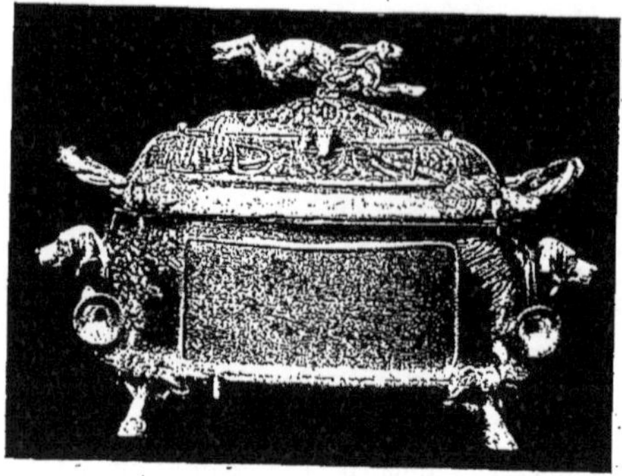

TERRINE A PATÉ, DESSIN DU COMTE DU PASSAGE
(Maison Odiot).

Une pièce d'orfèvrerie n'est pas non plus un bijou : elle doit conserver à ses dimensions restreintes une apparence de majesté qui ne se trouve pas dans les feuillages, les fruits, même les animaux. Quant à la représentation de la figure humaine, telle que nous pouvons seulement la supporter aujourd'hui, c'est-à-dire dénuée de convention, il faut un art supérieur pour ne pas tomber dans le trivial.

Ces conditions sont pour excu-

ser la gracilité trop fragile de certaines pièces, le manque d'aplomb
de beaucoup d'autres. La difficulté
n'est pas pour arrêter l'art nouveau
dans ses voies.

Un plateau représentant une
feuille naturelle ne sera jamais
qu'une fantaisie, mais il n'est point
impossible de combiner des feuillages, des fleurs et des figures
de façon à constituer une œuvre
d'art. Ces recherches et les rares
réussites expliquent la haute va-

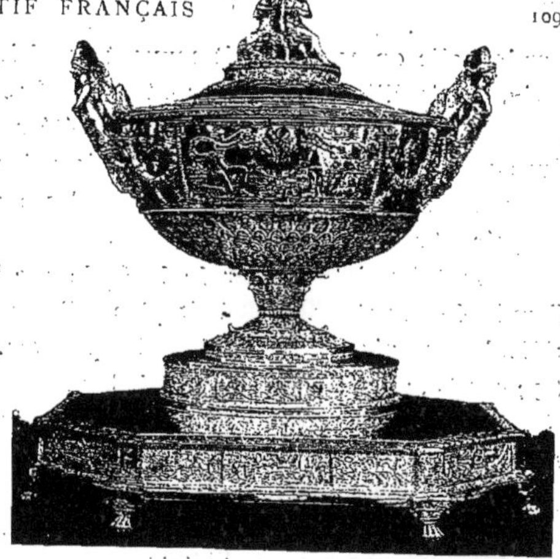

SOUPIÈRE EN ARGENT, STYLE LOUIS XV
(Collection du Bᵒⁿ Hugo de Bethmann).

leur des belles pièces d'orfèvrerie.

Ce qui prouve encore
combien cet art est difficile,
c'est qu'il ne doit point se
hausser aux dimensions de la
sculpture, sous peine d'arriver
vite à la pesanteur; exemple
frappant en était donné par le
trop monumental surtout exécuté en 1855 pour Napoléon III

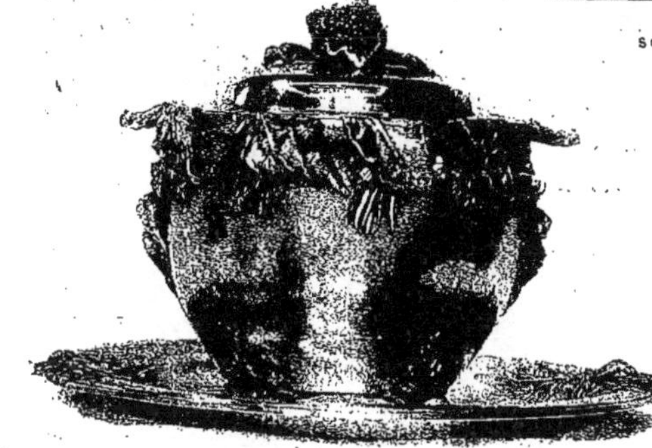

SOUPIÈRE EN ARGENT, STYLE MODERNE
(Maison Christofle).

et retrouvé dans les
ruines des Tuileries.

L'orfèvrerie reli-
gieuse, dont l'exposition
était importante, relève
d'une technique spéciale
qui lui enlève trop de
liberté, tout au moins
telle qu'elle est comprise
de nos jours.

La dernière salle,

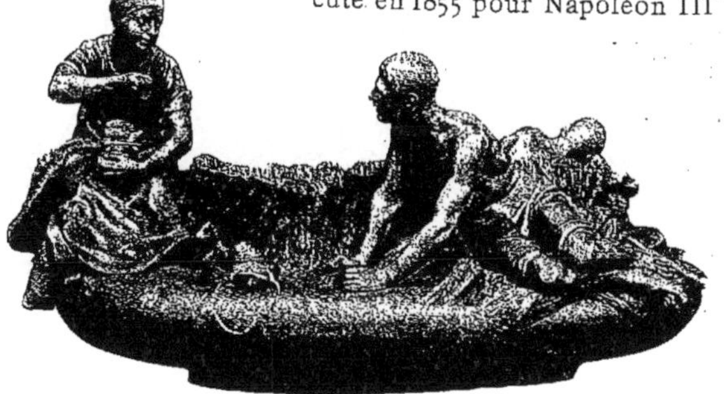

« MIDI DANS LES FOINS », PAR A. LARROUX
(Jardinière en étain de la maison Houdebine).

par laquelle on commençait souvent la visite des palais, appartenait à la bijouterie. Les joailliers parisiens sont des maîtres sans rivaux dans un art en progrès
constant. Jamais les pierreries n'ont été serties avec plus de finesse, montées
avec une plus élégante légèreté, présentées avec plus de charme. Malgré son
intérêt, le musée rétrospectif de cette classe ne faisait que consacrer la supériorité
du présent sur le passé.

Il faut dire à l'honneur de la foule que la recherche du beau l'emportait sur
l'envie de la valeur. Elle était plus railleuse que ravie à la pensée des sommes
ridicules représentées par l'inutile *Jubilee*, le plus gros diamant du monde
(239 carats), guetté par quelque nabab comme tout excès par l'opérette.

A côté des parures de haut luxe, de nombreuses vitrines contenaient une variété
surprenante de bijoux conservant des formes élégantes jusque dans les articles les
plus modestes. On pouvait y voir une preuve d'un bon goût général et d'une qualité qui est maîtresse chez les peuples comme chez les individus, la mesure.

C'est cette mesure, autant qu'une invention toujours jeune et une perfection d'exécution incomparable, qui a consacré le triomphe des artistes et des ouvriers d'art français.

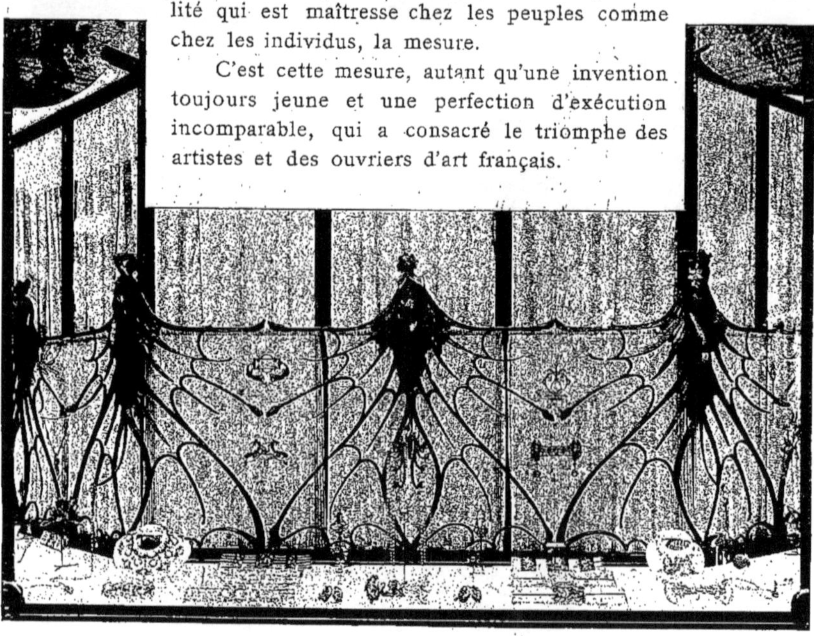

VITRINE CONTENANT LES BIJOUX D'ART MODERNE DE M. RENÉ LALIQUE

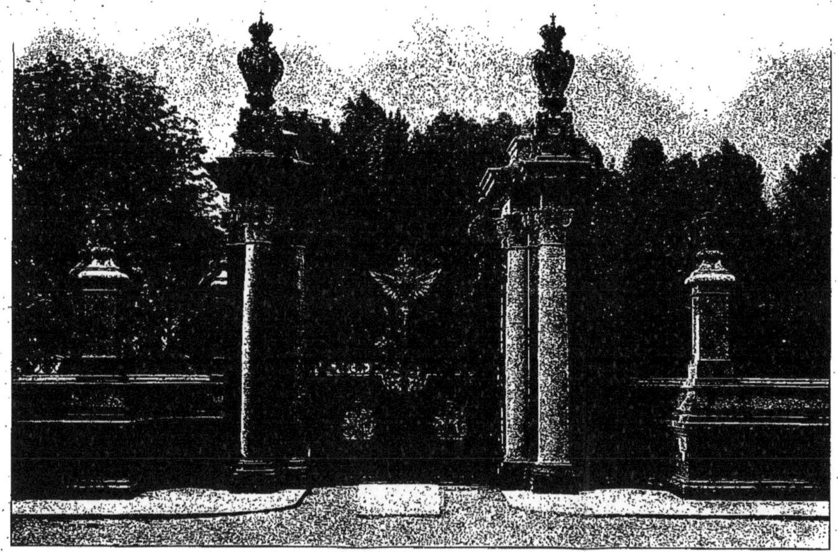

L'ART DÉCORATIF ÉTRANGER

Les sections étrangères des industries d'art occupaient tout le palais du côté de la rue Fabert. Nous y entrerons par le haut pour redescendre vers la Seine.

Une partie de la première salle avait été donnée à nos bons voisins de la Belgique. Ils en avaient usé avec discrétion, exposant des céramiques de style cosmopolite et des cuivres ne rappelant qu'imparfaitement l'antique dinanderie.

La Russie attirait la foule par la fameuse carte de France offerte au Président de la République, et fabriquée par la Manufacture impériale d'Ekaterinbourg. Les pierres dures de l'Oural, polies à merveille, donnaient à chaque département une couleur variée. Les chefs-lieux étaient figurés par des brillants de valeur, un diamant pour Bordeaux, un rubis pour Paris, etc., laissant chacun libre de trouver des symboles dans ces choix.

On remarquait aussi des cristaux taillés, très beaux, mais sans caractère spécial, des bronzes de chevaux donnant bien la sensation de courses éperdues

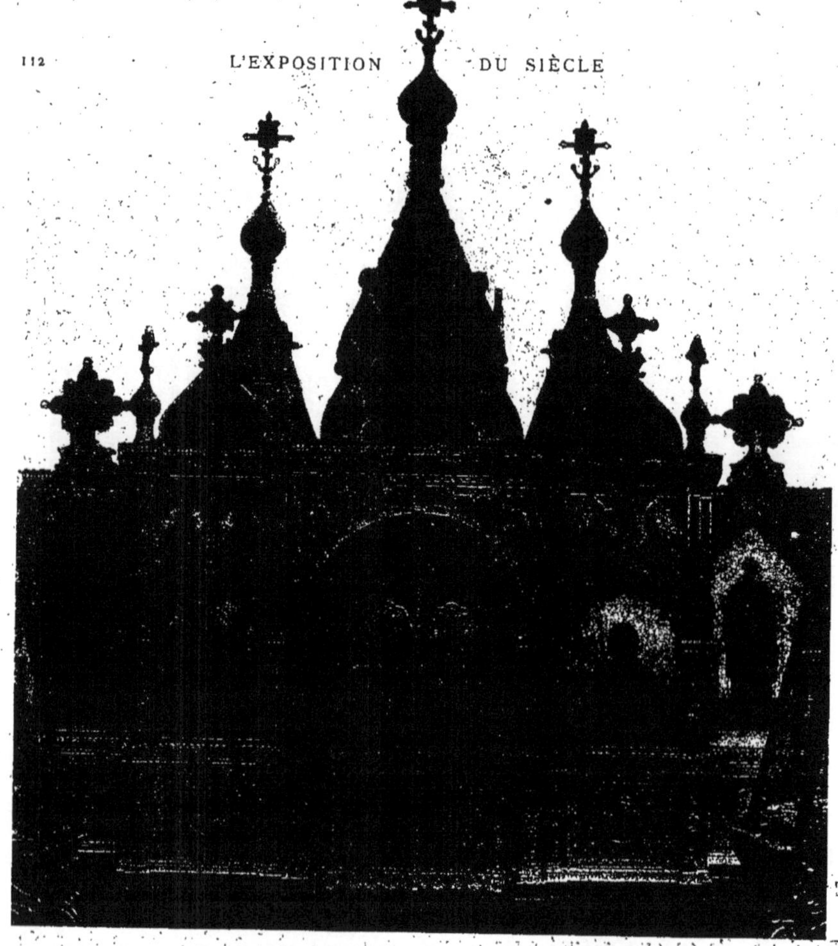

CHAPELLE EXÉCUTÉE D'APRÈS LES DESSINS DU PROFESSEUR W. WASNETZOFF,
PAR P. OVTCHINNIKOFF, ORFÈVRE DE LA COUR DE RUSSIE, POUR S. E. LE PRINCE NETCHAIEF MALTSEFF

dans les steppes, des tapis d'une simplicité cossue et d'une épaisseur de laine annonçant le confortable de chambres bien chauffées.

Deux façades de chapelles intérieures éblouissantes de dorures résumaient complètement le style russe, resté à peu près ce qu'il a toujours été : ornementation surchargée ne laissant aucune place vide, icônes enchâssées dans de petites niches aux voûtes trilobées, pierreries encastrées dans des filigranes d'or. Ce style de tradition byzantine, trop préoccupé de richesse et ignorant ces lignes simples, est cependant touchant comme un effort accumulé de prières.

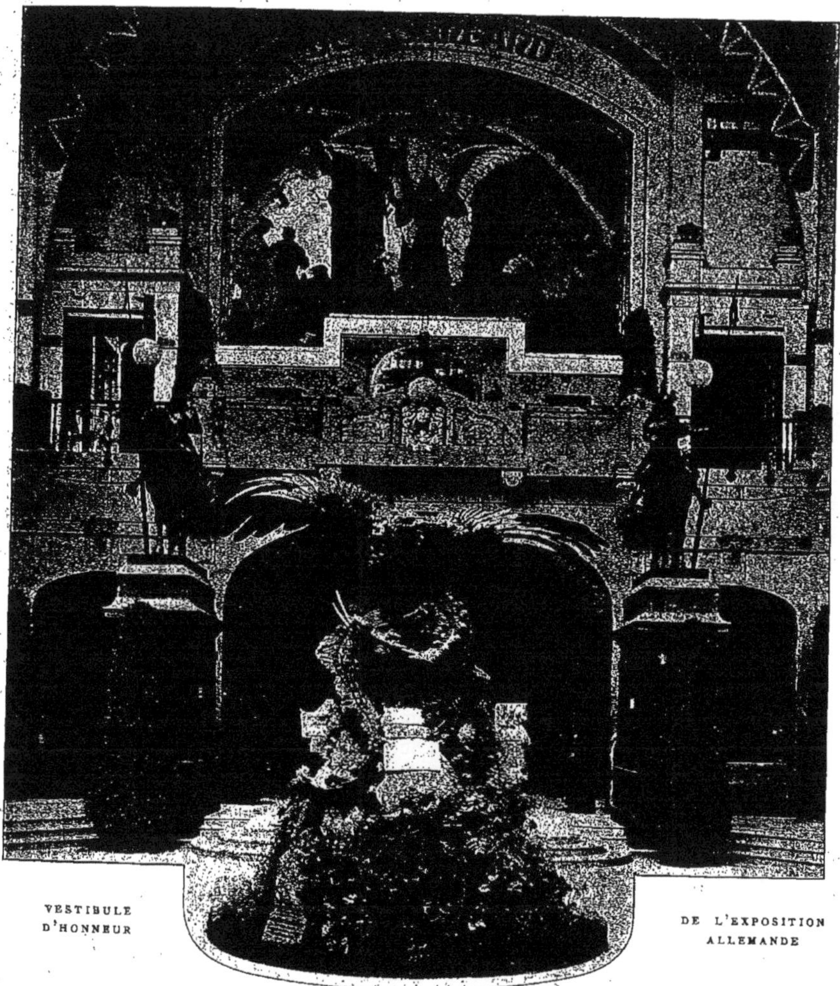

On y voyait aussi des fragments de la magnifique grille monumentale, de style
Louis XIV, destinée à entourer le jardin du Palais d'hiver de S. M. Nicolas II
à Saint-Pétersbourg, et dont la porte principale avait été édifiée au Cours-la-Reine,
à l'angle du Grand Palais. Cette œuvre de fer forgé à blanc, dirigée par M. Albert
Meltzer, sur les ordres précis du Tsar, aura demandé à deux cents ouvriers deux

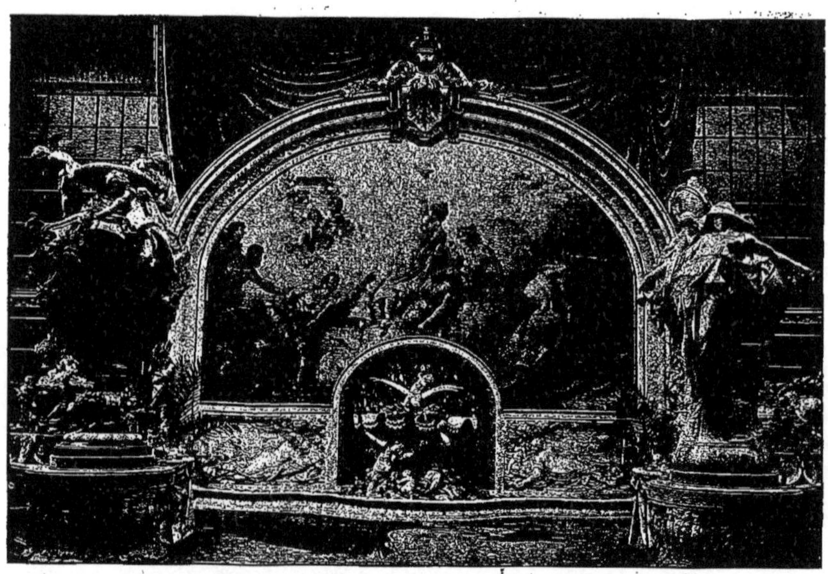

EXPOSITION DE LA MANUFACTURE ROYALE DE PORCELAINE DE BERLIN

années de travail et coûté plusieurs millions. C'est peut-être, avec les grilles de Nancy, le plus bel ensemble de ferronnerie d'art qui aura été exécuté.

L'avenir de l'art décoratif en Russie semble garanti par deux établissements, l'École Stréglitz, à Saint-Pétersbourg, et l'École Stroganoff, à Moscou, qui exposaient un ensemble très remarquable de travaux d'élèves. Ces beaux dessins, d'aspect solide et d'allure libre malgré la finesse de l'exécution, indiquaient une compréhension parfaite de l'esthétique décorative.

L'Exposition de l'Allemagne, fruit d'une entente parfaite du Gouvernement avec les exposants et des exposants entre eux, s'imposait aux esprits les plus prévenus, par l'ordonnance majestueuse de l'ensemble et par l'intérêt des détails.

Son accès principal était une sorte de cour d'honneur entourée de statues de bronze plus grandes que nature, alternant avec des lauriers en arbre. Au centre, une superbe pièce de fer forgé montrait un aigle terrassant un dragon. Cet appareil d'art sévère semblait paraphraser la devise *Si vis pacem, para bellum,* avec une force d'ailleurs courtoise. Protégée encore par deux cavaliers, une galerie s'ouvrait à la suite. Avec ses parois de marbre et de bronze, ses mosaïques de pierre et de verre, ses voûtes surbaissées, elle était le vestibule d'un temple

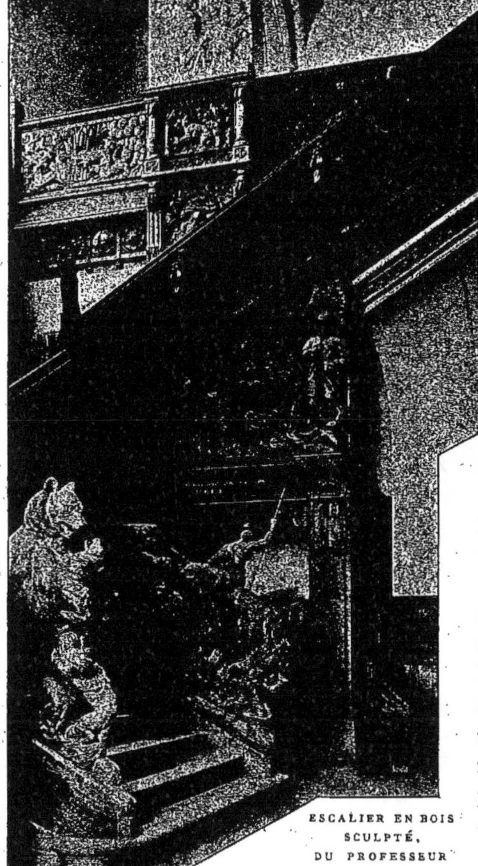

ESCALIER EN BOIS
SCULPTÉ,
DU PROFESSEUR
G. RIEGELMANN

de l'Art, majestueux et recueilli.

Au sortir de cette pénombre, l'œil était saisi par la clarté de la salle aux porcelaines. Au centre des saxes délicats de Meissen, la Manufacture royale de Berlin exposait un panneau d'une rare beauté, aux colorations fondues et chaudes, d'une unité de tons étonnante. Cette pièce, de dimensions inusitées, reposait sur un soubassement de tonalité discrète, s'enlevant sur un fond en manière de grille éclatant au contraire comme des émaux cloisonnés.

Un remarquable escalier en bois sculpté, dû au professeur Riegelmann, conduisait au premier étage. Il montait à travers des lambris et des frises d'une facture inédite, curieux mariage du gothique et du moderne. Des vitraux épais laissaient passer une lumière chaude à travers des colorations combinées pour l'emmagasiner.

On arrivait à une grande salle destinée au Musée des Arts décoratifs de Cologne. Édifiée là avant sa pose définitive, malgré les frais d'une pareille installation provisoire, elle donnait bien là note du style actuel allemand, assez difficile à définir, bien original malgré ses réminiscences byzantines. La recherche de la force en est la caractéristique. Ce n'est pas un enlèvement d'apothéose comme le style gothique, mais un piédestal puissant, sur lequel veut s'appuyer le génie d'une nation.

Les résultats de l'enseignement artistique et des publications d'art éditées à profusion se faisaient sentir dans toutes les branches de l'industrie décorative.

Intérieurs pittoresques avec les audaces de style moderne; — marqueteries de bois, claires pour les appartements et plus sombres pour les monuments publics, couvrant les murs de véritables tableaux; — cheminées de faïence encastrées dans des revêtements d'acajou; — cristaux et métaux unis pour former des meubles précieux; — tapis aux couleurs naïves ou aux teintes savamment fondues; — grès flambés et faïences aux carreaux pittoresques; — cuirs repoussés et frappés; — délicate poterie d'étain; — pièces d'orfèvrerie où la tradition des vieux maîtres refleurissait en formes superbes; — poupées de Sonnenberg et jouets de Nuremberg se faisant valoir par la savante unité de leur exposition collective : tout retenait l'attention par le solide éclat d'un effort artistique visiblement payé de prospérité.

Dans les quinconces, une annexe consacrée à diverses industries, surtout aux jolies horloges à gaine de bois de la Forêt-Noire, témoignait qu'une exposition purement commerciale pouvait aussi être présentée avec un parfait ensemble de goût et de dignité.

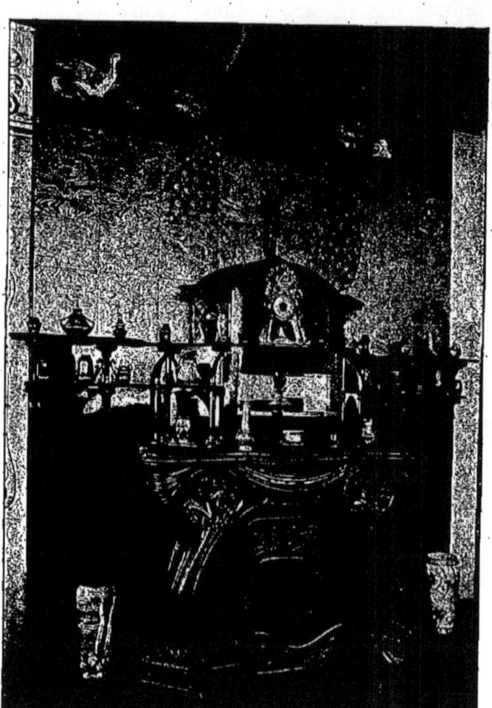

CHEMINÉE EN FAIENCE AVEC ENCADREMENT D'ACAJOU
(Fr.-A. Mehlem, à Bonn).

Les États-Unis abritaient dans une décoration nationale « genre Washington » — feuilles de chêne d'or serpentant autour de blanches colonnades grecques — des exhibitions qui avaient besoin de cette enveloppe pour cacher leur médiocrité. L'orfèvrerie même, qui avait brillé en 1889, montrait des formes devenues lourdes par la rigidité des lignes, ou trop fuyantes par leur indécision.

Le « Adams Gold vase » exposé par la maison Tiffany était bien significatif. Afin de commémorer une combinaison où « le coton et la finance, la modestie et le génie », pour parler comme la notice explicative, avaient produit sans doute

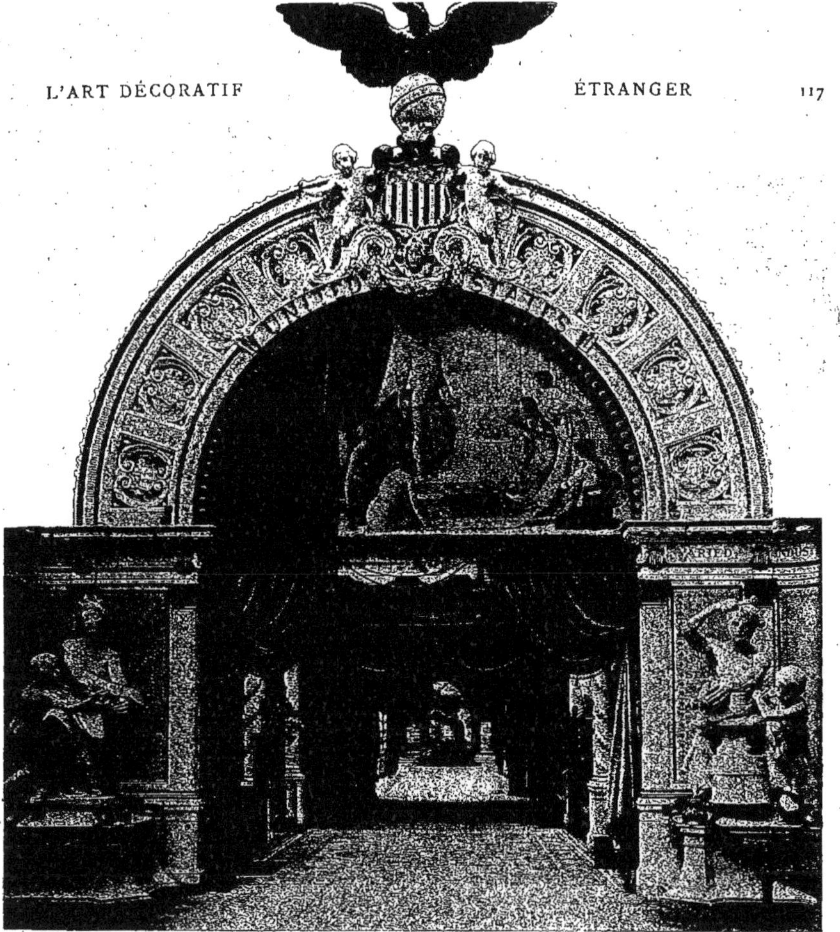

ENTRÉE DE LA SECTION DES ÉTATS-UNIS

quelque merveilleux coup de Bourse, huit kilogrammes et demi d'or, sans compter les gemmes rares, le tout « natif » des États-Unis, avaient été mis à contribution, sur les dessins de M. Paulding Farnham. Le résultat artistique n'était pas en proportion des sommes dépensées. Malgré son poids d'or, à cause même de lui, ce vase paraissait écrasé sous la charge de ses richesses.

L'or, parfait pour les montures et les objets de petites dimensions, est inférieur à l'argent pour les grandes pièces. Son éclat semble diminuer avec son étendue. Employé en masse, il produit une indéfinissable sensation de matière fausse.

Un service en argent doré, style « Philippe », comprenait 195 pièces et valait 160.000 francs. Un autre, style « Georges III », atteignait avec 219 pièces le record de 215.000 francs. Dans cette course aux dollars étalés, l'art américain est menacé de disparaître totalement.

On retrouvait aussi cette matière étrange, ressemblant à des agates richement veinées, produite par la pétrification des bois, qui avait causé tant d'étonnement en 1889. Il en existerait une forêt entière dans l'Arizona, où des arbres couvrent le sol comme des fûts brisés de colonnades renversées. La société qui détient cette merveille géologique n'en a pas encore tiré un grand parti artistique.

Les galeries de la Grande-Bretagne causaient une déception. Il y avait peu de chose et ce peu était mal présenté. L'indifférence du Gouvernement et l'excès d'individualisme entraînant une absence d'organisation d'ensemble faisaient contraste avec l'effort bien entendu des autres nations.

Heureusement MM. Waring et Gillow

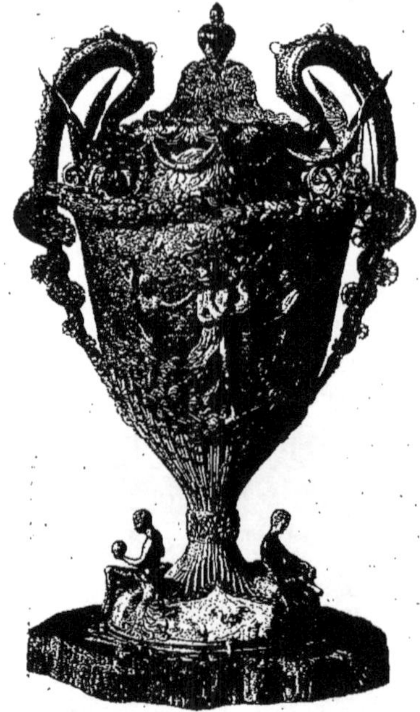

avaient maintenu les vieilles traditions dans leur installation d'un appartement composé de plusieurs pièces. On s'y perdait facilement dans les distinctions pas toujours très perceptibles des styles Élisabeth, Jacobéen, Sheraton, Chelsea, etc., mais on était captivé par le soin apporté aux moindres détails et par le souci minutieux du confortable. De pareils résultats, où l'art s'unit au sens pratique des aises, ne s'obtiennent pas sans des études très poussées et une fabrication d'un prix de revient fort élevé. Ces conceptions conviennent aussi à des climats de brume qui obligent à tenir les fenêtres closes; elles prendraient des airs d'emprisonnement aux pays du soleil.

Les porcelaineries de Doulton soutenaient aussi leur réputation, sans avoir rien changé à leurs formules, où les ailes de l'inspiration sont soigneusement

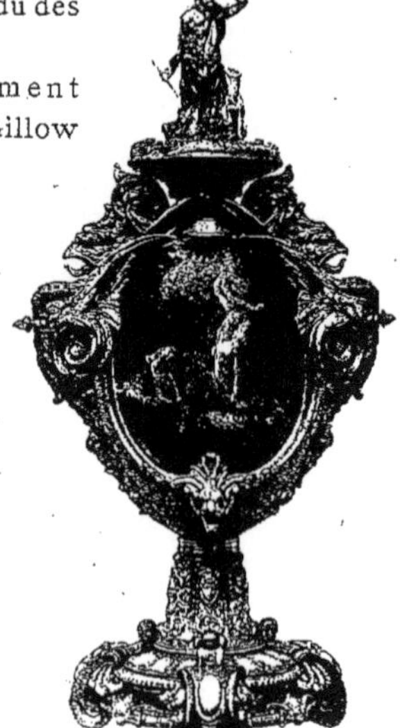

DIANA VASE
(Maison Doulton).

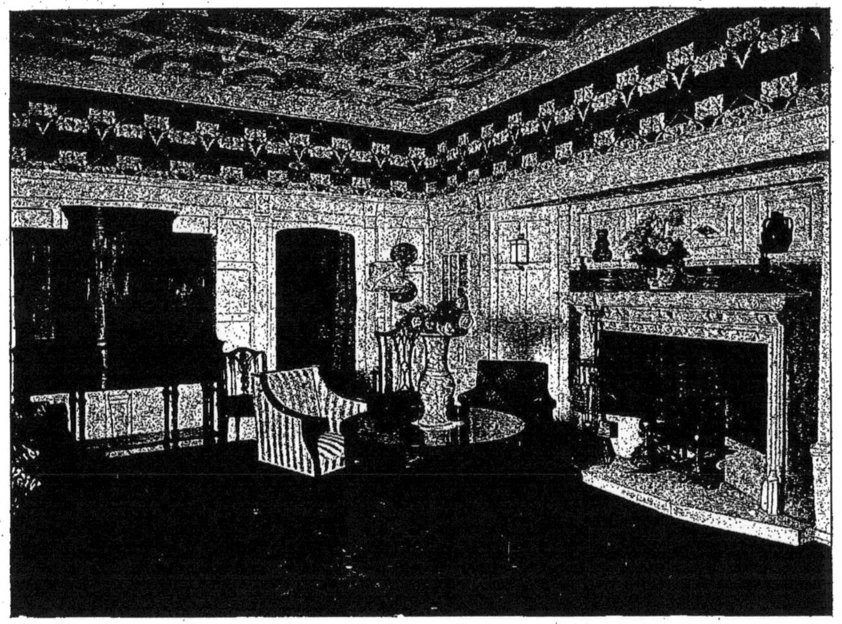

INTÉRIEUR ANGLAIS, DE WARING ET GILLOW

maintenues au niveau de la convention. Les tons y sont fondus et les con--
tours émoussés. Les précautions sont prises pour contenir l'art dans les limites
de la sagesse.

L'Italie ayant exposé dans son palais de la rue des Nations ses bronzes, ses
faïences et ses verres, présentait ici surtout des meubles. Nègres et négresses de
bois aux vêtements de clinquant, tenant en main hallebarde ou plateau ; — miroirs
qui sont des violons et glaces qui sont des harpes ; — guirlandes d'amours en bois
clair ; — consoles en tire-bouchon et piédestaux instables ; — sièges pour ne
point s'y asseoir ; tout ce que l'imagination peut enfanter de bizarre s'y était donné
rendez-vous.

Le gothique, la Renaissance, le XVIIIe siècle étaient mis à contribution pour
créer un style sans nom, tourmenté en volutes, en astragales, en serpentins, et le
bois ainsi sculpté, ce bon et honnête bois, devenait une matière irritée et méchante,
désireuse d'accrocher l'œil et de déchirer les vêtements.

Quelques marqueteries d'ivoire subsistaient convenables dans cet abandon
du goût d'autrefois sacrifié à une mode sans doute productive.

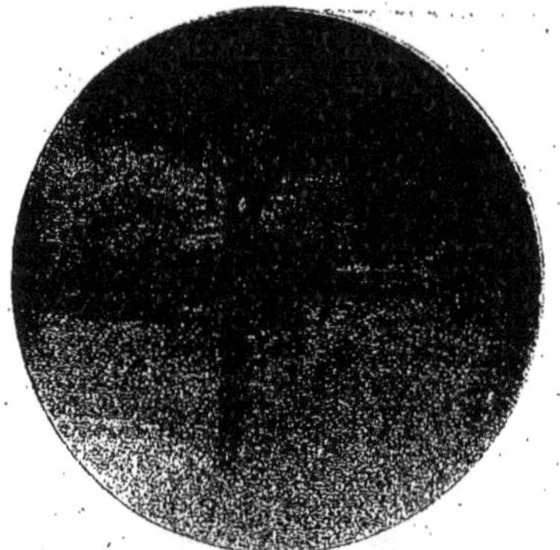

LEVER DE LUNE
(Manufacture royale de Copenhague).

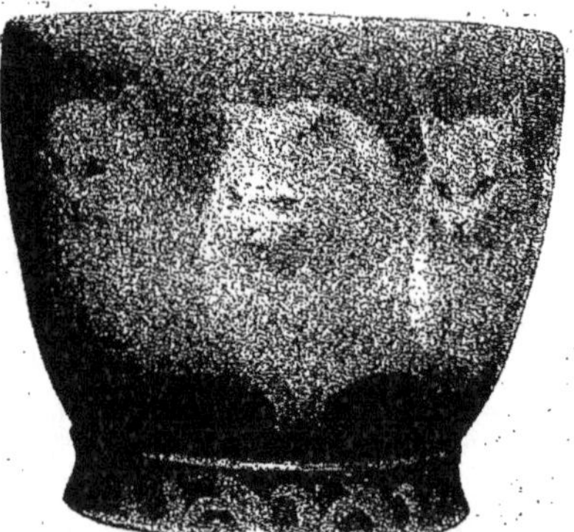

COUPE AUX CHATS
(Manufacture royale de Copenhague).

On vendait aussi beaucoup de statuettes fabriquées à la grosse, surtout à Florence, dans du carrare plus blanc que nature, poli et vernissé.

Aussi avec quel plaisir entrait-on dans le Danemark! Peu de chose, mais un art calme et

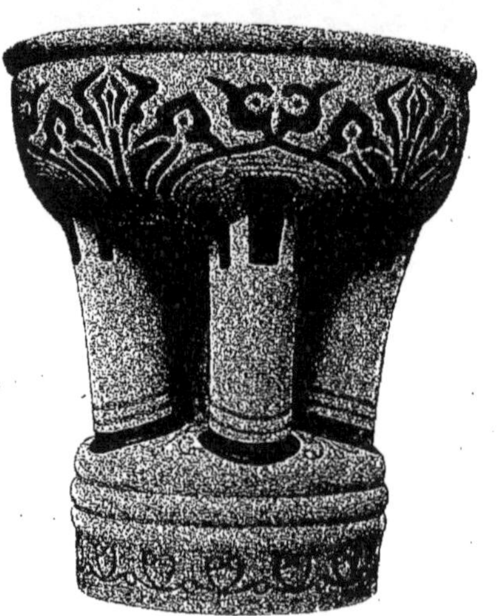

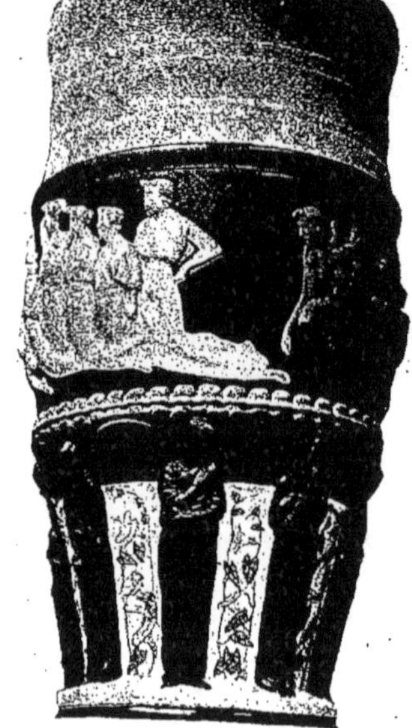

PORCELAINE DANOISE — (MM. Bing et Grondah).

pur. Le Musée d'Art décoratif de Copenhague offrait des meubles d'une simplicité

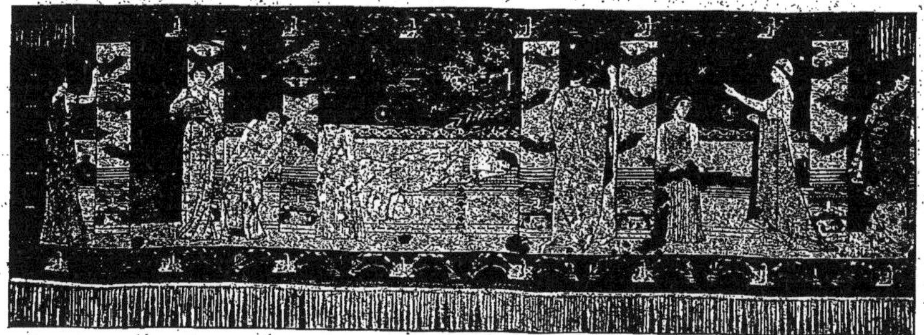

LES VIERGES SAGES ET LES VIERGES FOLLES, tapisserie norvégienne de Mme Frida Hansen.

touchante, la Société danoise du Livre montrait de jolies éditions et des reliures originales, mais les porcelaines captivaient l'attention.

Plats aux colorations de rêve, vases fuselés aux nuances laiteuses, lignes fines comme le grain de la pâte, objets délicats, doux à l'œil et aux doigts, la Manufacture royale n'en présentait pas un qui ne fût une petite merveille.

L'industrie privée s'en tenait à des produits plus solides sans être lourds, avec des ornements en relief et des tons chauds ; moins de grâce, plus de force ; un style se rapprochant de l'arabe quand l'autre rappelait le Japon, bien que les deux fussent personnels et appartinssent en propre aux pays du Nord.

Dans les galeries supérieures, la Suède et la Norvège, voisines mais séparées, toutes deux dans des cadres de bois joliment sculptés, verts pour la Suède, rouges et plus riches pour la Norvège, exposaient des porcelaines se rapprochant de celles du Danemark et des tapisseries sur lesquelles il convient de s'arrêter.

Sortant des écoles subventionnées officiellement par le Musée des Arts décoratifs de Trondhjem ou des fabriques particulières, ces tapisseries ont un style bien particulier. Elles procèdent par lignes droites et par aplats de couleurs franches sur des fonds pâles. L'effet obtenu, d'une naïveté moderne qui n'est point celle des primitifs, est original et artistique. Elles sont à double face, sans envers, d'un travail exclusivement à la main. L'emploi de laines de premier choix leur donne une douceur remarquable.

Dans les rideaux, des parties pleines sont reliées les unes aux autres par des cordonnets de laine produisant des ajours inattendus. La flore en est à la fois puissante et gracieuse.

On est toutefois étonné des prix très élevés, qui ne semblent pas en proportion avec la main-d'œuvre. C'est une critique sérieuse, car si des tapisseries à personnages sont des objets de luxe, on voudrait voir de simples tapis plus à la portée des bourses moyennes.

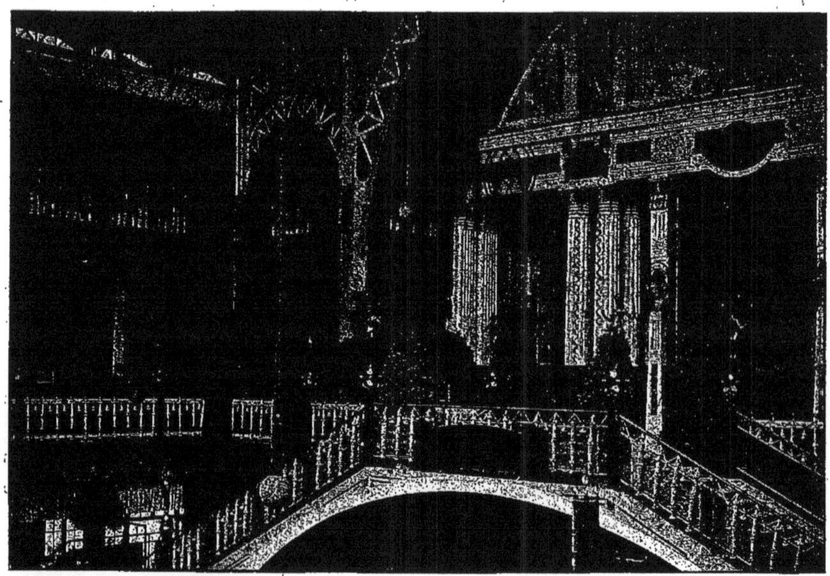

GRAND ESCALIER DE L'EXPOSITION AUTRICHIENNE

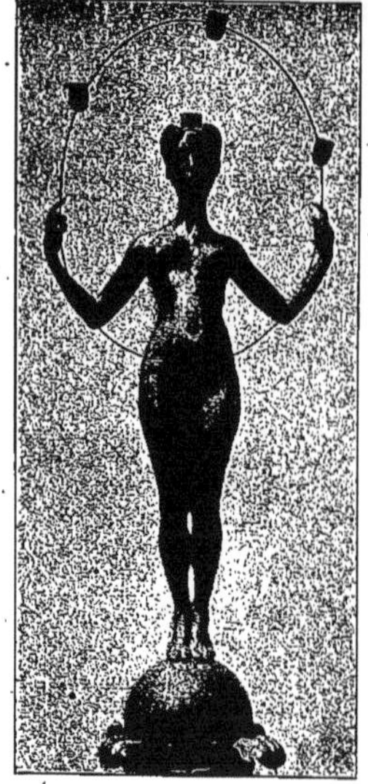

STATUETTES EN CUIVRE
REPOUSSÉ
décorant le grand escalier.

A côté, mais dans un style indiquant nettement le changement de race, l'Espagne présentait de petits bijoux or sur noir, dont les arabesques gracieuses étaient copiées sur les monuments laissés par les Maures.

L'exposition de l'Autriche était intéressante au plus haut point par son importance et son bon goût.

Ce fameux art nouveau, dont les formules ne sont pas encore assez définies pour permettre de lui donner un nom propre, mais qui se rencontre partout aujourd'hui, semble avoir pris naissance en Autriche. Il paraît être exclusivement enseigné par l'École et le Musée d'Art décoratif de Vienne, et ses applications se faisaient sentir dans toutes les branches de l'exposition autrichienne. L'ensemble de la décoration de la section, l'escalier avec ses tentures et ses statuettes de femmes en cuivre rouge, le salon impérial où le buste de François-Joseph Ier accueillait avec grâce les visiteurs, avaient été exécutés suivant les principes de l'école nouvelle.

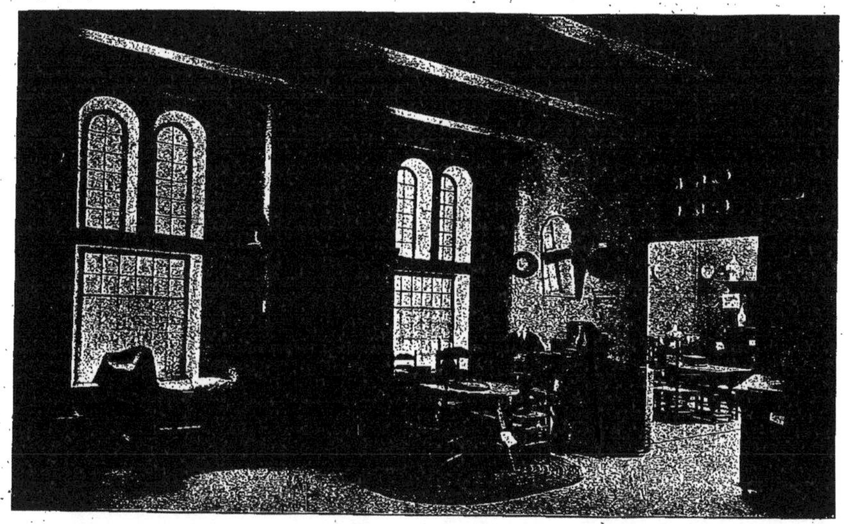

INTÉRIEUR NÉERLANDAIS

On a comparé les lignes sinueuses de ce style à d'inoffensives nouilles rendues furieuses par une imagination affolée. Sans doute l'excès y est fréquent et la stabilité souvent absente; mais la grâce s'y rencontre aussi avec l'imprévu. Quand il se sera assagi, il aura laissé de féconds principes d'indépendance artistique.

Les meubles d'un intérieur viennois exposés par les ouvriers d'art industriel de la ville étaient tout à fait élégants et prouvaient le bon parti que l'on peut tirer d'un art qui ne s'est pas d'ailleurs généralisé à tout l'empire, chacune de ses nombreuses nationalités ayant conservé ses tendances propres.

Ainsi un intérieur polonais montrait ses meubles et panneaux aux dessins creusés dans l'épaisseur du bois, dorés et rougis sur les tranches. Richesse plus apparente que réelle, éclat assez superficiel et confortable relatif.

La Chambre de commerce et d'industrie de Prague avait réuni dans un espace de 40 mètres carrés tous les éléments constitutifs d'un intérieur tchèque, en y faisant même entrer une chapelle. La note générale était rendue claire et gaie par les substances employées et la fabrication très soignée.

L'art décoratif de la Hongrie semblait s'affirmer entre un néo-byzantinisme et un néo-gothique, tous les deux trop chargés. La simplicité en est bannie et le contraste était frappant entre les deux expositions hongroise et autrichienne, voisines mais toujours distinctes. Bois sculptés et dorés sur toutes leurs faces, étoffes de brocart, émaux, verres eux-mêmes aux reflets rutilants, tout tendait à constituer, comme

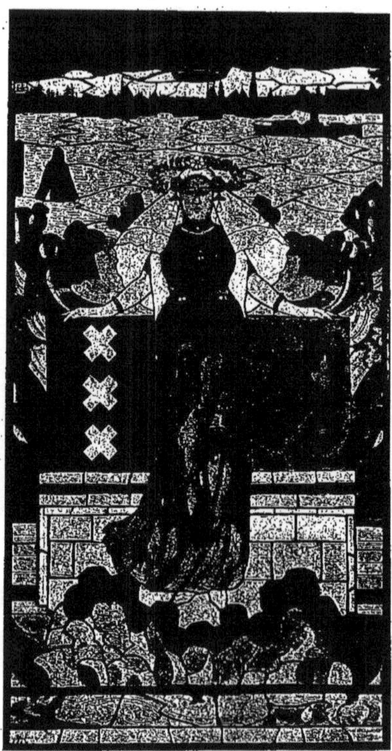

FRAGMENT DE REVÊTEMENT EN CÉRAMIQUE
(Joost, Thoft et Labouchère, à Delft).

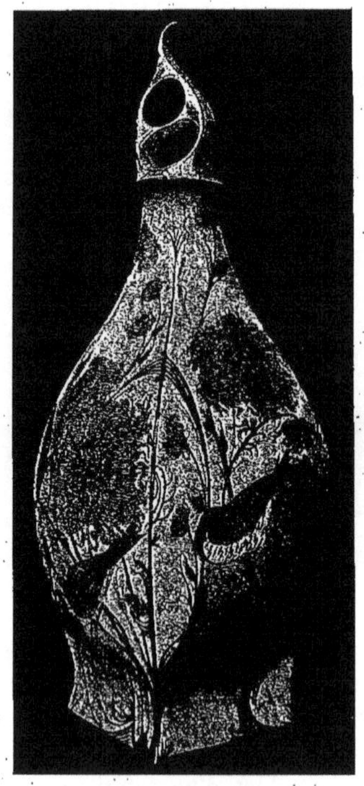

VASE FORME JAVA
(Rozenburg, La Haye).

dans la salle Saint-Étienne du nouveau palais royal de Budapest, par exemple, un décor d'opéra plutôt qu'une décoration reposée. Cette somptuosité est la conséquence de l'ardeur qui enfièvre la Hongrie; c'est comme un triomphe de bataille.

Les Pays-Bas avaient utilisé de façon très ingénieuse des locaux assez étroits. Un intérieur frison y montrait comment on peut se créer une atmosphère familiale de confort et de gaieté, à l'abri des brouillards extérieurs. Plus loin, une pratique disposition de meubles en chêne clair occupant tout un côté d'une pièce servant à la fois de salle à manger et de bibliothèque, offrait une égale hospitalité à la nourriture du corps et à celle de l'esprit.

On connaît les *colorations bleues* des faïences de Delft; elles sont moins fréquentes avec des bruns et surtout des gris dont on voyait d'admirables spécimens reproduisant des tableaux de Rembrandt. Une note d'art nouvelle était donnée par

une grande décoration murale · où des
carreaux vernissés encadraient de véritables tableaux en céramique mate du plus
surprenant effet. Une maison de La Haye
exposait des faïences aux couleurs sous
émail avec des formes imprévues inspirées
des pagodes de Java. La céramique néer-
landaise faisait ainsi honneur à son
antique renommée.

Le Japon exposait des laques, des

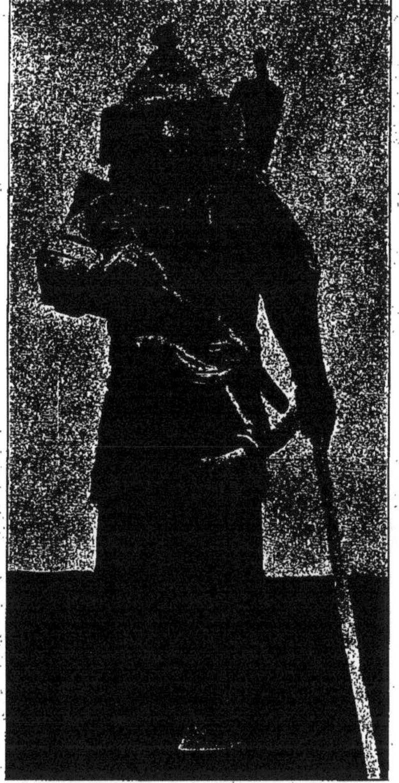

GUERRIER JAPONAIS EN IVOIRE SCULPTÉ

émaux cloisonnés, des bronzes, des ivoires
et une quantité prodigieuse de porcelaines
où toutes les formes, toutes les couleurs,
toutes les imaginations de la céramique
étaient représentées à l'infini.

Les connaisseurs croyaient remarquer
un léger affaiblissement des traditions du
passé et une préoccupation d'ordre com-
mercial primant le culte de l'art.

En admettant la disparition du chef-
d'œuvre d'antan, la généralisation d'un art

BRONZE JAPONAIS : COQ DE COMBAT

aussi fin n'en était pas moins faite pour surprendre. Le banal, le grossier, le commun sont choses inconnues chez ce peuple délicat; pas une faute de goût dans ces décorations dont le nombre et la variété défient toute description ; une liberté absolue de conception et d'exécution, et pas d'abus.

La Suisse terminait les sections étrangères. Dans un joli décor de bois sculpté, elle offrait presque exclusivement des montres modernes, triomphe de la division du travail; on aurait été heureux de voir auprès d'elles des montres de jadis, d'autant plus que la Suisse n'avait pas de palais officiel, comme les autres nations, pour y loger son exposition rétrospective et ses souvenirs nationaux.

Ainsi, à des degrés divers, mais chez tous les peuples, les manifestations de l'art occupaient une place prépondérante. Elles sont le meilleur témoignage de la civilisation présente et le plus sûr gage de l'avenir.

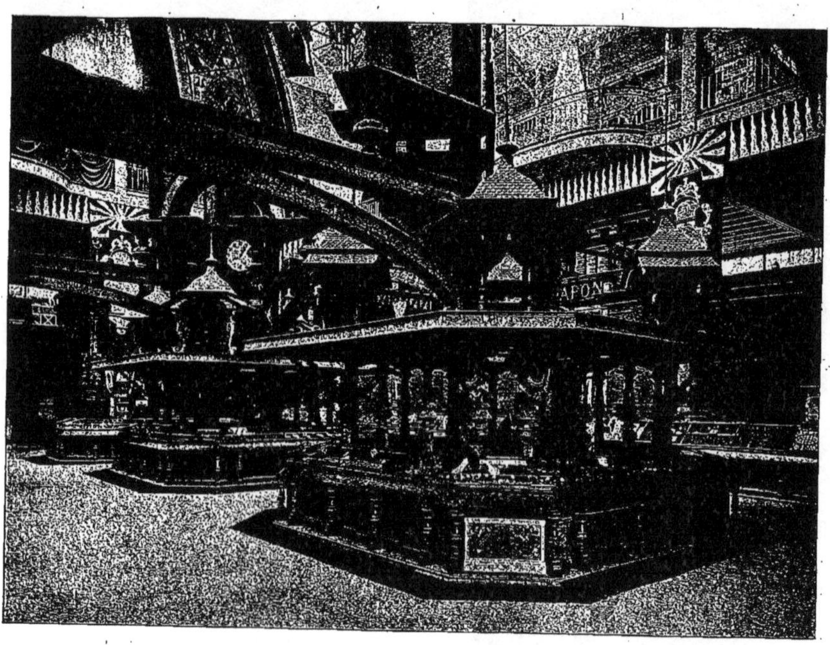

VUE D'ENSEMBLE DE L'EXPOSITION DE LA SUISSE

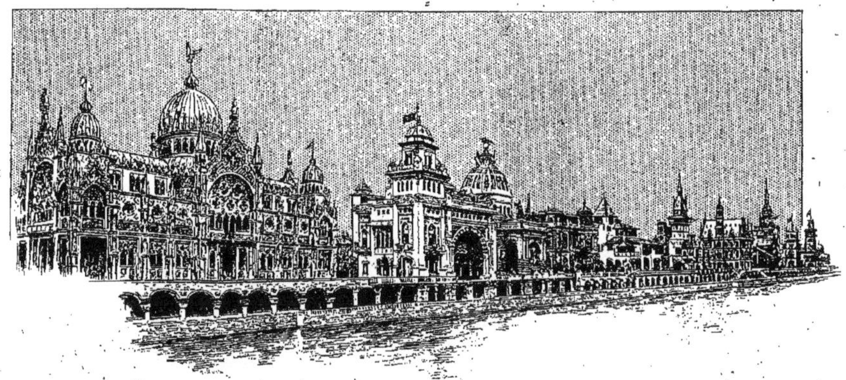

LA RUE DES NATIONS

La rue des Nations n'aura pas seulement été une incomparable réunion de palais où tous les styles se sont donné rendez-vous pour le plaisir des yeux ; elle demeurera une manifestation unanime et touchante du monde civilisé venant fêter sur les bords de la Seine l'étape marquée par le XIXᵉ siècle dans la marche du progrès.

La France a accueilli comme elle le devait les puissances qui ont répondu ainsi à son appel. Elle leur a donné le plus bel emplacement de l'Exposition ; elle s'est effacée devant elles, n'opposant à leurs palais que des serres où l'on cultive les fleurs. Pendant six mois les peuples ont vécu côte à côte dans le voisinage de leurs produits, de leurs habitudes, de leurs œuvres d'art et de leurs aspirations. Dans aucune Exposition la fusion ne fut aussi intime, ni le rapprochement aussi saisissant.

Il paraît impossible qu'il ne s'ensuive pas une œuvre de paix. Ce sera pour la France un rare honneur qu'elle ait pris naissance à Paris.

Les hypothèses d'importance des participations officielles basées sur les relations politiques avec la France ont été démenties par les faits. Ce fut une manifestation internationale de pleine indépendance sur un terrain neutre.

Quant aux merveilles accumulées sur le quai d'Orsay à jamais fameux, à la variété des enseignements aimablement présentés, à la prestigieuse vision des façades sur la Seine, la pensée en conservera un ineffaçable souvenir.

Pour visiter ce pays idéal, nous entrerons par la porte du pont des Invalides et nous descendrons le cours du fleuve.

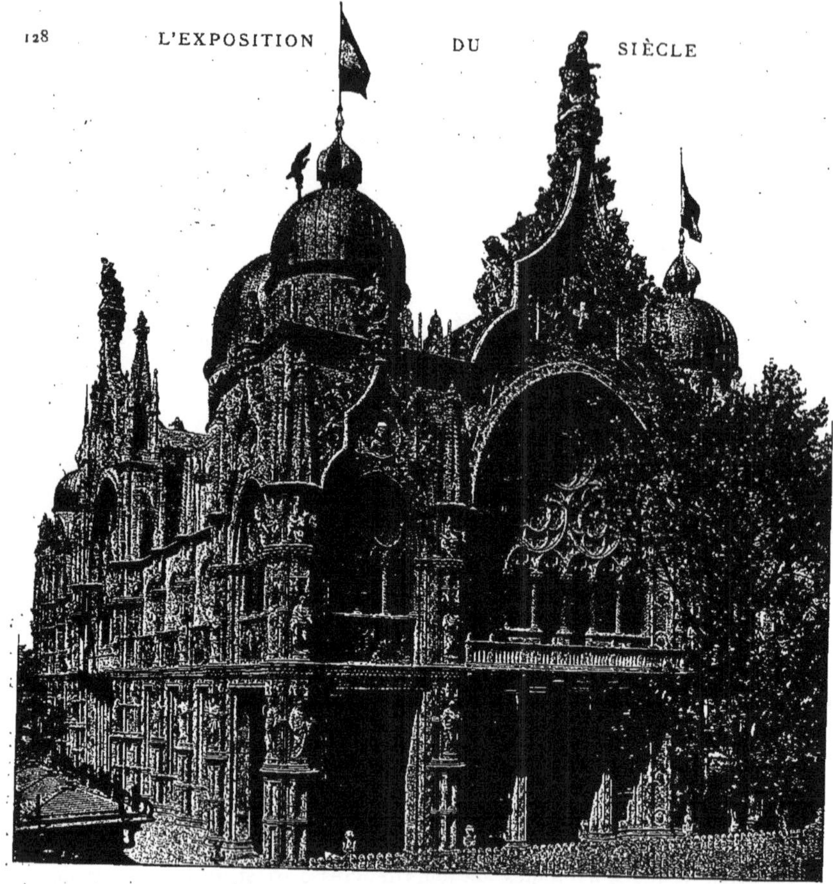

LE PALAIS DE L'ITALIE

Le premier palais, ouvrant magnifiquement la voie, était celui de l'Italie, édifié
par MM. Cepi, Gilodi et Salvadori, dans le style gothique de transition, qui n'a laissé
que de rares monuments dans la péninsule avant l'épanouissement de la Renaissance.

Ce palais reproduisait sur chacune de ses façades la porte della Carta qui ouvre
sur l'escalier des Géants du palais des Doges de Venise. Les dômes dorés étaient ceux
de Saint-Marc. Les innombrables statues avaient été moulées sur les chefs-d'œuvre
de la même époque. Il couvrait une superficie de 25 ares, et l'aigle du sommet prenait
son vol à 46 mètres du sol.

Cette ampleur n'empêchait pas toutes les surfaces d'être littéralement couvertes
de sculptures délicates, fouillées dans le staff comme elles l'auraient été dans la

pierre du xvᵉ siècle et peintes à la mode vénitienne. L'immense édifice apparaissait tout entier comme une châsse d'orfèvrerie.

A l'intérieur, le loyalisme italien s'affirmait par les portraits en pied du roi et de la reine, du prince et de la princesse de Naples. Un crime odieux devait bientôt voiler d'un crêpe la première toile.

Les objets exposés ne se montraient pas à la hauteur du cadre. Des faïences et encore des faïences, des verres et des verroteries, des cuivres et de petits bronzes, le tout dans une forme tourmentée avec des couleurs criardes. Exposées avec une pareille solennité sous l'œil des souverains, ces marchandises affirmaient malencontreusement les tendances actuelles de l'art décoratif italien oublieux de son passé.

Une galerie de premier étage contournant le palais contenait les expositions des écoles d'art et d'industrie et des plans de travaux publics. La splendeur du local les faisait paraître moins intéressantes qu'elles ne l'étaient en réalité.

Le pavillon ottoman était de proportions colossales, avec quatre étages intérieurs et une terrasse supérieure de 700 mètres carrés. Son architecte, M. René Dubuisson, s'était inspiré des parties essentielles des plus beaux monuments de Constantinople, en particulier de la mosquée Suleyman, du milieu du xviiᵉ siècle, considérée comme l'apogée du style turc. Son grand arc sur la Seine, emprunté à la mosquée de Caït-Bey, s'élevait à 20 mètres de hauteur.

Si le temps l'eût permis, l'aspect uniformément blanc du monument eût été réchauffé de céramiques multicolores ; l'impression n'en était pas moins majestueuse.

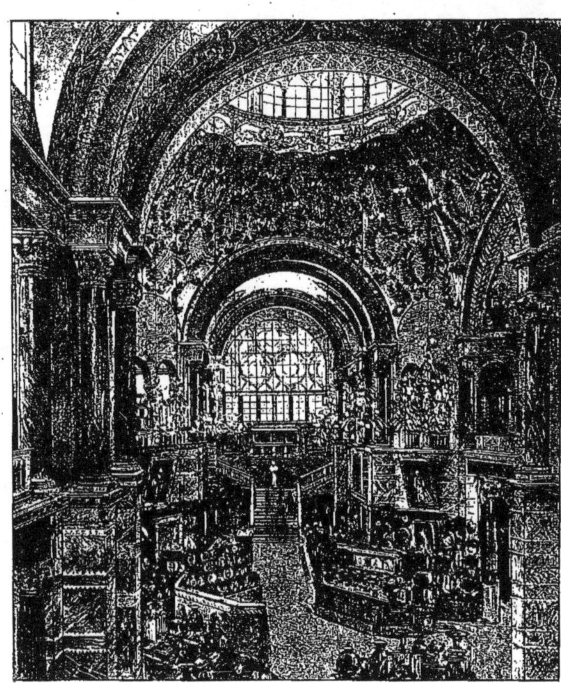

INTÉRIEUR DU PALAIS DE L'ITALIE

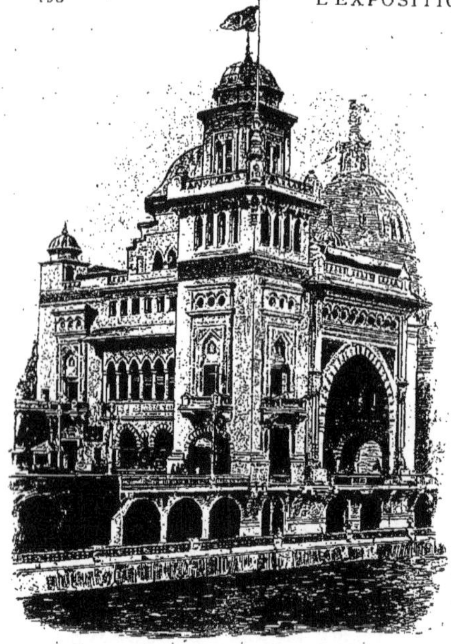

PAVILLON OTTOMAN

Si le spectacle du Karagheuz avait été interdit — il eût cependant fait recette ! — d'affreuses danses du ventre représentaient l'art dramatique turc.

Dans une atmosphère d'essence de roses et de pastilles du sérail, des Levantins d'une familiarité désagréable sollicitaient les passants avec insistance. Toute retenue était bannie de ce palais abandonné de tout contrôle, tombeau géant de l'Islam dépaysé au milieu de la civilisation européenne.

Des caïques du Bosphore devaient se mêler à des gondoles de Venise et aux barques de toutes formes pour sillonner le bassin des fêtes. La prudence fit abandonner ce projet, mais on aurait pu amener les embarcations du pays au

Il fallait s'en tenir à l'apparence. Après avoir accordé des crédits importants pour la construction du pavillon et pour les frais d'une illumination qui comptait parmi les plus somptueuses, le Sultan s'en était tenu là. L'intérieur du palais était livré aux marchands.

Les armes et les beaux costumes que le musée des Janissaires devait envoyer avaient été remplacés par des tapis et des objets de camelots. On lisait bien « Salon officiel », « Salon d'honneur », mais ces salles sans décoration n'étaient que des bazars. Une reconstitution de Jérusalem et des environs n'était qu'une plaisanterie inconvenante pour les lieux saints.

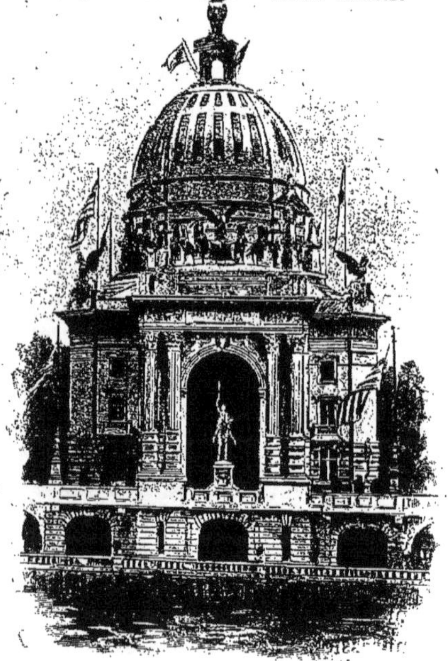

PAVILLON DES ÉTATS-UNIS

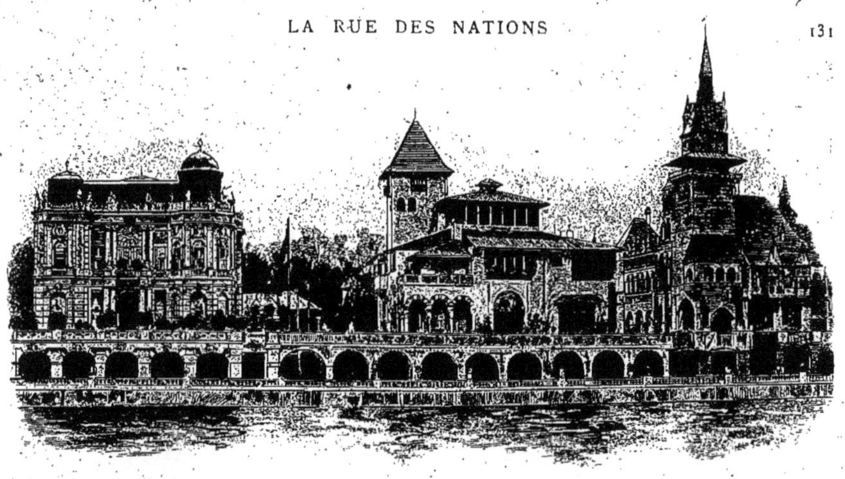

LES TROIS PALAIS DE L'AUTRICHE-HONGRIE

pied de chaque pavillon, d'autant mieux que les bateaux parisiens ne longeaient point cette partie des quais.

Bien que de principes architecturaux fort différents, puisqu'il relevait à la fois de Bramante et de Mansart, le pavillon des États-Unis devait sans doute à son uniforme blancheur un air de ressemblance avec le palais ottoman.

Faut-il dire qu'il existait d'autres similitudes à l'intérieur et comment deux races aussi opposées se sont rencontrées dans le même dédain de donner une bonne opinion d'elles-mêmes?

Il serait cruel, en constatant que le pavillon américain était tout simplement une sorte de club public où les nationaux pouvaient se reposer et écrire leur correspondance, de rappeler les paroles prononcées au début par M. le commissaire général adjoint : « Nous nous efforcerons de montrer ce que nous avons de meilleur dans toute l'étendue de notre pays. »

A défaut de reliques d'un passé glorieux mais trop récent, les Américains auraient pu mettre en pratique le mot d'un maréchal de l'Empire : « C'est nous qui sommes les ancêtres. » Ils auraient magnifié leur activité en produisant la synthèse de ses résultats.

Ils ne l'ont fait ni dans leur pavillon, ni ailleurs. Si bien que l'Europe, peu habituée à leur modestie et qui s'attendait à recevoir d'eux au moins la monnaie de son concours à Chicago, s'est demandé s'ils en auraient été bien capables et si le fin de leur art ne se résume pas aujourd'hui dans la création de *trusts* accapareurs.

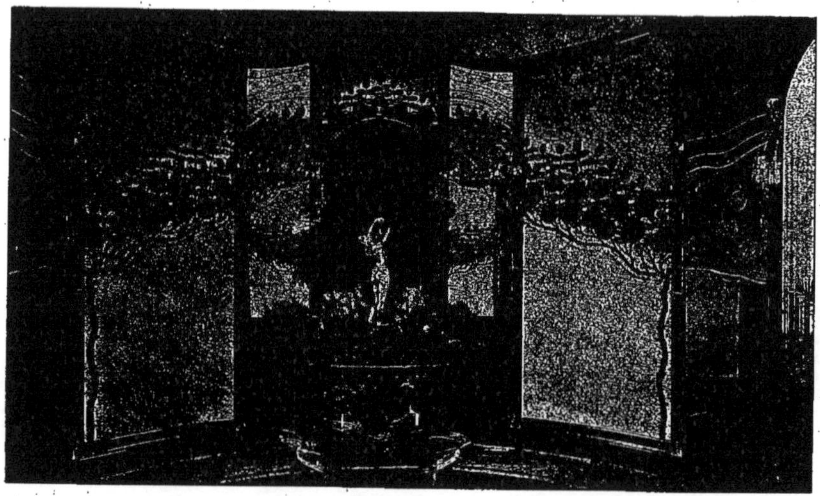

DÉCORATION D'UN SALON DU REZ-DE-CHAUSSÉE DU PALAIS DE L'AUTRICHE
(La guirlande murale formée de feuillages et de ballons rouges en étoffes appliquées).

Le quadrige d'or qui couronnait le portique triomphal élevé sur la Seine représentait la Liberté sur le char du Progrès ; la statue équestre de George Washington évoquait le souvenir des luttes héroïques. Pour la véritable gloire des États-Unis, une autre allégorie aurait dû symboliser le souci de la grandeur morale et la recherche constante de la vérité.

Des crédits consacrés par les puissances étrangères à l'Exposition, ceux de l'empire austro-hongrois étaient les plus élevés (7.500.000 francs pour l'Autriche et 2.500.000 francs pour la Hongrie). Trois beaux palais se succédaient, très différents les uns des autres.

Celui de l'Autriche, dû à l'architecte Baumann, était construit dans le style barocco si en faveur pendant le XVIIIᵉ siècle, et ses motifs empruntés à la Hofburg,

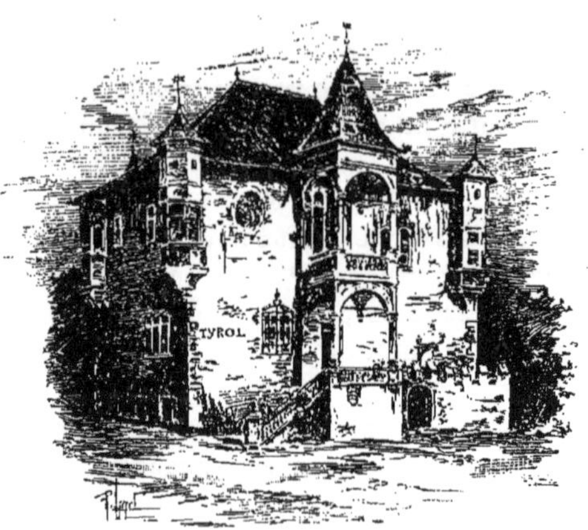

CHATEAU TYROLIEN (AU CHAMP DE MARS)

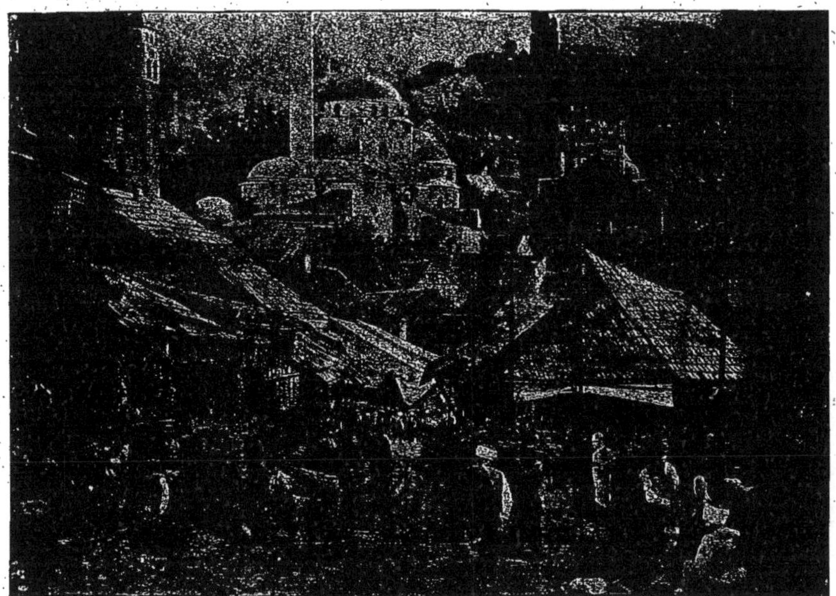

VUE PANORAMIQUE DE SARAJEVO, DANS LE PAVILLON DE LA BOSNIE-HERZÉGOVINE.

palais impérial de Vienne. Il abritait des installations d'art décoratif où le style nouveau trouvait une consécration officielle d'autant plus caractéristique qu'un de ces salons poussait jusqu'à l'outrance la fantaisie des lignes.

Un autre, tout en acajou avec ornementations en bronze doré mat, était du plus riche effet. Il contenait un curieux tableau de Jules Schmid représentant une soirée en l'honneur de Schubert.

Au premier étage, auquel conduisait un monumental escalier, d'anciens tableaux de Canaletto Belotti, donnant des vues des châteaux impériaux au siècle dernier, et des peintures modernes choisies parmi les plus originales, complétaient l'exposition du Grand Palais des Champs-Élysées.

L'Autriche, qui exposait avec succès dans presque toutes les classes, avait voulu donner à son palais une note exclusivement artistique.

Le fidèle Tyrol, berceau de la maison de Habsbourg, avait voulu élever aussi un pavillon. La place manquant dans la rue des Nations, il l'avait construit au pied de la tour Eiffel, sur le modèle courant des petits châteaux de la vallée d'Eppan.

Ses salles reproduisaient la chambre des princes dans le style Renaissance

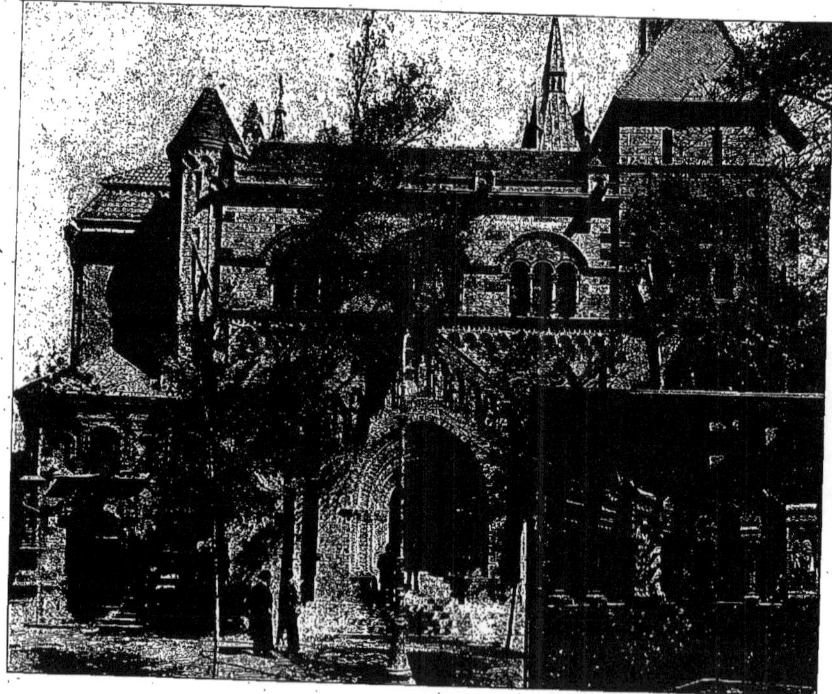

FAÇADE DU PALAIS DE LA HONGRIE SUR LA RUE DES NATIONS ET CLOITRE INTÉRIEUR

du château de Velthurns et une salle gothique de celui de Reiffenstein. Ces intérieurs avaient été exécutés dans les ateliers des écoles professionnelles et servaient d'exposition aux industries locales de bois découpé et de peinture sur verre. Une jolie enseigne en fer forgé « à la Grappe de raisin » invitait à la dégustation des vins du Tyrol, généreux et frais, qui se débitaient dans une taverne rustique du rez-de-chaussée.

L'ensemble était patriarcal et familier comme l'est demeuré ce beau pays.

Le pavillon de la Bosnie-Herzégovine reproduisait une demeure seigneuriale de la contrée, avec le donjon des antiques luttes contre les fréquentes invasions, les fenêtres treillissées du haremlik, les moucharabis rappelant le voisinage de l'Orient. Des plantes grimpaient le long des murs crépis à blanc et se mariaient avec les charpentes colorées.

Une salle unique occupait tout le rez-de-chaussée, entourée de frises où l'art de

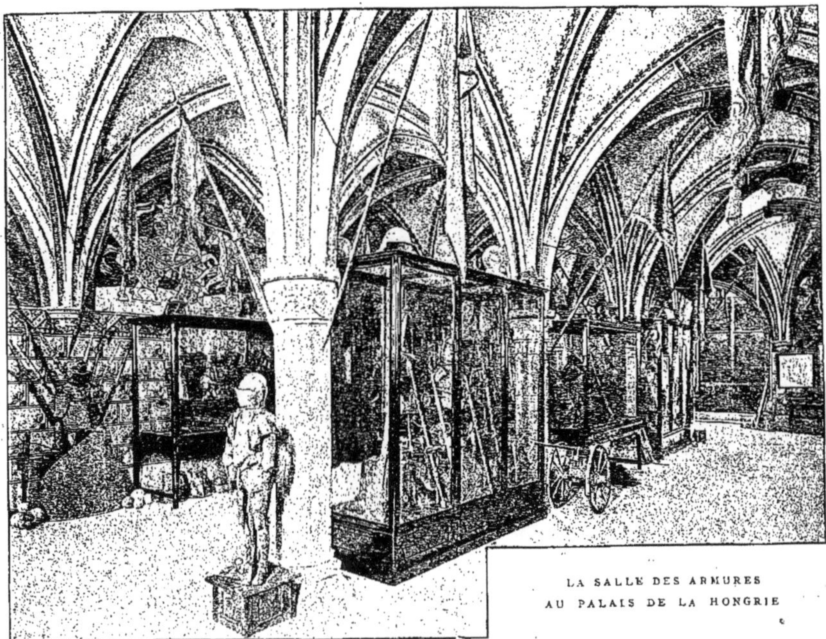

Mucha avait retracé l'histoire symbolique du pays. Elle se continuait en profondeur par une vue animée de la capitale, Sarajevo. Des mannequins situés au premier plan se confondaient avec la foule peinte et donnaient l'illusion de la vie. Des femmes réelles dévidaient de la soie et tissaient des tapis. On éprouvait la sensation imprévue d'une chose lointaine subitement rapprochée.

Au premier étage, les produits agricoles, céréales, vins, cidres, noix et amandes énormes, pruneaux d'aspect savoureux, témoignaient de la variété des cultures. Et surtout apparaissait, pour mettre en valeur ces contrées récemment annexées, l'effort d'un Gouvernement-Providence.

Chemins de fer, aménagement des eaux, écoles d'agriculture, plantations modèles, tout était prodigué par une Administration intelligente qui a semé pour récolter au centuple.

L'antique Hongrie, boulevard de la chrétienté contre les Turcs, avait édifié un admirable palais, symbole de son histoire tourmentée.

Pendant dix siècles le peuple magyar soutint des luttes continuelles qui trempèrent son âme d'énergie. Depuis peu d'années seulement, il jouit d'une paix qu'il a su mettre à profit.

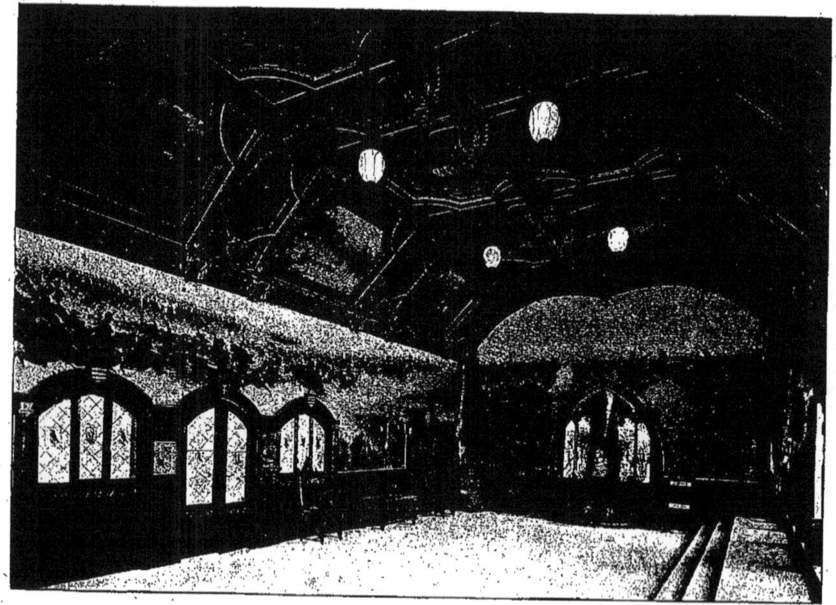

LA SALLE DES HUSSARDS DU PALAIS DE LA HONGRIE, AU 1er ÉTAGE SUR LE QUAI

Tous les styles voisinaient dans son palais, sans transitions inutiles mais juxtaposés de façon à produire un ensemble étrangement harmonieux, faisant le plus grand honneur à ses architectes Balint et Jambor.

Le beau portail d'entrée sur la rue reproduisait celui de l'abbaye romane de Jaak, la tour de 40 mètres aux puissantes assises était empruntée à la chapelle d'un château fort, la façade gothique sur la Seine était prise du château de Vajda-Hunyad, les crénelures plus modernes de la maison de Rakocsy se voyaient sur une des faces latérales. Ainsi les temps héroïques revivaient sur la pierre. Le plâtre de la construction avait été comme bruni par la poussière des siècles.

Pour meubler l'intérieur de son palais, la Hongrie n'avait pas hésité à se démunir de vénérables reliques d'une valeur inestimable et que rien, en cas d'accident, n'aurait pu remplacer. Dès le porche franchi on était en plein moyen âge. Le tombeau d'un Hongrois païen du IXe siècle voisinait avec le sarcophage de saint Siméon ; un casque d'évêque guerrier était proche de l'épée de Mathias Corvin ; toute une série d'armes et d'équipements conduisait des Huns jusqu'au XVe siècle ; des monnaies aussi partaient de saint Étienne jusqu'à l'époque contemporaine.

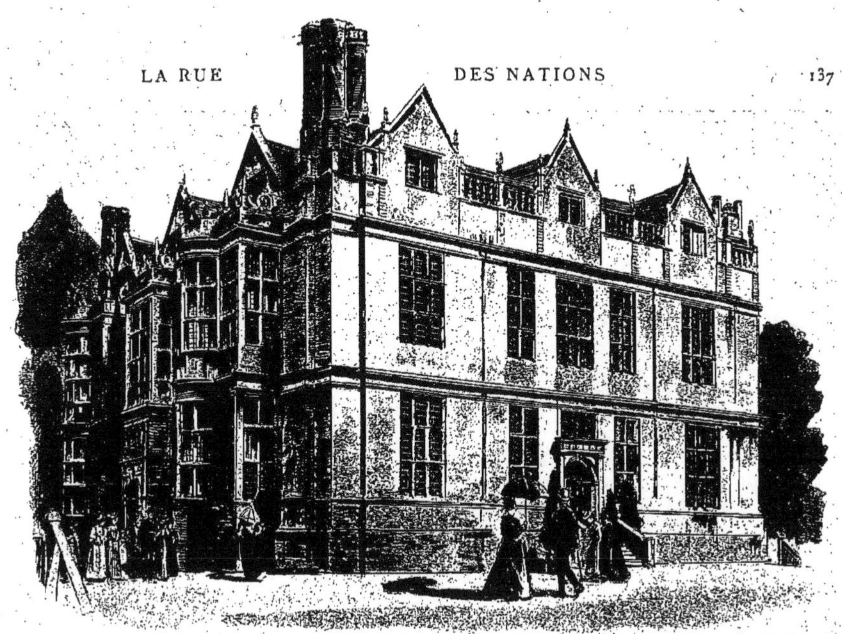

À côté de cet attirail guerrier, les simples appareils des pâtres et des pêcheurs remplissaient une petite salle.

La grande salle des chevaliers du château de Vajda-Hunyad, dont les piliers du xvᵉ siècle soutenaient l'entre-croisement des voûtes ogivales, contenait une collection d'armes dont l'intérêt se doublait par la sensation qu'elles avaient vaillamment combattu.

Au premier étage, et pour citer peu parmi tant de choses, se voyaient douze codes de la Bibliothèque que Mathias Corvin avait créée à Bude et qui était estimée à dix mille volumes. Telles ont été les vicissitudes des guerres et des pillages, que la nation hongroise, malgré son zèle pieux à les recueillir, n'en possède plus aujourd'hui que trente-cinq.

L'archevêque de Zagrab, métropole de la Croatie et Slavonie, avait prêté les cinquante pièces du trésor de sa cathédrale. D'autres étaient venues de toutes les parties du royaume. La richesse de cette antique orfèvrerie religieuse et des vêtements sacerdotaux défiait toute description.

Mais il faut se hâter dans cet incomparable musée, pour arriver à la grande *salle des Hussards*, consacrée à la glorification du cavalier hongrois qui a donné son nom à des régiments de toutes les armées du monde.

Leurs chevauchées à travers les siècles étaient figurées sur une immense

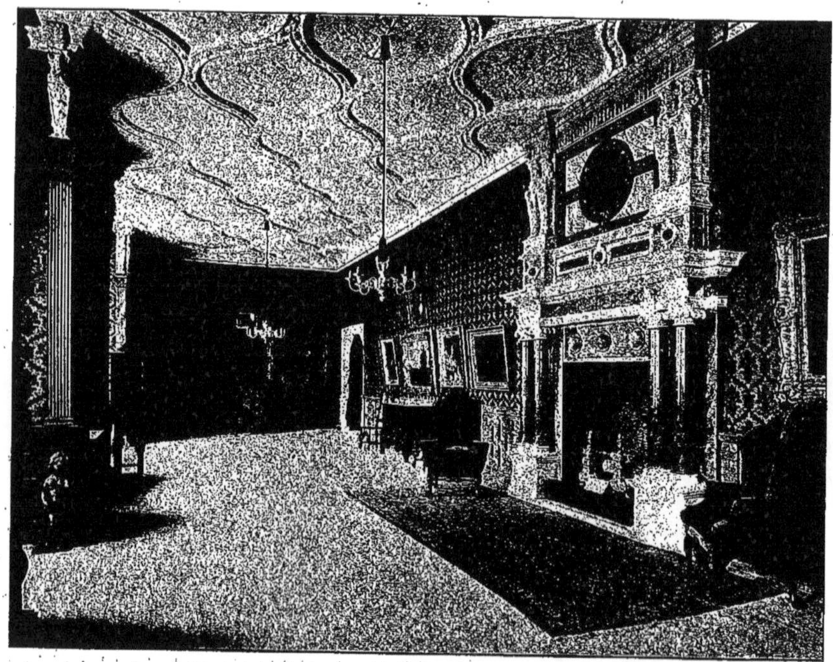

GRANDE GALERIE AU PREMIER ÉTAGE DU PAVILLON DE LA GRANDE-BRETAGNE

toile de Paul Vago. Ils y défilaient au train de charge, superbes d'élan et d'enthousiasme, devant les hussards des armées étrangères, ayant à leur tête Napoléon Ier, qui leur rendait hommage d'un salut.

L'Empereur avait éprouvé leur choc et connaissait leur vaillance. « Avec l'infanterie française, l'artillerie autrichienne et la cavalerie hongroise, disait-il, je conquiers le monde entier. » Peut-être n'était-il pas juste pour ses propres soldats, pour Murat en particulier, qui figurait parmi les dix-huit portraits de cavaliers célébrés dans la salle des Hussards.

Les Hongrois peuvent être fiers. Pour la première fois, jouissant enfin d'une autonomie si longtemps poursuivie, ils se mesuraient avec les autres nations sur le terrain pacifique d'une Exposition. Ils ont remporté une complète victoire.

Si les Anglais ont apporté en général peu d'entrain à leur exposition des diverses classes, il faut reconnaître la grandeur cossue de leur pavillon officiel. Ils avaient reconstitué dans ses lignes générales un de leurs plus typiques manoirs : Kingston house de Bradford-sur-Avon. La distribution intérieure était empruntée à ce château et à d'autres demeures historiques, notamment à Knole house, où se trouve la « Chambre d'argent de Jacques Ier », transportée ainsi à Paris.

Il faut citer les pièces de ce pavillon pour se rendre compte de la fidélité avec laquelle l'intérieur somptueux d'une grande habitation anglaise avait été reconstitué : hall d'entrée et dégagements, bibliothèque, salle à manger, grand et petit salon, escalier d'honneur, puis, au premier étage, une longue galerie, un cabinet chinois, une salle de bains et une série de chambres à coucher, le tout parfaitement distribué pour le confortable, en donnant à ce mot le sens qu'il a véritablement en Angleterre et qui est celui d'un haut luxe.

Ces vastes pièces avaient été transformées en un musée d'autant plus précieux que les

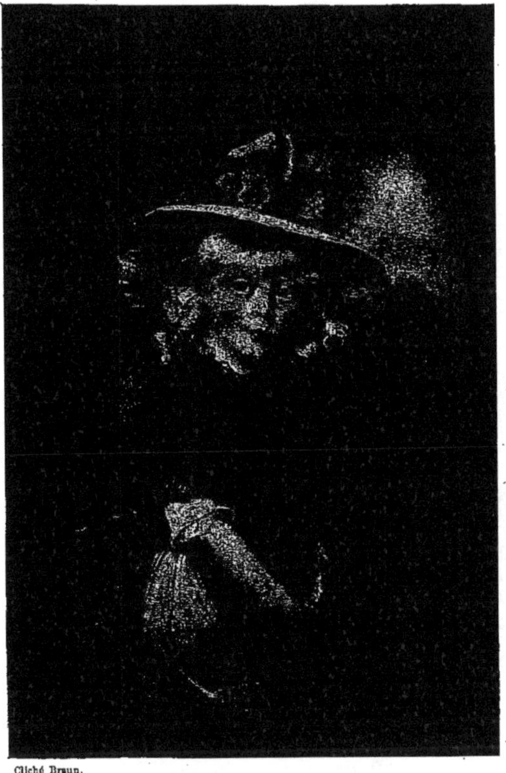

Cliché Braun.

HOPPNER : *La princesse Sophie*
(Exposé au pavillon de la Grande-Bretagne).

toiles qui y étaient suspendues, toutes des chefs-d'œuvre, sortaient en majorité de collections particulières, qu'on n'avait jamais eu l'occasion de les voir et qu'on ne les retrouvera sans doute plus jamais.

Reynolds, Hoppner, Gainsborough, Romney, Raeburn, Turner, Morland, Bonnington, Constable, Lawrence, Hogarth y figuraient avec des œuvres de premier ordre. C'était toute l'ancienne école anglaise, si savoureuse, d'un art si prenant. Surtout des portraits apparaissaient d'une élégance suprême, véritable aristocratie de l'art et des personnages.

Des tapisseries d'après Burne Jones étaient la seule et heureuse concession au goût moderne dans cet ensemble de fierté hautaine où s'affirmait posément la séculaire richesse britannique.

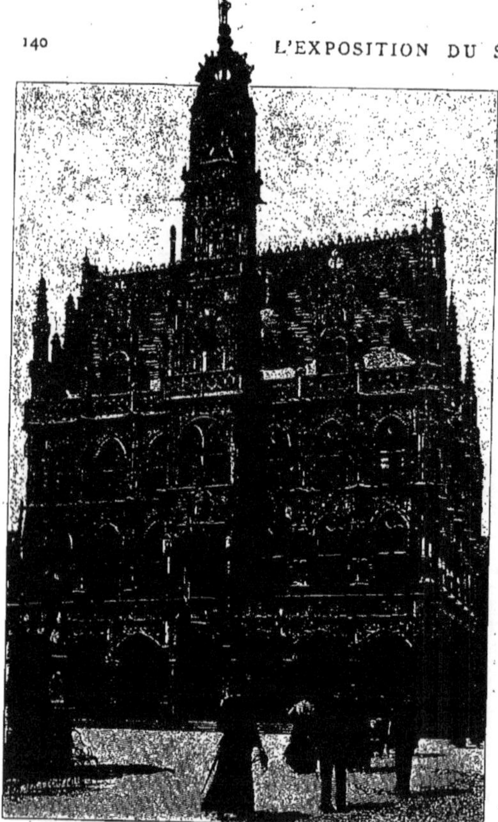

PAVILLON DE LA BELGIQUE
(Hôtel de Ville d'Audenarde).

Étrange puissance des choses de l'art, qui parlent plus éloquemment que tous les discours et qui, mieux que toutes les créations de leur génie industriel, découvrent l'âme d'un peuple dans ses profondeurs !

A peine franchi le seuil de cette demeure, la grandeur anglaise apparaissait dans ce qu'elle a de noble et d'indépendant.

Le calme reposé de ces salles à la fois magnifiques et familières faisait oublier son âpreté dans le combat pour la vie, et la Grande-Bretagne peut être reconnaissante à ceux qui ont édifié son pavillon.

Une heureuse rencontre de dimensions avait permis à la Belgique de transporter sur le quai d'Orsay, non pas une réduction ou un assemblage de motifs divers, mais en entier et dans sa véritable grandeur, l'hôtel de ville d'Audenarde. Les moulages en avaient été faits sur place et transportés à Paris. Le plâtre ayant reçu la couleur de la pierre, c'est le chef-d'œuvre même de l'architecte Van Peede, construit en 1527 dans le style ogival flamboyant, qu'il nous a été donné de contempler.

A l'intérieur on avait également reproduit la salle des Échevins de cette maison de ville, avec sa haute cheminée. Elle contenait des objets en petit nombre, mais bien choisis pour donner une idée générale de l'art flamand : des tapisseries, des coffres sculptés et peints d'origine espagnole, un tableau d'autel à cinq volets, une châsse de saint Antoine et saint Nicolas, un tableau de Rubens.

Une ingénieuse présentation des curiosités naturelles de la Belgique occupait les salles voûtées du rez-de-chaussée de ce monument unique en son genre dans la rue des Nations.

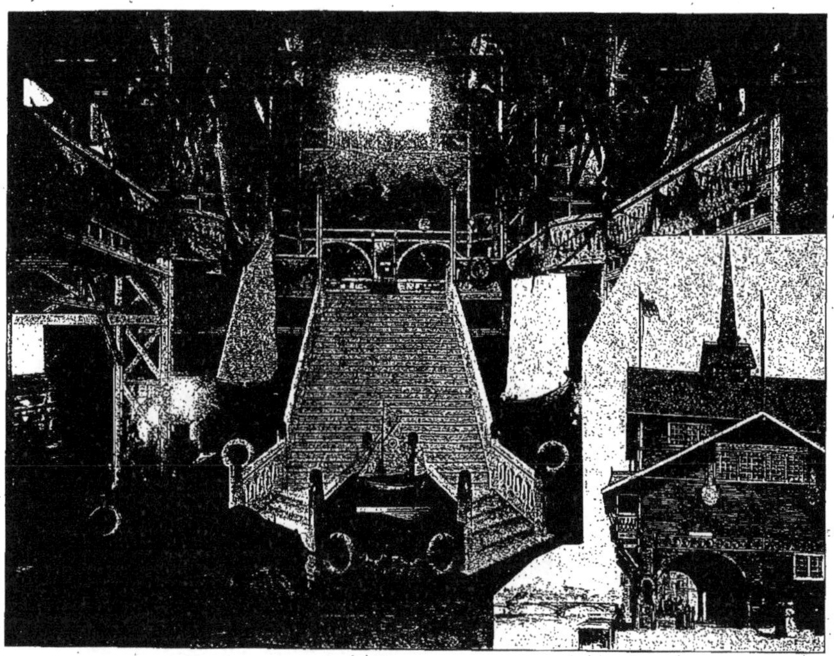

Le pavillon norvégien reproduisait le type des riches constructions rurales du pays. Il était recouvert de bardeaux, morceaux de sapin éclaté peints en ton rougeâtre. Des ornementations à entrelacs s'y découpaient en blanc.

L'intérieur était occupé par une salle unique, coupée d'une galerie de premier étage. De la toiture, semblable à une carène de vaisseau renversée, pendait un réseau de filets de pêche soutenus par des cordages.

La pêche y était représentée par ses instruments et ses produits. Des phoques et des cachalots naturalisés animaient des vues panoramiques de fjords. Des barques toutes gréées étaient figurées en maquettes précises. La vie norvégienne apparaissait avec cette activité étonnante qui fait marcher ce peuple à pas de géant.

Le clou était une vitrine contenant une reproduction du *Fram* et les objets mêmes dont Nansen s'était servi : ses patins, ses raquettes à neige, le petit fourneau où il faisait sa monotone cuisine, le sac de peau dans lequel il dormait ses interminables nuits. La pensée remontait à cette expédition du Pôle Nord où la volonté humaine s'est exprimée avec son maximum d'intensité.

Le symbolisme cher à l'Allemagne trouvait son expression suprême dans le pavillon impérial, construit par Johannes Radke, sur les inspirations mêmes de l'empereur. Avec sa flèche dominatrice, ses peintures allégoriques, ses dorures étincelantes, tout l'élancement d'un style inspiré de la transition du gothique à la Renaissance, il détachait fièrement sa haute silhouette, emblème de force et de prospérité.

À l'intérieur, la puissance protectrice affirmée au dehors se changeait en une courtoisie réelle

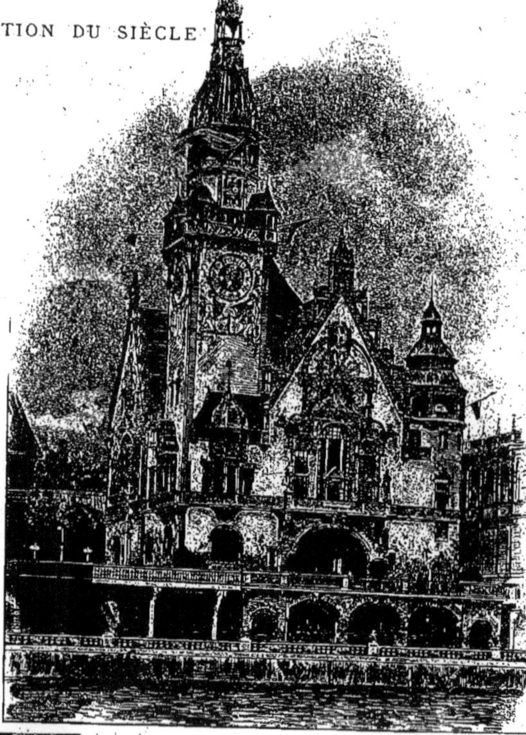

PAVILLON IMPÉRIAL DE L'ALLEMAGNE

et s'exprimait ainsi dans une notice explicative :

« Peut-on plus noblement contribuer à la grande fête pacifique de l'Exposition universelle qu'en rappelant par ce retour sur le passé la mémoire de ce que le peuple allemand doit, dans le domaine de l'art, à la nation voisine, et le souvenir de l'hommage rendu par le grand Frédéric, un des plus grands esprits de tous les temps, à la civilisation et à l'art français ? »

Ils étaient en effet tout à la grâce, ces salons reconstitués d'après les appartements de Frédéric le Grand à Potsdam et

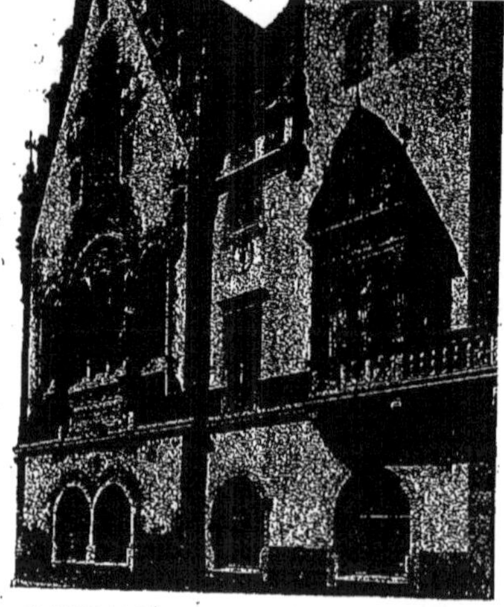

FAÇADE LATÉRALE DU PAVILLON IMPÉRIAL

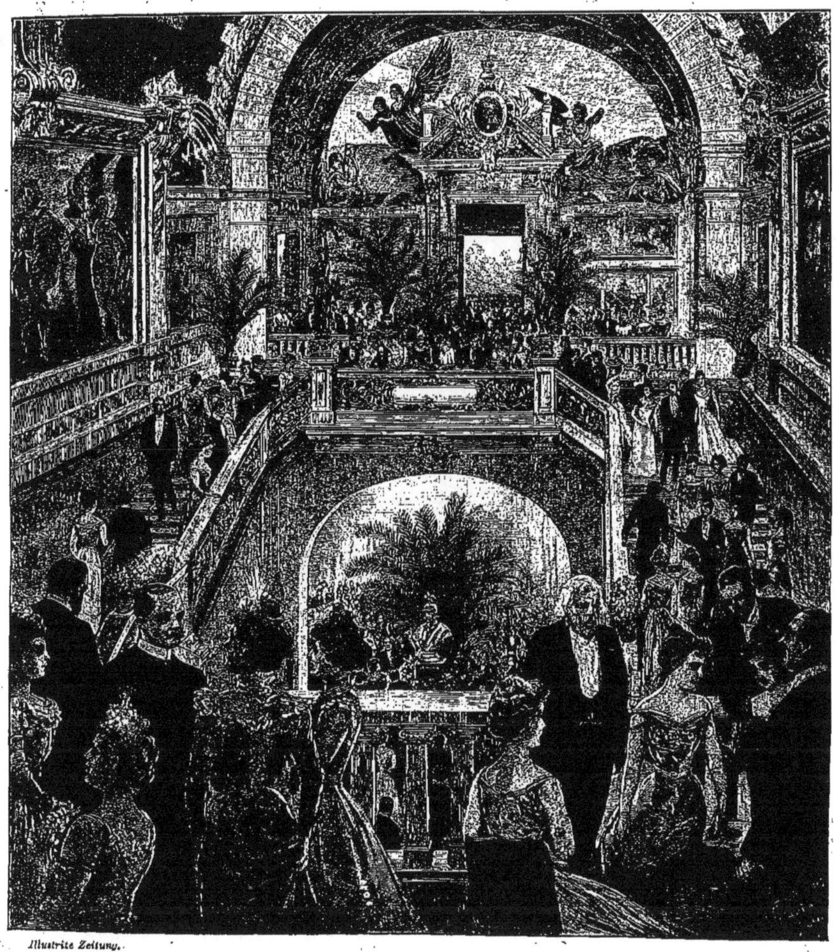

LE GRAND ESCALIER DU PAVILLON DE L'ALLEMAGNE LE JOUR DE SON INAUGURATION

à Sans-Souci. Notre XVIIIe siècle y revivait avec ses maîtres les plus charmants, Watteau, Lancret, Pater, Chardin, qui nous apparaissaient plus grands que jamais. Le buste de Voltaire, par Houdon, souriait dans les salons; des portraits en tapisserie des Gobelins représentaient Henri IV et Louis XVI; les meubles avaient été exécutés par les ébénistes de Louis XV. On était en France, au temps volontairement choisi des relations amicales. Ces belles choses jouaient leur rôle

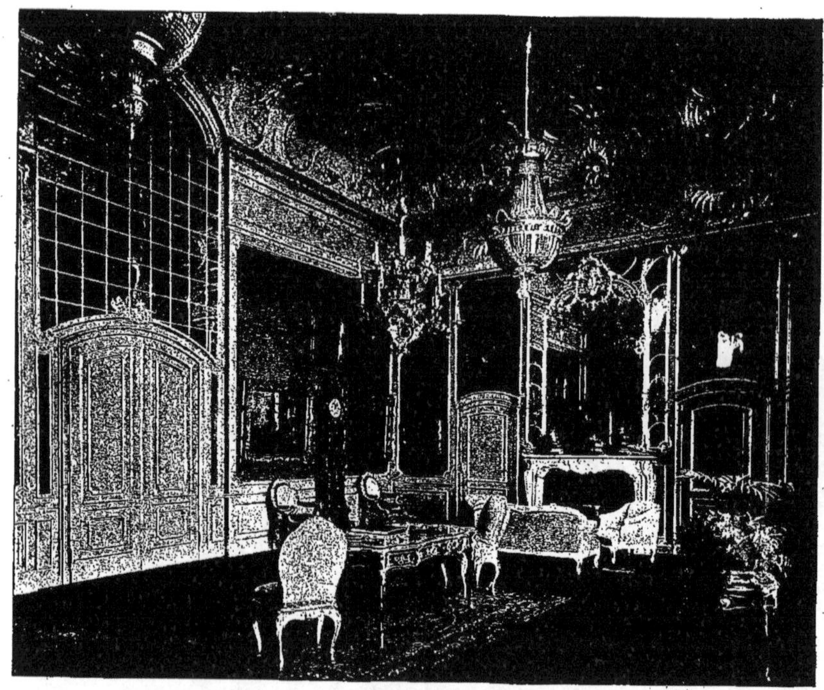

SALON DE FRÉDÉRIC LE GRAND A POTSDAM (Plafond d'après la chambre de musique de Sans-Souci).

de beauté; elles répandaient la joie et l'apaisement. Les salons contenaient aussi un mobilier exécuté en Allemagne. Notre style s'était en quelque sorte transposé en notes plus aiguës pour devenir le style dit rococo. L'argent, substitué à l'or pour la décoration des meubles et des boiseries, nous paraît rappeler les ornements funéraires. C'est une question d'habitude.

Deux choses avaient été non seulement jugées dignes de figurer dans le pavillon impérial à côté de ces richesses artistiques, mais conviées pour en rehausser l'éclat : les Œuvres de Salut social et l'Édition. Là encore le symbolisme s'affirmait et donnait une leçon de choses. Quoi de plus capable en effet d'aider à la grandeur d'une nation que le livre qui l'instruit et les institutions qui la moralisent!

L'introduction d'un important travail, consacré à ces œuvres sociales, disait que l'Allemagne est le pays où la loi couvre l'ouvrier de la protection la plus étendue; que l'État et les communes y ont reconnu l'obligation d'assurer un minimum d'existence aux pauvres incapables de travailler; que les institutions de bien-être

social ne doivent pas avoir un caractère de bienfaisance, mais celui de
l'auto-assistance. Il faut remarquer
que ce n'est point une brochure so-
cialiste, mais un document officiel
qui s'exprime ainsi.

Quant à l'Édition allemande, elle
méritait d'être à l'honneur en montrant, depuis ses ouvrages de haut
luxe jusqu'à ses petits volumes, de
ses estampes magistrales à ses cartes
postales, une perfection de fabrication générale, une pratique surprenante de toutes les applications des
procédés graphiques et la volonté
de se dégager de toute bibliophilie
étroite pour s'élever aux larges vul-
garisations de l'Art.

Le commissariat général allemand avait édité en trois langues
un ouvrage destiné à survivre à

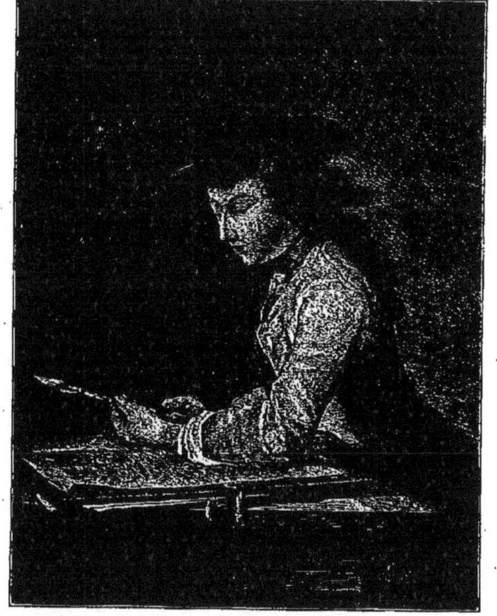

CHARDIN : *Le Dessinateur.*

tous les monuments de l'Exposition. Ce catalogue officiel de cinq cents pages,
imprimé et illustré avec
un goût parfait, exposait
par ses notices l'état
actuel de l'Allemagne.
Il dressait le bilan de
sa situation dans toutes
les branches de l'activité
humaine et disait : « L'Empire allemand offre, au
tournant du xix⁰ siècle, le
spectacle d'un État bien
ordonné qui se trouve
dans une période d'heu-
reux développement.
Contrastant singulière-
ment avec le déclin du
siècle précédent, qui fut

PATER : *Le Colin-Maillard.*

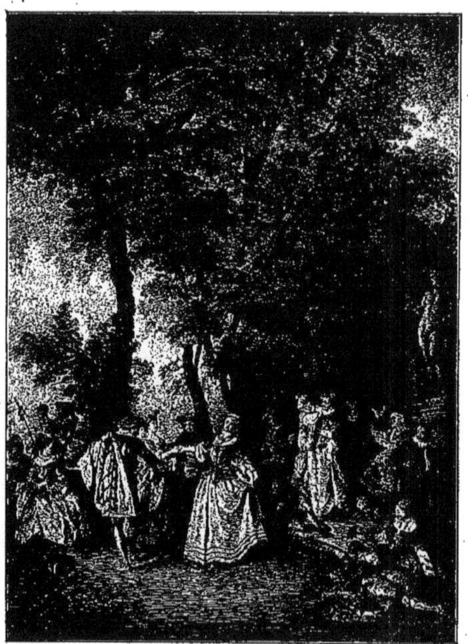

LANCRET : *Le Moulinet.*

témoin de l'écroulement des derniers pans d'un empire dix fois séculaire, l'année 1900 marque une étape importante sur la voie de la consolidation intérieure de l'État relevé et fort dans son unité reconquise. »

Ce document est assez important pour qu'on y insiste et pour citer cette conclusion de M. Ernest von Halle, où les grands noms de l'Allemagne sont évoqués avec un singulier éclectisme :

Le siècle au commencement duquel brillent Kant, Schiller, Gœthe et Beethoven, Stein et Scharnhorst, au milieu duquel se placent les deux Humboldt, Hauss et Liebig, Semper, Liszt et Ranke, Bismarck et Moltke, au déclin duquel figurent Helmholtz, Bunsen, Mommsen et Virchow, Friedrich Krupp et les Siemens, Richard Wagner et Brahms, Menzel et Lenbach, personnifiant tous les multiples courants vitaux de l'énergie intellectuelle allemande, un siècle si rempli laisse derrière lui un bien lourd héritage de tâches à remplir, de prétentions à satisfaire. Marcher sur la route tracée par ces défenseurs de la paix intérieure et extérieure, par ces champions de toutes les grandes causes civilisatrices, sociales et morales; tâcher de se maintenir digne d'eux dans un travail énergique et constant, commun ou parallèle avec celui des autres nations, telle est la grave, la haute mission qui s'impose à l'Empire allemand...

On remarquera la phrase : « commun ou parallèle avec celui des autres nations », expression d'une véritable courtoisie internationale.

Nous aussi nous pourrions mettre en ligne des noms illustres dans toutes les branches de l'entendement humain. Puissent nos dissentiments intérieurs ne pas venir troubler l'hymne de la civilisation où nous aurions le droit de conduire l'orchestre.

Après s'être appuyé sur des chiffres, le rapport concluait : « Le peuple allemand déborde d'une sève de jeunesse et a le droit de croire à la durée de sa juvénilité. »

Que peut-on reprendre à ces paroles mesurées? Le succès de l'Allemagne dans toutes les sections de l'Exposition en appuyait la justesse. La légitime satisfaction de sa puissance ne s'y exprime point de façon trop orgueilleuse. Toute expression agressive en est écartée avec le plus grand soin.

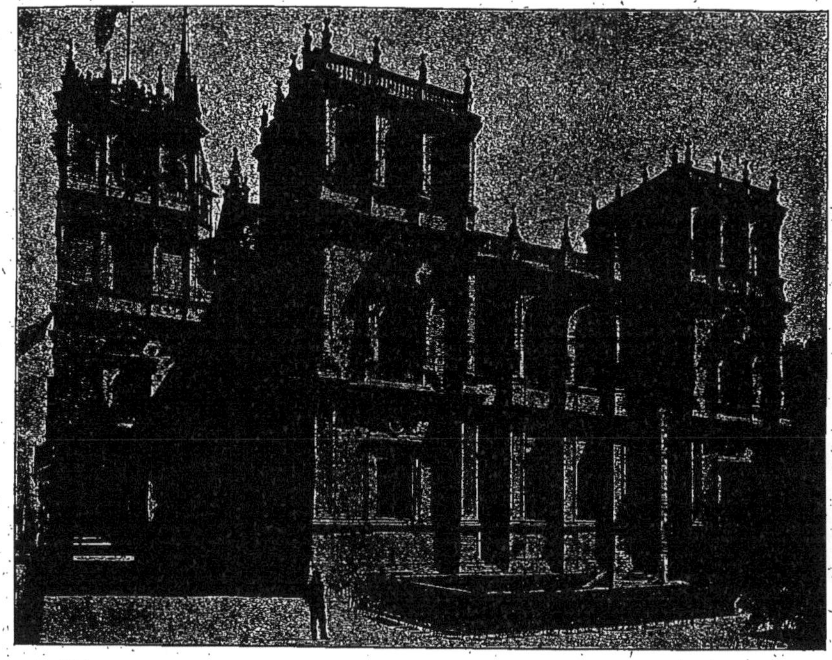

PAVILLON ROYAL DE L'ESPAGNE

La noble Espagne a voulu nous faire honneur. Elle a édifié un palais superbe. Pour le meubler, elle aurait pu demander à ses musées, à ses couvents, à ses châteaux quelques-uns des objets d'art qui s'y trouvent en plus grande quantité qu'en aucun autre pays et dont une réunion partielle faisait à Madrid, aux récentes fêtes du centenaire de Colomb, la stupéfaction des visiteurs.

S. M. la Reine régente a préféré prendre dans les nombreuses suites que possède la Couronne seulement trente-sept tapisseries. Elles ont suffi, par leur étourdissante splendeur, à produire une sensation d'art incomparable.

La puissance d'un Empire qui ne voyait pas le soleil se coucher sur ses États, les richesses accumulées par les découvertes et les conquêtes, les combats pour la délivrance du sol, la foi ardente et les sentiments chevaleresques, toute l'histoire de l'Espagne revivait dans ces tissus de laine, de soie et d'or. Les innombrables figures semblaient quitter les tentures pour peupler les vastes salles. Jamais le grand art de la tapisserie ne s'était élevé à un tel degré d'évocation.

Quelques armures seulement, mais chacune valant un trésor, et en particulier

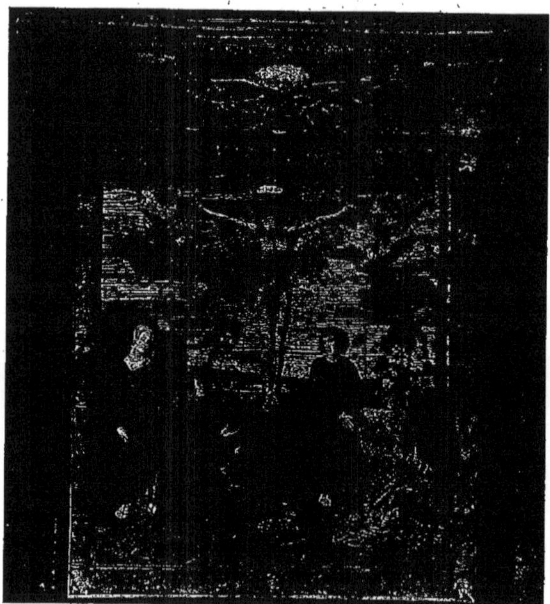

Tapisserie de soie, laine et or, par Pierre de Pannemaker, de Bruxelles,
d'après le carton de Quinten Matsys (1520).

celle de Boabdil, le dernier roi de Grenade.

Au milieu du patio du rez-de-chaussée, une fière effigie de Velasquez. C'était tout, mais combien cela suffisait !

Dans ce cadre sévère, une seule et touchante chose contemporaine : une petite plaque de marbre blanc où les portraits de la famille royale étaient sculptés en bas-relief. Ils s'abritaient sous le dais de Charles-Quint.

Quant au monument lui-même, son ensemble était d'une si parfaite harmonie qu'on le croyait la reproduction exacte d'un palais espagnol. Son architecte, M. Urioste y Velada, s'était cependant inspiré des types divers appartenant à la belle époque de la Renaissance espagnole, entre autres des Universités d'Alcala et de Salamanque et de l'Alcazar de Tolède.

Les murs de l'escalier monumental étaient formés de centaines de petits bosselages rectangulaires dont chacun portait une riche ornementation différente de celle des autres. Tels les panneaux de bois du cabinet de Catherine de Médicis au château de Blois.

On sortait du palais de l'Espagne dans le recueillement qu'inspire la grandeur. Une nation qui se manifestait de la sorte au sortir de cruels revers, peut s'appuyer sur un pareil passé pour avoir confiance dans l'avenir.

Le pavillon de la principauté de Monaco égalait en importance architecturale celui des grandes puissances. Sa haute tour féodale du XIIIe siècle formait contraste avec la terrasse et les belvédères. Il était, ainsi que les fresques représentant les travaux d'Hercule, de sa loggia à l'italienne, la reproduction du palais même des Grimaldi.

Au premier étage de l'intérieur, décoré de peintures murales, étaient exposés les résultats des recherches du prince Albert de Monaco dans les profondeurs des mers et apportant à la science une contribution vraiment précieuse.

Sa terrasse avançant sur le quai comme le pont d'un navire sur les flots, son haut clocher terminé en poivrière, ses passerelles aériennes superposées, ses mâts de beaupré d'où pendaient des guirlandes d'oriflammes claquant au vent, les bandes rouges et jaunes formant moulures sur les brunes tuiles de sapin qui le recouvraient d'une cuirasse d'écailles brillantes, tout donnait au pavillon de la Suède une joyeuse allure de fête.

La fantaisie de la construction due à l'architecte Boberg s'arrêtait au dehors, car l'intérieur contenait une exposition d'un intérêt très vif, plutôt sévère, où le travail était mis en honneur.

En Suède, non seulement les paysans mais aussi la classe bourgeoise, les uns par nécessité, les autres par plaisir, occupent les longues soirées d'hiver à la fabri-

PAVILLON DE LA PRINCIPAUTÉ DE MONACO

cation de menus objets usuels. C'est le *Sloyd,* mot intraduisible qui exprime l'action de la fabrication aussi bien que l'objet fabriqué. Les produits du Sloyd couvraient une partie des murs de la grande salle, à côté des broderies et des dentelles, œuvre des femmes de la Dalécarlie et de l'Œstergothland.

L'école suédoise se préoccupe au plus haut point des questions de vie pratique. Les petites filles qui en sortent sont capables de se confectionner des costumes complets, lingerie et vêtements ; elles ont aussi appris la cuisine et les calculs de l'économie domestique.

Les enfants de la bourgeoisie ne dédaignent point ces humbles et nécessaires besognes. « Le goût de rendre la maison heureuse au mari que l'on épouse, a dit un de nos écrivains qui connaissent le mieux la Suède, est en train de préoccuper les jeunes filles suédoises beaucoup plus vivement que les théories du droit de la femme. »

Des dioramas du peintre Tiren, petits, mais d'une réalité intense, présentaient deux paysages à la fois exacts et symboliques. Ici c'est la plaine glacée de la Laponie à plus de 100 kilomètres au nord du cercle polaire ; un troupeau de rennes sommeille sous la pâle clarté d'étoiles scintillantes ; perdu dans cette immensité, le gardien du troupeau appuie sa tête sur une des bêtes amies. Voici Stockholm par une nuit de la Saint-Jean où le jour disparaît à peine ; les hautes maisons des quais se reflètent dans une mer dont l'eau clapotait vraiment sous l'œil du spectateur ; encore quelques instants et l'activité des affaires reprendra son mouvement quotidien. Double face de la vie des hommes du Nord : le rêve et l'action.

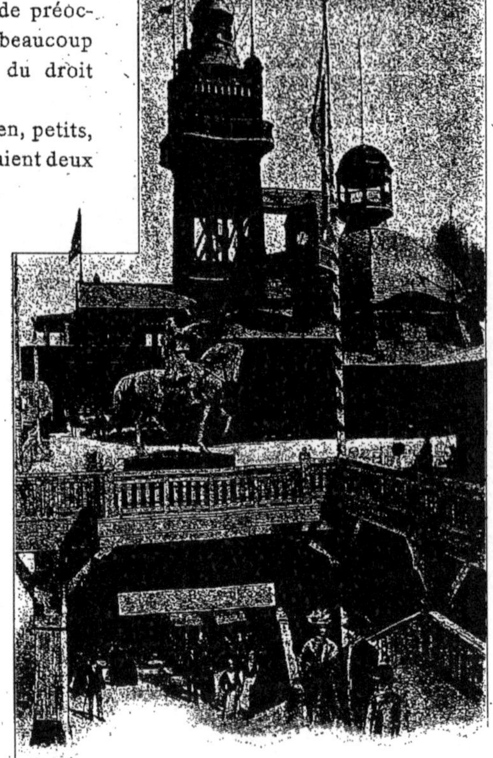

PAVILLON DE LA SUÈDE

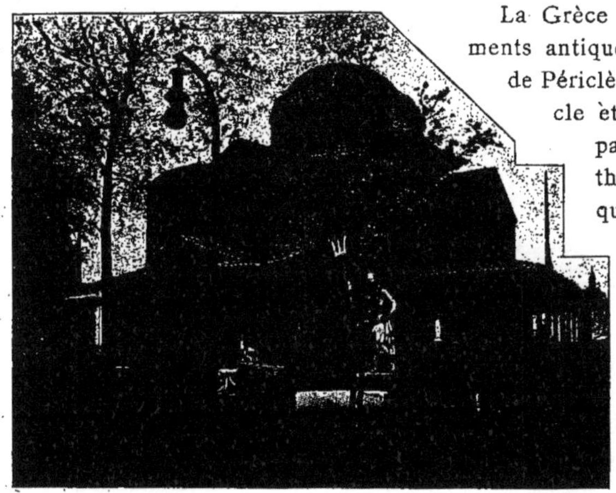

La Grèce pouvait choisir des monuments antiques pour rappeler l'époque de Périclès aux générations du xx⁰ siècle et faire profiler sous le ciel parisien les corniches du Parthénon. Il est à regretter qu'elle ne l'ait pas fait, cette note ayant manqué à l'Exposition. L'époque byzantine, qu'elle a choisie de préférence, s'est au contraire trouvée plusieurs fois représentée.

Ce regret n'enlève point le mérite de la construction de M. Lucien Magne inspirée des églises comme Saint-Georges et Saint-Théodose, dont cinq ou six subsistent encore à Athènes, des trois cents dont la ville était peuplée au ix⁰ siècle. Une coupole basse surmontait l'intersection de la croix grecque du bâtiment, appuyé de chaque côté par deux gracieux portiques couverts. Des briques roses et bleu turquoise donnaient à la construction la gaieté et la solidité de bons matériaux franchement accusés.

Ce coquet pavillon, qui sera transporté à Athènes pour y abriter les expositions des beaux-arts, avait un autre mérite qu'il faut rappeler ici pour servir d'exemple futur. Ce fut le premier prêt et il le fut à l'heure dite.

Une exposition purement commerciale, épicerie et confection mêlées, qui aurait dû trouver sa place dans les sections du Champ de Mars, encombrait l'intérieur du pavillon et reléguait en médiocre posture une galerie de tableaux des peintres hellènes contemporains. Par quel malentendu la terre classique de l'Art a-t-elle cru devoir transformer en boutique son pavillon, qui aurait dû être un temple de beauté!

Il ne contenait même aucun souvenir des luttes héroïques, qui seraient restées complètement négligées, si une belle statue équestre de Colocotronis, par L. Sochos, n'avait rappelé sur le quai voisin les guerres de l'Indépendance.

Le plus bel emplacement de la rue des Nations était échu à la Serbie. Dégagé de tout voisinage, à l'angle du quai et du pont de l'Alma, son pavillon soutenait avec succès la curiosité de tous les regards. Dans le style serbo-byzantin, des assises de pierre et de brique offraient l'alternance heureuse du blanc et de la couleur. Des coupoles de bronze reluisaient au soleil. Ces effets n'étaient dus qu'à la peinture du plâtre, qui apparaissait bien par endroits, mais la construction de l'architecte Baudry était en cela logée à la même enseigne que la plupart des palais. Le monument n'en était pas moins très brillant et d'une note nouvelle pour nos yeux occidentaux.

On aurait voulu trouver à l'intérieur, comme en Hongrie et toutes proportions gardées, le rappel d'un passé qui eut ses époques de gloire. Au XIV° siècle, le tsar Dou

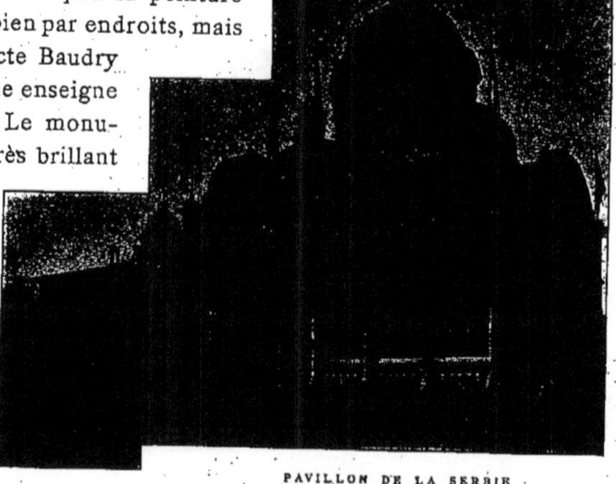

PAVILLON DE LA SERBIE

chan de Serbie possédait tous les Balkans et fut sur le point de conquérir Constantinople. Les peintres serbes Ivanovitch et Murat ont relaté ses exploits dans les salles du Grand Palais. Ils semblaient oubliés ici pour faire place à une exposition purement agricole et industrielle, plus importante d'ailleurs qu'on n'aurait pu s'y attendre d'une nation encore à l'aurore du progrès économique.

Les arts décoratifs étaient représentés par des tapis en quantité mais ne rappelant que de loin les nuances fondues et les fins dessins de l'Orient, et par une belle collection de costumes nationaux, dont beaucoup sont encore en usage chez ce peuple amoureux des couleurs et de la parure.

Nous avons suivi tous les palais en façade sur la Seine; il nous faut revenir sur nos pas pour reprendre les pavillons édifiés en seconde ligne.

Celui du Danemark se présentait le premier au pied, de la passerelle du pont des Invalides et à la hauteur du pavillon ottoman. Décidé à la dernière heure et ne figurant même pas sur beaucoup de plans, il n'en fut pas moins un des premiers prêts et des mieux réussis. Les frais en furent couverts par souscription nationale. Construit en Danemark, il fut démonté pour être réédifié à Paris, où il servit de rendez-vous à la société danoise.

Reproduisant un vieux logis du Jutland et ne dépassant pas les proportions d'une habitation bourgeoise, il a fait naître bien des ambitions. Que de fois a-t-on bâti devant lui non pas des châteaux, mais des pavillons en Espagne !

Ses puissantes charpentes aux poutres saillantes sobrement, mais fortement sculptées, tranchant en brun sur le blanc des remplissages, ses étages surplombant en légers encorbellements, ses verrières aux carreaux petits pour résister aux bourrasques, mais multipliées pour laisser pénétrer des flots de lumière, sa disposition intérieure si originale avec le double balcon qui contournait un hall central et conduisait aux appartements indépendants, tout y créait une atmosphère de gaieté et de confortable. Il semblait que le bonheur dût être l'hôte constant d'une pareille demeure, et comme il est vrai que les habitations expriment l'état d'âme d'un peuple, on ne peut qu'envier les paisibles Danois.

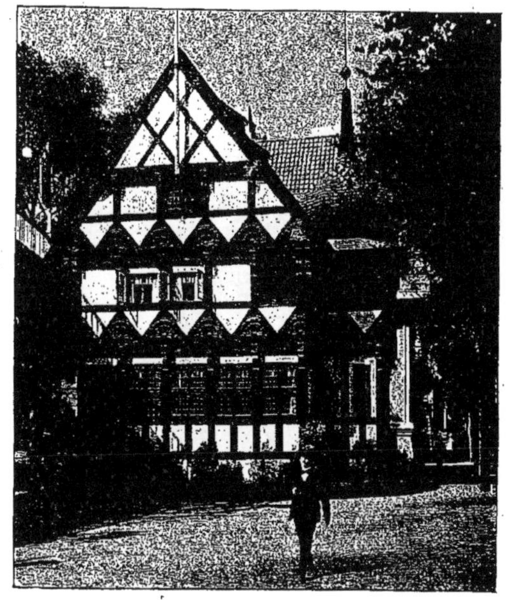

PAVILLON DU DANEMARK

A la suite, le Portugal s'était souvenu qu'il fut un peuple d'intrépides marins, pour donner au soubassement de son pavillon une ornementation empruntée aux cordages des vaisseaux. Dans le hall, des panneaux de M. Vaz reproduisaient des scènes de pêcheries dont les produits étaient exposés à côté. Des lièges surtout attestaient les importants reboisements entrepris depuis d'assez longues années. On peut exprimer le regret de n'avoir pas trouvé dans le pavillon du Portugal des reproductions des beaux monuments et quelques-uns au moins des riches objets d'art du pays.

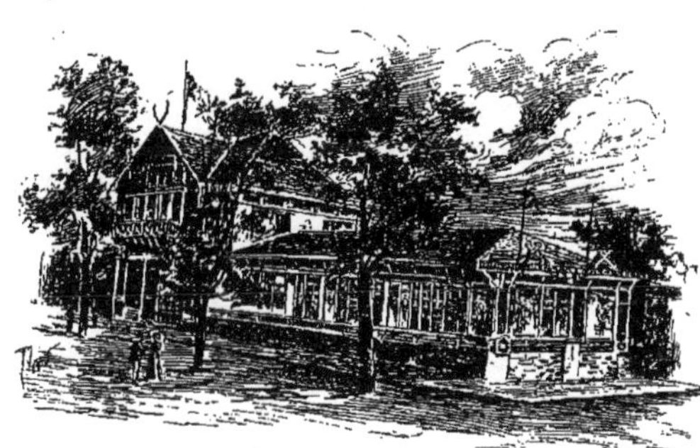

PAVILLON DU PORTUGAL

Comme celui de la Grèce, le pavillon du Pérou, construit en pierres factices armées d'une ossature de fer, est destiné à survivre à l'Exposition ; il sera transporté à Lima. Son archi-

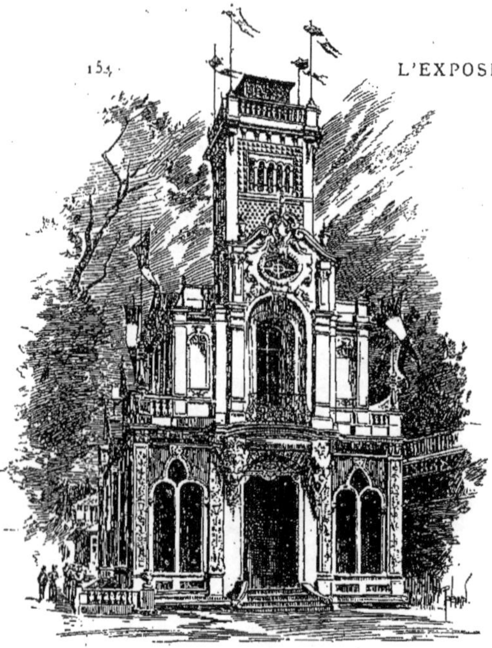

PAVILLON DU PÉROU

Le pavillon de la Perse reproduisait le plus beau palais d'Ispahan. L'architecture persane, restée immuable depuis des siècles, se caractérise par ses ouvertures en ogive lancéolée et par ses revêtements de faïence où se joue, avec du vert et du rose, toute la gamme des bleus; elle est faite pour être entourée de bosquets et d'eaux jaillissantes qui manquaient dans la rue des Nations. La reproduction était, paraît-il, parfaite, mais l'architecte, M. Ph. Mériat, avait cru plus expéditif et plus sûr de faire fabriquer les carreaux en France.

L'intérieur contenait en étalages des objets classiques de l'Orient, étoffes brodées, armes damasquinées, cuivres guillochés, toutes choses vendues par des marchands aussi graves que les

tecte, M. Fernand Gaillard, s'était inspiré des monuments espagnols du temps de la conquête, surchargés d'ornements et rappelant l'opulence procurée par les mines d'or et d'argent.

Il ne reste des premiers habitants que des poteries d'un art fruste, avec des figures grimaçantes, dont on voyait quelques spécimens.

Par contre la fertilité du sol s'y affirmait sous les plus précieuses denrées : café, cacao, tabac, coca, récoltés en abondance, sans parler du coton. De nombreux minerais annonçaient que le sous-sol est loin d'avoir livré ses richesses. Des tableaux, des ouvrages décoratifs relevaient d'une pointe d'art cette exposition prospère.

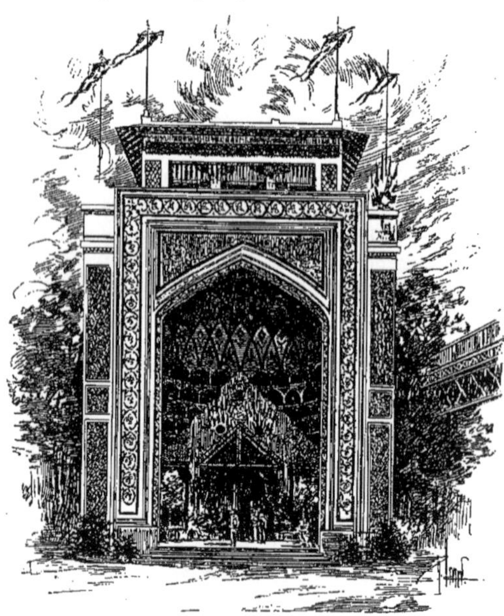

PAVILLON DE LA PERSE

mercántis arabes étaient obséquieux
dans les bazars pseudo-musulmans.

Comme on pense, les tapis étaient à
profusion. Dans le salon d'honneur
aménagé pour recevoir le shah, les murs
et le sol disparaissaient sous une accu-
mulation de pièces de premier ordre.
Deux grands vitraux éclairaient la salle;
sur l'un se détachait le lion persan, sur
l'autre des vers disaient ce qui suit dans
un langage digne de Sadi, le poète des
roses :

Le gouvernement de S. M. I. le Shah fit
élever ce pavillon en l'honneur de l'Exposition
universelle de 1900. Au milieu de tous les palais
qu'elle renferme, il rappellera l'art des siècles
disparus en même temps qu'il attestera les progrès
de l'époque présente. Le monde entier est frappé
d'admiration devant l'œuvre gigantesque à laquelle
la France, par un acte d'hospitalité très gracieuse,
a convié toutes les nations. Si le pavillon persan
n'expose qu'une petite partie des produits de la
Perse, il renferme en lui un trésor précieux :
ce sont les vœux ardents qu'elle forme pour la
prospérité et pour la gloire de la France. Le poète
Zaka el Molk a été heureux d'écrire ces vers à
Téhéran et de les chanter en l'honneur de cette
belle ville de Paris, terre nourricière de toutes les
sciences et de tous les arts.

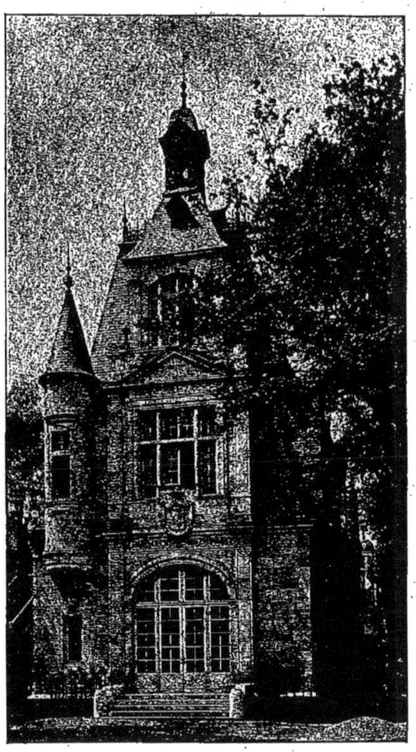

PAVILLON DU LUXEMBOURG

Au premier étage était un théâtre dont le mieux est de ne pas parler, et, tout
en haut, une vaste terrasse aussi déserte que celle du pavillon ottoman.

Des combinaisons chimériques d'une diplomatie hypothétique ont successivement réuni le Luxembourg à la Belgique, aux Pays-Bas, à l'Allemagne ou à la
France. Il paraît plus certain que les habitants du grand-duché veulent surtout
rester luxembourgeois et qu'ils sont de ces peuples sages qui ne mesurent pas
le bonheur à l'étendue du territoire. En tout cas, sur un budget de 8 millions,
leur gouvernement avait consacré une somme de 100.000 francs à sa participation
officielle. Dans un joli pavillon de la Renaissance flamande, l'autonomie s'affirmait
par une exposition très convenable parfaitement présentée.

La petite église de village construite par M. Saarinen, et qui était le pavillon
finlandais, obtenait un aussi franc succès que les plus orgueilleux palais. Son clocher

octogonal défendu à la base par des ours menaçants, et sa décoration sculpturale inspirée de la faune arctique, présentaient un caractère si local qu'on se sentait tout de suite attiré vers un peuple qui affirmait ainsi sa nationalité.

L'intérêt ne faisait que s'accroître à l'intérieur. Edelfeld avait exécuté une partie des décorations de la voûte. Sur les faces de la coupole quadrangulaire du campanile, le peintre Gallen avait retracé les principales scènes symboliques du *Kalevala*, le grand poème héroïque finnois. Sous l'abri artistique et religieux de ces antiques légendes, l'activité moderne de la Finlande se produisait sous toutes les formes.

Une éducation scolaire pénètre dans les parages les plus lointains de cette terre aux immenses forêts pour y apporter le bienfait d'un enseignement élevé et pratique ; de petits métiers ruraux mettent aux mains de chacun les moyens de se tirer partout d'affaire ; de grands travaux sont entrepris pour régulariser les pêcheries de mille lacs poisson-

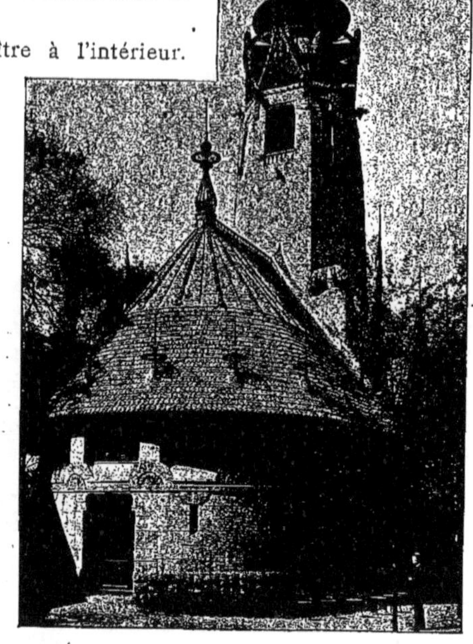

PAVILLON DE LA FINLANDE

neux ; une industrie décorative produit des meubles d'une simplicité délicate.

A propos de l'Exposition, un magnifique volume, édité en français à Helsingfors et contenant plus de trois cents gravures, établissait la situation de la Finlande au XIXᵉ siècle. Une littérature finnoise moderne est créée ; les beaux-arts se sont manifestés avec éclat au Grand Palais ; les sociétés scientifiques sont nombreuses et actifs leurs membres ; le progrès est en marche à grands pas dans toutes les branches de l'activité humaine. A la suite d'une aristocratie intellectuelle ardente et patriote, les Finlandais tiennent un rang d'honneur dans ce concert des peuples du Nord qui semblent détenir aujourd'hui le record de la marche en avant.

On sait que le grand-duché fait aujourd'hui partie de l'empire russe. Quels que soient les liens de sa subordination politique, il conservera toujours son autonomie morale.

Les Bulgares tenant à n'être que Bulgares et ne se souciant pas de rappeler

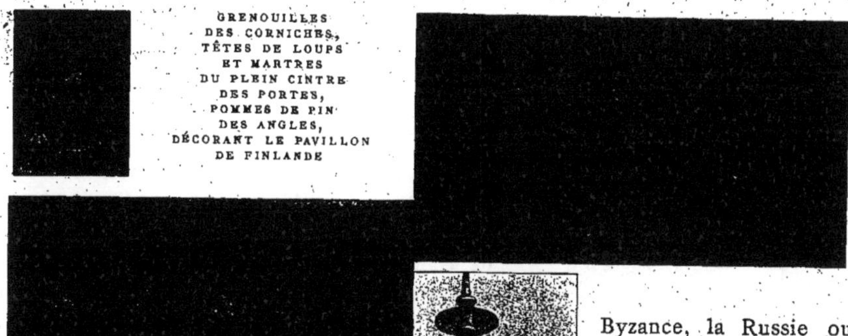

GRENOUILLES
DES CORNICHES,
TÊTES DE LOUPS
ET MARTRES
DU PLEIN CINTRE
DES PORTES,
POMMES DE PIN
DES ANGLES,
DÉCORANT LE PAVILLON
DE FINLANDE

fit donc quelque chose de
Dès l'entrée, une odeur de
Les essences étaient là avec
bijoux de filigrane.
duits variés de l'agriculture et
encadrés dans des costumes pit-
antiques du musée de Sofia,
lections de Philippopoli, de

Byzance, la Russie ou
la Grèce, leur pavillon
dut exprimer un style
nouveau qu'il n'est pas
toujours facile de créer
sur commande ; on leur
coquet et de pimpant.
rose annonçait l'Orient.
les gazes de soie et les
Mais aussi des pro-
de l'industrie moderne,
toresques, des statuettes
des médailles des col-
bons tableaux de scènes
locales, des objets d'art,
une série de portraits des rois anciens
et du prince actuel ; en somme une très
convenable exposition.

La construction du pavillon de la
Roumanie avait été confiée à M. Formigé, l'architecte des palais des Beaux-
Arts et des Arts libéraux de 1889. Il
s'est inspiré des principaux édifices du
pays, tels que les églises d'Argesh et
de Jassy et le monastère d'Horezu, pour
édifier un monument qui né pouvait
échapper au style byzantin, le troisième
de la rue des Nations, mais qui présentait, par un emploi plus large de la pierre

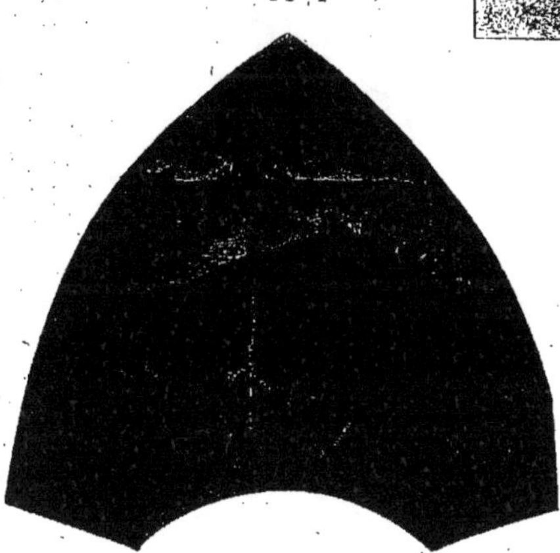

FRESQUE DÉCORATIVE, PAR A. GALLEN

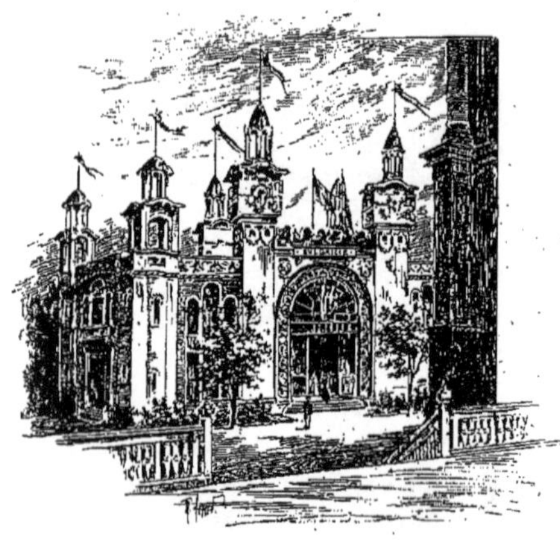

PAVILLON DE LA BULGARIE

et par l'élévation des dômes, d'agréables variantes.

La Roumanie avait réuni dans son pavillon son exposition artistique et industrielle. L'industrie était surtout représentée par des fabriques importantes de pâte de bois et par des mines de sel gemme, dont une avait envoyé une sphère massive de 2 mètres de diamètre, reposant sur un piédestal également en sel de 1^m,50 de hauteur.

L'exposition d'art rétrospectif du premier étage eût été plus intéressante si on n'en avait pas distrait pour les mettre mieux en sûreté au Louvre, les pièces d'orfèvrerie en or massif connues sous le nom de trésor de Petrassoa et qui auraient appartenu à Alaric. Il restait au moins, avec d'anciennes broderies religieuses, un manuscrit enluminé par la reine elle-même, Carmen Sylva en littérature, aussi bon peintre que bon écrivain.

Pour une seconde fois nous voici revenus à l'extrémité de la rue des Nations. De l'autre côté du pont de l'Alma, le palais du Mexique en était le prolongement. Son architecte, M. Auza, avait tiré un excellent parti du bel emplacement dont il disposait. Il ne s'agissait plus d'édifier un temple babylonien, commémorant le passé aztèque, comme on l'avait fait avec tant de majesté en 1889. La jeune République voulait cette fois s'affirmer dans un palais rappelant les constructions nouvelles de Mexico; c'est pourquoi une belle loggia à colonnades néo-grecques, telles qu'on les aime actuellement au Mexique, ouvrait ses larges baies sur la Seine.

Depuis une vingtaine d'années sous la présidence de M. Porfirio Diaz, le pays des anciens pronunciamientos jouit d'une tranquillité qui a permis un développement économique presque comparable à celui des États-Unis. Les agriculteurs et les industriels du Mexique exposaient en nombre et

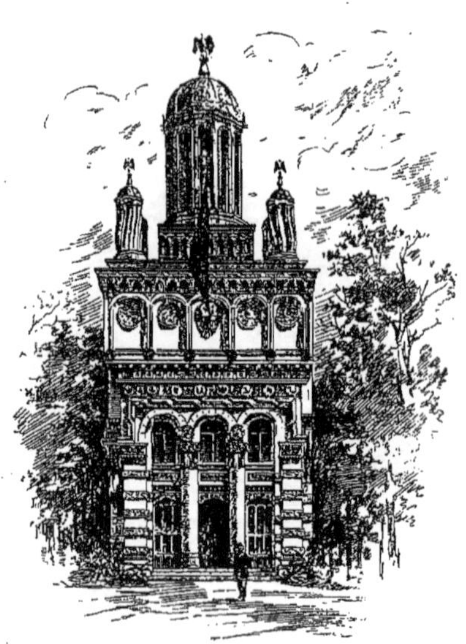

PAVILLON DE LA ROUMANIE

avec succès dans presque toutes les classes, mais leurs produits étaient réunis dans leur palais national pratiquement aménagé : un grand hall de rez-de-chaussée puis, ouvrant sur la grande galerie de pourtour du premier étage, une série de petites chapelles demi-circulaires se prêtant à souhait à la classification des objets.

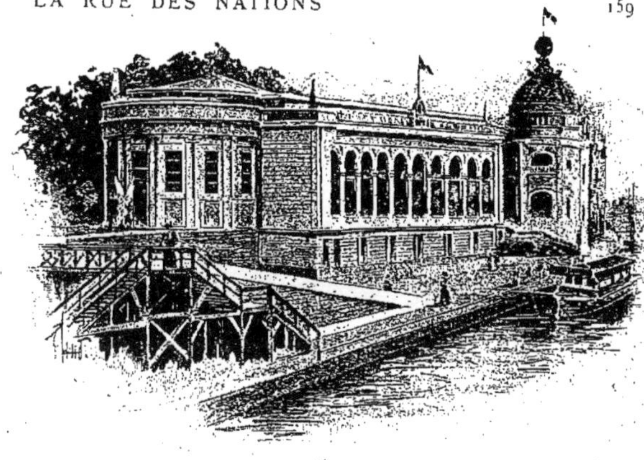

PALAIS DU MEXIQUE

La curiosité allait surtout à de gentilles cigarières contrastant par leur élégance avec l'air malheureux des ouvrières qui travaillaient plus loin, dans le pavillon des tabacs français. On s'arrêtait aussi devant les objets de style Empire et Restauration qui meublaient le salon d'honneur.

Pour donner une idée de la prospérité du Mexique, il suffira de dire que, sans impôts nouveaux, les revenus de l'État ont presque doublé depuis quinze ans.

San-Salvador avait aussi trouvé abri dans le palais du Mexique.

Nous retrouverons au Trocadéro la Russie, le Japon, la Chine et le Transvaal, qui avaient exposé au milieu des colonies étrangères. Mais c'est ici la place de parler des pavillons étrangers du Champ de Mars.

Au pied de la tour Eiffel, un coquet pavillon de style Louis XV, aux charpentes de fer décorées de faïences et de sculptures, destiné à être transporté à Guayaquil, pour y servir de bibliothèque publique, contenait l'exposition de l'Équateur. Elle était fort riche en produits dits coloniaux : le cacao, les liqueurs, le tabac, le café surtout. On y voyait aussi des bijoux d'or et d'argent filigrané, de fines broderies signées du nom de l'ouvrière, jusqu'à d'amusantes poupées exotiques.

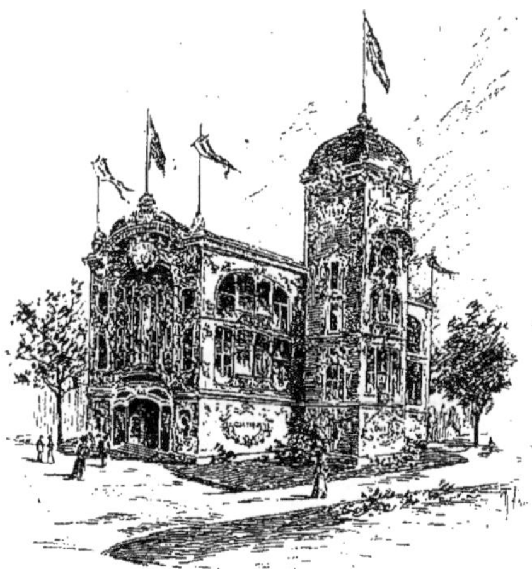

PAVILLON DE L'ÉQUATEUR (CHAMP DE MARS)

PAVILLONS DU SIAM (CHAMP DE MARS)

Le Nicaragua avait trouvé place dans ce petit et charmant palais et le Guatemala avait, à la dernière minute, élevé le long de l'avenue de Suffren un bâtiment tendu de tapis où se voyaient les échantillons de ses bois et où se débitait son café.

Les autres républiques de l'Amérique du Sud étaient absentes. Les unes s'étaient trouvées empêchées par leurs constants troubles politiques, les autres retenues par des raisons d'économie.

On regrettait particulièrement le Brésil et la République Argentine, qui avaient édifié de si beaux palais en 1889 et qui auraient pu, dans des édifices plus modestes, exposer au moins les produits de leur agriculture toujours florissante. Elles se seraient trouvées les bienvenues en France et nous aurions tous été heureux de resserrer les liens d'une sympathie commune.

Les constructions siamoises sont sujettes à des règlements nombreux, imposés par les rites ; entre autres, toutes les ouvertures doivent être tournées vers le Nord. On avait un peu fait fléchir cette rigueur pour les pittoresques pavillons élevés par le Siam.

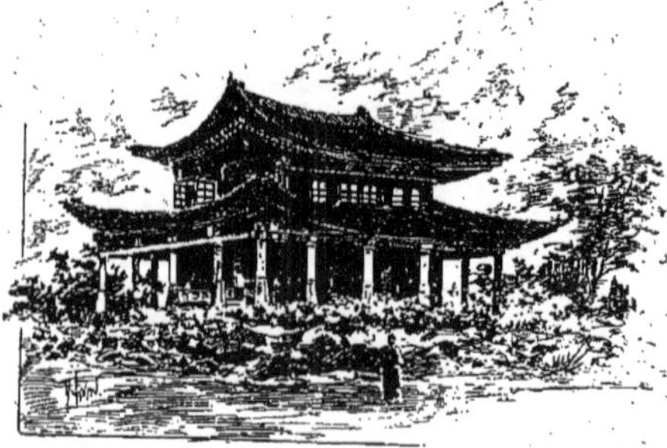

PAVILLON DE LA CORÉE

Les grands toits s'y relevaient à leurs extrémités comme des antennes, les briques vernissées mariaient leurs reflets au rouge des charpentes. C'était pour les yeux un feu d'artifice de formes et de couleurs. Un pont réunissant le pavillon royal au restaurant voisin avait, comme ces deux édifices, été copié sur les monuments mêmes du Siam et légitimait le surnom de Venise d'Orient que les nombreuses ramifications du fleuve Menam ont valu à Bangkok.

Les objets exposés, laques, poteries, bronzes, bambous ouvragés, rappelaient bien plus l'influence de l'Inde que celle de la Chine.

La Chine non plus ne semblait pas avoir, malgré son voisinage, d'influence prépondérante en Corée, dont le pavillon s'élevait plus loin, en bordure de l'avenue de Suffren. Des photographies de Coréens trahissaient une visible parenté avec le Japon. Cet État fermé il y a peu d'années aux Européens, au point qu'y pénétrer était aller à la mort, s'est subitement ouvert à la civilisation; il semble devoir y marcher à pas aussi rapides que le Japon.

Bien que ce ne fût qu'un prétexte à bazar, il faut citer le pavillon du Maroc, rappelant cependant, par un vaste porche et un haut minaret, les mosquées de Tanger. Le passage ménagé au milieu des bâtiments abritait de nombreuses petites boutiques où des Marocains de contrebande, mercantis, levantins, offraient avec leur habituelle insistance ces mille petits objets brillants, scintillants, tentateurs, qui se fabriquent surtout à Vienne, à l'usage de l'Orient.

Enfin, la République de Saint-Marin — dix mille habitants — avait élevé une

RUE INTÉRIEURE DU MAROC, AU CHAMP DE MARS

réduction du palais de son Conseil souverain, achevé récemment par le chevalier Azzuri, sur le modèle des vieux monuments de Florence. Elle exposait des faïences, des broderies religieuses. Si le bonheur politique pouvait s'exprimer par une forme matérielle, cet heureux petit pays, libre depuis le III° siècle et qui n'a pas de dette publique, aurait remporté un grand prix d'honneur.

La République d'Andorre n'avait pas de pavillon spécial, mais elle exposait dans les classes. Il existe encore, dans le monde civilisé, deux petits États libres : le territoire de Moresnet, aux confins du Luxembourg, de la Hollande et de l'Allemagne, et l'île de Tavolara dans le voisinage, de la Sardaigne. Avec moins de cent habitants, elle détient le record de la petitesse ; elle a cependant un président élu, et les femmes prennent part au vote.

Tous ces pavillons n'existeront bientôt plus, et la rue des Nations aura disparu. Elle laissera le souvenir d'un spectacle unique : le monde entier figuré dans l'espace de quelques pas. On cherchera longtemps des yeux les silhouettes de ses palais et Paris restera attristé de leur départ. La situation exceptionnelle du vaste quai d'Orsay aura tout au moins été révélée. Sur le terrain occupé par des services administratifs transférés plus loin avec avantage, les architectes français élèveront de nouvelles constructions qui rappelleront peut-être quelques-uns des palais de l'Exposition, et la beauté passagère y demeurera en partie fixée.

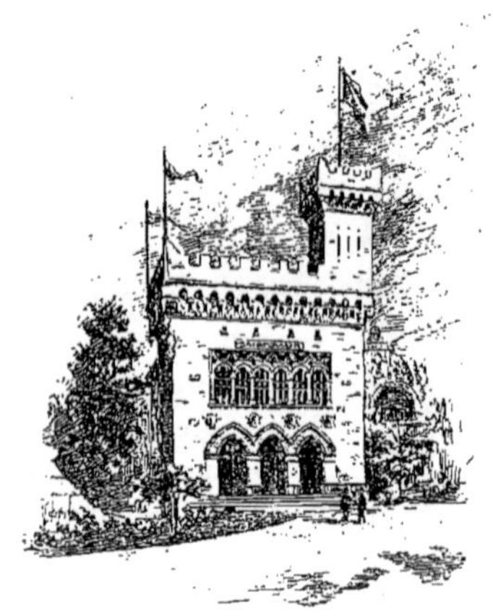

PAVILLON DE SAINT-MARIN
au Champ de Mars.

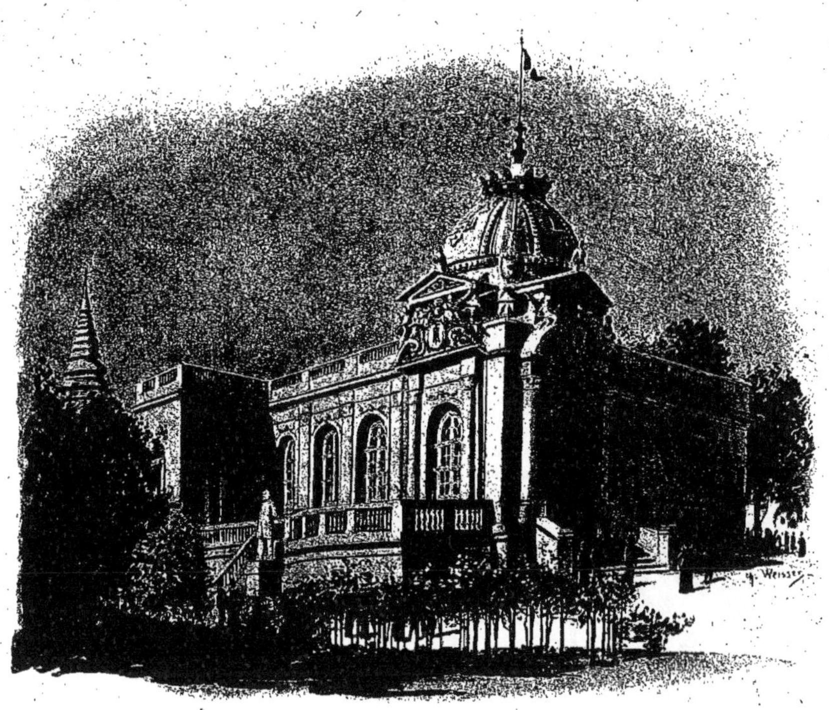

PAVILLON OFFICIEL DES COLONIES FRANÇAISES.

LE TROCADÉRO

LES COLONIES FRANÇAISES

On sait trop que le Canada et les Indes même pourraient être aujourd'hui possessions françaises. Successivement, le traité d'Utrecht, en 1713, surtout celui de Paris, en 1763, et encore celui de Paris, en 1814, nous enlevèrent tout ce que nous avaient valu Henri IV, Richelieu, Colbert et la vaillance de nos capitaines, comme Champlain, au Canada, et Dupleix, aux Indes.

La conquête de l'Algérie, en 1830, ouvrit à nouveau l'horizon. Depuis moins de vingt ans, notre empire colonial s'est reconstitué sur d'autres contrées avec une ampleur qui le place au second rang, sans doute, après l'Angleterre, mais bien en avant des autres nations. Voici le tableau de nos colonies en 1900.

Le territoire de la France étant de 526.464 kilomètres carrés, nos colonies

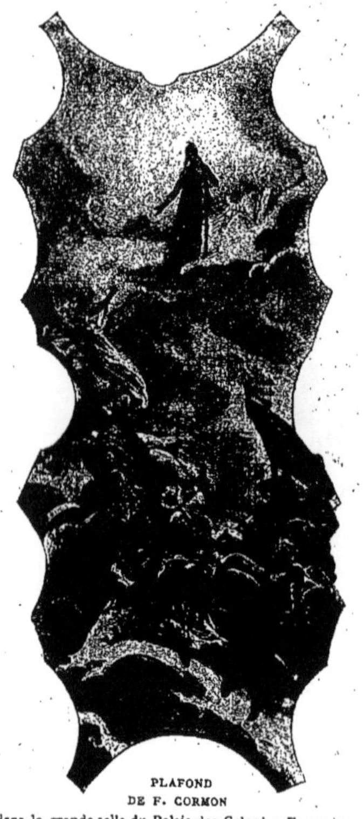

PLAFOND
DE F. CORMON
dans la grande salle du Palais des Colonies Françaises.

DÉSIGNATION DES PAYS		KILOMÈTRES CARRÉS	POPULATION
AFRIQUE			
Algérie		700.000	4.429.000
Tunisie		135.000	1.800.000
Afrique Occidentale	Sénégal	464.000	1.100.000
	Soudan	1.200.000	2.000.000
	Guinée	150.000	1.000.000
	Côte d'Ivoire	250.000	2.250.000
	Dahomey	150.000	550.000
Congo		3.000.000	8.000.000
Madagascar et dépendances		590.000	3.500.000
Comores et Mayotte		2.124	70.000
Côte des Somalis		120.000	50.000
Réunion		2.600	173.000
		7.863.724	24.922.000
ASIE			
Inde française		508	284.000
Indo-Chine	Cochinchine	56.965	2.323.000
	Cambodge	120.000	1.500.000
	Annam	200.000	5.000.000
	Tonkin	110.000	7.042.000
	Laos	267.000	470.000
		754.473	16.617.000
OCÉANIE			
Nouvelle-Calédonie et dépendances		23.951	62.000
Taïti		3.000	30.000
		26.951	92.000
AMÉRIQUE			
Saint-Pierre et Miquelon		241	6.000
Martinique		985	188.000
Guadeloupe		1.602	171.000
Guyane		150.000	26.000
		152.828	391.000
TOTAUX		8.297.976	42.021.000

couvrent une surface de seize à dix-sept fois plus grande. Il y a sans doute bien des parties impropres à la culture, mais le Sahara d'influence française, grand à lui seul de 4 millions de kilomètres carrés, n'est pas compris dans cet état.

Ces résultats étaient exposés sous forme de cartes, de graphiques, de documents de toute nature, fournis par l'Office colonial, dans le palais officiel du Ministère des Colonies, en haut des jardins du Trocadéro. Une statue de Jules Ferry, « le Tonkinois et le Tunisien », semblait en garder l'entrée avec un monument élevé aux officiers et aux soldats morts pour la patrie. Des bustes des grands coloniaux, de Richelieu au commandant Rivière, ornaient le salon d'honneur. Une frise peinte par Calbet, sur le mur extérieur, montrait les types des races soumises à nos lois. C'était la glorification légitime de l'œuvre accomplie.

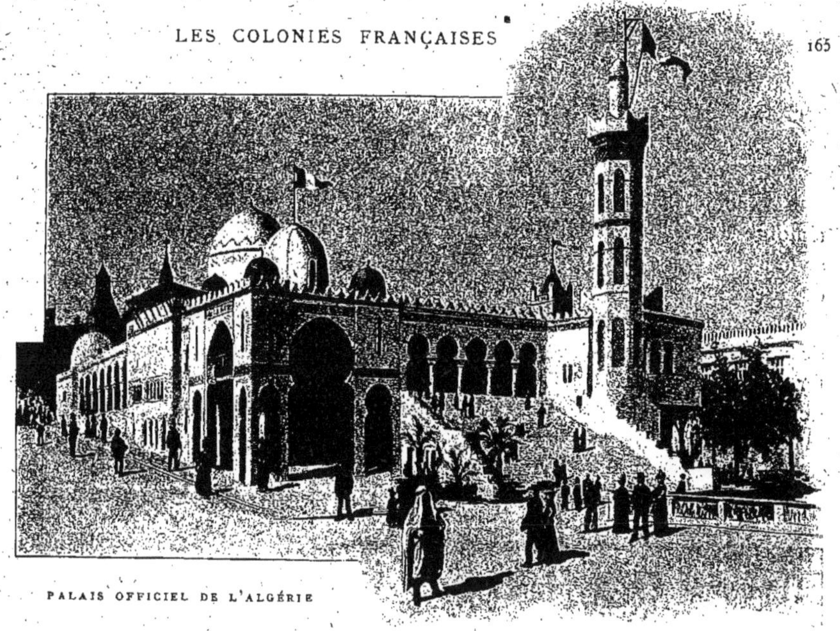

PALAIS OFFICIEL DE L'ALGÉRIE

On avait donné à l'Algérie la place d'honneur. Au pied du Trocadéro, de chaque côté de l'avenue centrale, son palais officiel à droite et l'îlot de ses attractions à gauche offraient au midi la blancheur crue de leurs murailles. Le soleil aidant, l'impression était arabe à souhait, sans être pour cela très attirante.

L'architecte, M. Albert Ballu, n'avait pu éviter dans une reconstitution consciencieuse de monuments réels, cette nudité extérieure où les musulmans affichent leur mépris des choses du monde. Encore l'avait-il relevée de bandeaux et de parements en carreaux de faïence vernissée. Le haut minaret de 28 mètres qui se détachait à l'angle ouest du palais officiel, reproduisait celui de Sidi-Bou-Médine près de Tlemcen. Ces minarets se terminent tous en plate-forme, puisque le muezzin doit y monter pour se tourner vers La Mecque et réciter les prières sacrées; la couleur locale n'allait pas jusque-là, encore que ces voix chantantes eussent été curieusement écoutées sur les pentes du Trocadéro.

Si les dehors de l'architecture arabe sont en somme peu avenants, la légèreté des intérieurs est charmante, mais elle ne va pas sans la fraîcheur des eaux vives que l'on cherchait vainement dans le palais.

Timgad, dont le plan en relief occupait la salle d'arrivée au rez-de-chaussée, était une des nombreuses villes romaines qui peuplaient la Tunisie et la province de Constantine. On l'a retrouvée entre Constantine et Biskra. Vidée au jour de l'invasion arabe, le sable s'en était peu à peu emparé, plus lentement mais aussi complètement que la lave du Vésuve de Pompeï. Des travaux de déblaiement qui se continuent mettent à jour des maisons, des rues, des places publiques, toute une ville perdue qui apparaît, mélancolique témoin de l'oubli des siècles.

De nombreux restes de l'art romain étaient disposés autour de ce plan, pour témoigner que l'art arabe n'a rien pris aux monuments qu'il avait détruits. Comme style s'entend, car les colonnes des mosquées musulmanes sont en partie formées des fûts de marbre enlevés aux temples romains.

La race qui portait avec elle le néant de son fatalisme a tout détruit là où elle s'est installée. Les travaux romains qui conservaient avec les eaux la fertilité des terres, ont été éventrés; les oliviers qui donnaient la fraîcheur de leur ombre et la richesse de leurs fruits, ont été coupés; les chèvres ont achevé ce que les arabes avaient laissé. Cette entrée était bien ce qui convenait pour rappeler l'œuvre détestable de l'Islam et dans quel état la colonisation a trouvé ce malheureux pays.

Aussi les débuts furent pénibles. La sécurité était loin d'être complète. Les orages et les sauterelles apportaient leurs ravages périodiques. Les premières cultures se ressentirent de l'inexpérience. Des capitaux perdus ne se reconstituèrent pas. L'administration, éternellement ballottée entre le pouvoir civil et l'autorité militaire, s'occupait plus de politique que de colonisation. En 1870, quarante ans après notre occupation du 13 mai 1830, la colonie était encore loin d'une ère de prospérité.

Depuis, de meilleurs jours sont venus à grands pas. La surface des vignes plantées est passée de 13.000 à 155.000 hectares; on connaît les cépages qui conviennent au sol, et les difficultés de la vinification sont vaincues. Sans entrer dans le détail des produits, qui comportent tous ceux de la France, la culture du tabac se développe assez pour donner déjà une exportation de

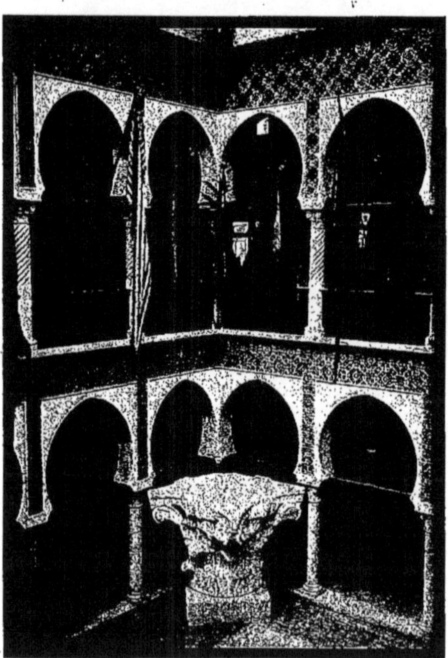

SALLE INTÉRIEURE DU PALAIS DE L'ALGÉRIE

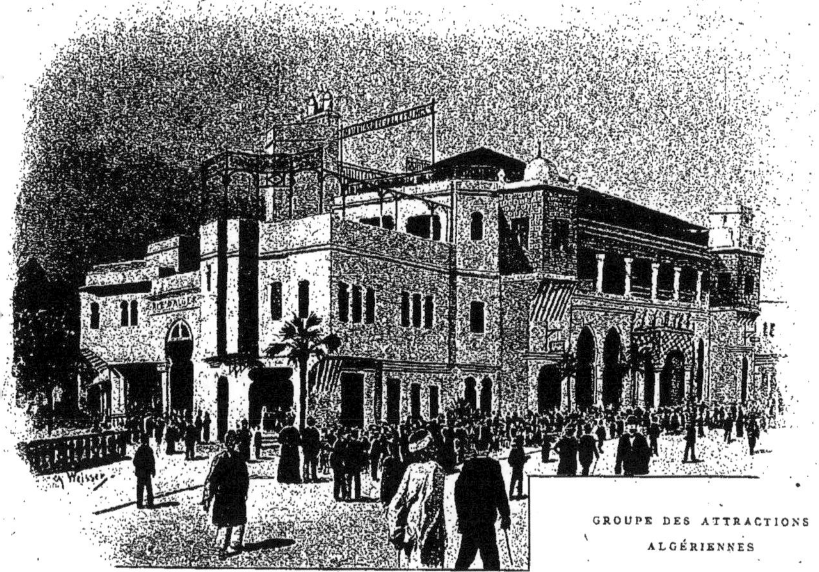

GROUPE DES ATTRACTIONS
ALGÉRIENNES

14 millions. Le total du commerce extérieur est de 600 millions. Trois cent
cinquante mille Français habitent la colonie, et Alger est une des plus belles cités du
monde. Pour prendre comme exemple un des plans exposés, Philippeville, ancien
bourg de pauvres pêcheurs, compte aujourd'hui vingt mille habitants.

Ces résultats étaient rendus tangibles dans les nombreuses salles du premier
étage, où l'on pouvait non pas considérer les produits à travers des verres de bocaux,
mais les manier à volonté tout en étudiant les tableaux de statistique qui les
accompagnaient.

Malgré ces progrès, ce qui reste à faire est immense. On en avait l'impression
en considérant le beau plan en relief qui, mieux que toutes les cartes, donnait la
physionomie du pays. Combien de surfaces encore désertes qui devraient être cultivées, et combien de parties habitées qui pourraient l'être davantage !

Quelque chose manque dans cette colonie, qui devrait être un si beau prolongement de la France, dont quelques heures de mer la séparent à peine. C'est
la paix, la paix morale qui fait l'union entre les hommes et qui les entraîne
vers de communs efforts. Les passions politiques entretiennent en Algérie
des ferments de ruine. N'en trouvait-on pas une preuve dans ce palais même,
où pas un bureau n'était capable de donner des renseignements? Un colon

voulant partir pour l'Algérie n'aurait pas su où trouver la moindre indication.

Ce défaut d'entente était sans doute la cause du manque de soin apporté à la décoration générale du palais. Il aurait fallu peu de chose pour lui donner une apparence aussi agréable que le fond était sérieux, mais l'impression d'ensemble se ressentait d'une façon déplorable d'un abandon manifeste.

Quant à la paix matérielle, elle va être assurée. Une salle d'une rare opportunité contenait les armes et les étendards de la mission Flamand. Au-dessus, l'inscription : In-Salah, 1900, marquait la date des occupations nécessaires accomplies dans le Sahara et qui enlèveront aux Arabes, si ce n'est leur irréductible hostilité de race, tout au moins leurs espoirs de revanche à main armée.

Il ne faut parler des attractions algériennes que pour les juger sévèrement. Un café-restaurant étalait sa banalité dans le plus bel emplacement de l'Exposition. Les attractions, sauf le stéréorama dont nous parlons plus loin, n'étaient que des plaisanteries qui n'auraient pas dû être tolérées. Quant à la rue d'Alger, ce n'est pas 20 centimes qu'il aurait fallu faire payer à son entrée, mais 20 francs. Au moins la foule aurait été protégée contre le spectacle écœurant qu'y donnaient de pseudo-almées et des « Arbis » plus louches encore.

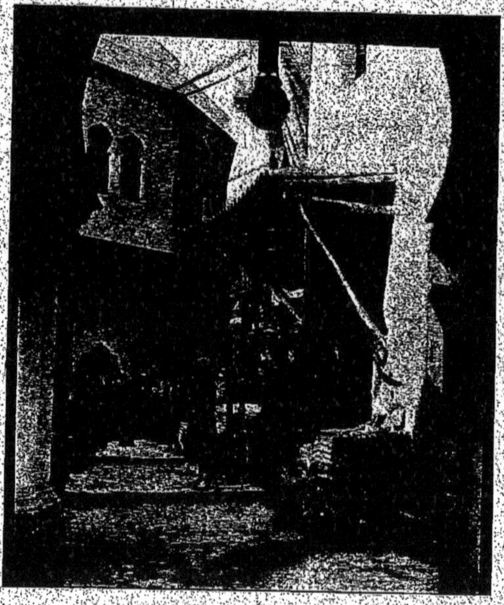

LA RUE D'ALGER

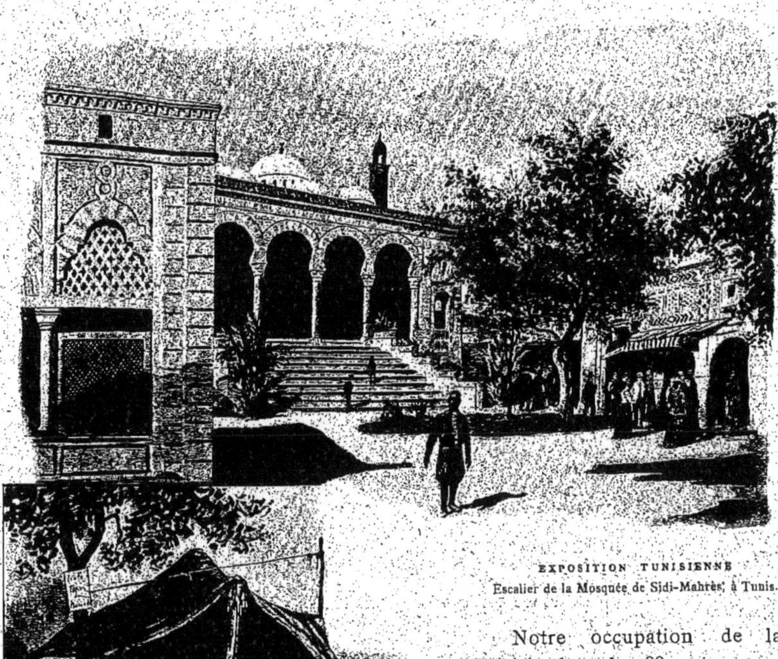

Tente de nomades, au pied du pavillon de la Manouba.

Notre occupation de la Tunisie date de 1881, et nous y avons conservé un régime de protectorat dont les avantages sont inappréciables. Le premier est d'en bannir la politique, et le second, de nous avoir fait accepter par les nationaux sans aucun esprit de révolte.

En vingt ans, le commerce extérieur a quadruplé et a dépassé 100 millions.

Depuis 1887, les budgets se soldent en bénéfices, dont le total est de 33 millions. L'enseignement français se donne dans 135 établissements, fréquentés par 17.000 élèves dont beaucoup de musulmans parmi les garçons tout au moins, car les filles sont maintenues dans leur sainte ignorance. Les chemins de fer, les routes et les aménagements des eaux sont en développement constant.

Les avantages matériels ne sont pas au-dessous de l'excellente organisation administrative. Les terres se payent, mais un prix minime et avec de grandes facilités;

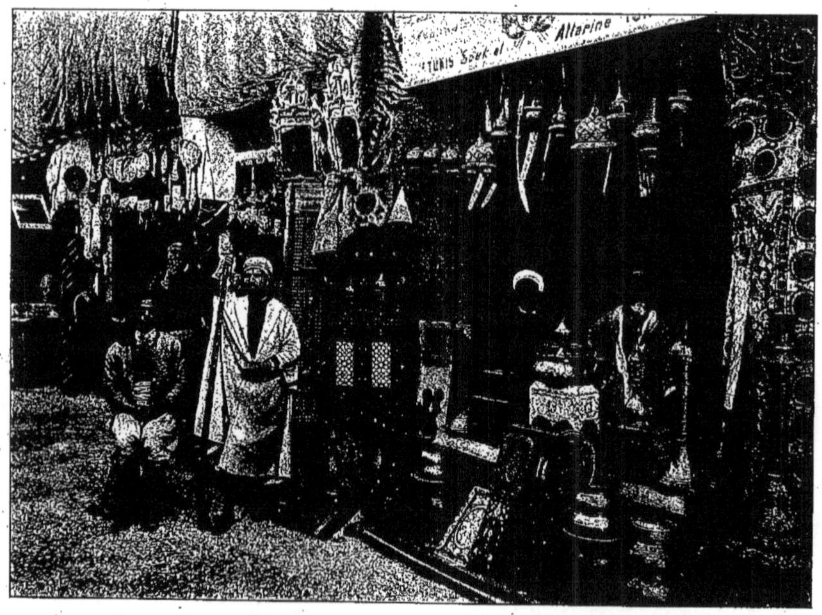

REPRODUCTION DES SOUKS DE TUNIS, AU TROCADÉRO

l'immatriculation donne à la propriété une sécurité absolue et de sérieuses facilités
de mobilisation. La vigne, dont 8.000 hectares sont plantés, produit de bons vins.
Les céréales et l'élevage donnent des profits assurés. Planter des oliviers, c'est
placer à très gros intérêts.

La culture maraîchère est très rémunératrice. Les pêcheries, les phosphates,
les carrières, les forêts de chênes-liège offrent à l'initiative industrielle de vastes
horizons. La population est douce, le climat sain ; il n'y a pas ombre de danger et
l'éloignement de la France est insignifiant.

Et cependant 20.000 Français seulement, dont à peine 3.000 colons agricoles,
habitent la Régence, tandis qu'on y compte 90.000 Italiens et Maltais. Cette indifférence ferait vraiment désespérer de notre faculté colonisatrice, si le mouvement
ne commençait à s'accentuer ; il y a neuf ans, cette population encore si faible était
moitié moindre.

Seule de toutes nos administrations coloniales, celle de la Tunisie avait ouvert
un bureau de renseignements capable de répondre de vive voix et par la remise de
documents à toutes les questions sérieuses.

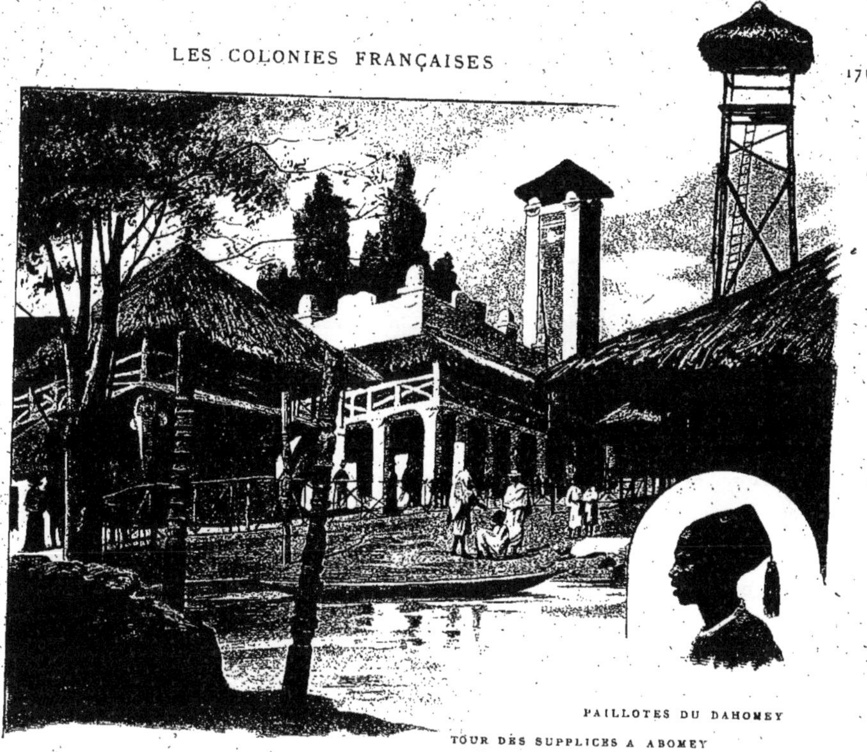

PAILLOTES DU DAHOMEY

TOUR DES SUPPLICES A ABOMEY

M. Saladin, l'architecte en chef de l'exposition tunisienne, l'avait installée dans une série de monuments rappelant les édifices les plus curieux du pays. Ils entouraient une grande cour d'arrivée et en formaient plusieurs autres plus petites, d'un caractère local tout à fait réussi.

Le morceau principal était la mosquée de Sidi-Mahrès, de Tunis, qui contenait les produits agricoles et à laquelle on accédait par un vaste perron. La reconstitution du pavillon de la Manouba avait été exécutée au Bardo même, par les ouvriers indigènes appelés *nakachs*, qui sculptent en pleine craie les méandres des arabesques et les entrelacements géométriques qui sont tout l'art musulman, à qui la reproduction de la Nature est interdite. Apportés dans des caisses, ces fragments de voûte aux arcades tréflées furent montés sur des colonnettes légères, et la réalité ne pouvait être représentée avec plus de fidélité.

On pénétrait dans l'enceinte par des portes reproduisant les plus célèbres du pays, comme celles de la Casbah et de la mosquée du Barbier de Kairouan. La porte Bab-Djeddid donnait accès aux rues couvertes des *souks*, qui sont la vie et la curiosité de Tunis. A Paris comme là-bas, sous le jour tombant des ouver-

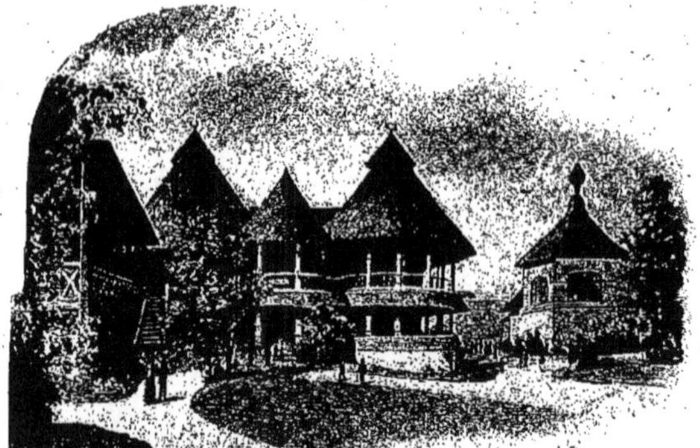

PAVILLONS DE LA GUINÉE FRANÇAISE ET DE LA CÔTE D'IVOIRE

tures supérieures des voûtes, dans des boutiques ressemblant aux alvéoles d'une ruche, empiétant sur l'irrégularité d'un sol raboteux, des marchandises amoncelées étaient vantées par des vendeurs obséquieux et loquaces, joignant volontiers le geste à la parole pour décider le passant ébloui par tant de clinquant et par tant d'éloquence. La seule différence était que ce coin animé et pittoresque n'occupait que quelques mètres, alors que les souks tunisiens développent sur des kilomètres de longueur les rues spécialisées aux cuirs, aux parfums, aux bijoux, aux

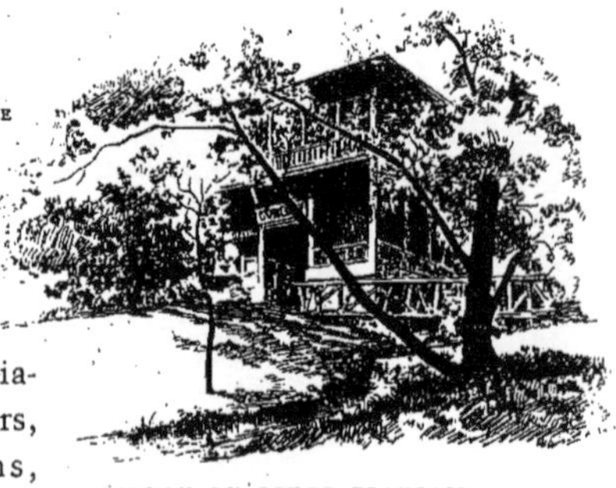

PAVILLON DU CONGO FRANÇAIS

tapis, aux broderies ou aux étoffes légères. L'industrie arabe, assez pauvre et limitée en somme, avait son exposition rétrospective; mais l'intérêt allait aux antiquités romaines. Des maquettes de temples, de théâtres, de villas, des bijoux récemment découverts par M. Gauckler, montraient quel degré de prospérité la Tunisie avait atteint à l'époque romaine. Elle était le grenier de l'Italie, mais elle était aussi habitée par une population dont la densité est prouvée par les vestiges rencontrés à chaque pas. L'archéologie donnait un enseignement réconfortant, l'avenir pouvant ramener les richesses du passé.

Quant aux champs où fut Carthage,

PAVILLON DU SÉNÉGAL ET DU SOUDAN

encore déserts, sauf le petit enclos où s'élève la cathédrale des Pères blancs, malgré quelques investigations d'ailleurs couronnées de succès, ils continuent à recouvrir la plus puissante, après Rome, des métropoles antiques. Deux fois détruite en pleine prospérité, elle réserve des trésors aux fouilles méthodiques qu'attend le monde savant.

Quand-on n'a pas une bonne carte sous les yeux, il est assez facile de confondre entre elles nos colonies de l'Afrique centrale et de l'Afrique occi-

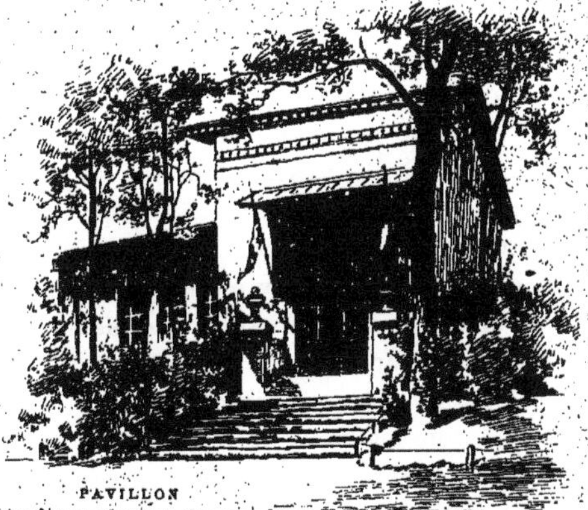

PAVILLON
DE L'ALLIANCE FRANÇAISE

dentale. Depuis que le Soudan a été réuni administrativement au Sénégal, elles sont au nombre de cinq, dont l'ensemble représente un territoire grand comme dix fois environ celui de la France, avec une population évaluée à quinze millions de noirs.

Ce sont : le Sénégal avec le Soudan ; la Guinée française ; la Côte d'Ivoire ; le Dahomey et le Congo français, plus vaste à lui seul que tous les autres pays réunis. Il n'est pas ici question du Sahara reconnu d'influence française et qui sépare ces colonies de l'Algérie-Tunisie, jusqu'au

INDIGÈNES DU NIGER
Tableau de Thévenot, dans le pavillon de la Compagnie française de l'Afrique occidentale.

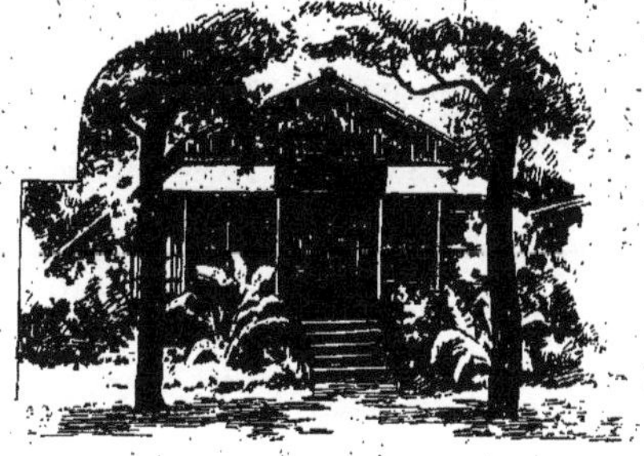

PAVILLON DE LA PRESSE COLONIALE

jour où la pénétration des voies ferrées permettra de dire qu'il les réunit.

Sauf le Sénégal, fondé par Faidherbe en 1854, toutes ces colonies sont d'hier. Elles sont donc dans la période de création et ne font que coûter à la métropole. Elles ont un autre inconvénient, c'est d'être mal soudées les unes aux autres et dépourvues des meilleurs accès à la mer que nos traités n'ont pas su leur réserver.

Leurs populations, toutes du type nègre, sont robustes et sauvages, quelques-unes encore anthropophages. On connaît la cruauté des roitelets qui se partageaient le pays. Tout au moins, si le fétichisme a déprimé leur intelligence et si leurs instincts sont grossiers, ces peuplades ne seront soutenues dans leur résistance par aucun esprit comparable à celui de l'Islam. Elles accepteront notre domination, si nous savons l'imposer.

On est encore mal fixé sur les ressources générales de ces contrées, en partie inexplorées et dépourvues de voies de communication, celles qui existent ne comptant guère devant ce qui reste à faire. On peut être assuré que ces ressources sont immenses et que l'activité française en aura pour des siècles à s'exercer, si elle ne se décourage pas. Dans le partage du continent noir, nous nous sommes taillé une réserve pour l'avenir.

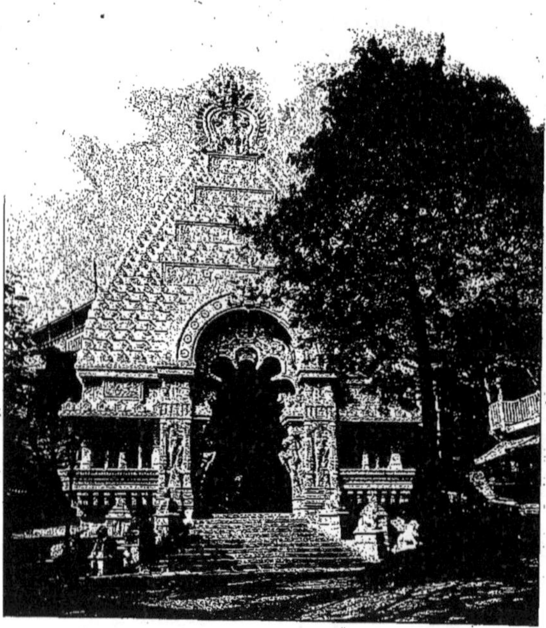

TEMPLE DE L'INDE FRANÇAISE

Toutes ces colonies avaient leur exposition particulière, assez semblable l'une à l'autre pour les produits exposés, dont l'ivoire, les arachides, les bois, la kola et le caoutchouc formaient la base. Leurs dieux avaient le même caractère de grossièreté ; leurs armes, leurs instruments de sacrifices humains la même barbarie. Mais les formes extérieures présentaient une pittoresque variété. Elles s'inspiraient des habitations du pays, d'assez loin, comme le pavillon du Sénégal-Soudan avec ses murs en mortier de terre laissé rugueux ; ou de plus près, comme les huttes de la Nouvelle-Guinée et les paillotes du Dahomey.

Étonnée de ne pas les trouver plus féroces, la foule s'amusait à regarder les indigènes se livrant à quelque menue besogne en mâchant leur bâton de réglisse. Ils avaient généralement l'air assez frileux sous le soleil parisien. La vente de leurs produits ne leur

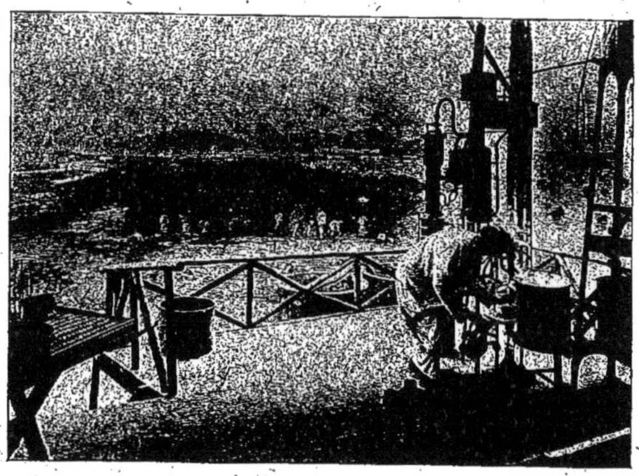

UNE DISTILLERIE DE CANNES A SUCRE AUX ILES COMORES
Diorama de Paul Marsac.

donnait qu'une gaieté passagère ; les femmes surtout étaient dolentes. Les uns et les autres semblaient souffrir d'être ainsi regardés plus en bêtes curieuses qu'en frères. Seuls, les soldats semblaient contents de leur sort et surtout de leur uniforme, précieuse indication pour la conduite de ces grands enfants.

A l'exception du Congo, qui en avait été distrait on ne sait pourquoi et logé tout en haut du Trocadéro, ces expositions africaines faisaient toutes suite à la Tunisie.

A côté d'elles, l'Alliance française pour la propagation de notre langue à l'étranger avait élevé un pavillon modeste en comparaison des services que rend cette société animée de la foi patriotique. Grâce à elle, des écoles réparties dans toutes les parties du monde enseignent en même temps le français et l'amour de la France.

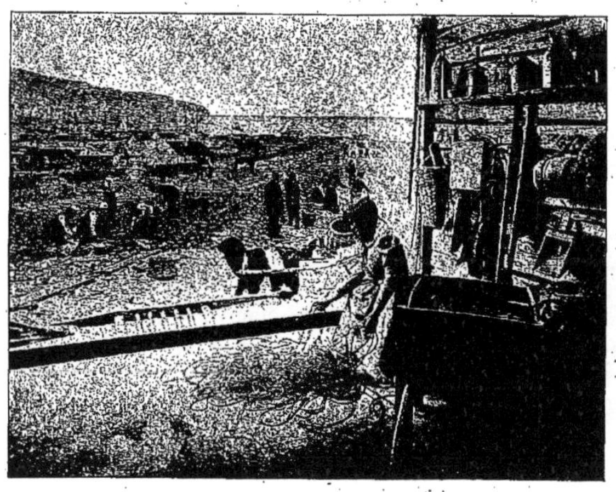

SÉCHAGE DE MORUES A SAINT-PIERRE
Diorama de Gaston Roullet.

La presse coloniale, qui combat avec d'autant plus de mérite qu'elle prêche souvent dans le désert, avait également réuni dans un pavillon spécial les nombreux spécimens de sa propagande active.

Enfin cette partie de l'Exposition se terminait par l'Inde française, dont l'organisation avait éprouvé des malheurs financiers. On y voyait un édifice des environs de Pondichéry, curieusement ouvragé dans le style des temples hindous. Cette évocation de l'empire que nous aurions pu conserver inspirait plutôt la tristesse.

En remontant vers le Trocadéro, on rencontrait un pavillon groupant nombre de petites colonies éparses sur la surface du globe et très intéressantes. Mayotte et les Comores, situées entre Madagascar et la côte d'Afrique, très fertiles en cannes à sucre, dont une distillerie était représentée en diorama par Paul Marsac.

Djibouti et la côte française des Somalis, appelée autrefois colonie d'Obock, qui commandent l'entrée de la mer Rouge. C'est aussi le seul débouché de l'Abyssinie vers l'Océan. Un diorama donnait la vue du chemin de fer en construction vers Harrar. On conçoit pour l'avenir l'importance d'une pareille situation.

Un autre diorama de Gaston Roullet transportait aux parages sévères de Saint-Pierre, devant les travaux du séchage de la morue. Vieille colonie à laquelle nos pêcheurs tiennent d'autant plus qu'ils y mènent une vie pleine de dangers.

Enfin, un quatrième diorama, de Paul Merwart, représentait la pêche des perles aux îles Touamotou, et de nombreux objets rappelaient nos autres possessions océaniennes : l'archipel de Taïti, les îles Toubouaï, Gambier et Marquises, dont les femmes ont une réputation de beauté méritée, à en juger par une gracieuse jeune fille de cire vêtue d'un costume de plumes.

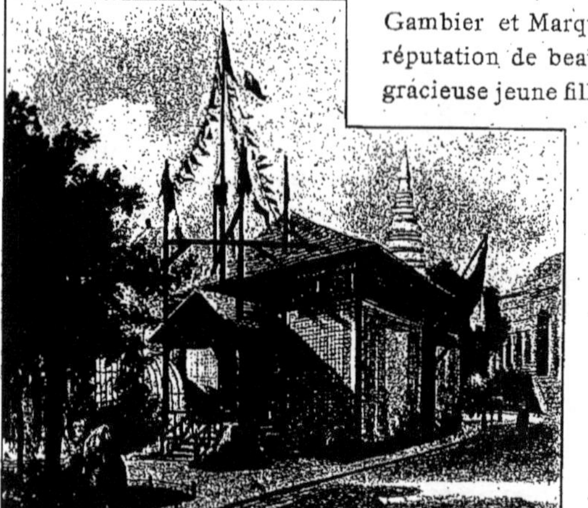

PAVILLON DE LA NOUVELLE-CALÉDONIE

Si ces îles ne sont pour nous que de précieux points de relâche sur l'immensité de l'océan Pacifique, la Nouvelle-Calédonie est une très belle colonie, à qui les forçats ont fait à tort une mauvaise réputation. Grande comme trois départements français, très fertile sur un tiers de son territoire, très riche en minerais sur le reste, elle pourrait devenir fort riche, maintenant

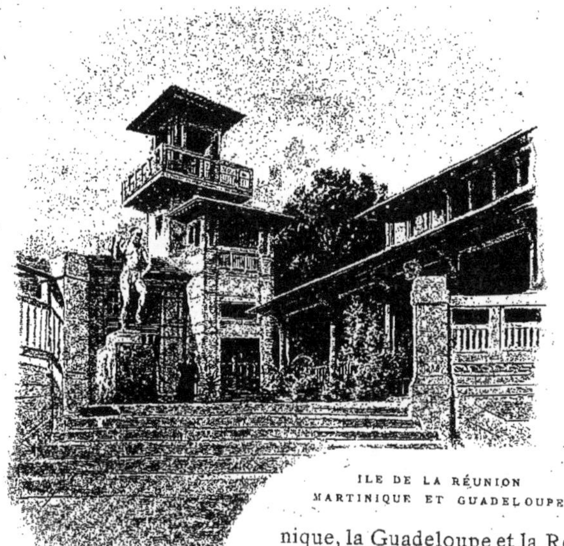

ILE DE LA RÉUNION
MARTINIQUE ET GUADELOUPE

surtout que les frais de transport deviennent de moins en moins onéreux. Plus de 200.000 hectares pourraient fructueusement être cultivés en café, et nous venons seulement de nous en apercevoir, depuis cinquante ans que l'île est en notre possession. La Nouvelle-Calédonie avait un pavillon particulier, simple mais très bien garni, contenant une grande carte en relief de toute beauté.

Nos trois plus anciennes colonies, la Martinique, la Guadeloupe et la Réunion avaient groupé leurs pavillons autour de la même cour. Elles apparaissaient un peu mélancoliques, comme d'honorables et vieilles personnes dont l'histoire est terminée. La suppression de l'esclavage, la concurrence du sucre de betterave et encore l'introduction de la politique leur ont porté des coups successifs. Les mulâtresses aux cheveux coiffés de madras, qui versaient du rhum aux clients, ne semblaient pas en avoir leur bonne humeur altérée.

Le petit pavillon de la Guyane française était une révélation. Cette colonie, qui n'est malsaine qu'aux abords du pénitencier, tient en réserve dans ses forêts admirables des richesses inexploitées. Quand les 400 kilomètres de chemin de fer récemment votés, permettront de pénétrer dans l'intérieur des terres, le cacao, le café et les plus précieuses cultures produiront un revenu plus certain encore que celui de l'or, dont la production a cependant dépassé 86 millions de 1890 à 1899.

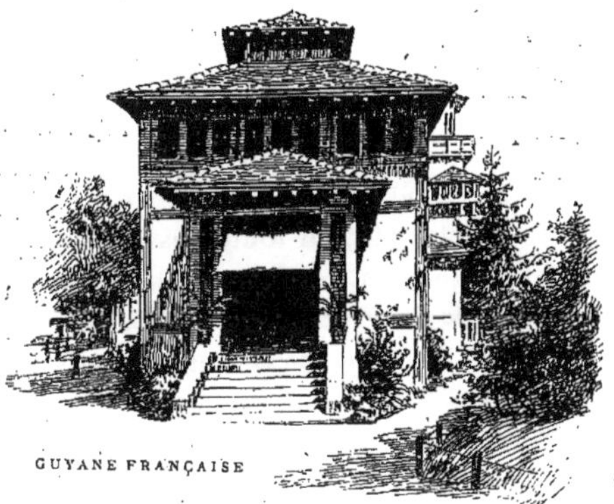

GUYANE FRANÇAISE

VUE A VOL D'OISEAU DE L'EXPOSITION GÉNÉRALE DE L'INDO-CHINE

Théâtre Indo-Chinois.　　　　Pagode de Phuoc-Kien (Cochinchine),　　　　Palais de Co-Loa (Tonkin),
Plus haut, le Pavillon des Forêts.　　contenant l'exposition des produits.　　contenant l'exposition artistique.

En haut, à droite, la colline de Pnôm-Penh (Cambodge), avec le grand Pnôm et la Pagode.
Dans le coin de gauche, le bâtiment où étaient logés, à Auteuil, les soldats et le personnel indo-chinois.

L'Indo-Chine est une colonie récente, car notre première acquisition dans la presqu'île est Saïgon et date de 1862. La dernière annexion du Laos est de 1893. Elle compte aujourd'hui cinq royaumes : la Cochinchine, le Cambodge, l'Annam, le Tonkin et le Laos, qui vont de la pointe est de la presqu'île jusqu'aux frontières de Chine, en se développant sur toutes les côtes orientales.

Le territoire total est de 700.000 kilomètres carrés, soit environ une fois et un tiers la surface de la France. Il est bien peuplé, puisqu'on y compte 20 millions d'habitants ; le climat y est chaud sans être malsain ; les cultures les plus riches et les plus variées peuvent y réussir ; les montagnes sont riches en mines encore inexploitées ; la population y est douce et aussi travailleuse qu'elle peut l'être sous ces climats.

Déjà le budget général de 50 millions est en excédent de recettes de 9 millions, et le commerce annuel atteint 255 millions. Une administration supérieurement conduite a centralisé le commandement, évité tout conflit entre les autorités civile et militaire et aplani toute difficulté avec les anciennes dynasties qu'il est sage de ménager.

Quand les chemins de fer, dont 1.600 kilomètres sont en voie de construction, seront achevés, quand des travaux nécessaires et possibles auront aménagé les eaux, quand les frontières chinoises seront définitivement pacifiées — et tout cela se fera — l'Indo-Chine, qui est déjà une belle et productive colonie, deviendra une seconde France à l'extrême Orient. Nous y retrouverons ce que nous aurions pu avoir dans les Indes aujourd'hui anglaises.

Son exposition était de beaucoup la plus belle et la mieux organisée de toutes les expositions coloniales, encore que l'on ait pu y regretter l'absence de renseignements statistiques et d'un bureau d'informations.

Elle comportait diverses constructions, dont l'ensemble ne couvrait pas moins de deux hectares.

La reproduction du Palais de Co-Loa, au Tonkin, contenait l'exposition des Arts indo-chinois anciens et modernes. Au milieu de colonnades d'un

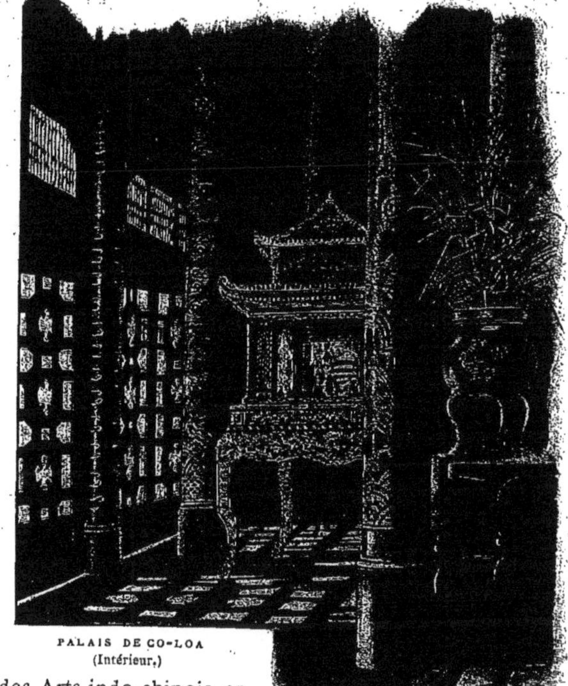

PALAIS DE CO-LOA
(Intérieur.)

rouge vif, couvertes de courses de dragons peints dans un fouillis de panneaux ajourés et dorés, des bronzes, des laques, surtout des bois incrustés de nacre offraient leurs formes étranges et cependant connues. Cet art, qui paraît libre et fantaisiste à première vue, se répète sans cesse, si bien que la connaissance de cinq ou six objets initie à toutes ses formules décoratives. La main-d'œuvre,

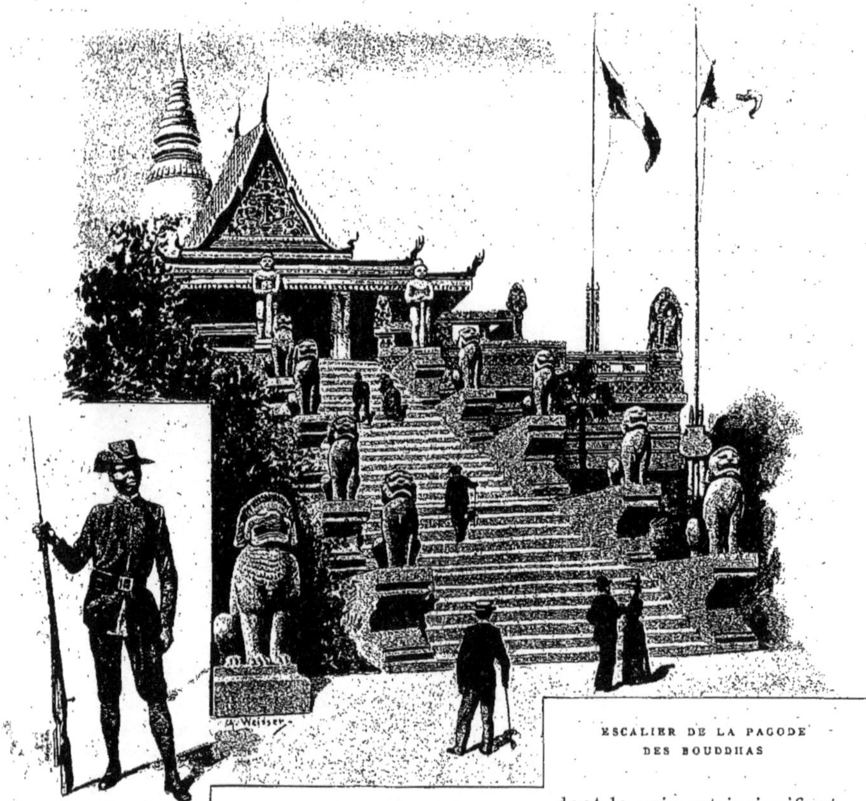

dont le prix est insignifiant, s'applique avec une patience infinie à accumuler de longs efforts sur de petits espaces, sans arriver pour cela à produire de grands effets d'ensemble.

On remarquait la méticuleuse reproduction d'un sanctuaire de pagode bouddhiste et un lit en bois de fer incrusté de nacre, dont la bordure fouillée en dentelle symbolisait sans doute les caprices des rêves des fumeurs d'opium.

Les produits principaux avaient été réunis dans un autre palais, qui était une copie de la pagode de Phuoc-Kien, en Cochinchine, d'une ornementation toujours guillochée et dorée, mais d'un style se rapprochant de l'Inde tout en conservant encore un caractère chinois. De grands personnages hiératiques y gardaient en grimaçant des sacs du riz qui représente les cinq sixièmes de la production coloniale; le poivre et le caoutchouc, le café et le thé, espoirs de l'avenir. Au surplus, les divers

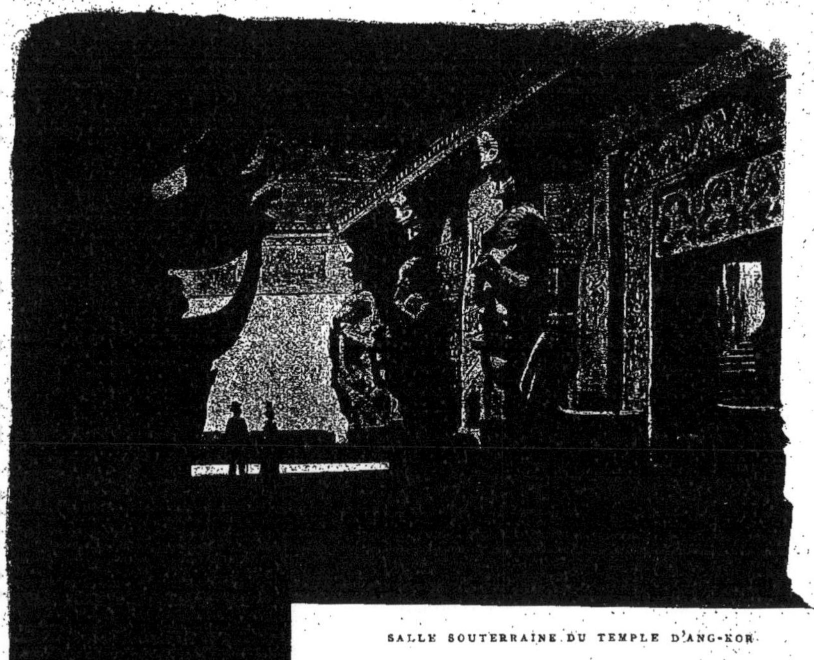

SALLE SOUTERRAINE DU TEMPLE D'ANG-KOR.

climats de ces vastes contrées sont susceptibles des cultures les plus variées, dont les échantillons, ainsi que les minerais de mines à leur aurore, témoignaient des richesses que donneront des exploitations bien dirigées.

Un troisième et plus modeste pavillon, copie d'une riche maison annamite de la haute Cochinchine, contenait les essences foresières, les instruments et les produits de la chasse et de la pêche. Ses panneaux de bois ajouré produisaient d'autant plus d'effet qu'ils étaient relativement plus sobres de sculptures.

Le monument le plus curieux de l'Exposition entière était la reconstitution de toute une colline sacrée de la ville de Pnôm-Penh, au Cambodge. Un rude escalier de 10 mètres de hauteur, gardé par des tigres grimaçants, conduisait au sommet, occupé par la pagode des Bouddhas. Là, des divinités, des personnages bouddhiques ou brahmaniques, des brûle-parfums, des tables d'autel, des modèles de pagodes, les vases à encens et tous les objets du culte formaient une exposition aussi intéressante qu'inattendue.

De la plate-forme du temple, la vue s'étendait sur le Trocadéro et le Champ de Mars. De légères sonnettes suspendues à la toiture portaient une feuille de métal à leur battant; la brise les agitait doucement et des sons aériens accompagnaient la magie du spectacle.

Après avoir traversé des galeries où la mission Pavie avait exposé les résultats étonnants de ses explorations de quinze années dans l'Indo-Chine, on arrivait à un monumental escalier situé sous le grand Pnôm funéraire, pyramide conique dont la pointe dorée s'élevait à 47 mètres du sol.

Il aboutissait à une immense salle de sous-sol, et c'est un malheur que, pour ménager la surprise, on n'ait pas mieux annoncé cette salle. Les nombreux visiteurs qui ne l'auront pas vue seront passés à côté d'une chose admirable. Le Gouvernement général de l'Indo-Chine, qui avait supporté tous les frais de son exposition, avait largement fait les choses et donné un exemple peu suivi. Il avait laissé gratuite cette attraction de premier ordre.

De gigantesques éléphants de pierre soutenaient un plafond formé de dalles immenses, desquelles pendaient des stalactites produites par des suintements séculaires. A l'infini, des monstres, des dragons, des najas à sept têtes, tous les animaux symboliques du bouddhisme peuplaient les murailles, dont pas une pierre ne restait sans sculpture.

Ainsi l'architecte M. Marcel, avait reconstitué avec un étonnant caractère de vérité et de grandeur les plus belles parties du temple d'Ang-Kor et du palais de Beng-Mealea, ces merveilles de l'art kmer, dont les ruines formidables sont les plus saisissantes du monde archéologique.

Pendant une période de quinze siècles, du cinquième avant au dixième après Jésus-Christ, la race kmer a régné au Cambodge, et les restes indestructibles de sa puissance, perdus aujourd'hui au milieu des forêts, indiquent un développement monumental supérieur même à celui de l'Inde.

Pour aider à sortir de la sensation d'écrasement causée par de pareilles grandeurs, un cinématographe projetait des visions rapides de la vie contemporaine qui anime les rues de Saïgon, et des dioramas très soignés évoquaient poétique-

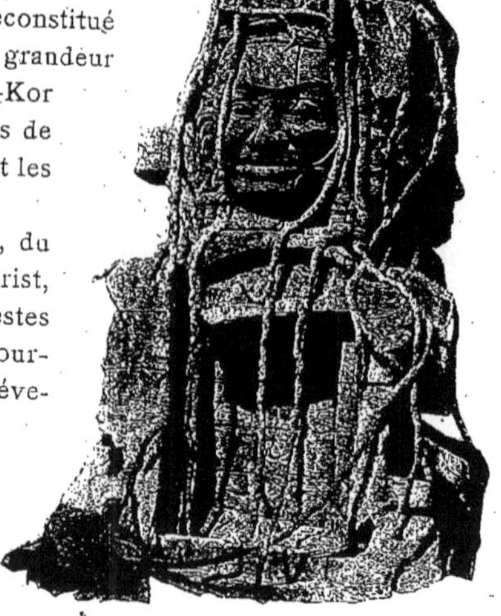

BOUDDHA A DOUBLE FACE
Statue recouverte de lianes, reconstituée dans les jardins
de l'exposition de l'Indo-Chine.

ment des paysages de la
baie d'Along, au Tonkin,
et des rives du Mé-Kong,
à Mytho, en Cochinchine.

L'Exposition indo-
chinoise était complétée
par quelques ateliers où
des artisans annamites se
livraient à de délicates et
patientes besognes, sous
l'œil bienveillant de la
foule, qu'ils regardaient
eux-mêmes d'un air amusé.
Les soldats, gardant çà et
là des factions peu rigou-
reuses, avaient très bonne mine sous
leur coquet accoutrement, et beaucoup
montraient des membres bien pris dans
leur petitesse. Aucune hostilité cachée
sur les visages de ce peuple habitué
depuis des siècles à des servitudes successives et pesantes, qui ne peut voir en
nous que des émancipateurs et que nous
nous attacherons facilement.

Il y avait aussi un éléphant blanc,
répondant au nom de *Chérie,* et un
théâtre indo-chinois, dans un joli pavillon
d'architecture cambodgienne. Mais les
ballets de la cour de Norodom étaient dansés par les artistes de l'Opéra de Paris.

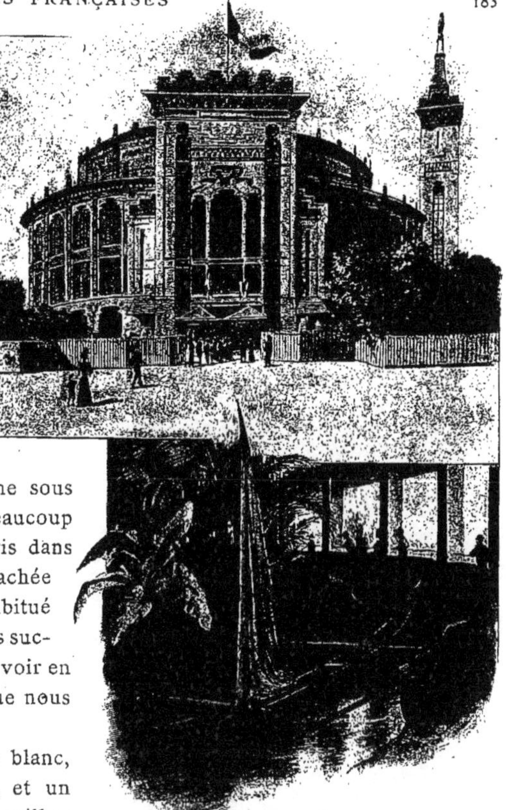

EXPOSITION DE MADAGASCAR

Il fallait sortir du Trocadéro pour retrouver l'énorme cirque élevé sur l'emplacement du bassin de la place supérieure et qui contenait l'exposition de Madagascar.
Sans s'arrêter aux dioramas représentant Majunga, Suberbieville et les autres étapes
de la route, et sans être retenue par un prix d'entrée au moins étonnant dans une
exposition officielle, la curiosité publique montait tout droit au panorama de Louis
Tinayre, représentant la prise de Tananarive en 1895.

Cette immense toile de 120 mètres de tour sur 14 de hauteur, animée de
250 silhouettes distinctes, dont la plupart étaient des portraits, évoquait avec une
saisissante vérité la minute suprême où le drapeau blanc fut hissé au sommet du

palais de la reine. Les généraux Duchesne, Metzinger, Voyron sont là, attendant le signal avec anxiété. Ils savent que les troupes, épuisées par la maladie, sont incapables d'un assaut. Ce paysage de terre rouge et de mamelons dominés par la haute ville aurait pu être le témoin d'un désastre.

Aujourd'hui, la conquête est faite et l'organisation marche à pas rapides ; trois étages de galeries faisant le tour du cirque en montraient les résultats acquis et les espérances.

Au rez-de-chaussée, la profonde forêt malgache était figurée avec ses torrents et ses animaux, et deux dioramas représentaient la culture du riz et l'exploitation du caoutchouc. Sur le pourtour, des indigènes se livraient à leurs occupations habituelles, filant la soie du bombyx ou de l'araignée à soie, tressant des roseaux ou du raphia, tournant des poteries primitives, lavant même l'or dans des calebasses. Quelques musiciens, grattant une sorte de lyre à trois cordes et un cylindre de bambou entouré d'une vingtaine de fibres, ou soufflant dans des roseaux et des manières de cornemuse, essayaient de réveiller de leur langueur engourdie ces êtres parqués dans de basses cases, comme des animaux. Ils ne regardaient point leurs vainqueurs avec de tendres regards.

La galerie du premier étage contenait de nombreux plans, des leçons de choses utiles à l'explorateur et au planteur, des objets du travail indigène, sans caractère, une faune naturalisée assez pauvre et un musée ethnographique qui se poursuivait dans la galerie du second étage.

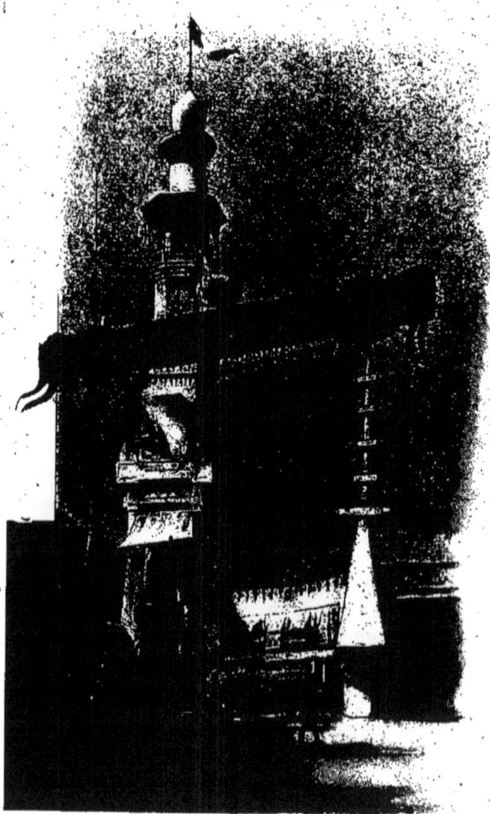

ENTRÉE DU PANORAMA MARCHAND.

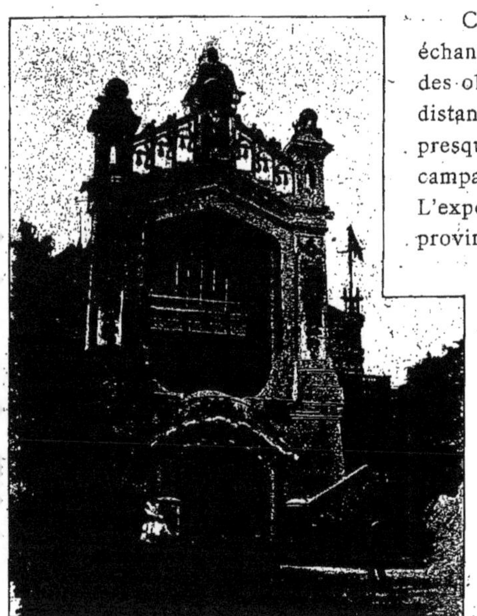

PAVILLON DES MISSIONS CATHOLIQUES AU TROCADÉRO

Celle-ci contenait encore, avec des échantillons de tous les produits agricoles, des objets de l'industrie de ce pays, où la distance morale est énorme entre la capitale, presque civilisée à l'européenne, et les campagnes, d'une sauvagerie primitive. L'exposition, méthodiquement disposée par provinces, indiquait une bonne organisation administrative.

L'île de Madagascar, grande comme la France, peut se prêter à toutes les cultures. Ses forêts et très probablement son sous-sol renferment de grandes richesses. Mais il faudra créer partout des voies de communication qui font totalement défaut, et surveiller pendant longtemps des peuples de très médiocre moralité. Là, comme dans l'Afrique occidentale, la France s'est créé une réserve d'avenir.

Le présent est déjà satisfaisant. Depuis la conquête, le commerce de l'île avec la France a décuplé ; il a triplé avec les autres nations. Saurons-nous au moins, par des mesures douanières nécessaires, nous réserver un marché que nous avons créé, ou d'étranges principes de liberté internationale nous feront-ils, là encore, tirer pour les autres les marrons du feu ?

Le panorama voisin, de la mission Marchand, était une déception. M. Castellani avait choisi le poste central de Bangui, sur l'Oubangui, séparant à cet endroit le Congo belge du Congo français. Ce site n'avait rien de dramatique par lui-même, ni par les événements qui s'y sont passés, puisque ce n'est qu'à partir de là que la mission est entrée dans les contrées inconnues qui mirent à l'épreuve son héroïsme. La peinture, assez terne, n'était pas pour relever le pittoresque du paysage.

Si l'arrivée à Fachoda devait être politiquement écartée, au moins aurait-on pu choisir un site du Bahr-el-Ghazal, avec l'horreur de ses eaux limoneuses. Une douzaine de dioramas étaient plus intéressants que le panorama, mais l'effet général était manqué, car on sortait de là avec une ardeur patriotique plutôt rafraîchie qu'exaltée.

Bien avant le mouvement actuel de colonisation, les Missions Catholiques, filles des Croisades, étaient allées porter en extrême Orient les principes de la civilisation chrétienne. La chambre des martyrs du séminaire de la rue du Bac contient une terrible collection des instruments de torture qui n'ont jamais arrêté l'élan des courageux apôtres. Étant depuis si longtemps à la peine, les Missions avaient bien le droit d'être à l'honneur, et leur pavillon trouvait des éléments de grandeur ailleurs que dans son architecture.

Au rez-de-chaussée, des scènes, dans le genre des musées de cire, représentaient les martyres du P. Le Vacher, à Alger, en 1683, et de Mgr Borie, au Tonkin, en 1838; une léproserie de Birmanie et une classe de Madagascar tenues par des Sœurs.

Au premier étage, vingt ordres religieux étaient représentés par leurs œuvres et celles de leurs élèves, et trente portraits de martyrs entouraient la haute figure de Mgr Lavigerie. Dans son portrait de S. S. Léon XIII, somptueusement exposé, Benjamin Constant n'avait pas été aussi heureux que dans celui de S. M. la reine d'Angleterre, du grand palais des Beaux-Arts.

Un grand tableau représentait la cérémonie religieuse d'un départ de missionnaires. A ceux que la « folie de la croix » pousse ainsi vers des douleurs certaines et des supplices probables, sans aucun espoir de récompense terrestre, sans autre joie que celle de la foi agissante, il ne faut ménager ni le respect ni la reconnaissance patriotique. Ils emportent avec eux le culte de la France et la font aimer au loin comme la terre d'élection de la charité.

Tout le groupe XVII, consacré aux procédés et au matériel de colonisation, occupait les galeries extérieures du palais du Trocadéro. On y voyait les lourdes voitures Lefèvre, de sinistre mémoire, dont les étroites roues de fer semblaient destinées d'avance à s'enfoncer dans les terrains mous où on les a retrouvées après des années, dans la brousse de Madagascar. On y trouvait aussi les produits spéciaux réservés à l'exportation aux colonies. Pourquoi n'étaient-ils pas dans les autres classes alimentaires ? Est-ce à dire qu'ils peuvent être de qualité inférieure ?

Tant d'espaces ouverts à notre expansion donneront-ils aux Français l'esprit colonisateur qui leur manquerait, s'il fallait s'en rapporter aux calomnies ? Tout au moins les méthodes doivent-elles changer. Demander à des fils de famille ou même aux ouvriers de la terre de partir en enfants perdus pour des

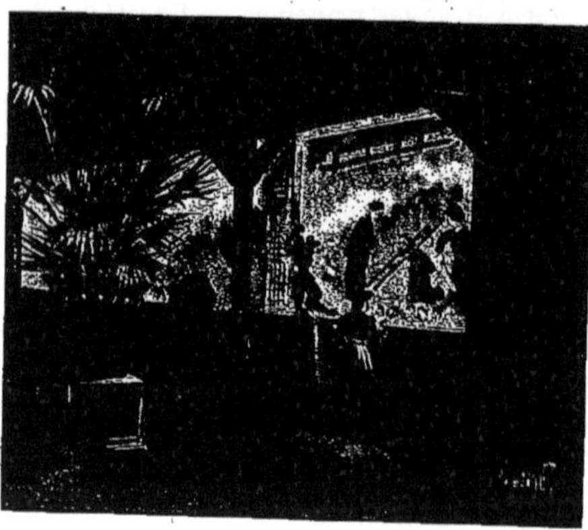

MARTYRE DE Mgr BORIE AU TONKIN EN 1838

contrées inconnues, c'est aller contre la raison. L'histoire est là pour prouver que les grandes compagnies coloniales peuvent seules réussir. Elles créent un noyau de civilisation, ouvrent les voies de communication et lotissent des terrains où le colon n'a plus qu'à venir s'installer.

Une autre question se pose à propos de l'utilisation des races indigènes. Il faut bien dire qu'elles sont inférieures. Faut-il se contenter de les utiliser avec douceur, ou doit-on les élever en masse au niveau européen ? Les entraînements sentimentaux sont dangereux en cette matière, et il suffirait certainement de ne pas mettre une barrière à l'éclosion des intelligences d'élite qui peuvent naître sous toutes les latitudes. On n'aperçoit pas nettement ce que nous aurions gagné à produire de nouvelles couches sociales semblables au couple symbolique représenté dans le tableau de M. Thévenot. De longs siècles au moins sont nécessaires pour effacer l'atavisme d'une barbarie vieille comme le monde.

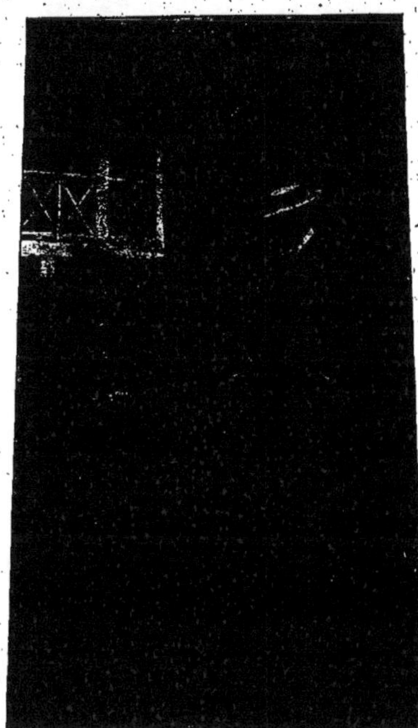

PEINTURE DE M. THÉVENOT
dans le Pavillon de la Compagnie française
de l'Afrique occidentale

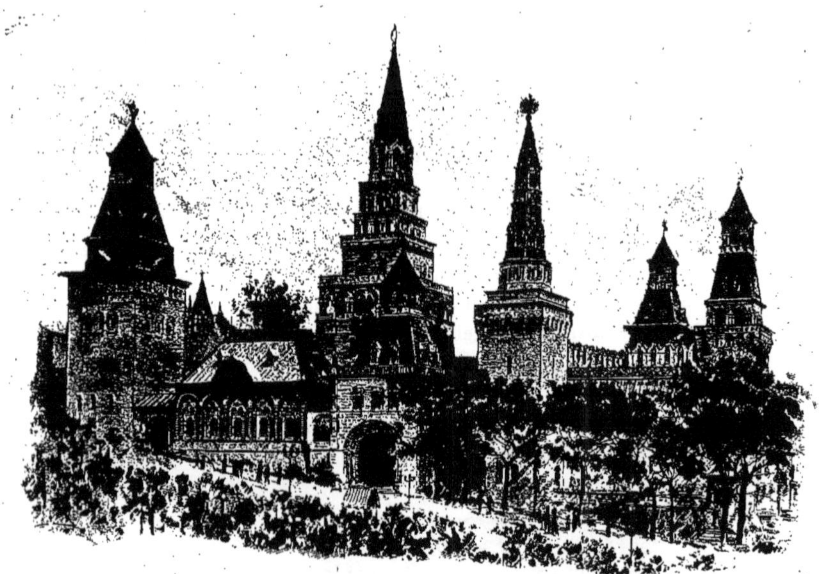

NATIONS ET COLONIES ÉTRANGÈRES

Si le gouvernement impérial n'avait pas cru devoir édifier dans la rue des Nations le palais attendu de la Russie d'Europe, au moins les tours du Kremlin de la Russie d'Asie, inspirées de celles du Kremlin de Moscou, dominaient-elles par leur hauteur et leur situation les autres expositions du Trocadéro.

Dans toutes les classes, les arts et les industries de la Russie témoignaient que les temps étaient loin où les expositions de l'empire se bornaient à des matières premières et à des échantillons minéralogiques. Dans ce palais, c'était l'affirmation de l'occupation et de la mise en valeur méthodique de territoires d'une étendue stupéfiante et qui ne sont point des déserts. Quand une politique dont l'orientation ne varie pas, aura terminé d'accomplir les vues de Pierre le Grand, fortement amplifiées par ses successeurs, la Russie disposera d'une puissance assise sur un territoire égal au sixième des régions terrestres du globe et supérieure à celle de tous les autres peuples de l'Europe réunis.

Après avoir traversé une petite cour où les œuvres des principaux compositeurs russes étaient interprétées par un excellent orchestre, on entrait dans la grande salle de l'Asie centrale, entourée de peintures reproduisant des scènes agricoles. La vitrine contenant les joyaux et les broderies d'or de l'émir de Boukhara était moins suggestive que quelques spécimens de coton; avant

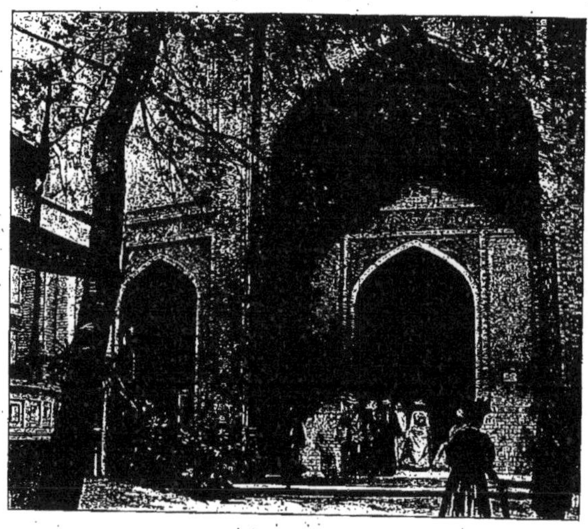

COUR INTÉRIEURE DE L'ASIE RUSSE

peu, le Turkestan et le Caucase, dont la salle était voisine, fourniront de ce textile toute la consommation russe.

Trois salles consacrées aux Sibéries, celles du centre, du nord et de l'extrême nord, s'ouvraient à la suite. De la minuscule hermine à l'énorme ours boréal, toutes les fourrures étalaient leurs toisons protectrices. Des minerais et de l'or; des malachites et des néphrites; des marbres dont une grande coupe en pierre rouge d'Orletz, plus rare que belle; des bois de toutes les essences; des produits de la chasse et surtout de la pêche, indiquaient la vie de ces pays, trois fois plus grands à eux seuls que le continent européen. Une partie seulement dort sous les glaces d'une torpeur que réveilleront les locomotives, et elles étaient là, toutes prêtes, dans les salles du Transsibérien.

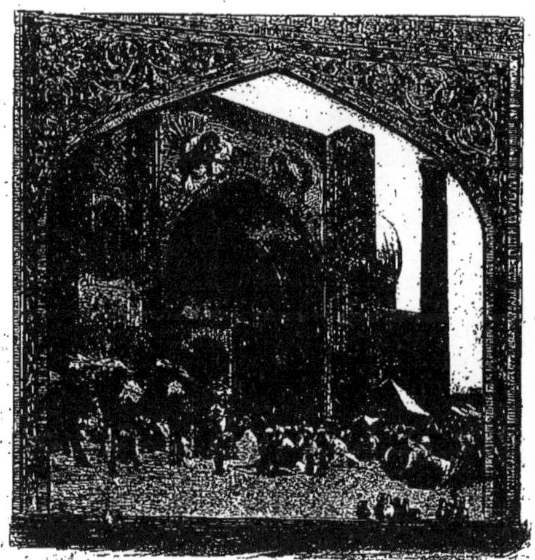

TABLEAU DE SAMARCANDE, DANS LA SALLE DU TURKESTAN

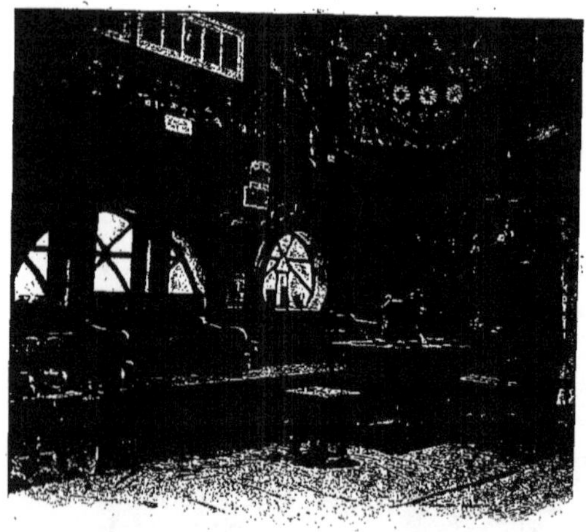

UN INTÉRIEUR DU VILLAGE RUSSE

Le 19 mai 1891, la première pierre de la grande ligne fut posée par Nicolas II, alors tsarowitz ; à la fin de l'année 1900, 6.000 kilomètres seront couverts de rails. Dans trois ans, tout sera terminé. Alors on ira du Havre à Vladivostok, de l'Atlantique à la mer du Japon, en quinze jours et pour 500 francs, en première classe. Le trajet sera de 12.000 kilomètres, dont plus de 10.000 sur le territoire de la Russie. Il n'en coûtera pas plus de prendre l'embranchement sur Pékin.

Déjà, d'ailleurs, la ligne fonctionne jusqu'à Irkoutsk ; le transit de 1899 a été de 1 million de voyageurs et de 650.000 tonnes de marchandises. Pour ne pas rester dans l'illusion au sujet des surprises économiques qui nous sont réservées, il suffira de constater que le Transsibérien transporte déjà du bétail et du beurre à destination du marché de Londres.

Le peuplement de la Sibérie, car on ne peut se servir du terme de colonisation pour cette terre russe, est conduit avec la même méthode que l'avancement des rails. Des deux côtés de la ligne, une bande de terrains est lotie en faveur des Russes d'Europe qui arrivent maintenant par plus de 200.000 chaque année ; déjà on est obligé d'élargir cette bordure, pourtant profonde. La population fera tache d'huile, en attendant la construction d'autres lignes venant se ramifier comme des côtes puissantes sur

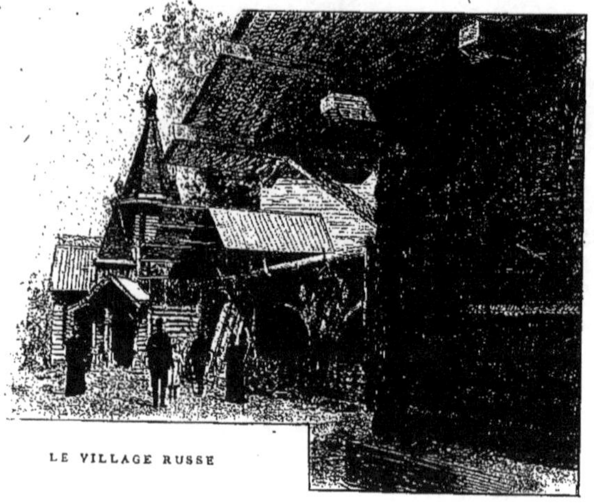

LE VILLAGE RUSSE

l'immense épine dorsale du monstre sibérien.

Tout cela était largement exposé, le présent et l'avenir, pour que nul ne l'ignore plus. Les Français auraient pu penser que leur appoint était pour quelque chose dans cette prodigieuse expansion, si la brochure officielle n'avait pris soin de les ramener à la véritable compréhension de la situation en imprimant : « Le total général des dépenses de construction du chemin de fer de Sibérie dépasse deux milliards; il aura été construit par les Russes, avec des capitaux russes. »

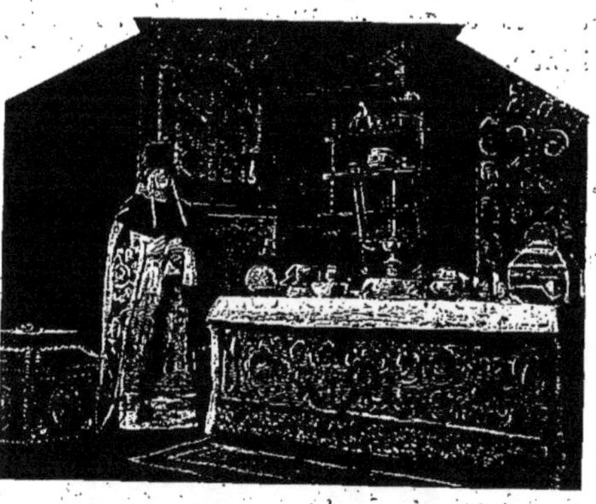

TEREM RUSSE (CHAMBRE DES FEMMES) DU XVIIᵉ SIÈCLE

L'empereur de Russie est personnellement propriétaire de surfaces immenses ; une partie de la Sibérie lui appartient. Les domaines impériaux, que ce soient les forêts du centre ou du nord, les terres transcaspiennes où se cultive le coton, la vigne de Crimée ou du Caucase, sont régis avec le plus grand soin par l'Administration des Apanages, qui occupait une salle spéciale. Toutes ces exploitations pouvaient être données aussi bien comme des modèles à imiter que comme exemples les rendements obtenus.

Malgré la meilleure volonté inspirée par le sujet et par le peintre, il était impossible de ne pas regretter le prix du spectacle, qui aurait pu être gratuit, donné par le grand tableau de Gervex : *le Couronnement du Tsar à Moscou.* La raideur des personnages de cette toile panoramique glaçait l'enthousiasme.

Les vues des puits de naphte, de l'industrie pétrolière et du temple des Adorateurs du feu, exposées dans la salle Nobel, étaient plus amusantes; et plus curieuse aussi la collection des objets du culte thibétain, réunie par le prince Oukhtomsky,

LE PAVILLON DES APANAGES IMPÉRIAUX

et des dieux des Bouriates et des Kalmouks, semblables aux Bouddhas de l'Inde.

Nous parlerons du Panorama transsibérien dans le chapitre des attractions. En sortant du palais, nous trouverons le village russe.

Entre les murailles du Kremlin et les galeries du Trocadéro, il avait été construit d'après les dessins du peintre Korovine, inspirés eux-mêmes par les anciennes habitations rurales des contrées du Nord. Ces pittoresques chalets, formés de troncs de sapins, contenaient l'exposition des objets de l'industrie rurale, organisée sous le patronage de la grande-duchesse Serge, sœur de l'Impératrice de Russie.

Pour occuper leurs longues veillées d'hiver, de nombreuses familles de paysans russes, artisans momentanés nommés *koustari*, se livrent à de petits travaux manuels qui leur rapportent un salaire d'autant plus mince que l'écoulement n'en est point assuré d'avance. Par la création de magasins centraux d'approvisionnement de maté-

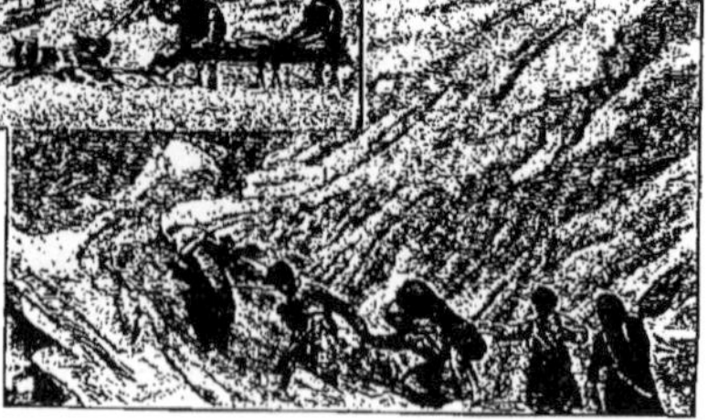

DIVERS COURRIERS DE POSTE EN RUSSIE

riaux et de vente, le Gouvernement les aide et les encourage de son mieux.

On pouvait voir et acheter les produits de cette industrie, tels qu'on les trouve aux foires de Russie : broderies aux vives couleurs, bois sculptés et dorés, cuirs et cornes curieusement travaillés, ivoires et bijoux, le tout d'une facture naïve, mais pleine de saveur, préférable aux essais de l'art moderne russe exposés dans une salle à part.

Une petite église contenait les objets du culte orthodoxe grec, d'une orfèvrerie surchargée. L'appartement qui attirait le plus l'attention était la reproduction d'un *terem* du XVIIe siècle, ou chambre réservée aux femmes dans les habitations des boyards. Elles y vivaient parées comme des idoles et éloignées de la vie guerrière et aventureuse de leur maître et seigneur.

Puisqu'en partant de Moscou on arrive à Pékin, et que l'avant-propos du Guide officiel de la Russie faisait ressortir avec soin l'amitié sino-russe, que les derniers

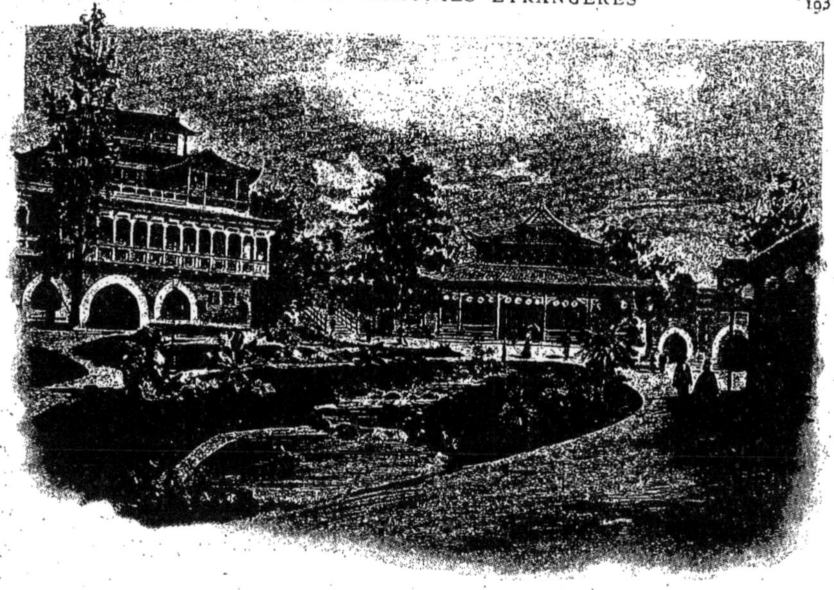

VUE DES PAVILLONS ET DU JARDIN CHINOIS

événements n'ont point trop démentie, il était naturel de passer de la Russie à la Chine, voisines au Trocadéro comme sur les cartes.

L'énigmatique Empire du Milieu, qui aurait dû s'abstenir pour être logique avec ses principes, avait au contraire organisé une exposition très importante et très jolie, il faut bien le dire, avec son jardin encadré de quatre constructions pittoresques et d'une porte monumentale.

La plus grande de ces constructions, qui contenait à l'étage supérieur le restaurant où le filet de bœuf remplaçait les *nids d'hirondelle,* reproduisait partiellement une des portes de la Grande Muraille. Les meubles y montraient leurs ébènes ou leurs bois de fer incrustés de nacre, et les bronzes leurs formes tourmentées. Une curieuse reproduction d'un enterrement de pêcheur faisait même pénétrer dans la vie intime des Célestes. Des costumes remarquables, triomphe de la soie brochée et brodée, occupaient un second pavillon. Deux autres étaient consacrés aux porcelaines anciennes et modernes. Toutes ces choses étaient bien fabriquées. Le Chinois ne se répand pas en inventions nombreuses; il ne faut pas lui demander des conceptions nouvelles, le champ de son imagination est clos; mais il soigne ce qu'il fait, et la valeur du temps ne compte pas pour lui.

Dans une rangée de petites boutiques, des artisans placides sculptaient dans

13

la stéatite, sorte de pierre savonneuse, de petites statuettes grimaçantes, qu'ils vendaient assez facilement aux passants.

L'art chinois est peu varié et sa fantaisie apparente ne sort pas de données toujours semblables. L'architecture a même été codifiée dans des lignes immuables où les toits se relèvent comme les tentes des anciens nomades. L'opposition est flagrante entre la pérennité des institutions et la fragilité des choses, et les mêmes objets se répètent à l'infini depuis des dizaines de siècles.

Les jardiniers chinois savent torturer de jeunes chênes de façon à maintenir nains des arbres destinés à devenir géants ; c'est le symbole du caractère national, qui a un goût prononcé pour les ruines et les déformations de la nature.

C'est aussi la condamnation de la race. S'il ne s'ensuit pas que l'Europe ait le devoir d'aller imposer ses idées à main armée, au moins a-t-elle l'obligation de prendre les mesures nécessaires à la protection réelle de ses nationaux, qui ont le droit d'aller, en Chine comme ailleurs, exercer leur pacifique activité.

Tant est grand l'esprit de justice de nos foules qu'elles ne songeaient pas, même par des reproches, à rendre les Chinois de l'Exposition responsables des atrocités qui se perpétraient chez eux ; tel est au contraire l'unique respect de ces gens pour la force, qu'ils en paraissaient plus surpris que reconnaissants.

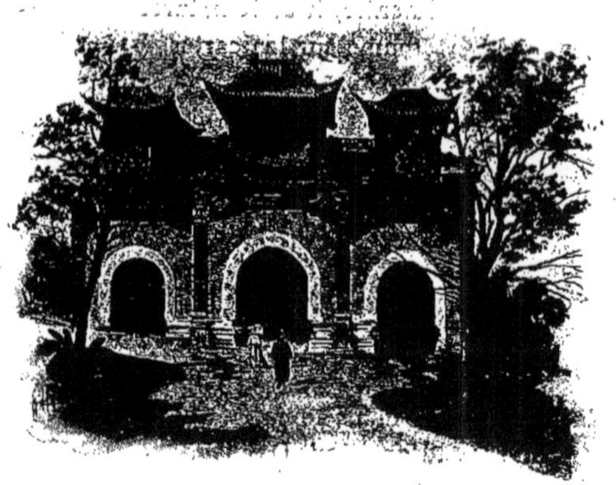

REPRODUCTION DE LA PORTE DU PALAIS IMPÉRIAL DE PÉKIN

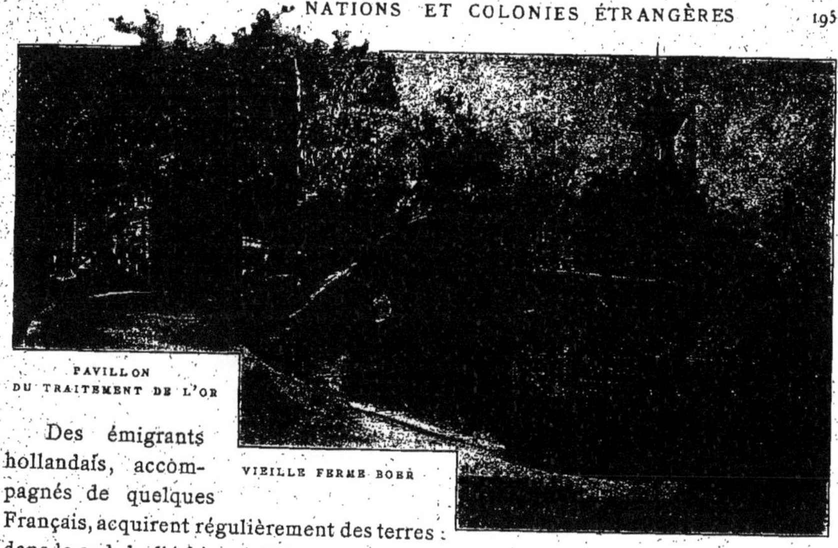

Des émigrants hollandais, accompagnés de quelques Français, acquirent régulièrement des terres dans le sud de l'Afrique. Ils luttèrent avec une persévérance acharnée contre les difficultés d'un sol peu hospitalier. Ils habitèrent, jusqu'à ces derniers temps, des masures comme celle qui fut reconstituée au Trocadéro. Des mines de diamant et d'or furent découvertes sur leur sol ; une pyramide, haute de 14 mètres sur 2^m,50 de base, figurait les 621.786 kilogrammes d'or fin, valant 2 milliards 142 millions, qui en furent extraits. Ils laissèrent des mains étrangères s'emparer de ces richesses sans en tirer d'autres profits que quelques droits légitimes et sans changer leur vie pastorale. Ils employèrent ces revenus à faire passer de 200.000 francs en 1882 à 6 millions en 1898 le budget de leur instruction publique.

Mais leurs mines tentèrent d'autant plus qu'elles parurent inépuisables. De plus, les territoires de l'Orange et du Transvaal se trouvaient sur la route du Cap au Caire. Cela suffit pour que l'Angleterre se résolût à sacrifier cinquante mille hommes et 3 milliards, le double s'il l'eût fallu, pour écraser des gens qui avaient juré de défendre leur patrie jusqu'à la mort et qui tinrent parole.

Les États du Transvaal et de l'Orange devant disparaître politiquement de la carte d'Afrique, on peut s'arrêter un instant à leur histoire. Le cap des Tempêtes, qui devait devenir le cap de Bonne-Espérance, fut doublé pour la première fois en 1497, par Vasco de Gama, mais les Portugais ne profitèrent pas de leur découverte. Ce furent les Hollandais qui vinrent occuper le Cap et s'y établirent.

En 1652, la Compagnie des Indes orientales ayant décidé de fonder un établissement au Cap, les Anglais prirent cette ville aux Hollandais.

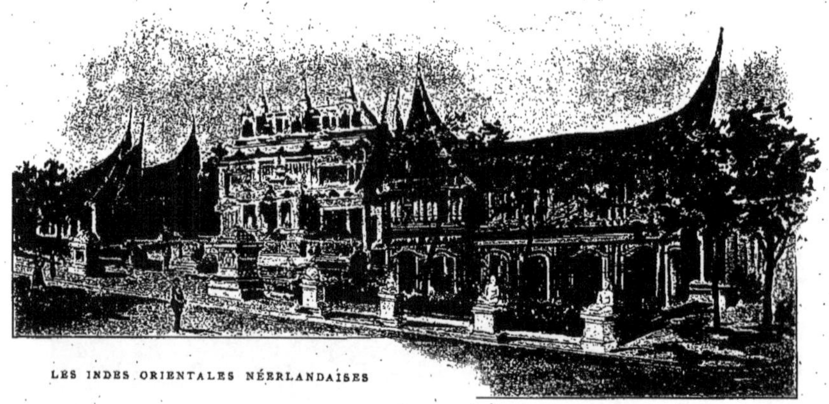

LES INDES ORIENTALES NÉERLANDAISES

Un certain nombre des vaincus restèrent sous les lois anglaises, mais créèrent un élément de résistance morale, accru par l'adjonction de calvinistes français qui s'y réfugièrent après la révocation de l'édit de Nantes. Leurs descendants sont les *Afrikanders* actuels, dont le but est l'autonomie et l'indépendance de tout le sud de l'Afrique.

Une partie des Hollandais remonta vers le nord et y mena, sous le nom de *Boers*, la vie pastorale que l'on connaît. Ils s'établirent dans l'Orange et le Transvaal.

Les Anglais les poursuivirent dans l'Orange. Sous la conduite de Prétorius, qui devait donner son nom à la ville de Prétoria, les Boers commencèrent une série de combats qui eurent raison alors de l'obstination britannique.

En 1852, l'État libre d'Orange était légalement constitué, et en 1881 la république du Transvaal fut officiellement reconnue. Ses limites furent fixées par la convention de Londres du 27 janvier 1884, et par celle du Cap du 20 juin 1888.

Le pavillon du Transvaal, élevé quand même, en pleine guerre, comme une protestation de paix et d'espérance, a représenté, à la fin de l'Exposition, une nationalité disparue. Après le congrès de La Haye, et pendant que les peuples semblaient fraterniser dans de communes volontés de paix, l'année 1900 aura vu s'accomplir le plus flagrant attentat de la force contre le droit que l'histoire ait encore enregistré.

Les Indes orientales néerlandaises sont la perle des colonies. Pacifiées, tout en demandant une surveillance qui tient en haleine l'armée de la métropole, administrées de concert avec nombre de princes indigènes à qui une utile autorité est laissée, ayant encore en réserve d'immenses étendues inexploitées, elles ont la qualité suprême de rapporter des sommes énormes à la Hollande.

Plus de trente-deux millions d'indigènes habitent ces îles de la Malaisie, Java, Sumatra, Bornéo, les Célèbes, cent autres et une partie de la Nouvelle-Guinée, qui sont les contrées les plus fertiles du monde. Le café, le tabac, les plus précieuses denrées y viennent à foison; le commerce extérieur dépasse 775 millions, dont, pour continuer à servir d'exemple, plus de la moitié se fait avec la métropole.

Pour donner un cadre à l'exposition de ces pays fortunés, on avait édifié, à l'aide de moulages pris sur place et rapportés pièce à pièce, le petit monastère de Chandi-Sari, à Java, pur monument de l'art hindou du VI siècle. Couvert de sculptures fantas-

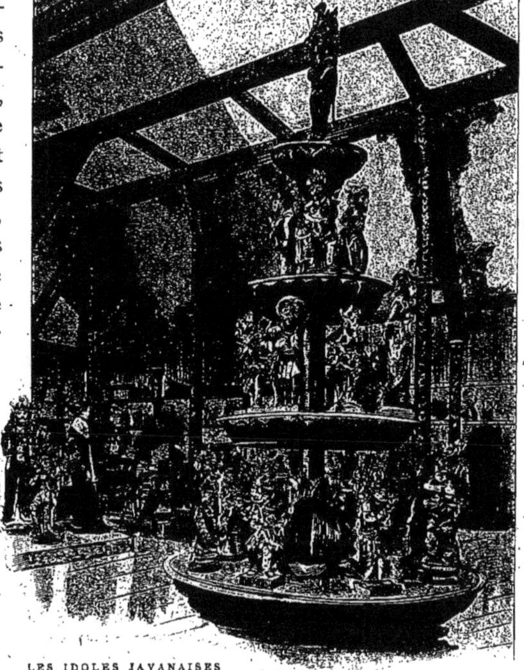

LES IDOLES JAVANAISES

tiques de la base au faîte, il était gardé par deux Bouddhas confits dans la béate contemplation de leur nombril.

A gauche et à droite, deux bâtiments, d'une forme inédite pour nos yeux européens, relevaient en éperons argentés leurs toitures en fibres de palmier. Telles sont les riches habitations rurales du plateau de Padang, à Sumatra.

Dans celui de gauche, les principaux produits et minérais du pays étaient accompagnés de cartes et de plans des travaux publics.

Celui de droite contenait une étonnante collection d'idoles aux contorsions extraordinaires et de Bouddhas plus agités que ceux de l'Inde, dieux qui disparurent devant l'islam.

Le grand singe *pithecanthropus erectus* s'y tenait debout, comme le dit son nom. Cette récente découverte a révolutionné le monde savant, qui croit bien, cette fois, y reconnaître le véritable ancêtre de l'homme. Pour en retrouver d'autres, un milliardaire américain vient de faire les frais d'une mission scientifique.

Des danseuses javanaises devaient venir exécuter, comme en 1889, leurs danses

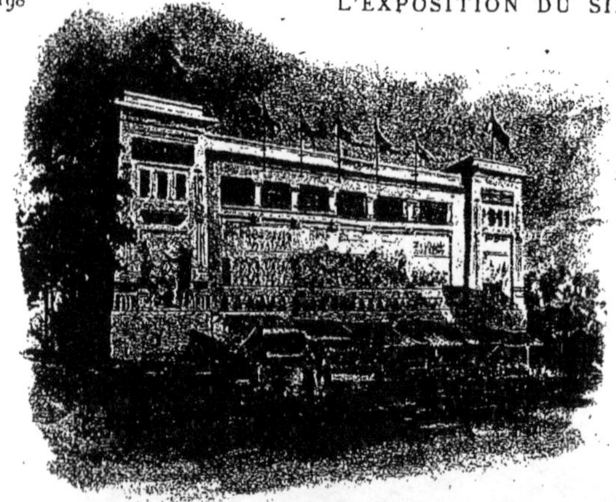

PROFIL DU PALAIS DE L'ÉGYPTE

extatiques. Elles ont fait grève ou ont été gardées par les princes de là-bas; d'accortes Hollandaises les remplaçaient en versant du cacao.

L'aspect extérieur du palais de l'Égypte était très beau. Son architecte, M. Dourgnon, avait reconstitué sur la gauche le portique du temple de Dandour et s'était inspiré des monuments de Memphis et de Thèbes pour édifier la partie principale.

Mais l'intérieur, resté à peu près vide, ne montrait, comme toutes les expositions des pays d'islam, que des étalages dont le clinquant ne cachait point la vulgarité. Rien de nouveau, rien de convenable même dans ce fouillis de menus objets empestés d'encens, fabriqués partout excepté dans les prétendus lieux d'origine, et vendus par ces insupportables Levantins qui étaient la plaie de l'Exposition. On en est réduit à citer, parce qu'elle était au moins amusante, une canne en sorte de baleine qui devenait rigide une fois tendue, mais pouvait se rouler et tenir dans une poche de gilet. « Elle économise les frais de vestiaire », disaient ces aimables camelots. Avec le théâtre dont nous parlerons plus loin, voilà ce qui subsiste de l'Egypte des Pharaons.

De piètres caveaux, où dormaient quelques fausses momies, ne servaient qu'à inspirer des regrets en évoquant l'image des belles choses qu'on aurait pu reconstituer.

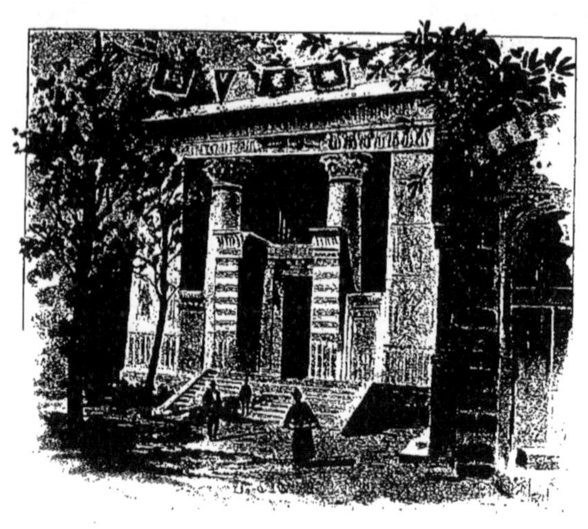

PORTIQUE DU TEMPLE DE DANDOUR

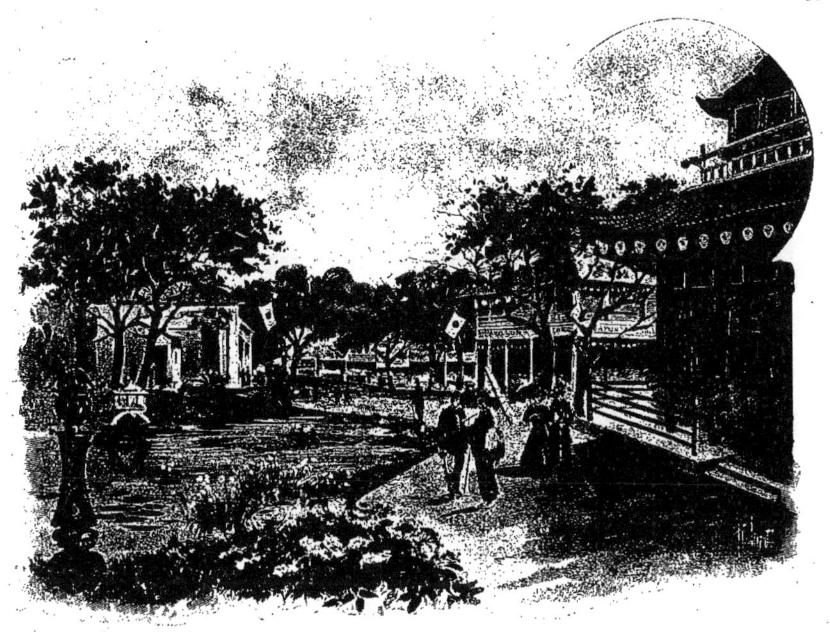

JARDIN ET PAVILLON JAPONAIS

L'exposition du Japon, au Trocadéro, se composait d'un pavillon où le *tenshakou* ou *saké*, alcool de riz peu suggestif, était servi avec le thé par des Japonaises qui semblaient regretter la patrie; de petites boutiques formant un village animé derrière la masse du palais de l'Égypte; d'un tranquille jardin invitant au repos, et du pavillon impérial. Là étaient, en partie prêtés par l'Empereur, des objets d'art tellement précieux que les Japonais ne sont pas admis à les voir dans leur pays.

Plusieurs dataient du VI⁺ siècle, les moins anciens ne dépassaient pas le XII⁺. Sans aucun point commun avec l'Europe, infiniment plus libre que l'art chinois et aussi idéaliste que celui-ci est matériel, sans ressemblance non plus avec les formes bouddhiques, l'art japonais a puisé en lui-même les inspirations de chefs-d'œuvre qui n'ont besoin d'aucun commentaire pour expliquer leur signification et qui s'imposent par leur beauté à toutes les intelligences. Cette antiquité de leur art explique comment les Japonais modernes possèdent, par le plus enviable des atavismes, le don d'ignorer la banalité.

Nous entrons maintenant dans le domaine du lion britannique. Sa griffe est fortement imprimée sur tous les pays qu'il a faits siens. Il faut s'incliner devant cette

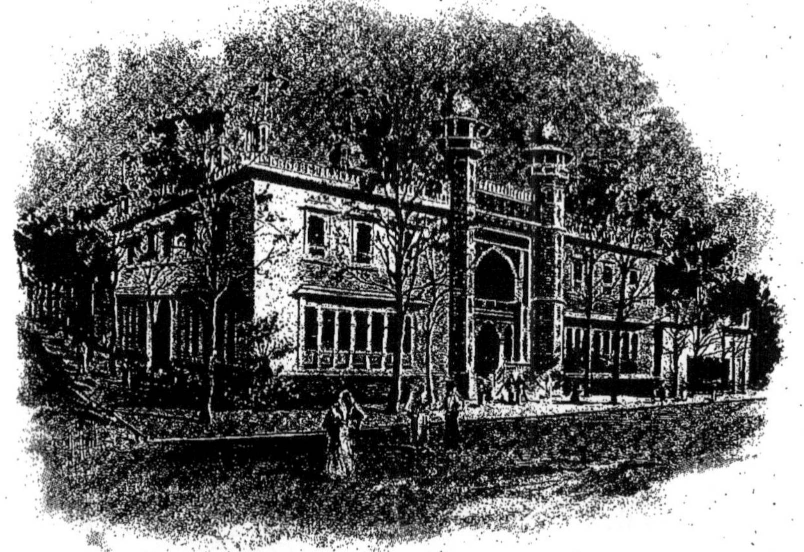

FAÇADE DES COLONIES ANGLAISES SUR LE QUAI (L'INDE)

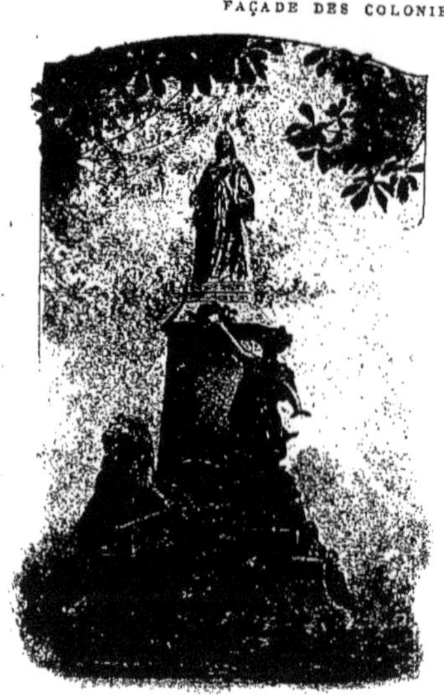

HOMMAGE A LA REINE

puissance et rendre ici à la race anglo-saxonne l'hommage que méritent la constance de ses desseins et l'union de toutes les parties de l'empire, qui affirmaient leur loyalisme par un monument d'hommage à la Souveraine.

La *Greatest Britain* était représentée par les plus beaux fleurons de sa couronne : l'Inde, Ceylan, l'Australie occidentale, le Canada, l'île Maurice.

Le Cap manquait, et aussi l'Australie orientale, sans parler de nombre de petites colonies éparses sur la surface du globe.

Les Indes sont une colonie d'un genre particulier. Elles servent surtout à rétribuer grassement une légion de fonctionnaires et à payer des impôts dont le total dépasse 1 milliard.

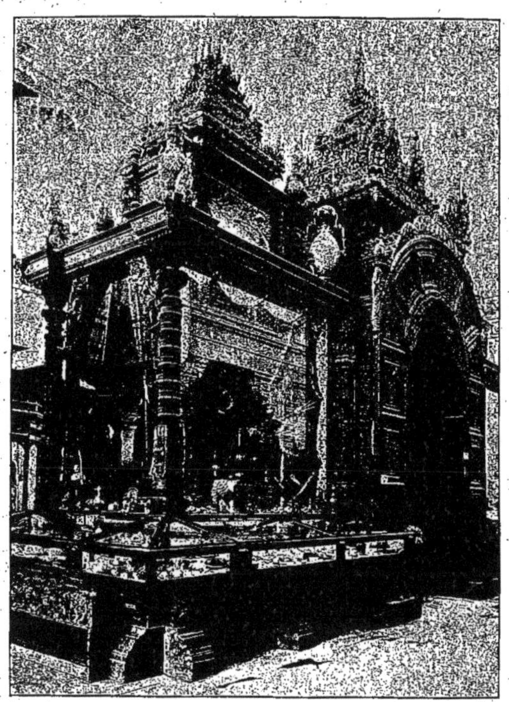

« PUNJAB-ARCH » DE L'EXPOSITION DES INDES

L'Angleterre a maintenu sur leur trône nombre de princes indigènes, de sorte que le peuple hindou a deux maîtres, ses rois et l'étranger. Ces 300 millions d'êtres humains ne supportent la vie que pour atteindre le ciel que leur promettent leurs dieux. Comme tout ce qu'ils produiraient leur serait enlevé, ils ne font pas de réserves et se laissent surprendre périodiquement par la famine. Pendant que la société élégante venait luncher au *tea court* du Trocadéro, les Hindous mouraient en tas aux portes et dans les rues des villes. La situation s'améliorait pourtant, d'après les termes d'un rapport officiel, « car on ne comptait plus que 4 ou 5 millions d'indigènes souffrant de la famine » !

Sous ce régime de pompe aspirante qui enlève aux Indes tout leur suc sans rien leur rendre, on conçoit que ce peuple soit un médiocre consommateur.

Aussi rien de nouveau n'était exposé. Une vitrine dramatisait la faune de la jungle, reptiles et tigres à côté d'oiseaux paradisiaques. L'art national ne sort point des anciennes formules. Des bois fouillés en dentelle, avec les mêmes motifs se répétant à l'infini ; des réductions minuscules de temples gigantesques où pas un pouce carré n'est laissé sans sculpture ; toujours la minutie d'un travail dans lequel l'âme hindoue aime sans doute à s'oublier.

Une statue symbolique représentait *Saraswatee* accompagnant, sur une guitare, sans doute quelque nouveau cantique impérialiste de Rudyard Kipling. L'Indienne avait la tête casquée de la couronne anglaise, et son poids la laissait courbée, sans lui permettre de redresser sa taille gracieuse.

Le régime administratif est tout différent à Ceylan, où les terres sont intelligemment cultivées par nombre de propriétaires indigènes, libres et entrepre-

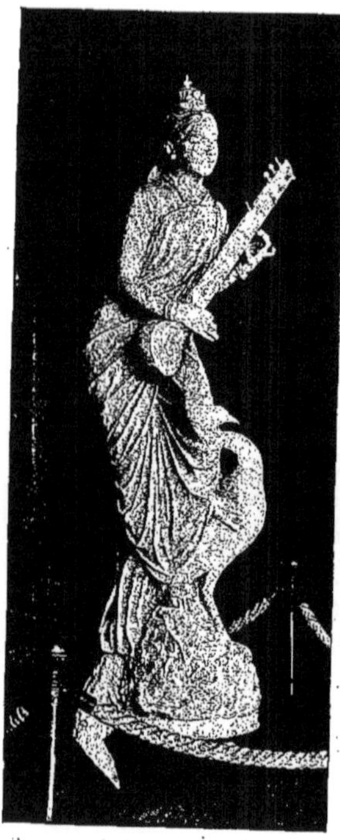

SARASWATEE

nants. Avec une population cent fois moindre que celle des Indes, l'île présente une prospérité bien supérieure. Il y a vingt ans, le phylloxera du café détruisit 150.000 hectares de plantations. La lutte contre cette ruine y fut aussi courageuse que chez nous pour la vigne. Aujourd'hui, le thé a remplacé le café. Ceylan et les Indes ont la prétention de chasser les thés de Chine de tous les marchés européens. Pour la bonne propagande, un pavillon avait été élevé au Trocadéro, et des Cynghalais au teint d'ambre, leurs cheveux noirs retenus par un peigne, versaient de leurs mains fines du thé aux Parisiennes, qui se régalaient de la saveur du breuvage et de la réelle beauté des hommes.

L'Australie occidentale, la moins avancée des diverses parties de l'Australie anglaise, donnait l'idée, à défaut de Melbourne et de Sydney, absentes, des ressources du continent océanien, encore inexploité sur sa plus grande surface. Il n'y a aujourd'hui que 170.000 colons sur une étendue grande cinq fois comme la France, et leur commerce extérieur s'élève à

250 millions. Il est vrai que l'or y joue un rôle capital, mais aussi les produits des forêts et d'un élevage dont les progrès sont rapides.

Quant aux « arpents de neige » dont parlait Voltaire pour se consoler de la perte du Canada, ils ont été, par l'étalage de leur puissance productive, un des étonnements de l'Exposition.

Une population qui n'est encore que de 5 millions et demi, mais qui s'accroît, il est vrai, dans une proportion de 500.000 âmes en sept ans, a produit un commerce total d'un mil-

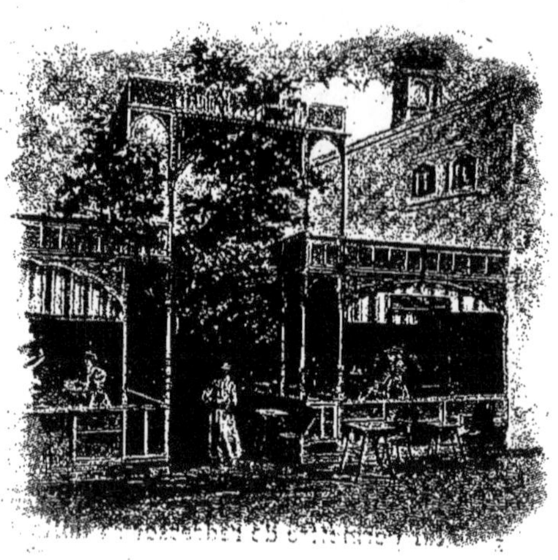

« TEA COURT » DES INDES ANGLAISES

liard et demi, dans lequel les produits agricoles entrent pour 400 millions à l'exportation. Le dernier rapport du bureau des terres de la couronne estimait à 60 milliards le nombre des grands arbres des forêts. Pour les bois destinés en particulier à la papeterie, le Canada est la grande réserve du monde. L'or du Klondike est venu ajouter sa valeur à celle des mines de houille, dont les gise-

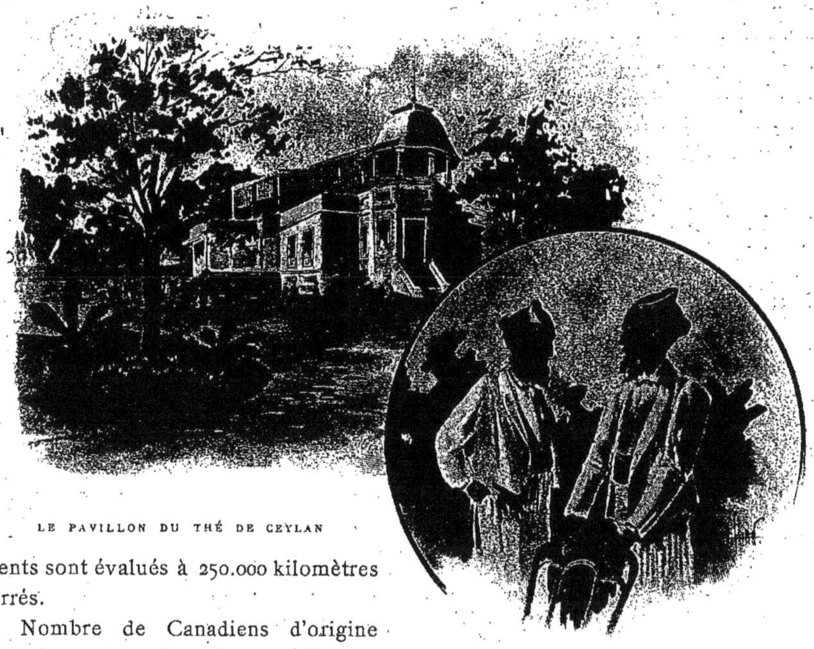

LE PAVILLON DU THÉ DE CEYLAN

ments sont évalués à 250.000 kilomètres carrés.

Nombre de Canadiens d'origine française ont gardé pour nous des sentiments d'affection. Mais il ne leur est plus permis de servir la France sans agir en rebelles. Leur désir n'est pas de redevenir Français, mais de rester Canadiens. Il ne faut pas s'hypnotiser dans des regrets stériles, et nous ne pouvons que souhaiter aux Canadiens de savoir profiter pour eux-mêmes du magnifique avenir promis à leur pays.

De leur ancien empire colonial, qui leur donnait un pied sur toutes les terres du globe, les Portugais n'ont conservé que quelques bribes. Ces restes sont encore prospères et faisaient bonne figure dans le pavillon sur le fronton duquel deux femmes allégoriques soutenaient l'écusson national. A l'entrée, on pouvait déguster le madère des Açores. A l'intérieur, les Antilles, les Indes, la Malaisie, l'Afrique occidentale et orientale, avec Lourenço-Marquès, devenu célèbre par la guerre du Transvaal, apportaient leur tribut varié de toutes les épices connues. Au seuil, un bel exemplaire des *Lusiades,* de Camoëns, rappelait les temps héroïques de Vasco de Gama.

Le Danemark avait exposé dans les galeries du Trocadéro une curieuse collection ethnographique du Groenland et de l'Islande. L'Allemagne, ne voulant paraître que pour exceller, avait trouvé ses colonies africaines sans doute trop jeunes pour prendre part au concours. L'État indépendant du Congo, qu'une habile politique a rendu successivement propriété du roi Léopold et colonie nationale belge, aurait pu rencontrer un succès semblable à celui de l'exposition de Bruxelles-Tervueren en 1897. On ne s'explique pas son abstention.

Le Trocadéro donnait l'image de ce mouvement particulier de la fin du XIX° siècle, qui a poussé presque tous les peuples européens à se ménager pour plus tard les espaces nécessaires à leur développement. Dans ce partage du monde, la France s'est fait une large part, digne de son passé et suffisante pour assurer son avenir.

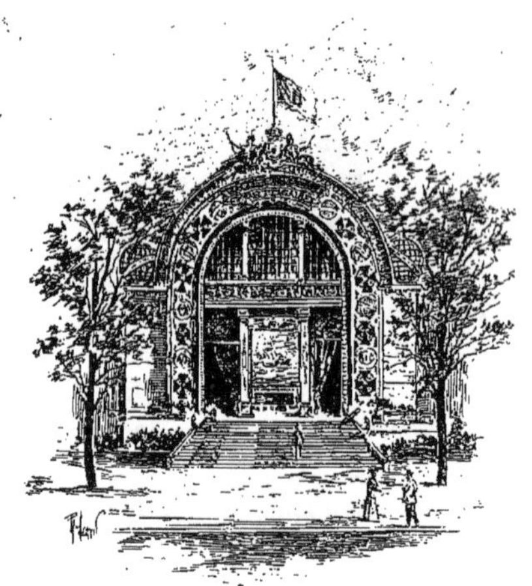

PAVILLON DES COLONIES PORTUGAISES

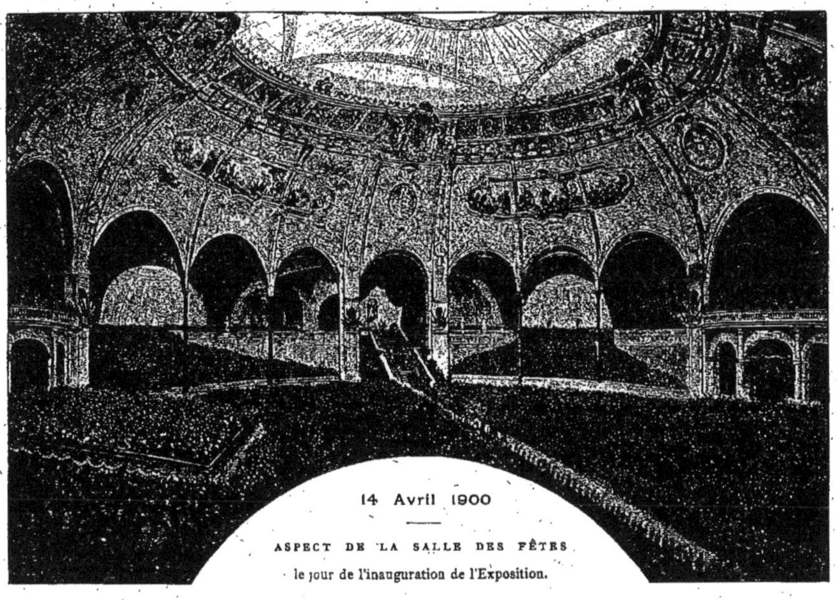

ASPECT DE LA SALLE DES FÊTES
le jour de l'inauguration de l'Exposition.

LA SALLE DES FÊTES

La conception de la salle des Fêtes n'a pas été très heureuse, et ses rares utilisations n'ont point démontré sa nécessité. Elle ne communiquait avec les autres parties de l'Exposition que par des couloirs sans ampleur, et n'était reliée à l'extérieur, en face de l'École Militaire, que par de petites portes dénuées de majesté.

Elle a coûté plus de 3 millions, et il faudrait encore dépenser une forte somme pour achever bien des détails, combler des vides qui n'ont été que masqués et reprendre des peintures trop hâtives qui ont visiblement besoin de couches complémentaires. Son entretien serait coûteux. C'est le triomphe du staff décorant le fer, mariage heureux par sa légèreté et son économie relative, mais qui ne donne pas, tant s'en faut, l'impression de la durée.

Après ces réserves générales, il faut reconnaître que cet immense vaisseau est de proportions parfaites, d'une allure décorative grandiose, et que sa construction, dont les échafaudages resteront longtemps dans la mémoire de ceux qui les ont vus, fait grand honneur à son architecte, M. Raulin.

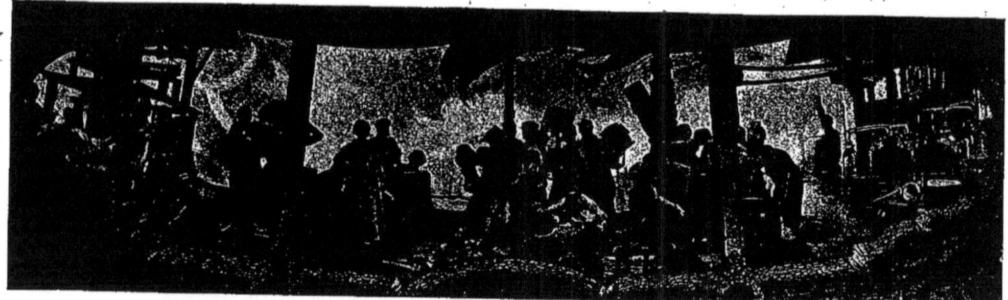

COMPOSITION DE M. FRANÇOIS FLAMENG SUR LE POURTOUR DES VOUTES DE LA SALLE DES FÊTES
A GAUCHE EN REGARDANT LE GRAND ESCALIER

Cette composition est donnée ici telle qu'elle est disposée. Pour moins réduire les trois autres, nous avons supprimé les encadrements des cartouches ; mais elles sont disposées de même, en trois parties, dont il est facile de reconstituer les emplacements respectifs.

L'impression première est la stupeur : il faut quelque temps pour se reconnaître et mesurer de l'œil les apparences et les profondeurs. . ',

Le cirque, de 80 mètres de diamètre entre colonnes, est entouré de quatre tribunes, placées au-dessus des portes d'accès, aux extrémités des deux axes ; entre chaque tribune, une immense corbeille trilobée s'étage en gradins, du sol à moitié de la hauteur ; quinze mille spectateurs peuvent y trouver place. On y éprouve la sensation unique d'une immensité qui ne finit pas et qui cependant est close. Les proportions sont si heureuses qu'il n'y a pas de fuites et que le vide est partout circonscrit.

Autour d'un vaste promenoir, quarante statues portant des lampadaires, représentent les divers peuples qui ont pris part à l'Exposition.

Cette immensité tient le tiers de la longueur et les deux tiers de la largeur de la Galerie des Machines. L'admirable construction de M. Dutert contient et recouvre, comme une mère généreuse qui oublie l'injure, cet enfant, dont la principale mission était de la faire oublier.

A 45 mètres du sol, c'est-à-dire 15 mètres plus haut que la nef de Notre-Dame, le plafond de cette salle des Fêtes est d'une hardiesse incomparable. C'est un velum de verres aux couleurs transparentes, d'une délicieuse douceur de tons, d'une apparence à la fois légère et solide malgré ses 40 mètres de diamètre.

Il a été exécuté par le maître verrier Gaudin, d'après les nobles compositions de M. Ehrmann, où l'on remarque en particulier quatre femmes aux allures de Victoires, d'une puissante envolée, laissant tomber une pluie d'étoiles.

Seize colonnes, huit habillées de faïences d'une extrême légèreté, les huit autres recouvertes et décorées de moulures, supportent autant de voûtes latérales.

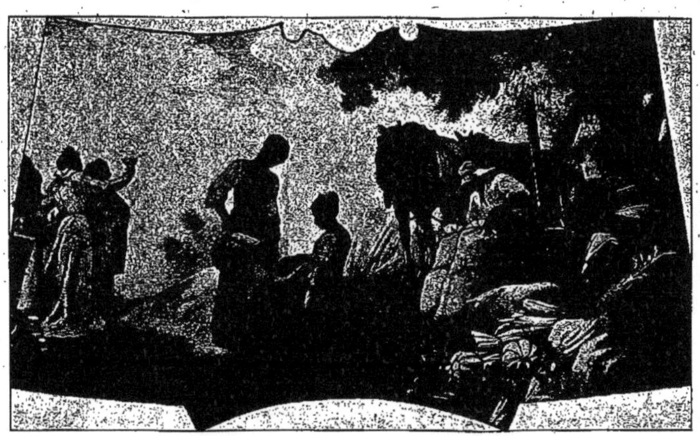

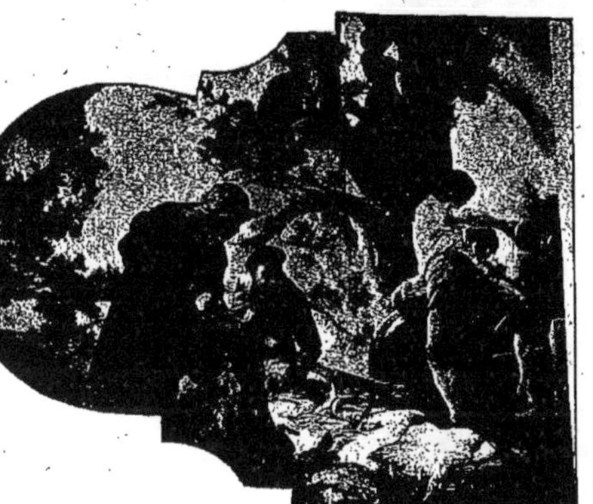

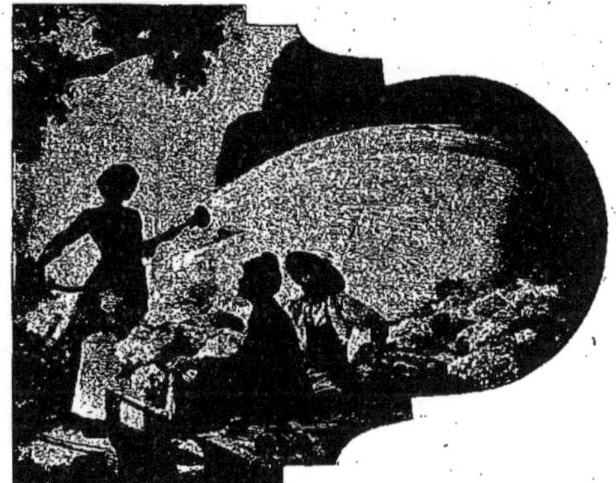

Le Vin, le Blé, les Légumes.

La Pêche, le Cidre, les Cueillettes.

Les Jardins, les Fruits.

COMPOSITION DE M. ALBERT MAIGNAN — A DROITE EN REGARDANT LE GRAND ESCALIER

Au-dessus, règne un couronnement circulaire en relief fortement accusé, d'une ornementation un peu touffue. Des écussons aux armes des grandes villes de France piquent des couleurs vives dans la tonalité généralement blanche, et quatre groupes colossaux de femmes en haut relief soutiennent des R F assez discrets.

De nombreuses inscriptions rappellent les grandes divisions de l'Exposition, et huit mots latins symbolisent dans leur éloquente concision les idées maîtresses de ces assises de la paix : *Pax* (la paix), *Jus* (le droit), *Lex* (la loi), *Fas* (l'avenir), *Cor* (le courage), *Lux* (la lumière), *Res* (l'acte), *Vis* (la volonté).

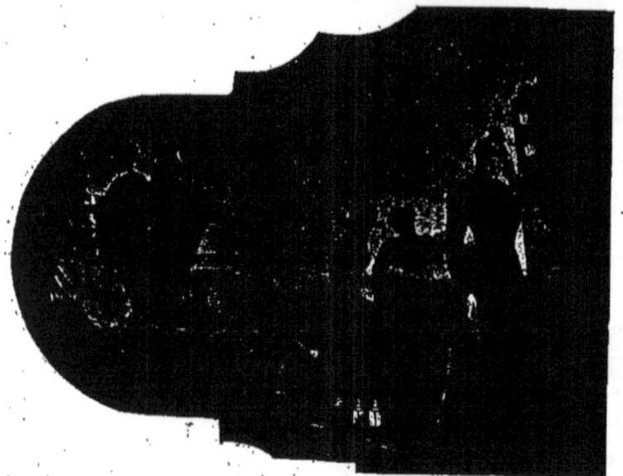

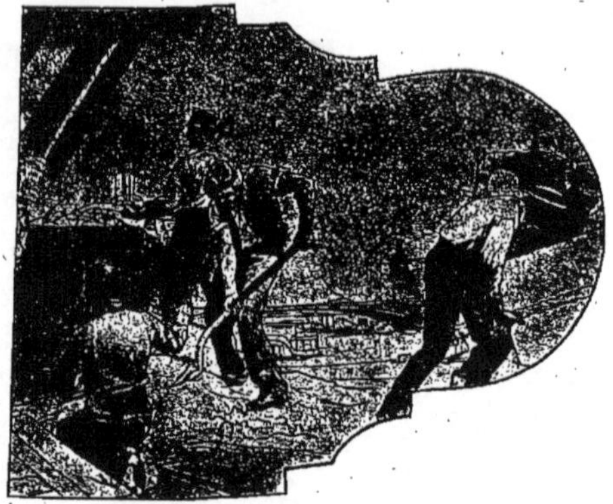

L'Électricité.　　*Les Forges et les Mines.*　　*Le Génie civil.*

COMPOSITION DE M. FERNAND CORMON — FACE A CELLE DE M. MAIGNAN

Au-dessus des tribunes et des corbeilles, les voûtes s'entre-croisent en retombées qui se coupent et présentent des surfaces variées. Presque toutes sont couvertes de peintures à fresque ou de toiles marouflées. Le Printemps, l'Été, l'Hiver et l'Automne ont été figurés par MM. Hirsch, Maillart, Suraud et Thirion, et les Mois, groupés par trois, par MM. Mengin, Bergès, Tournier et Sauvage.

Le pourtour de la voûte entre le sommet des arcades et la verrière, est divisé en quatre parties par des médaillons de haut relief : les Sciences, par M. Rolard; les Lettres, par M. Leroux; les Arts, par M. Maniglier; les Industries, par M. Barrau.

Armées de terre et de mer, Colonies.

Les Beaux-Arts.

Hygiène, Assistance publique.

COMPOSITION DE M. GEORGES ROCHEGROSSE — FACE A CELLE DE M. FLAMENG

Dans le large espace laissé entre eux, quatre grandes compositions de MM. Flameng, Maignan, Cormon et Rochegrosse, que nous reproduisons, se développent chacune en forme de triptyque ouvert. Malgré la note bien personnelle à chaque maître, elles sentent l'entente commune de la même pensée décorative et présentent un ensemble d'autant plus réussi qu'elles sont seulement inclinées sans plafonner, et que leur contemplation est exempte de fatigue.

On les distingue mieux qu'on n'aurait pu le supposer à si grande distance. Il est vrai que chaque composition occupe plus de 25 mètres de longueur, sur une hauteur

14

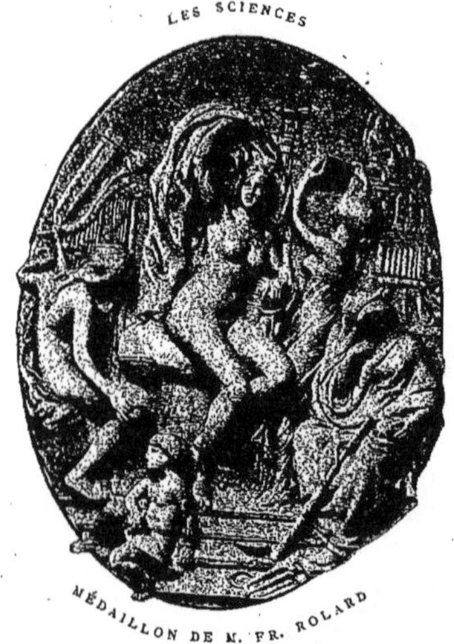

MÉDAILLON DE M. FR. ROLARD

de 6 mètres, et que les personnages du premier plan ont des proportions de géants.

Toute allégorie symbolique a été bannie de ces peintures. Ce 'sont les artisans eux-mêmes qui sont représentés dans les mouvements habituels de leur profession, avec une noble fidélité et des groupements harmonieux. Le cycle moderne de l'activité humaine se déroule dans la belle œuvre d'art des quatre maîtres.

Que deviendra cette salle, la plus vaste qui soit au monde ?

Nous sommes peu habitués à ces festivals comme il y en a en Angleterre, avec des milliers d'exécutants, plus retentissants qu'harmonieux. Des meetings politiques n'y sont pas à désirer et les orateurs y perdraient leur voix. La forme circulaire ne se prête pas aux représentations dramatiques. Les courses de taureaux n'y donneraient pas aux spectateurs des émotions assez rapprochées, et nos mœurs ne tourneront pas, il faut l'espérer, aux jeux de bêtes féroces dans le cirque : *panem et circenses*.

Si le Grand Palais des Beaux-Arts se prête mal aux évolutions du concours hippique, elles trouveront là un emplacement à souhait. La Galerie des Machines tout entière, définitivement conservée et aménagée, fournirait aux manifestations sportives et aux concours agricoles un emplacement qui ne pourrait, nulle part ailleurs, être aussi vaste ni plus convenable.

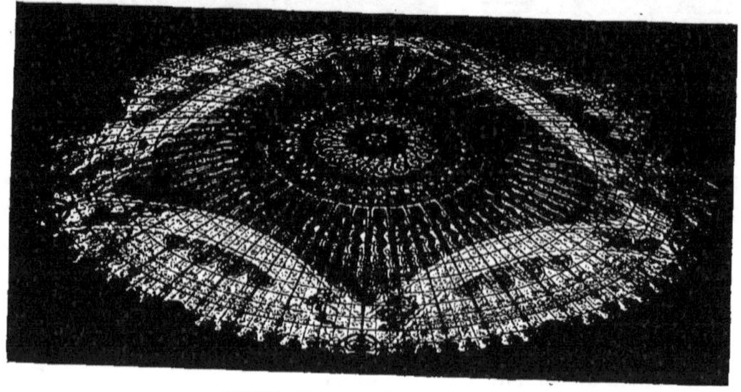

VELUM DE VERRE DE M. GAUDIN

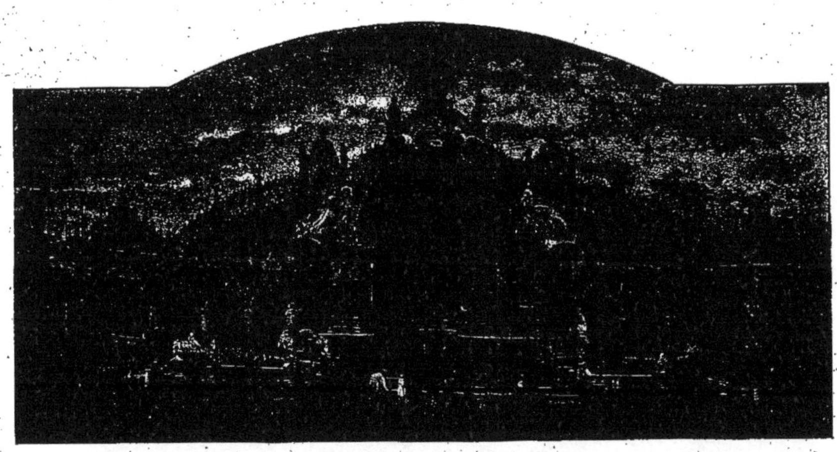

LE CHATEAU D'EAU

ET

LE PALAIS DE L'ÉLECTRICITÉ

Le Palais de l'Électricité est dû à M. Hénard et le Château d'Eau fut l'œuvre de M. Paulin, tous deux lauréats des premières primes du grand concours initial pour l'ensemble de l'Exposition.

Comme la Galerie des Machines, gloire de M. Dutert en 1889, avait été justement maintenue et qu'il importait de donner à l'Exposition nouvelle une physionomie sans ressemblance avec la précédente, il s'agissait tout d'abord de masquer sa façade sur le Champ de Mars. La difficulté était rendue grande par l'élévation de sa toiture.

Une autre idée devait inspirer la construction du monument central des palais du Champ de Mars, celle de l'apothéose de l'Électricité.

Aussi était-ce une sorte de couronne gigantesque, formée des trois lobes surbaissés d'une feuille de trèfle, s'élevant à 70 mètres de hauteur à son point culminant, que M. Hénard avait édifiée pour surmonter le Château d'Eau qui lui servait de motif central.

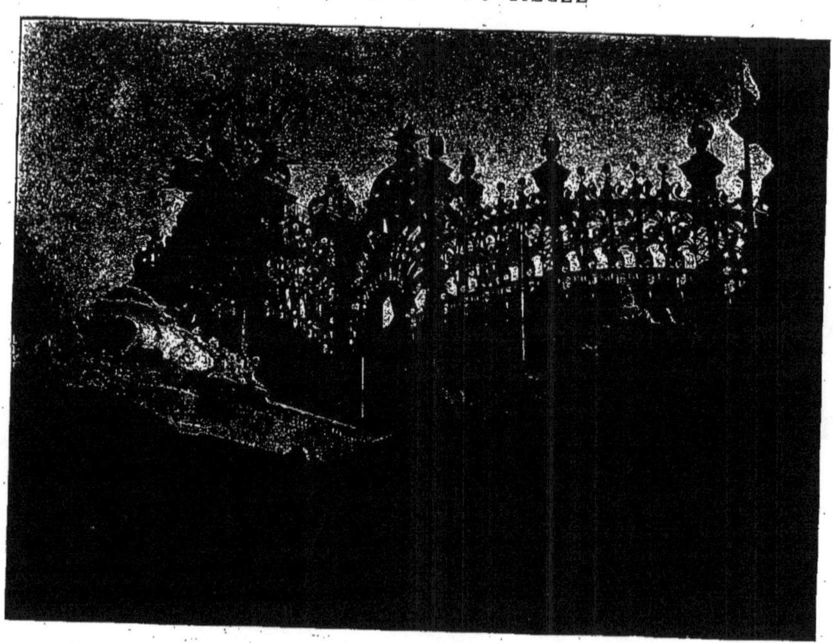

Elle était construite en zinc repoussé, ajourée comme une dentelle et enchâssait dans ses multiples réseaux des cristaux transparents; pour la première fois, le verre et le métal étaient associés de la sorte dans la construction monumentale.

Au faîte, la statue de l'Électricité haute de plus de 6 mètres, debout sur un char traîné par des hippogriffes, s'appuyait sur une radieuse étoile. Due au sculpteur Marqueste, elle dominait superbement tous les palais où s'étendait sa domination et semblait convier le monde à son triomphe. Au-dessous, des chiffres gigantesques fixaient la date inoubliable de 1900.

Le premier sentiment inspiré par cette décoration était celui de l'étonnement; rien de semblable n'avait encore été vu. On ne pouvait se défendre d'admirer l'audace de la conception et la légèreté apparente de cette crête dont le poids devait être formidable. Le reproche de manquer de base et de sembler comme suspendue en l'air est plutôt un éloge, puisque c'était précisément là l'effet voulu et qu'il ne s'agissait pas d'édifier la façade d'un palais particulier, mais de donner comme un diadème à l'ensemble des palais du Champ de Mars.

Le soir, quand la lumière entrait en jeu, l'effet était féerique au sens propre du mot. Quelque chose de fantastique et d'irréel transportait les esprits dans le domaine du rêve.

L'illumination du Palais de l'Électricité, due à M. Henri Beau, était obtenue par environ six mille lampes à incandescence disposées suivant les contours de la crête. Rouges, bleues et blanches, elles chantaient la gamme des couleurs. De

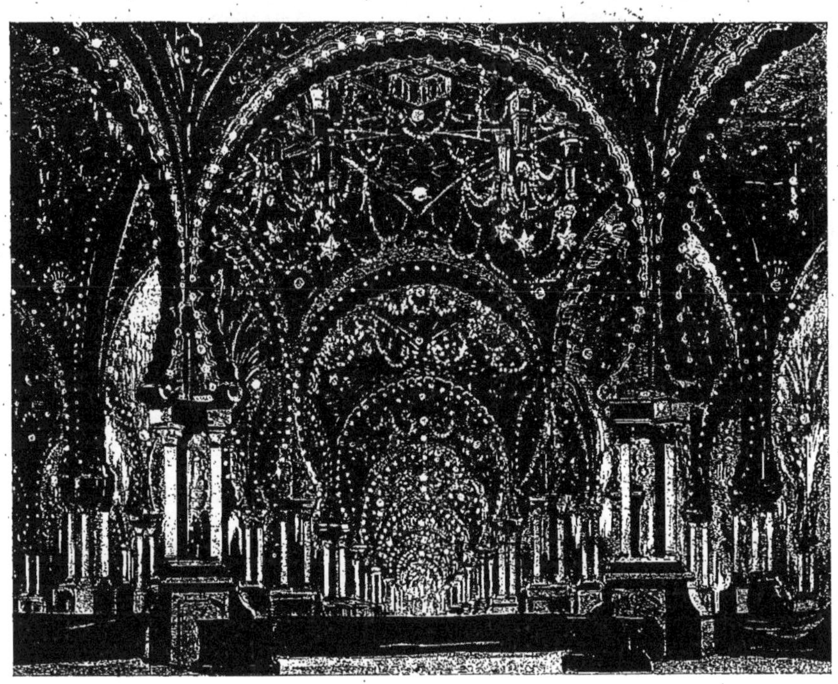

LA SALLE DES ILLUSIONS

plus, des projecteurs placés derrière les cristaux les enflammaient par transparence de toutes les nuances du prisme. Fonctionnant ensemble ou séparément, avec la spontanéité des courants électriques, ces deux systèmes permettaient de varier les effets à l'infini. Un mécanicien invisible ordonnait des jeux de lumière comme un organiste développe un concert de sons.

Cependant, l'esprit est ainsi fait qu'il cherchait le point faible et trouvait que les grandes baies des galeries auraient dû, elles aussi, être illuminées pour servir de support à la couronne de feu. La critique était fondée. Bien que 600 chevaux-vapeur fussent déjà nécessaires pour fournir la lumière employée, il eût été

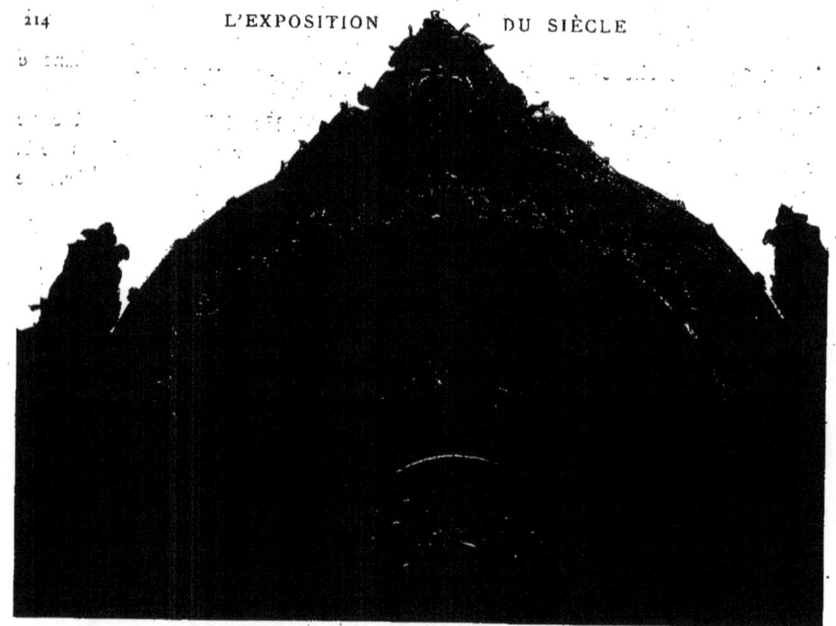

VOÛTE DU CHATEAU D'EAU — AU CENTRE LA VASQUE D'ARRIVÉE DES EAUX

possible d'en prendre davantage, et la question de dépense n'aurait pas dû arrêter.

D'autant mieux que le gaz ne s'est point avoué vaincu dans la lutte pour l'éclairage, surtout celui des grandes surfaces. Aux jours de fête, le Trocadéro était illuminé au gaz; avec la rigidité de ses lignes de feu, son éclat était au moins aussi vif que celui de ses rivaux électriques.

Le génie de l'Électricité était éclairé en blanc par les rayons d'un projecteur placé sur le sommet de la Tour Eiffel. Cet éclairage par reflet lui donnait un aspect d'irréalité qui l'enlevait dans les airs, comme il convient à un génie. L'effet produit était d'un poétique idéalisme.

Le clou des féeries lumineuses était visible en plein jour dans la salle des Illusions. Située au premier étage, entre la Galerie des Machines et le Château d'Eau, son entrée était gratuite, mais les difficultés d'accès obligeaient de fractionner les visiteurs par groupes et sa situation n'était pas facile à découvrir. Beaucoup de personnes auront passé à côté, et c'est grand dommage, car la surprise des yeux n'était égalée que par leur enchantement.

Mettant à profit la propriété géométrique de l'hexagone de voir ses faces se refléter à l'infini les unes dans les autres, M. Hénard, secondé par le sculpteur Alméras et l'électricien Martine, avait construit une salle dont la décoration se multipliait sans fin sur ses six parois formées de glaces immenses. Des colonnes disposées dans chaque angle contenaient une voûte de style mauresque, à caissons retombant en arcs très accentués. Les colonnes étaient creuses afin d'être éclairées à l'intérieur, et du plafond couvert de lampes à incandescence pendaient des girandoles et des globes à facettes.

La salle et les spectateurs sont plongés dans l'obscurité. Soudain, au moyen d'un commutateur qui commande toute la distribution électrique, les colonnes s'allument, puis les voûtes, les girandoles; les feux passent par toute la gamme des pierreries; de quelque côté qu'on se retourne, la salle embrasée est multipliée dans ses profondeurs insondables; ses lignes elles-mêmes se transforment suivant les jeux de lumière. Jamais palais des *Mille et une Nuits* comparable n'a germé dans l'imagination des conteurs orientaux.

Le Château d'Eau, construit en staff soigneusement repeint à l'huile, s'inspirait du style Louis XV, avec une ornementation toute moderne d'une extrême richesse. Malgré l'énormité de sa masse (la niche centrale mesurait 33 mètres d'ouverture sur 11 de profondeur), son élévation, l'harmonie de ses proportions, les jours ménagés de tous côtés, les lignes fuyant à souhait pour se marier aux mouvements des eaux, tout concourait à lui donner un caractère de grâce majestueuse.

Il faut regarder avec attention la gravure de détail que nous en donnons pour se rendre compte de la richesse d'une ornementation où les figures humaines, les animaux, les feuillages et les rinceaux se donnaient rendez-vous dans une ordonnance accumulée qui

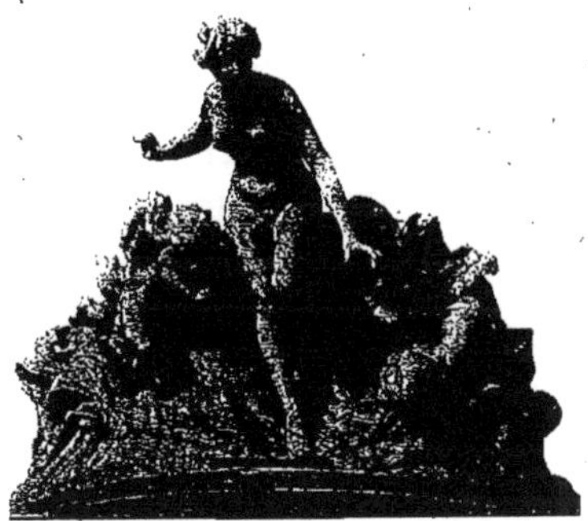

NYMPHE SITUÉE AU-DESSUS DES CHEVAUX

n'était pas un fouillis. La voûte était ajourée comme une dentelle.

De très beaux motifs de sculpture, hauts reliefs ou statues détachées, plusieurs trop élevés pour pouvoir être

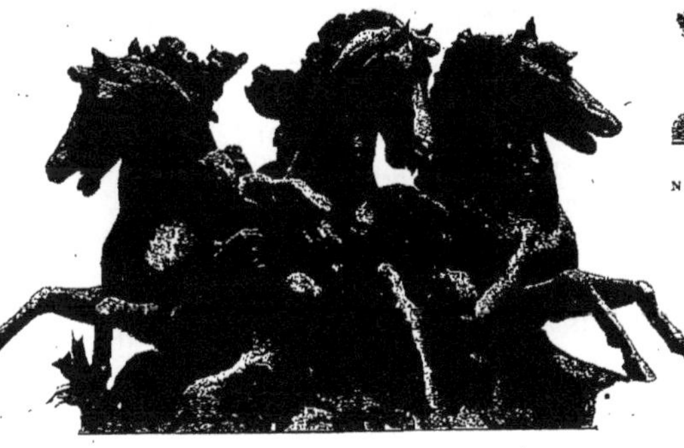

CHEVAUX PAR M. CORDIER
COURONNANT UN PORTIQUE D'ANGLE DU CHATEAU D'EAU

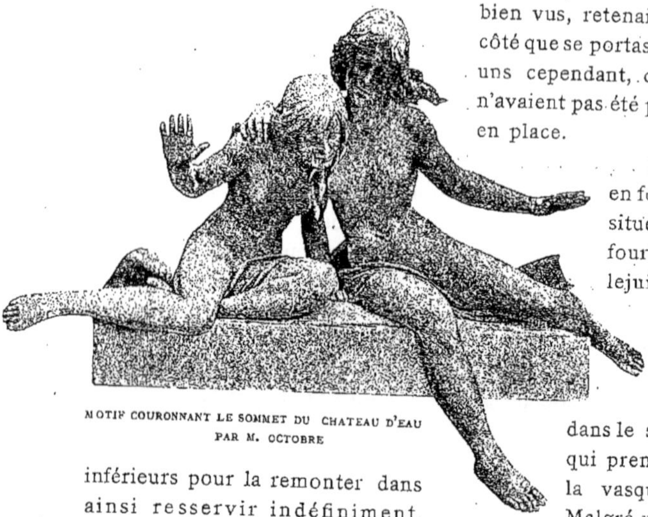

bien vus, retenaient l'attention, de quelque côté que se portassent les regards. Quelques-uns cependant, comme le groupe central, n'avaient pas été prêts assez tôt pour être mis en place.

L'eau arrivait dans la cavité en forme de gueule de dauphin située sous la voûte. Elle était fournie par le réservoir de Villejuif, d'une altitude très supérieure, par les pompes Worthington situées sur les berges de la Seine, et par une pompe placée dans le sous-sol du Château d'Eau, qui prenait l'eau dans les bassins

MOTIF COURONNANT LE SOMMET DU CHATEAU D'EAU
PAR M. OCTOBRE

inférieurs pour la remonter dans la vasque supérieure, la faisant ainsi resservir indéfiniment.

Malgré une consommation de plus de 4.000 mètres cubes à l'heure, le volume de l'eau paraissait insuffisant. De loin on distinguait mal les nappes des cascades. Les surfaces à recouvrir étaient trop vastes; pour couler avec une abondance donnant la sensation de la profondeur, il eût fallu un débit volontiers déraisonnable.

L'ampleur des constructions écrasait aussi les jets d'eau. Plus élevés que ceux de 1889, car quelques-uns mesuraient jusqu'à 12 mètres de haut, ils paraissaient plus petits. Leurs colorations semblaient moins vives. Mais il ne faut pas oublier que les effets de la précédente Exposition avaient pour eux la surprise de la nouveauté.

Pour se rendre compte de l'importance des canalisations hydrauliques, il fallait entrer dans les sous-sols des bassins; c'était tout un monde où, comme de monstreux serpents, s'entrelaçaient les tuyaux. On y pénétrait au pied du Château d'Eau, moyennant un droit d'entrée assez malencontreusement exigé.

Le Château-d'Eau et les bassins participaient aux illuminations du Palais de l'Électricité; ils étaient même la partie la plus lumineuse de l'ensemble. La voûte surtout, constellée de lampes à incandescence, scintillait comme un ciel de pierreries variant sans cesse la nuance de ses feux.

La coloration des eaux retombantes ou jaillissantes se faisait par le dessous, en interposant des verres de couleur entre le foyer électrique blanc des lampes à arc et un miroir qui projetait sur les nappes ou les gerbes la lumière ainsi colorée. Les petites figures ci-contre feront comprendre cette disposition.

En changeant les verres colorés on variait les couleurs à volonté, soit pour

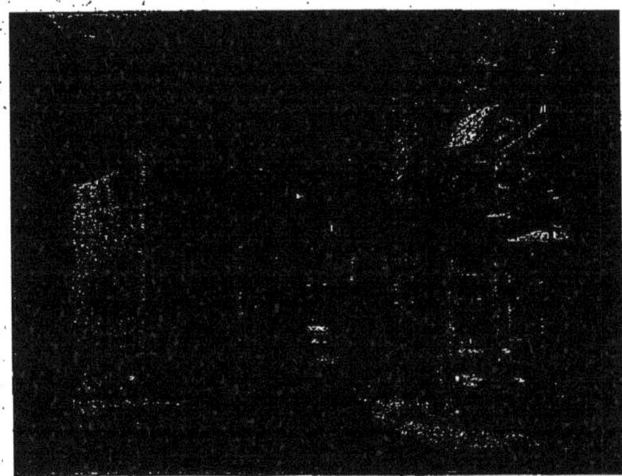

UNE DES GALERIES SOUTERRAINES SOUS LE BASSIN DU CHATEAU D'EAU
A gauche, la conduite des eaux;
à droite, les appareils d'éclairage des jets d'eau.

chaque jet pris isolément, soit en irisant de plusieurs tons tel jet sur lequel convergeaient plusieurs miroirs. Toute cette manœuvre se faisait à l'électricité, avec une facilité extrême, dont abusaient même les opérateurs. La multiplicité des tons s'entremêlant en manière de caméléon produisait des effets plus diaboliques que toujours heureux. Quand l'or répandait son unique et royal éclat, la satisfaction était générale.

De larges rampes d'accès, contournant les bassins, conduisaient aux galeries du premier étage qui pénétraient sous le Château d'Eau et auraient permis d'y arriver en voiture. De là, l'œil embrassait tous les palais du Champ de Mars, le Trocadéro et la tour Eiffel qui, repeinte à neuf, dressait sa masse pyramidale au-dessus du peuple d'édifices épars à ses pieds, avec le fier sentiment de la permanence de son attrait. L'ensemble était incomparable et cependant cet endroit était souvent désert.

Il semblait au bout du monde et formait cul-de-sac parce que, de chaque côté

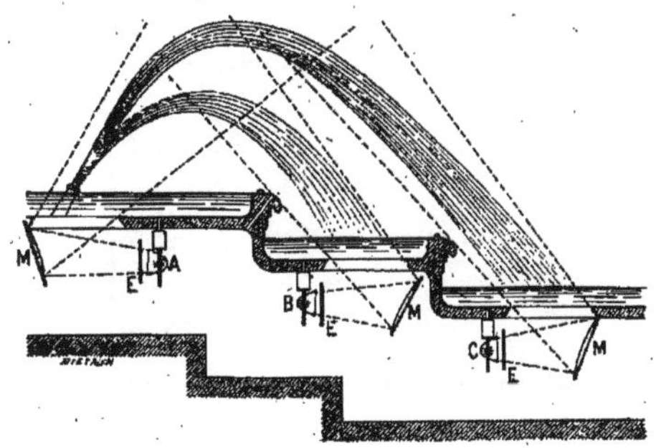

ÉCLAIRAGE D'UN JET COURBE.

Une lampe à arc A envoie, à travers un verre coloré E, un faisceau lumineux sur le miroir M, qui le réfléchit, à travers une glace transparente située au fond du bassin, sur le départ du jet d'eau. Par le même système les lampes B et C illuminent les retombées du jet.

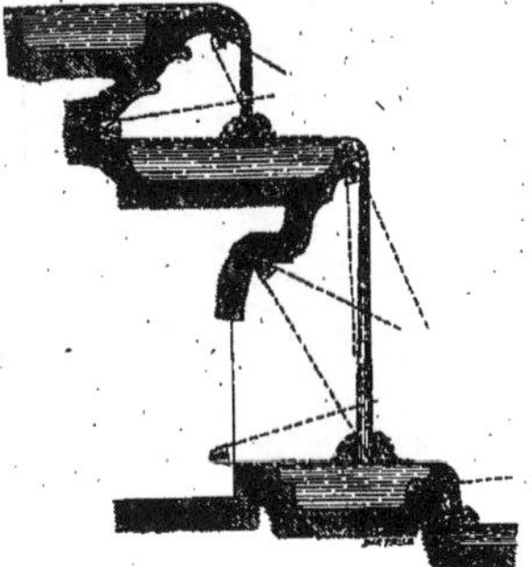

DISPOSITION DES LAMPES
A INCANDESCENCE SUR LES VASQUES
POUR ÉCLAIRER
LA NAPPE D'EAU DES CASCADES

du Château d'Eau, deux portes monumentales manquaient, qui auraient dû être largement ouvertes. Elles auraient conduit au rez-de-chaussée du Palais de l'Électricité, où l'on ne pénétrait que de biais, à l'exposition alimentaire de la Galerie des Machines et à la salle des Fêtes, qui n'avait aucun accès monumental.

Beaucoup de belles choses restaient à voir derrière ce Château d'Eau qui semblait clore l'Exposition de ce côté, et ce fut une erreur que de ne pas en signaler l'existence par de grandioses entrées.

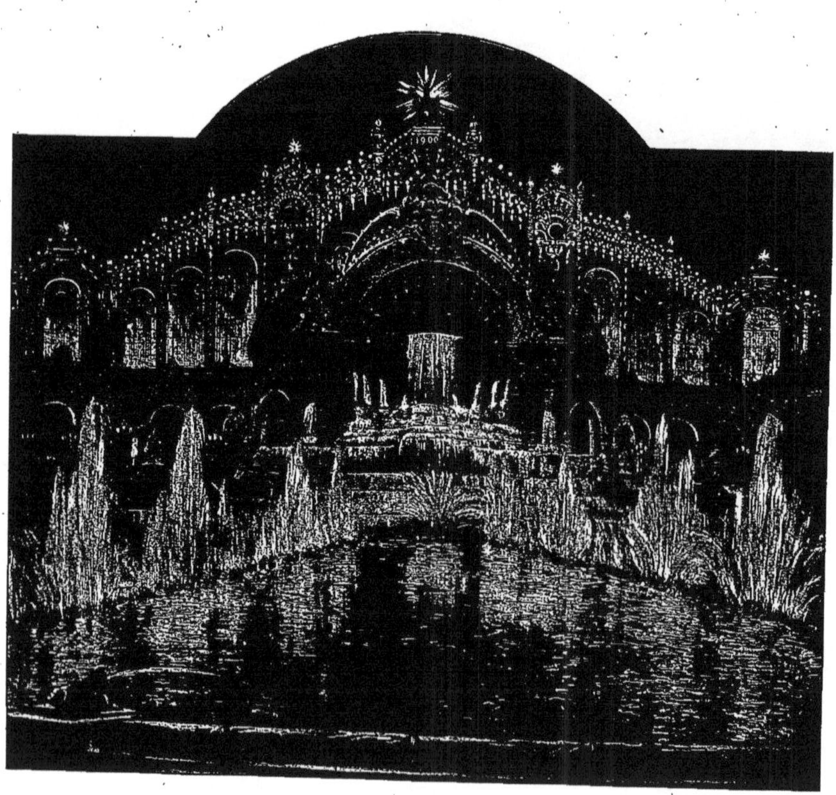

ILLUMINATION GÉNÉRALE

(Dans la pratique courante, les baies cintrées restaient obscures et la voûte du Château d'Eau était plus éclairée.)

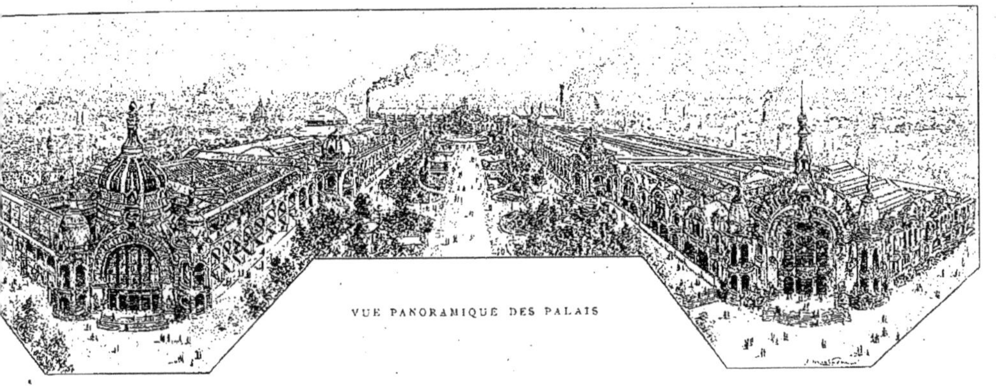

LES PALAIS DU CHAMP DE MARS

Les palais du Champ de Mars destinés à recevoir l'exposition industrielle devaient représenter une surface bien supérieure à celle de 1889 et ne pas rappeler les dispositions de cette époque. Dans ce but, tous les vides furent supprimés et l'ensemble des constructions présenta un fer à cheval rectangulaire, diminuant autant que possible l'espace laissé libre entre ses deux branches couvertes et prolongeant ces branches presque jusqu'à la tour Eiffel.

Les dimensions du Champ de Mars sont telles que le parc central paraissait encore assez vaste. Si les façades parallèles à la Seine étaient très rapprochées des constructions édifiées au pied de la tour, la véritable façon de les voir était de les regarder de profil, et les grands pavillons d'angle avaient été disposés dans cette intention. Les façades sur le parc intérieur se détachaient nettement, malgré leur extrême longueur, grâce à des décrochements successifs allant en s'évasant du fond du fer à cheval à ses extrémités.

Sauf la porte Rapp, à laquelle on avait conservé un caractère monumental, les façades des palais alignées sur les avenues de La Bourdonnais et de Suffren ne présentaient aucune décoration. Dans l'espace laissé libre entre elles et ces avenues étaient reléguées diverses annexes d'importance secondaire, tout au moins par leur ornementation extérieure, et qui demandaient à ne pas être trop en vue.

La surface couverte était augmentée de près d'un tiers par les galeries intérieures de premier étage établies partout à une même hauteur de 7 mètres, hauteur qui était celle des galeries extérieures régnant sur tout le pourtour. Chaque branche des palais se prolongeait sur une longueur totale de près d'un demi-kilomètre, avec une profondeur moyenne de 125 mètres, dépassant ainsi la largeur de l'ancienne Galerie des Machines et les dimensions de la cour des Tuileries.

L'ensemble des palais du Champ de Mars représentait une surface d'environ 20 hectares couverts et en partie à deux étages. Malgré cette immensité, chaque exposant disposait de moins de place qu'en 1889, tant leur nombre s'était accru.

Les dômes bleus de 1889 avaient fait parler de Ville Bleue, et l'Exposition de Chicago s'était appelée la Ville Blanche. Le blanc fut aussi la couleur dominante de 1900, non

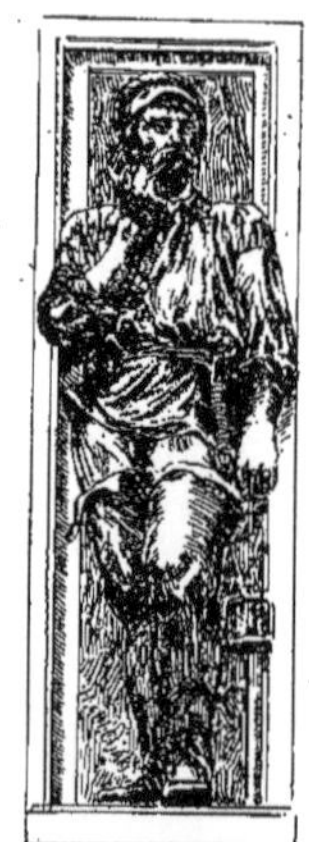
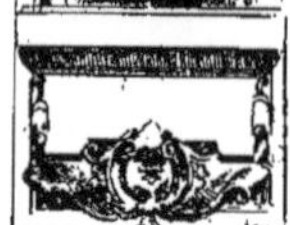

L'ÉGOUTIER,
PAR M. ALLOUARD
Un des vingt-quatre
bas-reliefs
du Palais du Génie civil.

pas pur, mais un peu laiteux et rehaussé de décorations polychromes. A moins d'un badigeon général, le staff, partout employé pour les façades, imposait cette couleur. Elle donnait un peu trop l'aspect d'une chose temporaire, ce qui était de la franchise; mais aussi d'une chose inachevée, ce qui était injuste. A regarder les façades de plus près, cette impression disparaissait, car leurs

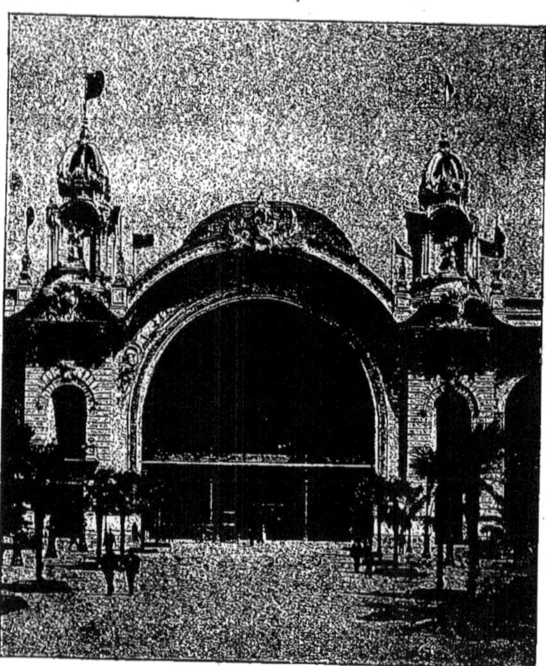

PORCHE CENTRAL DU PALAIS DES FILS, TISSUS ET VÊTEMENTS

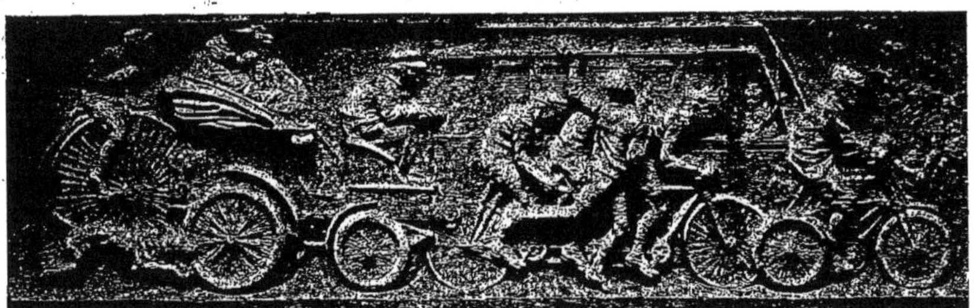

FRISE DES MOYENS DE TRANSPORT PAR M. ALLAR — DERNIÈRE PARTIE : LA LOCOMOTION MODERNE

reliefs s'accentuaient en ombres fortes, et leurs peintures, assez discrètes pour être mal perçues de loin, apparaissaient dans leur abondance variée.

Et quel autre parti aurait-on pu prendre pour des constructions destinées à disparaître, pour lesquelles la pierre de taille eût été de la prodigalité? Une polychromie plus vive, ou des revêtements de briques vernissées n'auraient pas été dans les traditions de notre art architectural. Malgré l'internationalisme d'une exposition, il ne fallait pas oublier qu'on était en France.

Tout le pourtour des Palais était formé d'un double rang de galeries superposées, ouvrant sur le parc intérieur par de larges baies, suivant la disposition

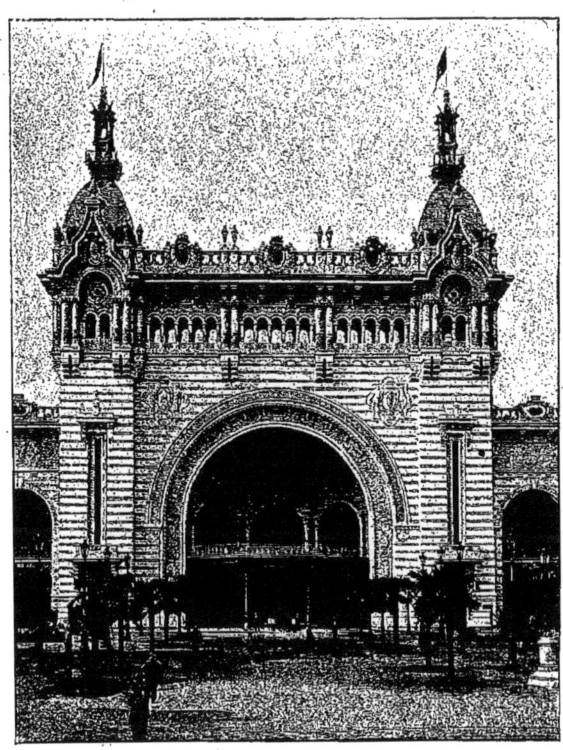

PORCHE CENTRAL DU PALAIS DU GÉNIE CIVIL

adoptée aussi à l'Esplanade des Invalides. Sauf les parties occupées par les restaurants, elles étaient généralement désertes. Comme rien n'y avait été exposé, le public, ménager de son temps et de sa fatigue, n'y circulait pas pour le seul plaisir de la promenade.

Cette disposition architecturale pourtant heureuse aurait dû être complétée par des exhibitions qui auraient amené un courant de foule... si la foule avait bien voulu s'y porter, car elle a des fantaisies qu'aucune expérience ne peut prévoir.

En regardant le Château d'Eau, se présentaient successivement : dans l'angle de droite, le Palais des Lettres, Sciences et Arts, dû à M. Sortais ; — puis celui du Génie civil, par M. Hermant ; — enfin celui des Industries chimiques, rejoignant le Palais de l'Électricité. En revenant sur la gauche : le Palais de la Mécanique ; — celui des Fils et Tissus, par M. Blavette ; — et celui des Mines, dans l'angle de gauche, par M. Varcollier.

Ces palais étaient symétriques les uns aux autres, leurs angles et leurs porches se faisant face de chaque côté du parc central, mais chacun d'eux avait son architecture propre. Les grandes portes monumentales des Tissus et du Génie civil indiquaient majestueusement le centre de chaque rangée.

Sans pouvoir entrer dans l'examen détaillé de chacun d'eux, nous renvoyons à nos gravures pour les notes caractéristiques de leur architecture. Le Palais du Génie civil de M. Hermant était des plus remarquables. Son porche en allure de forteresse, sa frise représentant les moyens de transport à travers les âges, ses originales statues en demi-relief figurant des ouvriers de tous les corps de métiers, lui donnaient un caractère d'une originalité artistique bien appropriée aux cir-

GRAND PORCHE D'ANGLE DU PALAIS DES MINES ET DE LA MÉTALLURGIE

constances. Sur son Palais des Tissus, M. Blavette avait remplacé les ouvriers par les noms d'ingénieurs et de savants ; l'invention faisait ainsi face à l'exécution.

Les détails charmants abondaient partout, de belles statues ornaient les porches et les pavillons, les dômes bulbeux en forme de tiare silhouettaient des lignes nouvelles, et l'ensemble, plus sobre que sur l'Esplanade des Invalides, avait la qualité première demandée aux monuments, celle de bien définir leur destination. C'étaient bien des palais de fête, abritant temporairement des objets d'une variété extrême.

L'intérieur se présentait à souhait. L'air en liberté sous une haute toiture, la lumière répandue à flots, les rayons du soleil tamisés, la circulation librement assurée, tout concourait à créer une organisation pratique et confortable.

Quant à l'ossature de fer, elle variait dans ses détails suivant les palais, mais conservait pour tous le principe de diviser leur largeur en trois nefs, avec des galeries de premier étage au-dessus des bas côtés et des deux retombées de milieu. La portée des fermes de chaque nef était de 40 mètres en moyenne, alors qu'elle est de 120 mètres pour la voûte unique de la Galerie des Machines de 1889. Aussi les épaisseurs de fers avaient-elles été autant réduites que possible. C'était le triomphe de l'architecture du fer, qui veut être légère tout en paraissant solide.

Ces palais furent livrés vides aux jurys

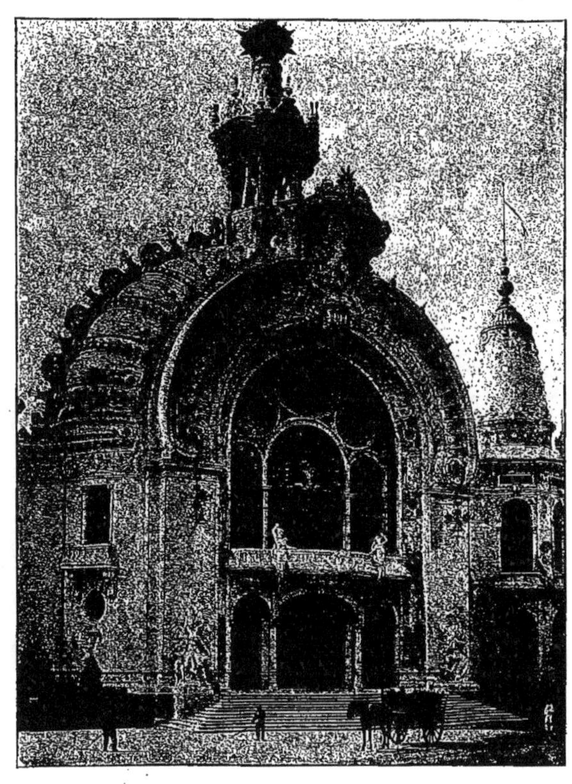

GRAND PORCHE D'ANGLE DU PALAIS DES LETTRES, SCIENCES ET ARTS

d'installation, qui eurent toute liberté pour l'agencement des expositions dans la limite des espaces concédés. Chaque classe française tint à honneur de présenter ses produits dans un décor artistique dont le souci avait été moindre aux Expositions précédentes. Les étrangers apportèrent en général un véritable luxe à l'arrangement de leurs sections.

Il fut dépensé de part et d'autre des sommes dont le total ne sera probablement jamais établi, mais qui s'élevèrent à un chiffre énorme. Ce ne fut pas inutilement. Si l'Exposition industrielle de 1900 fut un enseignement de premier ordre, elle fut aussi l'occasion de manifesta-

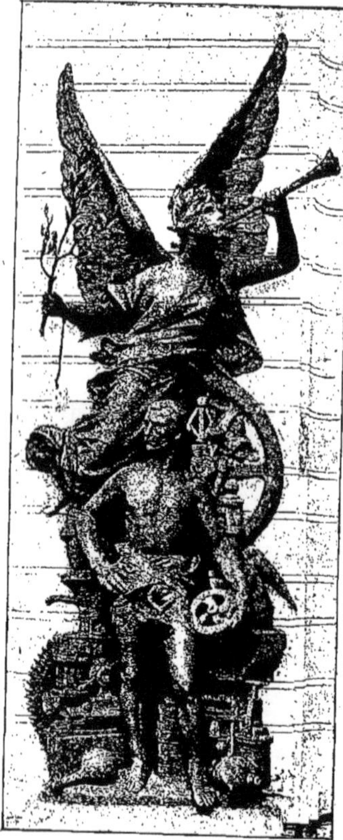

MOTIF DU PAVILLON D'ANGLE DU PALAIS
DU GÉNIE CIVIL

tions décoratives dont la fabrication courante tirera un large profit.

Nous allons pénétrer maintenant dans ces palais du Champ de Mars et essayer de faire tenir, dans le cadre de quelques pages, des impressions qui auraient besoin de volumes entiers pour être développées.

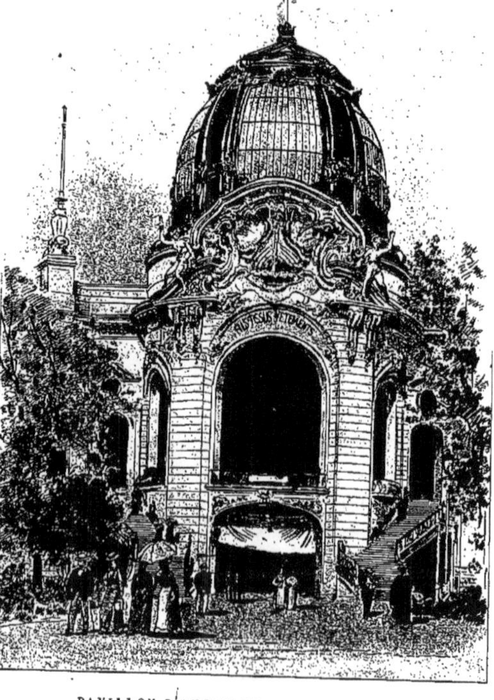

PAVILLON D'ANGLE DU PALAIS DES TISSUS

L'ÉLECTRICITÉ

LUMIÈRE ET FORCE MOTRICE

Toute la vie, force et lumière, qui animait l'Exposition, exhalait son souffle fumeux par les deux cheminées qui se dressaient, aux extrémités de la Galerie des Machines, comme les antennes géantes d'une bête monstrueuse. Elles avaient été l'objet d'un concours dont MM. Nicou et Demarigny étaient sortis triomphants, conservant le type fixé sans tomber dans des conceptions comme celles qui voulaient rappeler des colonnes égyptiennes ou des piliers de cathédrale gothique.

La cheminée près l'avenue de La Bourdonnais, d'ailleurs semblable à l'autre, mesurait, sur fondements de 8 mètres, 80 mètres de hauteur, alors que les tours de Notre-Dame n'en comptent que 66. Son diamètre intérieur était de 6 m. 20 à la base et de 4 m. 50 au sommet, soit encore la surface d'une chambre de belles dimensions. Son poids était de 5.750 tonnes et son coût de 200.000 francs. Sur un fond de brique d'un ton jaunâtre, les ornements s'enlevaient en briques émaillées de diverses couleurs et en reliefs obtenus avec un produit céramique nouveau, pâtée armée d'un treillis intérieur en fil de fer léger et solide et se prêtant parfaitement à la vitrification.

La beauté sobre de leur décoration et leurs proportions parfaites donnaient à ces cheminées, de loin comme de près, un aspect vraiment monumental.

Par deux larges carneaux y arrivait la fumée de tous les foyers des chaudières génératrices de vapeur qui étaient groupées entre la Galerie des Machines et le palais de l'Électricité, sous des hangars aérés où le public pouvait les voir

CHEMINÉE MONUMENTALE
DE L'AVENUE
DE LA BOURDONNAIS

15

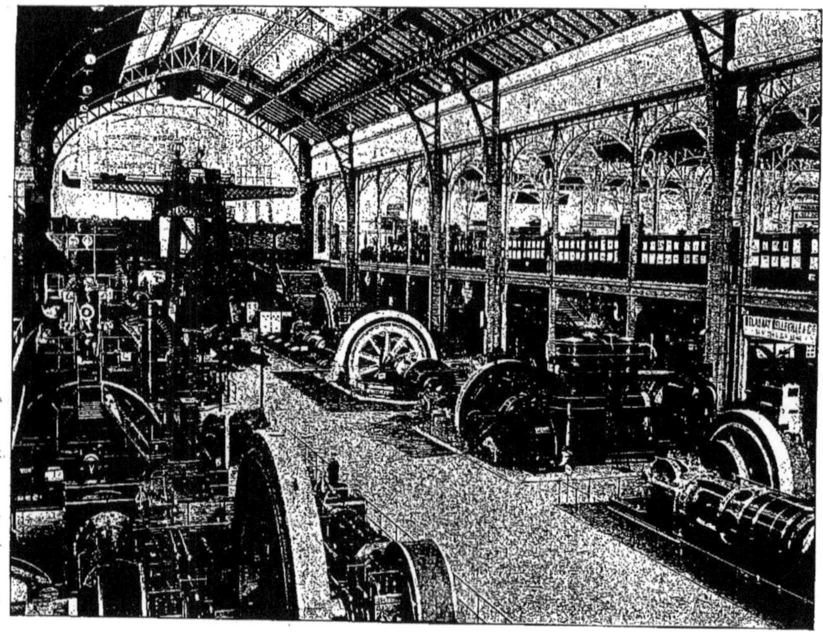

GROUPES ÉLECTROGÈNES DE LA SECTION FRANÇAISE — CÔTÉ LA BOURDONNAIS
Dans le fond, la grue *Titan*, qui se déplaçait sur rails et pouvait soulever 3o tonnes.

fonctionner dans d'excellentes conditions, tant pour l'hygiène des chauffeurs que pour l'arrivée sur rails des 25.000 kilos de charbon qui se consommaient par heure de marche ; l'eau d'alimentation était fournie par une conduite branchée sur la canalisation générale de la ville de Paris.

La section française, côté La Bourdonnais, contenait 50 chaudières capables de fournir ensemble au moins 100.000 kilos de vapeur à l'heure, et la section étrangère, côté Suffren, 40 chaudières pouvant produire la même quantité.

On remarquait, dans presque tous ces appareils, une tendance générale à une ornementation inspiratrice de propreté, et des dispositions mécaniques pour rendre de moins en moins pénible le travail de l'homme.

Au sortir des chaudières, cette immense quantité de vapeur était conduite par les collecteurs aux machines motrices disposées dans les grandes galeries du palais de l'Electricité parallèles à l'ancienne Galerie des Machines de 1889. D'une façon générale, les moteurs étaient attelés directement aux dynamos et formaient ce qu'on appelle un groupe électrogène, avec cette disposition particulière que les dynamos formaient

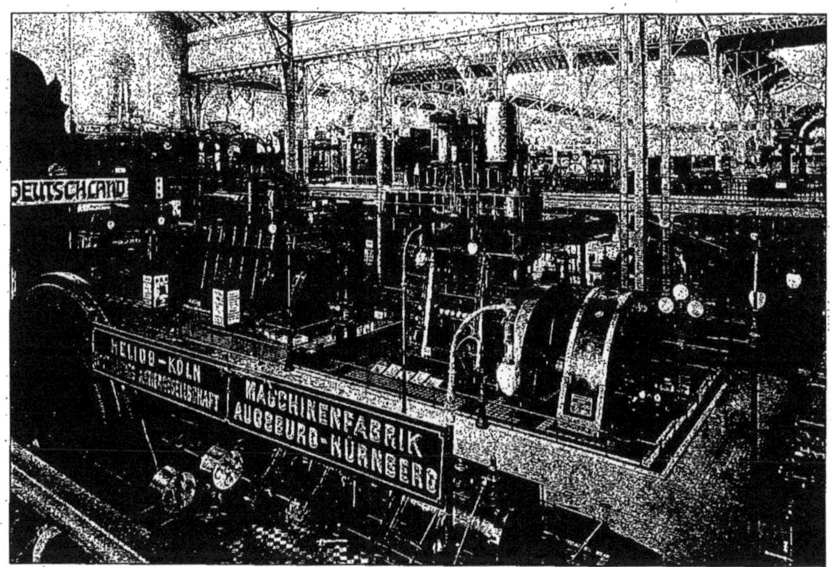

GRANDES MACHINES DE LA SECTION ALLEMANDE — CÔTÉ SUFFREN

le plus souvent le volant de la machine motrice, quelques-unes ayant jusqu'à 8 mètres de diamètre.

Par une heureuse conception, ces machines, en même temps qu'elles faisaient partie des objets exposés, concouraient à la production générale de la force électrique, donnant ainsi la démonstration pratique de leur valeur.

La section française comprenait 16 groupes électrogènes, capables de développer 15.000 chevaux, et la section étrangère 19 groupes, pouvant fournir 21.600 chevaux, soit un total de 36.600 chevaux. Il est intéressant de rappeler ici que la puissance totale était de 850 chevaux en 1867, de 2.500 chevaux en 1878 et de 5.300 chevaux en 1889; on peut mesurer par ces chiffres le chemin parcouru.

Pour la première fois la force motrice avait été demandée uniquement à l'électricité, et les innombrables machines disséminées un peu partout dans les différents palais recevaient leur mouvement par des fils. C'est le grand progrès sur les anciennes transmissions par arbres et engrenages, qui coûtaient cher, occupaient beaucoup de place et absorbaient de la force en pure perte.

Cette transmission de force employait environ le quart de l'énergie produite; le reste était utilisé pour la lumière électrique sous toutes ses formes, lampes à arc et à incandescence, comme dans toutes ses applications, à l'éclairage des jardins et des

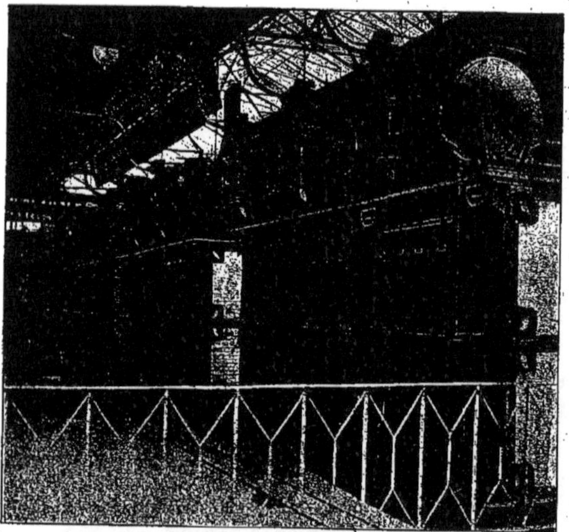

BATTERIES DE GÉNÉRATEURS FRANÇAIS

édifices ou à l'illumina-
tion du palais de l'Électricité et du Château d'eau ;
cette lumière représen-
tait la consommation
moyenne d'une ville de
500.000 habitants.

De chaque côté de
l'escalier, peu fréquenté,
qui conduisait du rez-de-
chaussée du palais de
l'Électricité aux galeries
extérieures, en passant
sous le château d'eau,
deux tableaux de distri-
bution se distinguaient,
plutôt mal, dans cet en-
droit assez obscur. Là
cependant aboutissaient
tous les fils, ceux de courant continu et ceux de courant alternatif, ce dernier simple,
biphasé ou triphasé ; là commençaient les lignes à un, deux ou trois conducteurs
qui, par plus de 40 kilomètres de canalisation, couvraient de leur réseau toutes
les parties de l'Exposition dispersées sur un si grand espace ; de là encore partaient les conducteurs de secours pour parer aux accidents de toute nature. Par
des manœuvres de contact nécessitant peu d'effort mais beaucoup de sang-froid,
quelques hommes suffisaient à la multiple distri-
bution et jouaient le rôle de dieux dispensateurs
de lumière et de force.

Dans les galeries du premier étage, au-dessus
des machines productrices de force, des applications de l'électro-chimie
indiquaient les surprises
que ménage cette science
nouvelle qui s'était jus-
qu'ici à peu près limitée
à la galvanoplastie. Le
four électrique de Mois-
san, par exemple, n'est
encore pratiquement uti-

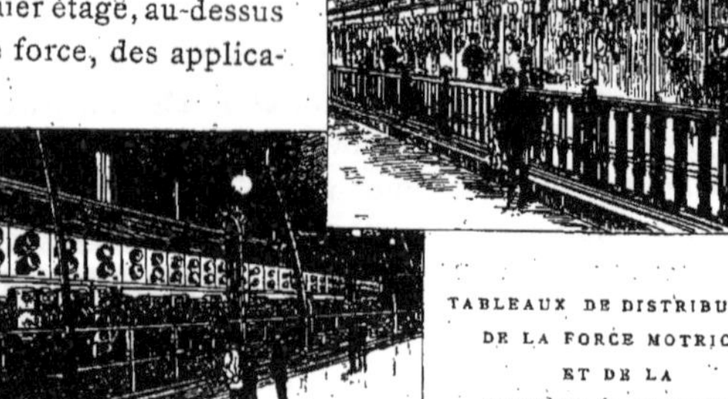

TABLEAUX DE DISTRIBUTION
DE LA FORCE MOTRICE
ET DE LA
LUMIÈRE ÉLECTRIQUE

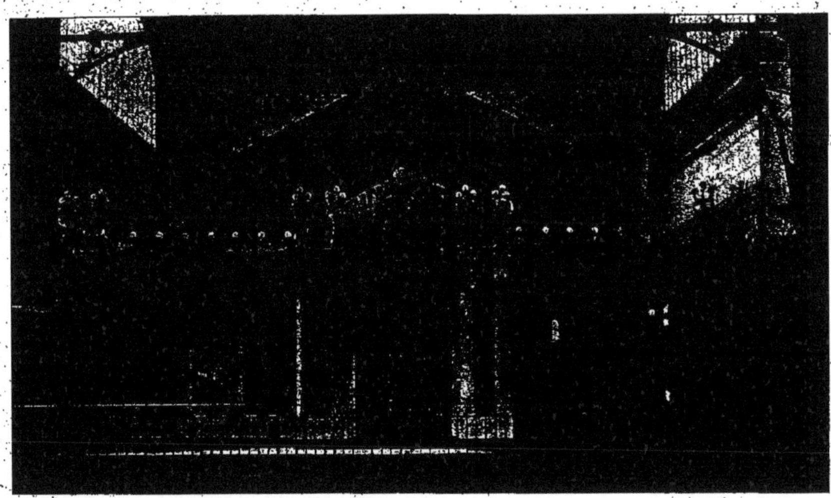

FAÇADE DU MUSÉE RÉTROSPECTIF DE LA SECTION DES ÉTATS-UNIS

lisé que pour la production du carbure de calcium, et cette industrie est en train de prendre des proportions énormes

L'électrothérapie semble nouvelle, et c'est cependant l'art de guérir qui utilisa les premières découvertes de l'électricité. De nombreux appareils électro-médicaux de radioscopie, de notation des actions ondulatoires, etc., apportaient à cette thérapeutique, pleine de promesses, au moins l'élégance de leur fine fabrication.

La télégraphie et la téléphonie montraient leurs appareils toujours en progrès, et nulle part peut-être les applications de l'électricité ne paraissent plus stupéfiantes que dans ce que nous réservent la télégraphie sans fil et les télégraphones destinés à remplacer, à l'avantage de nos oreilles, les discordants phonographes.

Dans les mines, les chemins de fer, la locomotion sur terre et sur eau, comme dans les bateaux de la maison hollandaise Smit & Zoon, les applications de l'électricité ne connaissent point de limites, et les appareils scientifiques, les instruments de mesure, l'horlogerie témoignaient de ses qualités de précision.

Enfin, faisant un peu double emploi avec ceux exposés à l'Esplanade des Invalides, de nombreux appareils, de formes inédites et le plus souvent gracieuses, répondaient aux besoins multiples de l'éclairage nouveau ; il n'est point jusqu'à la cuisine qui ne puisse se faire excellente, mais encore coûteuse, au moyen d'appareils électriques ; les spécimens de cette catégorie obtenaient un vif succès de curiosité.

Ainsi la fée Électricité manifestait sous toutes ses formes sa puissance mystérieuse. Le Musée rétrospectif français, assez modestement installé, contenait un petit nombre d'instruments vénérables, en particulier un aimant naturel monté avec art et ayant appartenu à l'abbé Nollet, en 1745.

Les États-Unis avaient établi le leur dans un véritable temple avec des colonnades de marbre blanc et des statuettes de bronze vert du plus artistique effet.

La Société électrique de Berlin, l'A. E. G., comme on dit dans le monde de la science, dont le capital dépasse 125 millions de francs et qui occupe plus de 14.000 personnes, avait aussi élevé à la déesse moderne un petit temple, décoré d'admirables peintures par le grand artiste allemand Albert Maennchen. L'une d'elles montrait un homme et une femme tendant les bras l'un vers l'autre; du contact des doigts naît leur intime frisson, symbole du fluide que la nature a mis dans l'humanité et que la science moderne saît aujourd'hui dégager du contact des choses.

Avec le siècle qui finit, l'Électricité a franchi la première période de sa vie encore si jeune; cette Exposition aura été la manifestation de sa virilité; on ne peut mesurer son avenir, car c'est à elle qu'il appartiendra de mettre en valeur les forces constantes de la nature. De toutes les contrées du monde, par son océan aux reflux profonds et ses montagnes aux eaux abondantes, la France est une des mieux placées pour bénéficier de la révolution économique qui se prépare.

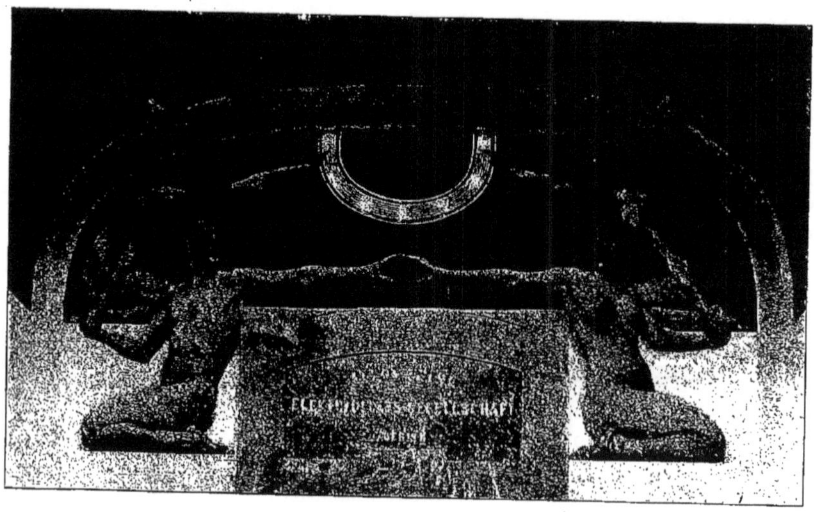

TABLEAU ALLÉGORIQUE DE L'ORIGINE DE L'ÉLECTRICITÉ
Peint par A. Maennchen, dans le pavillon de l'A. E. G., société électrique de Berlin.

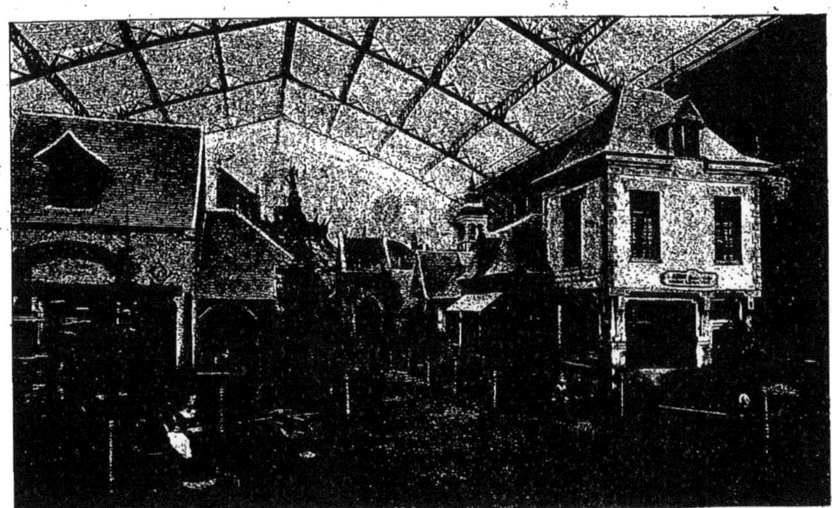

L'AGRICULTURE ET LES ALIMENTS

On se rendra compte de l'importance de l'Agriculture et de l'Alimentation par le seul chiffre de leurs exposants : vingt-trois mille cent quatre-vingt-quatre, soit près du tiers de la totalité. Cette proportion est d'ailleurs plutôt inférieure au rôle que la nourriture joue dans les préoccupations de l'humanité.

Il faut se hâter de dire que la matérialité des produits était partout relevée par le plus vif souci d'une jolie présentation. Ces groupes avaient trouvé un local à peine suffisant dans ce qui restait de l'immense Galerie des Machines de 1889, et aucune partie de l'Exposition n'était plus pittoresque ni plus fréquentée.

On pénétrait dans la section française, occupant la partie ouvrant sur l'avenue de La Bourdonnais, en passant sous le navire, de grandeur naturelle, élevé par la maison Menier. La légende disait :

Le vaisseau du Roy
Le Triomphant
Battant pavillon de l'amiral d'Estrées,
revient à Brest le 10 octobre 1679,
après avoir établi le commerce français aux Antilles ;
il apporte au roi Louis XIV
le chocolat préparé avec le cacao
provenant des premières plantations de la Martinique.

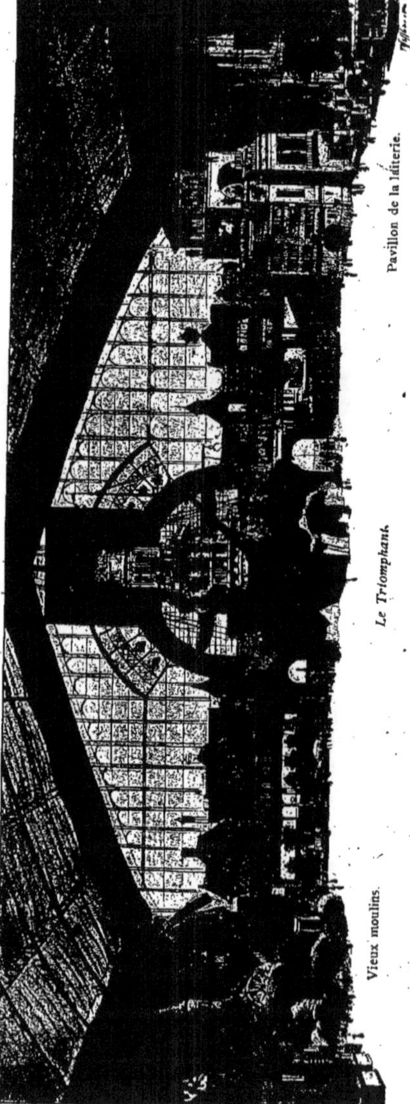

DÉCORATION DE LA SECTION FRANÇAISE DE L'ALIMENTATION, DANS L'ANCIENNE GALERIE DES MACHINES DE 1889. — Côté de l'avenue de La Bourdonnais.

C'était pendant la glorieuse époque de notre marine. A voir l'orgueilleux navire avec sa proue surchargée d'ornements, son château d'une hauteur pyramidale, on faisait avec les vapeurs modernes une com-

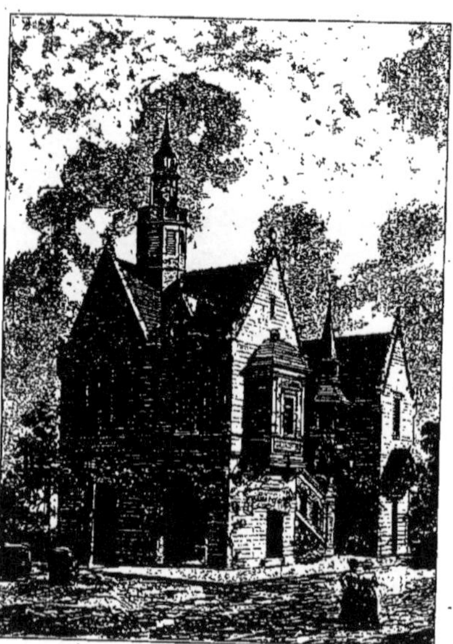

ÉDIFICE DES VINS DE BOURGOGNE

paraison involontaire peu en faveur de leur esthétique.

Dans l'angle de droite, un pittoresque assemblage de moulins à eau et de moulins à vent rappelait aussi les souvenirs d'instruments disparus et remplacés par un outillage dont les modèles les plus perfectionnés étaient exposés dans le voisinage.

Au milieu du long côté, la Distillerie avait élevé une symbolique façade montrant le docteur Faust dans son laboratoire d'alchimiste et, au-dessous, les appareils plus certains de la science moderne.

A l'angle suivant, dans un édifice très élevé, de style flamand et strasbourgeois, la bière française reven-

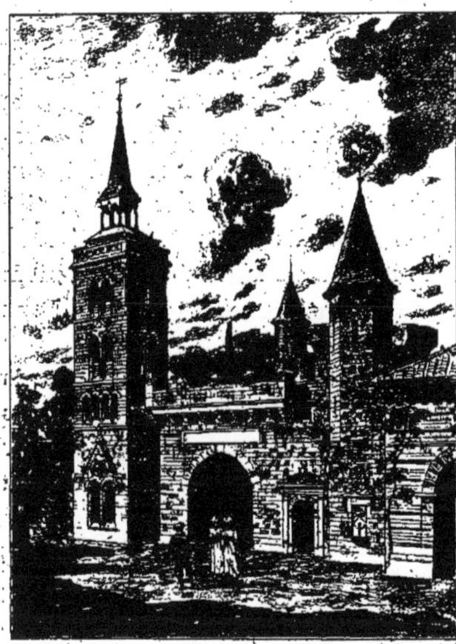

ÉDIFICE DES EAUX-DE-VIE DES CHARENTES

diquait hautement ses droits à un mérite qu'il était facile de vérifier, à côté, sur une série d'ingénieux comptoirs de dégustation parfaitement installés sous la galerie transversale, dont le plafond avait été transformé en voûte de taverne gothique. Une cidrerie normande complétait cet ensemble amusant, dû à l'architecte Léon Benouville; une Ève savoureuse, de Lenoir, y tendait la pomme aux passants.

Dans le troisième angle du grand

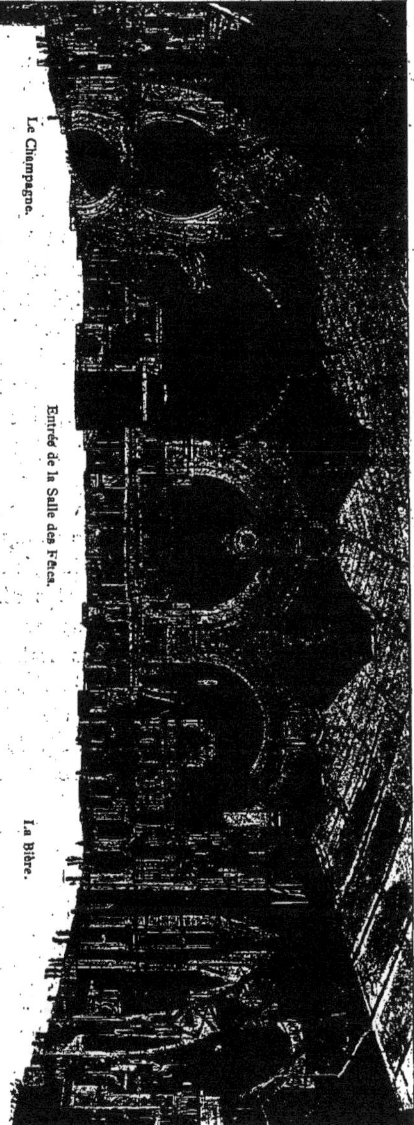

DÉCORATION DE LA SECTION FRANÇAISE DE L'ALIMENTATION, DANS L'ANCIENNE GALERIE DES MACHINES DE 1889 — Côté de la Salle des Fêtes.

quadrilatère, un palais de style rococo magnifiait le champagne. Son intérieur était aménagé de façon à faire assister à toutes les manipulations du vin glorieux et élégant qui symbolise l'esprit français.

Les huiles présentaient à la suite une façade qui ne le cédait en rien à celle de la distillerie lui faisant face. Les amphores et les presses remplaçaient les alambics et les cornues, et deux tableaux chantaient l'olivier et le colza. Le modeste noyer était oublié, par ingratitude.

En revenant au point de départ, le quatrième angle était occupé par une construction consacrée au lait et à ses industries. Due à MM. Binet et Jean Veber, cet édifice était une surprise et un charme. Tout dans ses lignes et dans ses couleurs claires était inédit. Juchées au sommet, de blanches chèvres regardaient les chats courant sur la façade en forme d'immense buffet aux multiples portes. D'avenantes servantes s'y trémoussaient; une mère nourrice étalait ses appas, qui faisaient danser de joie des enfants de contes de fées.

Au milieu de la galerie surgissaient d'autres constructions, où nos vins avaient organisé leur exposition avec un goût vraiment digne du produit, sang généreux de la terre de France.

Le vieux bourgogne, fier de son long passé, n'avait trouvé digne de lui que la nef ogivale d'une antique église appuyée à un château dont l'escalier à jour et les mascarons reproduisaient les plus purs motifs de l'architecture bourguignonne.

Le bordeaux, de célébrité plus récente mais non moindre, avait édifié un cirque de treillages. Sur le pourtour extérieur, les châteaux des premiers crus étalaient leur royauté dans des peintures agréables. A l'intérieur, quatre panoramas un peu pâles laissaient le regard se perdre sur Bordeaux, le Médoc, le Saint-Émilionais et le pays de Graves. Les premiers plans étaient occupés par des bouteilles couchées, le négoce ne devant pas perdre ses droits.

Les Charentes avaient logé leurs eaux-de-vie dans une construction mi-église, mi-château, romane et gothique, avec un cloître aux pampres verts.

Un assemblage com-

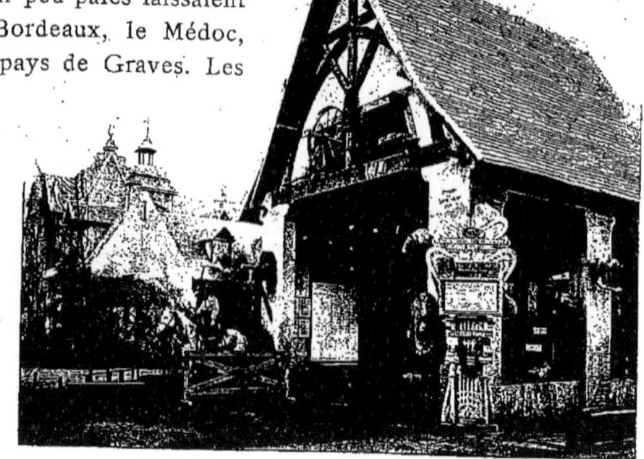

BERGERS LANDAIS ET HANGAR DE L'EXPOSITION RÉTROSPECTIVE

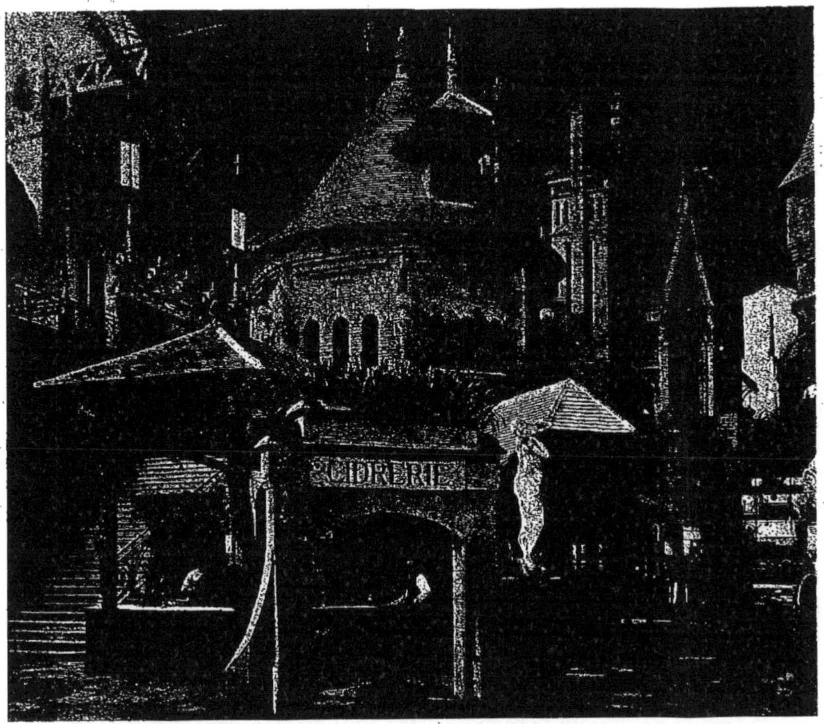

CIDRERIE NORMANDE — DANS LE FOND, L'ÉDIFICE DES BIÈRES

posite des principaux monuments du pays, également romans et gothiques, contenait les vins abondants du Sud-Ouest.

Saumur avait choisi avec à-propos un élégant campanile de la Renaissance.

Une construction réunissant divers motifs d'architecture abritait les vins de diverses contrées, entre autres l'Auvergne et la Touraine qui aurait été digne d'un château de la Loire et qui a eu le tort de ne pas s'affirmer plus particulièrement. Tous ces vins ont aussi figuré avec éclat dans la fête des vendanges qui eut lieu en octobre et ont été magnifiés par le ban de M. Jules Claretie.

L'exposition rétrospective était des plus intéressantes. Le Ministère de l'Agriculture avait réuni dans des bâtiments de vieilles fermes d'anciens instruments de culture, surtout le respectable appareil de la vinification d'autrefois, pressoirs aux madriers pesants, pichets familiaux, honnêtes bouteilles qui ne contenaient alors que des vins purs. Cette préoccupation du bon vin avait dicté une bien curieuse affiche, exposée aussi et qui reproduisait une ordonnance royale de Le Nain, intendant du Languedoc, en date du 21 mars 1748. Il y était interdit de fumer les vignes « en aucune manière que ce puisse être », parce que les

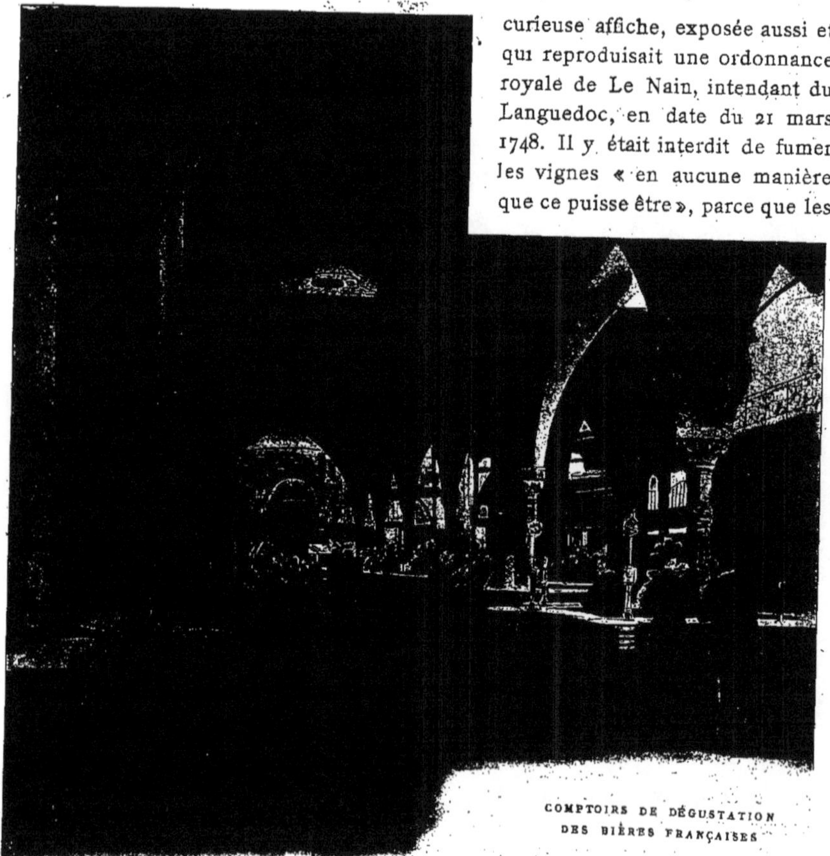

COMPTOIRS DE DÉGUSTATION
DES BIÈRES FRANÇAISES

terres de culture auraient d'autant été privées de fumier, mais surtout parce que la qualité du vin s'en ressentait, « ce qui ne peut jamais être compensé par la quantité ». Admirable maxime, combien oubliée !

En dehors du Ministère, le groupe de l'agriculture avait installé aussi dans deux vieilles granges, dont l'une était une ancienne salle de couvent, les instruments d'autrefois : rouets et fuseaux, barattes et moules à fromage et à beurre, peignes à carder et à teiller le chanvre, fléaux et charrues ; modestes et touchants objets, dont quelques-uns sont toujours en usage.

Une ancienne épicerie montrait son comptoir ignorant des faux poids ; ses pòts fleurdelisés aux armes royales garantissaient l'excellence de la moutarde ; à côté, une confiserie qui n'employait alors ni glucose au lieu de sucre, ni margarine en guise de beurre ; par derrière, une distillerie dont les sages alambics laissaient sans doute passer des esprits malsains, mais ne les distribuaient qu'en petite quantité.

Enfin une cuisine de ferme assez cossue, avec la salle des gens. Dans la cheminée, au pied du four de famille, des landiers monumentaux et l'énorme cafetière ; au mur, un long buffet bourguignon contenant une vaisselle aux fleurs riantes et une confortable poterie d'étain ; sur des tables massives, les ustensiles de la vie quotidienne, aux formes solides et d'un art réel dans sa naïveté. Des moules à gaufres, des grils pendaient au plafond.

Il existe derrière la cathédrale de Bâle plusieurs salles de chapitre pleines de ces objets rustiques ; ils forment un des plus curieux musées qui se

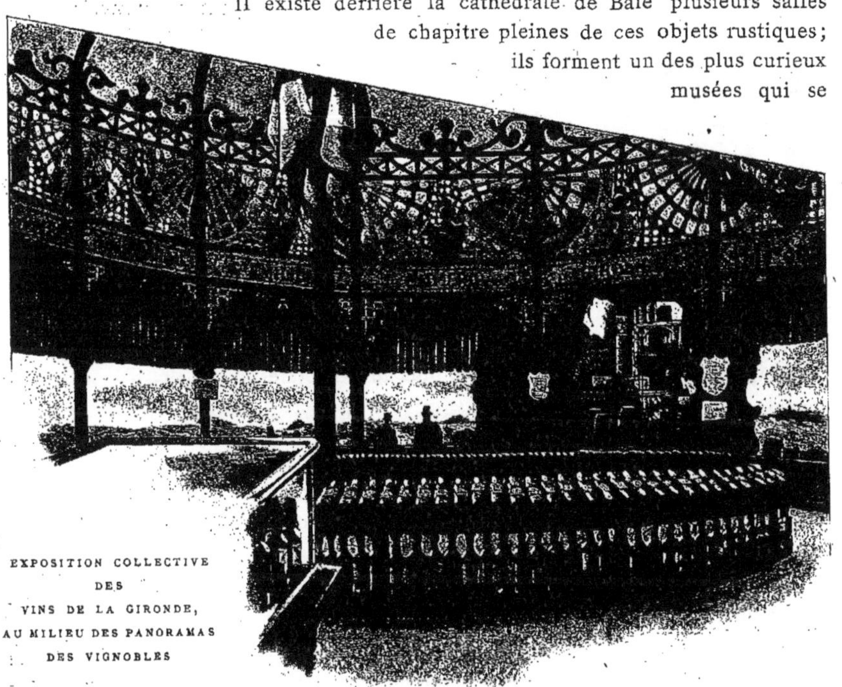

EXPOSITION COLLECTIVE
DES
VINS DE LA GIRONDE,
AU MILIEU DES PANORAMAS
DES VIGNOBLES

puissent voir. A côté des somptuosités de Cluny, il serait intéressant de posséder un musée semblable, et la variété des cultures de la France le meublerait abondamment.

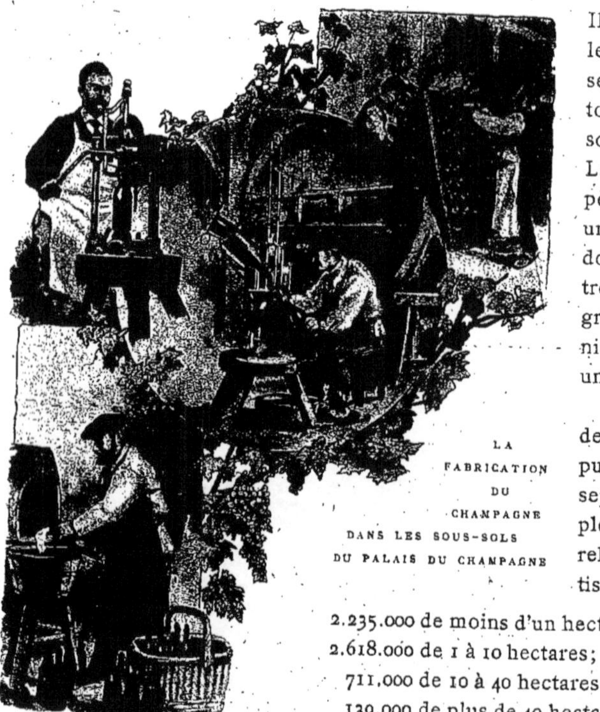

LA
FABRICATION
DU
CHAMPAGNE
DANS LES SOUS-SOLS
DU PALAIS DU CHAMPAGNE

Il serait encore temps de le constituer, mais il faut se hâter. Sa place est tout indiquée dans le sous-sol du Petit Palais. La vie privée de nos pères y apparaîtrait avec un intérêt extraordinaire, dont cette exposition rétrospective, qui faisait grand honneur à ses organisateurs, pouvait donner une idée.

La France est le pays de la petite propriété, puisque les cinq millions sept cent trois mille exploitations qui y ont été relevées en 1892 se répartissaient ainsi :

2.235.000 de moins d'un hectare ;
2.618.000 de 1 à 10 hectares ;
711.000 de 10 à 40 hectares ;
139.000 de plus de 40 hectares,

et que leur personnel se décomposait en :

Propriétaires cultivant eux-mêmes. . . . . 2.200.000 ⎫
Fermiers et métayers. . . . . 1.400.000 ⎬ 6.660.000
Salariés . . . . 3.060.000 ⎭

Ce qui équivaut à dire que plus des huit dixièmes des électeurs appartiendraient au monde agricole : constatation bien curieuse quand on pense que l'agriculture est l'éternelle sacrifiée, malgré tous les beaux discours prononcés en sa faveur.

Dans tous les cas, on voit l'étendue du domaine de l'agronomie. Cette science repose sur l'histoire naturelle, la chimie, la géologie et la statistique agricole. Si les trois premières parties sont certaines, la dernière est fertile en déceptions ; tout au moins, malgré les progrès réalisés, son organisation est-elle loin d'être parfaite.

L'exposition du Ministère de l'Agriculture était assez mince, sauf pour la partie relevant de la Direction de l'hydraulique agricole. Les écoles d'agriculture officielles et privées, les Sociétés agricoles, les syndicats et comités locaux, régionaux, départementaux, les comices, les exploitations particulières montraient les résultats obtenus. Mais des graphiques complaisants étalaient les rendements en se taisant sur les sommes dépensées pour les obtenir; des résultats de champs d'expérience étaient généralisés par un calcul exact en arithmétique, mais faux dans la pratique, et l'ensemble était symbolique de l'état de l'agriculture en France, où l'équilibre ne s'est pas encore produit entre la théorie prometteuse et la pratique décevante.

Ce n'était pas aux instruments agricoles qu'il fallait reprocher de ne pas pousser à la confiance. Leurs fers polis, leurs couleurs éclatantes, leurs dispositions se prêtant à tous les usages semblaient devoir transformer en plaisir un travail plutôt pénible. Encore ne comprend-on pas pourquoi cette industrie ne peut pas livrer avantageusement certains instruments, comme les faucheuses et les moissonneuses, qui nous sont presque toutes fournies par les États-Unis.

Le détail des produits alimentaires ne saurait être abordé ici, même de loin. Ils se présentaient sous les aspects les plus appétissants, volontiers plus jolis que la franche nature.

Dans le cycle infernal de la classe des spiritueux, ils étaient innombrables, habillés de verres aux formes élégantes ou étranges, sous des couleurs d'un éclat et d'une limpidité chimiques, avec des étiquettes d'or et de clinquant, les poisons tueurs de races. Plus fiers que tous les autres, dans de hauts cristaux taillés, les alcools de grains d'une pureté absolue scintillaient comme des diamants.

Et la foule pressée des exposants, l'apparence cossue de leurs expositions indiquaient la prospérité de l'industrie. Spectacle agréable peut-être au spécialiste, mais triste pour le penseur.

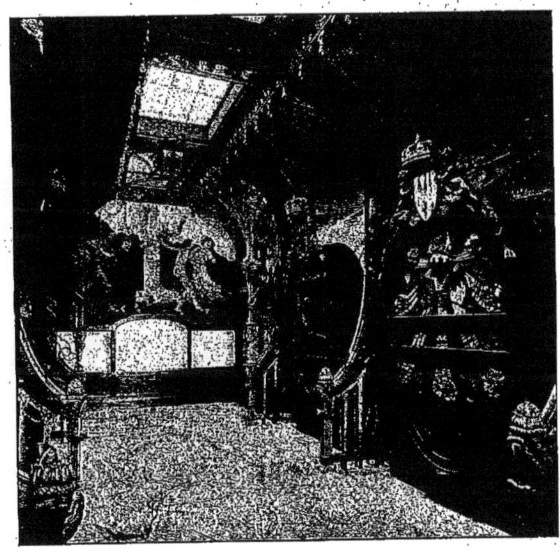

EXPOSITION COLLECTIVE DES VINS ALLEMANDS
SOUS LE PAVILLON IMPÉRIAL, A COTÉ DU RESTAURANT ALLEMAND
(Tableau de Muller Schoenefeld)

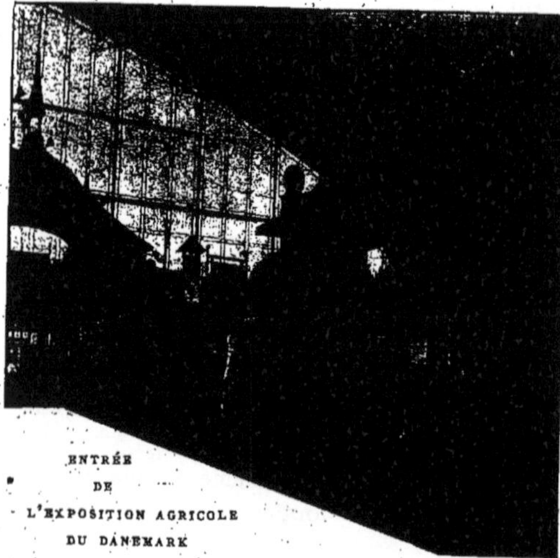

ENTRÉE
DE
L'EXPOSITION AGRICOLE
DU DANEMARK

Les Sociétés de tempérance et les lois demeureront impuissantes. Le salut est plutôt dans le vin, le vin qui réconforte quand l'alcool déprime. Les seuls vins de France étaient présentés par sept mille exposants. Cette reconstitution de notre produit national renaissant des ruines du phylloxera, malgré tous les autres ennemis de la vigne, éclatait comme une preuve manifeste de la persévérance de notre race.

Les sections étrangères occupaient la partie de la galerie donnant sur l'avenue de Suffren.

L'Allemagne avait construit d'une façon pratique et confortable un léger édifice, avec rez-de-chaussée et premier étage, où ses produits étaient présentés avec l'entente parfaite entre le Gouvernement et les particuliers, qui est sa note générale. Comme dans toutes ses classes, les produits étaient plutôt choisis que nombreux, avec un aspect rassurant de sincérité. Des tableaux et des graphiques bien ordonnés attestaient l'importance des encouragements officiels.

Son exposition spéciale des vins occupait, près du restaurant allemand, sous le pavillon impérial de la rue des Nations, une salle agencée avec des devants sculptés de vieilles tonnes, des vues de crus célèbres et des peintures d'un art supérieur.

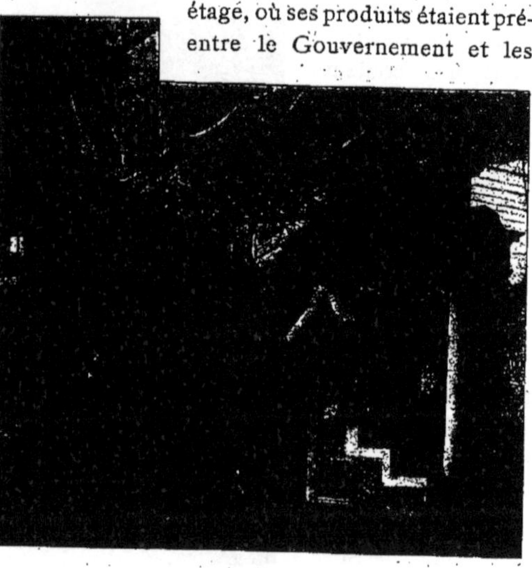

LES VINS DU PORTUGAL

Si l'utilité de l'art appliqué pouvait être contestée, elle aurait trouvé une nouvelle confirmation dans les expositions de l'Autriche et de la Hongrie, voisines mais distinctes, et cependant le domaine agricole est un de ceux où ces préoccupations semblent le moins nécessaires. Les produits si variés de l'empire des Habsbourg étaient présentés dans un cadre à souhait pour les faire valoir.

Le Japon révélait une prospérité agricole insoupçonnée. Des produits occupant toute l'échelle des cultures allant de l'orge au café, attestaient les ressources d'un pays que la nature a privilégié.

La plus captivante des expositions agricoles était peut-être celle du Danemark. Dans un cadre de haut goût et d'une originalité bien spéciale, les produits du pays, limités essentiellement au laitage et aux chevaux, montraient à quel degré de perfection ils sont parvenus sous l'effort de l'initiative individuelle encouragée par un Gouvernement qui, dès 1781, prenait des mesures pour une sage répartition des terres, et qui subventionne les sociétés d'élevage, ainsi que le prouvaient des tableaux suggestifs. Ce n'est pas tout de produire, il faut vendre; dans le Danemark encore, on trouvait des modèles de syndicats de défense et d'expansion commerciales.

En Suède et en Norvège, le Gouvernement est loin aussi de rester inactif, mais son intervention n'apparaissait pas dans les exhibitions purement individuelles et commerciales, fort bien présentées, d'ailleurs, dans des vitrines de formes jolies.

L'exposition belge était convenable, sans rien de bien saillant. L'Italie offrait des produits généralement connus, sous des vitrines volontiers multicolores. La Roumanie méritait l'attention, surtout par ses céréales.

Les Russes, laissés à leur initiative personnelle, sans statistiques et sans graphiques qui eussent été intéressants pour l'ensemble de l'immense empire, avaient l'air quelque peu chagrin du peu d'importance de leur exposition.

Quant à celle de l'Angleterre, elle était à peu près nulle. Deux ou trois vues en relief montraient cependant l'importance

LA HONGRIE AGRICOLE

16

prodigieuse de certaines industries qui, pour fabriquer un seul produit, élèvent des fabriques qui sont des villes entières. La pauvreté de l'exhibition anglaise — assez générale d'ailleurs dans toutes les classes — était une forme du dédain britannique pour tout ce qui n'est pas d'une utilité pratique. Or il est certain que les exposants retirent plus d'honneur que de profit des dépenses d'exposition ; c'est là une forme de patriotisme que nos voisins apprécient peu.

Là comme dans beaucoup de classes, l'exposition des États-Unis était une déception. Ils avaient procédé par masse, non pas que la variété des produits fût grande, mais en montrant quelles quantités de chaque denrée ils étaient susceptibles de produire. Le poids l'emportait sur la finesse. Une annexe voisine expliquait, par l'abondance de la fabrication, le bon marché de certaines de leurs machines agricoles.

L'installation de la Suisse, des plus coquettes, contenait des produits de confiserie qui faisaient la joie des enfants. Enfin, l'Espagne et le Portugal offraient dans un cadre luxueux l'infinie variété de leurs vins.

L'exposition agricole se poursuivait en dehors de la Galerie des Machines, le long de l'espace laissé libre entre elle et l'avenue de La Motte-Picquet. Des moulins, des vins, des biscuiteries y avaient élevé de pittoresques constructions. On y remarquait une tonne dépassant du double le fameux tonneau de Heidelberg et sans doute la plus grande du monde, car elle pouvait contenir 435.500 litres. La préparation de ses bois et sa construction avaient demandé dix années.

Enfin, loin de là, sur les berges du quai de Billy, au pied du Trocadéro, la boulangerie et la biscuiterie avaient des expositions particulières dans des pavillons coquets, non dénués de réclame mais affirmant que l'industrie française avait chez nous pris le pas sur celle de l'Angleterre, longtemps maîtresse de ce marché.

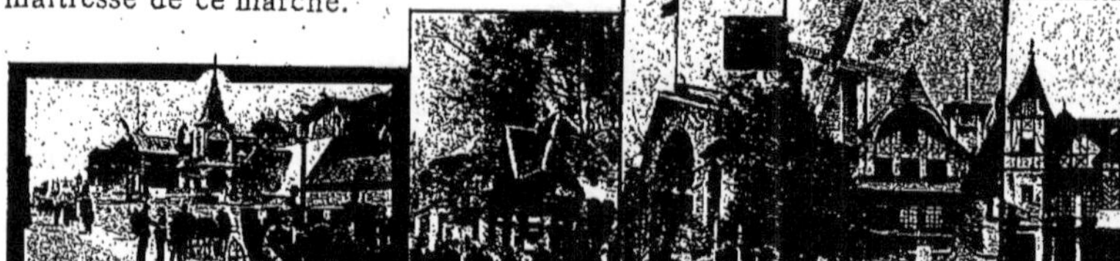

FRISE DES CONSTRUCTIONS AGRICOLES LE LONG DE L'AVENUE DE LA MOTTE-PICQUET

LE PALAIS DES LETTRES
SCIENCES ET ARTS

ÉDUCATION ET ENSEIGNEMENT

La triple dénomination de ce palais suffirait à elle seule pour marquer le flottement et les désaccords qui se sont produits dans cette partie de la classification.

Les Arts avaient leurs palais aux Champs-Élysées ; les Arts décoratifs étaient réunis sur l'Esplanade des Invalides.

On peut dire que tous les palais du Champ de Mars étaient des palais de la Science. Elle avait partout sa place et régnait partout.

Les Lettres, seules, n'avaient pas de palais déterminé. Malgré celui-ci, elles sont restées sans en avoir un, car il n'était pas digne d'elles.

De petits livres de classe qui contiennent en germe tout l'avenir d'une nation, de modestes volumes où le génie a condensé ses rayons, sont des choses de discrète apparence, qui n'attirent point la curiosité de la foule. Ils sont cependant l'autre soleil sans lequel aussi tout s'éteindrait.

Pour ce culte sacré et nécessaire, il eût fallu un temple invitant à l'attention et au recueillement. Il eût été facile à remplir. Sa centennale eût réuni les œuvres des penseurs, des philosophes, des romanciers, des dramaturges, des poètes, dans une bibliothèque dont la richesse eût été stupéfiante. De quel respect eût-on salué les effigies de ces souverains de la pensée et sous quel angle de grandeur le XIXᵉ siècle eût-il soudain apparu !

Cette chose qui eût été si belle, a totalement fait défaut. Le premier rapport de M. Picard et le projet de M. Hénard avaient prévu cependant un Palais des Lettres. Pourquoi a-t-il été supprimé ?

A l'organisation supérieure d'une exposition sont appelés des administrateurs de premier ordre et des maîtres de l'industrie. Le concours des artistes et des savants s'impose et s'obtient aussitôt. Cela est parfait, puisque la méthode, la science et l'art sont ainsi représentés. Il est un absent cependant, Phœbus Apollon. C'est lui qui porte la lumière, réchauffe les calculs froids, donne la vie à l'art lui-même ; en langage moins imagé, un représentant de la pensée littéraire eût imposé des idées qui ne sont point venues ou qui ont été négligées et dont l'absence a jeté une ombre sur le succès général.

La Presse elle-même a été abandonnée et s'est abandonnée. Mal conviée, elle n'a pas exposé. Elle avait bien construit, sur le quai d'Orsay, un pavillon avec de curieuses décorations de R. Barbin, en métal repoussé, et des vitraux d'Albert Gsell, d'un joli modernisme. Tout y est resté lettre morte. Par un mystère inexpliqué, aucun journal ne se vendait dans l'intérieur de l'Exposition.

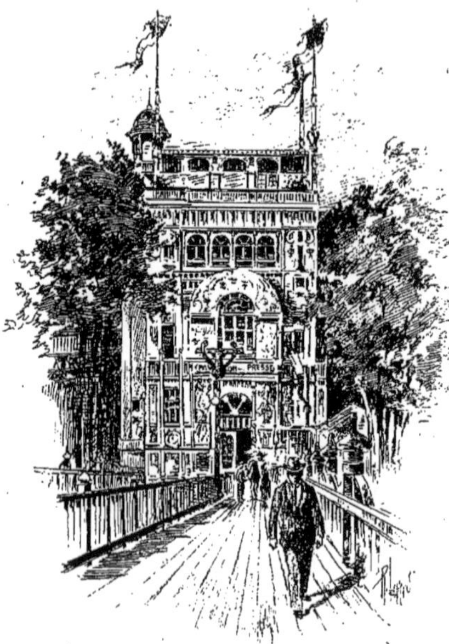

PAVILLON DE LA PRESSE (QUAI D'ORSAY)

Ce n'était point une querelle matérielle, l'Administration n'ayant pas de budget de publicité, ne pouvant pas en avoir et aucun journal n'ayant eu la pensée de faire payer son concours. Mais il faut bien dire que l'on n'a pas su être aimable. On avait même négligé dédaigneusement, dans les recensements professionnels du catalogue officiel, les cent mille personnes et plus qui vivent directement de la presse.

A défaut du monument rêvé, il faut donc examiner, au Palais indécis des Lettres, Sciences et Arts, et dans la banalité générale de leur installation, le groupe de l'Enseignement et ce que le catalogue appelait « Instruments et procédés généraux des lettres, des sciences et des arts ».

La Monnaie de Paris occupait, sans le meubler, le grand vestibule d'arrivée et y obtenait un vif succès. Il y avait foule autour de sa grande presse monétaire du

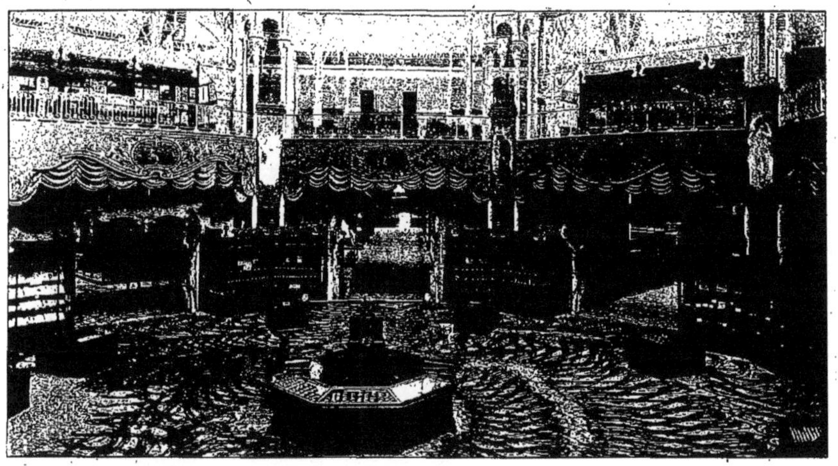

SALON DE L'EXPOSITION RÉTROSPECTIVE DE LA LIBRAIRIE ET DE LA RELIURE

système Thonnelier, la plus forte connue, pouvant frapper par minute cinquante pièces de 5 centimètres de diamètre, et de son grand balancier à friction, d'une puissance de frappe de 200.000 kilogrammes. Elle vendait des médailles commémoratives, et leur débit nombreux témoignait de la renaissance du goût public pour cet art bien français et très florissant aujourd'hui.

On ignore trop que l'établissement du quai Conti possède une importante collection de médailles historiques et de plaquettes d'art qu'il vend aux amateurs, de même qu'il en frappe pour des particuliers.

Quant aux monnaies, la frappe a atteint, de 1880 à 1899, 306 millions pour les nations étrangères et 90 millions pour nos colonies. Il n'était pas dit pour combien il avait été frappé de monnaies françaises pendant la même époque.

La valeur probable des monnaies d'or et d'argent existant actuellement en France est évaluée ainsi : Pour l'or . . . . 3.675 millions.

                     Pour l'argent . . . . 1.585   —

                     Pour le bronze 20   —

                                      5.280 millions.

On ignore peut-être que si le pouvoir libératoire de l'or est illimité, un particulier, qui doit accepter tout l'argent que lui déversent les caisses publiques, ne peut pas obliger un autre particulier à en accepter pour plus de 50 francs.

Il n'est pas d'objet fabriqué donnant moins qu'un livre l'impression des

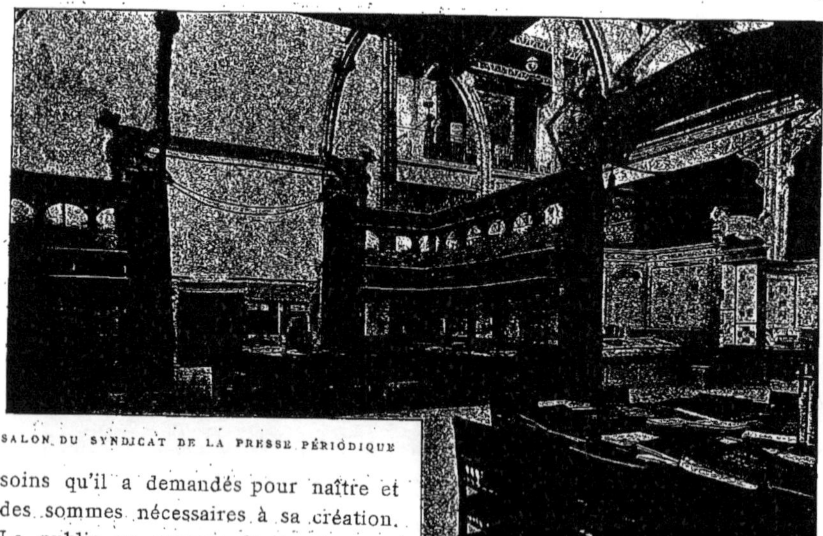

soins qu'il a demandés pour naître et des sommes nécessaires à sa création.

Le public ne comprendrait même pas les raisons qu'on lui donnerait pour expliquer que tel petit classique de 50 centimes représente 20.000 francs et plus de frais d'établissement, et pourquoi l'on est obligé de fabriquer par milliers un ouvrage dont on peut ne pas vendre cent exemplaires. Les frais d'établissement des ouvrages de luxe paraîtraient de la folie aux gens prudents, amis des petits risques. Malgré les exceptions nombreuses et augmentant heureusement tous les jours, on peut dire que la grande masse du public en est restée à la fable de La Fontaine, et que le livre y est considéré comme un objet de luxe inutile, pour lequel la plus faible dépense paraît exagérée.

Aussi, pour lutter contre cette déplorable disposition d'esprit, les expositions de librairie devraient-elles toujours être à la place d'honneur, la leur, puisqu'elles sont l'expression matérielle de la pensée des écrivains.

Devant un public qui répond si mal à leurs efforts, les éditeurs français n'en ont eu que plus de mérite à présenter une production d'une variété défiant toute description et dont la valeur artistique pouvait soutenir la comparaison même avec celle de la librairie allemande, si bien mise en évidence dans son pavillon impérial. Entre autres ouvrages de premier ordre, et nous avons un regret particulier de ne pouvoir citer dans cette classe tout ce qui mériterait de l'être, la *Vie de Jésus*, de Tissot, éditée par la maison Mame, restera comme un des plus précieux monuments de la librairie contemporaine.

Les États-Unis, agissant là comme ailleurs, ne s'étaient pas donné la peine d'exposer convenablement leurs publications, pourtant si belles et si nombreuses.

L'Angleterre, dédaigneuse encore de tout confort, présentait cependant deux vitrines qui faisaient rêver : l'une, remplie de Bibles fabriquées et reliées par l'imprimerie de l'Université d'Oxford ; l'autre, où l'Association des journalistes s'était contentée de coller les couvertures de ses innombrables et prospères *magazines*. Les sources de la puissance anglo-saxonne apparaissaient là de façon saisissante.

Dans un riche décor architectural, orné des bustes de ses gloires littéraires, la Hongrie témoignait de son activité intellectuelle et magnifiait son écrivain national Jokaï.

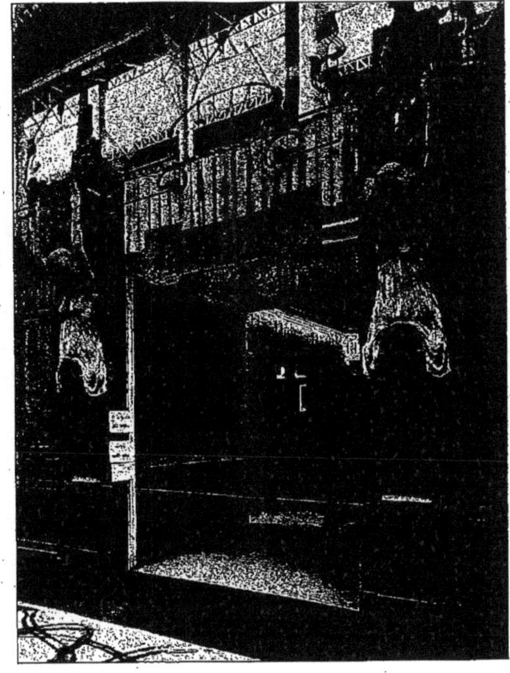

ENTRÉE DES SALONS DES ARTS GRAPHIQUES DE L'AUTRICHE

Mais la plus jolie installation appartenait à l'Autriche. De nombreuses sociétés privées, suivant l'exemple des institutions d'État, ont porté à Vienne le développement des arts graphiques à un degré d'art tout à fait supérieur, et les résultats étaient exposés de la plus artistique façon.

Les progrès de la cartographie française, assez en retard il y a quelques années, apparaissaient avec un réel éclat. L'État, les départements, les sociétés, les éditeurs ont rivalisé d'ardeur pour suivre le mouvement géographique qui aura marqué la fin du XIXᵉ siècle. Sur ce terrain, nous ne craignons plus de comparaison. Nos cartes, claires sans viser à l'effet, se tiennent au courant de toutes les découvertes ; nos atlas populaires ont atteint les dernières limites du bon marché sans rien sacrifier de l'exactitude nécessaire. Pour la vulgarisation de cette science vitale, notre outillage a demandé de grands sacrifices mais ne laisse plus rien à désirer et nous fait vraiment honneur.

On aurait toutefois voulu voir des essais de plans cadastraux. En Angleterre,

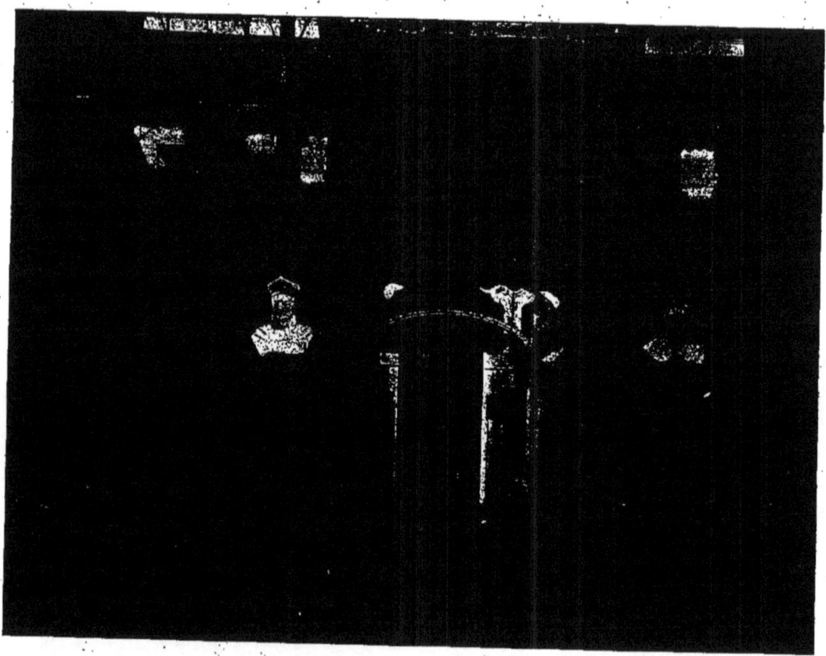

L'EXPOSITION HONGROISE DES LETTRES ET DE L'ENSEIGNEMENT

il existe une carte de chaque paroisse au 2.500ᵉ, c'est-à-dire que 1 kilomètre y est représenté par quarante centimètres, alors qu'il ne l'est que par un sur notre carte vicinale, et par un et quart sur celle de l'État-Major. Ces plans se vendent aux propriétaires. L'État retrouverait là une partie des frais de la réfection du cadastre, qui s'impose mais ne se fait pas.

On a dit que la rétrospective du Livre avait été le cerveau des diverses centennales, comme d'autres en avaient été la parure ou l'amusement.

Elle était organisée avec beaucoup de méthode et de goût et montrait dans un ordre chronologique de beaux types d'impression, depuis les origines jusqu'à la fin du XVIIIᵉ siècle. Pour la première moitié du XIXᵉ siècle, les volumes avaient été répartis suivant leur illustration, en relief, en creux ou en couleur.

Les manuscrits, peu nombreux, étaient tout au moins représentés par une pièce capitale, prêtée par la Bibliothèque d'Abbeville, l'*Évangéliaire de Charlemagne,* donné par lui à l'abbaye de Saint-Riquier, en l'an 800. Onze siècles avaient passé

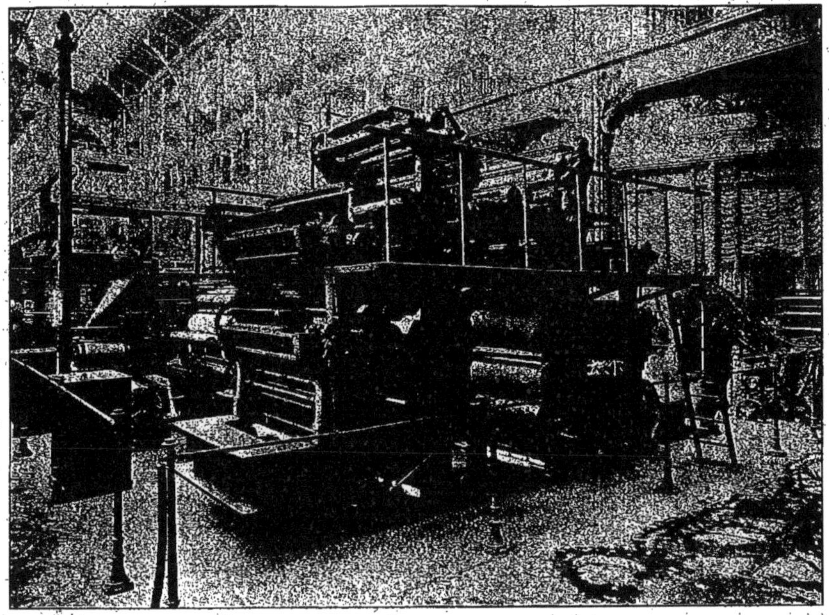

sur son vélin pourpre sans atténuer la splendeur de son 'ornementation et de ses enluminures.

Ce musée parlant du livre, organisé par M. Delalain, était complété par une série de volumes de toutes les époques, consacrés à l'histoire de l'imprimerie.

La gravure, la lithographie, les périodiques et les placards offraient des images d'autant plus frappantes que les mœurs de chaque époque y revivaient avec leurs représentations graphiques.

Depuis la fin du xve jusqu'à la moitié du xixe siècle, une suite de reliures, réunies et disposées par M. Gruel avec un art qui lui est familier, montraient avec quel' goût le cuir a été de tout temps doré et gaufré en France.

Une frise d'affiches mettait la note gaie de son art moderne le long des cloisons de la grande salle du rez-de-chaussée. Au premier étage, le musée se complétait par une collection de ces anciennes cartes aux ornementations si décoratives et de ces plans de villes à vol d'oiseau si pittoresques.

L'art du livre et celui de la reliure ont produit, dans la seconde moitié du xixe siècle, plus de belles choses que dans toutes les époques précé-

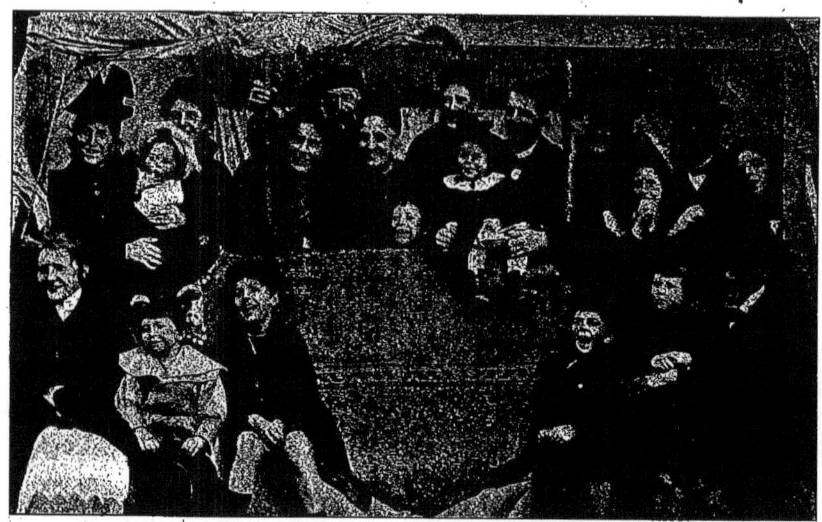

PHOTOGRAPHIE DU RIRE, PAR M. BOISSONNAS, DE GENÈVE

dentes; c'est une histoire à écrire, et les preuves à l'appui s'accumuleraient facilement.

Les machines à imprimer n'attiraient pas la curiosité comme dans la grande Galerie de 1889, et il était difficile d'en discerner les causes, car un bon nombre étaient fort intéressantes. Les machines à journaux sont arrivées à une simplification de rouages d'autant plus remarquable que leur puissance de production s'accroît en proportion de cette simplicité.

L'Allemagne présentait des instruments d'une fabrication parfaite, pour les plus petits comme pour les colosses. On y sentait une union intime de prospérité entre la fabrication et l'édition.

Dans une annexe du quinconce des Invalides, placée là on ne savait pourquoi, les Américains montraient des machines à composer d'apparence pratique, au milieu d'une atmosphère industrielle où les ouvriers semblaient exercer le métier en dilettanti.

Sa Majesté Notre Imprimerie Nationale, dans un vaste salon, étalait avec gloire sa majestueuse infériorité. Ne pouvant pas toujours produire ses caractères orientaux, reconnus une bonne fois et tant de fois pour parfaits, elle avait pensé sauver la mise en demandant au savant iconographe A. Claudin une *Histoire de l'imprimerie du* xv*e au* xvi*e siècle*. De beaux caractères fixaient sur le beau papier d'un bel in-4° un texte assurément digne de louanges, mais quand la difficulté commençait pour les hors-texte en couleur, elle n'était pas vaincue, oh non ! et l'ouvrage « décidé par M. le Garde des Sceaux, ministre de la Justice, pour l'Exposition de 1900 » n'avait naturellement, pour la date solennellement indiquée, que son premier volume de prêt. Ce qui n'empêchait pas les parois du salon d'être totalement, pompeusement et naïvement couvertes — tous ces adverbes joints font administrativement bien — de petits fac-similés au trait rappelant les bâtons flottant sur l'onde.

Des reproductions répétées à satiété d'ornements de Choffard — nouveauté datant de 1786 — n'étaient pas pour adoucir la tristesse de ce spectacle. Et voilà quel était notre Conservatoire de l'Art typographique quand, à deux pas, l'Imprimerie de la Cour de Vienne et l'Imprimerie impériale de Saint-Pétersbourg montraient de véritables merveilles.

Voici ce que M. Robert de La Sizeranne dit en tête d'un admirable volume que vient d'éditer le Photo-Club de Paris : « La photographie n'avait promis que des images, et elle a fait des découvertes ; qu'un souvenir, et elle a suscité des divinations... Elle a contrôlé la marche des machines, compté les vibrations des insectes, dénoncé de fausses empreintes,

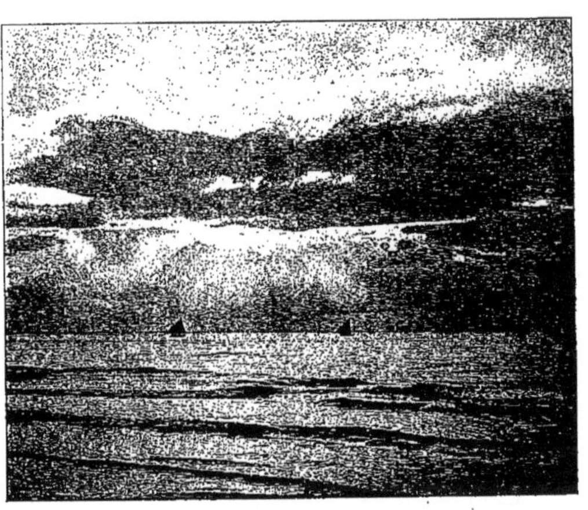

analysé des trajectoires, relevé du haut des ballons des plans cadastraux... Elle a pénétré les visages différents des frères et des sœurs jusqu'à cette face invisible : le type unique de famille. Elle a découvert dans les fresques de Michel-Ange de nouvelles figures et, dans le ciel, des étoiles nouvelles... Enfin, elle a dépassé les promesses de la science. Elle ne nous avait promis que de la vérité ; elle nous a donné de la Beauté. »

Ce beau langage n'est pas au-dessus de la vérité. Chez toutes les nations, et en France pas moins qu'ailleurs, l'exposition photographique, dans ses résultats directs comme dans ses applications, a produit une infinité de choses qui sont des chefs-d'œuvre. Chaque jour amène un progrès nouveau, et la lutte où professionnels et amateurs se disputent la victoire, promet d'être féconde.

L'exposition rétrospective, qui ne pouvait remonter bien haut pour cette science

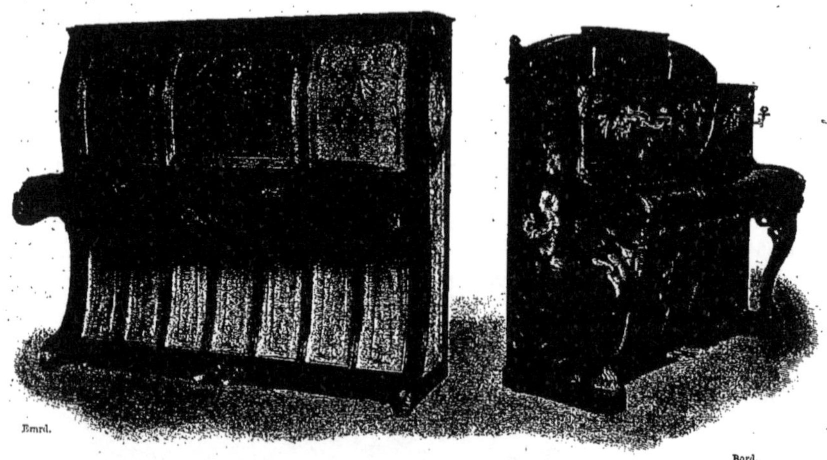

PIANOS DE STYLE MODERNE

si avancée malgré sa jeunesse, montrait, entre autres curiosités, des épreuves daguerriennes de 1845, réunissant deux cent soixante-une petites têtes d'une netteté parfaite, et des épreuves obtenues en 1876 par Ducos de Hauron, où tout le procédé des trois couleurs était déjà nettement appliqué.

Les éléments de l'histoire, du matériel et de la mise en scène de l'art théâtral avaient été groupés d'une façon qui aurait pu être plus somptueuse. Il eût été facile de rendre plus hospitalière l'obscurité nécessaire de ces galeries, où les décors devaient ressortir en lumière. Les grandes maquettes d'Amable, de Carpezat et de Jambon étaient sèchement présentées, avec des premiers plans mal soignés et des explications nulles.

Les amateurs remarquaient, parmi les petites maquettes de la partie rétrospective, les décors de *la Favorite*, par Cambon; de *la Source*, par Chéret; de *Patrie*, par Poisson; de *la Farandole*, par Lavastre; de *Faust*, par Rubé; de *Messidor*, par Bailly; de *Notre-Dame de Paris*, par Chaperon. Ils s'amusaient des jolies poupées représentant Molière dans *Arnolphe* (1662); Jeliotte dans *Thésée* (1744); Lekain dans *Gengis-Khan* (1755), et les avatars successifs d'*Armide* sous les traits de Mmes Le Rochois (1686), et Maillard (1787-1805).

A considérer la reconstitution de la chambre de Mlle Mars, dont le mobilier avait été donné par Napoléon, il fallait reconnaître que l'artiste était bien modeste, ou le souverain peu généreux.

La musique était partout à l'Exposition : Concerts officiels du Trocadéro, très éclectiquement composés ; auditions données par les sociétés étrangères et particulièrement par celles de Vienne et d'Upsal, qui remportèrent un succès si mérité ; jeu du puissant orgue de Cavaillé-Coll, dans la salle des Fêtes ; séances ininterrompues dans la salle du Palais des Lettres et Sciences ;

L'ÉCOLE MATERNELLE, TABLEAU EXPOSÉ DE GEOFFROY

chanteurs de Saint-Gervais au Vieux Paris ; musiques militaires ; festivals d'orphéons ; orchestres exotiques des théâtres et des restaurants.

Les spécialistes s'accordaient à reconnaître une louable tendance à simplifier les instruments et à en améliorer le registre grave ; ils s'amusaient de nouveautés comme celle du « bordicors », instrument à cordes ayant l'étendue d'un quatuor, depuis la note la plus grave de la contrebasse jusqu'à la plus aiguë du violon ; ils s'insurgeaient à l'aspect d'une mécanique qui, posée sur un clavier de piano et montée, exécutait mécaniquement tous les airs que lui avait déjà imprimés le jeu d'un virtuose.

Le grand public reconnaissait avec plaisir les efforts tentés pour donner au piano, meuble principal des salons et généralement si laid, des formes plus esthétiques. L'art moderne y mettait en déroute la classique rigidité des lignes avec une furia qui aura besoin d'être modérée.

Enfin, les instruments pour les sciences physiques, l'optique en particulier, inspiraient la confiance par leur apparence d'impeccabilité, et ceux de la chirurgie, comparés aux rudes appareils du musée centennal, donnaient par leur fine netteté, l'impression de la douleur supprimée. Certaines salles modernes d'opération étaient tout à fait engageantes.

Pour compléter l'erreur que nous avons signalée, c'est dans les galeries toujours sacrifiées du premier étage que l'Éducation et l'Enseignement avaient été relégués.

Le principe de l'instruction publique et gratuite fut posé par la Constitution de 1791; il ne rencontra pas le succès auquel on aurait pu s'attendre.

Sous l'Empire et la Restauration, l'enseignement fut le privilège exclusif de l'Université. Par la loi de 1833, M. Guizot revint aux idées de la *Déclaration des Droits de l'Homme* et rendit à l'enseignement primaire une liberté qui lui fut confirmée par la loi Falloux de 1850. En 1867, M. Duruy établit l'obligation, mais d'une façon insuffisante.

La troisième République a fait pour le développement de l'enseignement primaire un effort énorme. Par la loi de 1881, elle rendit la gratuité obligatoire pour les communes, de facultative qu'elle était auparavant.

Les communes durent se rendre propriétaires de leurs maisons d'école et il leur fut attribué de larges subventions. De 1878 à 1897, il fut dépensé 689 millions pour les écoles primaires et les écoles normales. Aujourd'hui, le nombre des immeubles scolaires appartenant aux communes de France et d'Algérie s'élève à plus de 53.000, et le personnel enseignant jouissant d'une situation très convenable sous tous les rapports dépasse le chiffre de 150.000. Les enfants qui reçoivent l'éducation primaire de l'État sont au nombre de 6.500.000.

Les établissements d'enseignement primaire libre, pour la plupart congréganistes, comptent environ 1.600.000 élèves.

L'œuvre post-scolaire, des plus dignes d'attention et en plein développement, se poursuit sous diverses formes. Les chiffres suivants, relevés en 1898-99, donneront une idée de son importance : 35.000 cours d'adolescents et d'adultes des deux sexes, professés dans les écoles par les instituteurs, et 5.000 par des sociétés ; 117.000 confé-

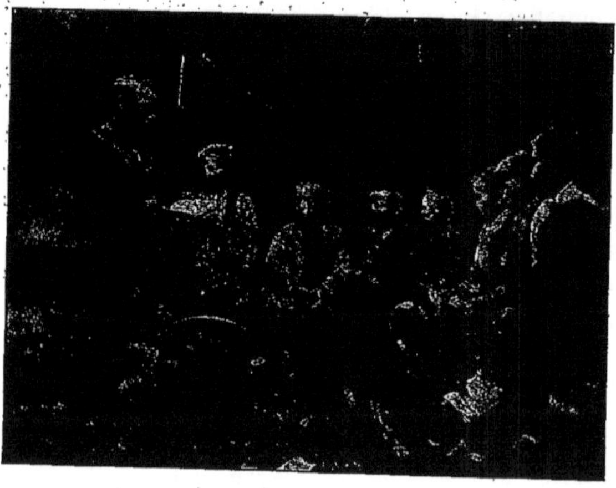

UNE ÉCOLE DE LAPONS NOMADES
Tableau exposé dans la section suédoise.

rences, le plus souvent avec projections, fournies par le Musée pédagogique, la Ligue de l'Enseignement, le Comité Dupleix, etc. ; 65.000 groupements de jeunes gens et de jeunes filles en vue de l'instruction ; 450.000 personnes fréquentant assidûment les écoles du soir; 4 millions de dons par les municipalités et l'initiative privée.

Si l'instruction pri-

maire, tout en pouvant ouvrir plus large encore la porte aux enseignements pratiques et professionnels, est dans un état de robuste santé, il n'en est pas de même
de l'instruction secondaire. Elle se débat dans un malaise que les incessantes modi-

fications de son pro-
gramme n'ont fait qu'ac-
croître, pour la conduire
à une période aiguë. Son
but final est le bacca-
lauréat, et la vanité du
baccalauréat est re-
connue.

Elle repose sur un
malentendu entretenu lui-
même par des préjugés
dont les autres pays se
sont débarrassés et qui
sont la cause des dé-
boires grandissants que
nous éprouvons sur le
terrain économique de la
bataille de la vie.

C'est une injure à la
raison que d'asservir
tous les ans à des exer-
cices classiques, devenus
d'ailleurs pseudo-clas-
siques par leur insuffi-
sance, près de deux cent
mille jeunes gens, dont
plus des trois quarts n'en
sauront que faire plus
tard. Mais il paraît que ce
serait faire injure à la

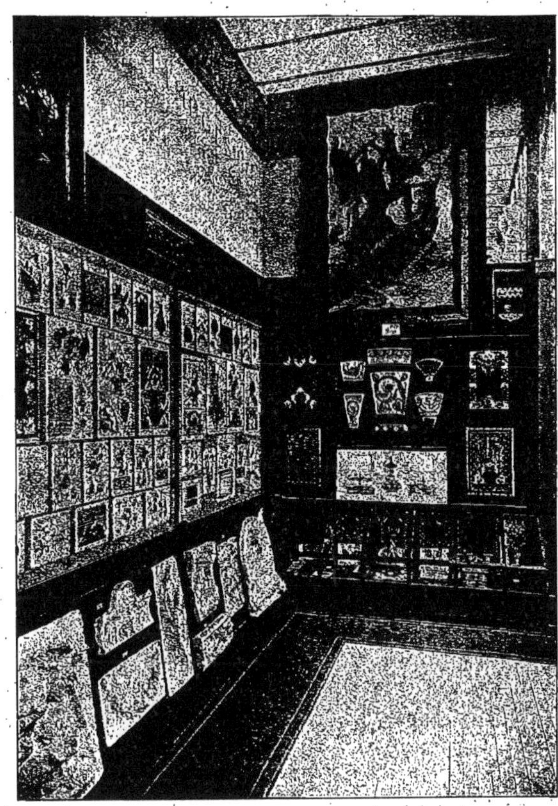

dignité de leurs familles que de nourrir substantiellement ces trois quarts de futurs
déclassés de fortes études pratiques qui assureraient leur prospérité et dont les
autres peuples se font un honneur !

On serait bien injuste d'en faire un reproche au seul Gouvernement ; il semble
même qu'il ne puisse rien contre les mœurs, d'autant moins que d'autres questions,
religieuses et sociales, viennent compliquer la situation.

En attendant une modification qui aurait besoin d'être si radicale que de graves événements pourront seuls l'amener, 339 lycées et collèges de l'État, avec un personnel de 9.000 professeurs, « préparent » 86.000 élèves par an, et 780 établissements libres, pour la plupart ecclésiastiques, avec 6.800 professeurs, rendent le même douteux service à 100.000 jeunes gens.

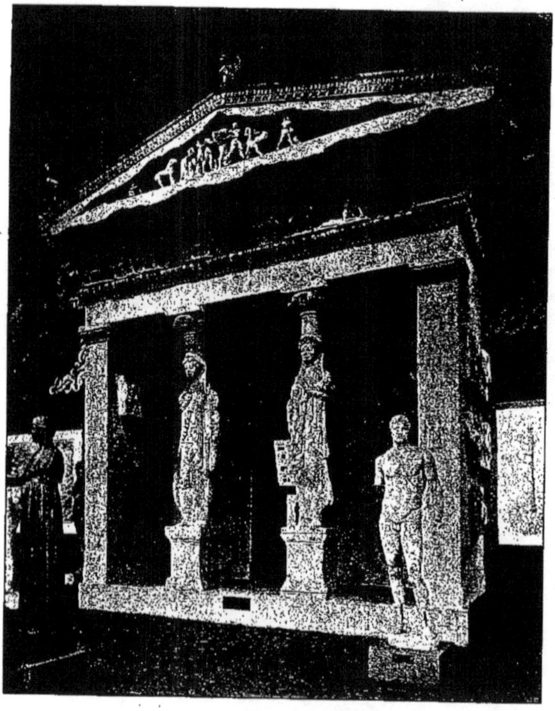

On a bien créé des écoles pratiques de commerce et d'industrie et des écoles supérieures de commerce, ces dernières ayant un caractère d'établissement privé. Pour trouver des comparaisons, il faut se contenter de petits pays, la Belgique par exemple, encore qu'on y trouve 30.000 élèves contre 22.000 chez nous. Les crédits affectés à cet enseignement sont de 3 millions en France ; ils sont de 17 millions en Angleterre. Si la voie est ouverte, on y entre à petits pas.

Des enquêtes successives, suscitées précisément par ce que les

PORTE DU TRÉSOR DE DELPHES
Restauration exposée par l'école française d'Athènes.

Expositions universelles nous révélaient chez les autres, ont amené la constatation de l'état lamentable de l'étude du dessin en France. Les Chambres ont été prises de remords ; elles ont voté la somme prodigieuse de 230.000 francs. Il est vrai que c'était en 1880 et que, depuis vingt ans, elles se reposent d'un si bel effort, continuant, pour alléger nos impôts, qui ont, comme on le sait, considérablement diminué depuis cette époque, à ignorer totalement que les beaux-arts sont le premier facteur de moralisation et de prospérité des peuples.

Certaines villes et en particulier la Ville de Paris, se sont montrées plus intelligemment libérales. Elles ont compris que le dessin était aussi utile que l'écriture pour permettre à l'homme d'exprimer sa pensée. Ce sont leurs efforts, ceux de la dizaine d'écoles nationales d'art décoratif que le budget permet d'entretenir, ceux aussi d'établissements privés, comme l'école Guérin, qui ont produit cette phalange d'ouvriers d'art à qui nous devons l'honneur de l'exposition française.

L'enseignement professionnel n'en avait pas moins, le long de l'avenue de Suffren, un pavillon spécial qui était particulièrement intéressant. L'École centrale des Arts et Manufactures y occupait la place d'honneur, encore qu'elle eût pu être moins modeste dans la manifestation de son importance. On y admirait les travaux variés et d'un aspect fini des élèves des écoles spéciales, dont plusieurs étaient dus à l'initiative municipale, et le matériel d'enseignement professionnel des Frères des écoles chrétiennes méritait d'être remarqué.

Le catalogue ayant consacré une classe à part du groupe I à l'enseignement agricole, il faut bien en parler ici, quoique la place eût été préférable dans le groupe de l'Agriculture. C'est une chose qui confond la raison de voir combien, et cela à toutes les dates parlementaires de ce siècle, des députés, dont la grande majorité sont nommés par des cultivateurs, ont eu peu de souci de cet enseignement. Encore de nos jours, les crédits qui lui sont affectés sont une dérision.

Il en résulte un enseignement parfait sans doute dans la théorie, mais que l'absence de fonds paralyse dans la pratique.

Il en est de même de l'École coloniale, dépendant du Ministère des Colonies, qui pro-

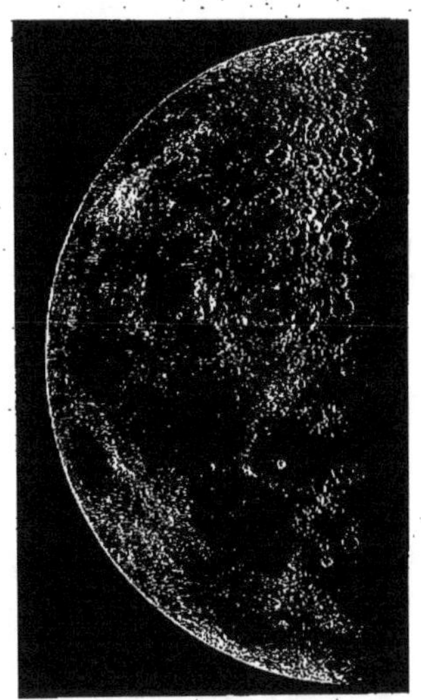

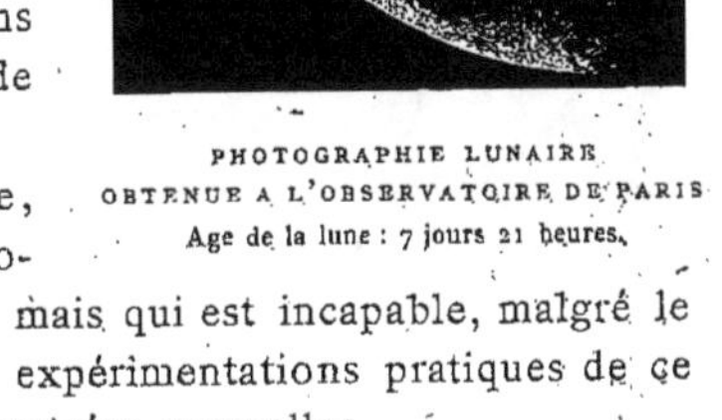

PHOTOGRAPHIE LUNAIRE
OBTENUE A L'OBSERVATOIRE DE PARIS
Age de la lune : 7 jours 21 heures.

digue son instruction pour des fonctionnaires, mais qui est incapable, malgré le programme, de fournir aux futurs colons des expérimentations pratiques de ce qu'ils pourront cultiver ou élever dans les contrées nouvelles.

Si les Facultés de droit et de médecine sont prospères et solidement établies, l'enseignement supérieur se ressent, pour ses Facultés des lettres et des sciences, du malaise de l'enseignement secondaire. Une loi de 1896 vient de leur donner un corps en reconstituant les anciennes Universités provinciales. Retrouveront-elles dans cette liberté plus apparente que réelle une féconde autonomie, ou leur indépendance ne sera-t-elle qu'un isolement? Les départements accepteront-ils d'aider de leurs subventions une décentralisation qui ne pourrait d'ailleurs que leur être avantageuse? La réforme est trop récente pour pouvoir en préjuger les effets.

17

Au moins est-il permis, devant les établissements de haut enseignement de l'État, d'éprouver une satisfaction sans mélange. Le Collège de France, pour n'en citer qu'un, répand, du haut de ses quarante et une chaires, des paroles qui ont un retentissement immense et qui soutiennent l'antique gloire de la France.

Les manifestations multiples de ces divers enseignements, tableaux, statistiques, livres classiques et ouvrages scientifiques, occupaient des surfaces considérables, aménagées avec une pauvreté de décoration qui sentait le dénuement.

Le musée centennal du Ministère de l'Instruction publique était peut-être le plus mince de tous ceux de l'Exposition. Au milieu de ses vitrines forcément sévères, les poupées dont Mlle Kœnig a réuni une si précieuse collection au Musée pédagogique, donnaient leur note imprévue. Revêtues des costumes les plus pittoresques de nos anciennes provinces, elles apparaissaient, dans les champs des moissons scolaires, comme les fleurs gracieuses du pays de France.

Il ne peut entrer dans le cadre de cet ouvrage d'étudier comparativement les sections étrangères de l'Enseignement. Leur caractère général, heureusement affranchi des dissensions intestines, était de rechercher les réalités plutôt que les apparences, le fond de préférence à la surface. Le souci d'armer pour la vie pratique les enfants destinés à devenir des hommes y était relevé par la vulgarisation de l'Art.

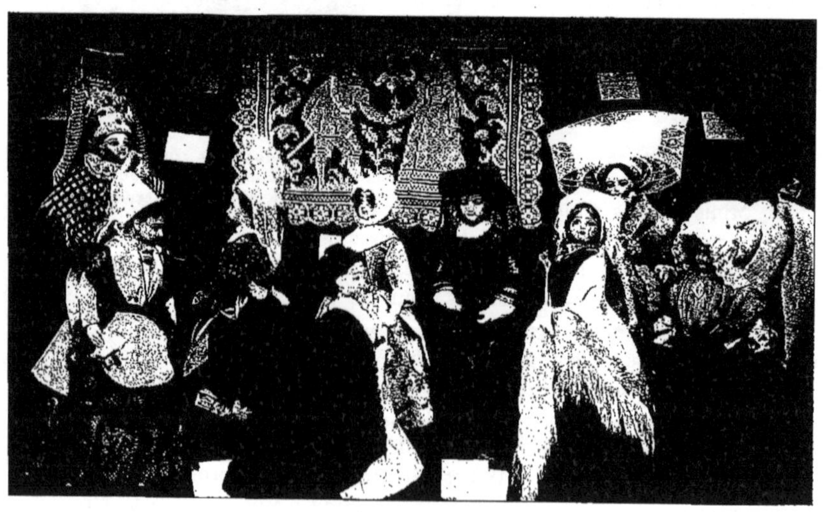

PARTIE DE LA COLLECTION DES POUPÉES DE Mlle KŒNIG

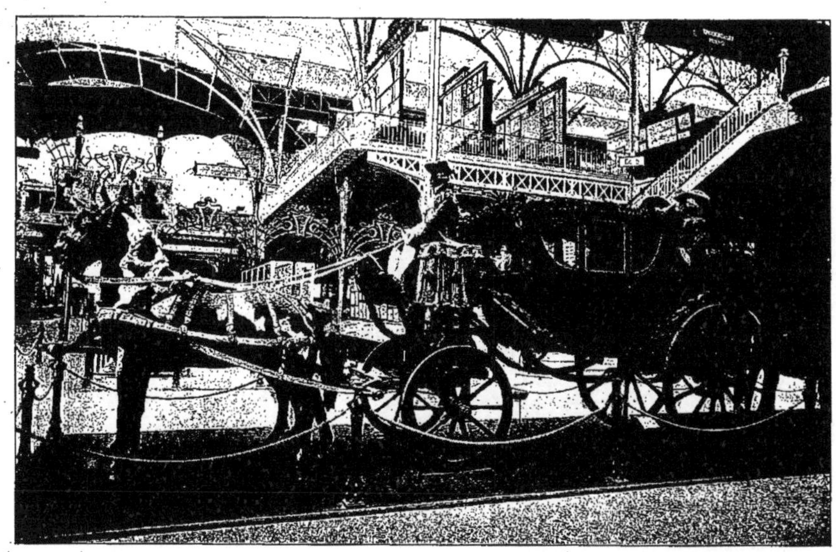

EXPOSITION RÉTROSPECTIVE DES MOYENS DE TRANSPORT. — CARROSSE DE GRAND GALA DU XVIII° SIÈCLE
(Collection Hamburger frères.)

LE GÉNIE CIVIL

ET

LES MOYENS DE TRANSPORT

Le *génie civil* est le plus beau titre qui se puisse imaginer, puisqu'il exprime les progrès de la civilisation.

Son palais contenait des industries dont les unes parlaient clairement aux yeux et dont les autres étaient représentées par des graphiques ou des modèles réduits.

On peut juger de leur importance, car elles représentent la vie du monde civilisé, qui s'immobiliserait si elles s'interrompaient.

Le développement des voies de communication est le facteur le plus certain de la prospérité d'un pays. Les Romains construisirent dans la Gaule, qui en était dépourvue, près de 20.000 kilomètres de routes indestructibles, car elles étaient maçonnées sur une épaisseur de près d'un mètre. De l'époque gallo-romaine au XVIII° siècle, pendant cette longue suite de siècles, la royauté n'en ouvrit qu'une quantité égale et dans de médiocres conditions. Le XIX° siècle aura établi à lui seul plus de 500.000 kilomètres de routes ! Nous ne parlons que de la France.

Les ponts, lourdes masses autrefois, se sont multipliés en proportion de leur légèreté. On élève des viaducs de pierre dont les arches encadreraient Notre-Dame, et les constructions de métal ne connaissent plus l'impossible.

Pas plus que les précipices, les montagnes ne sont un obstacle. Du percement du mont Cenis à celui du Simplon en cours d'exécution, les systèmes de forage ont multiplié leur puissance. La force hydraulique et la force électrique ont été mises à contribution et des excavateurs font la besogne d'équipes entières.

Les canaux, ces chemins qui marchent, ont quintuplé pendant ce siècle; leur aménagement s'est transformé. Des dragues ont fait œuvre de géants.

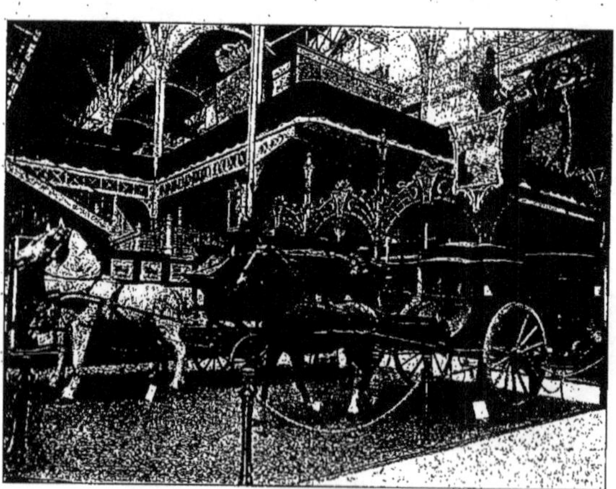

CHAISE DE POSTE DE 1789; CALÈCHE DE LA RESTAURATION
(Exposées au Musée rétrospectif.)

Quant aux chemins de fer, n'est-ce pas une chose à confondre l'imagination, de penser qu'ils n'ont exactement que soixante-dix-sept ans d'existence, seulement la vie d'un homme !

Et encore, pour arriver à cet âge, il faut remonter à 1823, où fut mise en construction une courte ligne destinée à relier Saint-Étienne à la Loire. Ce fut plutôt une voie de marchandises qu'un véritable chemin de fer, mais cette date marque l'entrée en jeu de la France. Une gravure de l'exposition rétrospective montrait les voyageurs enthousiastes du premier train anglais entre Stockton et Darlington. Cela se passait le 27 septembre 1825.

L'*Invicta*, construite par Georges Stephenson en 1830, exposée au musée centennal, n'avait inauguré la ligne de Whistable à Canterbury que le 3 mai 1831.

En 1830, il n'y a encore en France que 38 kilomètres en exploitation; en 1840, il n'y en a pas 500. Un arrêté, exposé au musée centennal, fixait comme suit le prix du voyage de Paris à Versailles, en 1840 : Wagons (découverts), 1 fr. 25; Diligences (les secondes d'alors), 1 fr. 50; Places de luxe, 2 francs. Le dimanche, les prix étaient... *augmentés*.

Dans les dix dernières années, la vitesse a été augmentée de 25 pour 100 ; elle atteint une moyenne de 70 kilomètres à l'heure pour les trains express, devenus aujourd'hui la règle puisqu'ils comportent des troisièmes. Le tarif moyen par voyageur-

kilomètre a été réduit de 30 pour 100. Le confortable s'accroît tous les jours.
La Compagnie d'Orléans exposait les tableaux comparatifs de deux trains. En

1840: 14 voitures, 90 tonnes, 40 kilomètres à l'heure; en 1900: 15 voitures, 280 tonnes, 80 kilomètres. La vitesse est double avec une capacité de traction trois fois plus grande. Ce progrès n'est cependant pas aussi saisissant que le développement des voies.

Les 497 kilomètres de 1840 s'étaient changés en 50.000. Le matériel représente 13.000 locomotives, 32.000 voitures à voyageurs, 300.000 wagons à marchandises. Les frais d'installation ont dépassé

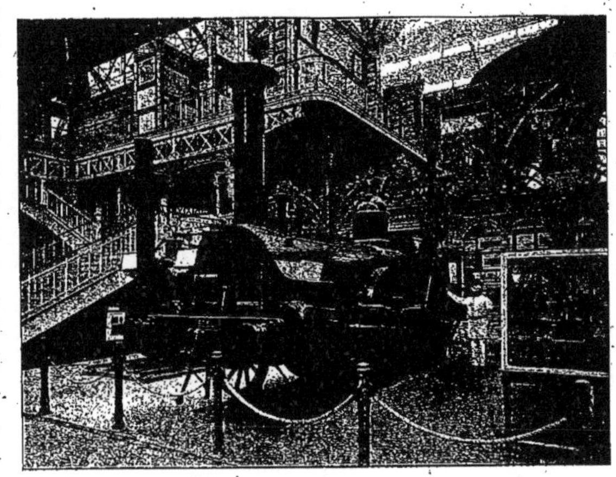

LOCOMOTIVES EXPOSÉES AU MUSÉE RÉTROSPECTIF
L'Invicta, construite par Stephenson, en 1830.
L'Oissel, de la Compagnie de l'Ouest, construite en 1844.

15 milliards. Les tramways, tout récents, ont passé en dix ans de 1.000 à 4.000 kilomètres d'exploitation; leur extension sera plus rapide encore que celle des chemins de fer.

Le musée centennal montrait la locomotive *Oissel*, construite en 1844 pour la ligne de Paris à Rouen; c'était la machine même et non un modèle. Conservée comme ces vieux coursiers de bataille à qui l'on fait une vieillesse heureuse, elle ne semblait pas trop fatiguée par les 1.300.000 kilomètres qu'elle avait dévorés dans son existence active. Les types nouveaux, monstres puissants s'élevant au-dessus du sol par la hauteur des roues, se trouvaient à l'annexe de Vincennes, ainsi que les wagons des derniers modèles. Les trains suivent la voie ouverte par les cuirassés; ils tendent de plus en plus au colossal. Les transports mécaniques se comportent à l'inverse de la nature; c'est la cavalerie lourde qui y marche le plus vite.

Les ports maritimes rentrent également dans les attributions du génie civil. On est loin des premiers bassins à flots construits à la fin du xvii° siècle. L'outillage des ports où manœuvrent des bateaux de 200 mètres de long, avec les écluses à sas et des formes de radoub en proportion, est aujourd'hui une machinerie formidable.

Pour la création des bassins intérieurs et surtout des ports en eau profonde, la science moderne a trouvé des moyens nouveaux. L'usage des blocs artificiels, l'immersion des caissons métalliques ont permis de triompher de ces deux choses redoutables, le courroux des flots agités et la traîtrise des fonds marécageux.

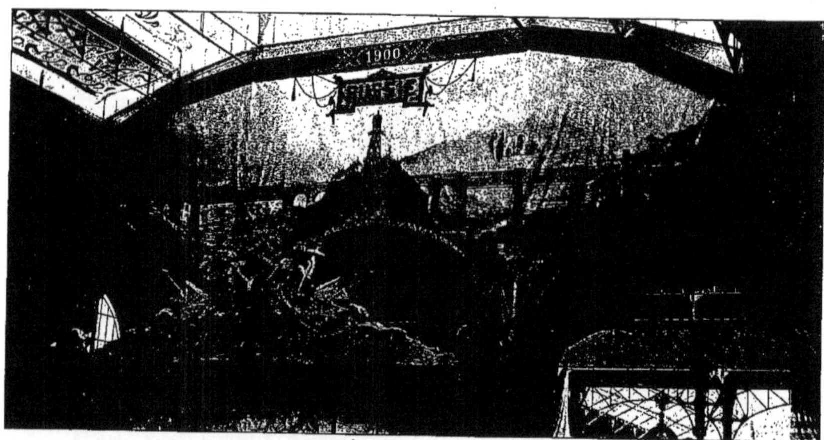

LIGNE DE MOSCOU A PÉKIN. — Tableau surmontant la Section russe.

La connaissance raisonnée des propriétés du ciment, trouvées par Vicat en 1812, et l'emploi récent de l'air comprimé ont transformé, en rapidité et en économie, les conditions des travaux sous-marins et rendu relativement faciles bien des substructions reconnues autrefois comme impraticables.

La vie humaine a partout été sauvegardée. Des boucliers protègent les ouvriers souterrains. Des phares, œuvre de Fresnel continuée avec ardeur, secourent les marins en péril ; nos côtes ont été complètement balisées. Le Trocadéro contenait, dans l'annexe du bâtiment des phares, une exposition spéciale et complète.

En même temps qu'il ouvre les voies de communication entre les hommes, c'est encore le génie civil qui a la charge de leur existence sédentaire, par l'arrosement et l'assainissement des villes.

On sait dans quelle situation se débat Paris, entre une Compagnie des eaux omnipotente vis-à-vis du public, et asservie devant un Conseil municipal qui ne procède en cela que par demi-mesures. Il faut 150 litres d'eau pure par jour et par habitant, et le Parisien n'en reçoit que 86. On pouvait voir le projet Duvillard pour l'adduction à Paris des eaux du lac Léman, bien présenté avec cartes à l'appui et dont la réalisation ne soulève aucune difficulté capitale.

Le génie civil a encore la mission de nous éclairer. L'Exposition de 1900 fut un véritable champ de bataille entre tous les systèmes. Le gaz ne s'est point déclaré battu et l'électricité a vu naître des concurrents nouveaux dans l'acétylène, l'alcool, d'autres encore. La question n'est pas mûre. On a reproché au progrès de faire

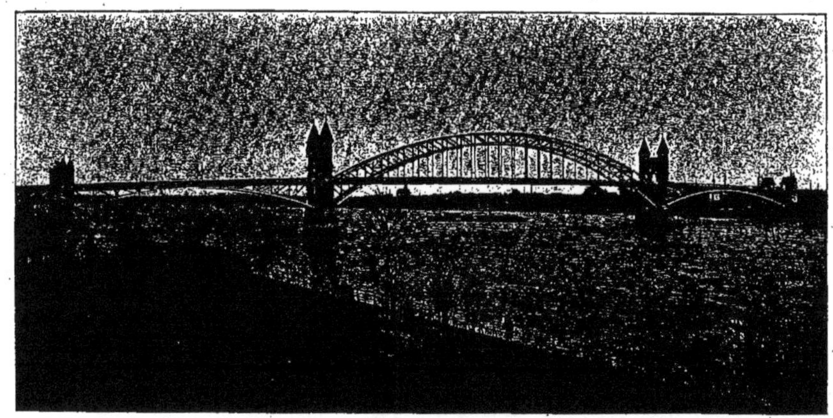

LE PONT DU RHIN, A BONN — Tableau exposé par la Société de construction d'Oberhausen.

naître des besoins. Il est certain que les exigences de lumière vont en croissant; plus on voit, plus on veut voir.

L'entente entre constructeurs n'est pas faite non plus, à en juger par le pavillon de l'exposition collective du gaz, le long de l'avenue de La Bourdonnais. Une inscription disait que 300.000 francs avaient été souscrits. Ils n'avaient servi qu'à faire ressortir une absence totale du sentiment de collectivité.

Une note encore discrète, mais qui ne tardera pas à s'élargir remarquablement, était donnée par des modèles d'utilisation de forces hydrauliques. Nos montagnes sont abondantes en eaux, nos rivages de mer disposés à souhait. De ces forces constantes de la nature, on saura extraire la *houille blanche,* qui se combinera avec l'électricité pour révolutionner la situation économique.

De l'aérostation, le Palais du Génie civil ne contenait que les souvenirs de son musée centennal. Au-dessus des vitrines contenant la collection Tissandier, l'avion Ader étendait ses ailes gigantesques. La navigation aérienne a suscité des enthousiasmes qui se traduisaient sous mille formes amusantes ; les élégantes de 1785 portaient des ballons brodés sur leurs gants.

Les expériences se faisaient dans l'annexe de Vincennes et prouvaient qu'il ne faut pas désespérer, dût-on même espérer toujours. Si les airs présentent un point d'appui autrement incertain que les rails d'un chemin de fer, il ne faut pas oublier que des chemins de fer aussi, de puissants esprits se raillaient en 1840.

Le cyclisme, en posture de stationnement après un essor vertigineux, et l'automobilisme, en plein épanouissement, captivaient l'attention de la majorité du public.

La Centennale montrait une *draisienne* de 1795 inventée par le baron de Drais, et un *vélocifère* (ou *célérifère*) construit en 1798, qui pourraient être considérés comme les instruments précurseurs du bicycle, si le rouage capital, la pédale, n'était pas absent. On ne leur donnait le mouvement que par la poussée des pieds sur le sol.

La véritable première bicyclette figurait aussi au musée centennal, celle construite en 1861 par Michaux, ouvrier serrurier français, qui avait adapté le jeu des pédales. Après un vif succès, arrêté par la guerre de 1870, l'instrument fut repris avec des perfectionnements successifs. C'est en 1888 que la petite roue motrice d'avant du bicycle Michaux fut remplacée par un mouvement central actionnant à l'aide d'une chaîne la seconde des deux roues désormais égales. Le type de la bicyclette, à laquelle on adapta des bandages pneumatiques en 1892, était définitivement créé.

Aujourd'hui, on estime qu'il se fabrique en France environ deux cent cinquante mille machines par an et qu'il y en a un million cinq cent mille en circulation. A les voir sur les routes et dans nos promenades, on aurait cru le chiffre plus élevé. Après avoir été vendues très cher, pour payer leur succès et aussi des obligations de brevets, elles sont redescendues à des prix plus abordables.

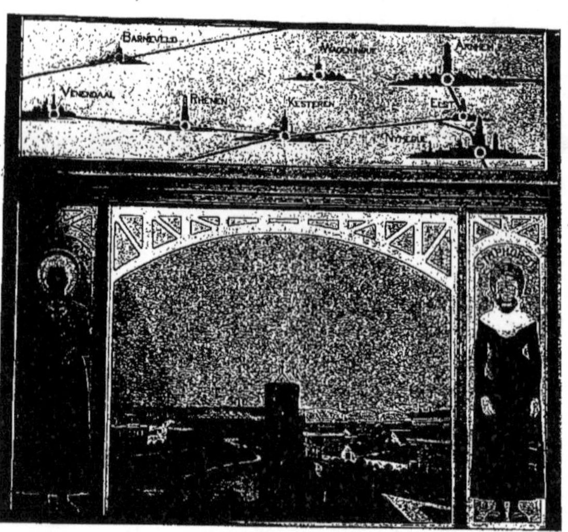

DÉCORATION DE LA SALLE DES CHEMINS DE FER HOLLANDAIS

Les Américains, ainsi que le prouvait leur exposition de Vincennes, sont arrivés à une fabrication en masse qui modifiera encore le marché.

Cet instrument de liberté, à qui les excès de courses folles ont fait plus de tort que de bien, ne méritait pas la taxe assez lourde dont il a été frappé, car son utilité pratique est encore supérieure à son agrément.

On fait remonter l'invention de la voiture automobile à un officier français Cugnot, qui construisit en 1765 un cabriot mû par la vapeur. C'est aller un peu loin, car il faut revenir à 1860 pour retrouver une voiture munie d'un moteur à gaz, celle construite par l'ingénieur Lenoir. Les premières voitures à vapeur pratique ne datent que de 1883 et sont dues à MM. de Dion et Bouton ; peu après

M. Serpollet en construisit avec un nouveau générateur ; MM. Panhard et Levassor réalisèrent la voiture à pétrole longtemps cherchée.

Les voitures électriques rencontrent, dans l'approvisionnement pratique de leur énergie motrice, un obstacle d'autant plus regrettable qu'elles sont évidemment les plus légères. L'avenir leur ménage sans doute des « stations de nourriture » qui consacreront leur succès.

Ce n'est pas le lieu de discuter ici les questions que soulève leur dangereuse allure ; mais, quand on songe à des vitesses soutenues de 80 kilomètres à l'heure, comme dans la dernière course Paris-Toulouse, on ne peut que rester rêveur devant les conséquences d'une pareille transformation de la locomotion individuelle.

Ces instruments nouveaux ne portaient pas le tort qu'on aurait pu croire à la carrosserie, industrie restée essentiellement française, tant les voitures construites à Paris apparaissaient supérieures à toutes les autres. C'est une chose complexe que de créer une belle voiture ; il y faut la connaissance profonde de la résistance de bien des matériaux, une entente pratique du confortable, un sentiment des lignes qui s'élève aux hauteurs de l'esthétique.

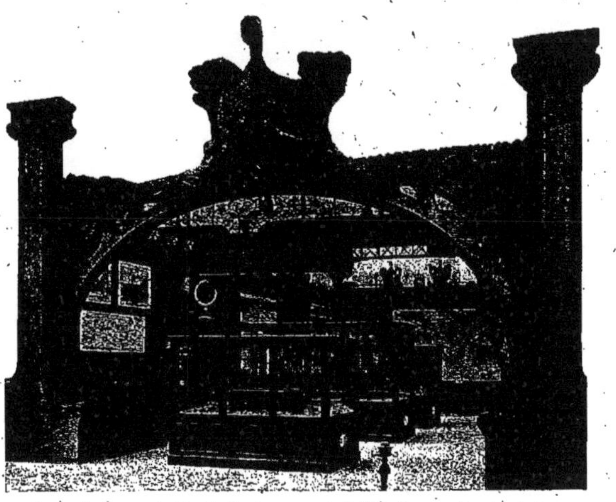

EXPOSITION HONGROISE — TRAVAUX DU PORT DE FIUME

La mécanique des moteurs automobiles n'a rien créé de convenable tant qu'elle est restée isolée ; c'est seulement de son union avec la carrosserie que sont nés des types qui heurtent moins les yeux et qui arriveront à leur donner satisfaction.

La synthèse philosophique des moyens de transport était résumée dans leur musée centennal, un des plus complets, des mieux organisés et des plus curieux.

Croirait-on qu'une estimation faite en 1770, n'évaluait pas à plus de quinze mille le nombre des voitures de tout genre, chariots agricoles exceptés, qui existaient en France ? L'impôt, qui permet de les compter exactement, relevait 1.542.399 voitures de luxe en 1898, celles des services publics, de l'agriculture et de l'industrie étant négligées.

Si la quantité des véhicules s'est accrue dans de telles proportions, leurs formes

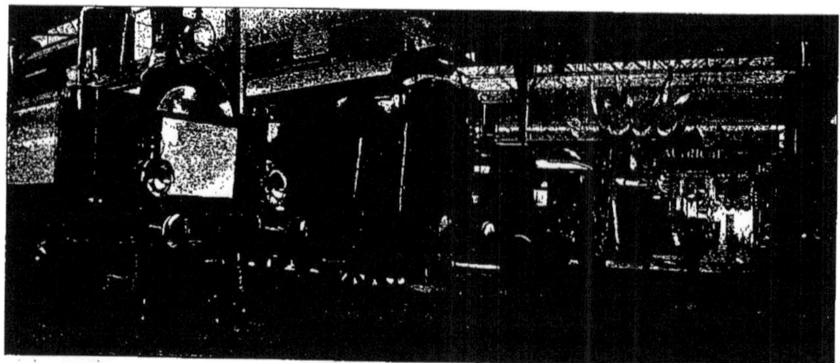

L'EXPOSITION DE LOCOMOTIVES A L'ANNEXE DE VINCENNES

ont subi des transformations aussi étonnantes. Comme on ne peut se modifier à l'infini dans des données limitées, il s'est produit de fréquents retours en arrière.

Ces multiples avatars étaient reproduits par une suite chronologique d'estampes où revivaient les somptueux attelages des grands et les modestes carrioles des petites gens ; les diligences aux noms faisant image ; celles des provinces lointaines qui amenaient les contemporains de Manon Lescaut et les personnages de Balzac ; celles de la banlieue chères à Paul de Kock ; les premiers omnibus des boulevards ; tout un monde roulant et glissant, car les coches d'eau eux-mêmes n'étaient pas oubliés.

Encore ces amusantes images paraissaient-elles pâles devant les véhicules eux-mêmes, sortis d'on ne savait quelles antiques remises, qui étaient là en cuir et en bois, tels qu'ils avaient roulé sur les routes. Certains même y avaient fait du chemin, comme la berline de Caulaincourt, qui le conduisit en 1807 à Saint-Pétersbourg et l'en ramena ; comme la briska qui faisait en 1842 le service privé de la maison Rothschild entre Paris et Francfort.

Un carrosse de grand gala du XVIIIe siècle, attelé de deux chevaux superbement caparaçonnés, était prêt à partir pour Versailles. Une litière à deux mules attendait une marquise poudrée ; la berline de l'émigré prenait le chemin de la frontière ; un heureux couple du Directoire cheminait dans son cabriolet ; une famille noble de la Restauration montait dans sa calèche pour se rendre à sa terre ; une voiture de demi-gala du second Empire sortait des Tuileries.

Une étrange sensation de vie se dégageait de ces voitures, qui s'étaient fatiguées au service de leurs anciens maîtres et qui en avaient gardé l'empreinte.

Partout à l'étranger, l'activité des grands travaux publics se manifestait avec ampleur. Le monde entier est en voie de transformation.

Il existe en Russie un service dont le titre en dit long et qui s'intitule Ministère des Voies de communication. Là plus que partout ailleurs, elles jouent un rôle capital; l'Empire attend d'elles sa richesse et il sème à pleines mains pour les récoltes futures. Ses espérances s'affichaient d'ailleurs avec franchise par une peinture où Moscou et Pékin étaient les deux points extrêmes de la voie en construction.

A titre officiel ou privé, le génie civil allemand étalait la puissance et l'importance de ses travaux, leur magnificence aussi, car le côté décoratif y joue un rôle prépondérant. On remarquait entre autres les ouvrages superbes jetés sur le Rhin, à Strasbourg, à Worms, à Mayence, à Dusseldorf, à Cologne, à Bonn, tout le long du fleuve historique autrefois franchi par d'uniques ponts de bateaux.

La Hongrie, dans un cadre toujours somptueux, montrait ce qu'elle avait fait à Budapest, aux portes de fer du Danube, à Fiume surtout, où des rochers descendant à pic sur la mer seront transformés en un des plus beaux ports du monde.

La Hollande, victorieuse des eaux refoulées, continue à agrandir pacifiquement son territoire et conviait à le visiter par une très pittoresque exposition.

Comme les Pays-Bas des eaux, la Suisse triomphe des montagnes, et bientôt la Jungfrau ne sera plus la vierge inviolée. Une association dont le siège est à Genève exposait un projet intéressant la France au même titre que la Suisse, d'après lequel la route d'Italie la plus courte traverserait le Jura par Saint-Claude et le col de la Faucille, pour aller gagner le nouveau tunnel du Simplon.

Le Ministère des Travaux publics d'Italie exposait deux plans de Rome, en 1870 et en 1900. La ville a doublé, et la mortalité, du fait de la fièvre typhoïde, qui était de 0,7 pour 1.000 en 1880, est tombée à 0,1 pour 1.000 en 1899, par suite des travaux d'assainissement. Voilà une économie de vies humaines à donner en exemple.

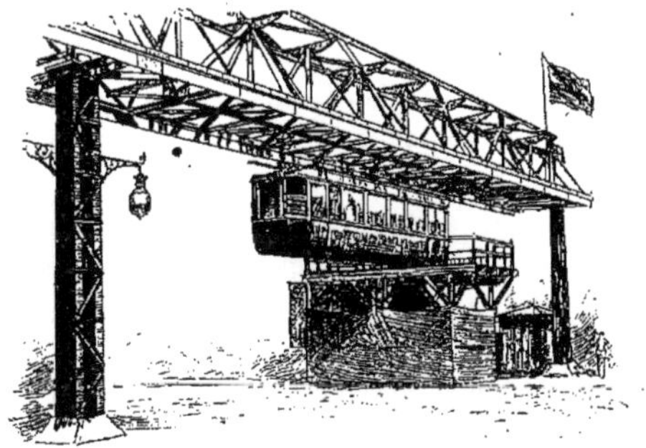

WAGON SUSPENDU (ANNEXE DE VINCENNES)

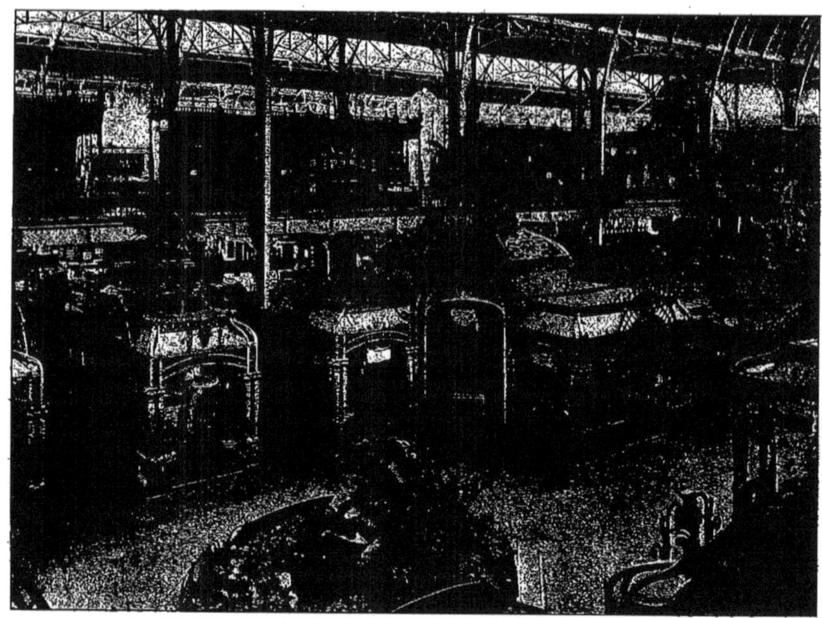

LES INDUSTRIES CHIMIQUES

Les recherches de la *pierre philosophale* ou de l'*élixir de longue vie* des alchimistes du moyen âge n'ont pas toutes été perdues pour la science, mais la chimie n'a véritablement pris corps qu'avec Lavoisier. Depuis une vingtaine d'années, son développement est né surtout de l'union des savants et des industriels. Les applications ont toujours suivi de près les découvertes, et des usines se sont créées de toutes pièces pour la fabrication de tel ou tel produit.

Nous ne comptons pas cependant en France des établissements comme certaines maisons privées d'Allemagne où une vingtaine d'ingénieurs-chimistes, docteurs ès sciences, forment une élite grassement rétribuée dont la mission consiste... à ne rien faire. Ils cherchent, ils cherchent pendant des années. Ceux qui ne trouvent pas ne sont point troublés de leur insuccès prolongé ; en un jour ils payeront au centuple les frais de l'attente.

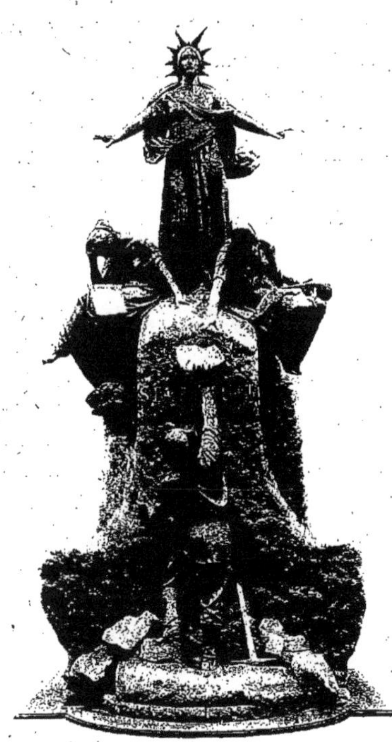

MOTIF ALLÉGORIQUE EN SEL GEMME ET KAINITE
PAR HERMANN HILDING
édifié par la Compagnie de Stassfurt.

Au ssi l'exposition allemande, aménagée avec une entente de l'effet où triomphait « l'art du bocal », était-elle, au dire des spécialistes, d'une hauteur de science qui ne pouvait être comparée qu'à l'ampleur des applications. Une machine à liquéfier l'air, du système Linde, y fonctionnait sous les yeux du public, d'autant plus émerveillé que l'opération lui paraissait mystérieuse.

La Russie avait également présenté de façon très pittoresque ses nombreux produits chimiques, ses cuirs au parfum spécial dû à l'écorce du bouleau, ses papiers d'État aux filigranes impeccables.

L'Autriche avait disposé trois salons, dans le style décoratif qu'elle n'abandonne jamais; de jolies peintures représentaient les pittoresques paysages agrestes entourant les principales usines, surtout les papeteries.

La Belgique relevait de tableaux symbolisant le verre, le papier, la teinture, les applications de la soude, une exposition très fournie de ses industries chimiques, qui doivent leur grand développement au voisinage des usines de charbon.

La chimie a commencé d'entrer dans le domaine pharmaceutique, et les simples sont remplacés par leurs principes actifs, glucosides ou alcaloïdes, créés de toutes pièces dans les laboratoires. Si l'on a quelque hésitation à accorder aux préparations chimiques la même douceur de guérison qu'aux plantes de la nature, au moins faut-il reconnaître que les antiseptiques et les appareils de stérilisation ont permis d'économiser bien des vies humaines. L'exposition de ces substances aux couleurs irisées de tous les tons du prisme était présentée dans des vitrines d'un style imprévu, où des fers légers se contournaient en spirales délicates, pour soutenir coupes et bocaux aux formes gracieuses. Remèdes ou poisons ne sauraient être offerts de plus galante façon que ne l'avait fait l'architecte Benouville.

La parfumerie aurait pu autrefois revendiquer un emplacement au milieu des produits de l'agriculture ; elle ressort bien aujourd'hui du domaine de la chimie.

La vaniline a remplacé la gousse odorante des tropiques, et plus n'est besoin de tuer des chamois pour se procurer du musc. A en juger par la lourdeur de certains parfums, la délicatesse de l'odorat n'y a point gagné. Ils se sont aussi démocratisés au point de vue des prix, et à en user pour un demi-million par an, ainsi que la légende le rapporte de Mme de Pompadour, il faudrait mettre beaucoup de volonté.

Peut-être par reconnaissance posthume envers une semblable cliente, la classe de la parfumerie s'était inspirée du style Louis XV, modernisé toutefois par des artistes tels que Mucha, pour la très riche décoration de son salon, qui n'avait pas pu trouver place dans son véritable palais et s'était installé dans celui dés Fils et Tissus.

Son musée rétrospectif, composé presque exclusivement par la collection Klotz, était bien amusant par ses bijoux frivoles et ses futilités élégantes. Tous les accessoires de la toilette et les estampes qui les entouraient témoignaient du caractère sérieux de notre époque; les femmes, le croirait-on, consacrent beaucoup moins de temps qu'autrefois aux soins de leur personne!

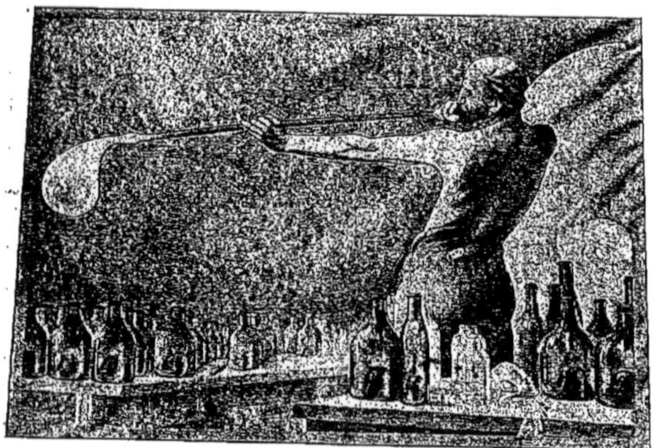

SOUFFLAGE DU VERRE. — Tableau de l'exposition belge de Solvay.

La supériorité de la parfumerie française se démontre par ce chiffre : sur les 30 millions de la production annuelle, les deux tiers sont exportés.

L'industrie allemande, toutefois, nous serre de près. Elle avait organisé un petit pavillon collectif vraiment délicieux. Sa gravité habituelle s'était amusée en imaginant un petit théâtre-miniature où les spectateurs étaient remplacés par des boîtes et des flacons du plus coquet effet.

De jolies peintures que nous reproduisons en partie, représentaient dans l'exposition rétrospective les ateliers d'une papeterie au siècle dernier. Comme la guerre, l'industrie s'y faisait en dentelles. Le maître papetier, propriétaire du cours d'eau et des prairies voisines, s'y promenait tranquillement au milieu d'ouvriers placides, tout au moins en apparence, car ils avaient déjà leurs prétentions et leurs grèves. Le travail s'y faisait en famille ; toutes les cuves à papier du royaume n'auraient pas fourni à la consommation d'un journal quotidien de notre époque.

L'introduction des pâtes de bois et la fabrication des machines à papier continu
ont transformé cette industrie. Le besoin a créé l'outil. En 1900, la France consomme
près de 1 million et demi de kilogrammes de papier par jour pour les multiples
usages auxquels il se prête et qui vont sans cesse en croissant. De ce train, les
forêts de la surface du globe pourront être épuisées en même temps que les forêts
souterraines par l'extraction de la houille.

Il est peu de machines aussi captivantes que les machines à papier, parce que
les transformations de la pâte peuvent s'y suivre de façon compréhensible.

On en construit aujourd'hui qui produisent, sur une largeur qui va bientôt atteindre
4 mètres, 1.000 à 1.500 kilogrammes
de papier à l'heure, suivant son épaisseur. Le public en admirait plusieurs
à l'Exposition, entre autres celle de la
maison D'arblay, fabriquant le papier
du *Petit Journal,* et une machine de
construction allemande, dont les
énormes rouages paraissaient montés
avec le soin d'une pièce d'horlogerie.

Dernier cadeau fait par les bêtes
aux hommes, les peaux préparées
offraient toutes les variétés des cuirs
dans une exposition très artistique-
ment présentée.

Le rapporteur du jury de 1889 estimait à 3 milliards le mouvement des
affaires des industries se rattachant

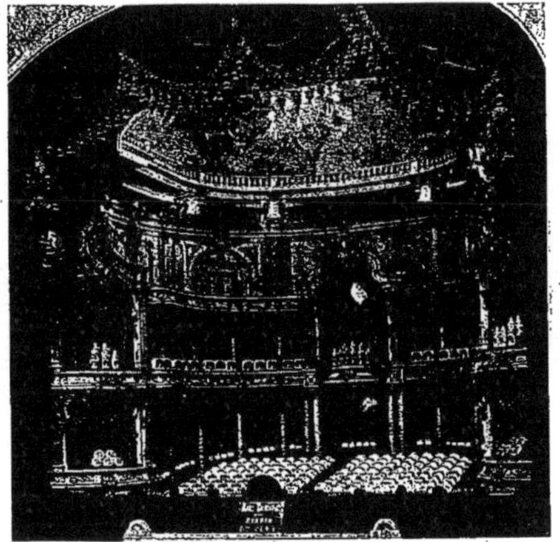

THÉATRE MINIATURE DANS LE PAVILLON
DE LA PARFUMERIE ALLEMANDE

aux cuirs, et le personnel employé à quatre cent mille ouvriers. L'importance de
la tannerie française s'est encore accrue, et ses produits, recherchés partout pour
le fini de leur préparation, sont exportés en quantités considérables.

Malgré le développement de certains établissements et la substitution de
procédés chimiques au long tannage à l'écorce de chêne, l'industrie est en général
restée familiale. Elle est répartie sur toute la surface de la France, dont les trou-
peaux l'alimentent presque complètement pour les bœufs et les vaches et environ
par moitié pour le reste.

Sans entrer dans le détail des nombreuses préparations des peaux, rappelons
que les bœufs et les vaches fournissent les cuirs des semelles et des grosses
chaussures, de la bourrellerie forte, des courroies de transmission ; les porcs et les
chevaux également, mais pour une qualité bien inférieure ; les veaux servent surtout

à la chaussure fine et à la carrosserie; les maroquins et les basanes proviennent du mouton; les chèvres servent à la ganterie. Suivant la façon dont il est préparé, le cuir est susceptible de se prêter à une infinité d'usages.

Presque tous les pays où l'industrie du tabac est libre exposaient la gamme de leurs cigares, du blond pâle au brun foncé, de toutes les formes et de tous les prix. Les tabacs sont généralement de plus en plus forts à mesure que l'on descend vers le Midi; les peuples du Nord lui demandent l'engourdissement plutôt que l'excitation.

Comme nous jouissons du régime du monopole, l'exposition française était limitée au grand pavillon construit par les Manufactures de l'État, au pied de la tour Eiffel. Il servait de démonstration internationale

UNE PAPETERIE AU XVIIIe SIÈCLE
Peinture de Jos. Gérard.

de la bonne volonté du contribuable français. On y voyait fabriquer les allumettes les plus chères et les plus mauvaises du monde et mettre en paquets le tabac de quatre ou cinq fois le plus cher du monde.

Le monopole des tabacs fut institué par décret du 29 décembre 1810; il n'a fait que peser de plus en plus lourdement, car le kilogramme moyen, qui était vendu en 1817 environ 5 francs le kilogramme, est maintenant délivré au consommateur au prix moyen de 10 francs, c'est-à-dire au double. Cela n'a point empêché la consommation de croître sans arrêt; elle dépasse aujourd'hui 39 millions de kilogrammes par année. Quant aux bénéfices de l'État, les voici :

Vente des dix dernières années.	3.810.000.000 fr.
Frais de fabrication	665.000.000 »
Bénéfice net	3.145.000.000 fr.

C'est une industrie qui gagne plus de 80 centimes quand elle vend pour 1 franc de marchandises! Devant de pareils résultats, le Ministère des Finances devrait servir un peu mieux sa clientèle résignée.

Pour être moindre, la proportion du bénéfice sur les allumettes n'en est pas moins énorme. Aussi le Français se prive-t-il. Quand l'Allemand, l'Autrichien, le Suisse, etc., dépensent en moyenne six allumettes par jour, nous nous contentons de deux.

Non loin du pavillon des Tabacs, la Russie avait élevé un luxueux édifice où toutes les opérations de sa régie de l'alcool pouvaient être suivies. De nombreux rapports accompagnaient les appareils; rien n'était caché du fonctionnement et de son rendement. Tout semblait au mieux des intérêts de tous : l'État percevait des revenus considérables, le consommateur ne payait pas des prix excessifs et l'empoisonnement était étroitement surveillé.

S'il est un monopole légitime, c'est bien celui d'un produit dont la réglementation peut seule sauvegarder la santé publique ; s'il est un peuple pour qui la protection soit nécessaire, c'est, hélas! le peuple français, qui détient aujourd'hui le record de la consommation de l'alcool.

Malgré le mouvement de l'opinion publique, les rapports des médecins et des économistes, malgré la nécessité pressante, rien n'a été fait. Aucune des données de cette question capitale n'a été mise sous les yeux du public.

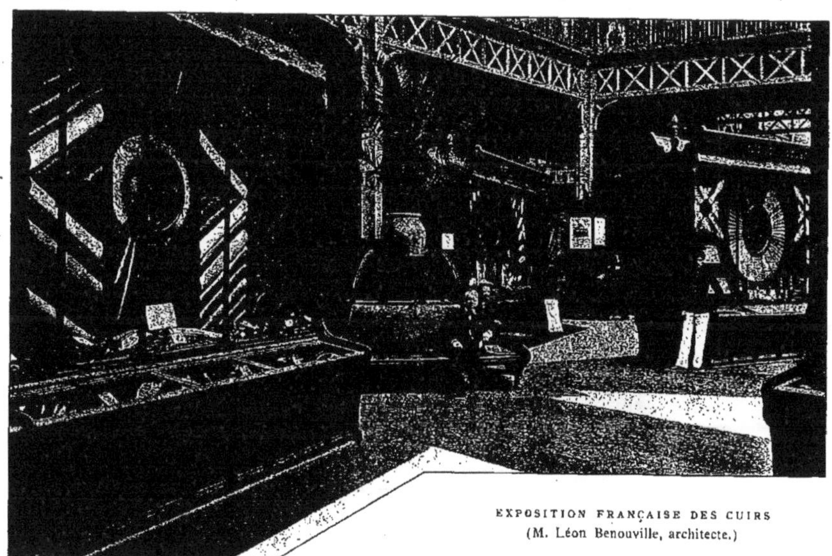

EXPOSITION FRANÇAISE DES CUIRS
(M. Léon Benouville, architecte.)

Les Postes aussi auraient
dû exposer. Elles auraient pu
montrer les types de leurs bureaux où le public attend debout
dans l'étouffement et la saleté;
les costumes de leurs facteurs
promenant par les rues et
les campagnes des vêtements
rapiécés; des enveloppes de
lettres ayant mis deux jours
pour faire cinquante lieues, et
des bandes de prospectus restés
en route parce que l'affran-
chissement légal n'est pas rému-

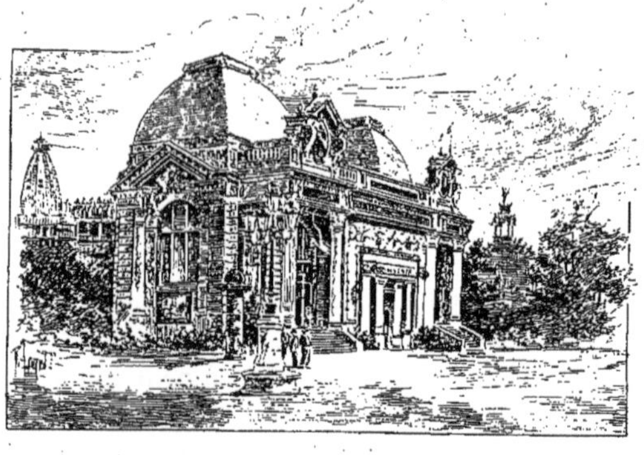

PAVILLON DES TABACS FRANÇAIS

nérateur. Ainsi, avec d'autres administrations encore qui auraient pu être
conviées, se serait affirmé notre principe fiscal : le contribuable est fait pour l'État
et non pas l'État pour le contribuable. Nos hôtes, citoyens d'empires autoritaires
ou de pays libres, auraient également souri.

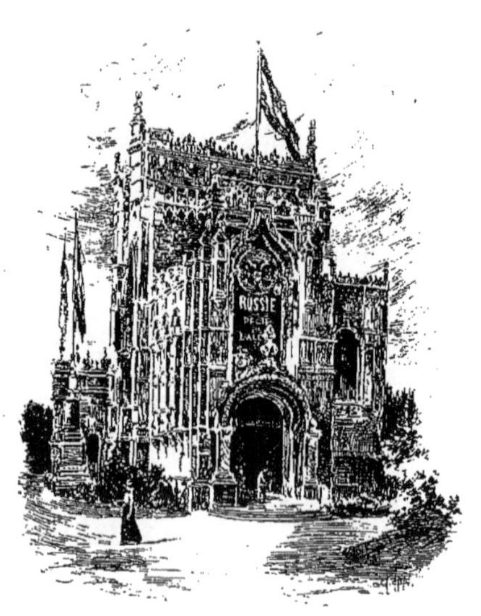

PAVILLON DES ALCOOLS RUSSES

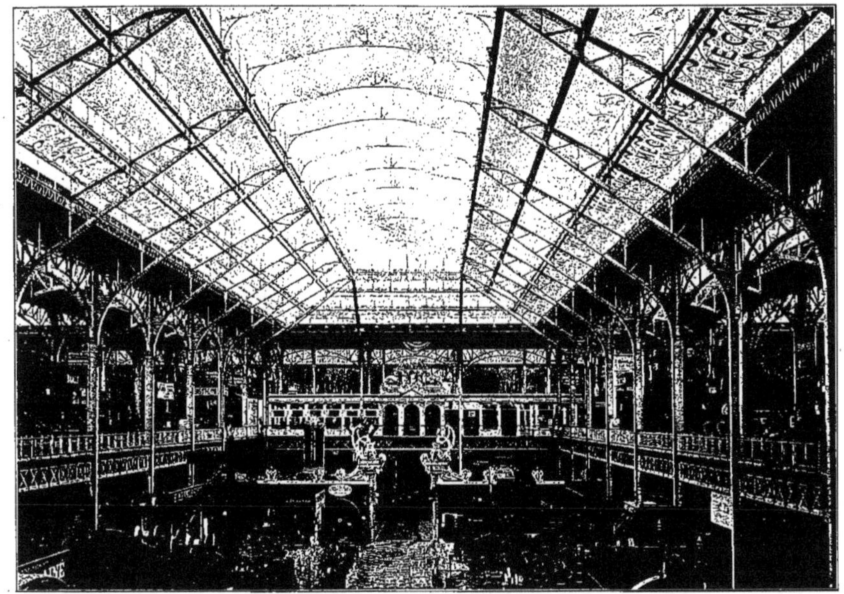

VUE D'UNE DES TROIS TRAVÉES DU PALAIS DE LA MÉCANIQUE

LA MÉCANIQUE

En 1820, pendant que dix mille machines à vapeur développaient en Angleterre une force de 200.000 chevaux, on en comptait à peine une centaine en France, où était né Denis Papin. Cette comparaison peut donner une idée de l'avance prise par l'industrie anglaise.

Le mouvement ne se produit même chez nous qu'à partir de 1850. Il s'est accéléré au point que nos moteurs à vapeur sont actuellement au nombre de cent mille, développant 7 millions de chevaux.

Malgré les découvertes expérimentales des savants, en tête desquels se placent les noms de Sadi Carnot et de Victor Regnault, les améliorations successives dues aux ingénieurs et les progrès quotidiens de la construction, on mesurera la marge qui sépare encore la pratique de la théorie, par cette constatation que le rendement en force des machines à vapeur n'atteint que le dixième de l'énergie totale produite par la combustion de la houille.

Les moteurs à pétrole, d'application récente, présentent déjà des avantages qui ne feront sans doute que s'accroître.

Ceux à gaz, précieux dans la petite industrie, sont en passe d'apporter de profondes modifications économiques dans la grande industrie, par l'utilisation des gaz des hauts fourneaux, jusqu'à présent inutilisés.

Les turbines à eau, en utilisant les forces naturelles, sont aussi appelées à jouer un rôle de plus en plus important.

Ces moteurs divers, répartis dans le Palais de l'Électricité et dans celui de la Mécanique, les uns énormes et plutôt lents, les autres petits et d'autant plus rapides, développaient leurs mouvements puissants et silencieux. De cette absence de bruit indiquant la perfection de la fabrication, de cette immobilité stable de la masse encadrant l'agitation des organes, se dégageait une tranquille sensation de force. Ce n'étaient plus des monstres aveugles et redoutables, mais des instruments bien sages sous la main de l'homme sachant les conduire.

Quelle que fût l'origine de fabrication, française ou étrangère, un intelligent souci du décor faisait briller les cuivres et reluire les aciers polis; la rugosité des surfaces brutes de la fonte était adoucie.

Ces soins ne constituent pas un vain appareil de luxe ; l'homme s'attache à son outil s'il lui fait honneur par sa bonne tenue. A défaut d'art qui serait ici déplacé, la propreté de l'atelier est essentiellement moralisatrice.

Les machines-outils ont une double mission : elles multiplient le résultat et diminuent la fatigue. Dans les galeries de l'Exposition et dans l'annexe américaine de Vincennes, on les voyait se prêter aux besognes les plus variées, surprenantes surtout dans la fabrication des petits objets, comme les aiguilles.

La mécanique est arrivée à des flexions de mouvements d'une souplesse égale à l'action humaine, mais plus régulière et plus constante. Sans parler des machines aux complications infinies, certain outil, remplissant une modeste mission de frottement, donnait jusqu'à l'obsession l'impression d'une main vivante.

Les ouvriers regardaient ces instruments avec une attention reconnaissante. Le temps n'est plus où l'introduction du travail mécanique soulevait des rébellions. Il est considéré aujourd'hui par les premiers intéressés comme une diminution de fatigue et une raison d'augmentation de salaire, double expression du progrès social.

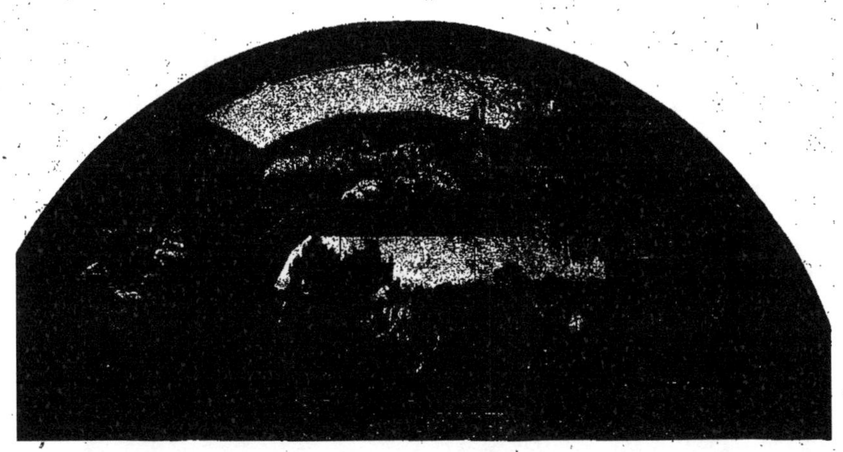

LA LAINE A TRAVERS LES AGES
Peinture au-dessus du porche du palais des fils et tissus.

LES
FILS, TISSUS ET VÊTEMENTS

Le recensement professionnel des catalogues officiels de l'Exposition estime à plus de deux millions et demi d'individus le personnel employé par les industries du groupe XIII, abrité dans le palais des Fils et Tissus. L'agriculture exceptée, aucun groupement d'industries n'aurait donc une importance aussi grande que celles qui se rattachent à l'habillement. Après sa subsistance, le second souci de l'homme est en effet de se vêtir, et le luxe est vite venu apporter toutes ses complications aux nécessités primitives.

Le musée rétrospectif du costume et les galeries voisines permettaient de répondre nettement à la question tant de fois posée de savoir si le luxe du vêtement est aujourd'hui moindre ou plus grand qu'autrefois.

Laissant de côté les civilisations disparues, Memphis ou Byzance, et s'en tenant à l'époque moderne, la réponse n'est pas douteuse : le costume des hommes n'existe plus ; en revanche, celui de la femme est plus élégant que jamais. Nous ne portons plus, comme les seigneurs des anciennes cours, nos fermes sur nos épaules, par mesure de commodité autant que d'économie, mais nos femmes se chargent de tondre les prés.

La philosophie de la toilette féminine est facilement prolixe ; des pages et des gravures sans nombre s'aligneraient pour la comparaison des époques. On peut dire

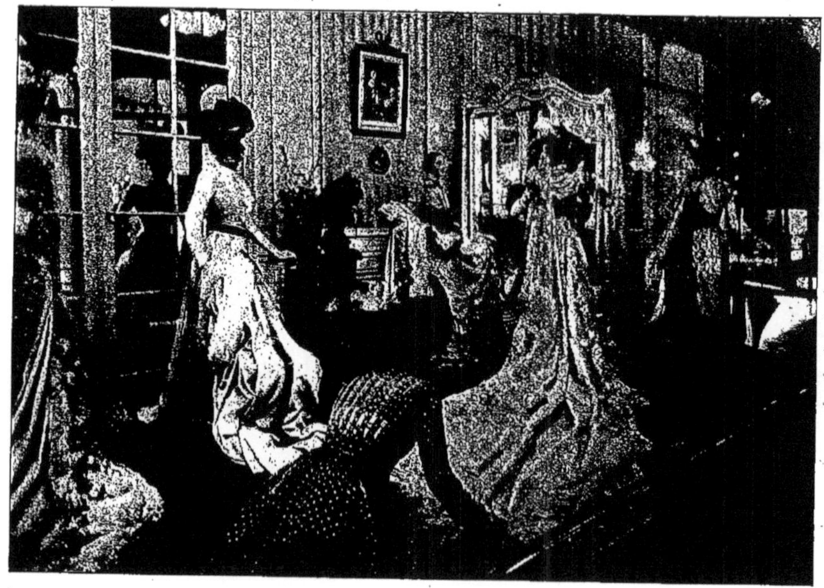

EXPOSITION DE LA COUTURE PARISIENNE (Le salon de Worth).

seulement que la femme d'aujourd'hui est montée en bijou, et légèrement comme le sont les bijoux modernes.

Devant les mannequins habillés de l'exposition collective de la couture parisienne, l'esprit le plus morose ne pouvait se défendre de la joie du spectacle, de cette joie artiste que produisent les jolies choses.

Nulle part peut-être l'art décoratif parisien ne triomphait d'une façon aussi complète. Une guirlande de fleurs peut entourer un buste de cent façons; il y en aura cependant une seule qui conviendra pour telle taille. Il est un point unique où l'échancrure d'un corsage doit s'arrêter pour lui donner sa vraie note. Ainsi de tout le reste, sans parler du mariage des couleurs. Trouver cela toujours, comme d'intuition, n'est-ce pas l'art décoratif par excellence? On pourrait même aller plus loin et dire que le coup de pouce qui pare une statue vivante vaut celui qui pétrit la glaise inanimée.

La femme a toujours été le grand moteur de l'art des hommes. Une société où elle se présente en posture de beauté est une société raffinée. La nôtre devrait donc être très délicate. Elle l'est d'ailleurs, qu'on en soit convaincu. Elle l'est infiniment plus qu'au XVIIe siècle, sans remonter plus loin.

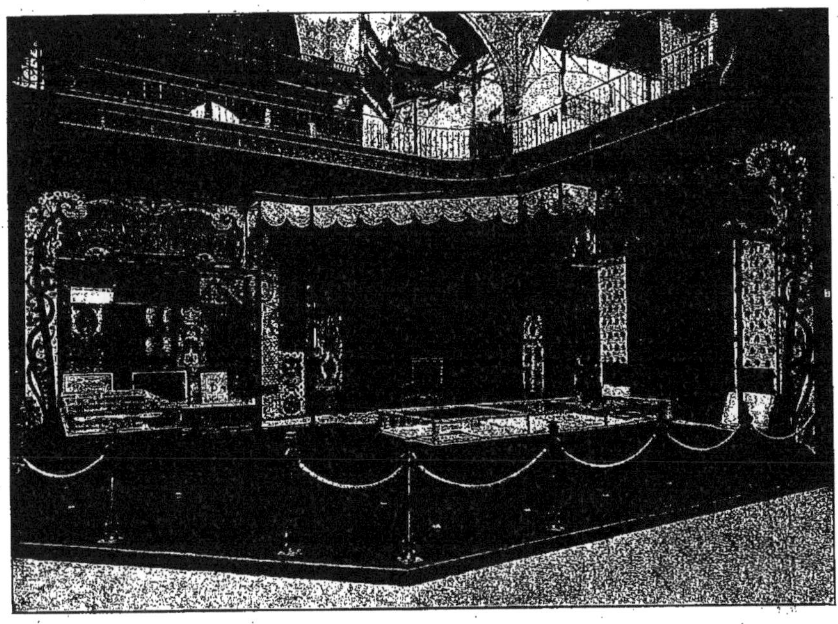

Il s'agit ici des toilettes de haut luxe, qui sont comme les beaux équipages : la foule intelligente les admire sans mauvaise envie ; c'est de l'argent qui roule.

Le propre de notre époque, nous montrait encore l'Exposition, est d'avoir démocratisé le luxe. La soie pourpre valait exactement son poids d'or (3.400 francs le kilog.), sous Dioclétien. Moins chère, la soie était encore employée sans mélange pour les robes de nos grand'mères. Aujourd'hui elle n'entre parfois que pour 10 pour 100 en poids dans des tissus de coton ou de laine. Elle y produit un joli effet. En descendant encore les prix, on sait à quel bon marché atteignent des étoffes très convenables. C'est un mal, diront les esprits chagrins ; c'est un bien, répondront les autres. La ménagère qui s'habille avec soin tiendra à donner au logis les agréments d'où découlent les vertus familiales.

Le palais du vêtement montrait d'autres progrès. Il faut bien couvrir sa tête et protéger ses pieds. A quel prix les progrès de la machine permettent-ils de le faire aujourd'hui ! Et ces étoffes où se découpent à la grosse des confections encore confortables, n'ont-elles pas contribué à donner aux foules françaises leur aspect actuel de propreté qui séduisait tant les étrangers ?

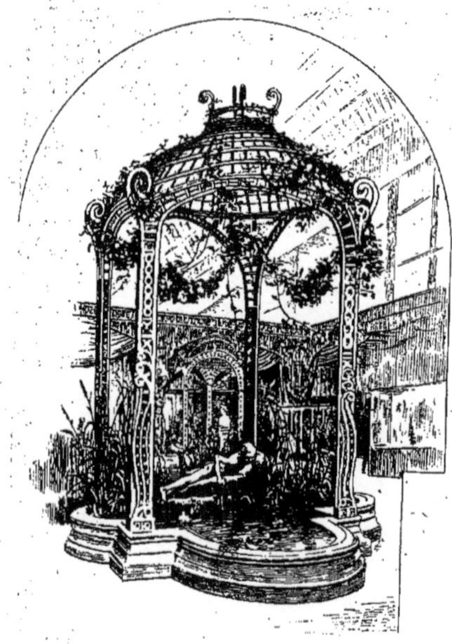

LE BOSQUET DE NARCISSE
(2ᵐᵉ salle de l'exposition rétrospective des étoffes.)

L'industrie moderne met à la portée de tout le monde une décence de vêtement qui s'allie avec le respect de soi-même. Chaque chose a son mauvais côté. Quand le bien l'emporte, il ne faut pas voir ce qu'il y a de moins bon, ou même parfois de ridicule, dans le plus léger plateau de la balance.

Bien que l'impression des étoffes fût connue de toute antiquité, elle était surtout pratiquée en Perse et dans l'Inde; d'où les noms d'indienne et de perse restés en usage. La première fabrique d'indienne s'établit en France en 1757, mais on sait que ce fut Oberkampf le véritable créateur de cette industrie, dans son usine de Jouy-en-Josas, d'où sortaient les fameuses « toiles de Jouy ». Napoléon allait volontiers le visiter en voisin et le félicitait de faire « mieux que lui » la guerre aux Anglais.

Le véritable auteur des principes de la filature mécanique, d'où naquit le tissage à la machine, fut Philippe de Girard, de Vaucluse. L'Empereur y fut aussi pour quelque chose, ayant promis une prime d'un million à l'inventeur. Mais Philippe de Girard n'eut pas la destinée heureuse d'Oberkampf.

On connaît la révolution opérée par les métiers Jacquard, toujours sous le premier Empire, et aussi par Richard-Lenoir.

En 1830, deux Français encore inventèrent, Heilmann, la machine à broder, et Barthélemy Thimonnier, la machine à coudre.

Si elles furent appliquées en grand à l'étranger, en Angleterre surtout (on y compte aujourd'hui cinquante millions de broches contre six millions chez nous), c'est de France que partirent toutes les inventions capitales qui devaient transformer l'industrie textile.

Le Musée rétrospectif aurait pu le marquer de façon plus éclatante. Il avait tout au moins une importance proportionnée à celle du groupe.

Quatre petits salons d'angle avaient été ménagés dans la salle centrale du palais, d'où partaient les escaliers du premier étage. Sur leurs parois et dans des vitrines se pressait une multitude de pièces d'étoffes dont beaucoup avaient une histoire; les

abeilles de l'Empire voisinaient avec les fleurs de lis
de la Royauté, le trône de
Charles X était entouré des
tentures mêmes de la salle
du trône des Tuileries. Des
drapeaux et des étendards se
mariaient à des vêtements
sacerdotaux surchargés de
broderies.

Le musée se continuait
dans une seconde salle en retour et de décoration imprévue.
Narcisse s'y mirait dans un bosquet de treillages Pompadour,
sans doute pour exprimer que
si la beauté nue est attirante,
elle plaît encore davantage
quand elle est bien habillée.

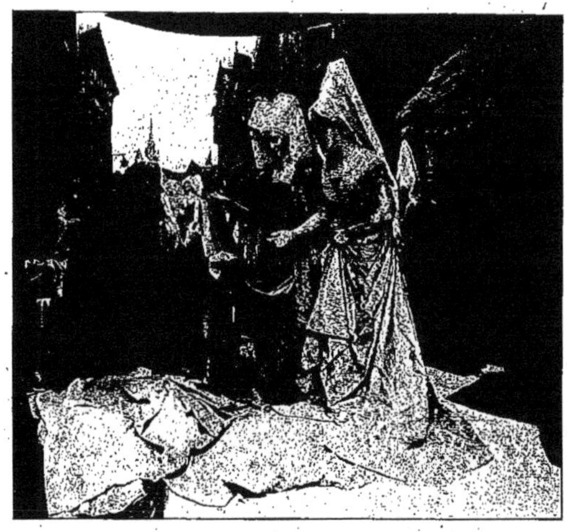

LA FOIRE DE TOURCOING AU XVe SIÈCLE

(Reproduction en figures du jeton de la chambre de commerce.)

Dans cette salle, les collectionneurs s'étaient donné rendez-vous pour y
remplir de nombreuses vitrines. Éventails, breloques de montres, boutons emblé-
matiques de l'époque révolutionnaire ou couverts de perles contemporaines de
l'ancien régime, manches de parapluies, châtelaines, boucles de ceintures, peignes
et diadèmes, lorgnettes, parasols, gants brodés, jolis bonnets de femme et vilains
chapeaux d'homme, mille objets dont la seule nomenclature fait deviner l'amusement.

Une collection de sonnettes était d'autant plus en situation qu'elles affectaient
la forme des costumes d'antan.

Une chronologique exposition de vêtements commençait au XVIIIe siècle avec
des habits plus originaux que somptueux, passait par le Directoire peu étoffé,
montrait les lourds costumes de gala de Napoléon et de sa cour, avec le mantelet
de baptême du roi de Rome, s'attendrissait aux dernières robes portées aux Tuileries par la duchesse de Berry et faisait l'éloge de nos grand'mères. Pour avoir
inspiré des passions, de 1830 à 1845, sous des falbalas d'une pareille coupe, elles
devaient être bien aimables! La note comique était donnée par les crinolines et
les bavolets du second Empire et par un chapeau de Napoléon Ier, de haute forme
celui-là et en soie — déjà!

Rappelons aussi l'aspect des Galeries Modernes, où se pressaient, dans toutes
les classes, une étonnante quantité de vitrines toutes remplies de choses attirantes
et douces aux yeux.

Aussitôt franchi la porte Rapp, les soieries de Lyon développaient autour d'un vaste salon une exposition collective dont la richesse générale ne faisait que mieux ressortir les mérites particuliers de chaque exposant.

Dans cette ville de labeur perpétuel, où l'on voit des raisons sociales comme « Le petit-fils de... », parmi ces hommes d'initiative qui n'hésitent pas à envoyer dans les pays lointains des missions d'exploration commerciale, il existe des traditions fidèles qui donnent à la fabrication ce cachet d'art particulier par lequel les soieries lyonnaises se reconnaissent à première vue.

Malgré les concessions nécessaires au goût du jour, qui s'éloigne des somptuosités d'autrefois, la fabrication française a conservé cette apparence de solidité qui provient de la franchise des matières premières employées.

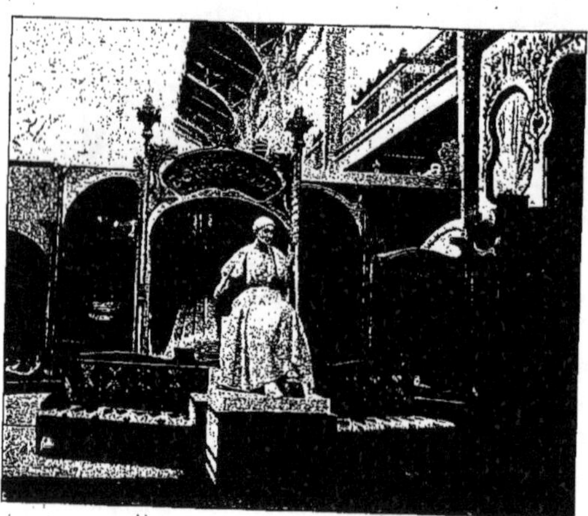

FILEUSE DE L'EXPOSITION HONGROISE

Saint-Étienne, dans un salon élégant, montrait son incomparable virtuosité d'exécution, qui lui permet de produire des rubans jolis à miracle pour des prix minimes.

La soierie française se montrait à la hauteur de son rôle, car elle produit à elle seule le tiers des étoffes de soie du monde entier.

La laine avait somptueusement encadré ses produits. Une peinture murale couvrait l'immense tympan du porche sur le Champ de Mars, et la petite reproduction que nous pouvons en donner reproduit bien imparfaitement l'effet de cette large composition.

Le jeton de présence de la Chambre de Commerce de Tourcoing commémore une ordonnance de 1491 par laquelle Maximilien d'Autriche y instituait le 25 juillet de chaque année une foire franche pour les draps. La Chambre avait eu l'originale idée de faire revivre cette foire dans un tableau animé de personnages en cire habillés à la mode du temps. Honneur oblige, et notre industrie du drap ne se dérobe pas à l'obligation.

Le coton se filait devant le public par quelques machines très regardées. Ce sont ses tissus qui ont subi depuis peu d'années les plus grandes transformations et qui sont appelés à se développer encore. Ils pourraient être chez nous d'une production dix fois supérieure à ce qu'elle est aujourd'hui sans dépasser encore celle de l'Angleterre. C'est du coton que dépend en grande partie notre avenir colonial, par le double jeu de la production et des débouchés.

Avec les dentelles, les broderies et les fleurs artificielles, c'est la délicatesse même qui apparaît. Notre royauté gracieuse y est incontestée et les mains de toutes les Françaises sont propres à ces charmantes besognes. Si la fleur se monte par les Parisiennes, c'est aux pauvres ouvrières de la campagne qu'on demande les chefs-d'œuvre du point à l'aiguille en vogue de renouveau.

Toutes les classes du groupe avaient d'ailleurs été organisées avec un goût parfait. Les salles de la teinture et des apprêts n'étaient qu'un chatoiement de couleurs, et si le lin se prêtait moins aux étalages, il se rattrapait par les entassements pyramidaux de ses cordages. On restait rêveur devant une élingue de chanvre n'ayant pas 7 centimètres de diamètre et que n'avait pas rompue une tension de 70.000 kilogrammes.

Les vitrines des sections étrangères donnaient toutefois à réfléchir, tant le mouvement du progrès y était apparent. Il ne faut pas citer l'Angleterre ni les États-Unis ; ces puissances ont presque partout dédaigné une lutte où elles se jugent sans doute trop supérieures pour descendre à

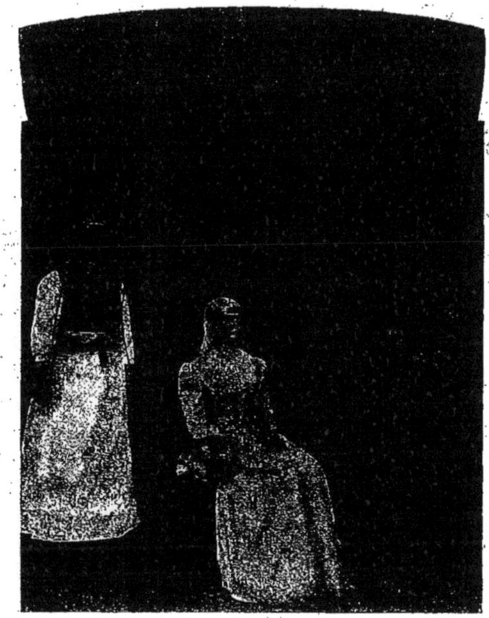

COSTUMES DES PAYS-BAS

comparer. C'est un jeu dangereux. Mais la Russie, sans parler de ses étoffes d'or si spéciales, indiquait un développement énorme d'une industrie textile qui menacera prochainement les marchés du monde entier, d'autant mieux que la plante elle-même se cultive maintenant au Caucase.

L'Allemagne présentait ses soieries, de tons un peu vifs mais d'une richesse sérieuse, sous les glaces à biseaux de vitrines acajou et or d'un effet magistral.

L'Autriche, fidèle à son art décoratif, avait symbolisé la laine par des têtes de béliers, le coton avec les fleurs du cotonnier, le lin avec les tiges de l'arbuste, la soie par des déroulements de fils dans des façades tout à fait jolies.

La Hongrie, toujours pittoresque, avait animé de statues son exposition touffue, où ses femmes filaient ses récoltes.

L'Italie maintenait son ancienne abondance et la Suisse sa récente et laborieuse introduction dans la fabrication des soies légères.

La Roumanie et les Pays-Bas avaient organisé des expositions parlantes par une série de costumes nationaux.

Le Japon remportait un succès éclatant par ses étourdissantes broderies. La tradition des vieux maîtres n'y est point affaiblie et l'habileté de ses artisans contemporains paraît croître en subtilité. Même dans les étoffes courantes de la vie, ce peuple artiste trouve des dessins d'une distinction supérieure. Quant à ses panneaux décoratifs et à ses paravents de rêve, la poésie imaginative y atteint une idéale ampleur.

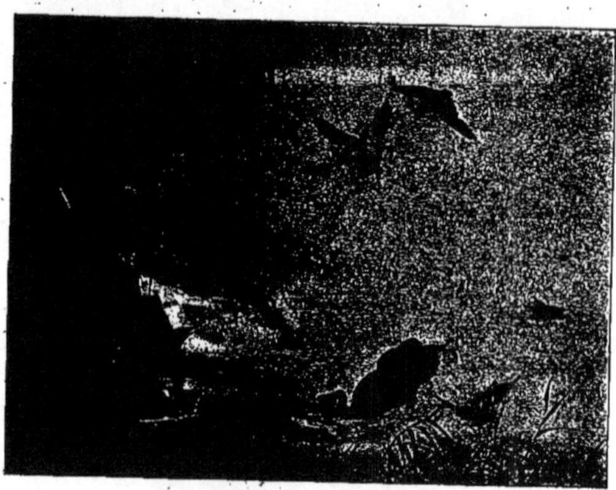

BRODERIE JAPONAISE A LA MAIN
(Exposée par S. Nishimura, de Kioto.)

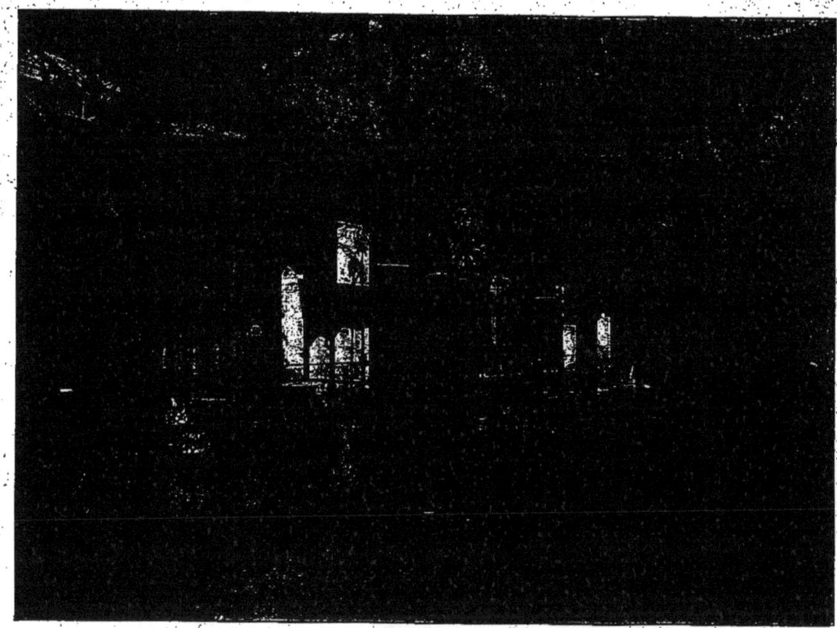

MINES ET MÉTALLURGIE

EXPOSITION SOUTERRAINE

A la fin du siècle dernier, les malheurs financiers de la France avaient fait abandonner la majeure partie des mines ouvertes au XVIIᵉ siècle.

Aujourd'hui, cent trente mille personnes employées aux mines de houille extraient annuellement des entrailles de la France 33 millions de tonnes, valant actuellement plus d'un milliard de francs. Des carrières d'autres substances minérales, cent soixante mille autres ouvriers mettent au jour pour 300 millions de produits. Les concessions françaises sont au nombre de 1.407, réparties sur ou sous 1.150.000 hectares.

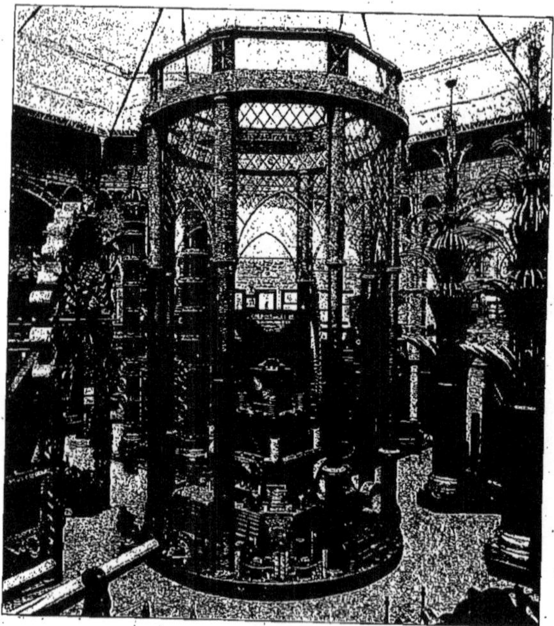

UN COIN DE L'EXPOSITION MÉTALLURGIQUE

Quant à l'extraction de la houille dans le monde entier, elle a été de 660 milliards de kilogrammes pour l'année 1898. C'est à croire fausses des statistiques pourtant exactes et à se demander combien de temps le globe terrestre pourra suffire à une pareille consommation.

La production du fer par la houille a presque totalement remplacé la fusion des minerais par le bois. Malgré l'augmentation des fontes, qui ont doublé depuis dix ans, nous sommes encore loin, avec nos 2.600.000 kilogrammes annuels, des 7 millions et demi de l'Allemagne, des 9 millions de l'Angleterre et des 12 millions des États-Unis. Notre production de houille est surtout en arrière. Que sont nos 33 millions de tonnes contre les 136 millions de l'Allemagne, les 220 millions de l'Angleterre et les 230 millions des États-Unis? Pour tirer du sol de la métropole et de celui des colonies les richesses qu'ils renferment, l'organisation de nouvelles sociétés minières serait à souhaiter.

Quant aux aciers, les procédés Bessemer (1867), Siemens (1867), Thomas Gilchrist (1889), qui ont récemment révolutionné cette industrie, ont pris naissance en Angleterre et en Allemagne et n'ont été appliqués chez nous qu'aux dates ci-dessus.

Les industries dites de petite métallurgie comprennent la fonte de deuxième fusion, les pièces de forge à la main, la boulonnerie, les articles si variés de la quincaillerie et de la clouterie, la tréfilerie, la chaudronnerie, la serrurerie, la ferblanterie et la robinetterie. Cette énumération indique la variété des produits pour lesquels la France se suffit presque complètement, avec des exportations assez considérables.

De nouveaux métaux sont venus augmenter les ressources. Le nickel n'a pas réalisé toutes les espérances, mais son prix de revient s'abaissera. Certain fer chimiquement pur, quand il passera des expériences de laboratoire à la pratique, ménage des surprises déjà escomptées. Le premier lingot d'aluminium fut préparé par Sainte-Claire-Deville en 1855 ; sa production annuelle est aujourd'hui de 11.000 tonnes en France, aux États-Unis, en Angleterre et en Suisse ; depuis dix ans, le prix du kilogramme s'est abaissé de 58 francs à 3 francs. Il a fait ses preuves comme solidité ; sa légèreté est extrême. L'électricité se mettant de la partie, il est en route pour devenir le métal de l'avenir.

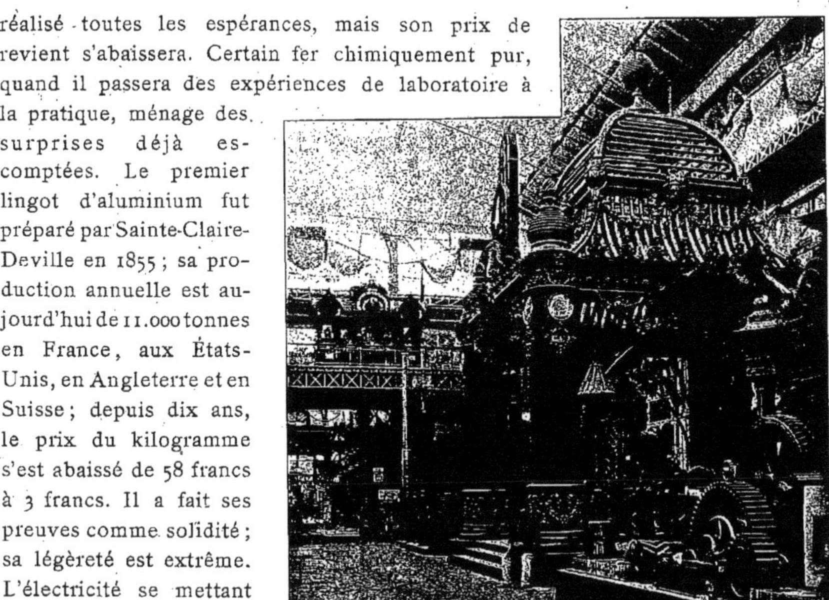

EXPOSITION MÉTALLURGIQUE RUSSE

Telles sont en général les industries — dont l'importance s'estime par un personnel employé de sept cent soixante-dix mille individus — qui occupaient le Palais des Mines et de la Métallurgie et s'y présentaient par de véritables édifices élevés avec un art ingénieux. La rutilance des cuivres et le miroitement de l'acier faisaient ressortir le ton plus sombre des fers et des fontes ; des rubans s'enroulaient autour des colonnes ; des disques, des cercles, des tuyaux s'enchevêtraient comme une forêt de lianes ; la pesanteur se faisait légère et la force se courbait en grâce. Logé dans le campanile du porche d'angle, un carillon sonnait joyeusement les matines d'une industrie qui avait voulu se faire aimable pour cacher sa rudesse.

Le musée centennal mettait une fois de plus en valeur l'inépuisable fonds des collectionneurs, sollicités de mille côtés et trouvant moyen de répondre à tous. Vieilles serrures et clefs vénérables, grilles forgées, landiers des flambées d'antan, enseignes provocantes, sonnettes bizarres, rampes et balcons d'hôtels disparus, mortiers d'apothicaires, heurtoirs retentissants, coffres de sûreté, poterie d'étain, dinanderie fantastique, innombrables et anciens objets produits par la fantaisie souveraine des artisans d'autrefois.

Les expositions étrangères étaient, comme partout, d'un intérêt capital. Avec des outils et des clous, la Suède avait édifié un pittoresque portique, la Russie construit de véritables châteaux de fer, la Hongrie symbolisé le travail des mineurs.

De nombreux dispositifs de mines réduits à l'échelle de petits modèles, évoquaient le problème qui tourmente notre société humanitaire. Attendra-t-on toujours l'outillage mécanique qui ramènera à un minimum supportable de fatigue et de danger l'exploitation des mines?

L'exposition se complétait au Trocadéro par une utilisation inattendue des vastes carrières abandonnées qui existent sous la butte. Le Comité central des houillères de France avait demandé à M. Louis de Launay d'y organiser une mine typique de charbon. Le programme primitif s'était élargi sous son heureuse initiative, et deux expositions, l'une des mines en général et l'autre du monde souterrain, s'y développèrent sur 700 à 800 mètres de galeries.

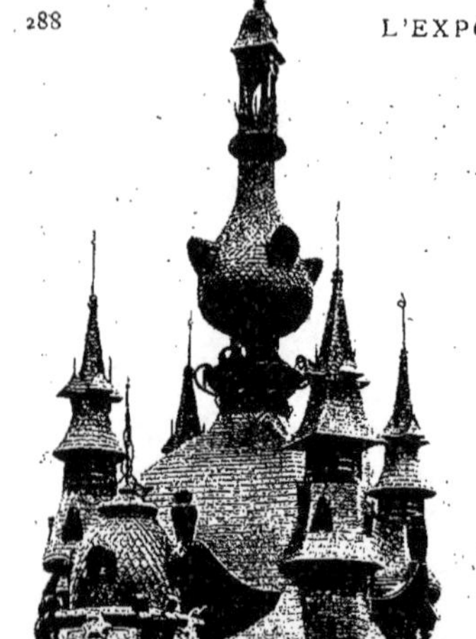

CAMPANILE DES ARDOISIÈRES D'ANGERS
(M. Choupay, architecte.)

On pénétrait dans les mines par le pavillon d'Anzin, rue de Magdebourg, où fonctionnait la plus puissante machine d'extraction de la France. Une cage de puits descendant réellement d'une quarantaine de pieds, donnait l'illusion d'une chute au fond à 300 mètres. On voyait les mineurs demi-nus, courbés ou couchés en travers, dans des attitudes de supplice, abattre du véritable charbon. Un cheval vivant donnait une apparence de vie aux mannequins figurant les hommes, et la pitié était accrue par la fatigue que l'on subissait soi-même quelques secondes, en passant accroupi sous des boisages disposés comme dans la réalité.

Une ardoisière, des exploitations de sel gemme, de plomb argentifère, de zinc, de pyrite de fer complétaient l'exposition avec le tableau final d'une mine d'or du Transvaal. On avait fait venir du minerai réel, contenant effectivement de l'or, et ce scrupule d'exactitude nuisait à l'effet, l'or ne décelant sa présence par aucun éclat. Des Cafres et des Zoulous, plumes aux cheveux et bracelets aux pieds, s'escrimaient du ciseau contre la roche dure et grisâtre.

Au-dessus, on broyait cette roche réelle, on l'amalgamait, et on obtenait, par la cyanuration, des lingots d'or véritable. Le bruit des marteaux-pilons vous y rendait sourd. Enfer en dessous, enfer en-dessus.

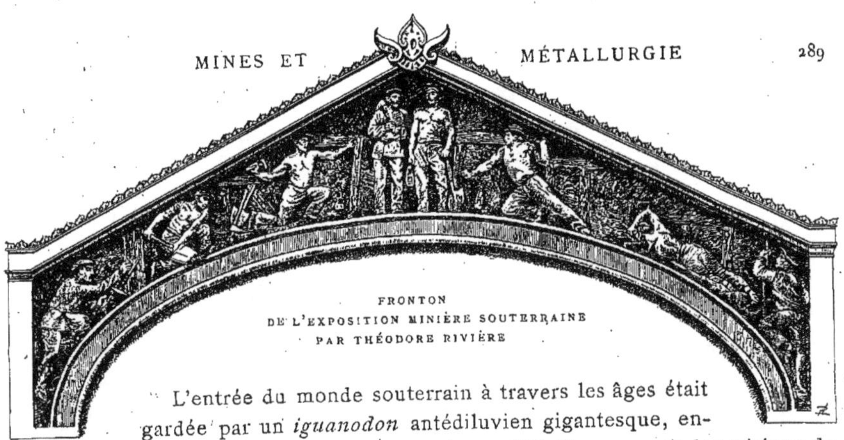

L'entrée du monde souterrain à travers les âges était gardée par un *iguanodon* antédiluvien gigantesque, encore que sa taille réelle eût été réduite de moitié. Il annonçait les visions de l'époque carbonifère qui attendaient le visiteur à l'intérieur. Le gouffre de Padirac transportait au milieu des mystérieuses profondeurs découvertes par M. Martel. Dans une mine phénicienne, où le patron frappait ses esclaves, l'horreur des lieux était accrue de l'horreur des hommes, si bien que le spectacle des tombeaux paraissait reposant. C'était une chambre de la nécropole de Memphis, où reposaient un nommé Ti et son épouse ; autour de leurs statues impressionnantes, des esclaves sculptés en frise représentaient sur les murailles les scènes accoutumées de leur vie royale éteinte depuis tant de siècles. Dans la tombe d'Agamemnon découverte par Schlieman à Mycène, reposaient les rois Atrides, le visage modelé par un masque d'or, couverts d'or de la tête aux pieds, leur trésor d'or à

leurs côtés. Venait ensuite le sépulcre étrusque des Volumnies découvert entre Pérouse et Assise, datant du IIᵉ siècle avant Jésus-Christ, avec des sculptures d'un admirable caractère. Un coin des Catacombes de Rome, les pagodes souterraines de Tourane, en Annam, le tout reconstitué avec un soin scrupuleux, complétaient cette artistique évocation d'antiquité et de mort, étrange contraste avec l'intensité de la vie voisine.

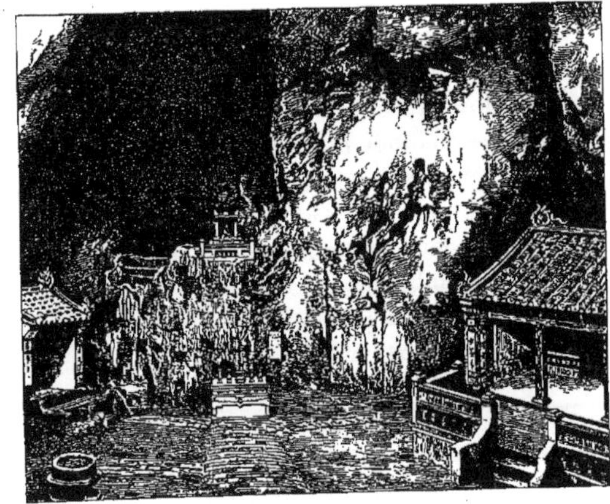

PAGODES SOUTERRAINES DE TOURANE, EN ANNAM

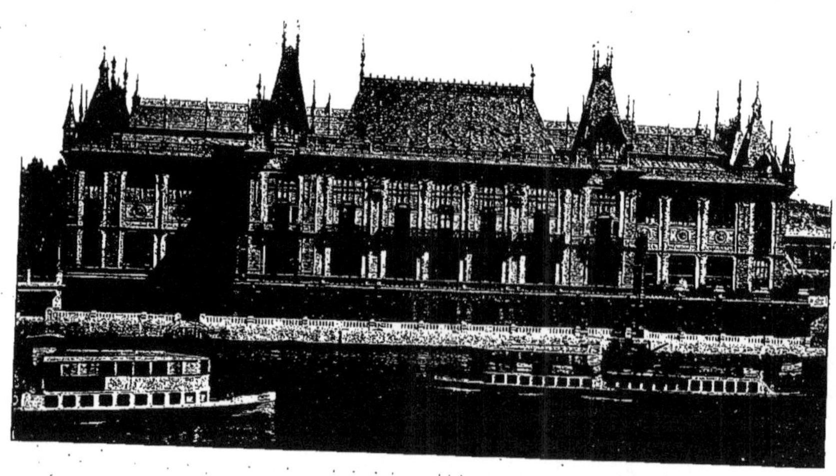

LE PAVILLON
DE LA VILLE DE PARIS

Telle une maîtresse de maison qui met de la discrétion à son élégance, la Ville de Paris n'avait pas voulu construire un palais trop somptueux. Elle avait demandé à son architecte, M. Gravigny, d'élever un vaste mais simple pavillon, rappelant par ses toits rapides et ses épis la silhouette de l'Hôtel de Ville.

L'Exposition qu'il abritait procurait la vive satisfaction que donnent les choses présentées avec méthode et clarté.

Au commencement du siècle, Paris comptait 550.000 habitants et ses ressources étaient de 10 millions 1/2. Aujourd'hui, la population est de 2 millions 1/2 et les ressources atteignent 325 millions. On peut mesurer par ces chiffres l'importance matérielle d'un semblable organisme.

La sécurité étant la première condition de l'existence, les services de la Préfecture de police occupaient les premières salles. Des ordonnances anciennes et récentes, de l'installation confortable des prisons nouvelles, des estampes amusantes, des portraits même des préfets volontiers souriants, se dégageait l'impression d'une surveillance plus paternelle que sévère, soucieuse de la liberté des gens et ne demandant que le maintien de l'ordre.

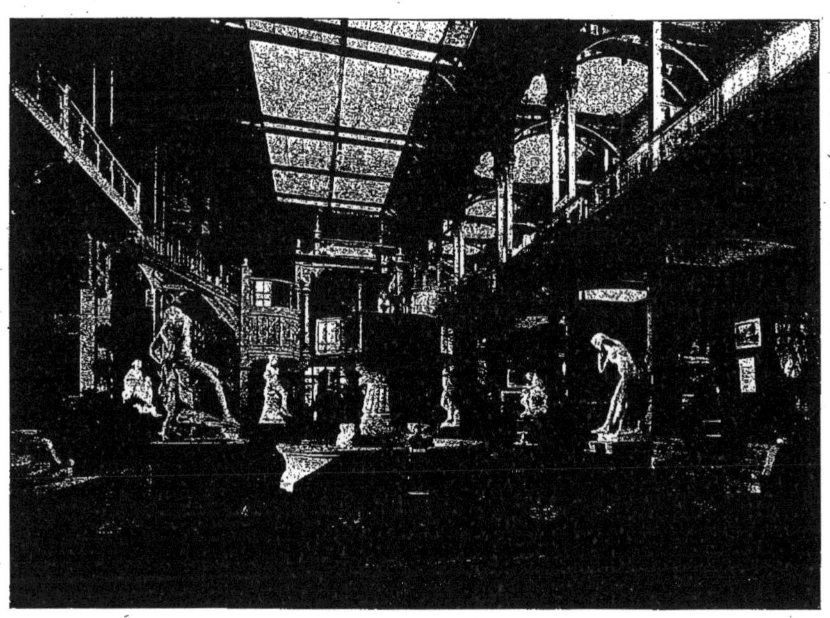

JARDIN CENTRAL
(Vasque contenant les eaux de la Vanne, de l'Avre, de la Seine et de l'Ourcq.)

Sérieusement armée cependant, ne serait-ce que par les étonnantes ressources du service du signalement anthropométrique, où les mesures et les photographies constituent un redoutable répertoire d'identification criminelle.

Le service sanitaire, par ses multiples investigations, s'imposait à la reconnaissance publique. C'était le laboratoire municipal et ses appareils subtils permettant de reconnaître les falsifications innombrables des denrées ; — l'inspection vétérinaire des abattoirs écartant les maladies animales dont la contagion s'introduirait quotidiennement dans la cité sans sa vigilance ; — le laboratoire de toxicologie et l'inspection des Halles, si attentive et si nécessaire ; — la Commission des habitations faisant peu à peu disparaître les locaux insalubres et tenant un casier sanitaire de toutes les maisons. Il faut ajouter un service de vaccination à domicile, des piscines municipales, des systèmes de désinfection gratuite après les maladies contagieuses, les voitures d'ambulance, les travaux de l'observatoire de Montsouris, les nombreux établissements charitables, et enfin les dernières précautions prises pour les inhumations. Le Parisien peut vraiment payer de quelques impôts de semblables mesures protectrices.

Quant aux hôpitaux et aux hospices, l'Assistance publique en montrait le fonctionnement dans des salles particulières. Elle exposait avec une fierté légitime une installation actuelle d'enfants assistés, à côté d'un ancien tour, et opposait à un lit à quatre places de l'Hôtel-Dieu du XVIII° siècle le mobilier dernier modèle de ses salles, où tout est combiné pour l'hygiène et l'antisepsie.

Au milieu du vaste jardin central, où massifs et statues rappelaient la disposition élégante des squares urbains, une quadruple vasque montrait en profondeur et en transparence les eaux jolies de la Vanne et de l'Avre et le répugnant liquide fourni par l'Ourcq et la Seine. La démonstration était franche.

La grande échelle d'une carte au 1/5000° faisait comprendre nettement combien sera logique et conforme à la nature l'extension prochaine de Paris jusqu'à la Seine, du Point-du-Jour à l'île Saint-Denis. L'emplacement des docks de Paris port de mer n'y était nullement indiqué, mais n'en apparaissait pas moins avec évidence.

Dans les salles du pourtour étaient les services de la voirie, les égouts d'aujourd'hui et ceux d'autrefois, quand il y en avait; les différents pavages susceptibles de supporter une circulation qui atteint sur certains points jusqu'à 40.000 voitures par jour; les systèmes d'éclairage entre lesquels on hésite encore. Des tableaux, des modèles réduits, des coupes même de grandeur naturelle donnaient aux démonstrations la clarté désirable. De jolis panoramas représentaient une voûte de captation d'une des sources de la Vanne et le parc d'épandage d'Achères.

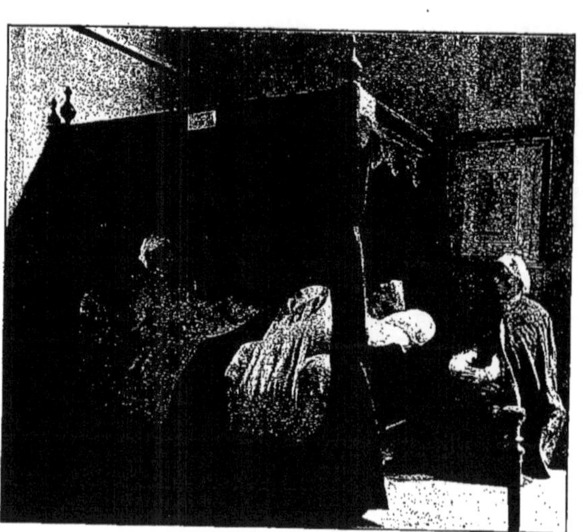

LIT D'HÔPITAL DU XVIII° SIÈCLE, A QUATRE PLACES

On ne s'arrachait au spectacle de ces fonctions intérieures de Paris que pour en saisir le mouvement extérieur dans une série de vues stéréoscopiques où la vie même de la population avait été prise sur le fait dans ses occupations familières.

La Ville possède un riche domaine qu'elle administre en excellente mère de famille. Elle l'augmente à propos, et le plus souvent par préoccupation artistique, comme les récentes acquisitions des hôtels de Sens et de

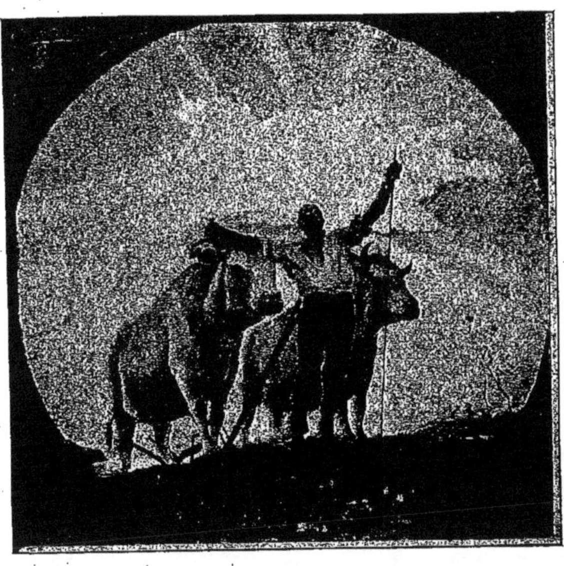

GEORGES BERTRAND : *Hymne de la terre au soleil.*
(Décoration de l'Hôtel de Ville.)

Lauzun. La Commission du Vieux Paris recueille avec soin, pour les déposer dans les musées municipaux tels que Carnavalet et bientôt le Petit Palais, les antiquités mises à jour par les fouilles et les pièces à conserver des démolitions nécessaires. De nombreuses photographies et une superbe reconstitution du plan de tapisserie de 1540 témoignaient d'un zèle qui se poursuivait par des conférences et des projections données gratuitement dans les salles de sous-sol au niveau de la berge.

Montons maintenant au premier étage, où l'intérêt va croître encore. La Direction de l'Enseignement occupait la moitié des galeries de pourtour. Pour se rendre compte de son importance, il faut s'arrêter un instant aux chiffres suivants :

	En 1877		En 1899	
Écoles maternelles	110 écoles,	17.081 élèves.	159 écoles,	29.539 élèves.
— primaires de garçons	141 —	49.206 —	202 —	71.732 —
— — de filles	144 —	43.951 —	196 —	61.342 —
Écoles primaires supérieures de garçons	4 —	3.349 —	5 —	4.279 —
— — — de filles	0 —	0 —	2 —	811 —
Écoles professionnelles de garçons	1 —	161 —	7 —	1.123 —
— — de filles	0 —	0 —	6 —	1.534 —
Totaux	400 écoles,	113.748 élèves.	577 écoles,	170.360 élèves.

Le budget de l'enseignement était de 31 millions 1/2 pour 1899.

Ainsi, en vingt ans, le nombre des écoles et des élèves a augmenté de 50 o/o, et cependant, il y a vingt ans, on suppose bien que Paris n'était pas en retard. La Direction déclare avoir encore de grands efforts à accomplir, malgré les 150 millions de ressources extraordinaires dépensés depuis trente ans. Paris veut légitimer son nom de Ville Lumière.

L'enseignement primaire comprend, pour les garçons, des ateliers où ils se

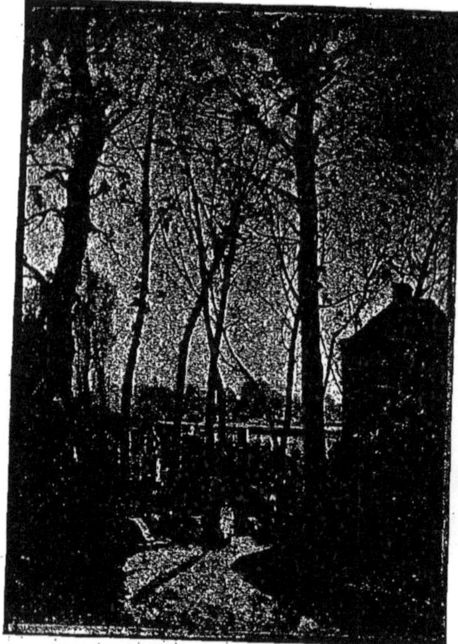

HARPIGNIES : *Jardin du Luxembourg.*
(Décoration de l'Hôtel de Ville.)

familiarisent aux travaux manuels du bois, du fer, et des classes de dessin particulièrement surveillées. L'enfant acquiert ainsi l'habileté nécessaire des mains et peut se rendre compte du métier qui lui convient le mieux.

Les exercices physiques et le dessin sont également en honneur dans les écoles de filles, mais on y enseigne en plus le chant, la cuisine, l'économie domestique et ménagère et tous les métiers de la femme. Au sortir de l'école, une petite fille parisienne peut se suffire à elle-même, elle est armée pour la vie.

Les écoles primaires supérieures sont le prolongement de ces études élémentaires. Le Gouvernement les a bien instituées par la loi du 30 octobre 1886, mais en fait il les abandonne aux municipalités. Il a établi une distinction subtile entre l'enseignement primaire supérieur, laissé à la classe ouvrière désireuse de s'élever, et l'enseignement secondaire spécial, créé pour la classe bourgeoise, qui croit s'y abaisser, si bien qu'aucun des deux ne fonctionne convenablement.

C'est cependant la même chose, et la plus essentielle en matière d'éducation. Il s'agit de fortifier les connaissances pratiques, mais aussi d'ouvrir l'esprit aux théories, aux méthodes intellectuelles, aux idées générales; —

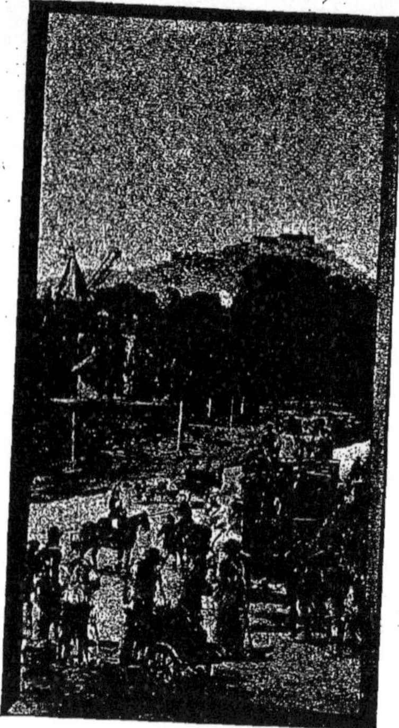

JOHN LEWIS-BROWN : *Le Moulin de Longchamp.*
(Décoration de l'Hôtel de Ville.)

de ne point s'attarder aux choses mortes, ni trop embrasser pour mal étreindre ; — de faire résolument la part de la réalité et du préjugé, en un mot de former des hommes.

Dans ses Écoles Turgot, Colbert, Lavoisier, J.-B. Say, Arago, pour les jeunes gens ; Sophie-Germain et Edgar-Quinet, pour les jeunes filles ; dans son collège Chaptal, fondé par Prosper Goubaux en 1844, passionnément attaqué et toujours grandissant avec ses 1.500 élèves actuels, la Ville de Paris a trouvé des formules qui répondent chaque jour de plus près aux desiderata de la vie moderne.

Son œuvre d'enseignement apparaît surtout dans ses écoles professionnelles de

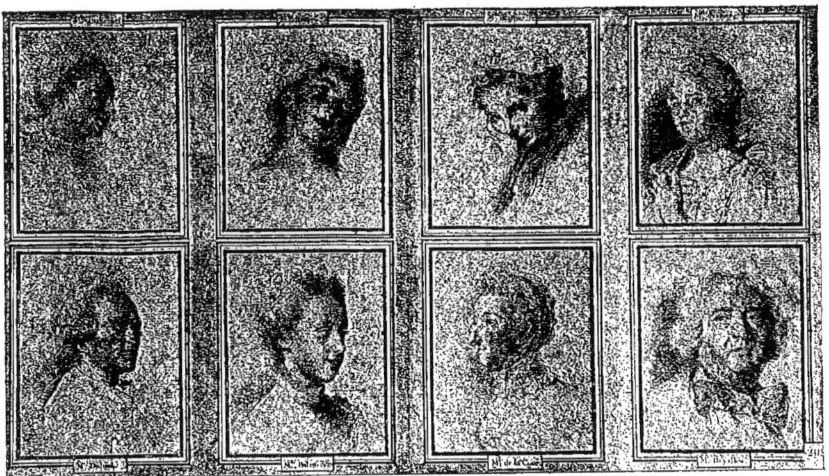

LA FAMILLE ET LES AMIS DE NATTIER, PORTRAITS AU CRAYON PAR LE MAITRE
(Collection Pierre Decourcelle.)

fondation récente et qui vont être complétées par des écoles d'apprentissage pour toutes les industries mères. Les Écoles Diderot et Dorian sont consacrées particuliè-rement au fer et au bois, l'École Boule aux industries de l'ameublement, l'École Estienne à celles du livre. Il existe une École spéciale de physique et de chimie appli-quées. Les Écoles Germain-Pilon et Bernard-Palissy enseignent le dessin d'ornement et ses applications. Six écoles apprennent aux jeunes filles tous les métiers des modes, de la lingerie, des fleurs et plumes, si variés dans les multiples divisions du travail.

Des bibliothèques municipales, un musée pédagogique, des cours, des excur-sions scolaires complètent cet ensemble, auquel rien ne pourrait être comparé.

Aussi la récolte est en proportion de la semence. Si les galeries du pavillon de la Ville de Paris montraient une étonnante collection de travaux d'élèves à qui rien ne semble étranger dans le domaine pratique et décoratif, le résultat s'amplifiait

dans l'Exposition tout entière. Depuis les délicats objets de la mode
jusqu'aux décorations colossales des
monuments, à travers toutes les
classes de l'industrie, l'art des ouvriers parisiens affirmait sa maîtrise.

Les services de l'Architecture,
de la Voirie et des Promenades
publiques exposaient de nombreux
plans d'architecture paysagère et monumentale. Si la ville de Paris est
sans rivale pour la première, les
nombreuses vues d'édifices publics
exposées dans les sections étrangères
des Beaux-Arts et du Génie civil auront permis des comparaisons dont
elle fera sans doute son profit pour
l'avenir. Non pas que les monuments
élevés par ses soins manquent de
grâce, ils en ont une plutôt légère;
ni de proportion, car ils sont adaptés
au milieu qui les entoure; ni de confortable, car les dispositions intérieures
sont plutôt luxueuses; ni de choix de
matériaux, car ils y sont quintessen-

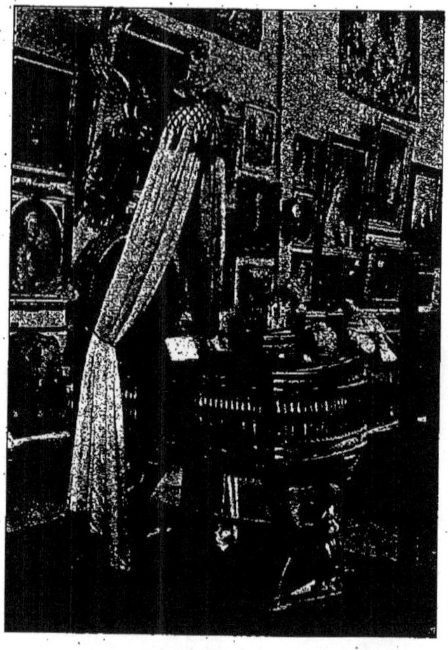

THOMIRE ET ODIOT : *Le Berceau du roi de Rome.*
D'après les dessins de Prud'hon, offert par la Ville de Paris
à Napoléon.
(Prêté par S. M. l'Empereur d'Autriche-Hongrie.)

ciés; ni d'art, car il y abonde dans les détails. Quoi alors? On y voudrait souvent
plus de majesté. Pour donner la sensation indispensable de la durée, les monuments
publics ne doivent pas craindre de paraître puissants.

Parmi la série des plans où toute la vie de Paris est consignée avec tant de soin,
une grande carte faisait ressortir en petits carrés rouges toutes les constructions
édifiées depuis 1870. L'aspect en était stupéfiant, particulièrement pour les VIIIᵉ,
XVIᵉ et XVIIᵉ arrondissements, mais aussi pour tous les autres, à faire croire que
Paris a été reconstruit depuis trente ans. Il a été dans tous les cas augmenté, aéré,
embelli, et l'œuvre d'Haussmann et d'Alphand se continue sans interruption.

Le service des travaux historiques a la charge de conserver le souvenir d'un
passé que tant de changements pourraient faire disparaître. Il s'en acquitte avec
un zèle dont les quarante volumes exposés de l'*Histoire générale de Paris*, avec
leurs innombrables planches, étaient le meilleur témoignage. Quelle France revi-
vrait si les municipalités des grandes villes imitaient cet exemple et si le Gouver-

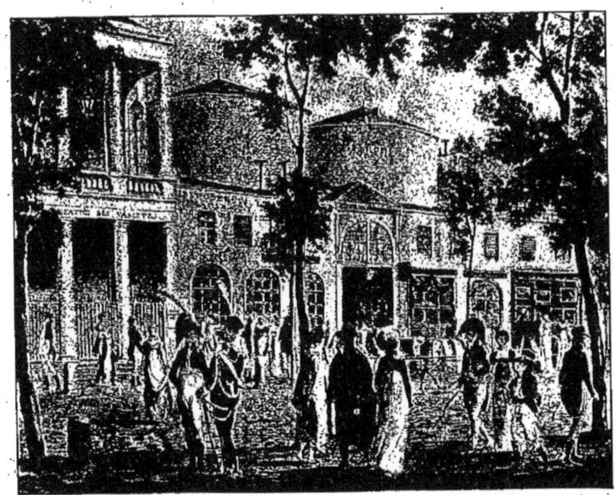

Le Passage des Panoramas en 1807. (Collection Albert Lehmann.)

nement encourageait le mouvement!

La direction des Beaux-Arts exposait les maquettes des artistes pour les grandes décorations exécutées dans les mairies et principalement à l'Hôtel de Ville. Ces petits tableaux, d'une facture libre et colorée, volontiers plus expressifs que les grandes toiles, montraient avec quel éclectisme éclairé la Ville sait rendre hommage à tous les talents. Aucun parti pris d'école; le seul désir d'approprier les sujets à la manière des maîtres. Le nombre, la variété, la valeur

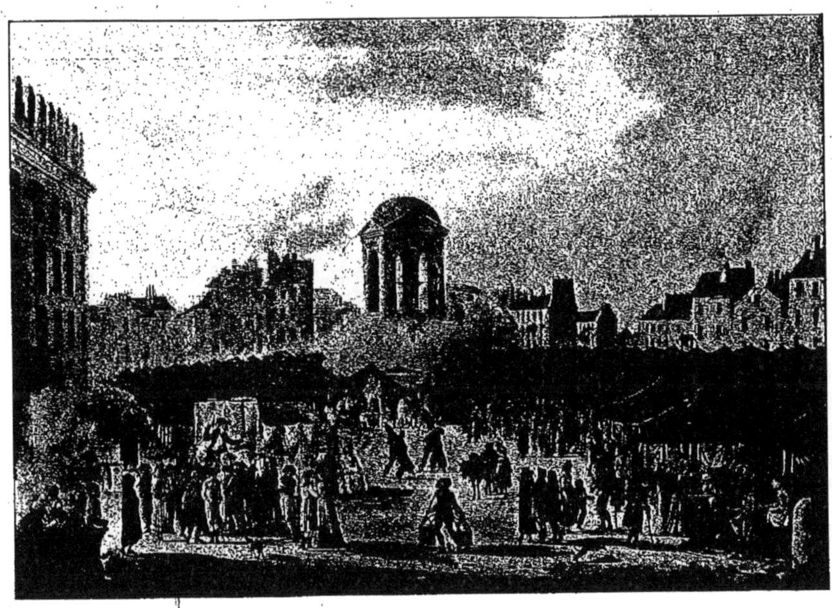

DEBUCOURT : *Le Marché des Innocents en 1800.* (Collection de Mme Edmond Joubert.)

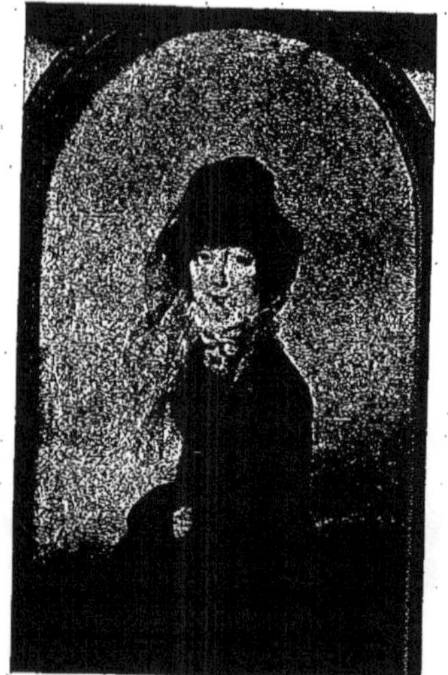

ISABEY : *Mme la duchesse d'Orléans.*
(Collection Doistau.)

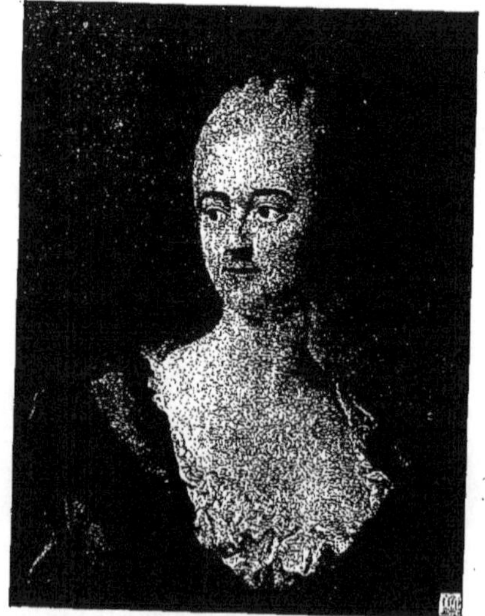

DROUAIS : *Portrait de Mme Du Barry.*
(Collection Albert Lehmann.)

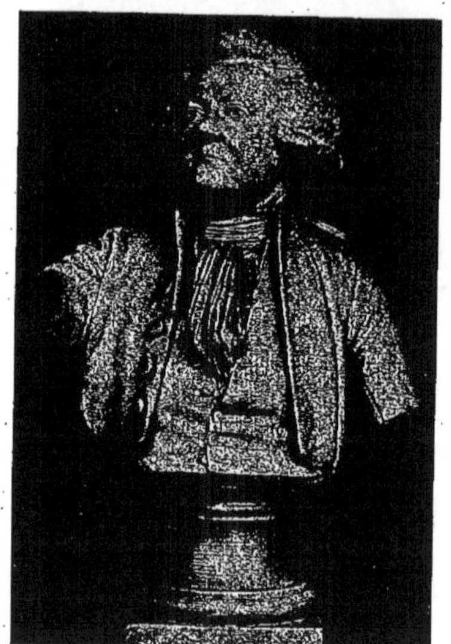

HOUDON : *Buste de Mirabeau.*
(Collection Ch. Delagrave.)

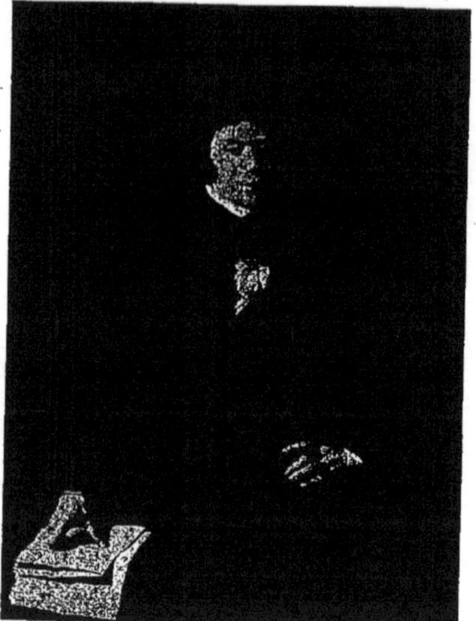

DAVID : *Barrère à la tribune.*
(Collection du Bon Lambert.)

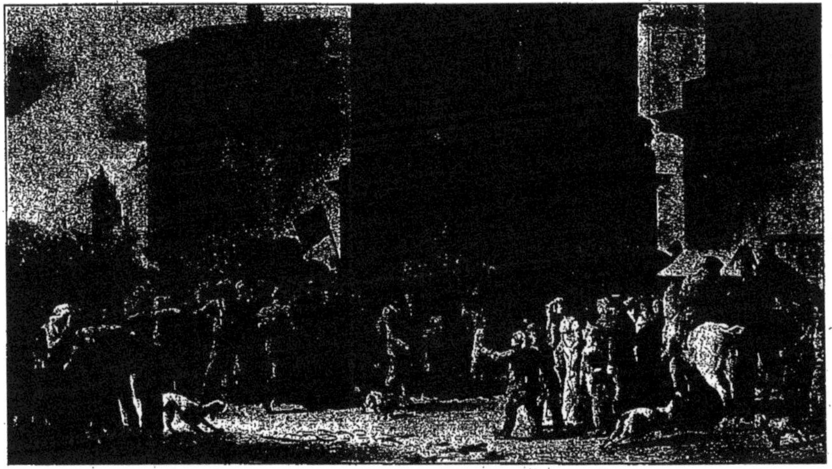

BOILLY : *Le depart des conscrits en 1807.* (Collection Albert Lehmann.)

de ces belles œuvres honoraient presque au même titre que les artistes l'Administration qui les avait commandées. Réunies ainsi pour la première fois, elles
formaient un étonnant musée, préparant dignement le visiteur à l'enchantement

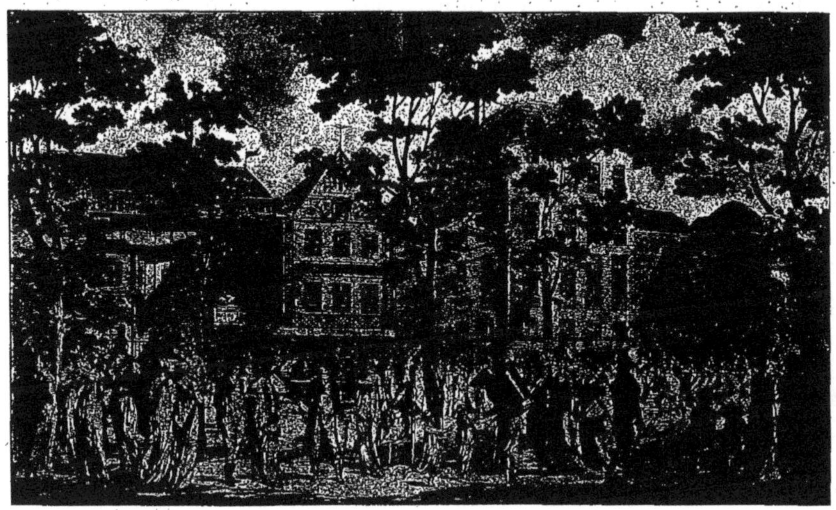

BOSIO : *Le Pavillon de Hanovre en 1797.* (Collection Doistau.)

qui l'attendait dans les salles suivantes s'ouvrant sur la Seine.

Là, M. Georges Cain, conservateur du musée Carnavalet, avait organisé l'Exposition rétrospective de la Ville de Paris avec une ardeur communicative qui avait entraîné tous les collectionneurs. Le succès qui s'affirmait dès les premiers pas s'augmentait jusqu'à l'enthousiasme, au fur et à mesure qu'on avançait au milieu de ces délicates merveilles.

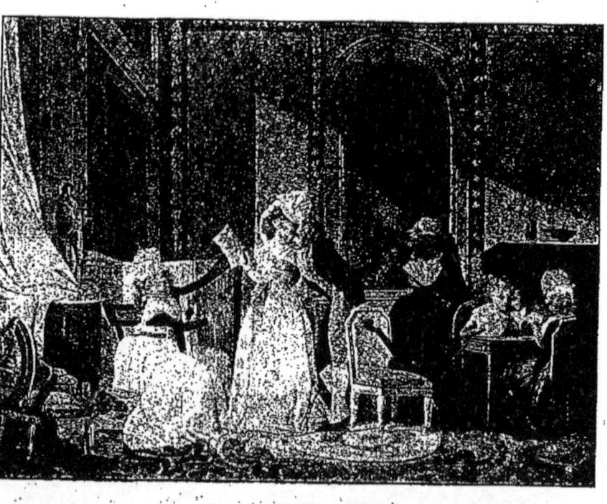

MALLET : *Matinée musicale en 1789.* (Collection J. Strauss.)

Tous les objets exposés là étaient à donner envie de les voler; on ne se contentait pas de les caresser des yeux; on aurait voulu les toucher, les manier avec tendresse. Quelle finesse, quelle intimité, quelle grâce, quelle énumération à la Sévigné faudrait-il employer pour qualifier ces portraits aux figures vivantes, ces bustes prêts à parler, ces scènes où battait la vie publique et la vie familiale de Paris, ces objets dont chacun avait son histoire ! De tout cela naissait le sentiment même qui avait animé tous les personnages évoqués et qui se communiquait avec force : le violent amour de Paris. Son apothéose était là peut-être plus durable que dans tous les monuments qui se profilaient aux alentours.

Paris spirituel et simple, railleur et bon enfant; Paris à jeun ou gourmand; Paris doux et terrible des heures de fête et des journées de guerre; Paris noble et

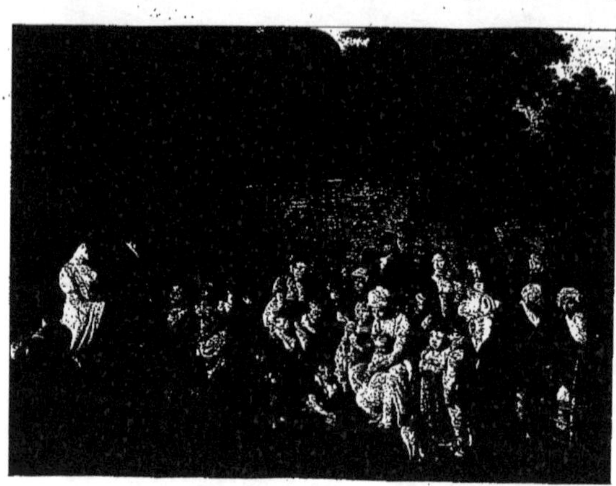

BOILLY : *Le Café turc en 1806.* (Collection Georges Lutz.)

populaire, quintessencié et délicieusement bourgeois; Paris joyeux ou boudeur, généreux quand même ; Paris aux jolies femmes et aux hommes qui les chérissent ; Paris tel qu'il a fait ses artistes et tel que ses artistes l'ont fait, le Paris de la royauté, de l'empire, des républiques, toujours lé Paris de la France ; le Paris enfin du monde entier, et les 505 numéros de ce musée, qu'il faudrait tous citer, expliquaient pourquoi les bords de la Seine sont la seconde patrie de tous les hommes : on aime ce qui est aimable.

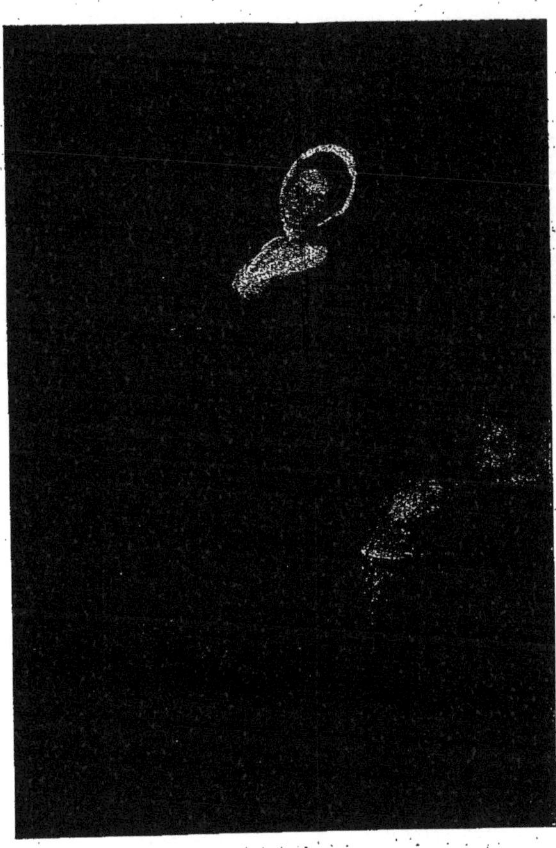

FRAGONARD : *Fanchon la vielleuse.*
(Collection Albert Lehmann.)

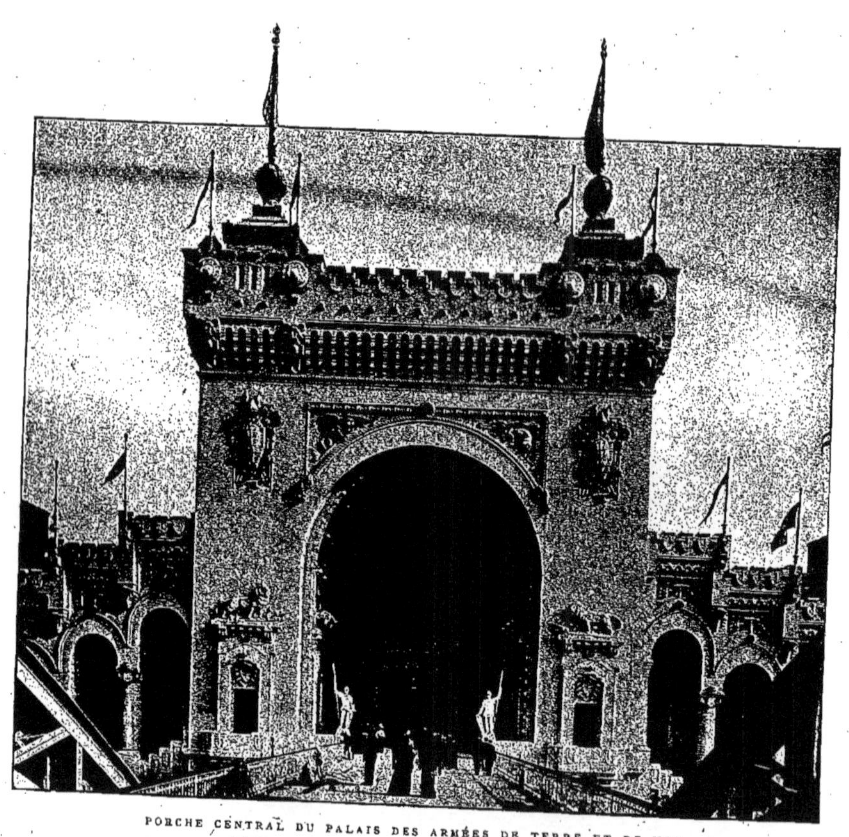

LE
PALAIS DES ARMÉES DE TERRE ET DE MER

Puisque Cuba, les Philippines, le Transvaal et la Chine sont venus éclabousser de sang les derniers jours du siècle et reculer l'espoir qu'avaient fait naître trente ans de paix européenne, puisque les peuples semblent encore condamnés à immobiliser la meilleure part de leurs forces vives et à voir leurs budgets écrasés de charges folles, puisque la guerre est toujours inscrite au passif de l'humanité, un palais devait être réservé aux Armées de terre et de mer.

Il ouvrait sur la Seine l'arche féodale de son porche de forteresse, et son interminable façade de 340 mètres écrasait les rêves sous son imposante lourdeur.

Peu s'en fallut qu'il ne restât à l'état d'ébauche. Le premier projet de MM. Aubertin et Umbdenstock comportait à l'extrémité d'aval le château de

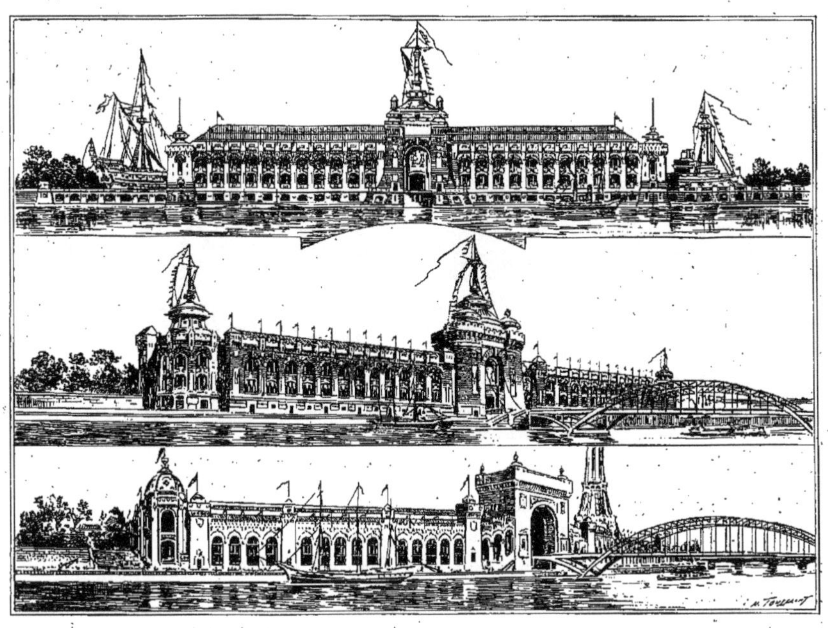

PROJETS SUCCESSIFS DU PALAIS DES ARMÉES DE TERRE ET DE MER

poupe d'un grand vaisseau de l'époque Louis XIV; à celle d'amont, la proue et une partie de l'avant d'un cuirassé moderne; au-dessus du porche, un mât blindé appuyé de tourelles. Pour gagner quelques mètres d'emplacements intérieurs, on supprima cette décoration, qui eût été d'un si grand effet.

Le second projet agréé, ce furent les Ministères de la Guerre et de la Marine qui abandonnèrent la partie. Pour masquer une insuffisance de crédits, ils découvrirent subitement qu'il y aurait danger à livrer aux étrangers les secrets de notre défense et déclinèrent toute participation. Réduit à contenir seulement les expositions privées, le palais dut être simplifié une troisième fois. Il a coûté 2 millions.

L'abstention officielle de l'Armée et de la Marine française fut tout à fait regrettable. La raison des précautions à garder n'a trompé personne. Il ne s'agissait pas du plan de mobilisation! Pour quelques rares parties qui peuvent être tenues cachées et qu'on ne réclamait pas, tout l'ensemble de notre armement est aussi bien connu des étrangers que nous connaissons le leur. Est-ce aussi la raison d'État qui a empêché l'École polytechnique, l'École de Saint-Cyr et l'École navale d'exposer? Et si l'abstention était de principe, pourquoi avoir permis aux services géographique et hydrographique de montrer leurs belles cartes?

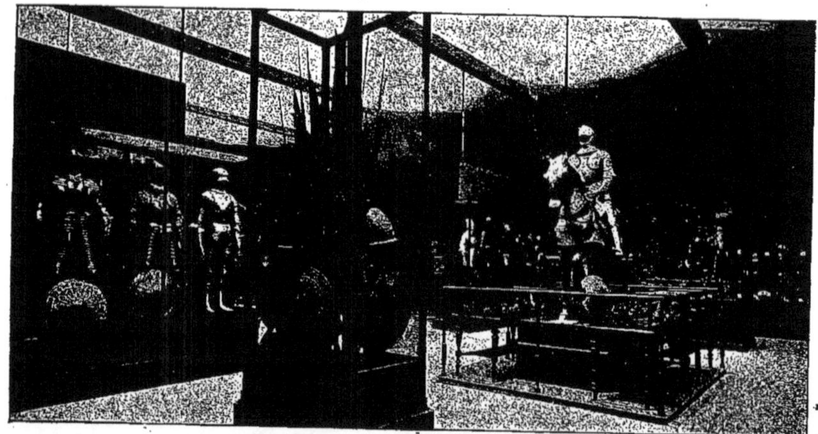

SALLE DES ARMURES DU MUSÉE RÉTROSPECTIF DE L'ARMÉE

Dans le catalogue officiel, chaque classe est précédée d'une notice substantielle relatant l'historique de l'industrie, suivant ses progrès pendant le XIXᵉ siècle et montrant avec une satisfaction légitime sa situation au moment de l'Exposition. Le mince catalogue du groupe XVIII, où six classes formaient des cadres à peu près déserts, contient des notices qu'il eût été préférable de supprimer, car on pouvait se demander en les lisant ce que sont devenus les milliards votés sans compter. Les Français ne peuvent pas être pour cela ébranlés dans leur confiance ; mais il eût été convenable d'expliquer les choses aux étrangers.

L'initiative privée a maintenu le drapeau. Elle a consacré à nos gloires militaires un temple d'héroïsme, culte du passé et exemple de l'avenir, comme le disait l'inscription gravée à l'entrée : *Prœteriti fides, exemplumque futuri.*

Un comité ayant à sa tête Édouard Detaille, dont l'art se réchauffe de patriotisme, avait fait appel à toutes les bonnes volontés. Elles sont venues avec élan et ont constitué le musée rétrospectif de l'Armée, éloquent comme une épopée.

Le grand maître de l'artillerie de François Iᵉʳ, Galliot de Genouilhac, faisait les honneurs de la première salle, cuirassé et casqué sur son cheval de bataille. Les riches armures du moyen âge et de la Renaissance qui remplissaient les vitrines portaient la trace des coups reçus dans les victorieuses chevauchées.

. Dans les deux salles de la Royauté, les généraux aux perruques bien ordonnées conservaient ces airs de politesse dont ils ne se départaient point dans le feu des batailles. Leurs portraits majestueux, mieux encore que les ancêtres des Silva devant Hernani, parlaient le langage de la vaillance. Lesdiguières et Crillon, Condé, Turenne et Vauban, le maréchal de Boufflers et le chevalier de Grassin, Fabert et

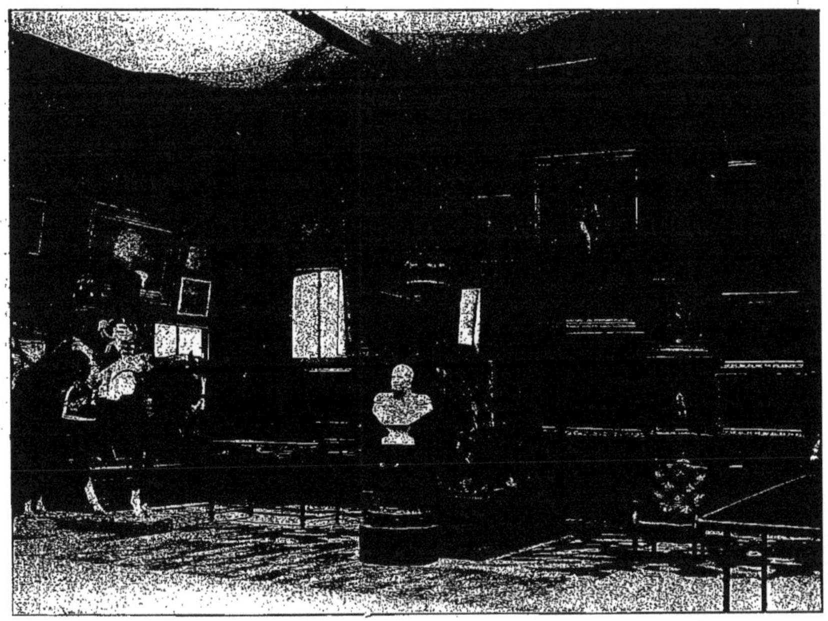

d'Imécourt, Rochambeau et d'Assas, ceux-là et d'autres encore personnifiaient les aspects divers de la bravoure française.

Malgré le rapprochement des années et la réalité des objets, il semblait ensuite qu'on entrât dans la légende. Peint par Ingres en 1802, Napoléon était là. Autour de lui se pressaient Kléber et Augereau, Joubert et Leclercq, Lasalle et Desaix, Victor et Oudinot, Suchet, Soult, Lefebvre et la maréchale Mme Sans-Gêne, Lannes, Davoust, Ney, Moncey, Murat, tous ceux qui le suivirent à travers l'Europe.

Plus évocateurs encore que les toiles, les objets mêmes ayant appartenu à ces hommes. Le sabre de Kléber à Héliopolis ; celui de Marceau et le fusil du soldat tyrolien d'où partit la balle mortelle ; les baguettes d'honneur de Nicolas Laugier le tambour d'Arcole qui battit la charge de la main gauche quand il eut perdu la droite ; les uniformes tachés de Lannes ; la pipe que fumait Lasalle à Wagram ; la montre que les glaces de la Bérésina arrêtèrent dans le gousset du capitaine Paulin.

Le « petit chapeau », un petit chapeau authentique, fatigué d'avoir été porté. Et puis, relique suprême, le drapeau du 1er grenadiers de la garde, portant les noms de toutes les capitales où il pénétra en vainqueur. Après lui, il ne faut plus chercher autre chose. C'est lui que l'Empereur embrassa à Fontainebleau, dans la cour des adieux...

La France était restée. Elle revit dans les guerres d'Afrique avec Changarnier, Cavaignac, Bedeau, Bugeaud, Lamoricière, le duc d'Aumale.

Voici des uniformes maculés de sang qui furent portés à Sébastopol, et encore des portraits : Mac-Mahon, Bosquet, Canrobert, Pélissier.

Combien d'autres encore pouvaient répondre « présent » à la revue d'honneur qui se passait dans ces salles !

On s'était arrêté à l'année terrible. Quelques pas plus loin, l'Allemagne était également demeurée dans le passé, ne dépassant pas 1863 dans la curieuse reproduction des uniformes de ses armées, particulièrement des troupes prussiennes et des maisons royales. Modelés par le sculpteur Paul Werner, les corps en papier mâché et les têtes en cire étaient de grandeur naturelle. Une centaine de personnages portaient des uniformes exécutés par Knœtel d'après les données les plus certaines, et des armes d'une authenticité réelle ou d'une parfaite imitation. Exécutées spécialement pour l'Exposition, ces figures constitueront un musée qui sera conservé et complété à Berlin, tel que nous n'en possédons pas chez nous.

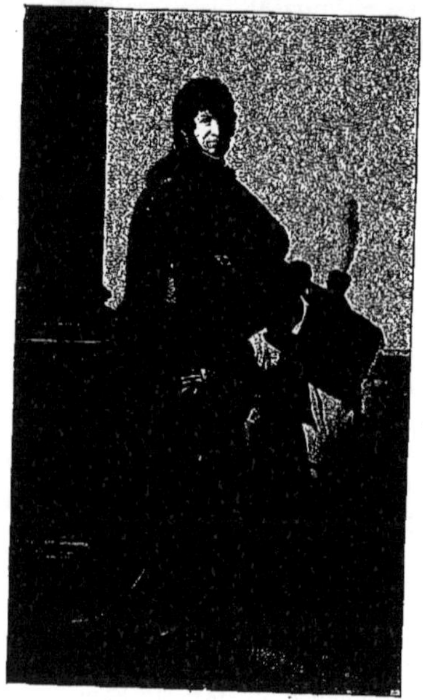

PORTRAIT DE MURAT
(Collection Le Marois.)

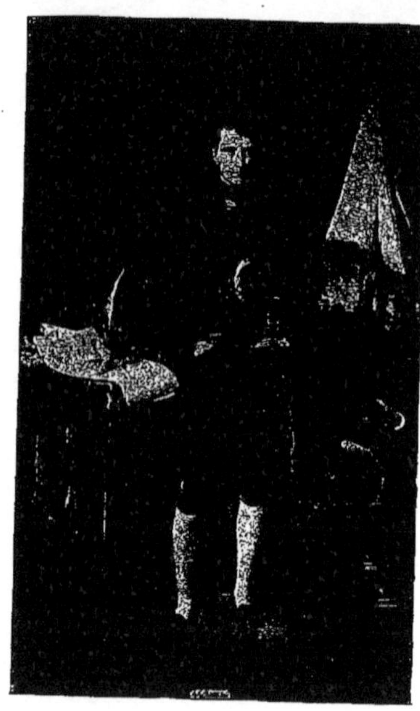

PORTRAIT DU PREMIER CONSUL
peint par Ingres en 1802 pour la ville de Liège.

Le syndicat de l'industrie des fournitures militaires avait confié au sculpteur Ludovic Durand l'exécution d'un panorama aussi pittoresque qu'intéressant, où tous les uniformes modernes de l'armée française figuraient en groupes disposés dans leur attitude de campagne.

Pour continuer la visite du palais, il faut redescendre aux galeries du rez-de-chaussée, qui était lui-même composé

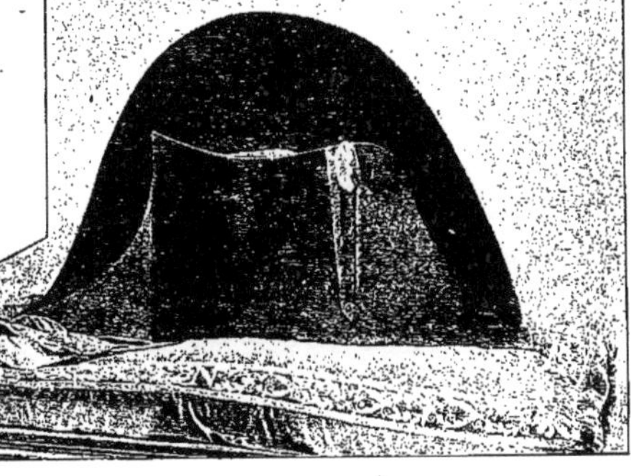

LE PETIT CHAPEAU DE L'EMPEREUR (Collection Gérôme.)

de deux étages, l'un établi au niveau du quai d'Orsay, par-dessus les voies recouvertes du chemin de fer de l'Ouest, l'autre sur les berges mêmes du fleuve et pouvant supporter des pièces d'un lourd poids.

Là se trouvaient quelques canons exposés par des établissement particuliers; des tourelles cuirassées tournant sur pivots; des chaudières de navires aux cruelles chambres de chauffe; des pièces d'artillerie de campagne et de montagne; des automobiles militaires fort distantes de la berline de Davoust du Musée des Invalides; en somme, une exposition que l'abstention de l'État rendait assez peu fournie.

La Russie avait élevé un élégant arc de triomphe, composé d'avirons au-dessus desquels se balançait le ballon « la France » de son service du génie. Sa principale exposition était dans un pavillon voisin consacré à ses Écoles militaires de cartographie et d'artillerie, où tout paraissait conduit avec une méthode persévérante.

Une maison privée anglaise puissante comme une Administration d'État, exposait de nombreux types réduits de cuirassés; toute une flotte de modèles variés et coquets figurait là marine américaine ; des soldats turcs en parade achevaient de donner à ces galeries un aspect plus amusant que terrible.

La guerre se rattrapait dans la formidable tourelle construite par le Creusot pour contenir les canons, les plaques de blindage et toutes les pièces de gros armement où il excelle aujourd'hui. L'usine pacifique d'où sortaient autrefois les rails et les locomotives messagères de civilisation en fournit encore, mais son ambition s'est tournée vers les appareils guerriers. C'est la lutte entre la force de percussion et celle de résistance, où la victoire va du boulet à la cuirasse. Pour le moment, les blindages paraissent triompher. Mais il faudra trouver de nouveaux alliages de métaux quand ils seront vaincus à leur tour, et cette alternative a ceci d'écrasant pour les budgets, qu'il faut recommencer tout ce qui vient d'être fait.

Les canons doubles du Creusot, joujoux terribles qu'un enfant pouvait faire

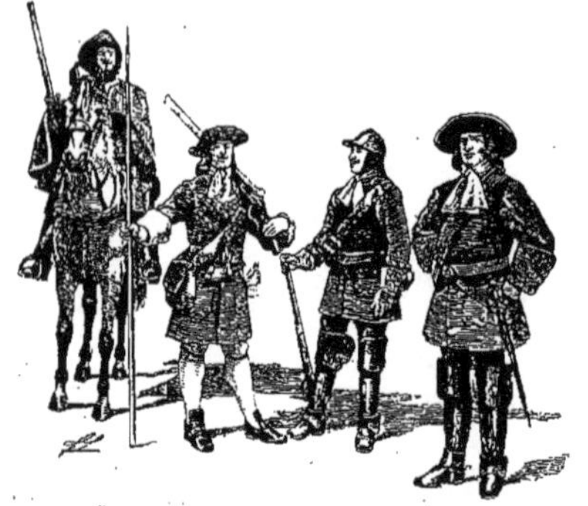

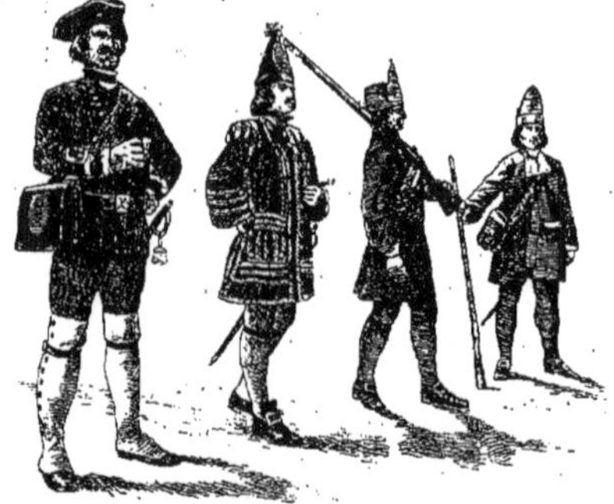

Grenadier Prussien 1690.   Mousquetaire Prussien 1680.   Cavalier Bavarois 1683.   Cavalier Wurtembergeois 1683.

Mousquetaire Prussien 1729.   Grenadier Prussien 1709.   Grenadier Prussien 1698.   Grenadier Bavarois 1698.

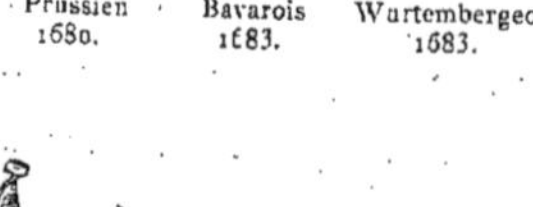

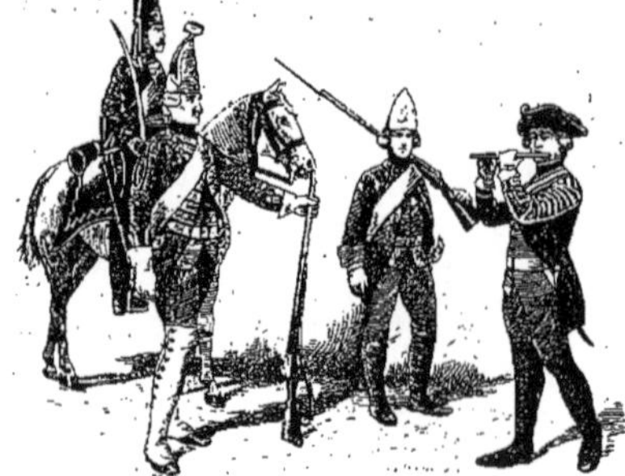

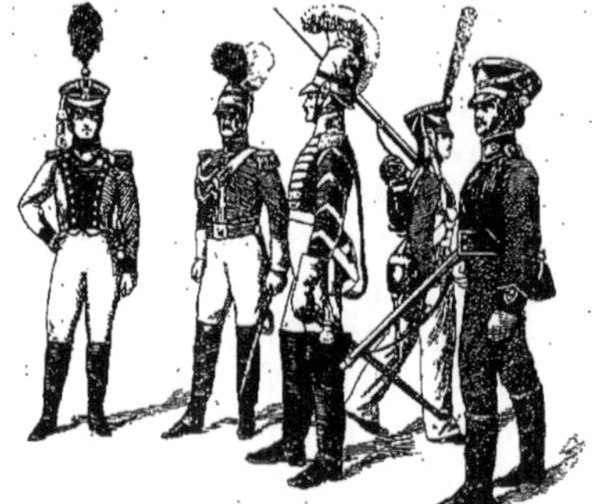

Grenadier Prussien, 1760
Hussard Prussien, 1775.   Fusilier Prussien 1760.   Fifre Prussien 1760.

Grenadier Saxon 1810.   Garde Saxonne 1810.   Garde Bavaroise 1815.

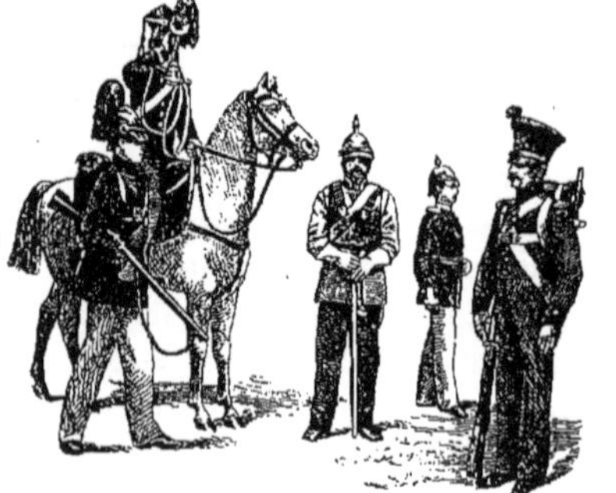

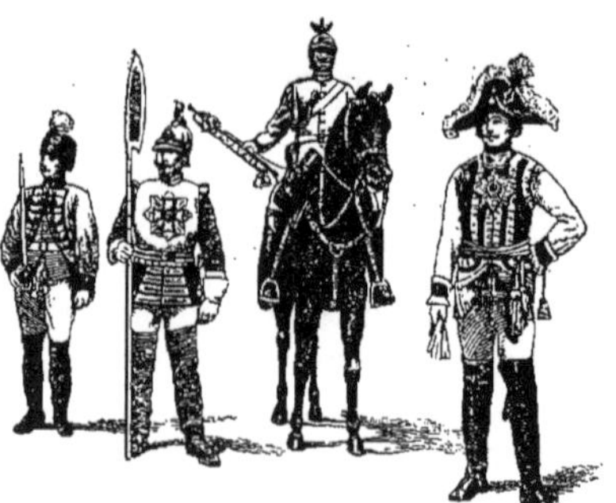

Chasseur Prussien, 1843.   Cuirassier Prussien   Sapeur de
Trompette de Uhlans, 1843.   1843.   Wurtemberg, 1844.

Troupes des maisons royales.

COSTUMES MILITAIRES EXPOSÉS DANS LES VITRINES DE L'ALLEMAGNE

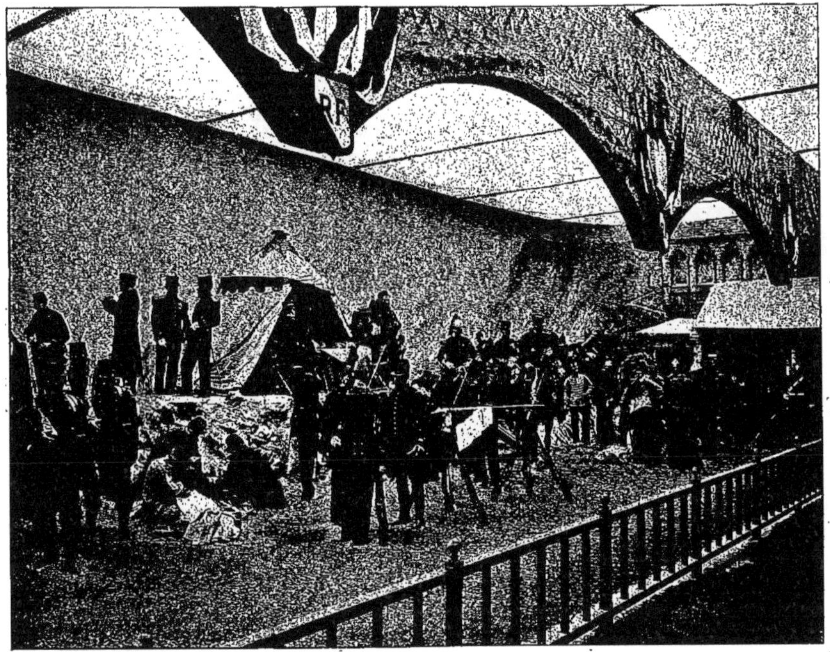

PANORAMA DES COSTUMES ACTUELS DE L'ARMÉE FRANÇAISE

pivoter sans effort, et l'immense tube d'acier émergeant de sa tourelle pour balayer des lieues de mer à la ronde, projetaient les reflets de leurs surfaces polies. Puissants engins de destruction, uniquement destinés à des usages de mort, que rendrait inutiles un grain de sable introduit dans leurs rouages d'horlogerie.

Sous les arbres du quai, d'autres constructions contenaient des expositions d'armes, entre autres les mitrailleuses anglaises du type Maxim et les fusils belges.

La Croix Rouge française, l'Union des Femmes de France et l'Association des dames françaises avaient trouvé cette place opportune pour y loger leurs pavillons. Elles se montraient prêtes à panser les blessures faites par toutes ces armes et à recueillir les restes des fureurs humaines.

Une opposition sans doute involontaire plaçait l'art de vivre à côté de l'art de tuer, la partie du palais voisin du pont de l'Alma ayant été en fin de compte attribuée à l'exposition d'hygiène.

Elle montrait l'ingéniosité moderne pour les soins du corps. Après avoir été élevés au sommet du luxe chez les Romains, ils avaient sombré dans la véritable

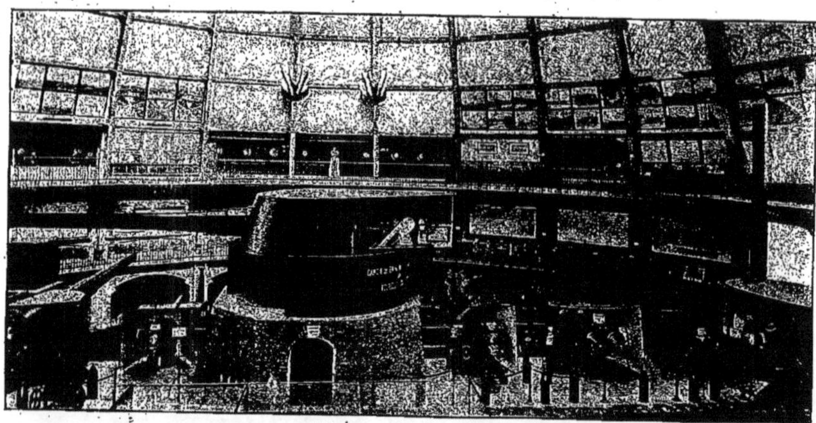

EXPOSITION DU CREUSOT (Vue intérieure.)

malpropreté du moyen âge. Pour combattre ce dédain d'une hygiène salutaire qui persiste dans bien des endroits, le Touring-Club exposait un type parfait de chambre d'hôtel hygiénique ; on ne saurait trop encourager son intelligente campagne.

Cabinets de toilette, salles de bains, étuves de désinfection, organisations hydrothérapiques, systèmes de vidange et de ventilation, filtres et fontaines montraient les surfaces polies de leurs glaces et de leurs céramiques. Les appareils de chauffage, avec un petit musée rétrospectif contenant des poêles Empire, des braseros et des bassinoires, remplissaient toute une salle et une importante annexe. Les peuples du Nord sont fixés sur la meilleure manière de se chauffer, quand nous hésitons encore entre un trop grand nombre de procédés. On voyait aussi ces énormes fourneaux d'hôtel destructeurs de la bonne cuisine à petit feu de nos pères. S'il est une chose à regretter du passé, c'est celle-là ; il nous faut même prendre garde : un peuple qui ne sait plus ce qu'il mange est près de ne plus savoir ce qu'il fait.

La France possède treize cents sources d'eaux minérales ; leur débit total est d'un mètre cube par seconde, presque la moitié de celui des sources qui alimentent Paris ; trois cent mille baigneurs les fréquentent et cinquante millions de bouteilles représentent la consommation annuelle. Leur syndicat avait organisé une exposition pittoresque, où des vues panoramiques servaient de fond à de coquets comptoirs.

A l'extrémité de cette partie du palais, dans une pièce à destination première de vestibule, on avait logé tant bien que mal et plutôt mal que bien quelque chose qui

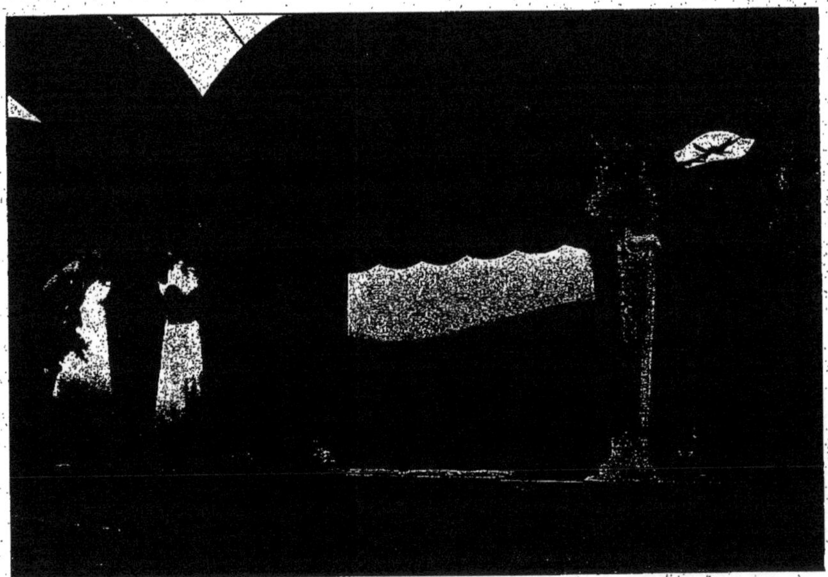

UN DES PANORAMAS DE L'EXPOSITION DES EAUX MINÉRALES DE FRANCE

aurait dû occuper, dans le plus bel emplacement de l'Exposition, un palais d'honneur. Il eût été petit de dimensions, mais aucune grandeur ne lui eût été comparable. Sur le fronton on eût gravé cette phrase : « La science n'a pas de patrie, mais le savant en a une, » et encore celle-ci : « En fait de bien à répandre, le devoir ne cesse que là où le pouvoir manque. » Et la petite tête de Pasteur, où battait tant de génie, serait apparue dans un nimbe de gloire fait des millions de vies humaines sauvées par ses méthodes. Les foules cosmopolites s'y seraient rendues en pieux pèlerinage, alors qu'elles ont pour la plupart passé sans l'apercevoir à côté de ce salon un peu perdu.

Avoir oublié un Palais des Lettres et un monument à Pasteur, c'est avoir négligé malheureusement ce dont la France du XIX° siècle était le plus en droit de s'enorgueillir.

Dans ce salon tel qu'il fut, le buste du maître, soutenu par une figure de l'Immortalité, dominait une vitrine centrale à huit compartiments. Dans le premier, les travaux des premières années, cristaux et produits chimiques, où il étudia la dissymétrie moléculaire ; dans les deux autres, les matras et les ballons où il surprit la vie des germes et des ferments qui devaient détruire la légende des générations spontanées ; dans deux encore, les maladies du vin, de la bière, des vers à soie, et la respiration des levures ; dans la sixième vitrine, les premiers appareils de stérilisation ; dans la septième, les microbes de la pathologie humaine. La dernière est consacrée à la guérison de la rage, sa plus retentissante conquête sur la mort (depuis treize ans, 21 631 personnes ont été traitées au seul Institut de Paris, et la proportion de la mortalité n'a été que de 4 1/2 pour 1.000), mais qui n'est qu'une des innombrables applications de sa théorie.

Toutes ces préparations avaient été faites par Pasteur ; ses mains avaient construit ces instruments, rempli et fermé ces ballons, annoté soigneusement les expériences. On a dit que le génie n'était qu'une longue patience ; c'est le diminuer, car il faut l'intuition. Pasteur eut la flamme et la méthode. Il marcha toujours tout droit. Du sillon qu'il a creusé sont nées et naîtront logiquement des découvertes qui font de lui le plus grand bienfaiteur de l'humanité.

LE SALON PASTEUR

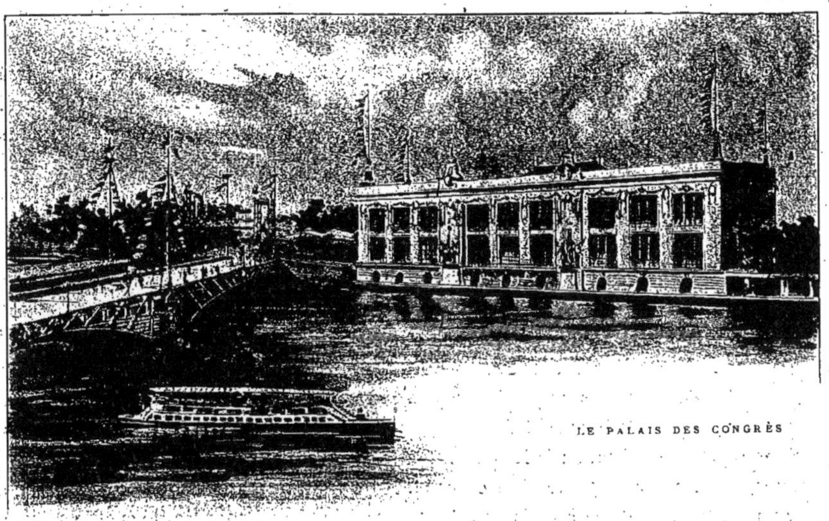

LE PALAIS DES CONGRÈS

LE PALAIS DES CONGRÈS

ET

LES ŒUVRES D'ÉCONOMIE SOCIALE

Les lignes calmes et nobles que son architecte, M. Mewès, avait choisies pour le vaste palais qui faisait pendant au pavillon de la Ville de Paris, à l'autre extrémité des serres, convenaient parfaitement aux questions qui devaient s'y agiter en paroles et y être exposées dans leurs résultats.

Le premier étage était divisé en vastes salles, où se tinrent successivement les solennelles assises des congrès. La seule énumération de ces congrès demanderait plusieurs pages. On peut dire que tous les problèmes qui préoccupent les sociétés modernes y furent étudiés. Des savants, des penseurs, des chercheurs de tous les pays y apportèrent le fruit de leurs études.

Si toutes les solutions ne furent pas trouvées, partout au moins fut fait un pas en avant. Quelques heures d'efforts mis généreusement en commun firent plus que les longs travaux solitaires, et une chose supérieure fut dégagée, la solidarité internationale du progrès.

La publication de ces congrès servira de base à des études nouvelles, et ce sera l'honneur de l'Exposition de 1900 d'avoir ainsi fait une large place à la pensée pure.

Pour bien marquer d'ailleurs qu'il ne s'agissait pas de spéculations stériles dans le domaine de l'utopie et que les rêves généreux se réalisent, le rez-de-chaussée était plein à déborder de ces réalisations. Toutes les nations, avec un élan plus saisissant là que partout ailleurs, montraient dans un ordre méthodique les multiples formes de leurs efforts dans l'œuvre sacrée de l'amélioration sociale.

Sans pouvoir les suivre toutes, mais en rendant à toutes le tribut d'éloges mérité, nous passerons en revue les principales institutions qui appartiennent à la France. Le siècle qui vient de s'écouler leur devra sa grandeur.

Avant 1789, les règlements des corporations donnaient aux patrons un pouvoir discrétionnaire sur leurs apprentis. Les enfants ne firent que perdre cependant à leur suppression, car leur sort fut plus dur dans les usines nouvelles que dans les anciens ateliers familiaux ; il leur fallut attendre les lois de 1874 et de 1892 pour trouver chez nous une protection efficace. Aujourd'hui, la durée de l'apprentissage est en moyenne de deux à trois ans, les heures de travail sont limitées et le salaire est passé à l'état d'usage. Le niveau moral en a été relevé au même titre que l'habileté professionnelle.

La sécurité des ateliers a aussi été garantie pour les adultes ; il faudra même revenir sur des lois qui ont certainement dépassé le but.

Depuis un siècle, la moyenne des salaires est passée de 1 franc à 2 fr. 50 pour les ouvriers agricoles, et de 1 fr. 50 à 3 fr. 75 pour les ouvriers de l'industrie, augmentant ainsi de 150 pour 100. Les frais de l'existence ayant à peu près doublé, il reste encore une marge en faveur de l'augmentation des salaires. Il faut bien reconnaître qu'ils sont encore insuffisants pour donner à l'ouvrier non seulement la matérialité, mais la dignité de la vie. Quant à la participation aux bénéfices, il n'y a pas cent cinquante maisons françaises l'appliquant actuellement. Mais le problème de l'association du capital et du travail est abordé ; de sa solution nécessaire et pacifique dépend l'avenir des sociétés.

La solution sera peut-être donnée par les associations coopératives, qui ne sont encore qu'à leur début, puisqu'on ne compte pas actuellement deux cent cinquante sociétés ouvrières de production et que bon nombre n'ont pas eu une existence heureuse. Les expériences qu'ils feront sur eux-mêmes amèneront les travailleurs à comprendre la nécessité d'une entente avec le capital.

Les syndicats professionnels, c'est-à-dire les réunions d'ouvriers ou de patrons de même profession, ont aujourd'hui leur existence légalement reconnue. Ils seraient à peu près souverains pour empêcher les grèves s'ils fonctionnaient régulièrement. Mais l'Office du travail a relevé qu'il y avait eu, depuis 1890, une moyenne d'une grève par jour (en comptant naturellement les plus minimes et les

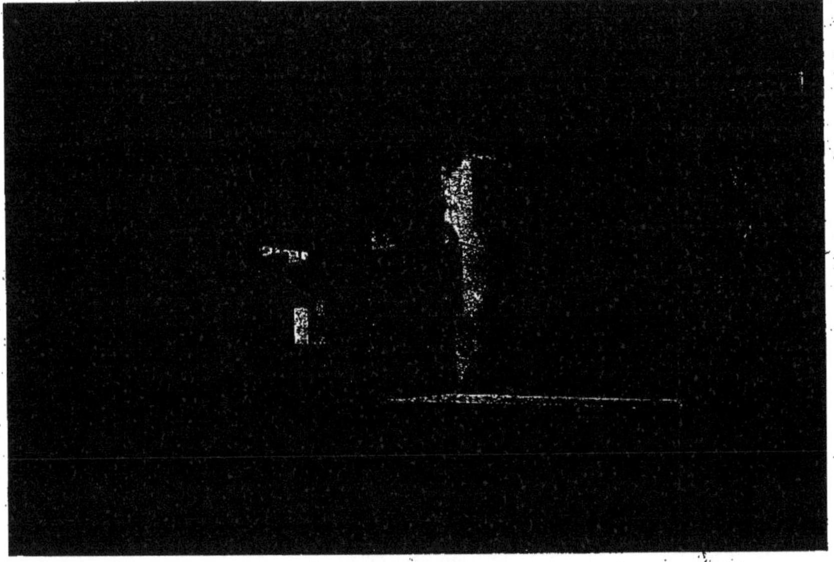

ESCALIER DES CONGRÈS

plus courtes) et que la moitié des ouvriers y ayant pris part n'étaient pas syndiqués. On peut même ajouter que ce sont ceux-là qui entraînent les autres. Si les syndicats comprenaient tous les patrons et tous les ouvriers, supposition qui n'a rien d'impossible, leurs chambres respectives arriveraient le plus souvent à une entente.

En 1884, il n'y avait que cinq syndicats agricoles ; aujourd'hui ils dépassent le chiffre de deux mille, avec huit cent mille adhérents. C'est beaucoup, comparé au néant d'il y a seize ans ; c'est peu, en proportion de ce qui devrait exister. Les syndicats s'entendent bien pour les acquisitions, en particulier pour les engrais ; nullement pour les ventes. Le cultivateur continue à être désarmé pour l'écoulement de ses produits et victime des intermédiaires dans des proportions abusives. Il a été si longtemps opprimé et si souvent dupé qu'il n'a plus foi qu'en lui-même, que sa défiance de toute association est invincible et qu'il est le principal obstacle à la création d'un crédit agricole, qui rendrait cependant tant de services. Puisque le « cher paysan de France » est la pierre angulaire de la patrie, le Gouvernement devrait bien comprendre qu'il est temps d'ouvrir aux idées générales son esprit, qui leur demeure fermé comme autrefois. Elles y feraient certainement germer une plantureuse moisson.

Les sociétés de consommation ont pour but, comme leur nom l'indique, de supprimer autant que possible les intermédiaires et de faire participer les adhérents aux bénéfices de cette suppression. Leur statistique est très incomplète. En partant des données connues, on peut estimer qu'il en existe un millier en France, comprenant cinq cent mille membres et faisant 300 millions d'affaires. Le bénéfice moyen serait de 10 pour 100, mais une comparaison serait nécessaire entre les prix des denrées de ce magasin coopératif et ceux du libre commerce. Si les intermédiaires sont supprimés en partie, leur initiative aussi est abolie.

Il en est de même des maisons ouvrières pour lesquelles tant d'essais ont été tentés sans arriver à trouver la vraie formule. On en voyait de très jolies à l'annexe de Vincennes. Une industrie anglaise en présentait dont beaucoup d'honnêtes bourgeois de chez nous se contenteraient volontiers, à la condition toutefois que celles de leurs voisins ne fussent pas toutes pareilles. Notre caractère se prête peu à la régie des comptoirs d'alimentation et à l'uniformité de logements alignés au cordeau. Il voit alors une apparence de prison aux choses les plus confortables.

Les institutions pour le développement intellectuel et moral des ouvriers, unions chrétiennes, patronages laïques, bibliothèques gratuites, cours et conférences, sociétés de tempérance, rivalisent d'efforts. Elles ont du succès, mais moins que les sociétés de sport et de tir, qui sont des écoles de discipline sociale et de véritables foyers de patriotisme. On compte aussi plus de sept mille sociétés orphéoniques, sur lesquelles la plaisanterie peut être facile, mais qui ne s'en livrent pas moins à de très recommandables exercices.

Le Musée social, fondé par la généreuse initiative de M. de Chambrun, et l'Office du travail créé par la loi de 1891, ont pour mission de rassembler et de vulgariser tous les documents relatifs à l'amélioration du bien-être et à l'éducation morale de la nation.

Quant aux institutions de prévoyance, elles forment aujourd'hui un cycle à peu près complet de sages précautions dont les effets se multiplieront par leur seul fonctionnement. Douze mille sociétés de secours mutuels, comprenant près de deux millions de membres, possèdent un quart de milliard en capital, reçoivent 40 millions de cotisations

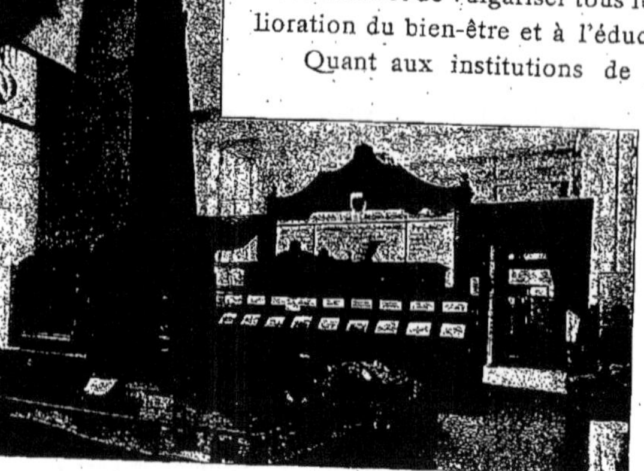

PYRAMIDE DE L'ASSURANCE OUVRIÈRE ALLEMANDE.

annuelles et indemnisent par an cinq millions de journées de maladie. La sollicitude patronale augmente les ressources de la prévoyance ouvrière dans des proportions qui vont, pour certaines usines, jusqu'à 15 pour 100 du salaire et 60 pour 100 du dividende distribué au capital. Les six grandes Compagnies de chemins de fer versent de ce chef à leur personnel plus de 60 millions par an, soit environ 250 francs par tête.

Bien que leurs tarifs, basés sur des tables de mortalité dont la moyenne s'est sensiblement relevée, soient trop élevés, les assurances sur la vie voient tous les jours augmenter le nombre de leurs polices. Si le meilleur certificat de bonne conduite est un reçu de caisse d'épargne, notre pays est assurément celui du monde qui se conduit le mieux. Les caisses ordinaires, la Caisse nationale postale, les caisses scolaires, les caisses en participation

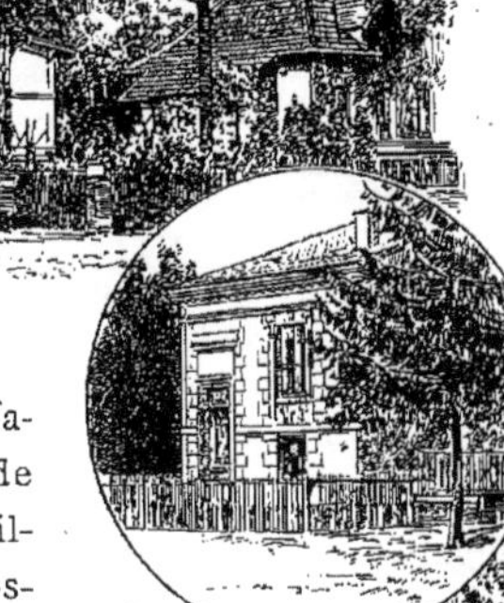

Caisse d'épargne de Troyes.

Société de constructions économiques de Bordeaux.

offrent à l'épargne des facilités qu'elle se hâte de mettre à profit. Dix millions de déposants possèdent 4 milliards et demi de dépôts, et les livrets au-dessous de 20 francs sont au nombre de plus de trois millions. « Ces résultats, dit l'exposé du catalogue officiel, dont l'ampleur contraste avec la modeste situation de ceux auxquels ils

Industrie privée en Angleterre.

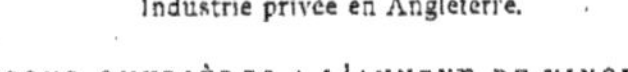

MAISONS OUVRIÈRES A L'ANNEXE DE VINCENNES

sont dus, démontrent la puissance de l'association, la fécondité des sous accumulés, et fait le plus grand honneur à la France. »

Il manque toutefois le couronnement de l'édifice : la retraite assurée pour la vieillesse. Le peuple français, si âpre à l'épargne dont il garde la libre disposition, est réfractaire aux réserves aliénées, tout au moins les attend-il plus de la générosité patronale ou de la sollicitude de l'État que de ses sacrifices privés. Les sociétés et l'État en première ligne se sont généralement trompés sur les retenues nécessaires pour assurer l'avenir. L'impôt qui garantirait leur modeste existence à tous les vieux travailleurs serait formidable ; les contribuables plieraient sous le faix. Cependant le problème est d'une trop juste humanité pour désespérer d'en trouver la solution.

Tant d'institutions n'ont pas épuisé le champ de la solidarité humaine. C'est maintenant l'assistance publique et la bienfaisance privée qui sont entrées en ligne. L'exposition de leurs œuvres n'était pas dans le Palais des Congrès, mais dans une partie du pourtour du premier étage de la Galerie des Machines, entre

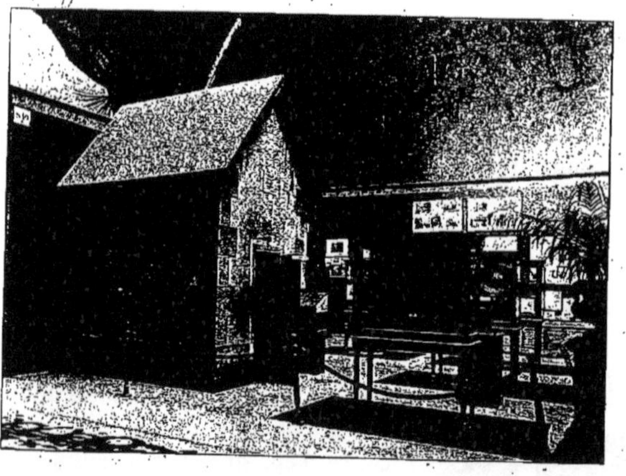

ANCIEN CABANON D'ALIÉNÉS
exposé par le bureau de bienfaisance de Blois au musée centennal de la classe de l'Assistance publique, dans la Galerie des Machines.

la salle des Fêtes et le Palais de l'Électricité. Asiles maternels, asiles d'aliénés, d'incurables et de vieillards, assistance par le travail, ateliers temporaires, bureaux de bienfaisance, caisses de secours, comités de défense, crèches, dispensaires, fourneaux économiques, hôpitaux et hospices, hôpitaux marins, hospitalité de nuit, jardins d'ouvriers, ligues fraternelles, maisons de santé et de repos, maternités, orphelinats, ouvroirs, patronages, refuges, associations, œuvres, sociétés et unions de toutes sortes, cette simple nomenclature des titres est d'une suffisante éloquence.

Sans doute l'État, les départements et les communes prennent à leur charge une part importante de l'assistance publique, mais l'initiative privée est également active et féconde. La charité est ingénieuse à trouver toutes les formes du secours.

Dans une série de petites salles bien remplies, l'Exposition donnait le spectacle réconfortant d'un altruisme qui ne s'est jamais développé autant que de nos jours ; noble et courageux sentiment, qui prend ses forces dans la grandeur même des maux à soulager.

Dans ce coin discret, où les bruits de la foule arrivaient comme un murmure, loin de la fièvre d'action battant à travers les palais, se livrait la vraie bataille pour l'existence, celle qui défend l'homme contre les maladies et protège la vie de l'enfant.

C'est la rançon du Progrès de s'attarder aux faibles et aux malheureux qui ne peuvent pas le suivre dans sa marche, et les sociétés contemporaines s'efforcent de la payer largement.

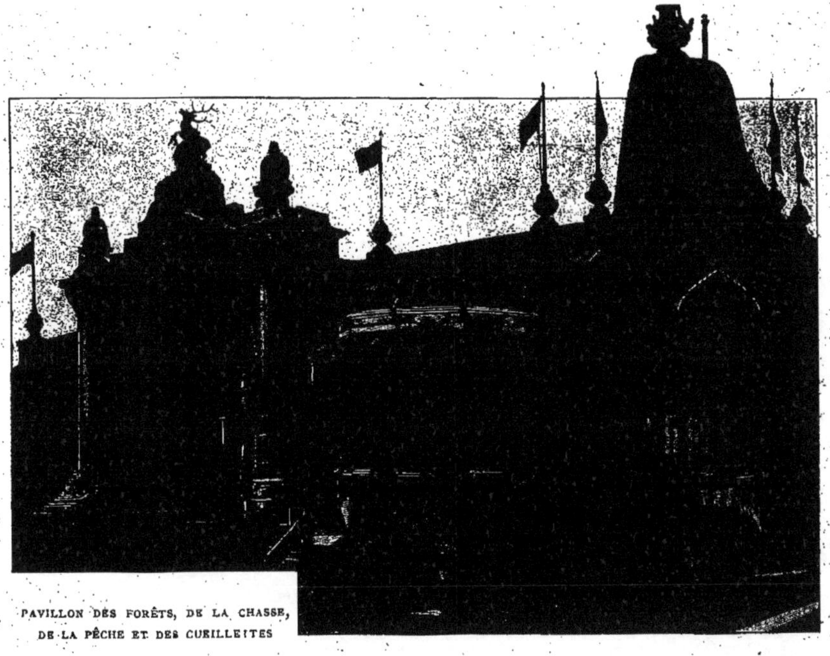

PALAIS DES FORÊTS ET DE LA NAVIGATION

ET

PAVILLONS DIVERS

Les forêts françaises, plus étendues qu'on ne le suppose, couvrent près de 10 millions d'hectares, soit environ un cinquième du territoire; il est vrai que les dunes et les montagnes entrent dans ce chiffre et qu'elles ne sont pas encore arrivées à l'état de reboisement général auquel on travaille avec ardeur.

En dehors du bois de chauffage, nos forêts produisent le meilleur des bois de construction, le chêne, et des essences fort appréciées pour nombre d'usages. L'exposition comprenait d'ailleurs tous les bois exotiques de l'ébénisterie et tous les produits des forêts tropicales.

Nos pins maritimes fournissent des traverses de chemins de fer, des poteaux de mines, des pavés.

Le charbon, la résine, le liège, les gommes, le caoutchouc, la gutta-percha, le

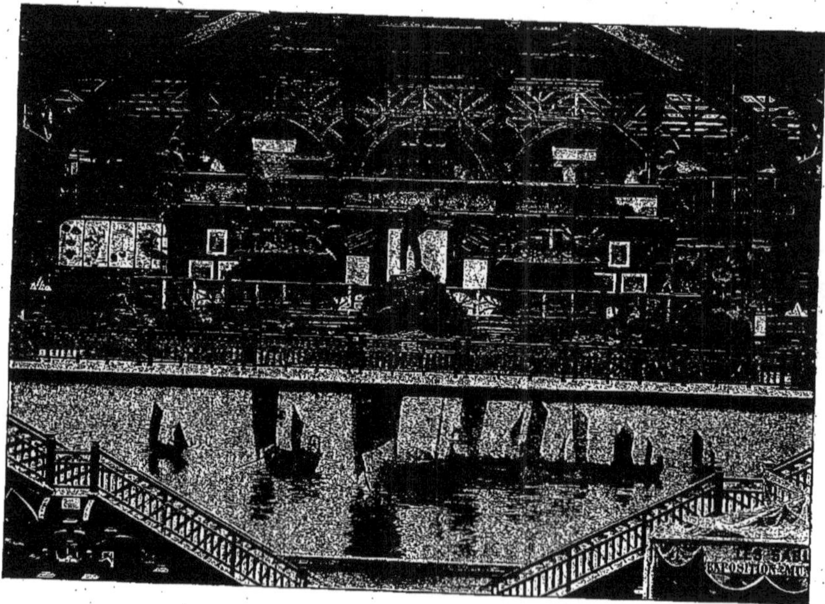

DESCENTE INTÉRIEURE DE LA GRANDE SALLE D'ARRIVÉE AUX GALERIES DES BERGES
(Le grand panneau des bateaux de pêche peint par Johanson.)

balatas (assez résistant pour qu'on en fasse des courroies de transmission), sont des produits forestiers. De même les écorces, les racines, les feuilles et les fruits que la teinture, la pharmacie, les huileries et cent autres industries se disputent.

Les plantes de la forêt sont innombrables ; beaucoup n'ont pas encore été utilisées comme elles le seront. Des industries importantes, comme la boissellerie, la vannerie et la sparterie, se rattachent à l'exploitation des forêts.

La chasse n'est pas seulement considérée comme un sport. Les pelleteries et les fourrures, les poils et les crins, les plumes de parure, les cornes et les ivoires, les écailles (bien que les tortues soient amphibies), les muscs naturels et les gibiers de consommation relèvent de son domaine.

Les mers abandonnent à l'homme qui les exploite des richesses inépuisables dans les grands fonds, mais que la pisciculture a mission d'entretenir dans les régions côtières. Quatre-vingt-dix mille marins tirent une centaine de millions du produit de leurs pêches. Nos rivières, dépeuplées par le braconnage, pourraient retrouver leur ancienne abondance par le simple exercice de règlements laissés en général sans application. L'ostréiculture n'attend qu'une réduction des prix des transports

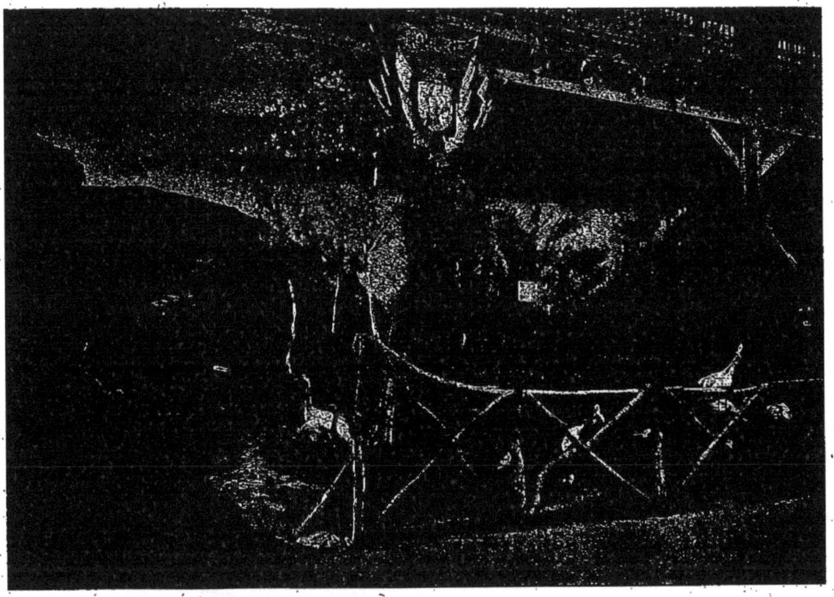

FORÊTS DE LA HONGRIE — DIORAMA ANIMÉ DU PALAIS DES FORÊTS

pour [prendre un développement salutaire à la santé publique. Les éponges, les perles, les coraux, les baleines sont livrés par les mers lointaines. Les eaux, multipliant leur surface par leur profondeur, nourrissent un peuple de poissons et de crustacés bien autrement abondants que les animaux des terres et propres tout entiers à l'alimentation de l'homme.

Si l'on ajoute à ces considérations sérieuses le plaisir sportif de la chasse et de la pêche et l'agrément champêtre des cueillettes, on conçoit l'intérêt du palais qui contenait tant de choses.

Il était d'ailleurs construit et aménagé de façon à faire honneur au bel emplacement qui lui avait été réservé, à l'angle du pont d'Iéna, suivant, sur une longueur de 185 mètres, le quai et les berges de la rive gauche, avec des différences intérieures de niveau, comme pour le Palais des Armées de terre et de mer. Ses jeunes architectes, MM. Rey et Tronchet, l'avaient coiffé de hauts toits recouverts de tuiles rouges rappelant à propos les pavillons de chasse de Norvège. Une forêt de légères charpentes partout apparentes laissait largement ouvertes les salles intérieures. Une chasse au sanglier et au cerf, sculptée par Baffier, courait sur le tympan du porche pour se rejoindre aux pieds d'un génie de la forêt ; le combat de cerfs couronnant le fronton était de Gardet.

Le service des Eaux et Forêts, se rappelant le succès qu'il avait déjà obtenu en 1889, montrait par deux dioramas, « Avant » et « Après », ce que des travaux bien conduits peuvent faire d'un torrent comme celui de la Grollaz, en Savoie, qui avait été pris pour modèle

Le Ministère de la Marine, avec ses onze Écoles de pêche, marquait une première étape d'institutions qui devraient être largement développées.

Décrire les innombrables objets exposés serait reprendre par le détail toutes les industries et tous les produits dont nous faisions tout à l'heure l'énumération. A chaque pas, il faudrait s'arrêter devant des résultats étonnants, comme des énormes troncs sciés ou tranchés en feuilles de placage de moins d'un millimètre d'épaisseur ; des instruments d'un fini parfait, comme la série d'armes et de pièges de toutes sortes ; des œuvres de science, comme les cartes lithologiques des fonds marins, du professeur Thoulet ; des tableaux pittoresques, comme un panorama animé de la pêche des éponges ; des spectacles charmants, comme ceux donnés par les pêcheuses boulonnaises, les parqueuses d'Arcachon ou les jolies Sablaises aux jupes rouges.

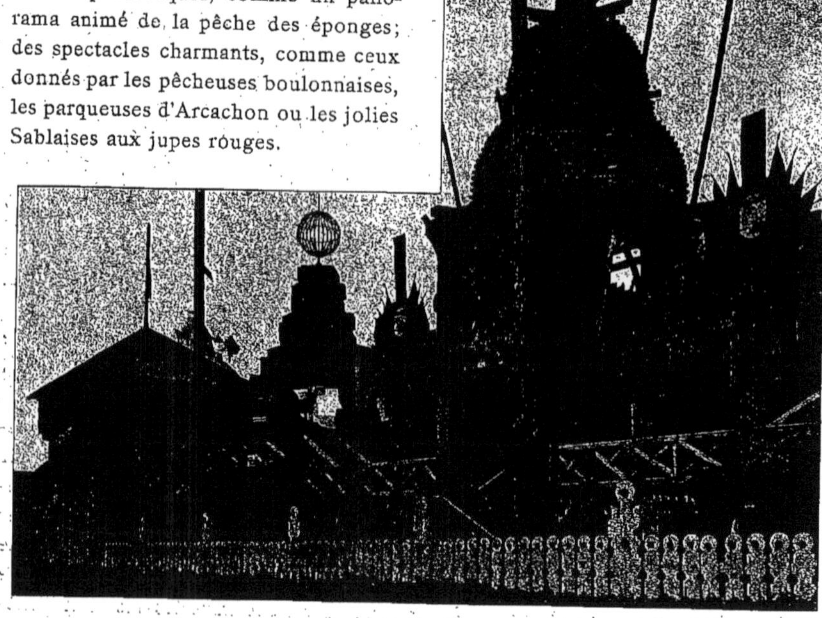

LES BOIS ÉTRANGERS, EXPOSÉS SUR LE COTÉ DU PALAIS DES FORÊTS

L'ingéniosité des exposants, partout désireux de bien faire, avait été servie par les motifs naturels fournis par les produits, et si l'art embellit la nature, c'était vraiment là que le proverbe trouvait son application.

Les sections étrangères, qui étaient réunies dans la longue galerie du bord de l'eau, présentaient une succession de tableaux pittoresques, où des dioramas peuplés d'animaux naturalisés, donnaient l'illusion de

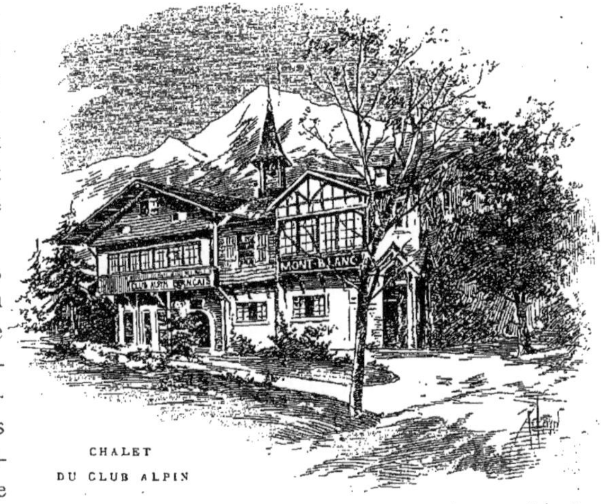

CHALET
DU CLUB ALPIN

chasses dans les forêts de la Russie, de l'Autriche, de la Suède. La faune ailée du Japon semblait d'une variété de rêve. Les ours, les lynx, les mouflons abondaient dans les montagnes hongroises. Une harde de cerfs d'Amérique s'était photographiée elle-même. Après avoir, de longs mois durant, épié leurs habitudes, un amateur obstiné avait disposé des appareils que les animaux sauvages, après les avoir brisés maintes fois, avaient un beau matin déclenchés au point voulu, au moment où ils bramaient à la rosée du matin. La vision stupéfiante fixée sur ces grandes plaques était bien le record de la nature prise sur le vif.

Les troncs gigantesques qui n'avaient pas pu trouver place dans le palais se dressaient à l'entrée comme des sentinelles. De combien de siècles se composait leur âge? Ils témoignaient de la philosophie de la science forestière, qui travaille surtout pour les générations futures. L'exposition des bois de l'étranger se poursuivait en superpositions ingénieuses de madriers, de planches et de billots, châteaux fantastiques, que dominait celui de la Hongrie.

De ce côté, l'Exposition se terminait, à la pointe de l'avenue de Suffren, par de puissantes pompes centrifuges du système Worthington, qui élevaient de la Seine, pour le service des eaux courantes du Château d'Eau et des bassins, 180 millions de litres par vingt-quatre heures.

C'est ici qu'il convient de parler des deux Sociétés amies des excursions dans les montagnes, le *Touring-Club* et le *Club Alpin*.

Le Club Alpin français avait élevé un coquet chalet, dont une partie était ouverte gratuitement au public et l'autre partie payante.

Dans les salles gratuites, de belles photographies de montagnes, des travaux d'érudition, des costumes et aussi les accessoires divers de l'alpinisme étaient exposés. Des membres de la Société des peintres de montagne y avaient trouvé l'hospitalité pour de pittoresques tableaux.

Moyennant 1 franc, les amateurs plus curieux pouvaient contempler le panorama de la mer de Glace. Le spectateur placé sur les flancs du Tacul, à 2.000 mètres d'élévation, avait à sa gauche l'écroulement du glacier du Géant, à sa droite les glaciers de Leschaux et de Talèfre, dont la réunion forme la mer de Glace. A droite, le Montanvert, et plus loin, par delà la vallée de Chamonix, la Flégère; à l'horizon, devant lui, le sommet du mont Blanc. Le site était parfaitement choisi. Les familiers de la montagne s'y reconnaissaient aisément. Les autres éprouvaient une sensation assez exacte des grands sommets et pouvaient mesurer les distances en apercevant, points noirs perdus sur les glaces, une compagnie d'alpinistes se dirigeant vers le col du Géant, pour descendre en Italie par Courmayeur.

Ce panorama était annoncé aux promeneurs par la subite vision d'un glacier qui, vu du pied de la tour Eiffel, paraissait surgir de l'avenue de La Bourdonnais. C'était une autre toile, représentant le mont Blanc vu de Chamonix, établie au-dessus de celle du panorama et du plus surprenant effet.

Les gaies céramiques du pavillon du Touring-Club formaient un coquet point de vue au-dessus du petit lac où se mirait la façade du Palais de l'Optique. La riche Société, dont la marche ascensionnelle était indiquée par d'éloquents graphiques, aurait pu édifier un luxueux pavillon. Il aurait été le plus vaste du Champ de Mars, si tous ses membres s'y étaient donné rendez-vous. Elle préfère garder ses fonds pour ses campagnes d'assainissement comme celle que nous avons déjà signalée dans la „section d'hygiène du Palais des Armées de terre et de mer, pour les publications de luxe qu'elle entreprend maintenant, et surtout pour l'amélioration de certains passages dangereux, comme elle l'a fait sur maintes routes de France. Son prodigieux succès n'est pas dû à une simple rencontre de goûts sportifs, mais à des sentiments [plus élevés. Voyager, c'est s'instruire; connaître la France, c'est l'aimer.

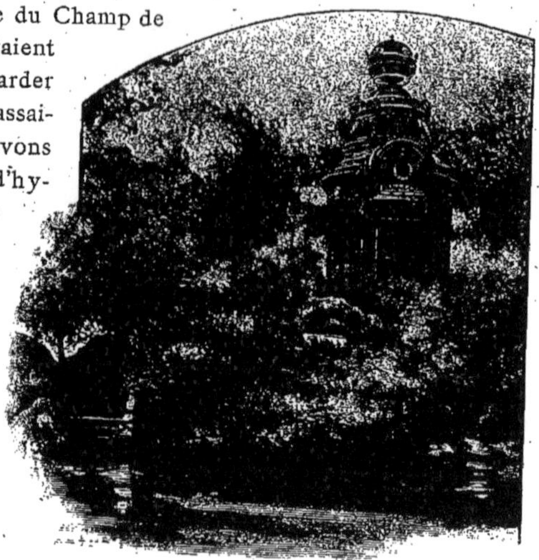

PAVILLON DU TOURING-CLUB

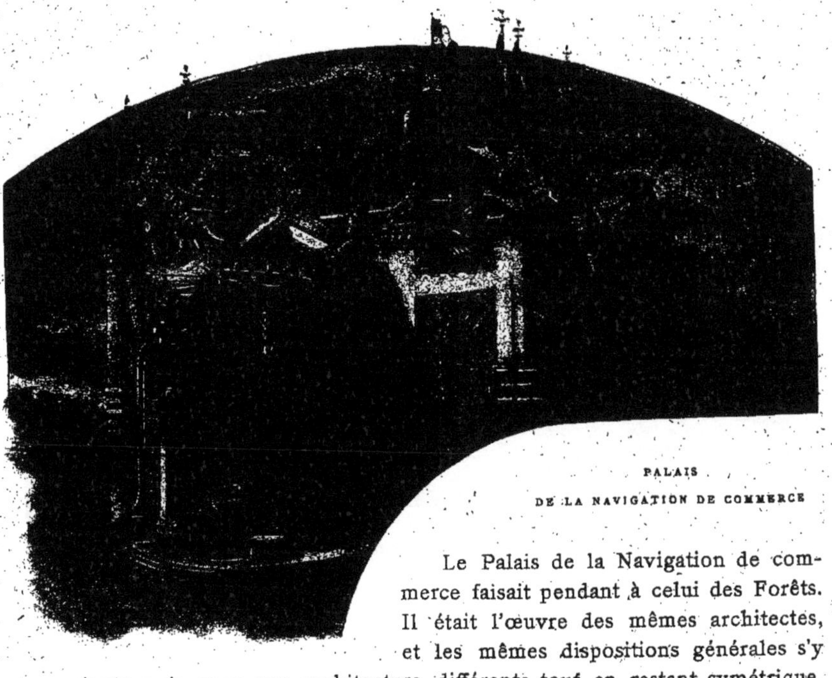

Le Palais de la Navigation de commerce faisait pendant à celui des Forêts.
Il était l'œuvre des mêmes architectes,
et les mêmes dispositions générales s'y
retrouvaient, mais avec une architecture différente tout en restant symétrique.
L'effet rappelé, avec les baies du soubassement se mirant dans l'eau, était en
grand celui des palais de Venise.

Un phare dressait sa haute stature élégamment habillée. L'extrémité voisine
du pont d'Iéna se terminait en forme de galère. Ces heureux rappels de sa destination se complétaient par l'aspect intérieur, où la disposition des charpentes
donnait l'illusion d'une carène de vaisseau.

Toute gigantesque que fût cette salle de 160 mètres, elle l'était moins qu'un
véritable transatlantique de nos jours, puisqu'on en construit de 220 mètres
de long. L'augmentation du volume, multipliée par l'accroissement de la vitesse,
produit des résistances croissant dans une progression énorme. Ainsi, la *Bretagne*
brûle 160 tonnes de charbon par jour pour filer 18 nœuds ; pour arriver à
22 nœuds et demi, le *Kaiser-Wilhelm-der-Grosse* doit en brûler 550. L'em-
magasinage d'une provision aussi formidable ne peut se faire qu'aux dépens
des aménagements intérieurs, qui sont cependant de plus en plus luxueux ; comme
la machinerie augmente aussi en proportion, on aperçoit toutes les difficultés
du problème. La solution est cependant du côté des grandes dimensions,

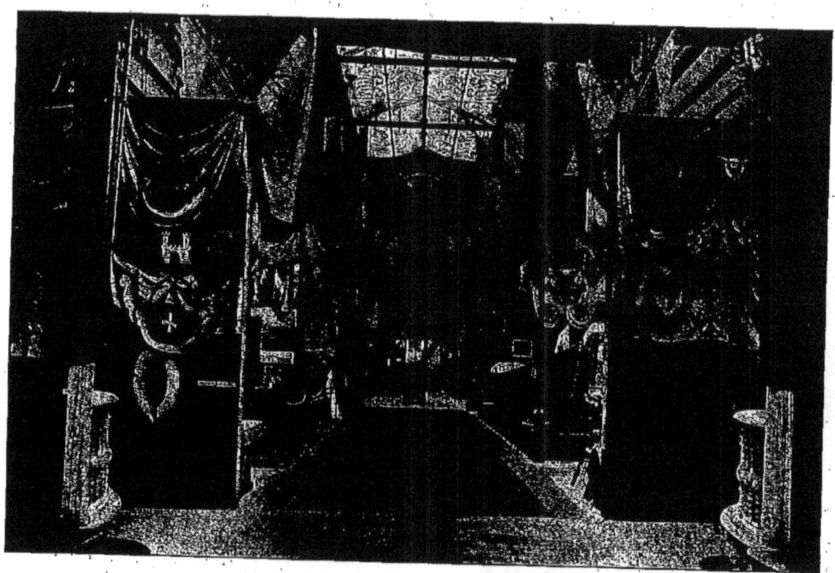

VUE INTÉRIEURE DU PALAIS DE LA NAVIGATION DE COMMERCE

puisqu'on les augmente tous les jours. L'*Oceanic,* actuellement en chantier, mesurera 216 mètres, alors que le *Great-Eastern* ne dépassait pas 208 mètres. Le colosse précurseur n'a pas eu une existence heureuse et il sert maintenant de ponton, mais les difficultés des débuts qu'il n'a pas pu vaincre sont aujourd'hui surmontées.

Cette victoire du génie maritime est toutefois obscurcie par les naufrages qui se produisent régulièrement dans les parages de Terre-Neuve, pendant la période des pêches. A travers le brouillard, les transatlantiques arrivent sur les pauvres barques et les engloutissent sous leur masse, sans aucun salut possible. C'est une honte que les puissances de qui dépendent les lignes concurrentes, dont aucune ne veut céder le pas à sa rivale, n'aient pu encore s'entendre pour faire dévier de quelques heures de route le trajet commun.

Des instruments impeccables, comme celui de M. Charles Heit, qu'on pouvait voir dans le palais, dirigent et enregistrent dans tous ses détails la route suivie. Ils omettent certainement de relever le nombre des vies d'hommes ainsi sacrifiées dans un match criminel; leur énumération soulèverait l'opinion contre ce crime de lèse-humanité.

Dans le même ordre d'idées, le palais contenait les résultats du concours de sauvetage, récemment organisé par la famille Pollock, dont le chef a péri dans le naufrage de la *Bourgogne*. Ils n'étaient pas rassurants; rien de réellement pratiqué n'en était sorti. D'ailleurs, c'est dans le sang-froid et non dans des appareils nouveaux qu'il faut rechercher le salut. Les appareils existent, mais la panique empêche toujours de les utiliser.

Ces considérations humanitaires ne sont point pour arrêter l'essor de la navigation, qui se développe chez tous les peuples dans des proportions inouïes.

Nos Chambres de commerce maritimes s'en préoccupent. De l'autre côté de la Seine, elles avaient élevé un pavillon spécial, où Bayonne, Bordeaux, Boulogne, Caen, Calais, Cette, Cherbourg, Dieppe, Dunkerque, Fécamp, Granville, Le Havre, Honfleur, La Rochelle, Marseille, Nantes et Rouen exposaient des graphiques, des

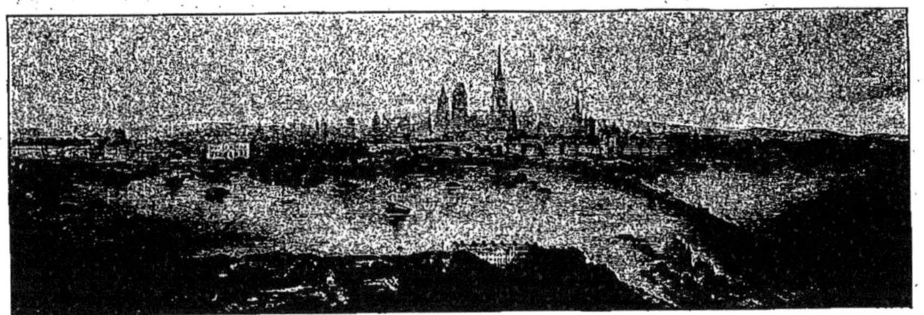

LE PORT DE ROUEN AU XVIIIe SIÈCLE

(Tableau de Jules Adeline, dans le pavillon des Chambres de Commerce Maritimes.)

photographies, des tableaux et des plans en relief montrant les agrandissements achevés ou projetés de leurs ports.

Il faudrait plus de 200 millions pour exécuter l'ensemble des travaux estimés nécessaires. On opposera que les ports de Boulogne, Calais et La Pallice restent à peu près déserts, malgré les sommes énormes qu'ils ont déjà englouties. On répondra en citant par contre Dunkerque, qui a passé, de 1858 à 1898, de 500.000 à 3.500.000 tonneaux d'entrée et de sortie.

On objectera aussi que nos mœurs prudentes et casanières éloignent des entreprises lointaines, mais on peut répondre encore que nos armateurs étaient autrefois à la tête du mouvement et que l'avenir économique de la France dépend de son commerce maritime, qu'il faut doter d'un bon outillage.

Sans parler des ports anglais, Hambourg, Anvers, Rotterdam, Gênes attirent sur leurs quais les denrées du monde entier. Nous sommes partout distancés, même et de beaucoup par la Norvège. Si les statistiques n'étaient pas là, les expositions étrangères du Palais de la Navigation de commerce en auraient

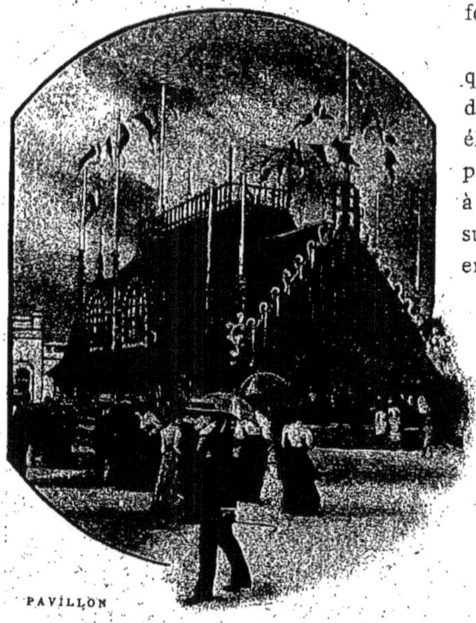

PAVILLON
DE LA COMPAGNIE FRANÇAISE DES MESSAGERIES MARITIMES

fourni une démonstration suffisante.

La situation est d'autant plus critique, que sa solution dépend d'idées générales dont la propagation n'est pas facile. Un électeur des provinces centrales comprendra difficilement qu'il soit intéressé à la navigation maritime, et les mesures nécessaires menacent de rester en suspens. Chacun prend cependant sa part de la situation publique, et un isolement inactif au milieu du grand mouvement international ne peut amener qu'un affaiblissement de la France.

Les Messageries maritimes, seules de nos grandes Compagnies de transport, avaient construit un pavillon spécial, d'aspect très pittoresque. Louis Dumoulin y avait représenté les côtes de Marseille à La Ciotat, pour engager à entreprendre de plus lointains voyages.

Un bâtiment voisin contenait une exposition partielle des services postaux américains, avec un tableau symbolique : 1800, c'est un modeste courrier à cheval s'engageant dans une forêt peu sûre ; 1900, c'est un puissant rapide laissant tomber son paquet de dépêches par le récent système d'accrochement en marche.

La Peninsular and Oriental Steam navigation Company, sous la coupole, peinte par Frank Murray, dans le style de Burne Jones, d'un petit pavillon très soigné, affirmait posément sa puissance. Toutes les contrées visitées par l'expansion britannique figuraient en tableaux

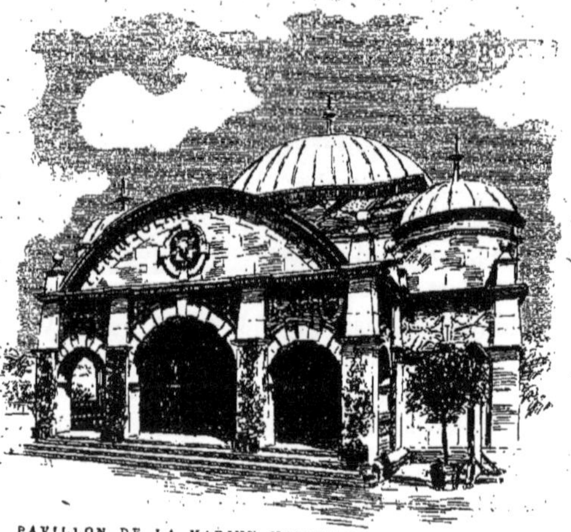

PAVILLON DE LA MARINE MARCHANDE BRITANNIQUE

donnant l'impression de la mainmise commerciale à défaut de la conquête effective.

Le pavillon de la marine marchande allemande était une réduction du phare *Rothe Sand* construit à l'embouchure du *Weser*, pour le service du port de Brême. Une frise peinte par Carl Becker faisait courir un peuple de bateaux sur sa pittoresque façade ; un projecteur d'une puissance exceptionnelle promenait tous les soirs ses rayons lumineux au-dessus des palais et venait souvent éclairer le Génie du Château d'Eau. A l'intérieur, des modèles, des photographies et des tableaux faisaient toucher du doigt le confor-

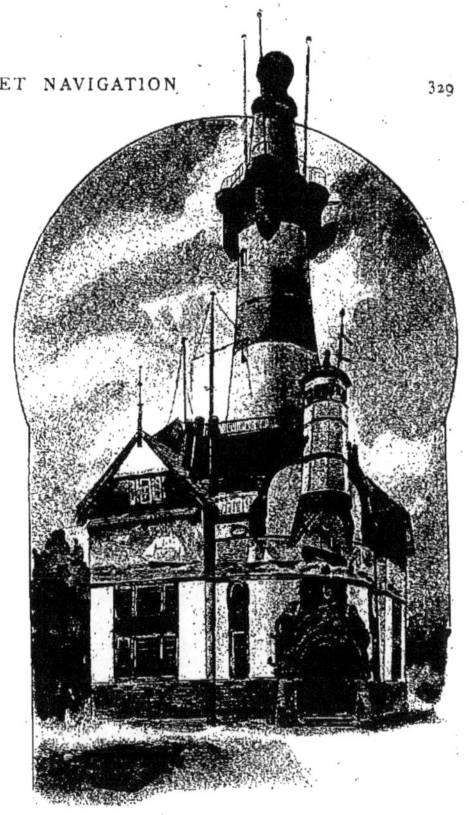

PAVILLON DE LA MARINE MARCHANDE ALLEMANDE

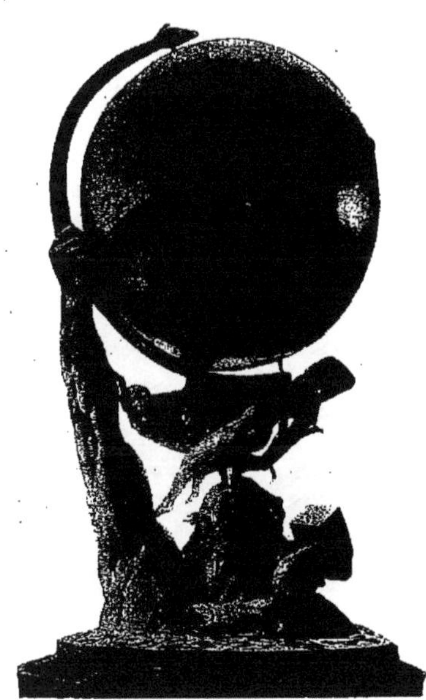

ALLÉGORIE DE LA MARINE ALLEMANDE

table des paquebots de l'Allemagne, les perfectionnements de ses ports et l'accroissement de sa flotte marchande.

Le sculpteur Ernst Wenck, dans une allégorie puissante, avait figuré le Jour et la Nuit tournant autour d'un globe terrestre sillonné de lignes de vaisseaux.

C'est Thor, le dieu du tonnerre, qui les soutient d'une main, pendant que l'autre brandit un marteau, symbole du travail sans trêve. Malheur à qui s'arrête dans le mouvement du monde ! — « L'avenir de l'Allemagne est désormais sur les eaux, » a dit Guillaume II.

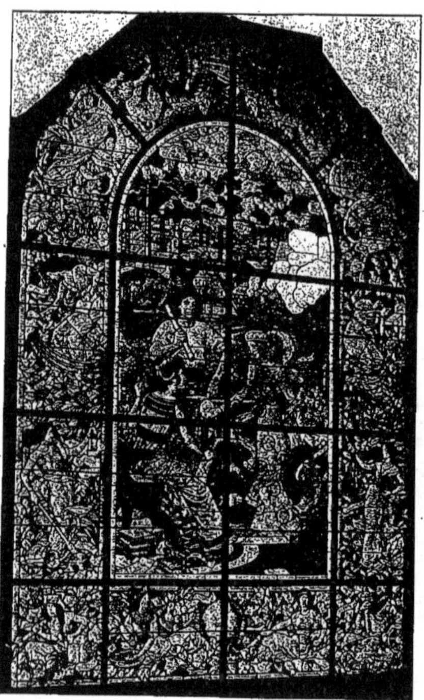

VITRAIL DE GRASSET
(Pavillon de la Chambre de Commerce de Paris.)

Enfin, la Chambre de commerce de Paris avait élevé un très élégant pavillon près du Palais de la Navigation de commerce ; ce voisinage était tout indiqué, car le port de Paris, pour n'être que fluvial avec la Seine et le canal de l'Ourcq, n'en est pas moins le plus important des ports de France. Placée au seuil du Champ de Mars, la Chambre de Paris souhaitait la bienvenue au commerce étranger. Cet honneur lui revenait de droit, car aucune institution ne prend plus à cœur le développement de nos relations et le souci de notre prospérité pacifique.

Sans citer toutes ses fondations, on peut rappeler que c'est à la Chambre de commerce de Paris que sont dus l'École des Hautes Études commerciales, l'École supérieure de Commerce, l'École commerciale et les cours du soir, toute l'échelle de l'enseignement qui est la base de plus en plus nécessaire du fonctionnement des sociétés modernes.

Les travaux des élèves étaient ex-

posés dans les salons du pavillon construit par M. Lucien Roy, décoré de fresques de Joannon et d'un vitrail de Grasset, rappelant le cycle des occupations ordinaires de la Compagnie.

Si l'industrie et le négoce français se sont sur bien des points laissé distancer par la concurrence des faits, une chose est restée intacte sur laquelle les plus certaines assurances peuvent s'appuyer : notre antique renom de courtoisie et de loyauté.

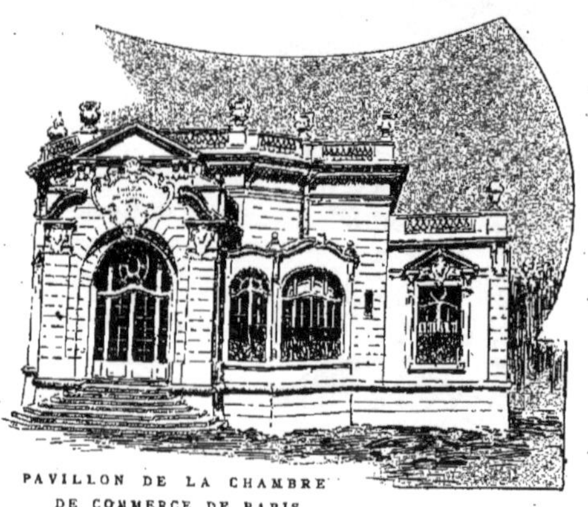

PAVILLON DE LA CHAMBRE
DE COMMERCE DE PARIS

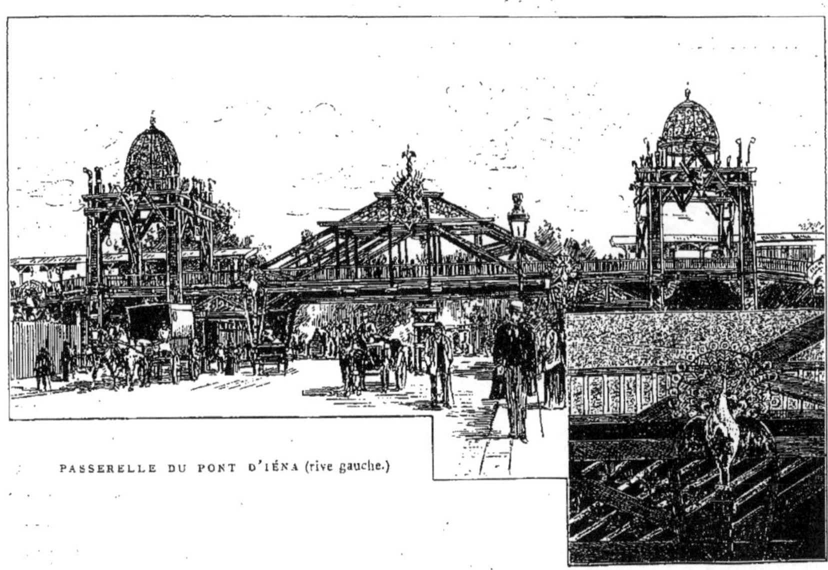

Détail des Paons de la passerelle.

LES

MOYENS DE COMMUNICATION

Pendant la période préparatoire, on était fort préoccupé des voies de transport nécessaires pour amener à l'Exposition et en emmener les foules prévues. En fait, elles se sont trouvées suffisantes.

La porte monumentale de la place de la Concorde, aménagée en vue des encombrements, fut la plus fréquentée et reçut 10 millions d'entrées.

La porte des Champs-Élysées, entre les deux palais, était l'entrée préférée du monde élégant; celle du Trocadéro servait beaucoup aux étrangers logés dans le quartier de l'Étoile, et la porte Rapp fut beaucoup moins fréquentée qu'en 1889.

On avait heureusement disposé un très grand nombre de portes, et chacun prenait celle à sa convenance. Le tramway de la gare Montparnasse à l'Étoile desservait les portes les plus centrales, celles qui s'ouvraient de chaque côté des extrémités du pont de l'Alma, et qui, à elles quatre, virent passer plus de 5 millions de visiteurs. Le plus grand mouvement s'effectuait par les gares de la Compagnie de l'Ouest, laquelle récoltait ainsi le fruit des travaux supérieurement conduits qui avaient doublé les voies de la Ceinture, traversé Passy et Auteuil, franchi la Seine et longé les quais en passant sous la rue des Nations, au prix de grandes difficultés vaincues. Les portes situées au coin de l'avenue de Suffren et de la Seine, qui semblaient devoir être les plus excentriques, se sont trouvées être

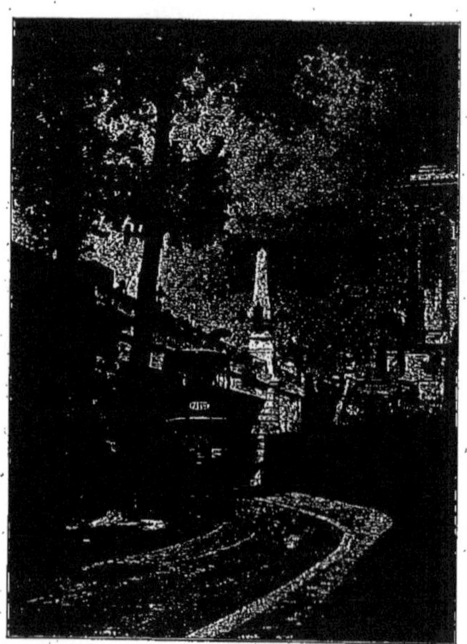

à l'entrée du pont Alexandre III.

très utilisées, grâce à la gare du Champ de Mars. Quant à la gare des Invalides, dont les voies passaient sous l'Esplanade, tout le monde rendait justice à la sobre élégance de son architecture.

L'enceinte de l'Exposition était traversée par des ponts et d'importantes voies de communication. Aussi diverses passerelles furent-elles installées pour permettre de franchir ces voies publiques en passant par-dessus; elles furent le triomphe des charpentiers et donnèrent lieu à des motifs pittoresques, mais leur ascension était assez pénible.

Ces passerelles étaient construites avec la plus grande solidité, et l'accident qui s'est produit à celle de l'avenue de La Tour-Maubourg prouve que toutes les précautions sont vaines devant la poussée de foules affolées.

Au pont Alexandre III, la difficulté était inverse, et les tramways longeant la Seine durent passer par-dessous le pont, ce qui nécessita des travaux importants. Entre les ponts des Invalides et de l'Alma, deux passerelles intérieures réunissaient les deux rives de la Seine, en entourant le « bassin des fêtes ». Une troisième fut établie entre les ponts de l'Alma et d'Iéna, ce dernier compris dans l'Exposition; elle conduisait du Palais des Armées de terre et de mer au Vieux Paris.

Le problème ne s'était pas arrêté là. Il fallait faciliter aux visiteurs entrés dans l'enceinte les moyens de se transporter rapidement aux divers points, si éloignés les uns des autres. Ce fut le but du chemin de fer électrique et du pont roulant appelé aussi plate-forme ou trottoir mobile.

Le pont roulant fut une des joies de l'Exposition. Acteurs et spectateurs prenaient plaisir à sa double manœuvre, qui permettait une étude philosophique de caractères, les simples, les peureux, les crânes. La première bande du trottoir était immobile; la seconde marchait avec une vitesse de 4 kilomètres et demi à l'heure, soit sensiblement celle d'un piéton ; la troisième, avec une vitesse double, soit 8 kilomètres et demi, ne présentait avec la précédente qu'une différence toujours égale au mouvement de la marche ordinaire. Des barres verticales permettaient de prendre appui, et les accidents n'étaient pas à craindre.

La force électrique qui entraînait tout le système n'était pas fournie par les groupes électrogènes de l'Exposition, mais indépendante ; la légende de notre figure donne une claire explication du mécanisme. Un système - analogue avait été proposé par l'ingénieur Hénard, pour l'Exposition de 1889, sans avoir été adopté. Il fut un peu modifié et appliqué à celle de Chicago, par les ingénieurs américains Silsbee et Schmidt; le système de 1900 est dû à MM. de Mocomble et Cie. Il est certainement appelé, plus ou moins modifié, à se généraliser pour certains

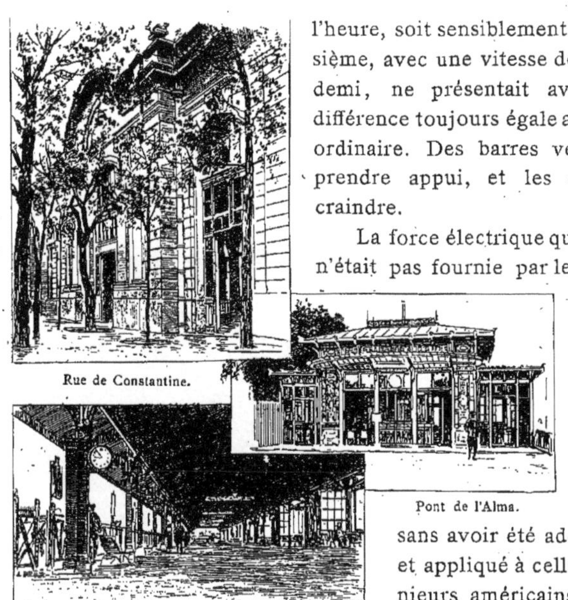

Rue de Constantine.

Pont de l'Alma.

Avenue de Suffren.

transports en commun dans les endroit très fréquentés.

Le chemin de fer électrique, suivant le même parcours, mais marchant dans l'autre sens, était composé de petits trains et de wagons élégants et confortables; il servira également de modèle dans bien des cas.

Le pont roulant de 1900 aurait pu transporter par son mouvement incessant 100.000 voyageurs à l'heure, et le chemin de fer électrique plus de 6.000, à raison de 200 voyageurs toutes les deux minutes. Les foules n'atteignirent point ces chiffres, et bien que clou reconnu comme tel, le succès du trottoir mobile ne fut que relatif. Était-ce la faute du prix élevé de

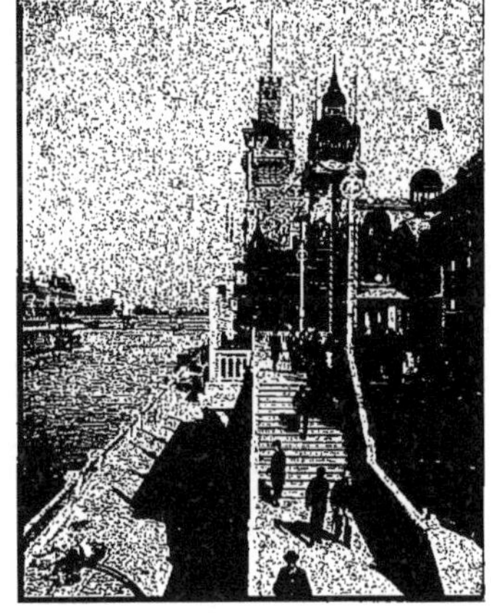

ESCALIERS PRÈS LE PONT DE L'ALMA

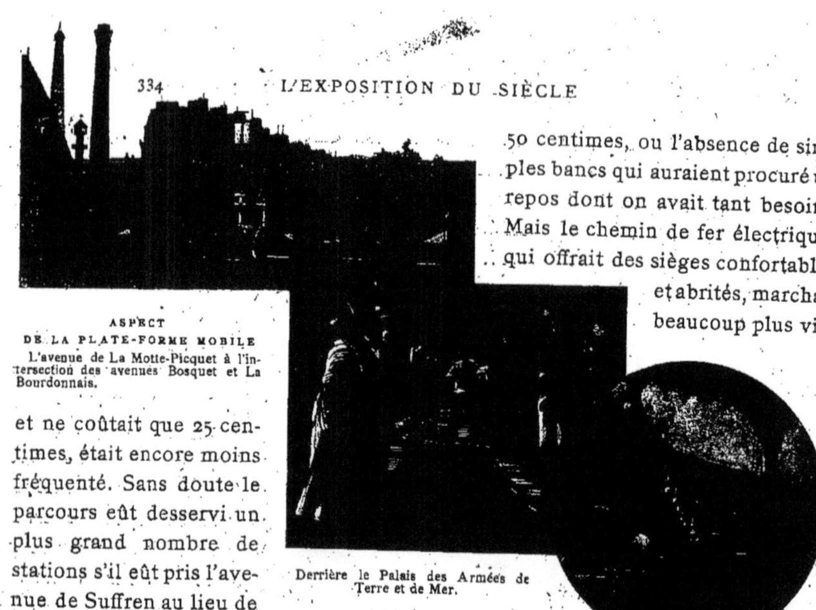

ASPECT
DE LA PLATE-FORME MOBILE
L'avenue de La Motte-Picquet à l'intersection des avenues Bosquet et La Bourdonnais.

Derrière le Palais des Armées de Terre et de Mer.

50 centimes, ou l'absence de simples bancs qui auraient procuré un repos dont on avait tant besoin? Mais le chemin de fer électrique, qui offrait des sièges confortables et abrités, marchait beaucoup plus vite

et ne coûtait que 25 centimes, était encore moins fréquenté. Sans doute le parcours eût desservi un plus grand nombre de stations s'il eût pris l'avenue de Suffren au lieu de

l'avenue de La Bourdonnais, mais la traversée du bas du Champ de Mars, au milieu de tous ses édifices, eût été d'un trop disgracieux effet à ciel ouvert et trop coûteuse en tunnel. D'un autre côté, franchir la Seine pour conduire aux grands Palais et au Trocadéro aurait entravé la circulation publique et exigé des dépenses exagérées.

Tels qu'ils étaient, marchant en sens contraire pour présenter les avantages d'une ligne à deux voies, parcourant leur circuit de 3.400 mètres, le trottoir roulant en une demi-heure, par un mode au moins inédit, et le chemin de fer électrique en un quart d'heure, avec des descentes et des montées donnant l'émotion des « montagnes russes », conduisant à portée des points principaux de la

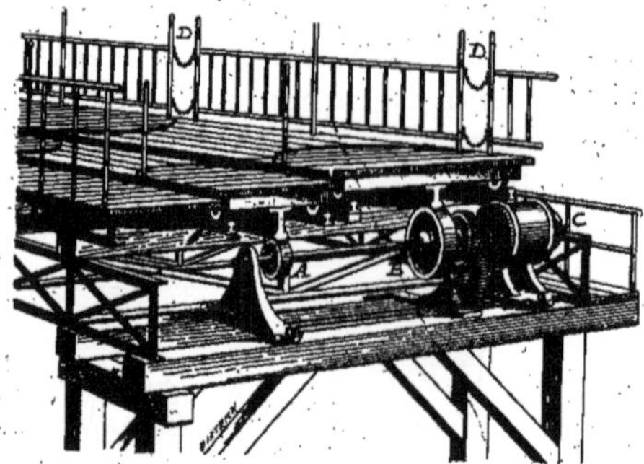

SYSTÈME MÉCANIQUE DU PONT ROULANT

A gauche, partie fixe du trottoir, large de 1m,10; au milieu, partie large de 0m,99, animée d'une vitesse de 4.250 mètres à l'heure; à droite, partie large de 2 mètres, animée d'une vitesse de 8.500 mètres à l'heure. Sous chaque partie mobile, des rails reposent sur des galets A et B tournant sur un même axe mis en mouvement par une dynamo électrique C, axe et dynamo restant fixes et espacés tous les 25 mètres. Ces trottoirs pesant de tout leur poids sur ces galets, l'adhérence était assez grande pour que le mouvement leur fût communiqué par simple frottement, avec une force de 5 chevaux pour chaque station. Le galet B ayant un diamètre plus grand que le galet A, on comprend qu'il entraînât le trottoir reposant sur lui avec une vitesse proportionnellement plus grande, le mouvement de l'axe commun aux deux galets restant le même.

Pour se plier aux sinuosités de la route, les parties des trottoirs roulants étaient composées de fragments de 3m,60 de long, s'emboîtant circulairement les uns dans les autres et qui opéraient des mouvements semblables à ceux de l'avant-train d'une voiture. Ainsi la barrière formant garde-fou avait-elle des solutions de continuité réunies par des chaînes D D qui lui permettaient de se rétrécir ou de s'allonger suivant les tournants.

rive gauche, offrant une vue très pittoresque le long
des quais et permettant même, le long de l'avenue de
La Motte-Picquet, de sur-
prendre la vie intime des
Parisiens, ils auraient mérité un succès plus complet.

En 1889, la foule assié-
geait avec autrement d'empressement le petit Decau-
ville, dont le parcours, des
Invalides au Champ de Mars,
par le quai d'Orsay, était
cependant plus court et
moins pittoresque. Mais la
foule de 1889 avait la main
à la poche plus facilement
que celle de 1900, qui,
même si elle l'avait vue
pour la première fois, se
serait peut-être contentée

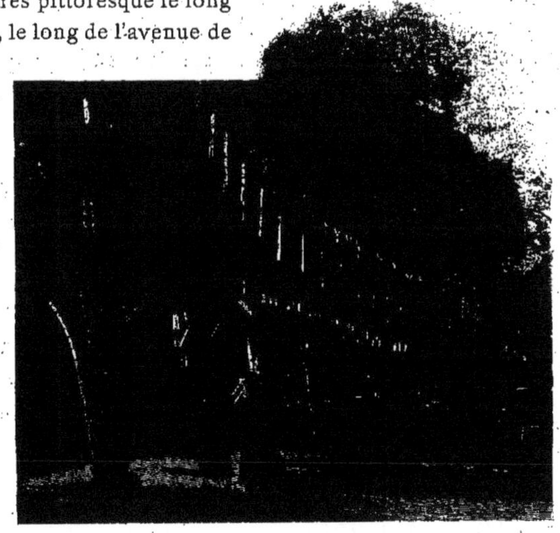

de regarder d'en bas la tour Eiffel. Le public n'achetait presque rien aux kiosques
de librairie, en général pauvrement assortis par suite des restrictions administra-
tives ; il laissait même souvent vides les chaises offertes à 10 centimes.

Pourquoi? Parler ici de diminution de la fortune publique serait opposer de
bien gros mots à de minimes dépenses. La vérité est que le public avait été
mis en garde à l'excès contre des exploitations possibles. Il répondait par une
abstention générale à un danger plus
fictif que réel, car il n'y avait point de
dépenses obligatoires, et les faculta-
tives étaient en somme modérées.

Il est aussi des choses qu'un sentiment naturel, peut-être injuste mais
invincible, semble considérer comme
dues gratuitement. Afin d'augmenter les
surfaces disponibles, l'Administration
avait décidé de créer aux Invalides et au
Champ de Mars de nombreuses et vastes
galeries de premier étage. Pour lutter
contre la tendance des promeneurs à

MÉCANISME DU CHEMIN DE FER ÉLECTRIQUE

A, A Rails de supports des voitures, écartés de 1 mètre.
B Rail latéral, posé sur un isolateur en porcelaine et recevant
l'énergie électrique.
C, C Frotteurs prenant contact avec le rail latéral et actionnant 2 moteurs, de 35 chevaux chacun, situés sous le wagon
conducteur de chaque train de 3 voitures.

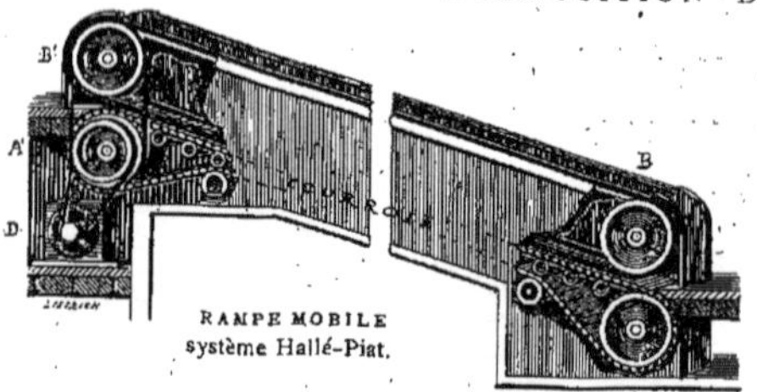

RAMPE MOBILE
système Hallé-Piat.

Les 2 poulies inférieures, A située près du sol du rez-de-chaussée, et A' un peu au-dessous du plancher du premier étage, actionnées par la courroie d'une dynamo D, font mouvoir une courroie sans fin, sur laquelle il suffit de se placer pour être transporté, avec une inclinaison moyenne de 0ᵐ,33 par mètre, sans faire aucun mouvement. Deux autres poulies B et B' font mouvoir simultanément des bandes servant de chaque côté d'appuis pour les mains. Il existait 18 rampes de ce système.

Les systèmes Reno-Cail et Le Blanc (5 exemplaires de chacun d'eux) étaient inspirés du même principe, mais remplaçaient la courroie de cuir par un ruban articulé, formé de rondelles de bois munies de galets roulant sur des rails ou reposant sur des chaines sans fin. Enfin un *escalator* Otis déplaçait un véritable escalier mouvant dont les marches restaient horizontales pendant l'ascension; système plus compliqué d'installation, mais plus agréable à l'usage.

rester en terrain plat, et pour leur rendre facile une ascension de sept à huit mètres en moins d'une minute, des rampes mobiles supprimant toute fatigue avaient été disposées un peu partout. Mais le prix était de 10 centimes, et cette somme minime a tout gâté. On se refusait net à la débourser; de dépit, on ne prenait pas davantage les escaliers ordinaires, et les galeries de premier étage restèrent malheureusement peu fréquentées.

Les fauteuils roulants, un peu lourds pour avoir voulu être confortables, trop bas et de marche lente, ne valaient pas les légers et amusants « pousse-pousse » de 1889. On s'en servait peu, sans doute à cause du tarif de 75 centimes le quart d'heure, qui s'augmentait dans la pratique.

Quoi qu'il en fût, les personnes qui avaient, pour toute dépense nécessaire, payé leur ticket d'entrée 40 centimes et même moins, pouvaient se vanter d'avoir vu pour rien beaucoup de choses, et ce serait de l'ingratitude que de reprocher à l'Exposition de 1900 d'avoir été chère.

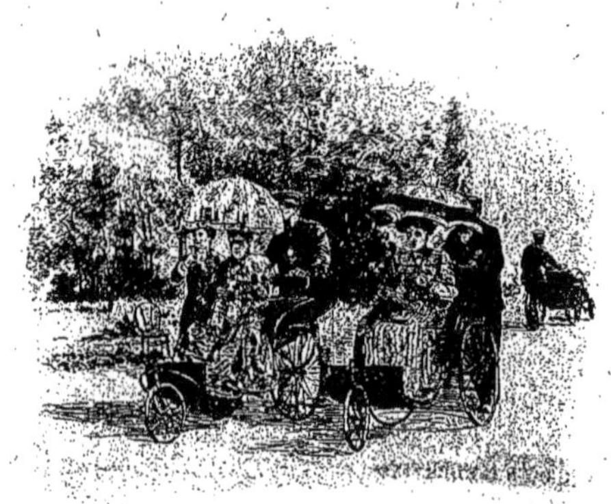

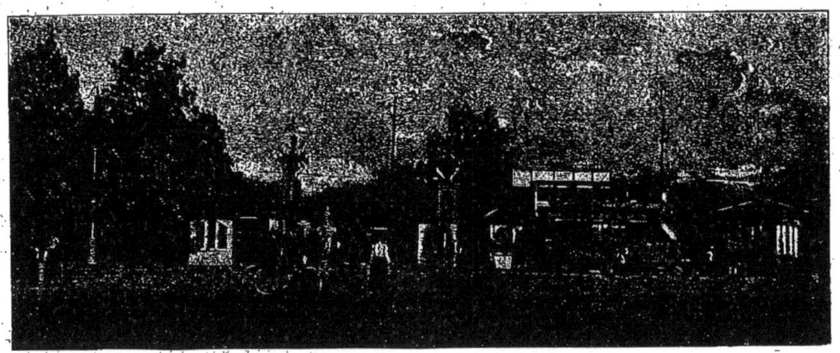

L'ANNEXE DE VINCENNES

Divers emplacements avaient été mis en avant pour l'Exposition de 1900 : le bois de Boulogne, dans ses parties de la Muette ou de Bagatelle ; les terrains avoisinant le rond-point de Courbevoie, voire même Versailles.

Ces projets furent justement écartés, mais la Ville de Paris tint bon pour ses quartiers de l'Est, toujours déshérités. Pour obtenir sa subvention de 20 millions, il fallut lui accorder une annexe importante à Vincennes et l'organisation de concours sportifs avec prix en argent pour des sommes importantes.

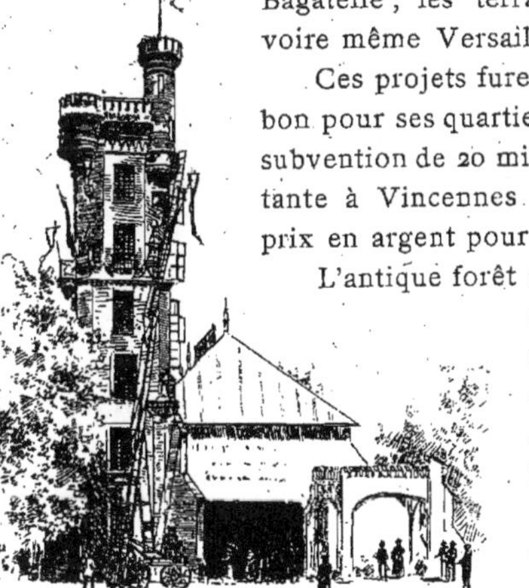

TOUR DE SIX ÉTAGES
ÉLEVÉE POUR EXPÉRIMENTER LA MANŒUVRE
DES ÉCHELLES DE SAUVETAGE SHERRER

L'antique forêt royale, dont il reste un millier d'hectares, n'a contre elle que son éloignement du centre et ses difficultés d'accès. Elle offre de grands emplacements bien encadrés. Derrière la porte de Reuilly, entre la route de Gravelle et l'avenue Daumesnil, on choisit une zone de 114 hectares pour y établir de vastes hangars sans prétention, des pistes et des champs de manœuvre pour les concours.

Les constructions abritèrent les objets encombrants des classes du Champ de Mars,

tels que les locomotives et
machines diverses, appareils

wagons, automobiles,
d'éclairage, maisons

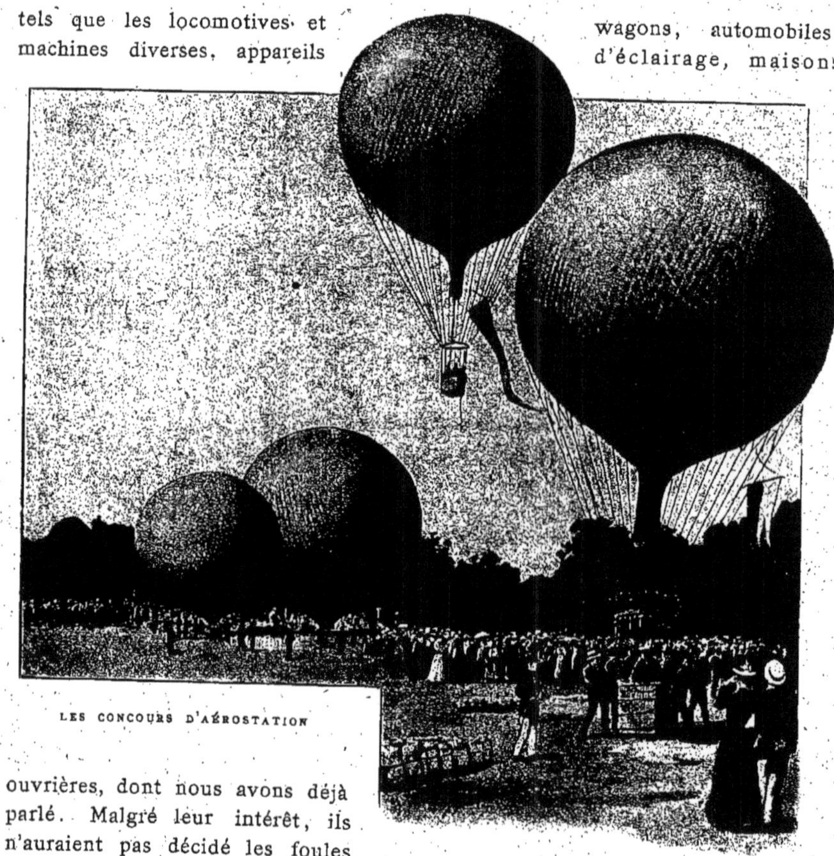

LES CONCOURS D'AÉROSTATION

ouvrières, dont nous avons déjà
parlé. Malgré leur intérêt, ils
n'auraient pas décidé les foules
à ce voyage si elles n'avaient pas été attirées par le spectacle des concours.

Sans parler des tirs au canon qui eurent lieu un peu plus loin, au polygone, et des exercices de tir qui se firent au stand du camp de Satory, avec 150.000 francs de prix, les concours de Vincennes furent assez nombreux et variés pour embrasser tout le cycle des sports. Quand on saura que plus de 4.000 personnes prirent part aux épreuves spéciales du tir à l'arc et à l'arbalète, on se rendra compte de l'empressement témoigné pour des exercices plus répandus.

Pour remplacer l'ancienne piste désaffectée des courses de bicyclettes, on établit un nouveau vélodrome, de 500 mètres de circonférence, disposé à souhait pour les

coureurs et les spectateurs et qui de-
la Ville, heureuse héritière de précieux

De grands concours de gymnas-
tique rappelèrent les jeux olympiques,
et les Français se montrèrent une fois
de plus d'une endurance supérieure.

De très intéressantes épreuves
furent suivies pour
les appareils de sau-
vetage en cas d'incen-
die. Le dispositif de
l'échelle Sherrer fut
particulièrement
remarqué.

Baudet du Poitou.

viendra encore la propriété de
restes de l'Exposition.

Trotteur Orloff.

D'une fenêtre de
n'importe quel étage
d'une maison, on peut,
en cas d'incendie, déve-
lopper une échelle de
fer qui va de la
base au faîte et qui,
en temps ordinaire, est dissimulée dans la construction.
Il faudra veiller seulement à
ce que l'appareil ne se rouille
pas.

Les cerfs-volants se mon-
trèrent capables d'utilisations
pratiques insoupçonnées. Les
pigeons voyageurs légitimèrent
une fois de plus l'orgueil des
colombophiles. — Un grand prix
spécial de l'aéronautique fut

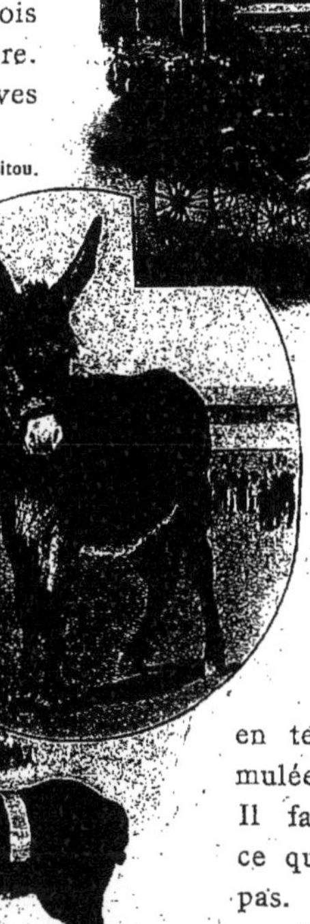

Un étalon percheron.

LES CONCOURS HIPPIQUES

institué pour les vainqueurs des diverses épreuves de durée, d'altitude et de
voyage de ballons libres montés. Des expériences furent aussi sérieusement
conduites sur le gonflement et la solidité des ballons.

Les animaux agricoles donnèrent lieu à des exhibitions successives très
intéressantes et très suivies, mais la plus attirante de toutes ces réunions

fut le grand concours international des espèces chevaline et asine, qui eut lieu au commencement de septembre. Jamais on n'avait contemplé un choix aussi complet des races si diverses de tous les pays.

Nos haras nationaux et nos races si franches dans leur variété, fines, comme les normands ou les chevaux de Tarbes, puissantes, comme les percherons ou les boulonnais, sont demeurés dignes de leur vieille réputation.

Il était venu des étalons d'Angleterre, d'Autriche, de Hongrie, avec leurs palefreniers à brandebourgs.

Les chevaux turcs, menés par des surveillants à jupe bariolée, excitaient l'admiration par leur encolure élégante et leur nerveuse finesse.

Des gardiens à blouse rouge et à casquette plate présentaient les robustes poulinières des haras impériaux allemands.

La Russie, qui possède à elle seule plus de chevaux que tout le reste du monde, emportait le succès par la variété de ses races finlandaises, kirghises, du Caucase et surtout par ses incomparables trotteurs Orloff, produits d'étalons arabes et de juments de la steppe.

En somme, l'annexe de Vincennes apportait un contingent précieux à l'Exposition, à qui rien n'aura manqué dans l'encyclopédie des choses humaines.

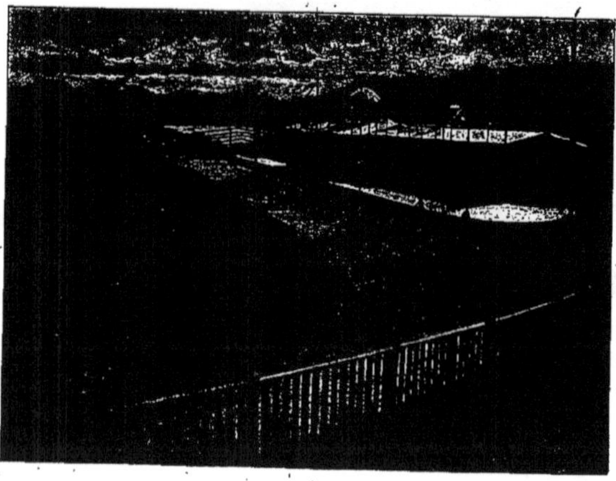

LE NOUVEAU VÉLODROME DE VINCENNES

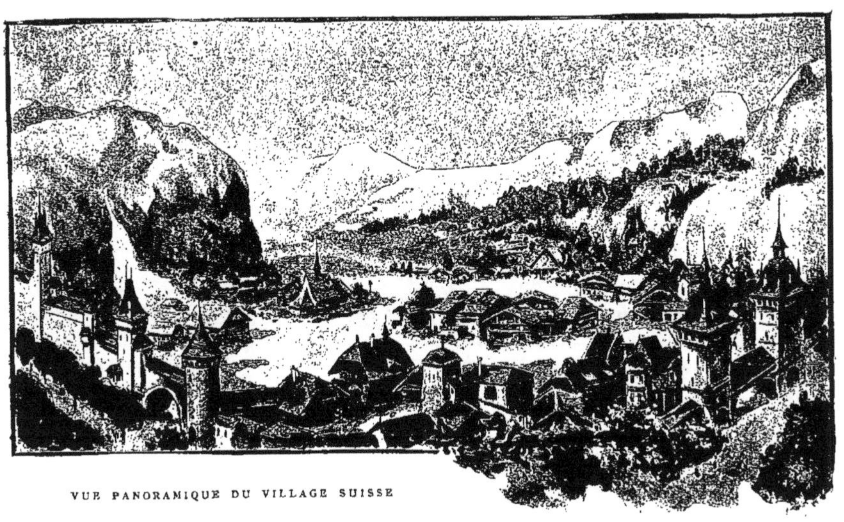

LES ATTRACTIONS

Une personne seule pouvait visiter une bonne partie des attractions de l'Exposition sans se ruiner, car elles étaient d'un prix modeste ; mais on venait en nombre, et la famille rend économe. C'est à quoi les entrepreneurs n'avaient pas pensé dans ce calcul : « Si un sur dix des visiteurs attendus nous favorisait... ce serait la fortune. » Aussi avaient-ils consenti les redevances exigées.

Elles étaient excessives. Sans doute la position de l'Administration était inattaquable. Personne n'avait le moindre intérêt direct à ces perceptions, et quand les soumissionnaires des adjudications des kiosques payaient 35.000 francs le droit de dépenser une somme égale sur 25 à 30 mètres carrés avant d'avoir vendu un croissant, la direction ne pouvait que se réjouir en pensant que l'État et par conséquent le contribuable auraient cela de moins à payer.

Mais une Exposition n'est précisément pas une opération commerciale engagée par l'État. Il y a une considération supérieure, celle de la solidarité de l'ensemble.

Quand les comptes seront publiés, on saura que telle attraction a dû payer plus d'un demi-million de droits et que toutes ont été à l'avenant. Il fallait ensuite bâtir luxueusement un édifice coûteux. Il ne restait plus l'argent suffisant pour le spectacle lui-même. Il en est résulté cette impression d'intérieurs achevés à la diable et dont le décor n'était que la maquette de ce qui aurait pu être fait. On n'y trouve pas une compensation dans les sommes qu'a pu encaisser le Trésor.

Malgré son éloignement du centre, le *Village Suisse* paraît avoir tenu le record du succès. Son ensemble très pittoresque, bien soigné dans toutes ses parties, ne présentait

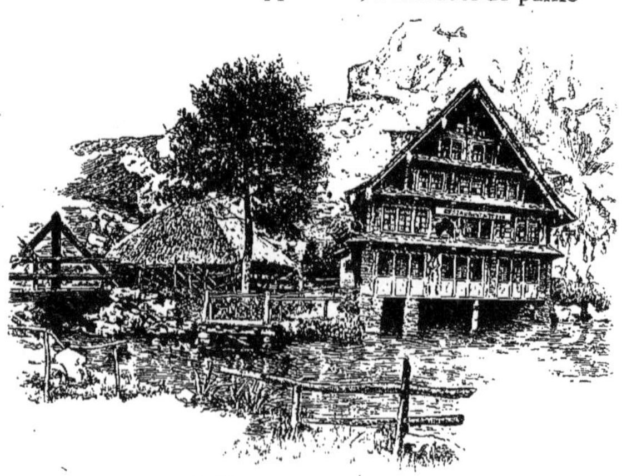

DANS LE VILLAGE SUISSE

pas de trous. Il avait été aménagé par deux architectes de Genève, MM. Allemand et Henneberg. On y entrait en passant sous les tours de Berne, qui bordaient l'avenue de Suffren, ou sous la poterne du château féodal de Chilnaux, qui ouvrait sur celle de La Motte-Picquet.

Des constructions disposées avec un vif sentiment du pittoresque rappelaient les habitations si variées de la Suisse : maisons confortables et peintes des villes ; chalets rustiques des campagnes ; souvenirs historiques, comme l'auberge de Bourg-Saint-Pierre où Bonaparte déjeuna le 21 mai 1800, avant de descendre des Alpes sur Marengo. Au milieu, l'église de Wurzbrünnen, près Thoune, dont la voûte est de bois tailladé au fer rouge, laissait tomber ses grands toits presque au ras du sol.

Dans chaque maison, une industrie locale en activité : sculpteurs sur bois de l'Oberland ; dentellières de Saint-Gall et brodeuses d'Appenzell ; tresseuses de paille de l'Argovie ; fileuses de soie de Zurich. A travers les chemins, des femmes allaient traire le lait des vaches du Valais, des hommes rapportaient les fromages de la Gruyère. Les vaches elles-mêmes, on les voyait dans l'étable.

Ces Suisses venaient bien de la Suisse et il semblait que leurs montagnes elles-mêmes se fussent déplacées. On avait élevé à de grandes hauteurs des échafaudages portant des caissons remplis de terre. Du

DANS LE VILLAGE SUISSE

gazon y avait été semé et c'étaient de véritables alpages d'herbe qui dévalaient sur les pentes.

Les glaciers, qu'on avait eu le bon goût de ne pas rapetisser par de trompeuses réductions, se voyaient dans un beau panorama où le spectateur, placé sur le Wengernalp, avait devant lui le massif de la Jungfrau, de Grindelwald à Murren, et derrière lui Thoune et Interlaken.

Il va sans dire que des brasseries versaient la bière et le vin blanc parfumé, et qu'on entendait le cor des Alpes.

Un succès escompté comme certain était celui du *Vieux Paris*. Quelles furent les raisons qui le rendirent modéré ? L'incendie ? Le feu n'était pas à craindre là plus qu'ailleurs. La solidité ? Les pilotis battus dans la Seine auraient porté des montagnes.

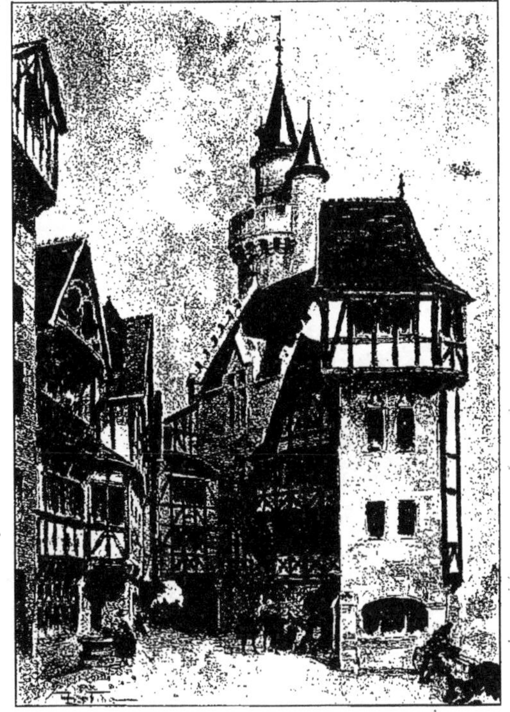

LE CARREFOUR DES VIEILLES ÉCOLES DANS LE VIEUX PARIS

Le prix ? Pour un franc, on pouvait le visiter, sans obligation de payer de surplus. L'attrait ? A Anvers, à Bruxelles, à Rouen, les foules se pressaient dans les vieilles cités ainsi reconstituées.

Le public de 1900 doublait sans doute ici son parti pris d'abstention par la satisfaction gratuite de sa curiosité. A voir le Vieux Paris se dérouler ouvertement le long de la Seine, tout au contraire d'un mur qui cache ce qui se passe derrière lui, il estimait en avoir pénétré l'intérieur et faisait l'économie de son temps et de son argent.

L'œuvre de Robida méritait mieux ; l'étroite bande entre le quai et l'eau avait été aménagée avec une ingéniosité qui en doublait la surface, et cent coins savoureux valaient l'examen de près. L'architecte Benouville s'était chargé de réaliser le rêve de l'artiste et il ne manquait que la vie grouillant dans les échoppes, les ruelles et les tavernes. On ne peut forcer les foules qui se dérobent.

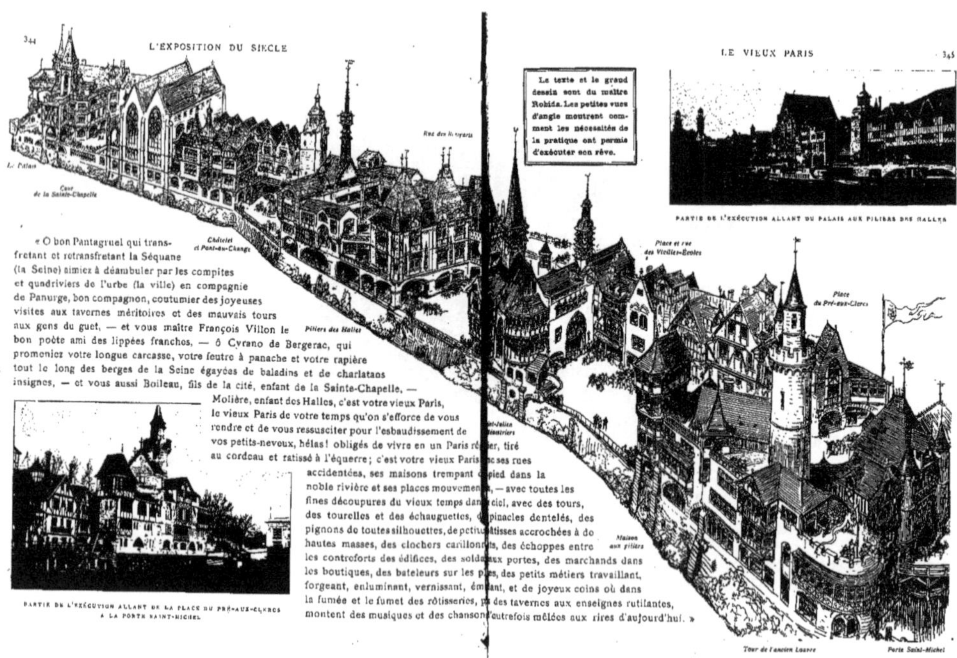

Le texte et le grand dessin sont du maître Robida. Les petites vues d'angle montrent comment les nécessités de la pratique ont permis d'exécuter son rêve.

PARTIE DE L'EXÉCUTION ALLANT DU PALAIS AUX PILIERS DES HALLES

PARTIE DE L'EXÉCUTION ALLANT DE LA PLACE DU PRÉ-AUX-CLERCS
À LA PORTE SAINT-MICHEL

« O bon Pantagruel qui transfretant et retransfretant la Séquane (la Seine) aimiez à déambuler par les compites et quadriviers de l'urbe (la ville) en compagnie de Panurge, bon compagnon, coutumier des joyeuses visites aux tavernes méritoires et des mauvais tours aux gens du guet, — et vous maître François Villon le bon poète ami des lippées franches, — ô Cyrano de Bergerac, qui promeniez votre longue carcasse, votre feutre à panache et votre rapière tout le long des berges de la Seine égayées de baladins et de charlatans insignes, — et vous aussi Boileau, fils de la cité, enfant de la Sainte-Chapelle, — Molière, enfant des Halles, c'est votre vieux Paris, le vieux Paris de votre temps qu'on s'efforce de vous rendre et de vous ressusciter pour l'esbaudissement de vos petits-nevoux, hélas ! obligés de vivre en un Paris régulier, tiré au cordeau et ratissé à l'équerre ; c'est votre vieux Paris, ses rues accidentées, ses maisons trempant du pied dans la noble rivière et ses places mouvementées, — avec toutes les fines découpures du vieux temps dans le ciel, avec des tours, des tourelles et des échauguettes, des pinacles dentelés, des pignons de toutes silhouettes, de petites bâtisses accrochées à do hautes masses, des clochers carillonnants, des échoppes entre les contreforts des édifices, des soldats aux portes, des marchands dans les boutiques, des bateleurs sur les places, des petits métiers travaillant, forgeant, enluminant, vernissant, émaillant, et de joyeux coins où dans la fumée et le fumet des rôtisseries, et des tavernes aux enseignes rutilantes, montent des musiques et des chansons autrefois mêlées aux rires d'aujourd'hui. »

Le **Palais du Costume** fut prêt avant l'ouverture de l'Exposition et bénéficia du mouvement qu'il créa aussitôt dans cette partie du Champ de Mars. Il méritait d'ailleurs son succès par la bonne exécution d'une idée bien conçue : suivre à travers les âges les costumes caractéristiques des civilisations occidentales et les reproduire dans une série de tableaux animés par des personnages de grandeur naturelle. Le scrupule de la vérité fut poussé jusqu'à employer à grands frais

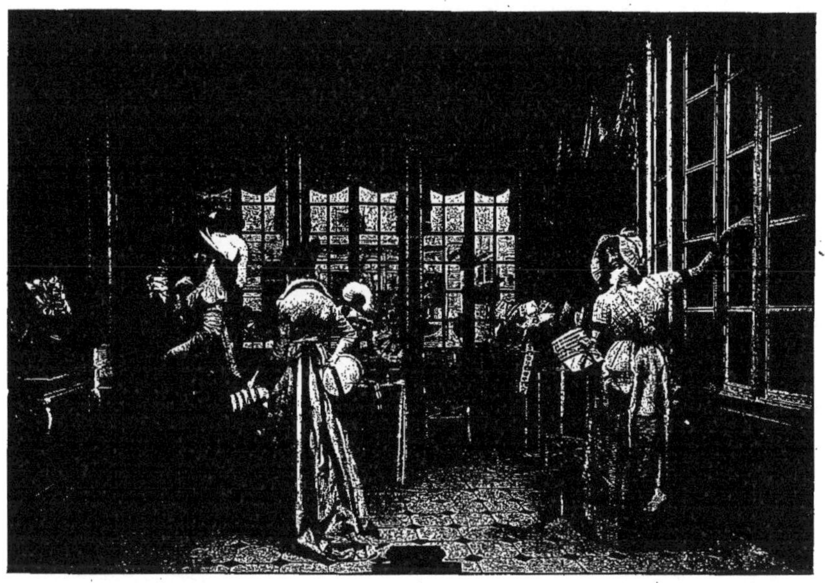

UN MAGASIN DE MODES SOUS LE DIRECTOIRE, DANS LE PALAIS DU COSTUME

des étoffes somptueuses et à les couvrir d'ornements d'où le toc fut sévèrement banni.

Au rez-de-chaussée, l'antiquité était représentée par un atrium romain et un intérieur égyptien. Théodora trônait au milieu de sa cour byzantine, pendant que sainte Geneviève distribuait des aumônes aux mendiants. Les châtelaines examinaient les armes qui devaient servir au tournoi du lendemain. Une patricienne de Venise montait dans sa gondole. D'honnestes dames assistaient à l'entrevue du Camp du drap d'or. Catherine de Médicis s'entretenait avec Ruggieri.

Au premier étage, Henri IV saluait la belle Gabrielle; Marion Delorme quittait son hôtel de la place Royale; les filles de Louis XV se laissaient surprendre à fumer leur pipe, et Marie-Antoinette recevait à Trianon. De jolies clientes fréquentaient un magasin de modes du Directoire. L'impératrice Joséphine essayait un manteau de

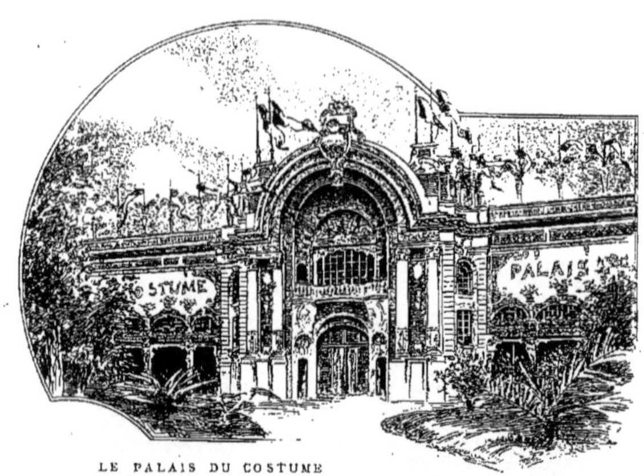

LE PALAIS DU COSTUME

cour qui valait cent mille francs. Un salon en 1820 et un baptême en 1830 étaient d'une adorable naïveté. Un bal faisait ressortir tous les costumes du second Empire.

Dernier et suggestif spectacle, des « mannequins » vivants, choisis parmi les plus agréables, essayaient et faisaient valoir les modes de 1900. Une fois franchi le guichet payant du **Palais de la Femme**, situé de l'autre côté de la Tour, on voyait au sous-sol de petits bazars plus ou moins cosmopolites ; au rez-de-chaussée, un salon où des pianos faisaient du bruit ; au premier étage, un théâtre d'ombres lumineuses où des personnages faisaient une amoureuse promenade, scandée par les vers d'un récitatif psalmodié. Ce pavillon avait transformé en opération commerciale ce qui aurait pu être le temple du féminisme.

Dans le **Palais de l'Optique**, on devait voir d'abord la lune, non pas à 1 mètre, mais à 67 kilomètres ; dans la salle Pasteur, les projections de tous les microbes connus ; dans la salle Roux, les mondes vivants des gouttes d'eau ; dans la salle Cuvier, la formation de la terre en vingt périodes ; dans la salle Rœntgen, un choix de rayons X ; dans les salles Galilée et Flammarion, les astres grandis jusqu'à 300.000 fois au-dessus de la vision ordinaire de nos yeux ;
dans une série d'autres salles, des polarisations cristallographiques, des incandescences chimiques, des concerts lumineux et un orgue optique, des images électriques, des jeux de lumière froide et des phosphorescences minérales, la mort d'un astre et ses météorites, des plantes sensitives obtenues par la radio-culture, les mondes souterrain, sous-marin et aérien, toutes les merveilles de la lumière et de l'électricité. La vision de l'horreur, un puits sans fond, un laby-rinthe, des miroirs grotesques et magi-ques, des danseuses phosphorescentes et

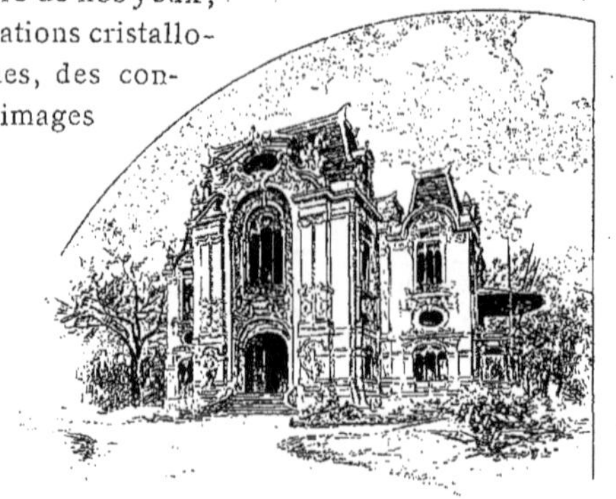

LE PALAIS DE LA FEMME

des femmes-caméléons ajoutaient leur amusement au sérieux de la science.

Ce programme surchargé était rempli, mais dans de mauvaises conditions. La foule était bousculée à travers l'obscurité et la lumière, éblouie de spectacles trop rapides, étourdie d'explications hâtivement données. Des enfantillages compromettaient la science, et la statue d'or de la « Belle Américaine », valant un million comme un sou, évoquait malheureusement l'image de Barnum. Enfin on emportait la désillusion suprême d'avoir appris que la lune était un astre mort, dépourvu de tout habitant.

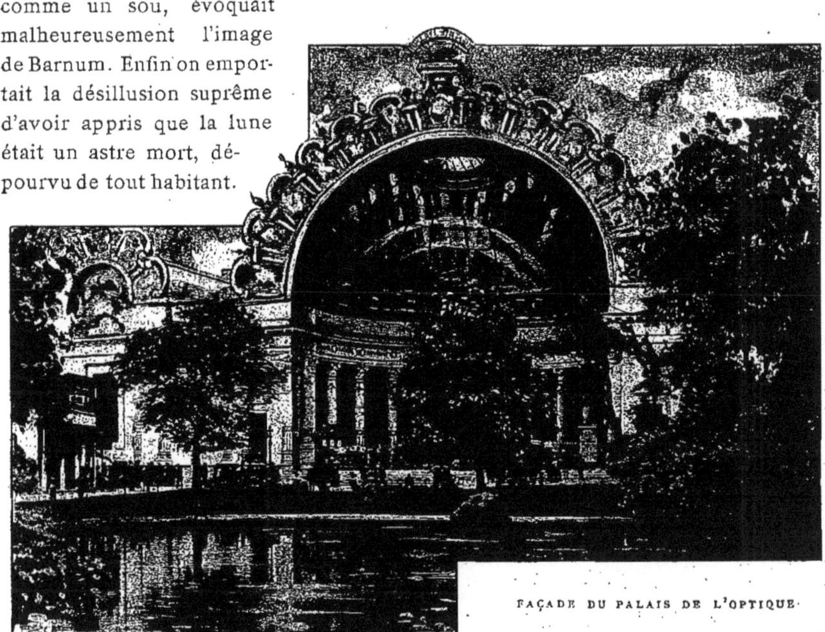

FAÇADE DU PALAIS DE L'OPTIQUE

Il en restera cependant la grande lunette, construite très sérieusement et appelée à rendre de réels services à la science. Ses objectifs, les plus grands qui existent, mesurent $1^m,25$ de diamètre. Son corps, de $1^m,50$ de diamètre sur 60 mètres de long, est immobile; pour le déplacer il eût fallu une coupole gigantesque. C'est un sidérostat, miroir de 2 mètres de diamètre, mobile à son extrémité, qui ramène au foyer l'image des astres qu'un mécanisme d'horlogerie lui permet d'aller chercher partout dans l'espace. L'image ainsi obtenue est fixée par la photographie, et c'est cette épreuve qui est agrandie et projetée sur l'écran; car il est évident que l'on ne peut pas montrer la lune elle-même en plein midi.

M. Prosper Bobin avait revêtu ces exhibitions d'une très artistique architecture. L'immense porche couronné des signes du zodiaque s'ouvrait sur une colonnade demi-circulaire soutenant une moitié de coupole dont la verrière, par M. Bruyn, représentait une aurore boréale. Quand elle s'éclairait le soir, sous la lumière réfléchie d'une lampe à arc de 150.000 bougies, elle apparaissait comme l'entrée mystérieuse des mondes célestes.

En face, de l'autre côté de la tour Eiffel, le **kiosque lumineux** de M. Ponsin lui donnait la réplique par l'éclat plus brillant de ses feux. Construit en entier avec des verres colorés que traversait son éclairage intérieur, il flambait dans un incendie sans ombre, avec les clartés du cristal, les rutilances des rubis et les tons laiteux de l'opale. Du haut du rocher qui le soutenait, cet édifice de rêve se doublait, par le reflet de ses lignes embrasées, dans le lac coquet dormant au pied, et la fille du Soleil sculptée à son faîte aurait pu en descendre pour l'habiter. L'intérieur cependant, sauf un atelier de fileurs de verre en activité, présentait peu d'intérêt.

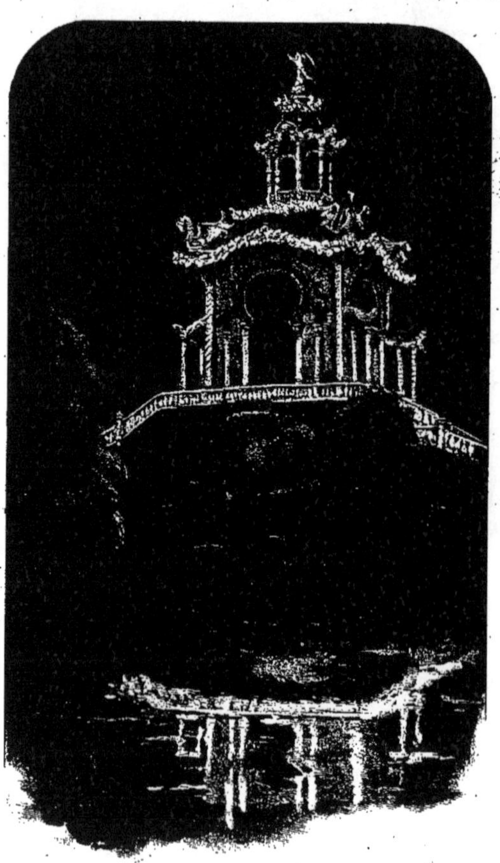

LE KIOSQUE LUMINEUX, LE SOIR

Ce serait une injustice de ne pas parler de la **Tour Eiffel-Ruquier**, en y ajoutant le nom de l'ingénieur de la maison qui en a eu l'idée première.

Après onze années écoulées, elle apparaissait immuable dans sa stabilité et c'était bien encore le gigantesque arc de triomphe de l'industrie du fer que rien n'avait dépassé. Elle avait été repeinte et munie de 7.000 lampes électriques qui dessinaient dans la nuit la puissance de sa base et la sveltesse de ses hautes lignes. Rien ne saurait être comparé au spectacle que donnaient, de ses terrasses, l'horizon du cirque parisien, la forêt des palais de l'Exposition et les voix montantes d'un peuple de fourmis.

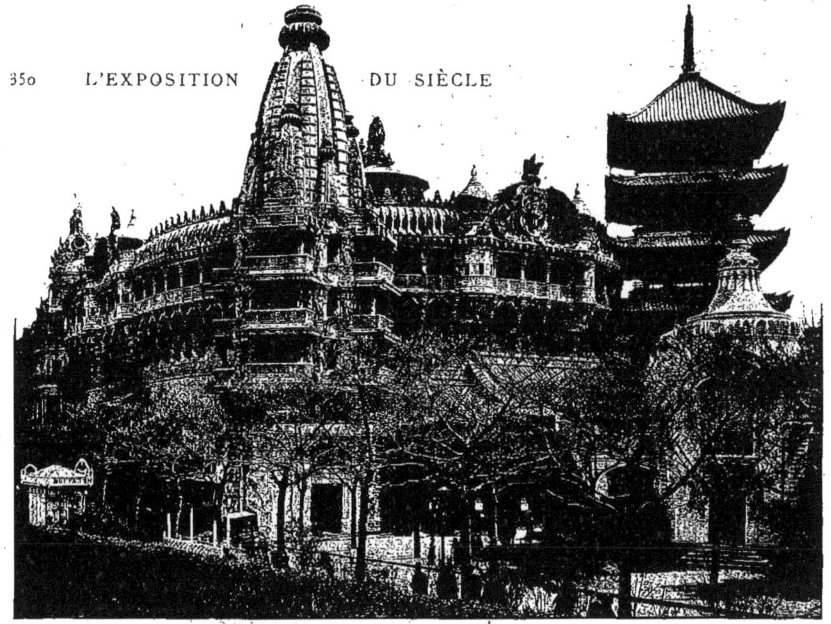

MONUMENT DE STYLE CAMBODGIEN OU KMERR CONTENANT LE PANORAMA DU TOUR DU MONDE
A droite, la tour chinoise des Jardins de Niko, avec ses toits rouges superposés.

Les panoramas surabondaient à l'Exposition. La mécanique avait été appelée à seconder de l'art pour produire des effets nouveaux.

Dans son étage supérieur, le **Panorama du Tour du Monde** s'était maintenu dans l'ancien système. Le spectateur se déplaçait pour examiner les diverses parties d'une immense toile ovale où M. Louis Dumoulin avait représenté l'Espagne, la Grèce, Constantinople, l'Égypte, Ceylan, le Cambodge, la Chine et le Japon.

Pour animer ces visions on avait eu l'idée d'installer sur les premiers plans de véritables indigènes se livrant à leurs occupations habituelles et remplaçant les mannequins des panoramas classiques. L'intention était louable, mais l'effet médiocre. L'opposition entre la réalité et la fiction s'en trouvait accentuée.

De nombreux dioramas, les uns faits pour éloigner, comme une certaine vue enfumée de New-York, les autres attirants, comme les rives ensoleillées de Saïgon, occupaient deux étages inférieurs. Le rez-de-chaussée offrait un spectacle inédit.

C'était, cette fois, le spectateur qui restait immobile, sur le pont d'un vaisseau. Devant lui se déroulait une toile sans fin, et bientôt il avait la sensation inverse de voguer de l'avant et de découvrir le paysage. Ainsi défilaient les côtes de Provence, de Marseille à la Ciotat.

Le même principe était appliqué au **Panorama Transsibérien** de l'Asie russe, mais avec un perfectionnement de mécanique. Pour compléter l'illusion, on avait

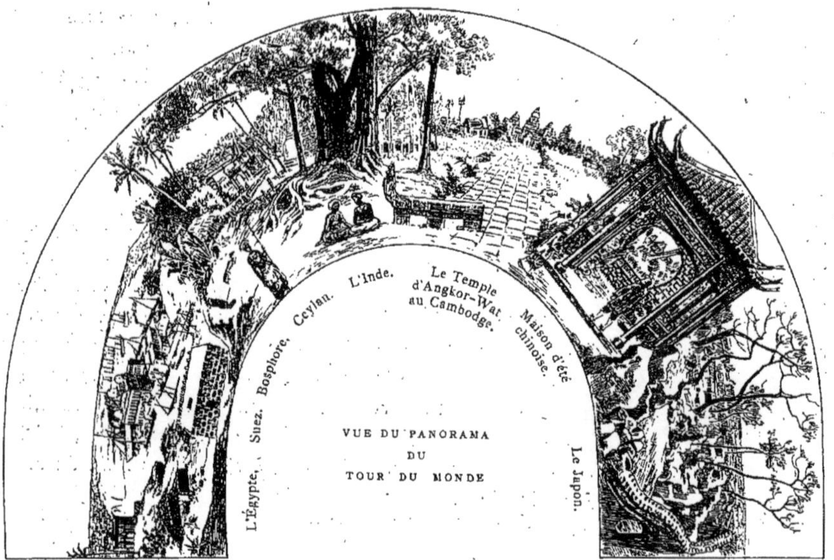

donné aux divers plans des mouvements en rapport avec l'impression ressentie par le voyageur, placé cette fois dans un wagon et non plus sur un bateau. Les choses près de lui, comme les haies bordant la voie, fuient avec la rapidité de la course du train; les sites lointains mettent plus de temps à se dérober à sa vue.

Ainsi marchaient les diverses toiles du panorama; on avait même fait courir le ballast avec la vitesse de la réalité. Le fracas de cet énorme agencement complétait l'illusion. On allait ainsi de Moscou à Pékin à travers des pays dont les caractères principaux étaient reproduits sur une toile de peinture trop terne.

Dans le **Stéréorama** que MM. Francowich et Gadan avaient installé à l'extrémité supérieure du groupe des attractions algériennes, le système était, plus simple, mais l'effet réussi au possible. Les auteurs avaient pu l'appeler aussi *le poème de*

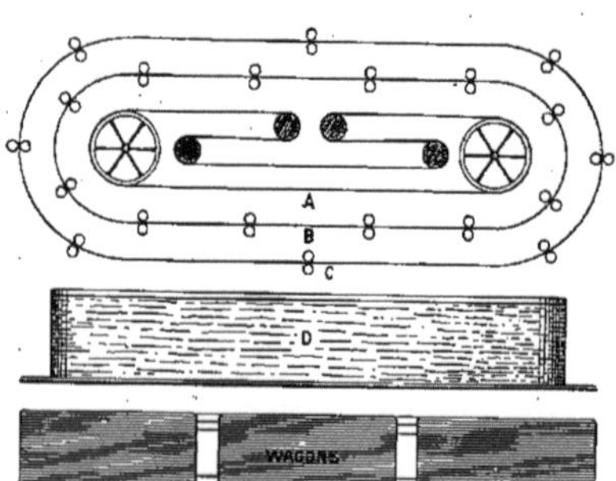

MÉCANISME DU TRANSSIBÉRIEN

A, toile du fond, où est peint le paysage et qui occupe toute la hauteur du bâtiment; elle se déplace à raison de 5 mètres à la minute ; B et C, toiles plus basses, fixées seulement par en bas et qui marchent, la première, à raison de 40 mètres à la minute, la seconde, de 120 mètres à la minute; D, large courroie sans fin, horizontale, représentant le ballast : vitesse 300 mètres à la minute. Le voyageur placé dans le wagon a la sensation que c'est lui qui marche et que les différents plans du paysage sont immobiles.

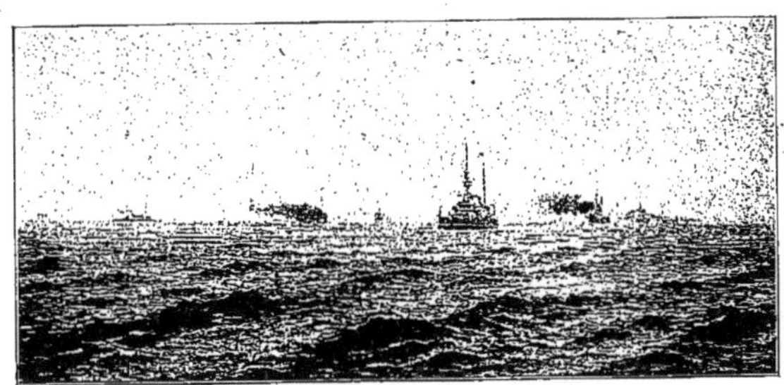

LA RENCONTRE DE L'ESCADRE DU STÉRÉORAMA MOUVANT

la mer, sans être taxés d'exagération.

On peut se représenter l'organisation en imaginant un immense chapeau de haute forme ; sur le cylindre étaient peints les paysages qui se déroulaient par un mouvement circulaire ; sur ses bords, tournant dans le même sens et plus rapidement, une série de petites lames verticales figuraient les flots. Les bâtiments d'une escadre y avaient été fixés, et leur fumée, peinte sur du verre, paraissait vraiment s'envoler. Le spectateur, ayant la sensation d'être sur un autre bateau, croisait ainsi l'escadre et longeait les côtes d'Algérie, partant de Bône dans les brumes du matin, saluant Alger sous les feux du midi et arrivant à Oran dans le poudroiement d'or d'un soleil couchant.

Dans son **Maréorama**, M. Hugo d'Alési avait voulu aller plus loin encore et donner non seulement l'illusion du bateau, mais la sensation du mouvement des eaux... et au besoin le mal de mer. Pour cela, la plate-forme où se trouvait le spectateur, figurant le pont d'un navire avec ses bastingages et sa mâture, était soutenue, par une double suspension à la Cardan qui permettait des oscillations de roulis et de tangage. Des soufflets faisaient mugir le vent dans les voiles.

Le paysage se développant de chaque côté du navire figurait les diverses escales de Villefranche à Constantinople et retour, le voyage se faisant dans les deux sens par l'enroulement et le déroulement des toiles. Elles étaient peintes dans la manière brillante de l'artiste.

Ce n'était plus sur les flots mais dans les airs que le **Cinéorama** devait transporter les spectateurs. Placés dans une nacelle de ballon, ils auraient contemplé au-dessous d'eux des vues cinématographiques prises réellement d'autres ballons. Des difficultés mécaniques insurmontées firent abandonner l'entreprise.

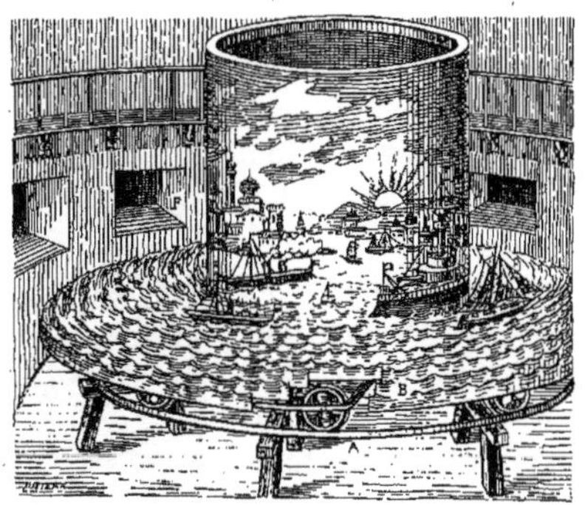

MÉCANISME DU STÉRÉORAMA MOUVANT

Le spectateur, placé derrière la cloison, considère le paysage par les hublots F. Le fond est peint sur un cylindre et les premiers plans sont constitués par des bandes B verticales parallèles. L'ensemble, monté sur galets A, roule sur une voie circulaire.

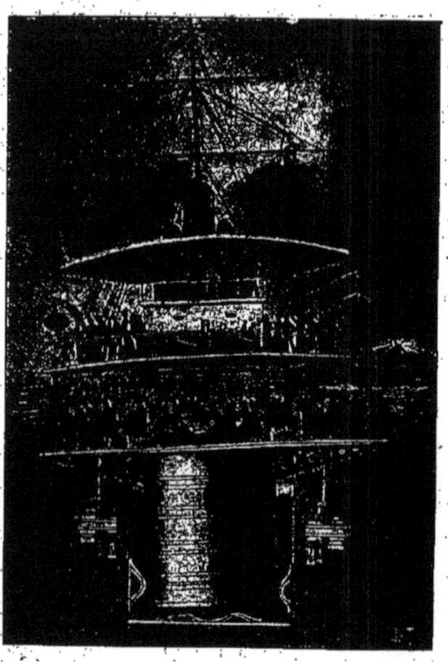

SITUATION DES PASSAGERS DU MARÉORAMA

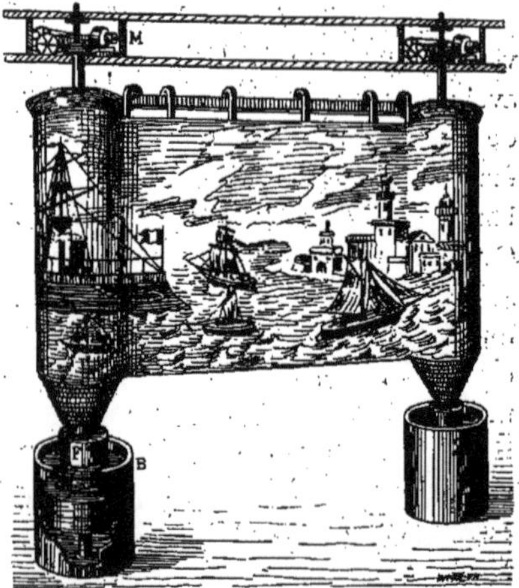

PRINCIPE DE L'ENROULEMENT DES TOILES DANS LE MARÉORAMA

Les toiles, ayant 750 mètres de longueur et 10 de hauteur, s'enroulent sur des cylindres verticaux placés sur des flotteurs F ; le poids de la toile fait descendre le cylindre de la quantité voulue pour que la partie supérieure de celle-ci se présente toujours en face des crochets disposés en hélice sur la partie conique qui termine le cylindre. Un moteur M, placé à la partie supérieure, fait tourner le cylindre qui doit recevoir la toile.

La passerelle de ciment armé qui réunissait l'Exposition au **Globe céleste**, situé de l'autre côté de l'avenue de Suffren, s'est effondrée, faisant plusieurs victimes. Ce triste accident a retardé l'ouverture de l'immense sphère où la rotation de la terre et la marche apparente des astres étaient rendues de façon intelligible.

Si le Français aime surtout à voyager dans son fauteuil, la marche de l'humanité ne permet plus ce repos douillet. Il lui faudra bien se résigner aux voyages réels. Des spectacles panoramiques accompagnés d'explications sérieuses seraient d'une excellente propagande, et l'Exposition aura ainsi ouvert une voie qui pourrait être fructueusement suivie.

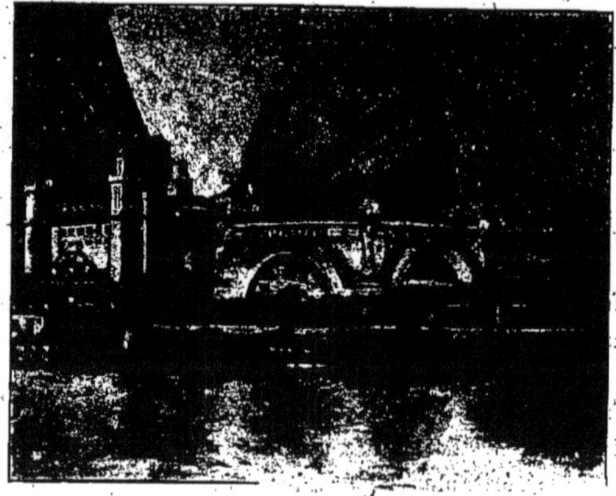

LE MARÉORAMA — LE GLOBE CÉLESTE

En 1889, les danses du ventre de la rue du Caire avaient eu un grand succès de curiosité ; depuis, elles étaient tombées dans la banalité et la grossièreté. On en trouvait encore en 1900, où elles faisaient le fonds de tous les spectacles orientaux, généralement dé-nués d'intérêt.

Au **Théâtre exotique**, situé dans le bâtiment du panorama du Tour du Monde, des Indiens char-meurs de serpents ne char-maient rien du tout, ni leurs bêtes ni les spectateurs, et des danseuses javanaises se contorsionnaient len-

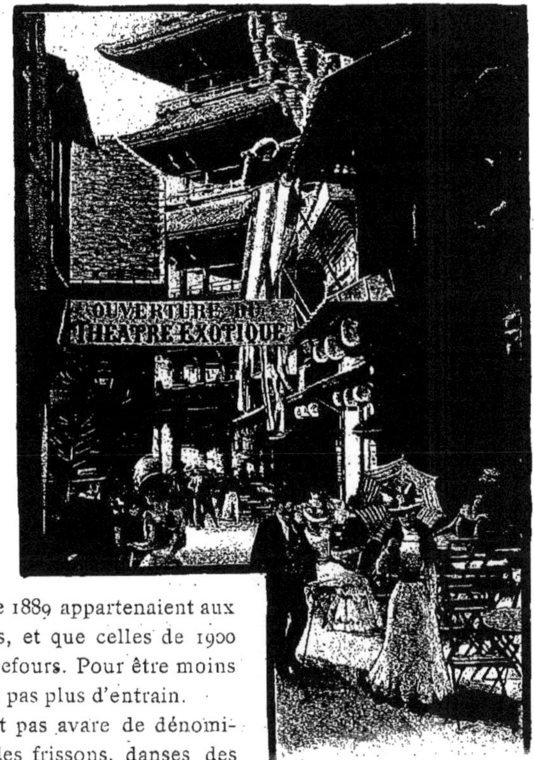

tement. Il paraît que celles de 1889 appartenaient aux harems de princes malaisiens, et que celles de 1900 étaient des bayadères de carrefours. Pour être moins distinguées, elles n'en avaient pas plus d'entrain.

Le **Théâtre égyptien** n'était pas avare de dénomi-nations poétiques : danses des frissons, danses des cristaux, danses des lumières étiquetaient les contor-sions toujours semblables de cette mimique fastidieuse, sans art et sans idée. Ces almées étaient d'ailleurs presque des enfants, de pauvres filles privées de grâce et de beauté. Elles manœuvraient au milieu des sons monotones émis par des Arbis faiseurs de bruit, et tout le monde avait l'air de s'ennuyer beaucoup.

Dans la rue d'Alger s'ouvraient une succession de petits bouges indignes de foires campagnardes. Quelque pseudo Ouled-Naïl donnait un instant la vision du désert ; le reste était simplement malpropre.

Les danses les plus gracieuses étaient exécutées au **Théâtre cambodgien.** Ces femmes légères, aux mouvements félins, si naturelles dans leurs poses exotiques, étaient des artistes... du corps de ballet de l'Opéra de Paris.

De véritables Espagnoles, aux jupes écarlates, brûlaient les planches de la scène du restaurant de **La Féria,** sous le pavillon de l'Espagne. La salle était toujours comble, mariant son excitation à l'entrain des danseuses. « Boléros qui enivrent et fandangos qui enflamment », voire danses d'enfants qu'on aurait pu écarter, menaient leur train rapide au son des castagnettes. La grâce de ces danses faisait passer leur vive sensualité.

On ne pouvait imaginer spectacles plus attirants que ceux qui s'étaient donné rendez-

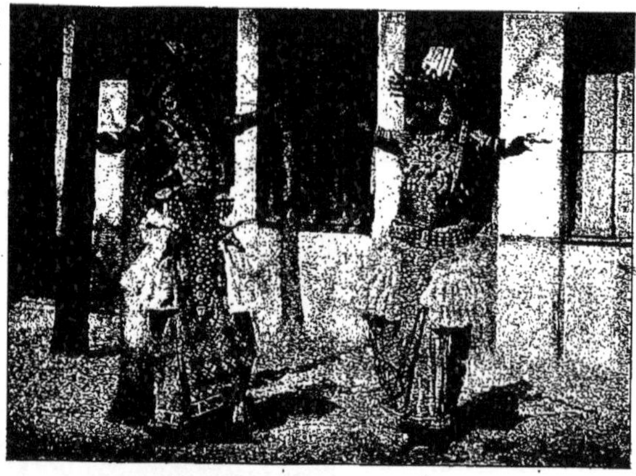

DANSEUSES CYNGHALAISES DU THÉATRE EXOTIQUE

vous à **l'Andalousie au temps des Maures**, tels que danses des gitanas andalouses, terrifiants exercices des Aïssaouas et des Hamadchas, fantasias emportées des galops arabes. Le cadre était Grenade, Cordoue et Séville, l'Alcazar et l'Alhambra reconstitués

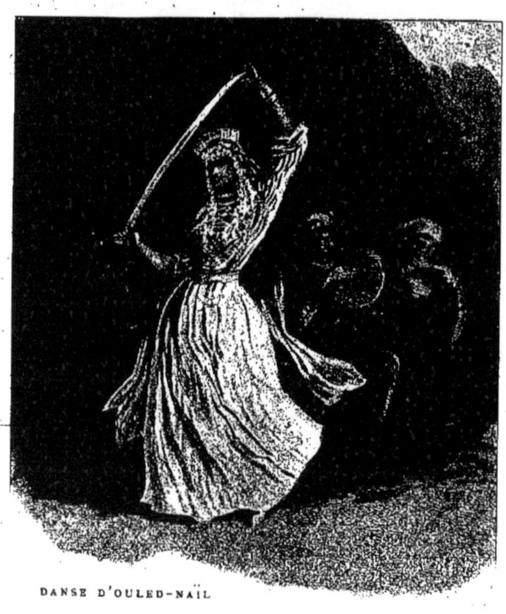

DANSE D'OULED-NAÏL

dans leurs plus pures merveilles. Bien que situés à une extrémité perdue du Trocadéro, ils étaient signalés au loin par la haute tour de la *Giralda*, que l'on pouvait gravir à dos d'âne comme autrefois les califes de Séville y montaient à cheval pour voir se coucher le soleil.

Mais les visiteurs ont été hésitants là où ils auraient dû se presser en foule, et les spectacles se sont ressentis de ces vides. Des entreprises bien conçues et bien exécutées comme celle-ci ont subi les conséquences de l'infériorité des autres et sont restées dans la note terne, alors qu'elles auraient mérité plus de succès que la Rue du Caire, où l'on s'écrasait en 1889.

De *Venise à Paris*, situé à côté du Palais de l'optique, de *Paris en 1400*, perdu derrière l'École Militaire, de diverses autres sollicitations restées sans écho, le mieux serait de ne pas parler, si ces exhibitions n'avaient pas eu le tort de mettre le public en défiance.

Enfin, en dehors de l'enceinte,

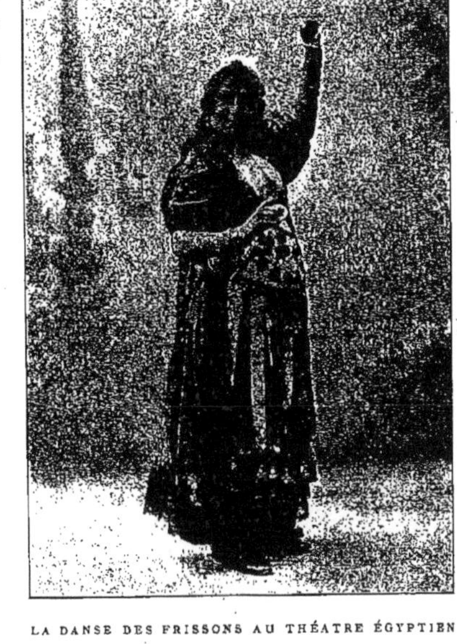

LA DANSE DES FRISSONS AU THÉÁTRE ÉGYPTIEN

l'avenue de Suffren était une longue allée de foire sur laquelle s'ouvraient nombre de spectacles populaires, et jusqu'à des manèges d'ânes vivants.

Rentrons dans l'Exposition et passons par les quinconces des Invalides avant de terminer par la *Rue de Paris*.

Les vieilles provinces de France s'y étaient donné rendez-vous, tout au moins le Poitou, la Bretagne, la Provence, le

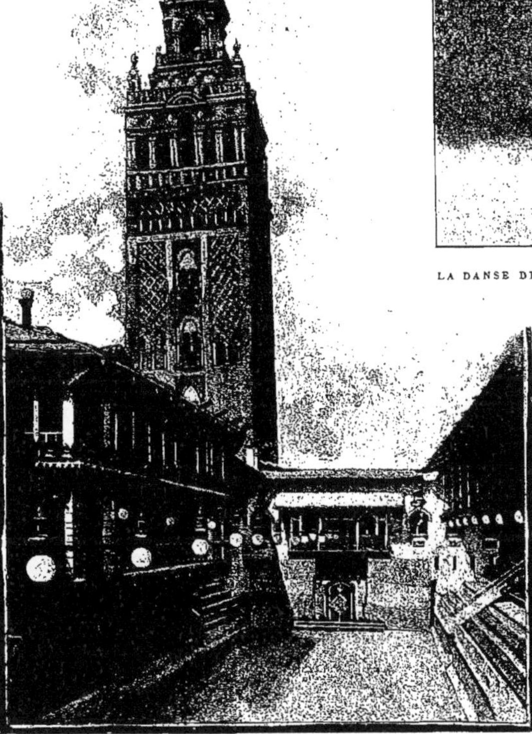

L'ANDALOUSIE AU TEMPS DES MAURES
L'arène et la Tour de la Giralda.

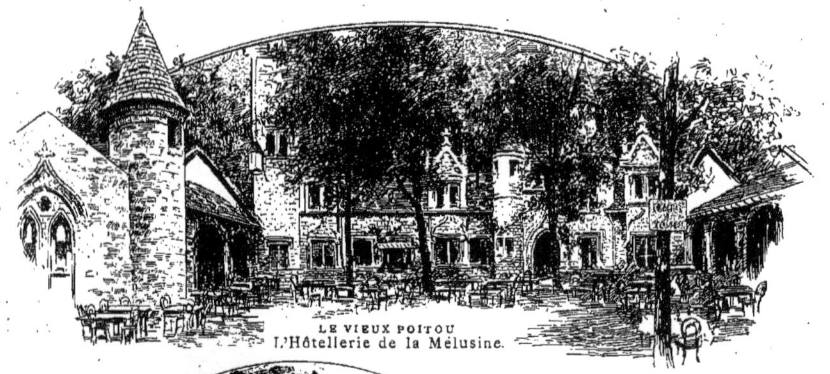

LE VIEUX POITOU
L'Hôtellerie de la Mélusine.

Croix de Calvaire.   Porte du cimetière de la Martyre.
Édicule de St-Jean-du-Doigt.
Hostellerie de la Duchesse Anne.
Le cloître de la Forêt.   Chaumière bretonne.
LE VILLAGE BRETON

Berry et l'Auvergne. Dans des reconstitutions reproduisant les principaux monuments de chaque contrée, on servait les mets et on versait les crus de chaque pays.

De petites industries locales y étaient installées, fabriquant et vendant de menus objets.

Malgré la bonne volonté nécessaire pour découvrir ces coins perdus entre les annexes des Palais, ils étaient fréquentés de façon à prouver le succès que rencontrerait le développement d'une idée qui n'était ici qu'indiquée.

On imagine l'attrait d'un voyage qui ferait pénétrer successivement dans les Flandres actives, la plantureuse Normandie, la poétique

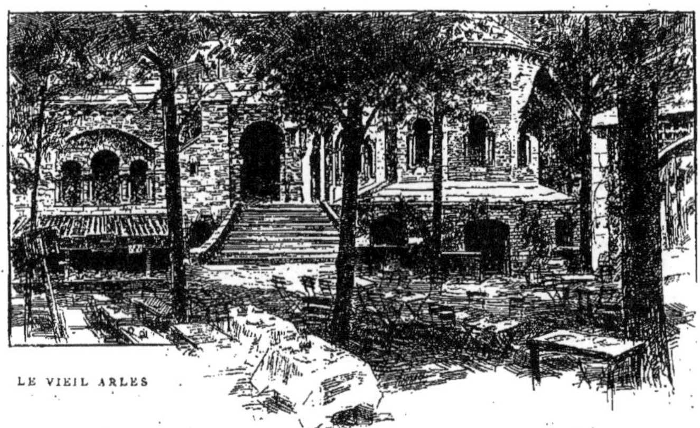

LE VIEIL ARLES

Bretagne, les provinces du centre, pleines de souvenirs historiques, nos régions montagneuses aux merveilles encore inconnues, la riante Gascogne, la Provence ensoleillée, la Bourgogne aux antiques celliers, l'Est glorieux. L'art du staff et des toiles peintes, qui ne connaît plus d'obstacles, édifierait nombre de monuments aux pierres fleuries, habités par un peuple aux costumes d'autrefois.

La difficulté serait de reconstituer aussi les climats. « Lou Souleu es ma vido », disait le cloître provençal des Invalides. Si l'on ne remplace pas le soleil, le Village suisse a montré qu'il est possible de pousser très loin l'illusion de la Nature.

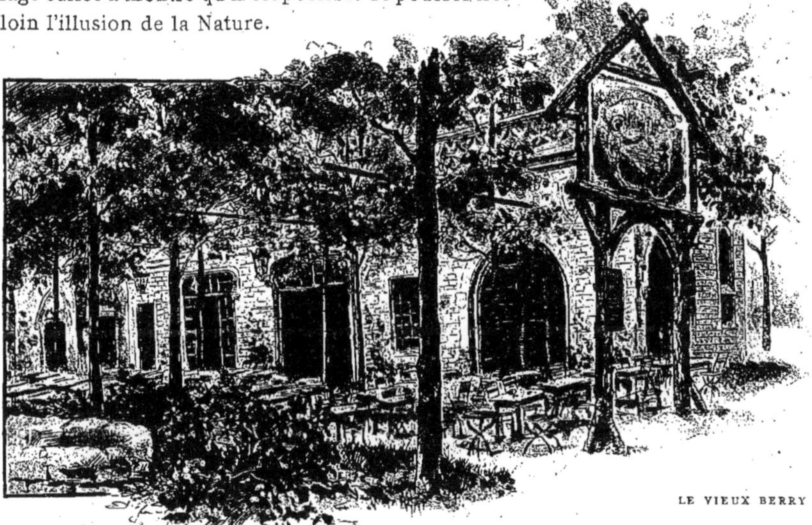

LE VIEUX BERRY

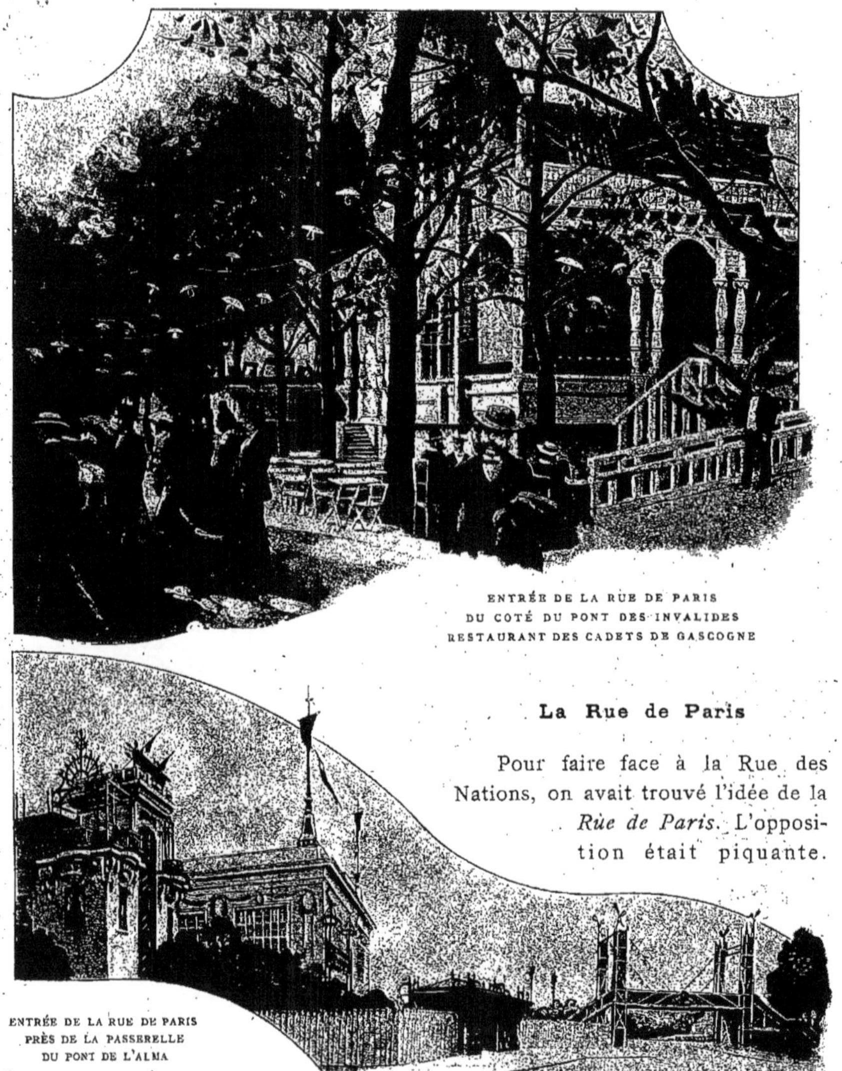

ENTRÉE DE LA RUE DE PARIS
DU COTÉ DU PONT DES INVALIDES
RESTAURANT DES CADETS DE GASCOGNE

ENTRÉE DE LA RUE DE PARIS
PRÈS DE LA PASSERELLE
DU PONT DE L'ALMA

La Rue de Paris

Pour faire face à la Rue des Nations, on avait trouvé l'idée de la *Rue de Paris*. L'opposition était piquante.

L'esprit français devait s'y donner rendez-vous, s'y faire amusant et léger pour reposer des choses graves, courtois pour remercier nos hôtes. Un peu de blague était permise, filet de citron des plats bien cuisinés.

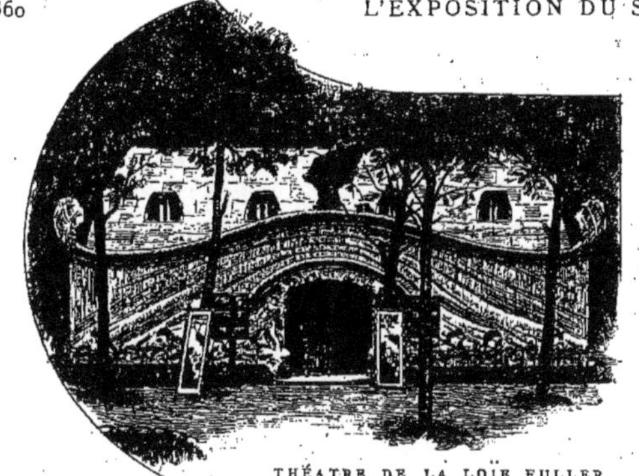

THÉATRE DE LA LOÏE FULLER

On y fut triste de la tristesse navrante des rires, qui sonnent creux, banal à crier, grossier à faire fuir les familles. Des comparses de second-ordre débitèrent des machines à dormir debout. Ce fut là l'esprit de Paris !

Nous avons parlé déjà de l'absence de l'élément littéraire dans les conseils de l'Exposition. Un esprit averti de ces choses eût réservé une censure possible qui eût empêché ces baraques de devenir de simples entreprises commerciales, malheureuses d'ailleurs. La méprise était si forte que son excès seul peut consoler. Il n'est pas possible que les étrangers aient jugé notre scène contemporaine, même la petite, sur ces tristes échantillons.

Sans reprendre par le menu ces spectacles pour qui l'oubli est une indulgence, nous reproduisons leurs façades pittoresques. Quelques exceptions méritent un souvenir particulier.

On sait que les marionnettes se divisent en fantoches qui sont soutenus par des fils, et en puppazzi que l'on fait mou-

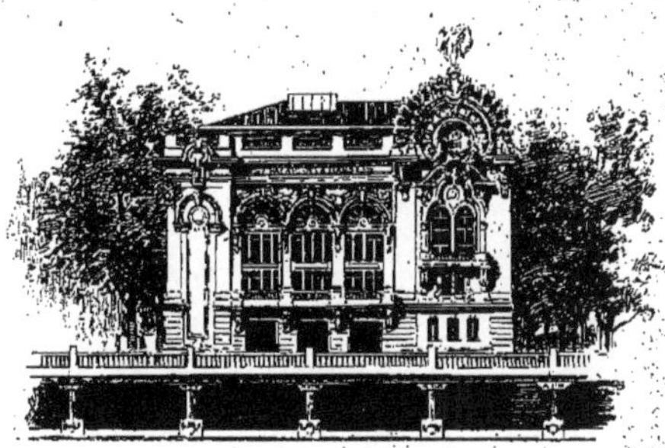

LE PALAIS DE LA DANSE

voir avec trois doigts. Les *Bonshommes Guillaume* étaient, au contraire, animés par un mécanisme de ressorts et de leviers qui les prenaient par-dessous et permettaient des mouvements très compliqués. Les têtes, sculptées sur bois, étaient d'une finesse extrême ; les décors se renouvelaient avec richesse par des plateaux tournants. On s'était donné beaucoup de mal pour constater que les marionnettes ne valent que par leur naïveté.

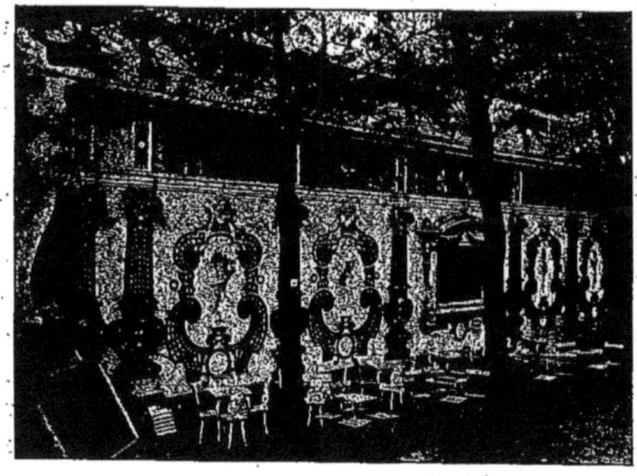

THÉATRE DES BONSHOMMES GUILLAUME

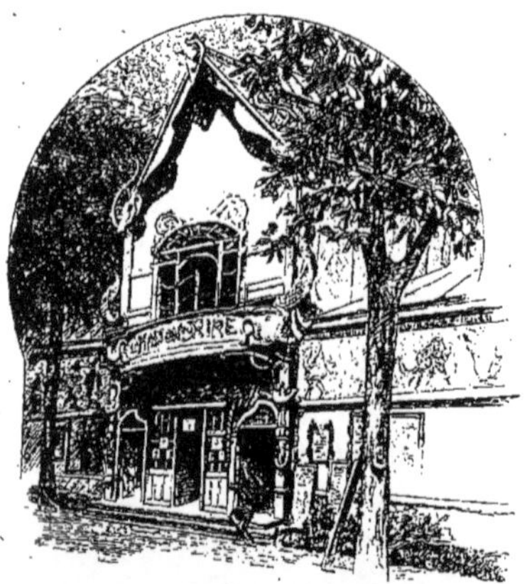

LA MAISON DU RIRE

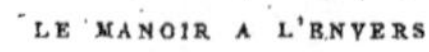

LA ROULOTTE

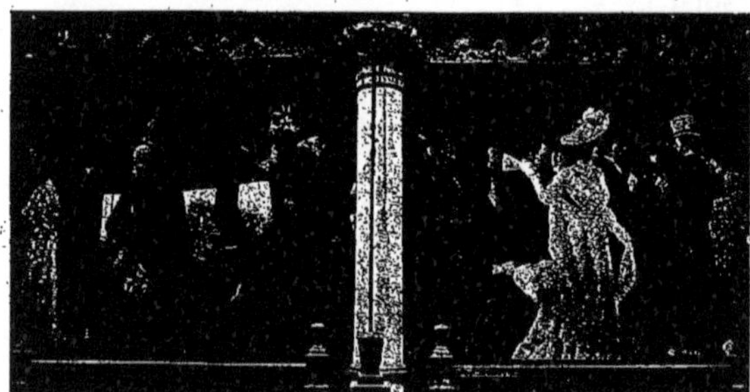

PEINTURES DE M. BELLERY-DESFONTAINES
Sur la façade du Théâtre des auteurs gais.

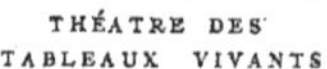

LE MANOIR A L'ENVERS

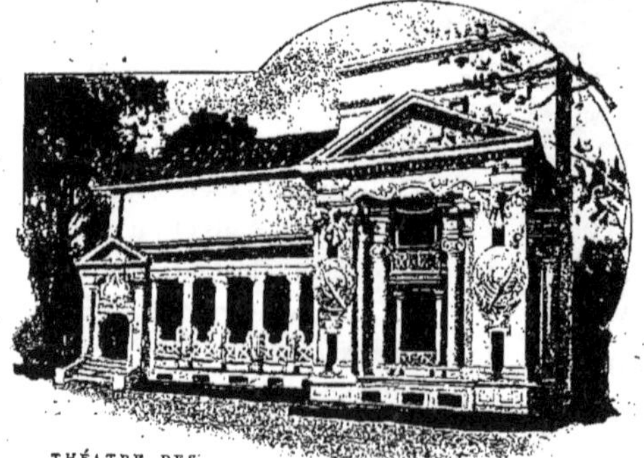

THÉÂTRE DES
TABLEAUX VIVANTS

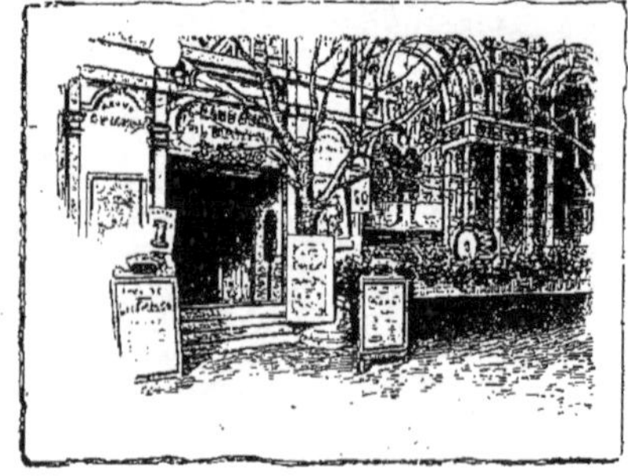

LE GRAND GUIGNOL

Le programme du Palais de la Danse ne pouvait pas être rempli. Pour produire des premiers sujets dans tous les styles de tous les pays, il eût fallu des frais qu'une salle comme l'Opéra peut à peine rémunérer. Aussi la médiocrité était-elle fatale.

Le théâtre de la Loïe Fuller répétait les exercices connus de tous les music-halls, mais au moins étaient-ils bien exécutés. C'est là que l'actrice japonaise *Sada Yacco* vint, pour la joie des spectateurs qui affluaient, montrer comment on meurt quand on veut être réaliste.

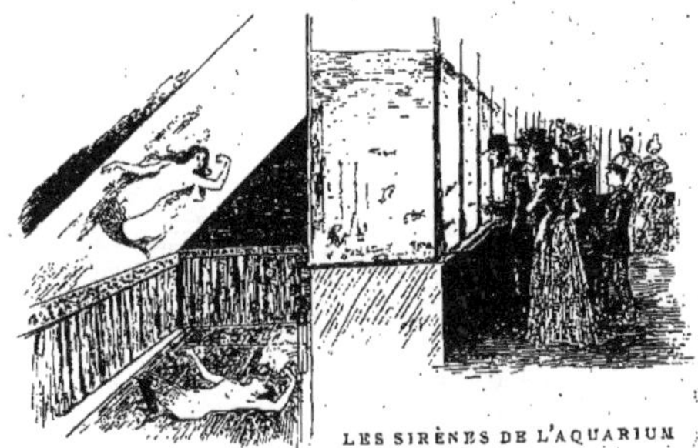

LES SIRÈNES DE L'AQUARIUM

Une femme fait des gestes qui se reflètent dans une glace et qui donnent, vus par transparence, l'illusion qu'elle se meut dans l'eau.

On aurait pu se dispenser d'un nouvel Aquarium, puisqu'il en existait un au Trocadéro, beaucoup plus vaste et mieux rempli, où la Ville de Paris élève des salmonides qu'elle distribue gratuitement pour le repeuplement des rivières de France. Il était resté ouvert et gratuit, mais rien ne signalait son entrée.

L'Aquarium de la Rue de Paris avait dramatisé le spectacle en donnant l'illusion de navires naufragés et de sirènes se jouant dans les eaux; des scaphandriers soufflaient leurs bulles d'air le long des glaces, et des nageuses piquaient des têtes sans danger.

Enfin, le *Phono-cinéma-théâtre* avait la prétention de donner, par une combinaison de phonographe et de cinématographe, la double illusion du mouvement et de la parole. Ainsi les principaux artistes pouvaient être représentés dans les scènes capitales de leur répertoire. L'idée était ingénieuse, mais son exécution médiocre. Les paroles ne sortaient pas toujours des lèvres au moment précis du geste, et l'on conçoit l'effet de ce manque d'accord, sans doute très difficile à obtenir. L'essai méritait cependant l'attention.

AFFICHE DU PHONO-CINÉMA-THÉATRE
Par François Flameng.

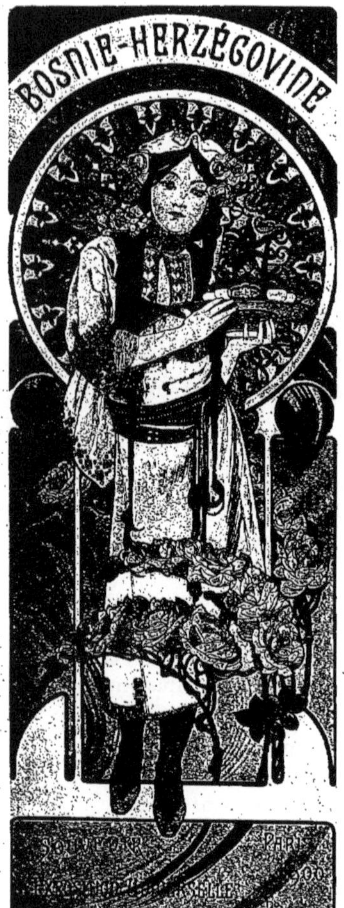

MENU DU RESTAURANT
DE BOSNIE-HERZÉGOVINE

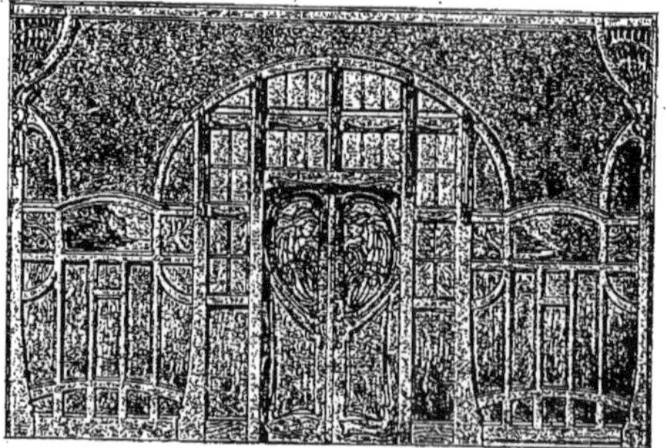

DÉCORATION, PAR MOHRING, DU RESTAURANT ALLEMAND
SITUÉ SOUS LE PAVILLON IMPÉRIAL

Les Restaurants

Les restaurants de l'Exposition avaient été calomniés par avance et ils ne méritaient pas les légendes de cherté que l'on avait répandues sur leur compte.

En général, les prix des restaurants de

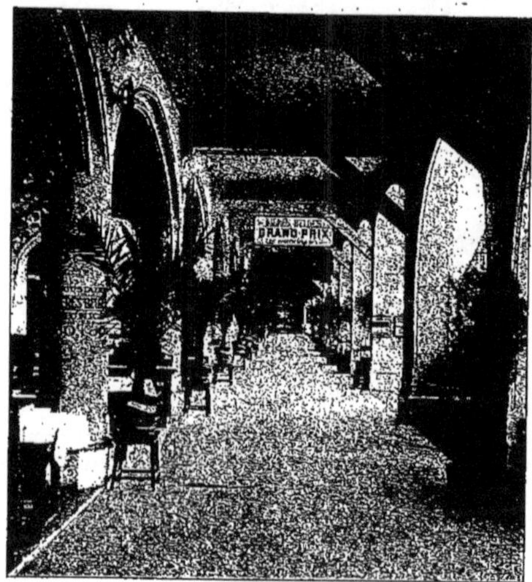

PERSPECTIVE DES RESTAURANTS
DES BERGES DE LA SEINE, SOUS LE QUAI DES NATIONS

l'intérieur de Paris étaient majorés de 20 o/o, et ce n'était pas trop cher. Si la musique qui sévissait avec férocité dans beaucoup d'entre eux était un peu dure aux oreilles, elle était de tradition.

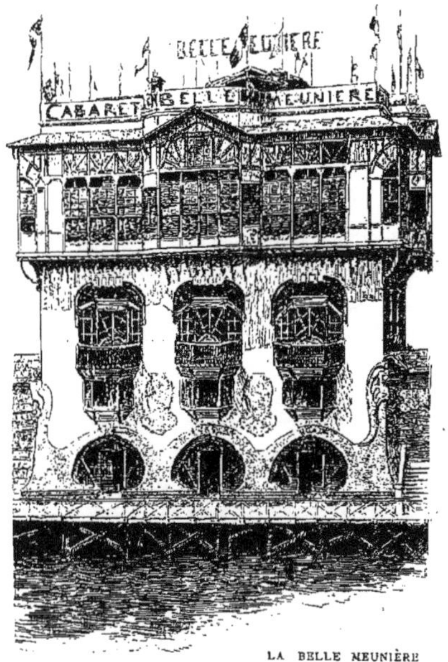

LA BELLE MEUNIÈRE

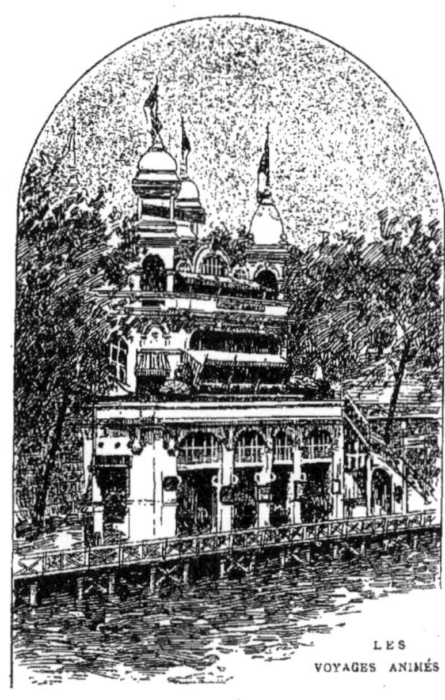

LES
VOYAGES ANIMÉS

En somme, on pouvait manger à tous les prix; être simple ou fastueux à

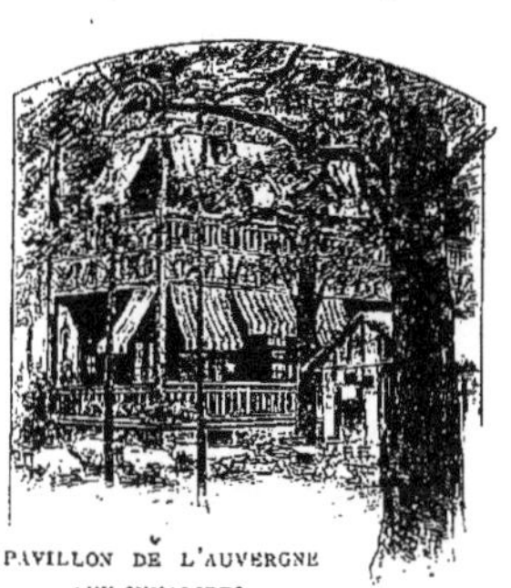

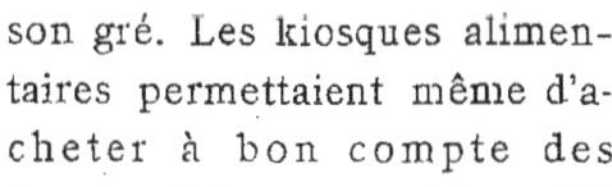

PAVILLON DE L'AUVERGNE
AUX INVALIDES

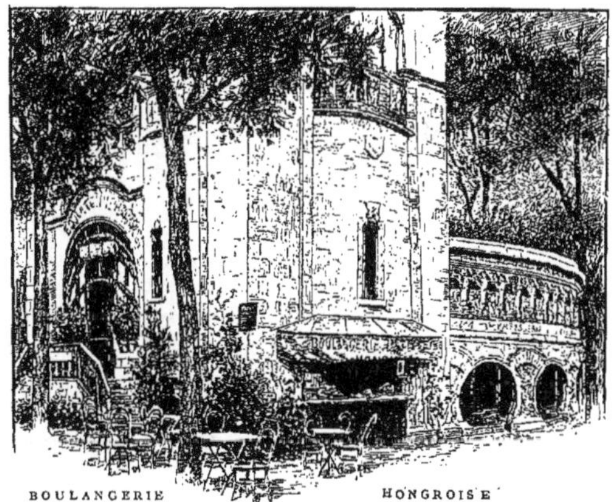

BOULANGERIE HONGROISE
(Quinconces des Invalides.)

son gré. Les kiosques alimentaires permettaient même d'acheter à bon compte des denrées très convenables, et l'Administration fermait paternellement les yeux sur les dînettes en plein air.

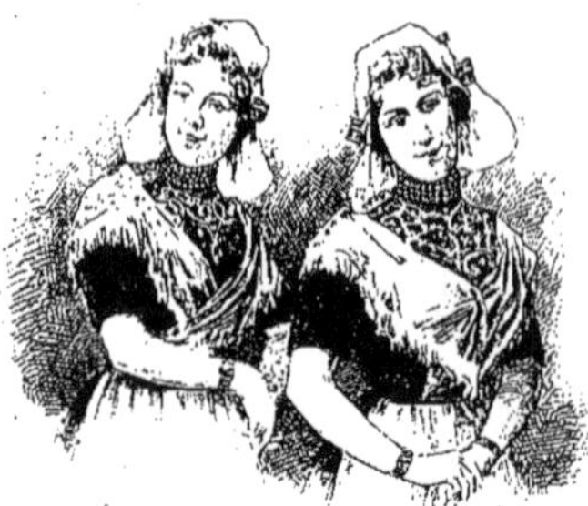

La cuisine était très convenable, à la condition de ne pas
rechercher des mets exotiques.
Ils existaient sur les cartes, mais
ne valaient pas l'expérience. On
pouvait déguster de bons vins
étrangers, en particulier ceux
de l'Alsace, de l'Autriche-Hongrie et du Rhin. La bière était
bonne et fraîche partout.

Ces restaurants étaient si
nombreux, que bien des salles
restaient vides, quelques-uns
seulement ayant rencontré un
franc succès, tels que le Duval,
la maison alsacienne Kammerzell et le restaurant allemand,
dans les trois échelles de prix.
Si bien des propriétaires ont
fait de médiocres affaires, le
public n'était pas fondé à se
plaindre du service.

On aimera sans doute à retrouver ici l'image de plusieurs
de ces endroits, qui rappelleront
un souvenir.

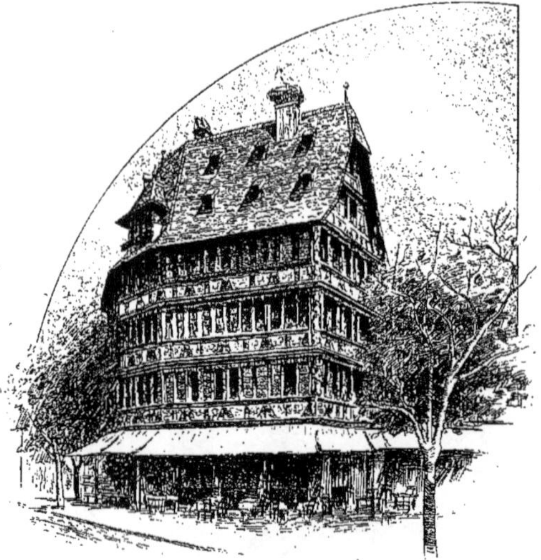

RESTAURANT ALSACIEN DANS LA RECONSTITUTION
de *La Kammerzell*, maison du vieux Strasbourg.
Au 2ᵉ étage, le musée Ritleng exposait des étains, des bois sculptés
et autres remarquables objets du vieil art alsacien.

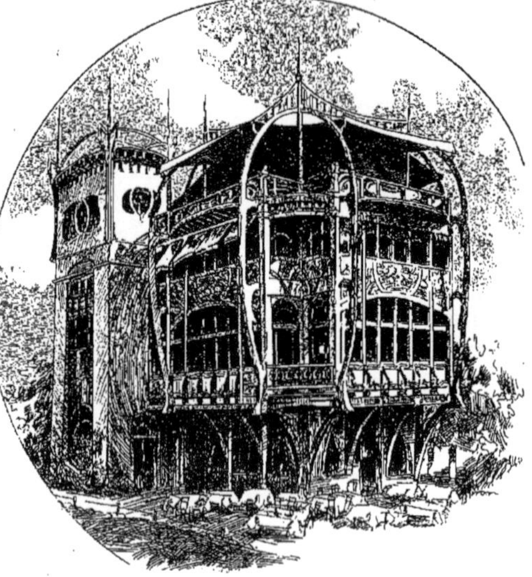

LE PAVILLON BLEU, AU PIED DE LA TOUR EIFFEL
(M. R. Dulong, architecte.)

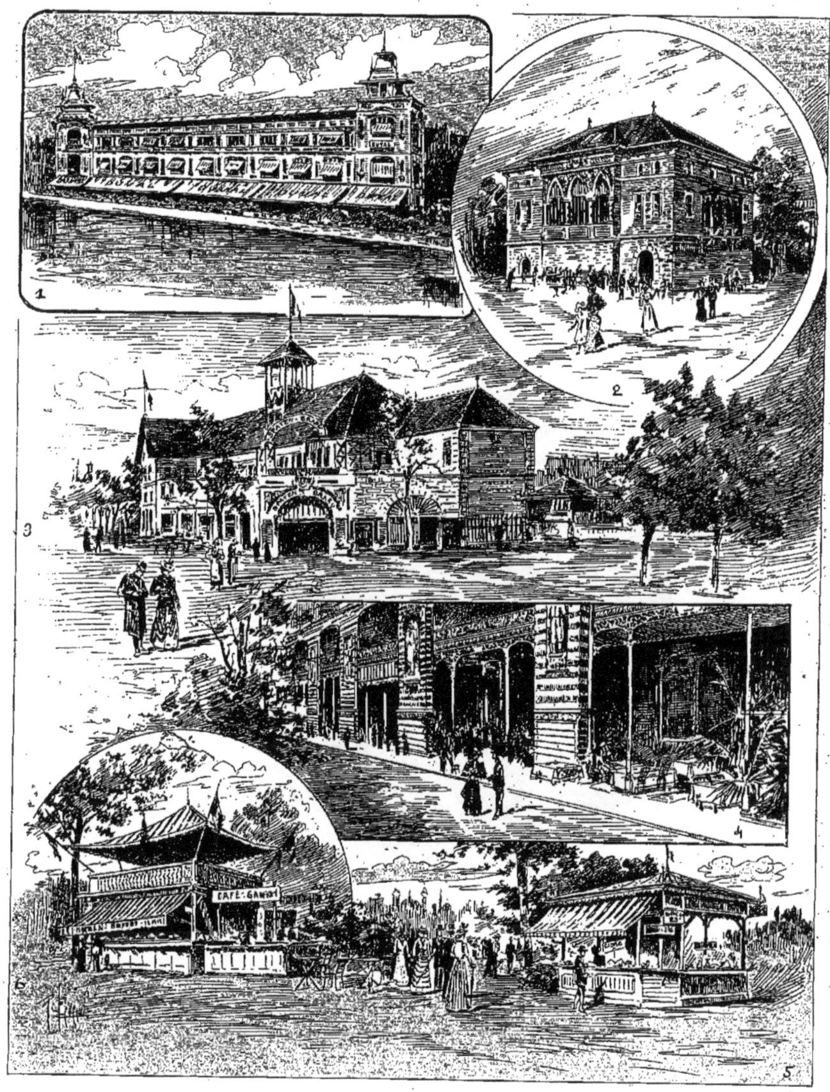

1. LE BOUILLON DUVAL. — 2. LE RESTAURANT ROUMAIN. — 3. BRASSERIE ALLEMANDE, EN BORDURE DE L'AVENUE DE SUFFREN. — 4. RESTAURANT DES GALERIES DU CHAMP DE MARS. — 5 ET 6. KIOSQUES ALIMENTAIRES.

. . . Et la grande roue, trop délaissée, car sa construction était un chef-d'œuvre et son ascension fertile en horizons imprévus, la grande roue tournait au-dessus de ces attractions comme un symbole des distractions humaines. On s'élève pour retomber, on s'extrait de soi-même pour y rentrer. La joie pivote autour du même axe, et toutes les excitations sont vaines hors le contentement de l'œuvre accomplie.

Aussi les attractions pouvaient-elles être minces en elles-mêmes, l'Exposition n'en répandait pas moins la joie.

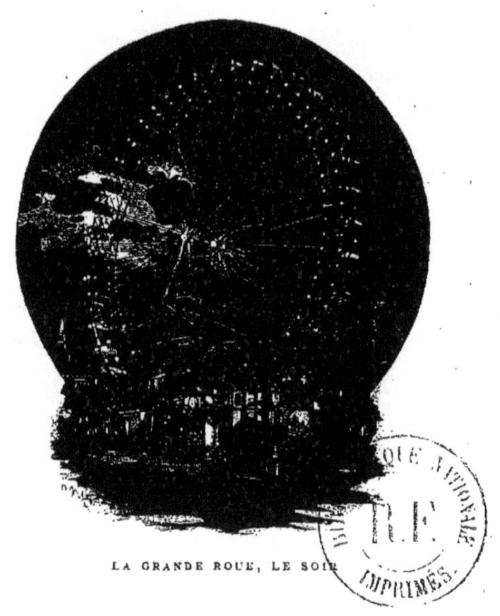

LA GRANDE ROUE, LE SOIR

TABLE DES MATIÈRES

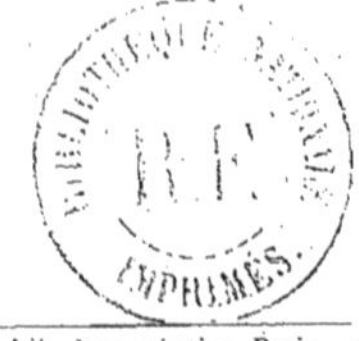

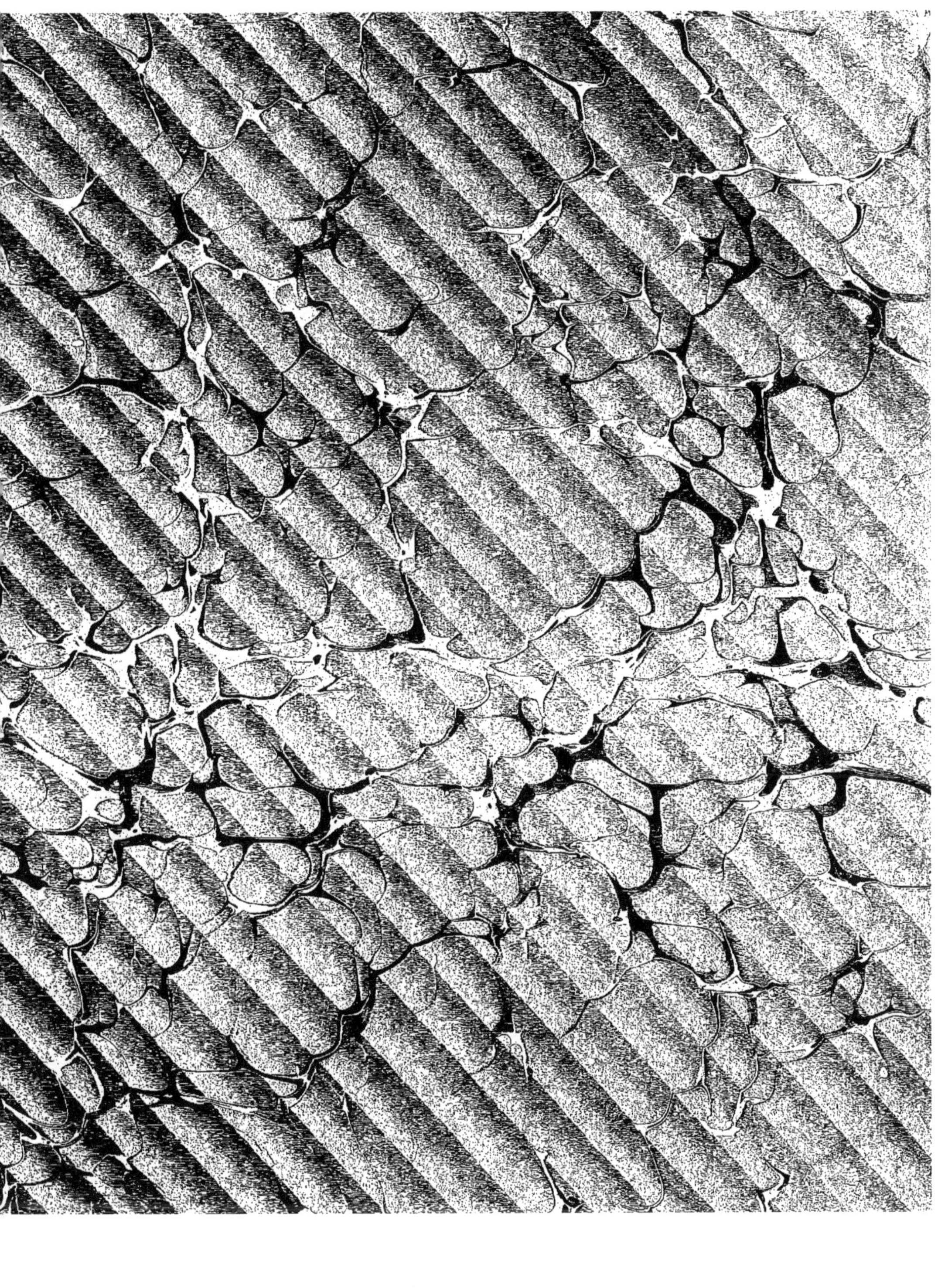

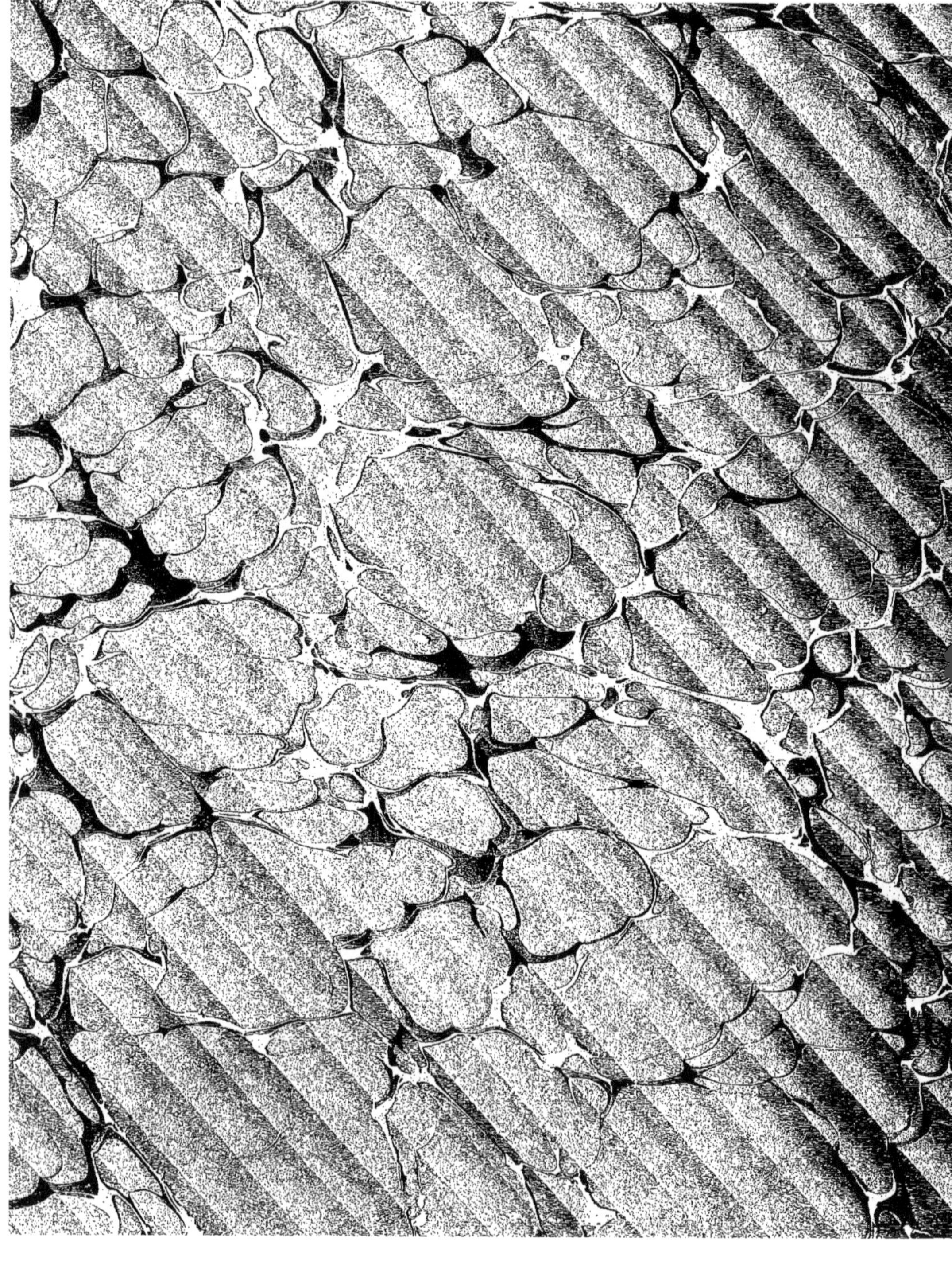